dtv

Wer glaubt, zweihundert Jahre nach Heinrich Heines Geburt sei alles über ihn und sein Werk gesagt, wird in diesem Buch des bekannten Heine-Forschers Klaus Briegleb eines Besseren belehrt: Das moderne, philosophisch durchdachte Judentum des Dichters und seine biblisch-historische Gedächtniskunst werden in die zentrale Perspektive einer akribischen Textlektüre gerückt. Dabei erscheinen all die vielen Heine zurecht zugeschriebenen Qualitäten – der große Europäer, der Aufklärer und Revolutionär oder der witzige Ironiker – neu verknüpft. Im lesenden Nachvollzug erweist sich Heines Schreibweise selbst als die Botschaft.

Klaus Briegleb, Literarhistoriker, Prof. em. an der Universität Hamburg, ist Herausgeber der ›Sämtlichen Schriften‹ Heinrich Heines, die 1968–76 im Hanser Verlag, München, erschienen sind und nun als Reprint im Taschenbuch bei dtv (59035) vorliegen. Zahlreiche Arbeiten zur deutschen Literatur des 18., 19. und 20. Jahrhunderts (zuletzt zur Gruppe 47), zur Literaturtheorie, Wissenschaftsgeschichte und politischen Sprachkritik sowie zu den jüdisch-deutschen Kulturbeziehungen in der Literatur.

Klaus Briegleb

Bei den Wassern Babels

Heinrich Heine

Jüdischer Schriftsteller
in der Moderne

Deutscher Taschenbuch Verlag

Jakob, wie schön sind deine Zelte,
wie schön deine Wohnstätten, Israel!
Numeri 24,5

Süßes, stilles, hellsonniges Morgenland!
Wie lieblich ruht es sich unter deinen Zelten!
Briefe aus Helgoland, IV, 42

Originalausgabe
November 1997
Deutscher Taschenbuch Verlag GmbH & Co. KG, München

Umschlagkonzept: Balk & Brumshagen
Umschlagbild: ›Heinrich Heine‹ (1831)
von Moritz Daniel Oppenheim
(© Elke Walford/Hamburger Kunsthalle)
Satz: KCS GmbH, Buchholz/Hamburg
Gesetzt aus der Bembo 10/11˙ in QuarkXPress
Druck und Bindung: C. H. Beck' sche Buchdruckerei,
Nördlingen
Gedruckt auf säurefreiem, chlorfrei gebleichtem Papier
Printed in Germany · ISBN 3-423-30648-3

Vorwort

Ihr Toren, die Ihr im Koffer sucht!

Den Vorträgen zur ›Marranen-Chronik‹, die Fritz Heymann 1941, unter Bedingungen der Geheimhaltung während der deutschen Besatzung in Amsterdam gehalten hat[1], ist vorausgeschickt, was noch heute gilt: Wir wissen nichts oder wenig von den Marranen und das meiste vom Wenigen ist falsch.[2]

War Heinrich Heine ein Marrane?[3] – ein Schriftsteller »mit verschlossenen Lippen«?[4]

In diesem Buch begleite ich H. Heine auf seinen Wegen durch die eigenen Schriften u. a. mit der Erinnerung an die Geschichte des ›Marranentums‹ und möchte dazu anregen, mit Hilfe dieser Verknüpfung die Grundzüge jüdischer Schreibautorität in seinen Texten problembewußter zu beobachten, als es gemeinhin geschieht; und dies in allen Texten, nicht bloß, wenn ›jüdische Themen oder Motive‹ inhaltlich offenkundig sind.[5]

Der sprachliche Sinn des Namens für getaufte Juden, »Marranen«, liegt im Dunkeln. Seine Verwendung als Begriff ist entstanden *nach* der Vertreibung der Juden aus Spanien 1492, ist aber geschichtlich an den Zeitraum der hundert Jahre davor geknüpft, als auch in den iberischen Kulturregionen, wie in Mitteleuropa seit Beginn der Kreuzzüge, der kirchliche oder »akademische« Missionswahn Einzelner die Gewaltbereitschaft der christlichen Massen gegen die jüdischen Gemeinden mobilisiert hatte. Die Haufen wüteten unter der Parole »Tod oder Taufe«. Das geschah erstmals 1391 in Sevilla und von dort aus im ganzen christlichen Spanien.[6]

Auf diesen besonderen geschichtlichen Grund verweist der ›abgeleitete‹ Begriff ›Marranentum‹ immer zurück, auch wenn er in allgemeine kultur- oder religionsgeschichtliche Betrachtungen zu intellektuellen und psychischen Konfliktlagen assimilierter Juden in der Moderne übertragen wird. – Im Kern also meint Marranentum immer ein Getauftsein und Leben unter den dauernden Gewaltverhältnissen, die im ›individuellen‹ Taufakt selber ihren ersten Niederschlag gefunden hatten.[7] So auch ist der Begriff in diesem Buch gebraucht.

Er verformelt ein »Geheimnis«. Es ist von Heines Taufe berührt, aber nicht mit ihr identisch.[8] Es läßt sich nicht erklären, wohl aber ›lesen‹: in Äußerungsformen wahrnehmen; in geschriebenen Gedanken. Eine solche Gedankenform ist das literarische Versteck-Spiel mit dem Gebrauch, den Heine von »Zeit« und »Geschichte« in den Schriften macht.[9] Ich lese das Spiel als Weigerung, an eine Normalität jüdischen Lebens zu glauben, insofern sie ›versprochene‹ Normalität ist; somit als Weigerung, auf den Zeitstrecken der jüdischen Geschichte einen Verfall all jener Erinnerungen zuzulassen, die im Autor arbeiten wie: Wiedererkennen.

Es gab eine Zeit, wo ich jedem Kapuziner, dem ich auf der Straße begegnete, gläubig die Hand küßte. Ich war ein Kind und mein Vater ließ mich ruhig gewähren, wohl wissend, daß meine Lippen sich nicht immer mit Kapuzinerfleisch begnügen würden. Und in der Tat, ich wurde größer und küßte schöne Frauen ... Aber sie sahen mich manchmal an mit so bleichem Schmerze, und ich erschrak in den Armen der Freude ... Hier war ein Unglück verborgen, das niemand sah und woran jeder litt; und ich dachte drüber nach. (III,684)[10]

Die Marranen-Chronik beginnt mit einem Doppeldatum: 1391 und 1412/14. Die von Sevilla ausgehenden Massaker hatten eine Wiederbelebung des legendären sozialen Einvernehmens der Kulturen auf iberischem Boden[11] endgültig unmöglich gemacht. Paradiesisch war der Frieden nie, aber für Juden waren die Voraussetzungen nun verloren, gleichberechtigt zu seiner Möglichkeit beizutragen. Vielmehr triumphierten Sieger, die ihren Sieg auf *ihre* Weise friedlich (nach-mörderisch) nutzten. So der Gegen-Papst Benedikt, der 1412 die Große Disputation von Tortosa einberief und unter der aufgezwungenen Startbedingung, die jüdische Messias-Erwartung aufzugeben, die zwölf gelehrtesten Rabbiner Aragons in die Stadt befahl, um sie mit seinem Abgesandten Josue ibn Vives de Lorca »um den rechten Glauben« streiten zu lassen. Das Besondere war: Lorca war nicht nur genialer geistlicher Dialektiker, sondern getaufter Jude. Christ, oder Jude mit ›gespaltenem‹ Bewußtsein: erster Marrane? – Der Streit dauerte zwei Jahre. Nur Zwei der Zwölf verließen ungebeugt den Schauplatz. Wieder gingen, wie zwanzig Jahre zuvor, Tausende zur Taufe.

Beide Daten bezeichnen den Umschlag einer spanischen

Vorgeschichte der Verfolgungen in ihre Geschichte; 1391 in Todesangst, 1412/14 gedemütigt von den Inszenierungen der ›Sieger im Glauben‹, wählten Überlebende die Abtrünnigkeit und nahmen die christliche Maske. Der Historiker des Antisemitismus, der nach der Shoah zurückblickt, beschreibt den Vorgang als Unterwerfung und *deutet* ihn als Strategie des Überlebens: »Die zum Christentum Übergetretenen blieben [nun noch] viel mehr Juden in ihrem Herzen; sie konnten sich selbst ihren vorübergehenden Abfall nicht verzeihen und trachteten danach, wieder Juden im Vollsinn dieses Wortes zu werden.«[12]

Auch Fritz Heymann gewinnt aus dieser Sicht seine ›Definition‹ der Marranen: »eine Gruppe Juden, die sich dadurch aus der Masse des Volks hervorheben, daß sie einmal eine Zeit hindurch, mindestens ein Jahrhundert lang, meist viel länger, Christen gewesen sind.« Und zur Großen Disputation: »Das Spanien der hundert Jahre, die nun folgten, ist die Heimat der Menschen, die wir Marranen nennen.«[13]

In des Dichters Heine Gedächtnisraum ist das Doppel-Datum 1391/1412 ff. um eine weitere Perspektive historisiert und in ihr ›aufgehoben‹: Seine Erinnerung an *eine* Antwort der Juden auf eine Gewaltzäsur in ihrer Geschichte (eine Antwort aus dem Willen zu überleben) verwandelt er in ein neues *biblisches* Schreiben, das *aller* Geschichte der Juden Raum verschafft und dergestalt ihrer europäischen Chronik (den Daten ihrer Niederlagen in der Moderne) die Lesart eines verborgenen Lebens und einer dort im Verborgenen offensiven Kultur zur Seite stellt. Heines sämtliche Schriften sind des jüdischen Lebens in marranischer Zeit eingedenk – und dies ist die seine –, und dergestalt erläutern sie den Juden in der Moderne ihre geschichtliche Größe.

> Man glaubt sie zu kennen, weil man ihre Bärte gesehen, aber mehr kam nie von ihnen zum Vorschein, und wie im Mittelalter sind sie auch noch in der modernen Zeit ein wandelndes Geheimnis. (VI,482)

Marranentum bedeutet nicht: Besänftigung der Gedemütigten, Entschärfung der Probleme eines Lebens in der Diaspora, Harmonie mit den Täufern. Dies widerspräche dem geschichtlichen Erfahrungsgehalt, der im marranischen Bewußtsein abgelegt ist; und es widerspräche Heines radikaler Schreibweise, die der Schlüssel zu einer uneingeschränkten Erinnerungsweise ist. Er wußte: Die großen jüdischen ›Begabungen‹ Gelehrsamkeit, Handel, Handwerk wurden in der höfischen Gesellschaft genutzt unter den Einschränkungen des Privilegienrechts und der Schutzbriefe – Unter den neuen Bedingungen der marranischen Assimilation unterlagen die Juden den Einschränkungen ihrer ungetauften Brüder nicht mehr, sondern konnten ihre ›angestammten‹ Fähigkeiten frei entfalten – und umso mehr wurden sie gehaßt.

Dies ist ein Wissen, das auch die jüdische Geschichtsschreibung bestimmt[14]: Sie hat das Marranentum in dem Maße neu entdeckt, wie dessen Erfahrungen, so sah es Fritz Heymann, sich in der eigenen Zeit »jäh und unerwartet wiederholen«.[15] Nichts, keine höchste Assimilations-Leistung, hat dem Haß Einhalt gebieten können.

Heinrich Heine, der für sich und seine Zeit diesen Tatbestand wie keiner sensibel aufgenommen und kunstvoll bearbeitet hat (Kapitel I und II), wird gelegentlich einschlägig ›berücksichtigt‹, jedoch auffällig konventionell und ohne genauere Einlassung auf seine *religionsgeschichtlichen* Reflexionen abgehandelt.[16] Das hat wohl diesen Grund: Der jüdische Dichterphilosoph überläßt sich in seinen Schriften, bei allem Wissen und Kummer, keiner *Verallgemeinerung* des katastrophischen Wissens. Seine Poesie ist konkret, unteilbar und dergestalt philosophisch, historisch, religiös.[17] Darin ist er Marrane: ein Wahrer des jüdischen Besonderen in der europäischen Diaspora, der im Besonderen die Negation der christlichen Taufe schreibend zu maskieren versteht.[18]

Hier werdet Ihr nichts entdecken

Wählt Heine ›spanische‹ Gegenstände, so wendet er sich schreibend ab von der »Schädelstätte der Tatsachen«› (IV,179) und untergräbt jeglichen historischen Anschein einer ›Logik der Vernichtung‹; die dead-line der Massaker zieht er nicht durch seine Gedichte, ›Spanien‹ ist ihm kostbar wegen des Anderen im Allgemeinen: des Überlebens jüdischer Liebe, List und Gelehrsamkeit; wegen eines Gesamtbilds von Kultur, das nicht vergehen kann. Nichts im Schönen wird dabei beschönigt. Aber es muß nicht sein, jene *Zäsur* 1391/1422, als das marranische Bewußtsein gewaltsam geschaffen wurde, eigens zu literarisieren.

> Festgestellt ist: daß derjenge,
> Der im Streit ward überwunden,
> Seines Gegners Religion
> Anzunehmen sei verbunden.
> (...)
> Aber plötzlich Paukenschläge,
> Und es melden die Trompeten,
> Daß begonnen hat der Maulkampf,
> Der Disput der zwei Athleten. (VI,159 ff.)

Diese Verse, verglichen mit der überlieferten Tatsächlichkeit jener Zäsur, klingen ›anders‹. Wahr und doch nicht endgültig. Sie gelten einer Disputation, die Pedro der Grausame ausgerichtet hatte in vor-marranischer Zeit, als noch nichts entschieden war. Und die Poesie entscheidet nichts. So soll das Demütigende der historischen Disputationen überliefert sein: auf den Schauplätzen der Poesie, die das erste und letzte Wort hat, auf den »Schlachtfeldern des Gedankens«, wo immer weitergefochten wird, marranisch: »mit geschlossenem Visier« (VI,481). Auch dieses Gedicht, »Disputation« (1851), steckt in einer religiös und geschichtlich wenig empfindsamen Lesart fest; an geeigneter Stelle, im Vorübergehen, habe ich das ein wenig zu ändern versucht (Kap. III, 2).

Die Toren, die Zollbeamten (IV, 579) haben in den Koffern des Reisenden nichts über die Marranen und nichts über sein Marranentum gefunden; er hat darüber auch nichts Verräterisches geschrieben. Dennoch haben sie gesucht, was nicht zu entdecken ist. In diesem Bilde haben wir den Begriff von H. Heines Schreibart und Wirkung.

> Frag du den Säugling in der Wiege,
> Frag du die Toten in dem Grab,
> Vielleicht daß diese dir entdecken
> Was ich dir stets verschwiegen hab. (IV, 415)

Der Schreibart dieses Verschwiegenen kommen wir weder fahndend nach Inhalten, Ideen, Manifesten auf die Spur, noch durch Methoden, denen nachgerühmt wird, begreifbar machen zu können, was sie systematisch erfassen. – In diesem Buch ist dagegen angeboten: auf Textwanderungen zu gehen.

Es ist ganz wörtlich zu verstehen, daß dies nur ein Angebot ist. Der Verfasser ist die Wege, die hier aufgeschrieben sind, für sich gegangen. Man kann ganz andere und ganz anders gehen. Identisch kann eine Lektüre des Buches mit seiner Abfassung nur in einem sein: daß überhaupt gegangen werde! Meine Erfahrung ist, daß dies die Bewegungsart des Lesens ist, die den Texten des Juden Heine gerecht wird.

Gehen heißt auch stillestehen. Der Autor an Knotenpunkten seiner verschwiegenen Art – er sagt dann wirklich ›nichts‹ – räumt uns die Orte ein, wo der Textfluß ruht. Geschieht das, weil dort auch die Lesenden Zeit haben müssen zum Schweigen – zum selber Denken und Sehen und zum Überlegen, wie, wo und wann weiterzulesen sei? Jedenfalls ist uns Freiheit der Lektüre nahegelegt. Öfters im Buch sind solche Orte angemerkt.[19]

Die folgenden Kapitel, einer solchen Freiheit anempfohlen, laden zum Blättern und Schweifen ein. Vielleicht, in Kapitel VII, locken die »Passagen«, zuerst betreten zu werden? Einer lesenden Teilhabe am Primat der Philosophie, den Heine als Spinoza- und Hegelschüler beobachtet, dürften die Kapitel III und VI entgegenkommen. Der einleitende Essay »Shylock« kann ›irgendwann‹ nachgelesen werden, das kurze »Moderne«-Kapitel V bietet sich als »Gedächtnis-Insel« an; während vertieft langsames Lesen den deutschen Rhein hinauf mit Sara von Bacharach im Kapitel IV angezeigt ist. »Der Mond warf heimtückisch gelbe Streiflichter über den dunkel hinmurmelnden Strom …« Interesse für meine entstehende *Biographie* Heines möchte ich mit der Rekonstruktion der Leiden seines Vaters in Kapitel II wecken, in dem allerdings zugleich der jüdische *Autor*, als Traumjäger und Philosoph, bei seinem Stillestehen in Venedig beobachtet wird: Es ist das zentrale Kapitel, aus der Mitte des Venedig-Textes 1838 ist die Folge der IX Kapitel komponiert; es kann zuerst gelesen werden, oder, weil es das schwierigste ist, später, oder erst einmal gar nicht. Zum Schluß, in Kapitel VIII und IX, scheint Heine-Lektüre von neuem beginnen zu können. Im Hause der Sämtlichen Schriften gibt es viele Wege und Wohnungen.

Hamburg, den 14. Juli 1997

»Shylock«, einleitend

Wer bist du, und was fehlt dir,
Du fremder, kranker Mann?[1]

Der Genius des Shakespeare, sagt Heinrich Heine, habe das Geheimnis der Juden in einer Komödie ausgesprochen.[2] Nur so habe der Große Judenschmerz eine Form finden können, die ihn den christlichen Unterdrückern *nahebringt. Verstünden* sie ihn aber, *wüßten* sie, was an Gedächtnis in ihm steckt, dann wäre ihre Verfolgungswut nicht mehr zu bändigen. Denn was sie als unglückliche Sekte ansehen, die sich ihrer Lage schämt, sei in Wahrheit ein gewaltiges Volk, das der Stunde harrt, seinen übermütigen Quälern die zugefügten Kränkungen aufjauchzend mit Zinsen zurückzuzahlen. Shylock aber stehe auf der Bühne des *christlichen* Welttheaters nur als ein Mensch, dem die Natur gebietet, seinen Feind zu hassen. – Heines bewegende Kunst, in Erinnerung an eine Aufführung in London 1827[3] die Tränen einer schönen blassen Britin beim Anblick der Rolle (the poor man is wronged!) in Tränen des Gedemütigten selbst zu verwandeln (IV,265 f.), hat sich im deutschen literarischen Gedächtnis nicht eingeprägt (S. 87)[4]. Wohin auch mit solchen Tränen in einer Nationalkultur, die ihre nachhaltigste *überzeitliche* und *internationale* Selbstsicherheit ihrem Anteil an der Ideologie der europäischen Kreuzzüge verdankt und seit dieser Zeit im Mittelalter ihre neuzeitliche Stärke in besonderer Weise an eine weiterwuchernde Imagination von jüdischer ›Natur‹ geknüpft hat, die der eigenen fremd und daher auszustoßen sei!?

Die Logik des Umschlagens christlichen Antijudaismus in gesellschaftlichen Antisemitismus bringt Heine in einer traumatischen Renaissance-Vision zur Sprache (»Portia«, 1838). Die Dichtung verhallte wie des Dichters Schritte in der gedichteten Traumszene. Noch niemals in der Geschichte der Heine-Lektüren wurden das Traumbild *Shylock in Venedig* entziffert, seine prophetischen Gedankenlinien entdeckt. Das Antlitz Shylocks bleibt maskiert auf dem christlichen Welttheater. Erst in jüngster Zeit rückt die Figur wieder ins Licht einer elementaren Wahrnehmung auch in deutscher Debatte.[5]

Der Schriftsteller Heine geht als »Traumjäger« Shylocks in Shakespeares Spur, die *wirkliche* Existenz des geprellten Juden in christlicher Kultur ist unauffindbar. Sein Geheimnis müßte sich erst im Racherausch offenbaren oder bleibt verschlossen, verdichtet: in einer nur dem deutschen jüdischen Dichter vernehmbaren wahren Stimme: »… mit stürmischer Wildheit, ja mit Raserei hinaufbetend zum Throne Jehovas, des harten Gottkönigs! Ich sah ihn nicht.«

> Aber gegen Abend, wo, nach dem Glauben der Juden, die Pforten des Himmels geschlossen werden und kein Gebet mehr Einlaß erhält, hörte ich eine Stimme, worin Tränen rieselten, wie sie nie mit den Augen geweint werden … Es war ein Schluchzen, das einen Stein in Mitleid zu rühren vermochte … (…) Und diese Stimme schien mir wohlbekannt, und mir war, als hätte ich sie einst gehört, wie sie eben so verzweiflungsvoll jammerte: »Jessika, mein Kind!« (IV,265)

Der Autor spricht hier über sich selbst (S. 68 ff.). Jessika verläßt ihren Vater, beraubt ihn und wird Christin um ihrer Liebe zum wohlhabenden Kaufmann Lorenzo willen. Heine verläßt seinen Vater Samson in lebenbedrohender Situation 1819, nimmt für sein Studium Geld von Onkel Salomon, der Samson soeben enteignet hatte, unterzieht sich schließlich 1825 der symbolischen Taufe in einem (biographischen) Zusammenhang, der *sein* Geheimnis bleibt.

Als seelische Katastrophe einer Assimilationskarriere hat der Taufakt mit seiner Vorgeschichte und in seiner theologischen Überflüssigkeit sich Heines Existenz eingegraben und brennt lebenslang. Bis in die Todesstunde im Exil blieb sein religiöses Gefühl frei, sein Körper angewidert von den herrischen Zurechtweisungen positiver ›Religionswahrheiten‹. Aber seine Vernunft sagte ihm, daß sie die letzte Bastion vor der Enthemmung national organisierbaren Judenhasses seien. Ins Shylock-Gemälde ist dieser Gedanke als »Sieg des Satans, des sündhaften Pantheismus« einpunktiert (IV,265). Unter der Herrschaft eines Gottes, der in Allem ist – so muß man das paradoxe Diktum des Schellingschülers Heine wohl lesen –, ist der Herrenmensch entfesselt (S. 88, 97 ff.). Seinem ›revolutionären‹ Ausrottungswahn entgleiten die alten antijudaischen Recht-

fertigungen, die schon grausig genug waren; sie werden, kommt das Herrische ganz zu sich selbst, verabsolutiert werden und die Lehren Christi in die letzte christologisch-dogmatische Konsequenz umschlagen lassen, in die Ideologie des säkularen Recht*behaltens.* Am Kreuz hing der Einzige, die kollektiv narzißtische Verbindung zu ihm stellt sich in der Tötung alles Anderen her. Und es wird nicht mehr die Kreuzigung des (falschen) Messias sein, welche die mörderische Antithese gegen Juda rechtfertigen soll; im Zuge der Moderne wird sich vielmehr die kollektive Selbstprojektion des *säkularisierten* als des *göttlichen* Ich-Ideals austoben.[6] Die ethnische Beliebigkeit der Haß-Objekte, die mit dem Austritt aus der monotheistischen Welt-Periode zu erwarten ist, zeichnet Heine später, 1854 in den »Geständnissen«, *noch einmal* als faktische, »blutige Parodie« des Judenhasses nach; er benützt dazu denselben anekdotischen Kern wie jetzt 1838 (IV,259):

... Es hieß, man müsse diejenigen töten, die einst unsern Herrgott getötet haben. Sonderbar! eben das Volk, das der Welt einen Gott gegeben, und dessen ganzes Leben nur Gottesandacht atmete, ward als Deicide verschrien! Die blutige Parodie eines solchen Wahnsinns sahen wir beim Ausbruch der Revolution von Sankt Domingo, wo ein Negerhaufen, der die Pflanzungen mit Mord und Brand heimsuchte, einen schwarzen Fanatiker an seiner Spitze hatte, der ein ungeheures Kruzifix trug und blutdürstig schrie: Die Weißen haben Christus getötet, laßt uns alle Weißen totschlagen! (VI,484)

Haiti 1791, ein Teilstück der Französischen Weltrevolution. Heine, ein Kind dieser Revolution, verdankte ihr ein Stück persönlicher Emanzipation im eingeleiteten sozialen Wandel, zugleich aber seinen sozialanalytischen Verstand. Der erlaubte es ihm, Religions- und Verfolgungsgeschichte ineins zu sehen – auch im Pantheismus, seiner liebsten Doktrin im Leben und Denken – und doch in der Warnung vor ihm festzubleiben (S. 82 ff., 97 ff.); Warnung vor der Gattung Mensch, die des Monotheismus bedürfe, um sich wenigstens aus Gottesfurcht vor sich selbst zu schützen. Heine hat gesehen und analysiert, daß ein künftiges Übermenschentum der Eliten an sich selbst auch seine Grenzen finden werde: eingeschränkt vom sich entwickelnden Kampf der sozialen Klassen im bürgerlichen Zeitalter. Hier jedoch nicht weniger sah er die verfolgungsgeschichtliche Gefahr: Den sozialen Frieden in den nationalen Grenzen der neuen Ausbeutungsgesellschaften zu stiften, werde es des erneuerten Feindbildes von den Juden nach wie vor bedürfen. Zu einer globalen ›Parodie‹ (Aufhebung, Erniedrigung) des Gewaltchristentums wird es unter beiden Aspekten, mit denen Heine argumentiert, unter dem religions- *und* sozialgeschichtlichen, daher nicht kommen, im Gegenteil; Steigerung der antijudaischen Haßlatenz im beherrschten Volk werde fortan notwendig. Die Religion als Quelle der Haß*potenz* bleibe dem Fortschritt der christlichen Zivilisation immanent, solange das Judentum auf seine Eigenart nicht verzichtet.

Möglich, daß ihm sogar die Unterwerfung nichts helfen würde. Eben dies sah Heine, der Ortlose, kommen. Die Auseinandersetzung mit ›Aufklärung‹ und Assimilation der Juden durchzieht seine Schriften und bestimmt sein Leben. Er ist aufgeklärter und assimilierter Jude – aber er ist zugleich geheimer Schüler einer rabbinischen, wenn nicht kabbalistischen Autorität in der Schrift- und Gedächtniskultur. Ihn haben deutsche Sprache, französische Zivilisation getragen und verstrickt, deutsche Patrioten haben ihn verfolgt, die Quellen der jüdischen Tradition und ihre Zeichen haben ihn geschützt und ihre »erstickten Worte«[7] hat er in seine Textarbeit gerettet. Mit irgend positioneller Festlegungsgier, von der dieser deutsche Jude stets bedrängt wurde, ist seiner Ortlosigkeit nicht beizukommen. »Der Geist der jüdischen Geschichte offenbart sich mir immer mehr und mehr, und diese geistige Rüstung wird mir gewiß in der Folge zustatten kommen«, sagt er ein Jahr vor der Taufe, Juni 1824 (I,839).

Was er kommen sah, das »Verfolgungsgewitter« (IV,265), ist als Bild-Chiffre zu verstehen, die sich dem Sprachgenie verdichtet hat als Summe frühester und dauernder Sozialerfahrungen *und* jüdischen Selbstbewußtseins und Gedächtnisses. *Nicht* unterzugehen mit Israel, seine Mission weiterzutragen bis in die Konsequenz des »terroristischen Sozialismus« des Moses als Befreiungskonzept für eine Zukunft, in die sich das Judentum retten werde: als *einzigartiges* Volk, als das »Volk Gottes, das allen anderen Völkern als Muster, ja der ganzen Menschheit als Prototyp dienen konnte« (VI,481): Das Begehren, das sich in solchen Sätzen ausspricht (S. 98), zuletzt in den

»Geständnissen« (1854), treibt die *Schreckens*-Vision von der Vernichtung der Juden *im Todeskampf der europäischen Zivilisation* hervor.

*

Welches ist der Beitrag eines solchen Wissens zum jüdisch-deutschen Dialog?

Ich möchte diese Frage befestigen bei einem ersten kurzen Verweilen in Heines Hamburger Jugendzeit, ehe die späten »Geständnisse« hier einleitend das Wort zurückerhalten. Dem Hamburg-Ansatz ist dann auch das erste Kapitel dieses Buches gewidmet; im zweiten und dritten ist er vertieft. In Hamburg hat Harry Heine den Existenzwiderspruch schon ausgelebt, der die dramatische Struktur des Dialogs für ihn begründet hat. Wir haben dazu eine wichtige biographische Quelle; ich paraphrasiere sie vorläufig (vgl. S. 62 ff.).

Aus dem altjüdischen Restmilieu des väterlichen Tuchgeschäfts haben den jungen Heine herausgeholfen: ›Aufklärung‹ und napoleonische ›Befreiung‹, eine antiromantische Mutter und schließlich das Karrieremuster der Familienführung um Salomon Heine, den Hamburger Bankier, der Shylocks Haß und Schmerz durch seine Philanthropie und Pfiffigkeit vergessen machen konnte. Der Weg eines Assimilierten in die Epoche, in der die Tragödie der bürgerlichen Gleichstellung aufgeführt werden sollte, beginnt mit der heimlichen Logik des Widerstands: ›Es geht‹ nur in der alten Haltung: gebückt. Eine würdige, schuldfreie neue Haltung ›gibt es‹ nicht. In der christlichen Gesellschaft ist ihr keine Spur gelegt. Der 19-Jährige aber will »Alles in Allem« sein, wie er es ausdrückt, deshalb verweigert er die ihm zugedachte Rolle als Kaufmann und arbeitet an ›seinem‹ Problem: als jüdischer Dichter die deutsche Sprache lernen, ein deutscher Dichter werden und im Spannungsfeld zwischen Juden und Christen in Hamburg einen Lebensentwurf finden – und dabei allein sein. Er ›findet sich‹ als Sonderling und ›steht dazu‹. Wo steht er da? Auf dem eigenen ›Nerv‹ sozusagen: Der sich einen Sonderling nennt, der »Sensitive« (VI,468), findet keinen gesellschaftlichen Ort ›zwischen‹ dem Volk der Juden und der Christen. Dem assimilierten deutschen Kulturjuden – und das wenigstens konnte ein Aufstiegsziel mit Duldungschance sein – winkte kein Grundrecht auf Unversehrtheit. Er kommt immer nur wieder bei ›sich selber‹ an. Das wußte der Junge schon. Als Sonderling Alles in Allem sein zu wollen, das bedeutete, sein Wahrnehmungs-All weder in einem Zwischen noch einem Entweder-Oder zu verorten, sondern sich diesem All bedingungslos anzuvertrauen, Jude und Christ in einem biblischen Sinn und beides nicht zu sein als voneinander getrennt.

Das hatte zuerst sozialökonomische Konsequenzen. Die materielle Subjektausstattung zum real existierenden assimilierten Juden hätte, als Lebensentwurf, dem *Dichter* keinen Raum mehr gelassen, während andererseits die pure Verachtung des Geldes den Sonderling zurück ins Armenghetto oder in geknechtetes Geduldetsein geführt hätte. Heines Entwurf war sprachliches Eindringen in eine ungeteilte Existenz in der Gesellschaft wie sie als ganze war. Das führte ihn, den Millionärsneffen, aus dem Kontext von Krankheit, wie er sie als Poet empfand, *ein Stück weit* hinaus: aus dem Kranksein der Juden an der neuen Gesellschaft, die ihnen Kapitalverwertungsfreiheiten als Rechtsfreiheit vortäuschte; führte ihn hinaus aus dem verlogenen All, in dem Christen und Juden um die Anteile am erschacherten Reichtum konkurrieren. Denn in dieser Sphäre, die einladend war, haben die empfindsamen Sinne des Anverwandten der Reichsten keine Zeichen entdeckt, die ihm lesbar gewesen wären als Spur gesellschaftlicher Selbstverwirklichung.

Wo also Raum finden für eine Sprache, die aus dem inneren Dialog zweier Missionsvorstellungen spricht – biblische Erinnerung und christliche Zivilisation – und verstanden wird? Noch entdeckte Heine, am Beginn des Jahrhunderts, ›draußen‹ freies Terrain, das in der Verallgemeinerung des ökonomischen Konkurrenzprinzips nicht aufgegangen war. Also stahl er sich aus der Familienerwartung, die auf ein juristisches Privatamt bei der Vermehrung des Geldes zielte – des Äquivalents für jüdische Lebensrechte – hinaus und so weit es ging hinweg. Er studierte nicht Jura, sondern romantische Ästhetik und Orientalistik. Doch natürlich holte ihn das Kapital, das das Geld heckt, das er verbrauchte, mit den Jahren ein. Das Familiengeld floß nicht aus der Quelle des Orients, war nicht Nathans Gabe. Es hatte die Erinnerung an den Mann aus Galiläa, der den Juden vom »Betrug des Reichtums« gesprochen hatte, verdrängt mit der Macht der Verheißung, durch Reichtum *unverletzlich* zu machen. Heine blieb von dieser Macht, die sich ihm mit dem Versprechen der Zivilisation und Sozialrevolution verband, zeitlebens innerlich und äußerlich geprägt (die Familie ›hielt‹ ihn, indem sie ihm »die Knochen im Herzen« brach)[8]. In seinem geschichtlichen Gedächtnis aber grub er, zurückgewandt, die ältesten jüdischen Quellen frei.

★

Visionärer deutscher Jude sein wurde für Heine ein Sein in Unaussöhnbarkeit, weil das Kapitalversprechen, wie er es sah, die Juden über die christliche Urfeindschaft und über die Integrationsziele des christlichen Nationalstaats täuscht und sie verführt, die Ideologie der Entwicklung und des Fortschritts zu übernehmen und die wahre Geschichte dieser Ideologie zu vergessen; diese Einsichten trennten Heine von allen, die sich täuschen und verführen ließen. Er haßte die Ideologen nationalbürgerlicher Emanzipationspolitik, mit deren Prototypus Gabriel Riesser er sich gern duelliert hätte.[9] Das Nationalitätsprinzip in staatlicher Obhut gedacht mußte, so sagt Heine stets, christlichen Judenhaß und Eigentum wieder symbolisch verschmelzen bis zur realen Siedeglut des Vernichtungswillens. Er konnte sich nicht verständlich machen.

Ähnlich wie Lessing zieht er sich am Ende in sein religiöses Gefühl zurück, wo er Christ und Jude sein kann, und Sozialist. Mosaischer Sozialist, neben dem nicht ein noch *anderer* politischer Rollen-Sprecher Platz hat! In den letzten »Geständnissen«, 1854, der Wüste seiner zeitlichen Vereinsamungsrede im Angesicht des Todes, erinnert er an die Eigentumsfrage mit letzter mosaischer und antinationalistischer Konsequenz. Diese Frage werde die Unaussöhnbarkeit urjüdischer und spätchristlicher Gerechtigkeit und Gewaltgeschichte ins Endgültige treiben.

Die Eigentumsfrage in judaischer Sicht und Heinescher Version ist keine Frage eines guten, besonderen Willens in der Moderne. Sondern sie verweist auf den *ewigen* Provokationsgehalt, den die gewalttätige Gerechtigkeit des mosaischen Gesetzes, obzwar christlich besiegt, im Unbewußtsein des europäischen Herrentums als bleibende Bedrohung hinterlassen hat. Dem setzt es den »Allgemeinwillen« der Vernichtung entgegen.[10] Was eine lösende Gerechtigkeit und eine große soziale Aussöhnung mit den Christen hätte sein können, ein wiedergewonnener Ursprung jüdisch-germanischer »Wahlverwandtschaft«, so Heine (man staune) in einer ethnopsychischen Fiktion eines *ausgesöhnten* »Weltbürgertums« (IV,257 f.), bleibt geheim versteckt als Widerspruch von Rachelatenz und Haßlatenz in der fortschreitenden Geschichte der christlichen Zivilisation als Verfolgungsgeschichte: »Ebensowenig die Taten der Juden wie ihr eigentliches Wesen, sind der Welt bekannt. Man glaubt sie zu kennen, weil man ihre Bärte gesehen ...« (VI,481/2)

Angesichts dessen, was Heine voraussah, führt er den jüdisch-christlichen Dialog in radikal *innerem* Exil zuende; ohne Anspruch, in Deutschland verstanden zu werden. Geheimnis-Verrat als Sterbemonolog. Geständnisse als jüdische Selbstreflexion. Heraus-Sprechen aus der ins kollektive Unbewußte abgedrängten, an ihrem Ursprung gewalttätigen Freiheitsliebe der mosaischen Gesetze.

Von der Freiheitsliebe Israels, während nicht bloß in seiner Umgebung, sondern bei allen Völkern des Altertums, sogar bei den philosophischen Griechen, die Sklaverei justifiziert war und in Blüte stand, will ich gar nicht reden, um die Bibel nicht zu kompromittieren bei den jetzigen Gewalthabern. Es gibt wahrhaftig keinen Sozialisten, der terroristischer wäre als unser Herr und Heiland, und bereits Moses war ein solcher Sozialist, obgleich er, als ein praktischer Mann, bestehende Gebräuche, namentlich in bezug auf das Eigentum, nur umzumodeln suchte. Ja, statt mit dem Unmöglichen zu ringen, statt die Abschaffung des Eigentums tollköpfig zu dekretieren, erstrebte Moses nur die Moralisation desselben, er suchte das Eigentum in Einklang zu bringen mit der Sittlichkeit, mit dem wahren Vernunftrecht, und solches bewirkte er durch die Einführung des Jubeljahrs, wo jedes alienierte Erbgut, welches bei einem ackerbauenden Volke immer Grundbesitz war, an den ursprünglichen Eigentümer verfiel, gleichviel in welcher Weise dasselbe veräußert worden. Diese Institution bildet den entschiedensten Gegensatz zu der »Verjährung« bei den Römern, wo nach Ablauf einer gewissen Zeit der faktische Besitzer eines Gutes von dem legitimen Eigentümer nicht mehr zur Rückgabe gezwungen werden kann, wenn letzterer nicht zu beweisen vermag, während jener Zeit eine solche Restitution in gehöriger Form begehrt zu haben. Diese letzte Bedingnis ließ der Chicane offnes Feld, zumal in einem Staate, wo Despotismus und Jurisprudenz blühte und dem ungerechten Besitzer alle Mittel der Abschreckung, besonders dem Armen gegenüber, der die Streitkosten nicht erschwingen kann, zu Gebote stehn. Der Römer war zugleich Soldat und Advokat, und das Fremdgut, das er mit dem Schwerte erbeutet, wußte er durch Zungendrescherei zu verteidigen. Nur ein Volk von Räubern und Kasuisten konnte die Proskription, die Verjährung, erfinden und dieselbe konsakrieren in jenem abscheulichsten Buche, welches die Bibel des Teufels genannt werden kann, im Codex des römischen Zivilrechts, der leider noch jetzt herrschend ist.

Ich habe oben von der Verwandtschaft gesprochen, welche zwischen Juden und Germanen, die ich einst »die beiden Völker der Sittlichkeit« nannte, stattfindet, und in dieser Beziehung erwähne ich auch als einen merkwürdigen Zug den ethischen Unwillen, womit das alte deutsche Recht die Verjährung stigmatisiert; in dem Munde des niedersächsischen Bauers lebt noch heute das rührend schöne Wort: »hundert Jahr Unrecht machen nicht ein Jahr Recht«. Die mosaische Gesetzgebung protestiert noch entschiedener durch die Institution des Jubeljahrs. Moses wollte das Eigentum nicht abschaffen, er wollte vielmehr, daß jeder dessen besäße, damit niemand durch Armut ein Knecht mit knechtischer Gesinnung sei. Freiheit war immer des großen Emanzipators letzter Gedanke, und dieser atmet und flammt in allen seinen Gesetzen, die den Pauperismus betreffen. Die Sklaverei selbst haßte er über alle Maßen, schier ingrimmig, aber auch diese Unmenschlichkeit konnte er nicht ganz vernichten, sie wurzelte noch zu sehr im Leben jener Urzeit, und er mußte sich darauf beschränken, das Schicksal der Sklaven gesetzlich zu mildern, den Loskauf zu erleichtern und die Dienstzeit zu beschränken. Wollte aber ein Sklave, den das Gesetz endlich befreite, durchaus nicht das Haus des Herren verlassen, so befahl Moses, daß der unverbesserliche servile Lump mit dem Ohr an den Türpfosten des herrschaftlichen Hauses angenagelt würde, und nach dieser schimpflichen Ausstellung war er verdammt, auf Lebenszeit zu dienen. O Moses, unser Lehrer, Mosche Rabenu, hoher Bekämpfer der Knechtschaft, reiche mir Hammer und Nägel, damit ich unsre gemütlichen Sklaven in schwarzrotgoldner Livree mit ihren langen Ohren festnagle an das Brandenburger Tor! (VI,487 f.)

Kapitel I
Der Dichter und die Juden in Hamburg

Dem Andenken an Chaim Shoham

Ihr Wolken droben, nehmt mich mit,
Gleichviel nach welchem fernen Ort!
Nach Lappland oder Afrika,
Und seis nach Pommern – fort! nur fort!

O, nehmt mich mit – Sie hören nicht –
Die Wolken droben sind so klug!
Vorüberreisend dieser Stadt,
Ängstlich beschleungen sie den Flug.
(IV,379)

1. GESCHICHTE SCHREIBEN

Hamburg ist nicht irgend eine Stadt. Wie später in diesem Buch Venedig, Göttingen oder Paris, ist sie Ort auf der Landkarte des Dichters H. Heine, der nicht glauben wollte, daß sein Schreiben ortlos sei. Und doch wußte er es.

Heine in Hamburg, Heine über Hamburg – eine offene Themastellung noch immer für künftige Darstellungen, so viel und erfolgreich auch seit Strodtmanns großer Biographie[1] geforscht und geschrieben worden ist.[2] Unter dem positiven Material, das rekonstruiert vorliegt und noch vorgelegt werden muß, rumort eine unbekannte Größe, die sich der positivistischen Erforschung und Darstellung zu entziehen weiß, ein bekannter Dichter. Wir rekonstruieren seine Meinung in bestimmten Lagen, andrer Meinung über ihn aus Dokumenten der Emanzipationsgeschichte; aus Briefen, Sitzungsprotokollen, Aktenvermerken, Gesprächsaufzeichnungen; aus dem altehrwürdigen Quellenmaterial der abendländischen Archivgeschichte, Tinte auf Papier. Hören wir aus dem Material *seine* Stimme? – *eine* Stimme vielleicht. Übrig bleibt bei dieser Arbeit *gewiß* nur die eine oder andere, mehr oder weniger entstellte Meinung, in der auch manche Nachrede aus der Rezeptionsgeschichte unvermeidlich steckt; auch üble.[3]

Ein jüdischer Dichter und die Juden in Hamburg. So klingt das Thema anders; klarer als: Heine in Hamburg. Billigt man ein literaturhistorisches Verfahren, das sein positives Geschichtsmaterial selber schon zersetzt erblickt vom Geist dessen, von dem es Kunde gibt? Nichts anderes als ein solcher Blick ist in die folgende Bestandsaufnahme hineinzunehmen, die eine neue Annäherung an den schwer zugänglichen Dichter Heinrich Harry Heine aus hamburgischer Sicht, noch bis ins II. und III. Kapitel hinein, sein möchte.

Ich verwende im I. Kapitel Material aus dem Zunz-Nachlaß, nämlich die Aufzeichnungen der Mitglieder des »Vereins für Cultur und Wissenschaft der Juden« in Berlin 1821–1823 und des Hamburgischen Special-Vereins (der Filiale), sowie Briefe von Moses Moser, Immanuel Wohlwill,[4] H. Heine.

Mein Quellenbegriff geht aus meiner Vorgehensweise hervor. Sie verletzt, indem sie immer textbezogen bleibt, bewußt den Genügsamkeitsschein des Archivmaterials als Voraussetzung dafür, daß das dichterische Wort Einlaß ins historische Archiv erhalte. Ins Archiv des Vereins gehören, sagt Heine den Berliner Freunden, auch *seine* Bücher: als »Quelle« (I,649, 840).

Wir blenden uns im folgenden in Heines 2. und 4. Aufenthalt in Hamburg ein. 1816-19 und 1823. (Dreizehnmal insgesamt hat er vor der Abreise nach Paris kürzer oder länger in der Stadt gelebt. Zweimal noch hat er einen Besuch aus dem Exil gemacht.)

In die Perspektive seines eigenen Rückblicks auf die beiden von mir gewählten Aufenthalte stellt Heine einen Text über Hamburg, betreffend die Rückkehr aus Italien im Januar 1829. Der Text, Kap. IV in der Schelmen-Maskerade »Schnabelewopski«, Hamburgbild, ist vielleicht noch in Hamburg, in Wandsbek oder auf Helgoland ausgedacht und entworfen worden, ehe der Autor im Mai 1831 Deutschland verläßt; ausgearbeitet dann in Paris 1832/33. Bis zu sechzehn Jahre lang gealterte Erfahrungen in der Stadt sind die Bildmaterie. Er habe sie als poetisch sehender Gegenwartshistoriker ausgearbeitet, schreibt Heine im August 1832 an den Hamburger Freund Friedrich Merckel. Das sieht dann so aus:

Und die Stadt selbst, wie war sie verändert! Und der Jungfernstieg! Der Schnee lag auf den Dächern und es schien als hätten sogar die Häuser gealtert (...) Es war Sonntag, fünf Uhr, die allgemeine Fütterungsstunde, und die Wagen rollten, Herren und Damen stiegen aus, mit einem gefrorenen Lächeln auf den hungrigen Lippen – Entsetzlich! in diesem Augenblick durchschauerte mich die schreckliche Bemerkung, daß ein unergründlicher Blödsinn auf allen diesen Gesichtern lag, und daß alle Menschen die eben vorbeigingen in einem wunderbaren Wahnwitz befangen schienen. Ich hatte sie schon vor zwölf Jahren [d.i. im Winter 1816/17], um dieselbe Stunde, mit denselben Mienen, wie die Puppen einer Rathausuhr, in derselben Bewegung gesehen, und sie hatten seitdem ununterbrochen in derselben Weise gerechnet, die Börse besucht, sich einander eingeladen, die Kinnbacken bewegt, ihre Trinkgelder bezahlt, und wieder gerechnet: zweimal zwei ist vier – Entsetzlich! rief ich, wenn einem von diesen Leuten, während er auf dem Contoirbock säße, plötzlich einfiele, daß zweimal zwei eigentlich fünf sei, und daß er also sein ganzes Leben verrechnet und sein ganzes Leben in einem schauderhaften Irrtum vergeudet habe! Auf einmal aber ergriff mich selbst ein närrischer Wahnsinn, und als ich die vorüberwandlende Menschen genauer betrachtete, kam es mir vor als seien sie selber nichts anders als Zahlen, als arabische Chiffern; und da ging eine krummfüßige Zwei neben einer fatalen Drei (...); dahinter ging der Herr Vier auf Krücken; einherwatschelnd kam eine fatale Fünf (...) Unter den vorüberrollenden Nullen erkannte ich noch manchen alten Bekannten ...

Hamburgische Geschichte? Auch die Lizenz, die wir einer »poetischen« Geschichtsschreibung einzuräumen gewohnt sind, reicht doch wohl nicht aus, solchen Text und das historiographische Selbstverständnis des Autors vor dem Ehrencodex seriöser Geschichtsforschung bestehen zu lassen. ›Schuster bleibe ...‹ – ja, wenn sich im Ethos des Respekts vor den Arbeitsweisen jenseits der Grenzen der eigenen im Falle der Lizenzvergabe *an den Dichter* nicht immer auch der Gestus ungeduldigen Desinteresses verborgen hielte, der als Abwehrhaltung des Empirikers immer dann sich zu erkennen gibt, wenn die *Gefahr besteht*, dem Vermögen der Phantasie könnte im historischen Raum der Tatsachenfeststellungen das Wort erteilt werden! Als ich das »Schnabelewopski«-Zitat 1988 an den Anfang eines Referats zum Thema dieses Kapitels stellte[5], bekam ich diese Konstellation in der geläufigen höflichen Form zu spüren: Dichtertöne, die zum Schmunzeln sind, sind als hübsche Einstimmung willkommen. Sind sie verklungen, kann die seriöse historische Wissenschaft beginnen. So feiert man Phantasie ab. Bei Literaturhistorikern ist solche Trennung nicht weniger heimisch. Hier wird es seriös z. B. erst bei folgendem Ansatz: ›Satirisches Schreiben!‹, ›Die Hamburger sollen gezeigt werden, wie sie …‹ Daß aber ›die‹ Hamburger Rechenmenschen sind, ist so sehr Gemeinplatz wie als Allsatz unwahr. Unser Zitat besteht aus historisch untauglichen Sätzen, wenn wir sie in der Öde der Literaturgeschichtsschreibung stehen lassen. Und die geläufigen Umschreibungen?: ›Die Satire übertreibt. Heine schreibt sich seinen Ärger …‹ Blabla. Hingegen: Sieht man im Text Juden oder Christen? Warum liest der Historiker über die »arabischen Chiffern« hinweg?

Da es sich hier um kleine wissenschaftskritische Bemerkungen handelt, die ein Ende haben müssen, halte ich eine Beobachtung fest, anstatt die möglichen Fragen an den Text hier zu vertiefen: Heine macht keine Aussagen im Modus deskriptiver Tatsachenbindung. Sein Text schließt Inhalte aus, die im Sinne realistischer Wahrscheinlichkeitskontrollen wahr sein könnten, also in einer glaubhaften Referenz stünden zu Personen, Fakten, Situationen in Hamburg, die uns mit Hilfe dieser Quelle klarer würden, als sie es ohne sie wären. Die fatale Drei wird nicht realistischer, wenn wir hören, daß sie die »schwangere und vollbusige Frau Gemahlin« der krummfüßigen Zwei ist, die unglückliche Acht nimmt per se keine individuellen Züge an, wenn der »närrische Wahn« im Text in ihr einen hamburgischen Versicherungskaufmann erkennen will,

> der sonst wie ein Pfingstochs geputzt ging, jetzt aber wie die magerste von Pharaos mageren Kühen aussah – blasse hohle Wangen, wie ein leerer Suppenteller, kaltrote Nase wie eine Winterrose, abgeschabter schwarzer Rock der einen kümmerlich weißen Widerschein gab, ein Hut worin Saturn mit der Sense einige Luftlöcher geschnitten, doch die Stiefel noch immer spiegelblank gewichst – …

Wie denn auch gerade dann, wenn ein findiger Philologe Heines boshafte Personal-Anspielungen entschlüsseln könnte, der Text schon gar nicht *mehr* über die entschlüsselte Person aussagte als die Quellen, die die Enträtselungs-Philologie neben dem Text zu Rate zieht.

Trotzdem frage ich, was Heines ›historisch‹ untauglicher Text mit unsrem noch unvollkommnen Wissen über die Geschichte der Juden in Hamburg zu tun haben könnte.

2. HEINES SPRACHE IN HAMBURG

Wir haben im Zitat gehört, daß dieser Dicher, als er im Winter 1828/29 von den italienischen Städten zurückkehrt und Hamburg wiedersieht, die Stadt-Kommunikation der Menschen als *verdinglicht, versachlicht* erlebt haben will. Dies sind die Ausdrücke aus der Marx'schen Warenanalyse. Der Frühsozialist Heine hatte sie in München, in Erinnerung an London, die erste Metropole des 19. Jahrhunderts, schon entdeckt und in Cottas Zeitung »Das Ausland. Ein Tagblatt für Kunde des geistigen und sittlichen Lebens der Völker mit besonderer Rücksicht auf verwandte Erscheinungen in Deutschland« in einem Reisebild niedergelegt.[6] Jetzt, mit den Augen Schnabelewopskis, werden die versachlichten Beziehungen der Hamburger um eine weitere literarische Stufe potenziert: physiognomisch chiffriert, in ein Zahlenspiel verrückt und in dessen allegorischem Sinn stillgestellt, eingefroren. – Gerade eine solche Beendigung aber verrät starke Affekte in Beziehung auf Geschichte: verkapselte Erinnerung. Heine-Schnabelewopski überspielt dergestalt die reale Erfahrungsgeschichte eines jungen Fremden in Hamburg.

Heine hat die Stadt *früh* zu *de*-chiffrieren versucht; der dies belegende Basis-Quellentext: »Hamburg d. 27' October 1816. Sie liebt mich NICHT! – (...)«[7] Der Jüngling kann das beweisen, und somit wäre das Uralt-Kapitel Harry und Amalie Molly Heine vernünftigerweise abgeschlossen. Doch unser Quellentext beginnt ja erst. Er rackert sich an diesem »NICHT!« in einem Wortlaut ab, der pubertäre Zeugnisse solcher Art buchstäblich übersteigt. In der Tat kann in diesem Brieftext nur das verödete Sensorium der alten Personenphilologie bloß Amalie und immer wieder Amalie als »Gegenstand« einer verschriftlichten Empörersprache heraushören. Um hier historisch zu werden, muß man aber die Metaphern zu lesen versuchen.

Welcher Aufwand an Sprache! Sprache des Begehrens, sich selber nicht zu verlieren, nachdem das Mädchen an das System Stadt verloren gegeben werden mußte; Begehren hochzufliegen, über die Stadt hinaus. Aber dort oben ende ich im Wahnsinn. Dort liebe ich die Stadt wie das Mädchen: sie entziehen sich. Sie *versagen* sich. So wie die Stadt *ist*, in der Molly verschwunden ist, ist sie nicht liebenswert. *Über* der Stadt aber hält nur noch die Sprache in ihrer gesteilten metaphorischen Stabilität: Sie hält dem *Aufbegehren* stand; hält es hoch. Oben auf einem »hüpschen Kartenhaus«, »ganz oben auf«, *steh Ich* – »und halte *sie* im Arm!«

Aber das *complette* Liebesobjekt, Frau und Stadt, ist wie es ist. Und das Aufbegehren findet unten statt, unter der Regentschaft des Realitätsprinzips. Die Sozialgeschichte kann zeigen, wie und warum *objektiv* die Zurückweisung dort unten gewesen ist, die der *Fremde* in Familie und Stadtgesellschaft erfahren hat. Wie notwendig. Der Historiker von Zeichensprachen aber betrachtet auch das Imaginäre als wirkliche Erfahrung, hält sich beobachtend und: philosophisch im Zwischenraum zwischen Sein und Notwendigkeit auf, den Blick beharrlich auf das Medium Sprache gerichtet, wo das objektive Nicht-Seinkönnen als Sein erhalten bleibt, wo die Erfahrung des Fremden verkehrt wird: Der Fremde erfährt das allgemein Vertraute, die Stadt wie sie ist, als das ihm Fremde *und drückt es dergestalt aus.* ›Objektiv‹ *gestaltet.* Heines früher Quellentext bezeugt die Arbeit daran; das beinahe wirkliche Wahnsinnigwerden des jungen Fremden, der sein Fremdsein an die Stadt zurückgibt. In keiner Rechthaberpose, sondern in purer Verzweiflung. Dennoch ›getragen‹ von Selbstbewußtsein, das ihm ›real‹ gebrochen wird. In solcher Verspannung mit der Stadt werden zwei Produkte hervorgetrieben: (1) Trennung der eigenen von der Stadtsprache und (2) Zeichensprache für die Stadt.

(1) Du weißt nicht welch ungeheuer Weh mir der dolchscharfe Widerhacken macht, mit welchem sich jedes Wort aus meiner Seele hervorreißt; andern Leuten kosten die schwarzen Striche nichts, können sie nach Belieben hin und herstellen, schreiben auf dem Cothurn um besser durch den Dreck zu kommen. Dies was Du hier für Cothurn ansehen magst, sind riesig hohe Schmerzgestalten die aus den gähnend weiten, blutigen Herzwunden hervorsteigen –

Die eigenen Worte, Herzworte, wollen nicht raus. Sie müssen aber: um Laut zu werden und schließlich Schrift. Dann sind sie ins Tauschverhältnis der versachlichten Stadtkommunikation gesetzt, zum Wechseln ähnlich den Worten der andern Leute. Sie kosten aber Blut. Seelenblut aus den Herz*wunden*, ihrem schmerzhaften Austrittsort. Das Zeichensystem der Stadtsprache hat sich verselbständigt, ihre Worte flottieren den Münzen analog. Sie haben keinen Herzensgrund, keinen Pfennig kostet ihre Hervorbringung, denn sie stehen im *sich selber zahlenden* Stadtverkehr zur beliebigen Benützung, abgegriffen, vorberechnet zur Verfügung. Sie sind Partikel der Stadt wie die Leute selber. ›Enteignet‹. Sie haben von vornherein die Schriftgestalt; Striche, pure Schwärzung des Papiers. Sie werden hin und her gestellt, wie die Stadt über ihre Leute verfügt. Einige Leute aber, die allein Verkehrswürdigen, nutzen die Willkürlichkeit der Zeichen, die Schrift, zur Emanzipation aus dem Dreck der Stadt. Jedenfalls kommen sie besser durch, wenn sie schreiben können. Natürlich schreiben sie in ihren Kontoren. Das ist ihr Cothurn. Die Stadt ist eine Klassengesellschaft. Dem setzt der Dichter die Subjektivität des Innenraums entgegen (S. 121); hier ist unten und oben nicht getrennt, die ganze *Genese* des Reichtums als Betrug ist hier mit dessen verdeckter *Gegenwärtigkeit* verspannt, über die Kluft der Geschichte des Judentums hinweg lehnen poetische Sprachprodukte sich am Cothurn der Reichen an, vergleichen sich ihrer ›Hochsprache‹, die sie nichts kostet: »riesig hohe Schmerzgestalten«.

Deshalb erkennt sich der Schreiber solcher Sprache in der Entgegensetzung zur Stadtsprache nicht als konventioneller Praktiker einer poetischen Gattung (Lyrik, Liebesdichtung) im Streben nach Assimilation, sondern als »jüdischer Liederdichter«!

Die Klassendifferenz in der Stadt zwischen Dreck und Cothurn nimmt er als Jude in sich auf. Er verweigert die Unterwerfung unter die »Christliche Liebe« als Ideologie der Klassenherrschaft. Sie wird von der Differenz nicht erlösen. Er macht sich *seine* Stellung kraß bewußt: »Die Liebeslieder eines Juden« werden von eben dieser Christlichen Liebe nicht zugelassen. So deutet Heine die Schwierigkeiten, die man ihm macht, seine Poesien in Druck zu geben, aufs Papier der Stadt, unter die Augen *aller* Stadtleute, Christen und Juden, Arm und Reich. »Niemand« soll von der unglücklichen Liebe zu »ihr« erfahren, die von der Stadt beansprucht, verschlungen, in ihrem Klassenschema zum Verschwinden gebracht wird. »Niemand bleibt mir übrig als ich selbst.«

Unser Quellentext ist das frühe und einzige Zeugnis, in dem Harry Heine sein Außenseitersein in der Form einer Reflexion seines Sprachproblems schreibend durchdringt. Die »Widerhacken« wollen sein Herz davor schützen, Worte von dort, Liebesworte, herauszulassen. Selbstverletzung und verletztes Sprechen sind dann der Preis des Selbstsprechens ›oben‹. Analog zur herrschenden Kaste, der er sozial zugestellt ist, will er fiktiv selbstbeherrscht ›von unten herauf‹ in der Stadt sprechen. Daß das nicht geht, d.i., daß es nur geht, wenn er sich brechen läßt, machen ihm die realen Widerstände in der christlich dominierten Gesellschaft klar. Der Schreibtrieb des Juden in feindlicher Umwelt kehrt sich in Selbstverwundung um. Schmerzvermeidung wird zur ironisch-sarkastischen Sprache werden, *sobald er sie beherrscht.* Unbeherrschtheit jetzt, Beherrschung später sind kein praktischer Widerspruch zur Liebe für diese Sprache. Die deutsche. Er liebt sie wie »sie«, die Stadt. Er liebt sie als das Medium, das sein Unten- und Obensein, sein Überleben im Jetzt zusammenhält, als die Heimat des Fremden. (Das Hebräische wäre nur die Sprache ›aus der Ferne‹).[8] Heine kommt zum Bewußtsein seiner lyrischen Primärszene: Er inszeniert seine Liebe gegen die Gesellschaftsform, aus der er sie nicht befreien kann; schreibt im aufgebrochenen Licht des jüdischen Selbstbewußtseins eines deutschen Dichters.

Dies geschieht, als das Reformjudentum das Licht der deutschen Aufklärung gegen das Dunkel des Ghettos stellt.[9] Der 19jährige Heine setzt seinen unbeherrschten Text »Sie liebt mich NICHT!« als Ausgangspunkt eines literarischen Dauerkonflikts mit der Emanzipation. Während z. B. die Reform des jüdischen Gottesdienstes (deutscher Gebetstext, deutscher Gesang, orthographische Kultur deutscher Predigt) zur selben Zeit die »Muttersprache der Juden« proklamiert, beschreibt der »jüdische Liederdichter« sein Mächtigwerden in dieser deutschen Sprache im Subjektgefühl des Außenseiters in der Gesellschaft. Und dies zuerst im jüdisch-deutschen Aufstiegsmilieu des Familienoberhaupts Salomon Heine, der den Neffen in eine Zucht nimmt, die ihn zum ökonomisch modernen Juden, und zwar auf den Assimilationsstufen ›ganz oben‹, machen soll.

Das Sensationelle unseres Textes ist, daß sein Schreiber nicht nur in poetische Oppositionsstellung zu solchem Überlebensplan geht. Ein Spinoza-Bezug, der gelegentlich näher ausgearbeitet werden muß, steckt in einem flapsigen Aut Caesar, aut nihil und gibt dem Blick des poetischen Debütanten im Blick nach ›oben‹ eine Vermessenheit, die den Außenseiter in Gottnähe bringen soll. Natürlich läßt sich das nur im grandiosen Bilde fassen (»Wahnsinn sündigt nicht«): »Ich bin ein wahnsinniger Schachspieler. Schon beim ersten Stein habe ich die Königinn verloren, und doch spiel ich noch, und spiele – um die Königinn.« Ganz ›unten‹, ehe das Herz unterm Herausmüssen der Worte blutet, beginnt die Vermessung des eigenen Stehvermögens am projektiv vorgestellten absoluten Individualismus »Gottes«. Gott hat in »Allem« den monadischen Keim angelegt – Das schreibende Ich begehrt, *»an Allem« Teil zu haben.* – Noch ehe Heine ein Wort von Hegel gelesen hat, reflektiert er spinozianisch! Das wirft ein Licht auf seine philosophischen Lehrjahre in Düsseldorf (VI,557 ff.).

(2) Klein kommt Heine in Hamburg an. Das Waren-Geschäft seines Vaters in Düsseldorf bedeutet zwar noch ›Rückendeckung‹, aber es ist, als müsse der Neffe im internen Klassenverhältnis der Familie vor-erfahren, was ihr objektiv schon widerfahren ist: eine ökonomiegeschichtlich bedingte innere Unvereinbarkeit, welcher zuerst die Bruderliebe zum Opfer fällt. Der reiche Onkel wird in drei Jahren die Waren des Vaters liquidieren (S. 62 ff.). Aber so weit ist es jetzt noch nicht: Drei Wochen nach seiner Ankunft in Hamburg am 6.6.1816 wird Harry als Lehrbub ins Bankhaus des Onkels genommen. Unter des Familienchefbuchhalters Aaron Hirsch strenger Fuchtel muß er gegen das Bild angehen, das er als gescheiterter Bankvolontär und Spezereienlehrling in Frankfurt ein Jahr zuvor der Familie geboten hatte. Mit welchem Erfolg, können wir uns denken. Wie soll das gut gehen: Eine Woche nach Antritt dieser neuen Gelehrigkeitsprobe schreibt der junge Mann auf:

Mir gehts gut. Bin mein eigener Herr, und steh so ganz für mich allein, und steh stolz und fest und hoch, und schau die Menschen tief unter mir so klein, so zwergenklein; und hab' meine Freude dran.[10]

Er gedenkt noch, dem Patriarchen Salomon die Tochter abzuluchsen. Der Familieninstinkt, auch im Aufstiegskalkül der jungen Frau, hätte stumpf sein müssen, wäre man diesem Begehr entgegengekommen. Das Weibliche, dem der Neffe und Vetter da beizukommen sucht, trägt für ihn alle Züge der Stadtgesellschaft: ›feindliche Umwelt‹. Das spürt die Familie und panzert sich mit den natürlichen Demütigungsattitüden der Patrizier. Und ›natürlich‹ wird in diesem Klima dem Geschuriegelten die Zeustochter Erató, die Muse der Liebeslyrik untreu:

Ist auch ein Weib. Oder fürchtet sie sich vor die furchtbaren Handelsanstalten die ich mache? Wahr ist es, es ist ein verludertes Kaufmannsnest hier. Huren genug, aber keine Musen.

Hier hören wir den Ironiker, dem die ›Ironie‹, das Sich-selber-klein-Machen, nicht gelingt. Und stellen wir ihn uns vor, wie er da stolz und geknickt im Frühling und Sommer 1816, verkehrend in der Landvilla an der Elbe und im Stadthaus des Millionärs, das junge Leiden in der Gesellschaft auch physiognomisch tragiert! Dem Onkel, der den verstockten Jungen insgeheim liebt, wird es bald zu viel und gesellschaftlich unerträglich, wie da das schwächste Glied der Familie als Insider an ihrem Hof das Spiel des großen Außenseiters spielt, und am liebsten würde er ihn aus Hamburg wegschicken.

H. Heine reagiert auf die Verspannungen dieses Jahres – und nie wieder wird es zu einer vergleichbaren Aufenthaltsdauer auf dem Terrain der »Familie«, kommen – mit der Stadtverzeichnung, die in unserem Quellentext vorliegt. Aus grotesk gewählter Perspektive, in der die wirklichen gesellschaftlichen Verhältnisse innerhalb der christlich-jüdischen Oberklasse auf den Kopf gestellt sind, legt er den »Geist« der Schacherstadt fest:

Alle Hamburger nenne ich Juden und die ich um sie von den Beschnittenen zu unterscheiden: getaufte Juden benamse, heißen vulgo: Christen.

In dieser Verzeichnung, einer Zeichensprache mit Bibelanspielung, ist eine jüdische gesellschaftliche Dominanz imaginiert.

Darübergelegt die Zeichenschicht ›Normalität‹: Die herrschende Klasse am Hofe des Onkels geht »geziehrt und geschwänzelt« miteinander um. Es herrscht »die Etiquette«. »Diplomatisches Federvieh, Millionäre, hochweise Senatoren etc. etc.« Eine grobwitzige Handbewegung huscht über diese Zeichnung. Der Dreckskerl Blücher war beim Onkel zu Tisch. Der germanische Tölpel. Homerisches Gelächter, Poltern. »So ein Kerl macht Freude – – –« Die Drohgebärde des Revolutionsdichters glaubt man hier schon zu sehen …

Diese Zeichensprache für die Stadt ist nicht schwer zu deuten. Die weibliche Stadt ist beherrscht von Schacher und grobem sexuellen Vergnügen. »Liebe« dringt da nicht mehr durch. Der Schacher ist der Geist der Stadt. In den Kontoren von oben herab schreibt er seine Rechnungen. Die Juden täuschen sich, wenn sie die Garantie für ihre Aufstiegsfreiheiten mit ihrer Unterwerfung unter diesen Geist zu erkaufen glauben. »Alle Hamburger nenne ich Juden.« Wenn es je so weit kommt, daß der Unterschied zwischen christlichem und jüdischem Schacher verschwindet, dann ist die Befreiung aus dem Ghetto an die moderne Klassengesellschaft vergeben. Und auch den reichen Juden wird das nichts geholfen haben. Ganz aus der grotesken Wirkung der Namensmagie »Alle Hamburger … Juden …« herausgefallen der Satzteil zuvor: »eine schwüle Spannung zwischen den getauften und ungetauften Juden«! Das ist – die Assoziation der Metapher mag ins Unbewußte einer ›marranischen‹ Erinnerung reichen[11] – eine rational-analytische Meßlatte, über die Heine seine Kreation einer Zeichensprache für die Stadt gleiten läßt, ehe sie in seinen ›Setzkasten‹, seine verschlungene Satzgestaltung, in die Buchstabenordnung seiner Schreibtrennung der eigenen von der Stadtsprache gebracht wird.

Der utopische Täuschungsfrieden im Geist des Schachers ist bedroht von einem schwül angezeigten »Verfolgungsgewitter«, wie es später heißen wird. Noch hat dieser Geschichte Harry Heine erst seine »Liebeslieder eines Juden« entgegenzusetzen. Diese Entgegensetzung allein genügt, sie aus der Stadtsprache Hamburgs auszufällen. »Eine herzkränkende Sache«! »Schöne Lieder, die nur für Sie [hier vergißt der Schreiber sein »ich« gleich zweimal, subjektiv und objektiv] gedichtet habe so bitter und schnöde gedemütigt ...!« Der jüdische Liederdichter geht ins innere Exil, er hat seine Erató nun doch als treu erkannt, hat sie »jetzt noch weit lieber als je ... eine getreue tröstende [!] Freundin ... die ist so heimlich süß ...«

Der Ton der frühesten Verse ist gefunden. Salomon Heine und Aaron Hirsch nehmen Harry noch strenger her. Während der europäischen Wirtschaftskrise 1817 gehen die Geschäfte des Bankhauses zurück. Harry arbeitet jetzt mit und dichtet. Zum Jahreswechsel gibt er dem Fräulein Amalie schriftlich, daß in puncto Liebe von ihm außer ironischen Quittungen nichts mehr kommt. Er beantragt Aufnahme in der Gemeinde. »Harry Heine & Comp.« wird eingerichtet. – – – Im nächsten Kapitel kehren wir in diese frühe Situation einläßlicher zurück.

Hier machen wir einen Zeitsprung. Harry Heine, Philosoph und schon ›angesehener Poet‹, tritt 1823 aus Berlin kommend und mit einer Mission versehen wieder auf den Schauplatz der Stadt. Das muß vorbereitet werden.

3. HEGEL NACH HAMBURG!

Beginnen wir mit einem Resümee. Die Sprache des jüdischen Lieder-Dichters verschaffte sich in einem Bekenntnis-Brief von 1816 Zugang zu seinem Affekt-Innern. Von dort holte er sich den Ausdruck grandioser Selbst-Entgrenzung: Es kommt zu einer Verspannung von Dichter- und Stadtsprache, die als Begegnung des liebenden *Juden* mit der christlichen *Klassen*gesellschaft zu betrachten war. Wie der Dichter dabei seine Zeichen gewählt hat, das scheint darauf hinzudeuten, daß er sich »Niemandem«, nur sich selbst, nämlich seinem poetischen, d.i. auch: seinem aktiv die Wirklichkeit *verzeichnenden* Sprachgebrauch anvertraut, wenn er seinen Emanzipationskampf in der Diaspora führt. Es scheint ferner darauf hinzudeuten, daß er sein Selbstverständnis als Erniedrigter in diesen Kampf der Zeichen einbringt, also als jüdischer Außenseiter in christlicher Gesellschaft *seine* sprachliche Existenz zu führen beabsichtigt: Er nennt sich »Sonderling«. – Nach dem Zwischenresümee ist nun zu skizzieren, aus welchem Anregungsmilieu in Berlin und von welchen Erfahrungen dort bewegt Heine nach Hamburg kommt. Zur Erhellung dieses Rückraums ist uns keine Quelle verfügbar, die von ähnlicher Konsistenz wäre wie der Bekenntnisbrief vom Oktober 1816. Diesen Mangel muß ein Konstrukt ausgleichen: Quelle sei ein kleines Netz von Belegstellen, die ihren Kontext im Briefwechsel der führenden Vereins-Mitglieder Moser und Wohlwill haben. Dieser also ist neu zu lesen[12].

Über Heines komplizierte Sonderstellung im Verein für Cultur und Wissenschaft der Juden kann und braucht an dieser Stelle nicht gehandelt zu werden; sie wird mittelbar kenntlich genug.[13] Ich stelle ein Perspektiv in Berlin auf; mit seiner Hilfe blicken wir nach Hamburg und sehen, wie dort eine Konstellation aufblitzt, als Heine, nach einer Atempause bei den Eltern in Lüneburg im Mai/Juni, im Juli 1823 zurückkehrt in diese Stadt, an den Hof Salomons, in die Gemeinde.

Der Blick aus Berlin

Am 23.9.1821 war in Hamburg die Filiale des Vereins für Cultur und Wissenschaft der Juden gegründet worden; korrekt: der »Hamburg und Altonaer Special-Verein«.[14] Die Führungsgruppe: Gotthold Salomon und Eduard Israel Kley (Präsidium im Wechsel), Gerson Gabriel Cohen (Rendant), Immanuel Wohlwill (Beauftragter in Berlin für die Hamburgische Filiale und seit 23. Dezember 1822 Verhandlungsführer in Hamburg bei der Ausarbeitung der Satzung; neben Eduard Gans, Leopold Zunz und Moses Moser auch Leitlinien-Autor seit 1821; aus seiner Feder: »Über den Begriff einer Wissenschaft des Judenthums« im 1. Heft der Vereinszeitschrift 1822.

Das Verhältnis zwischen Haupt- und Specialverein stimmt nicht. Das prinzipielle Signal dieses Umstands: Die Berliner waren dominiert von einer radikalen Reformvorstellung, deren Quelle die Hegelsche Philosophie war. Man hatte sich von Kants individualistischen Moralkategorien als Grundbestand auch deutsch-jüdischer Aufklärungskonzepte gelöst, also auch von der ›Berliner‹ Aufklärung, und setzte auf die Entwicklungslogik des »sittlichen Staats«. Der Führungsanspruch der Berliner gegenüber den Hamburgern machte sich in einem über-korrekten Satzungsdisput geltend, war aber ein hochgemut logischer im Hegelschen Sinn. Ich nehme an, daß die Hamburger Vereinsmitglieder nicht Hegel lasen. Was ich im Material sehe, ist ihre zögerliche Skepsis, ja ihr Mißtrauen gegen Berlin, ihr mangelnder Schwung, ihre bürgerliche ›Friedfertigkeit‹ in den schwelenden Konflikten der Zeit zwischen »Synagoge« und »Neuem Tempel« und also ihre mangelnde Entschiedenheit in den Augen der Gruppe in Berlin um Gans. Dort war der Bruch zur Gemeinde-Orthodoxie so radikal wie der Abstand Hegels von Kant oder Mendelssohn. – Soweit eine Andeutung des ›Überbaus‹ über dem Berlin-Hamburgischen Vereinsverhältnis. – In sozialgeschichtlicher Konkretion sieht das knapp formuliert so aus.

Das labile Selbstbewußtsein der Juden in der Krise des Rabbinertums und im Zuge der sozialen Verelendung im Fortgang der Modernisierung des christlichen Gesellschaftsvertrags könne geheilt werden in einem *neuen sittlichen Verhältnis im Staate* (Moser). Der Verein müsse, planend und prototypisch, die menschlichen Beziehungen gestaltend, Vorreiter dem (preußischen) Staate sein, und, da dieser noch am Judenproblem versage, im Geiste Hegels, der das Besondere im Allgemeinen aufzuheben lehre, an die Arbeit der Reformation gehen: Sturz des *die Nation entstellenden Rabbinismus* (gemeint: die jüdische Nation), offener Kampf gegen den Talmud, *dessen verderblichen Einfluß für unser Zeitalter zu vernichten, wesentliche Bedingung einer nützlichen Judenreformation ist.* In die Nähe zu einer Unterwerfungs-Vorleistung gerät das Gründungs-Axiom: Die *schädlichen Folgen* der Wirkungen jüdischer Kultformen im Staate müßten abgebaut werden. Gans: »Zerstörung des Rabbinismus!«

Dieser parolische Rigorismus im Banne der Idee vom sittlichen Staat, also sagen wir: der Hegelsche Buchstabe im Vereinsgeist, hat der Assimilationsbewegung am Anfang des Jahrhunderts keine praktischen Impulse gegeben, hat aber schon, wie in einem Labor, ihre logische Tendenz bis hin zur sozialistischen Dialektik klar ausgedrückt. Dies ist kein historischer Hinweis auf die Pragmatik des Vereins. Er ist als Ideenträger abstrakt geblieben, hat bei den nimmermüden Satzungsdiskussionen, in sozial-pädagogischer und organisatorischer Beanspruchung in der vereinseigenen Unterrichtsanstalt, durch die Querelen mit Behörden und Gemeinde, schließlich durch Überarbeitung und Überanstrengung der führenden (Hegel-) Gruppe und im unausgetragenen Widerstreit der Denkweisen in der Gesamtgruppe seinen jugendlichen Elan verloren. – Moses Mosers ›realistisches‹ Genie hat aus der Sterbekrise des Hauptvereins 1823 eine Pragmatik für die Reformbewegung, wie er sie verstand, zu retten versucht.

Den ideellen Überbau und die axiomatische Abkehr vom Talmud-Rabbinismus rührt er nicht an, transformiert aber den Hegelschen Idealismus mit Blick auf Hamburg für einen Augenblick der Hoffnung, die er auf Wohlwills »Consequenz und Zuverlässigkeit« setzt, in einen strategischen Entwurf. Während der ersten Monate 1823, als Heine noch skeptisch und aufgewühlt den Sitzungen der Vereins-Hauptgruppe in Berlin beiwohnt und sich dann nach seiner Verabschiedung (am 11. Mai) und Abreise (am 19.) in Lüneburg zu sammeln sucht, dann während seines Hamburger Aufenthalts im Juli und schließlich bis in den Sommer 1824 geht eine Korrespondenz Moser-Wohlwill zwischen Berlin und Hamburg hin und her (Heine ist der Dritte im Bunde, er ist ständig ›dabei‹, dieser Korrespondenz als Bezugspunkt immanent), die den strategischen Entwurf bezeugt: am Anfang aufblitzend in Gesten, Wendungen, Reflexen, bald sich verlierend in Räsonnements. Sie überantworten das Entworfene dem Zugeständnis des Scheiternmüssens und dokumentieren dergestalt seine Inhalte: ausführlicher und zugespitzt formuliert, und für den Historiker auskunftsstärker als am Anfang. ›Nebenbei‹ sind die Briefe ein Dokument der psychisch-materiellen Nöte eines vom Vereinsphilosophen Hegel überforderten jungen Freischullehrers (Wohlwill) und dagegen eines Bankkaufmanns, der in durchgehaltener Strenge seinem Alltag (und einer offenbar schwelenden Krankheit) die Formung seiner Subjektivität unterm Gesetz ihrer Aufhebung im sittlich Allgemeinen hegelianisch abringt (Moser).

Wohlwill soll in Hamburg durch persönliche Überzeugungskraft die Umformung des jüdischen Selbstbewußtseins befördern. Wie dies in Hegelschem Sinn eine geschichtliche Dimension erreichen müsse, kann sich Mosers kraftvolle

Abstraktion zunächst durchaus als realistische Einwirkung auf die Menschen und ihre Verhältnisse vorstellen. Er scheint geglaubt zu haben, daß die in Hamburg seit 1821 – seit der Ernennung des ›liberalen Traditionalisten‹ Isaac Bernays zum Chacham (Oberrabiner) der Gemeinde – verbesserten Beziehungen zwischen Orthodoxie und Reformjudentum der Arbeit des Specialvereins günstig seien: anders als in Berlin, wo sich eine vom Verein eingeschüchterte orthodoxe Gemeindemehrheit und das hegelianisch radikale Assimilationskonzept unvermittelbar und also Kräfte raubend entgegenstanden. Wohlwills und die eigenen guten persönlichen Beziehungen zu Hamburg galten Moser tatsächlich als eine günstige Voraussetzung dazu, in menschlicher Nähe zu Andersdenkenden Hegels Philosophie, im hamburgischen Milieu, eine Chance zu geben; wenn sie nur persönlich glaubwürdig vertreten werde: subjektiv vermittelt und nicht von vornherein in der Abwehr der Gemeinde abgetötet wie in Berlin. So gesehen ist das Eindringen Mosers auf Wohlwills Subjektivität, der Grundgestus im Briefwechsel, das Procedere seiner ›objektiven‹ Konzeption.

Es kann hier nicht sehr ausführlich dargestellt werden, sondern muß angedeutet bleiben, welches Problem sich die Freunde da aufgehalst hatten. Denn Wohlwill litt in Hamburg in den ersten Jahren unter starken Depressionen, auch noch dann, als er sich aus der sozialen Isolierung der Anfangszeit befreien konnte. Was in der Vereinssprache »Kraft und Eifer sämtlicher Mitglieder« heißt, die sich ihrer Wurzel in der »Allgemeinen Idee« bewußt sein müßten, äußert sich von Freund zu Freund im Appell, Hegel zu studieren, zu *arbeiten,* hinauszukommen über »alle Beschränktheiten und Einzelheiten als Dich drücken mögen«, »wissenschaftlich tätig zu sein«, was die Schul-Formel für die Objektivation des Geistes im Bewußtsein ist. Heines tragische Mauren-Dichtung »Almansor« wird unverhohlen angepriesen in ihrer Beziehung, die sie »zu dem Verhältnis der Juden hat«; ein an der Hamburgfront tätiges Vereinsmitglied müsse solche objektivierende Ausstrahlungskraft für die Sache der Juden haben. Wie zur Entgegnung läßt Wohlwill Moser wissen, Heine sei »sehr verstimmt« aus Hamburg abgereist. Moser apodiktisch: Im Subjektiven *ersticken* (bis in Pedanterie, Apathie) kann *ein Hegelianer nicht.* »Ich habe Deinem Geiste die Kraft zugetraut, unwürdige Fesseln abzustreifen, und das freie Ich emporzuheben aus dem Staube.«

Wohlwill spricht ausgiebig, ja weitschweifend und um Verständnis flehend von seinen Empfindungen, von unerfüllten Augenblicken der Leere und Sehnsucht nach Glück, die sich schließlich aneinander fügen in die zeitliche Erstreckung eines ganzen Jahres, als sei Glück nicht ›gegeben‹, bliebe ihm ausdruckslos. »Welch ungeheure Apathie in diesem Gedanken«, ruft Moser, »Ich frage Dich, was anders einen Moment vom andern unterscheidet, als die fortgesetzte Bewegung unseres Willens? (...) Um zum Größten zu gelangen, lieber Freund, muß das Kleinste nicht zu klein seyn. Nur Resignation gibt Vollgenuß. Das Ich muß sich entäußern um zum wahrhaften Insichseyn zu gelangen.«

Ähnlich wie Heine (I,838) möchte Wohlwill nicht unters Joch der Idee genommen werden, gar in ihr aufgehen. Dem Weltgeist, der weltgeschichtlichen Einheitsstiftung fühlt er sich nicht allzu nahe stehen, findet, daß er bei sich selber um seine Einheit besorgt sein und diese Selbstsorge durch Nichtentäußerung bei sich halten müsse gerade deshalb, weil einen Augenblick als leer zu fühlen doch bedeuten könne, sich nicht zu verlieren, sondern »Etwas« zu gewinnen –: »kann's nicht auch zum Ausbrüten kommen?« Wohlwill spürt Auftragsdruck, unter dem er schließlich am Auftraggeber Hegel selber zu zweifeln beginnt. (»Er kann nicht beten!«) Gegen den Entäußerungsbefehl der dialektischen Bewußtseinslehre möchte er seinen »ganzen Menschen zum Mittelpunkt« zurückbehalten, auch ohne Bewußtsein frei sein, *unmittelbar*-tätig; so nur stellt er sich individuelle Freiheit vor ..., »warum willst Du mir diesen Trost nehmen?«

Wir glauben klar zu sehen, was sich hier sträubt. Ichschwäche gegen Hegel-Moser-Stimme, Überich. Doch geht Wohlwill in seiner Praxis nicht aus seinem Vereinsauftrag hinaus, sondern wird aus ihm hinausgedrängt. Er behält die Perspektive der Berliner Philosophie, aber *er scheitert damit »objektiv« an den Hamburgern.* Aus dieser Erfahrung heraus, nicht subjektrebellisch aus sich selber, baut er den Hegelanspruch ab und gerät näher an sich heran. Und dies nun erkennt Moser, Schritt für Schritt mitgehend mit dieser Erfahrung!

Wohlwills Hamburger Depressionen gehen über in Verachtung, Klarsicht, Ekel. Als Tempelprediger begegnet er Erwartungen und Mentalitäten, aus denen die »corruptesten Ansichten über den Verein« abgeleitet seien. Er wird wenig konkret in diesen Klagen. Im Auffassen sei man viel zu rasch, »das Volk kann hier keinen rein religiösen, allgemein menschlichen Vortrag verdauen«, es sei in Hamburg »gegen die gute Sitte, sich über den Tordampf des städtischen Gebietes zu erheben«. »Hundertfältig« proklamiere er privatim und public die Absichten des Vereins – es läuft zuletzt immer auf das eine hinaus: Die Hamburger begreifen Hegel nicht. Die philosophische Perspektive der Befreiung, die im gedruckten Präsidialbericht des Vereins, abgefaßt (»erstattet«) von Eduard Gans, im Jahr '23 dargelegt ist[15] und den Hamburgern vermittelt werden muß – Wohlwill freut sich über den Stand des Hegelstudiums in der Broschüre! –, stößt auf blanke Begriffsstutzigkeit. »Schade«, sagt Wohlwill sarkastisch, daß sie »die Darstellung nicht verstehen«. Eines der ersten Lichter der Stadt habe ihm gestanden, daß ihn die Lektüre Schwindeln gemacht habe. Der Herzensseufzer des treuen Hegelianers: Hamburg ist noch mehr als Berlin dazu gemacht, daß einen die Angelegenheiten des Judentums »in ihrer Flauheit, Haltlosigkeit und Verwirrung immer mehr anekeln«.

Die konkrete Stufe der Reaktionen in Hamburg gegen den Verein: Der Zentralverein sei, so berichtet Wohlwill, nicht *politisch* genug. Z. B. zürne Leo Wolf den Berlinern, daß sie *dort* nicht genug konfrontativ seien; z. B. in ihrer Haltung gegen die Bekehrungsbewegung, das Tempelverbot etc. vorgehen. – *Hier*, in Hamburg, bewege der Specialverein nichts. Wohlwill resümiert traumatisiert: Wenn er nur wüßte, wie aus der Stadt ehrenvoll hinauszukommen sei …

Moser, ungebeugt, zwischendurch einmal selber in Hamburg, sammelt die Beobachtungen, deutet sie fortgehend, *weiß* ja auch Bescheid. Der Oberlehrer Kley, auch für Wohlwill im kollegial-intriganten Umgang eine bittere Enttäuschung, wähne sich als den Mittelpunkt der Befreiungsgeschichte, seine Hamburger Standort-Überheblichkeit setze, philosophisch gesehen, den Tempel ins Zentrum des Universums, eine solche verrückte Anwendung hätte sich Hegel nicht träumen lassen.

Würden die Hamburger in den Werken mal blättern, würden sie aber den Tempel darin nicht finden. Moser ironisierend über den Schluß der Enzyklopädie:[16] »Das Absolute ist der *Geist*, und nicht der Hamburger Tempel, oder seine Prediger, oder deren Zuhörer.«

Es ist merkwürdig und ich halte es für eine historische Subjekt-Konstellation von objektiver Aussagekraft, was sich als psychische Struktur aus dem Briefwechsel herausschält: Auch Moser verbirgt unterm Eindruck der Wohlwill-Briefe bald nicht mehr, wie er die aufgebaute Perspektive ›Hauptverein lenkt Spezialverein 1823/24‹ persönlich erlebt, wie er den bitteren Geschmack der Partikularität als Jude in besonderer Weise schmecken muß, sobald er die Genossen sucht, die mit ihm »in der Gemeinschaft gleich*begeisterter* Freunde« zusammenwirken möchten, die aber aus ihrem Alltag nicht hinausdenken. Wie die Bitternis der Enttäuschung nach außen ihren hegelianischen Ausdruck findet, werden wir sogleich sehen; es ist aber der ganze Moser, der auch über der *privaten* Mitteilung noch die philosophische Kategorie der »Voraussetzung« walten läßt. Eine jüdisch-hegelianische Solidarität der Tätigen sei »immer ein mangelhaft erfüllter Wunsch« geblieben. »Alles zerstreut sich in bunten leeren Äußerlichkeiten in denen das Mark des Lebens sich verzehrt. Ich sehne mich innigst aus dieser Zerstreuung nach einer wahren Vertiefung – Concentration – daß alle die *Voraussetzungen* nach denen man lebt, wirkt und leidet, einmal zur Realität kämen.–« (Vgl. Hegel, VIII, 13 ff.)

Dennoch hat Moser schon früh, als er die Vereinsperspektive noch nicht verloren gegeben hat und daher noch in der Aufklärer-Attitüde feststeckt, die Vereinsidee der Solidaritätserwartung (auch an die Gemeinden, an die »Provinz«) aufgegeben: »Es gibt für mich nichts Lästigeres als von den Judensachen zu sprechen (...) Ist Weißbier das Bild des berlinischen Wesens, so sind die Juden darin das Schaalgewordene. Wer mag den abgeschmackten Trunk nur ansehen. Wir Anderen müssen es zu Essig werden lassen, das ist die einzige Weise seiner Genießbarkeit. Der Verein ist auf Gedanke und Wort beschränkt ...«

Wohlwill solle sich in Hamburg darauf einrichten, bald »eine das Wesentliche der Sache betreffende Unterhaltung« mit ihm zu führen, und es wird ihm Briefkolleg angekündigt: über die *weltgeschichtliche* Arbeit an »einer ausgebildeten Gestalt des Bewußtseins« gegengerichtet gegen die »Substanzlosigkeit und das leere Räsonnieren des gegenwärtigen Zeitalters.«[17] Die geistige Schlaffheit der Juden dürfe keine Hinderung sein, an dem »Ungestüm«, das dem Verein vorgeworfen werde, festzuhalten.[18]

Als Wohlwills Ungestüm unter Hamburg-Bedingungen sichtlich nachläßt und Moser nun tatsächlich auch *darauf* realistisch reagieren muß, werden seine Briefe und Instruktionen zum Abgesang auf den Verein. Und der Abgesang nun wiederum, während er, wie die persönliche Bitternis, in die hegelianische Geschichtsperspektive der tätigen Hervorarbeitung der Wirklichkeit gestellt wird, führt allen Wehklang der Klage über die kommunikative Misere in den Gemeinden mit sich. »Aber die Juden! die Juden!« Er empfindet einen »moralischen Ekel (...) vor solchem jämmerlichen Treiben.« Berliner und Hamburger Zustände vermischen sich in seinen Worten nun, Wohlwill spricht mit, der *genauere* Blick auf das ›bessere‹ Verhältnis zwischen Reformern und Orthodoxen an der Alster hat die Hoffnung vom Frühjahr '23 durchschaut und enttäuscht. Das ›bessere Verhältnis‹ steht für gemeinschaftliche Mentalität. Namen stehen für Vergeblichkeit. Kley, der an Selbstvergötterung leide; Cohen, über dessen fixe Idee eines universellen Reformjudentums ein konsequenter Hegelianer sich nicht verständigen kann;[19] Bernays, dessen ›orthodoxer‹ *Gegensatz* zum ›liberalen‹ Kley in seiner Einzigkeit keine *Bedeutung* habe für eine hamburgische konfliktbewußte Arbeit am *Thema* der Befreiung. – Dies ist der Kern der nun ausgetragenen Enttäuschung:

Eine zusammenhängende Fassung des Abgesangs auf den Verein für Cultur und Wissenschaft der Juden, der Brief an Wohlwill vom 3. und 4. Mai 1823, ist in die Forschung schon eingeführt.[20] Es genügt hier nachzuholen, was dabei noch nicht geschehen ist, nämlich den radikalen Point of View des Textes, die Auflösung des Judentums in der hegelianischen Idee der Weltreligion, an der historischen Stelle aufblitzen zu lassen, wo wir uns befinden: wo jetzt, 1824, die Vereinsperspektive Berlin-Hamburg weggeräumt wird. Die Hamburger, sagt Moser, haben in ihrer philosophischen Verstocktheit nicht begriffen, daß der

Weltgeist gerade jetzt anbiete, den »harten Übergang« des Judentums in die Sphäre des freien Bewußtseins aufzuführen.[21] Daß der Verein ihm dabei habe helfen wollen, sei nicht verstanden und *noch weniger unterstützt* worden. Dies geht zuletzt und »speciell« an die Adresse der Hamburger.

Die Abwehr in Hamburg

Betrachten wir zuletzt die Konstellation Hamburg *gegen* Hegel: wie sie *in Mosers Abgesang* auf den Vereinsversuch als negativ weltgeschichtliche Konstellation für das Judentum in Worte gesetzt ist.

Der radikale Frühhegelianer im Verein setzt eine Trennung von jüdischem Volk und jüdischem Subjekt in der Moderne. Die geschichtliche Situation nach der Aufklärung, ein Augenblick des *Schein*widerspruchs von Bekehrungsbewegung und Reform, wird als Seinsvergessenheit des jüdischen Volkes bestimmt. In dieser Situation aus dem Geiste der Juden, da sie als Volk Gottes aufgehört haben zu sein, den »Inhalt der Weltreligion« bestimmen zu wollen – »eine solche Chimäre lag wohl (!) nie in unserem Sinne«. Es wird dem *philosophischen* Subjekt anvertraut, sich »aus dem Boden der Volksreligion auf den Boden der Weltreligion zu versetzen«.

In einem kühnen Rückgriff auf *das Ende* der mosaischen Gerechtigkeit (auf das Zeugnis Jesu und Mohammeds!) wird das Freie Schweben des Subjekts zwischen Volk und Welt, die intellektuelle Reflexion als Arbeit an der Geschichte des Geistes als tätiges Sein in der Jetztzeit ins Auge gefaßt. Dieser Aufgabe habe sich der Specialverein nicht gewachsen gezeigt. Die »Weltweisen an der Alster« hielten solche Art »wissenschaftlicher Geschichtsforschung« für großen Unsinn. Aber die Hamburger täuschten sich gewaltig. Reformations-Juden sind Chimäre, das »jüdische Wesen« (dies ist ad personam zu Cohen gesprochen) lasse sich nicht »reformieren«, denn es *lebe* nur noch als Gewohnheit fort. Der Philosoph beendet das Hamburgkapitel des Weltgeistes mit der Gebärde des ›Verstehens‹: Man kann den Hamburgern ihre Täuschung lassen. »Was brauchen sie zu wissen, daß sie selber im *Übergange* sind? –«

Das ist gut hegelsch. Aber Moser wäre nicht er selbst, brächte er nicht auch das auf den *wirklichen* Begriff, den Begriff im Subjekt. »Denn es ist vom Judenthum nichts weiter übrig als der Schmerz in einigen Gemüthern.« Der Behauptungsgehalt dieses Satzes zielt vor allem auf den Freund Heine:

Der Gang der Geschichte der Vernunft geht über das Partikulare hinweg, sie bleibt in ihm zurück als Schmerz.[22] Nicht nur der verlassenen Kampfstätte Hamburg gilt der Reflex des Gescheiterten: »Jetzt aber kenne ich in der jüdischen Gemeinschaft nichts Geistiges, das einen edlen Kampf geböte. In dieser allgemeinen Vereinzelung hat ein Jeder zu sehen, wie er sich mit den Particularitäten der Familienbande etc. die ihn etwa fesseln, abfinden könne. –«

»Der Schmerz in einigen Gemüthern«: Unter diesem Motto auch quittiert Moser das Scheitern der Hamburg-Mission als geschichtliche *Stufe im Übergang* und zieht folgerichtig für Wohlwill, Heine und sich selbst ein nicht nur privates Fazit, das den Abgesang auf das *Projekt* mit einer objektiven Rechtfertigung seiner *Protagonisten* versieht. Handelnd in Beziehung auf das ›Allgemeine der Moderne‹ haben sie ihre Subjektivität ins aktive Sein der Geschichte eingetragen. – So wird der Berlin-Blick von Hamburg zwar abgezogen, bleibt aber philosophisch intakt. (Ob *Heine* allerdings ein Protagonist des Projekts war, wird infragezustellen sein.)

Moser über *Wohlwill* (mit Blick auf eine durch Moser ohne Begeisterung in Aussicht gestellte Direktorsstelle an einer geplanten Freischule in Berlin:) »Daß es gerade kein Glück ist, in Diensten einer Jüdischen Gemeinde zu stehen, gebe ich gern zu; ich kenne ihre Kleingeisterei, Engherzigkeit und Gehaltlosigkeit hinlänglich; aber was kümmert das denjenigen, der ein Institut leitet, das den Geist und das Leben vieler Menschen bestimmt und in sich selber Mittel hat, sich eine achtungswerthe Stellung zu erzwingen. Am Ende ist es auch lohnender ein solches Seelen-Rettungs-Institut unter verwahrlosten, verkrüppelten Menschen zu dirigieren, als unter solchen, die schon längst im abgeschliffenen Gleise der Cultur rollen.–« Inzwischen hat Wohlwill sich realistisch arrangiert, hat mit Erfolg im Neuen Tempel gepredigt, überrascht über die günstige Publikumsstimmung, da beide Vorträge »ziemlich gegen die hier gewöhnliche Methode eingerichtet waren«. Immerhin! Die Philosophiegeschichte mag als Rückfall in Haskala und Kantianismus werten, daß Wohlwill nun als Lehrer und Prediger auf Bildung setzt.

Über *Heine*: Er schreibt den »Rabbi«! Führt dergestalt seine Hamburger Oberklasse an ihren sefardischen Ursprung, ins iberische Mittelalter, »ein halbes Jahrhundert vor der Vertreibung der Juden aus Spanien« (S. 5 ff.). Moser weiß, daß dies Dichtung im realen Spannungsfeld zwischen Ghetto und Taufe, Verfolgung und Assimilation ist.

Moser über *sich selber*: Er nimmt Konsequenz der Vereinsauflösung gegen das in Hamburg darüber erhobene große Geschwätz in Anspruch! Das Zerstreuungsprinzip müsse subjektiv übernommen werden! Die Notwendigkeit werde sich über das »Organ der Einzelnen« durchsetzen. Und nichts sei im gegenwärtigen Zeitalter so incommensurabel wie das persönliche Daseyn und das innerste Wollen des Geistes, da man auf hoher Stufe reiner Geschichtsentfaltung lebe, entweder Alexander oder Diogenes sein müsse und »Keiner in recht friedlicher Behausung wohnt.«

»Was wir in Wahrheit gewollt haben, wollen wir auch noch jetzt, und könnten wir wollen, wenn wir alle getauft wären.«

Vielleicht ist es dieser letzte Gesichtspunkt des radikalen Hegelianismus, der in einer Emanzipationsgeschichte des Judentums die höchste Provokation ist: auf ein befreites Marranentum setzt; den philosophischen Kreuzweg bezeichnet. Die Taufe ist für Moser kein Problem und es ist wirklich die Auflösung des Judentums in seiner Philosophie, die den Gesichtspunkt dazu abgibt. Er und Gans, der sich im Herbst '25 wird taufen lassen, werden wegen des philosophischen Rechtfertigungsweges dorthin von den Hamburgern »Narren« genannt, wie Heine ihm geschrieben habe, schreibt Moser an Wohlwill.

In welcher Hinsicht die Drei sich in Hegel einig geblieben seien, bringt Moser (wer sonst?) nach Durchschreiten der Situation 1823/24 auf den Begriff. Aber er täuscht sich an diesem Kreuzpunkt und dies begründet nun vielmehr eine, am Scheitern der hegelianischen Mission in Hamburg begründete lebensphilosophische Differenz zu Wohlwill und, wie biographisch noch genau erforscht werden muß (S. 59), die Trennung Heines von ihm nach der Platen-Affäre 1828: Gans strebte zur *Taufe gehorsam dem mächtigen Zug seines Geistes*, »in welchem nichts sich natürlicher entwickeln konnte, als [:] aus dem lebhaftesten Ergreifen der im Judentum vorausgesetzten Substanz ein gleich starker Widerwille gegen dasselbe, nachdem es sich ihm als ein Schales Ungeistiges erwiesen.« Die Taufe nur ein praktisches Stück »Übergang im Geiste«! Aus dieser Sicht der so nun ›entstandenen‹ Differenz zu den Freunden bezeugen diese Worte die Seinsvergessenheit eines jüdischen Befreiungsphilosophen in der Einsamkeit seines radikalen Hegelianismus.

In seiner häufig gebrauchten Witzweise drückt Moser das schließlich so aus:

»Wenn Du beten kannst, so thue es auch für mich. Ich werde dagegen für Dich Philosophie studieren. Grüße Cohen, der hoffentlich noch den gleichgesinnten, wenn auch nicht gleichdenkenden Freund in mir erkennt.« Wohlwill antwortet aus einem Ernst, den *sein* Witzversuch über die einstige Durchsetzungsgläubigkeit des *Weltwillens per Berliner Vereinssatzung* (»Gesetz«) freundlich mildert: »In der Schule setze ich zwar überall meinen Willen durch, bin aber gesetzlich nur eine Unterrichtsmaschine. Ich dociere in der Regel täglich 6 Stunden in der Klasse und dann folgen noch 3–4 Privatstunden.

Da ist man dann freilich nach vollbrachtem Tagewerk froh, wenn man beten kann, statt zu philosophieren.«

Dies ist ein persönlicher Schlußpunkt (6. Oktober). Der *Weltwille ist ›lebensweltlich‹ relativiert.*

Heines Rolle (Sommer 1823)

Seit das Berliner Perspektiv auf Hamburg ausgerichtet wurde, hat Heine einen solchen Schlußpunkt unter das Vereins-Experiment vorausgedacht und schmerzlich ironisch sich auf ihn eingestellt. In den Briefen an Moser ist keine Spur von Häme gegen das »natürliche« Scheitern seiner Freunde, sondern ihr Ansatz ist ihm fremd. Moser hätte das erkennen müssen. Der Freund als Vereinsabgeordneter in Hamburg? Eben diese Rolle bürdet ›der Verein‹ dem Dichter auf!

Ohne die ›methodische‹ Befreiungsenergie der Hegelschen Logik zu leugnen, hat Heine eine Synthese des »Motivs unserer Reformazion« mit dem Subjekt-Absolutismus der Berliner Schule abgelehnt. Er sagt »Israel«, wenn er von seinem oder »unserem« Judentum spricht; z. B.:

»... An Kraft fehlt es in Israel« (an Wohlwill, 1.4.1823)

Seine Schreibweise, die solche *Chiffren* vorzeigt, mußte den Freunden vertraut sein. Haben sie sie nicht begriffen? Trotz der langen Gespräche, die sie führten? Aber wie beredt war da Heine? Ich habe keine Zweifel, daß er es selbst in vertrauter Freundschaftlichkeit in der Regel nicht war. Die Vereinsprotokolle zeigen ihn als äußerst sparsam und geradezu verdeckt sprechendes Mitglied. Andere Gesprächsaufzeichnungen bezeugen seine Dialog-Sperrigkeit. Er scheint, wie in Verszeilen geredet und versteckt, sich allem sokratischen Geführtwerden verweigert zu haben. Hatte er ein Urteil über Mosers sokratische Rolle in der Wohlwill-Korrespondenz? Er hat sie an sich selbst erfahren, wie die Korrespondenz ausweist! Hatte er eine ›Meinung‹ überhaupt? Die Quellenphilologie hat sie bislang nicht entfernt übereinstimmend rekonstruieren können! Man setzt dabei nicht auf die Chiffren, die Zeilen, die widersprüchlichen Spuren, die Heines ›Wesen‹ im Verein hinterlassen hat. Nicht auf die Träume, die er den Freunden erzählt, nicht auf die »Traumzeit«, in der er existiert (S. 121, 190); auch nicht auf die dringenden Bitten noch während des gesamten Zeitraums seiner ›Mitarbeit‹ 1823/24: ihn mit »gansischem Schwatzen« zu verschonen. Was für ein nachgetragenes Zeichen setzt dazu Moser! Als er sich von Heines ernsthafter Berufung auf den Psalmisten (»Verwelke meine Rechte ...«, am 9.1.1824) berührt gefühlt haben mag, ›antwortet‹ er mit parodistischem Sarkasmus (indirekt via Wohlwill), als wolle er Heines gewöhnliches und inzwischen manifest gewordenes Sichverstecken noch überbieten: »Nein wenn ich Dein vergesse, mein theurer Wohlwill, so vergesse meine Rechte – die eben ausgebrannte Tabakspfeife wieder zu stopfen!« (14.3.1824)

Heines Hineingehen in die Situation Hamburg 1823/24 gibt der Forschung eine neue Sicht, wenn sie es im Kontext des hier noch einmal gelesenen Briefwechsels Wohlwill-Moser betrachten will. Der Dritte im Bunde warnt, der Verein müsse damit rechnen, nur von seiner »Unwirksamkeit Gebrauch machen« zu können (Heine an Zunz am 27.6.1823), und sagt nach erledigter Mission, er werde sich künftig von »gansischen« Versprechungen (von »weltgeistlichem« Selbstbewußtsein) fernzuhalten wissen und sich auf den Gang *seines* Tuns zurücknehmen. (23.8.1823 an Moser). – Mit Heines ›Abdruck‹ im Kommunikationsbild des Vereins im Sommer '23 in Hamburg endet meine Skizze. – Als Anhaltstext dafür zunächst die Traumerzählung aus Heines Reisebrief an Moser nach der Ankunft in Lüneburg bei den Eltern Ende Mai 1823:

Ich sah eine Menge Menschen, die mich auslachten, sogar kleine Kinder lachten über mich, und ich lief schäumend vor Ärger zu Dir, mein guter Moser, und Du öffnetest mir Deine Freundes-Arme, und sprachest mir Trost ein, und sagtest mir ich solle mir nichts zu Gemüte führen, denn ich sei ja nur eine Idee, und um mir zu beweisen, daß ich nur eine Idee sei, griffest du hastig nach Hegels Logik und zeigtest mir eine konfuse Stelle darin, und Gans klopfte ans Fenster, – ich aber sprang wütend im Zimmer herum und schrie: ich bin keine Idee, und weiß nichts von einer Idee und hab mein Lebtag keine Idee gehabt. – Es war ein schauderhafter Traum, ich erinnere mich Gans schrie noch lauter, und auf seiner Schulter saß der kleine Marcus und schrie mit unheimlich heiserer Stimme die Zitate hinzu und lächelte auf eine so gräßliche Weise, daß ich vor Angst aufwachte.

Als der Poet dem Freund seinen Hamburg-Besuch für den Juli anmeldet, fordert er ihn auf, ihm zu schreiben, wie er sich »in Hinsicht des Vereins dort zu betragen habe« – *aber kurz* soll er es sagen! (18.6.1823) Er übernähme schon gerne im Sinne des in Berlin Besprochenen einen Auftrag. – Er soll Gespräche führen im Geiste der Verneinung dessen, was die Personen, mit denen er sie führen wird, hochhalten: Neue Predigt, Tugend und Glückseligkeitsanspruch in der Gegenwart unter bürgerrechtlichen Kautelen der Gleichberechtigung. Seine Meinungen über das, was vom hamburgischen Tempel-Programm hervortrat, differieren von denen der Berliner Vereinsfreunde gar nicht, aber wie entledigt er sich des Auftrages, Gespräche zu führen! Er läßt sich auf die Personen ein, spult kein »gansisches« Überzeugungsschwatzen ab, schaut den Partnern *in die Mienen* – ob er sie ertragen, ob er sie lieben kann! In solcher Einlassung erst findet er, ob er enttäuscht ist oder ob Nicht-Eindeutiges dem vorschnellen Urteil aus Berlinperspektive lieber nicht zum Fraße hingeworfen werden sollte. Er geht *mit sich* um. Um so schärfer trifft es ihn, wenn sich bestätigt, was er seit eh in Hamburg fühlte und was mit Wohlwills und Mosers Gefühl übereinstimmt, z. B. der Widerwille gegen Kley. Er besucht G. Salomon, natürlich Gerson Cohen, den in der Frühphase des Reformstreits zurückgetretenen konservativen Oberrabbiner, den er mag, hört sich Salomon (im Tempel) und Bernays (in der Synagoge) als Prediger an.

Seine Begegnungen werden ein Verwirrspiel, dessen »inhaltlicher«, *willentlicher* Ausgangspunkt die vereinsgetreue, *gesprächsweise* Überwerfung mit Cohen »wegen des Tempels« ist. – Worauf stößt *Intervention in der Stadt* via Heinescher Sprach- und Verhaltensart? Statt thematisch-programmatischer Konfliktbearbeitung allenthalben Geschwätz!, nicht zuletzt bei Hofe des Onkels Salomon. Es schwätzt: Was hat Heine gesagt, gegen wen hat er sich geäußert, hat er sich nicht widersprochen … Und nun stellte Heine merkwürdigerweise den neuen Oberrabbiner Isaak Ben Jakob Bernays in den Mittelpunkt seines Spiels mit dem Vereinsauftrag. Was verbindet ihn mit dem ›Liberal-Orthodoxen‹, dessen »Aufklärung« ihm auftragsgemäß ausgekocht fade erscheinen sollte? Der Bericht an Moser (23. August) klingt wie zitiert nach dem Vereinsvorurteil, und hat doch einen solidarisch-fragenden Subtext: Bernays *will nichts* (wo bleibt der subjektiv inkarnierte Weltwille?), *keiner von den Juden versteht ihn* (könnte das an dem verdeckt ostjüdischen Ferment der Haskala liegen? oder an dem ungestelzten Predigtdeutsch?): als Prediger ein *Charlatan* (natürlich, gemessen an dem inhaltslos-trockenen Formalprinzip der gerühmten Predigten Kleys!) und er *wird auch nie eine andere Rolle spielen* (er bleibt sich treu? trotz Hegelimport und Konkurrenz der gut bezahlten Reformprediger? auch gegen das sefardische, das *reiche* Publikum?). Heine inszeniert beim Onkel in Anwesenheit des Streitpartners Cohen die Streitfrage »Kley oder Bernays« (›liberale‹ oder ›konservative‹ Predigt?) und bricht das Tabu der hamburgischen Neoliberalität. Cohen ist wütend: Harry, der Vereinsabgesandte, wüte gegen das Filial-Präsidium Gotthold Salomon und Kley … Ist Heines Verwirrspiel sinnlos-zynisch? Ich denke nicht.

Es dürfte des Dichters »Vorliebe für das consequente und rigoröse Rabbinentum« gewesen sein, die ihn seine nach außen hin widersprüchliche Rolle spielen ließ. Sie sei »ein Resultat historischer Untersuchungen«! (5.11.1823)[23]

Er vermeidet das vom Verein abgegriffene Wort »Geist«, wenn er dem Rabbiner »mehr spiritus« als den Neutemplern zuschreibt, und er findet ihn »achtungswerth« nicht (aus Vereinsperspektive) *weil*, sondern (sarkastisch) *obwohl* ihm »die negativen Tempeltugenden fehlen«.

So zieht Heine sich während der Auftragserledigung aus dem Fraktionszwang Hegels heraus wie Wohlwill. Das besonders Heinesche: Der wortkarge Hegelianer läuft dem Stadt*diskurs* auf, den er aus Reichtum und den Tugenden des Assimilations-Ehrgeizes konstituiert erlebt und unter dessen Macht er sehr leidet. Denn seine *Liebe* steckt im Stadtdiskurs fest, Liebe zu anderen Juden – die seine Dichtung nur in Ausnahmefällen verstehen. Aus dem ›anderen‹ Diskurszwang, dem der Berliner »Cultur und Wissenschaft der Juden«: aus der *Weltgeist-Propaganda* unter den Juden bricht das Vereinsmitglied in dem Augenblick aus, wo er auf *seinesgleichen* trifft. – *Seiner Natur nach* habe er »die Kraft« nicht schmähen können, die er in Rabbi Bernays wirksam gefunden habe. Also die doppelte Absetzbewegung seiner »Natur«, die frei sein will von der Tyrannei sowohl des Monotheismus als der Hegelschen »Idee«, führt den Dichter des »Rabbi von Bacherach« zu persönlich konkreter Aufmerksamkeit für das Rabbinat in der Moderne, auf dessen »Zerstörung« der Verein mit präsidialen Worten seinen Gründungsschwur geleistet hatte (S. 33). Heines *Dichtung* ist *jedenfalls* der Konsequenz eines modernen konservativen Rabbiners, der aus den jüdischen »Quellen« lebt, näher als dem Diskursgemisch Stadt/Weltgeist (jüdische Kaufmannschaft/Kosmopolitismus), dem er sich im Sommer 1823 im Auftrag des Vereins ausgesetzt hatte. Er ist dieser Nähe aber auch im Rollenhandeln (in offenbar eulenspiegeliger Manier) treu geblieben.

4. DEM VEREIN DEN TEXT GELESEN

Ich kehre zum Anfang, zu Stadtsprache und Heines Textarbeit, zurück. Über den »großen Judenschmerz« einen Beitrag in der Vereinszeitschrift zu verfassen, hatte er noch in Berlin versprochen. Doch im Diskursraum des Vereins konnte er nach dem Hamburger Sommer nun nicht mehr arbeiten. Schon vor der Abreise aus Lüneburg nach Hamburg hatte er dem Redakteur, Leopold Zunz, gestanden, er halte den *Stil* der Zeitschrift nicht aus. Ohne die Cultur des Stils aber könne »die andere Cultur nicht gefördert werden« (27.6.1823). Er führt den einzigen ihm verfügbaren Zug aus, der die Erfahrungen seiner ver-rückten hamburgischen Mission ins Reine bringt: zurück in die Schrift selbst. Seine *Lebensführung* wird, wie er weiß, ins ›Unreine‹ gehen müssen, will auch *er* seinen Weg von den »schädlichen Wirkungen« jüdischer Kultformen in der christlichen Staatsöffentlichkeit (so die Vereins-Maxime) freihalten: den Weg in die marranische Ironie der Unterwerfung, die Taufe (I,779).

In Textarbeit hebt Heine den Gedanken des Vereins, daß die Reform eines traditionslos gewordenen Judentums in die Erstarrung (die tote Stadt) führen müsse, auf seine Weise, in seinen Buchstabennetzen auf. Der Gedanke bekommt eine andere Gestalt und entfernt sich so auch geistig von Hegel-Moser (›Widerwille gegen ein schal ungeistig Gewordenes‹, S. 43). Im Raum der Schrift ist einem »gansischen Schwatzen« der Zugang verwehrt. Hier lebt man in »Zufluchtsorten«, »Zwerglöchern«, »Tropfsteinhöhlen«, wo das Judentum, wie »jeder verfolgte Glaube«, seine Mysterien zelebriert, aber selber nur wie versteinerte Erinnerung an seine Urgeschichte anzusehen ist.

Mit diesen Chiffren-Zitaten bin ich bei dem Textstück, das Heine vor dem »Verein für Cultur und Wissenschaft« versteckt hat: herausgenommen aus den veröffentlichten »Harzreise«-Variationen (1824). Es ist seine poetische Antwort auf Hamburg 1823/24.

Der Neue Tempel ist hier, im Tropfstein-Höhlensystem der Schrift, verewigt. »Der Leser dieser Blätter« ist freundlich ersucht, »langsam hinab zu folgen.« »Die Seele eines wahren Dichters« zieht sich hier zusammen; im Labyrinth, das er aufschreibt, kann man sich bequem umsehen, *nur hier und da* muß man »auf Leitern herabsteigen oder durchkriechen oder sich durchwinden«: Allegorie seiner unterhaltsamen Chiffrierkunst, seiner exoterischen Esoterik! Wir werden hier ohne »gehörige Sachkenntnis« geführt (nur falsche Führer steigen zuweilen auf eine Steinkanzel und fangen zu predigen an!), tiefsinnig ist der »Verein« persifliert: Wer für »die gute Sache« etwas tun will, muß nach unten steigen; über das Besehene hier schreibt man »desto besser, je weniger man davon versteht«. »Ich«, sagt der Autor, »verstehe mich nur auf eine einzige Steinart – O süßes Herz! –«

Die »Harzreise« ist Stadtliteratur, der Text bricht in Göttingen auf und kehrt nach Hamburg »heim«: Die Stadt ist *vor ihren* Toren begriffen, anders aber als in Moses Mosers Perspektive. Dieser formuliert das reine Wissen, aus dem ›geduldiges‹ Gewähren, philosophische Verachtung fließt wie im großen Absagebrief, aus dem oben zitiert ist (S. 39 f.). »Hamburg hat in der Tat nur schöne Natur vor seinen Toren und einige interessante Todte.« Oder: »An einem ausgestopften Rabbi im Zoologischen Museum wäre noch mehr Judentum zu studieren, als an den lebenden Tempelpredigern.« Heine dagegen stellt ins »In-der-Stadt, Vor-das-Tor«-Schema des Hamburg-Schlusses der »Harzreise« seinen unterhaltsamen An-Spielungsreichtum, das Blitzen der Fenster, die Spatzen auf den Dächern, das Verwundern der Leute über die Natur, die Marktfrauen, Waisenkinder und Bettler am Tor, die sich von der Sonne des 1. Mai wärmen lassen. Und im *versteckten* Text: das Geheimnis der Höhlen in der Schrift. *Gedächtnis*:

Hier und da[24] glaubt man an der Wand versteinerte Wasserfälle zu sehen, auch der Boden bildet hier und da versteinerte Wellen, die oberen Wölbungen sind meistens wie die eines gotischen Doms. Letzteres mahnte mich ganz besonders an die erste Zeit der christlichen Kirche, wo die frommen Verehrer des ewigen Wortes nur in versteckten Höhlen ihre Andacht verrichten durften, und jene mystische Süßigkeit genossen, womit jeder verfolgte Glaube seine Bekenner für ihre Opfer tausendfach entschädigt.

Durch solcherart Gedächtnis also entzieht sich Heine seinem Vereinsauftrag: Mahnend aufgehoben der Hamburger Tempel in der steinernen Assoziation der gotischen Kirchenarchitektur, die zurück zur jüdisch-christlichen Urszene weist, als Juden- und Heidenchristen das verbotene »ewige Wort« verehrten. So aufgehoben ins Gedächtnis der Schrift kann in den Tempel das hegelianisch-dogmatische Gebot gegen den Rabbinismus, aber auch der pauschale Spott gegen die Reformprediger nicht nachdringen, hier in den Höhlungen seiner Texte ist der Hegelianer *Heine* mit seinen Hamburgern allein. In der Tropfsteinhöhle der Harzreise ein »Judentempel«! »In letzterem, unter den versteinerten Juden, ist besonders merkwürdig ein Zuckermakler mit dreieckigem Hut und Reformationsgesicht«: Gustav Gerson Cohen, Gesprächs- und Streitpartner im Missionsspiel, dem Harry Heine *herzlich* zugetan ist.

Nicht die geschichtslose Aufhebung des Judentums in der neuen Schale des Getauften, Eduard Gans, des Präsidenten, dessen mächtiger Geist eine Schleife um das Christentum im Höhenflug zum Gott der »Weltgeschichte« zu ziehen wähnt, nicht der Geist *sondern der Buchstabe*, der das Judentum auch durch das Christentum trägt, ruft den Deutungsdienst des Philosophen in die Literatur.

Und deutlich in den Textvariationen der Höhlen-Allegorie die Anspielung auf die Trödeljuden, die mit »alten Hosen« anstatt mit Wechseln handeln! Das jüdische Christentum aus Galiläa ist weder von Juden noch Christen eingelöst. »Was verdankt man nicht alles den Juden! Daß man ihnen das Christentum selbst verdankt, will ich nicht erwähnen, da noch wenig Gebrauch davon gemacht worden ist«, heißt es auf dem Weg zu den Höhlen.[25]

Die Frage am Ende der Vorbemerkungen läßt sich nun beantworten. Die Allegorie der Zahlen auf dem Jungfernstieg: Imagination einer Judenstadt … Die Sefardim in Hamburg, die die Wissenschaft des Judentums *und* die Bibelwache an den Geist des Schachers, den Betrug des Reichtums abgegeben haben. Hat man einmal die Höhlen-Spur des *Hier und da* in der Oberfläche des Unterhaltungsschrifttums, die metaphorische Thora, die »Steinart« der jüdischen Allegorese H. Heines entdeckt, so versteht man, warum der Gang seines Tuns die »gansische Publicität nicht ertragen darf«. Dieser Gang führt, wenn nicht zu den Ostjuden, so doch entschieden nicht zur »Ganstown«, zu den Westjuden als Klasse[26], sondern kraft persönlichen Widerspruchs des zivilisierten Europäers in die Mysterien eines talmudischen Erinnerns an die Verfolgungsgeschichte der Juden und ihrer mitgeführten Schätze. Für den Zyniker Moser ist ihr Platz im »Zoologischen Museum«. Heine schafft ihnen Platz im Gehäuse seiner grotesken Verzeichnungen des ewigen Juden. Kennst du das Land ...?

Dort findet der mit seiner schwermütig-witzigen Freundin Mathilde plaudernde Reisende, im Stadt-Buch Lucca Kap. XIII, neben der Klosterkirche auf den alten Römergräbern den »alten Mann, mit dem weißen Bart, dessen Spitze sich wieder zu schwärzen scheint, und mit den geisterhaften Augen« und er chiffriert ihn um in das Bild des ganzen Judentums, arm, reich und seinsvergessen wie der ewige Alte dort, der *kaum bemerkt*, »daß er auf den Gräbern derjenigen Feinde sitzt, deren Untergang er vom Himmel erfleht«. Die Chiffrierung lautet: Urübelvolk aus »Egypten«, »dem Vaterland der Krokodile und des Priestertums«. Urheber der Dogmengerüste und staatlich anerkannten positiven Zwangsreligionen. Versteckt aber in der »egyptisch« entfremdeten Geschichtsgestalt die unverwüstliche Volkmumie!,

die über die Erde wandelt, eingewickelt in ihren uralten Buchstabenwindeln, ein verhärtet Stück Weltgeschichte, ein Gespenst, das zu seinem Unterhalt mit Wechseln und alten Hosen handelt.

Kaum (bemerkend) heißt: ein wenig doch! Dies ist der *glimmende* Funke, den Heine in den Mienen derer sucht, die er lieben möchte, so fest sie im Schacher- oder flauen Reformdiskurs stecken mögen (S. 45 f.): die sich *ihrer* Kraft besinnen. Die Verzeichnung Hamburgs schließt solche Mienen-Assoziationen nicht aus, verschließt die Schacherstadt aber in ihrer Zahlen-Sprache.

Auf der Suche nach dem glimmenden Funken zieht Eulenspiegel-Schnabelewopski, zieht der Text weiter bis in die Sterbeszene des Kleinen Simson mit dem großen Judenschmerz, der sich aus der Bibel vorlesen läßt und sich in sie zurückverwandelt. »Jedes Blatt darin hat Tränen und Blut gekostet. Es ist das aufgeschriebene Vaterland der Kinder Gottes, es ist das heilige Erbe Jehovas –« Hier wird mit den Juden in Hamburg im Geist der *heiligen* Buchstaben ab-gerechnet. »Jeder Reiche ist ein Judas Ischariot« (II,499). Jedes »Weib« eine Delila (I,551 ff.). Der glimmende Funke der schlummernden Wahrnehmung, *verraten zu sein*, schlägt in die Flammen der Empörung um, in die »Kraft« Simsons, seine gerechte Sache wider die Philisterherrschaft über Israel zu führen. Man kennt die Geschichte dieses Scheiterns. Heine, im Kontext von Liebesverrat[27], parodiert sie liebevoll. »O Gott, du hilfst unseren Feinden!« Müssen heute nicht beide Geschichten, Urtext und Parodie, neu gelesen werden?

»Wir sind am vierzehnten Kapitel«, im Buch der Richter, sagt der Vorleser leise zu Schnabelewopski, damit der kleine, leidende, gläubige Simson ihn nicht hört. »Hör zu:« – – Heines Text, dergestalt an die Bibel abgegeben, ist ebenfalls am vierzehnten Kapitel; und endet hier, öffnet sich in den Gesamttext und publizistischen Raum des »Salon von H. Heine, erster Band« (1834), den er, als Fragment gedruckt, beschließt.

Bei dieser Stelle öffnete der kleine Simson seine Augen, geisterhaft weit; hob sich krampfhaft in die Höhe; ergriff, mit seinen dünnen Ärmchen, die beiden Säulen, die zu Füßen seines Bettes; rüttelte daran, während er zornig stammelte: Es sterbe meine Seele mit den Philistern. Aber die starken Bettsäulen blieben unbeweglich, ermattet und wehmütig lächelnd fiel der Kleine zurück auf seine Kissen, und aus seiner Wunde, deren Verband sich verschoben, quoll ein roter Blutstrom. (I,555/556)

Kapitel II
Jude · Traumjäger · Philosoph

Z. B. der nie abzuwaschende Jude
treibt mich von hinnen …
(1826)[1]

1. MARRANENTUM, »ASSIMILATION«

War zu Beginn des ersten Kapitels – »Geschichteschreiben« – darauf hinzuweisen, daß in den historischen Wissenschaften, die sich mit unterschiedlichen Text-Arten beschäftigen – grob in unserem Fall: Akten im Archiv oder Literatur auf dem Markt –, Trennungen üblich sind, die weder dem getrennten einen noch dem anderen Teil gerecht werden – weder ›Geschichte‹ noch ›Text‹ –, so möchte ich hier ähnlich beginnen.

Die herrschende Meinung im Einzelfach Germanistik trennt Heines Judesein von seinem Gesamtwerk ab. Die Folge ist entweder, daß Textteile dazu dienen, Einlassungen auf den Juden zu illustrieren, oder daß »jüdische Elemente« eingesammelt werden, die in Texten gefunden wurden, irgendwie vordefiniert.

Die jeweils erzielten Resultate kursieren in wilden Kreuzungen im Handel um diverse Vorstellungen vom Autor. Wo man sich um ein Verbindendes in seinen Texten bemüht, ist der Jude wieder aus dem Spiel. Daß wir ihm aber im Spannungsfeld zwischen ›Text‹ und ›*Geschichte*‹ begegnen könnten, wird auf diese Weise nicht mehr zum Thema.

Für eine Leserschaft und Debatte, die diesen Befund nicht wahrhaben wollen und mit Versuchen umzugehen wüßten, die der Geschichte gelten, welche in den literarischen Texten ist, und vice versa umzugehen wüßten mit einer Textart, die ihr Bewußtsein im All ihrer Geschichtlichkeit entwickelt, ist 1985 das Buch »Opfer Heine?« geschrieben.[2] Der schlichte Gedanke von der Unteilbarkeit einer schriftstellerischen Existenz liegt ihm zugrunde. Einige Grund-Züge sind nachgezeichnet, auf die sich das schreibende »Kind der Revolution« begeben hat. Z. B. der Zug Napoléons durch Europa und in das Reich der Sage, der Zug Pans nach Paris, der Rattenzug gegen die Wohnungen der Bourgeoisie und das Allerheiligste der poetischen Sensibilität, und in allen der Schriftzug des Ewigen Juden.

An zwei interdisziplinär regulierten Abwehrhaltungen vorbei mußte das Buch sich seine Leserinnen und Leser suchen. Die erste äußert sich in aller Unbefangenheit praktisch: Der germanistische Motiv-Positivismus kann sich auf die Einführung des »Ewigen Juden« auf seine Weise problemlos einlassen; er integriert einfach den Hinweis auf das noch wenig beachtete Motiv in Heines Schriften. An seiner ›ganzheitlichen‹ Bedeutung in ihnen ist man nicht interessiert. – Die zweite Abwehrhaltung gibt sich öffentlich bedeckt; gegen das Buch wird nicht argumentiert, in Rezensionen der »Ewige Jude« schlicht verschwiegen. Diese Abwehr-Variante steht für ein angeblich historisch-objektives Assimilations-Modell, das von Jahr zu Jahr aktueller wird: Hinter Sätzen, die auf dem modernen und ironischen Laizisten Heine beharren, versteckt sich das Ressentiment gegen jüdische Radikalität, die sich sowohl sozial als auch politisch nicht ›verorten‹ läßt.

Heines ›an die Wurzeln‹ gehende spöttische Ernsthaftigkeit wirkt auf alte und neue Assimilations-Ideologen bedrohlich gerade besonders dann, wenn der Spötter sich als Jude *nicht* versteckt. Die mythische Figur des Ewigen Juden, wie ich sie Heines Schreiben und Leben assoziiert habe, löst die Vorstellung aus, man könne dem Juden Heine nicht mehr ausweichen (weder ins Politische noch ins Apolitische), während man zugleich den Autor Heine von allem *befreien* möchte, das durch Zuschreibung jüdisch an ihm sei.[3]

Dies ist generell zu beobachten im Falle nicht-jüdischer philosemitischer Rezeptionsweisen. Hier ist der Beweggrund wahrscheinlich ein verborgen antisemitischer; eine Identifikation mit der intellektuellen Gestalt Heine zerbräche an seinem Judentum, nähme man es in die Identifikation mit hinein. (S. 300) Wir sehen, wie doppelbödig das Identifikations-Begehren gegenüber diesem Schriftsteller ist. Könnte angesichts dieses Abwehr-Typs von einer Schutz-Angst unter Antisemiten gesprochen werden, so sind jedoch Reaktionen der Angst-Abwehr gegen die Anregung, Heine in seiner Radikalität zu folgen und dabei den Ewigen Juden in seinen Texten ernst zu nehmen als eine ihm besonders nahe Doppelgänger-Figur, auch in jüdischer Heine-Literatur zu beobachten. Der Dichter nährt hier ein Identifikationsbegehren ebenfalls: Er ist nur zu ertragen als Assimilierter, bzw. Assimilationswilliger – oder als ›Verräter‹.[4]

Im Methodenstreit geht es bei der hier betrachteten Abwehr-Haltung letztlich um ein Ja oder Nein zur Arbeit mit Kategorien der psychoanalytischen Theorie. Wer *sie* abwehrt, findet in dem weitgedehnten Raum einer modernen Wissenschaftlichkeit, da Psyche und Mythos an den kulturellen Texten mitschreiben, die wir entziffern, sich nicht zurecht und reagiert angegriffen.

Mag sein, daß die Nichteinlassung auf die Assoziation Heine – »Ewiger Jude« darin begründet ist, daß der ewige Mythos *selber* – in seiner negativen Faszination – die Abwehr einer Betrachtungsweise, wie sie im genannten Buch vorliegt, bestimmt. Dann wäre es ›natürlich‹, daß auf diese Weise ›Abwehr‹ sich immer erneut versteift; bei jeder neuerlichen Anregung zum ›Disput‹. Diese Hypothese erscheint plausibel, sehen wir auf den Kern des Mythos: Er ist seit seiner Bildung aus den ethno-psychischen Grunderschütterungen, die der geschichtlichen Ausformung und Verhärtung des christlichen Dogmas vom wahren Messias gefolgt sind, schon in sich gespalten.[5] Einerseits, so die Überlieferung, hat Christus selbst während des Gangs unter Kreuzeslast der Figur die Unsterblichkeit aufgebürdet als Bußschicksal eines Mitschuldigen an der Passion, andererseits gewinnt die Figur Gestalt erst, als sie sich zur Schuld bekennt und sich taufen läßt. Allein dieser sich nicht ineinander versöhnende Doppel-Charakter begründet das bleibende Schicksal, ewig leben und umher wandern zu müssen: ausgesetzt allen neuen Erfahrungen und Zuschreibungen auf dem Geschichtsweg jüdisch-christlicher Unvereinbarkeit. Und dies wiederum hebt die Figur aus ihrer christlich definierten Perspektive, die sie beim Umlauf im Christen-*Volk* allerdings bis heute beibehält, heraus und läßt sie als Reflexionsgestalt in *jüdischen* Kontexten sich verselbständigen. Auch hier aber behält sie ihren Doppel-Charakter als Schuld- und Schicksalsträger, was nicht ohne Rückbezug zur christlichen Figuren-Definition ist und dergestalt einen hohen Grad geschichtlicher Bewußtheit und ›religiöser‹ Zerrissenheit bedeutet.

Dies ist der Aspekt, unter dem wir erkennen, wie das Geheimnis des neuzeitlichen Marranen, des Getauften, der im Herzen jüdisch bleibt (S. 76 f.), der mythischen Welt nahgeblieben ist, in welcher der Ewige Jude ewig wandern muß. Den bewegtesten Augenblick einer solchen Nähe gestaltet Heine, als er das eigene leibliche Vergehen als moderner, kranker jüdischer Dichter zu binden sucht in das Gedenken an die jüdische Kult-Figur Jehuda ben Halevy, der in der vor-marranischen Epoche lebte, dachte und dichtete, und in der Legende nach Jerusalem zurückging und starb. Das Hinübergeben der eigenen Identität an jene vorbildliche, über die Zäsuren der Epochen hinweg, scheint, verdichtet in einer legendarischen Vorstellung von *beider* Dichter Tod, Erlösung von der Zeit bringen zu können; – »Aber, ach« –

> Bei den Wassern Babels saßen
> Wir und weinten, unsre Harfen
> Lehnten an den Trauerweiden –
> Kennst du noch das alte Lied?
>
> Kennst du noch die alte Weise,
> Die im Anfang so elegisch
> Greint und sumset, wie ein Kessel,
> Welcher auf dem Herde kocht?
>
> Lange schon, jahrtausendlange
> Kochts in mir. Ein dunkles Wehe!
> Und die Zeit leckt meine Wunde,
> Wie der Hund die Schwären Hiobs.
>
> Dank dir, Hund, für deinen Speichel –
> Doch das kann nur kühlend lindern –
> Heilen kann mich nur der Tod,
> Aber, ach, ich bin unsterblich!

Es fällt schwer, sich vorzustellen, daß die akademische und neubildungsbürgerliche Rede über Heine sich dem ›Motiv‹ der Wanderschaft einmal annehmen werde und dabei Verse wie diese und die vielen anderen ähnlichen Wendungen in den Schriften wirklich liest. Vielleicht geht das ja auch gar nicht mehr. Ist es je gegangen? Jedenfalls geht es nicht, solange Heines Judentum im Aspekte-Pluralismus parzelliert bleibt. Der ideologische Wert einer solchen Konvention sei wenigstens bezeichnet, auch wenn er natürlich durch bloße Erwähnung seine öffentliche Basis nicht verlieren kann. Wir erleben es zur Zeit dieser Publikation, im ›Heine-Jahr‹, und es ist seit 1945 in besonders zweckdienlicher Weise offenbar: Über Heine ohne totale Textbindung reden deckt den Gestus ab, über *sein* Judentum wie über das Judentum überhaupt als über »ein Element« zu reden, das »dazugehört«, plötzlich wieder, zur deutschen Kultur.

In der Kriegsgefangenen-Zeitung »Der Ruf« ist damit begonnen worden[6], in unseren Tagen wie nie zuvor dient solche Heimholung des »Dichters unbekannt« (NS-Formel) in den deutschen Gedächtnis-Haushalt der philosemitischen Schönrednerei im sogenannten Nach-Holocaust, die dem größten Verbrechen der Geschichte gewidmet ist. Man sage nicht, die Germanistik, die hierbei eine institutionalisierte Rolle spielt, habe als Ideologie-Fach ausgedient. – Als Lese-Wissenschaft müßte ihre Aufgabe eine andere sein. Sie könnte an Heines Texten geschult und in der Lage sein, ein wenig an der glatten Wirkung des aktuellen Versöhnungs-Historismus zu kratzen. Um nur ein Beispiel zu nennen, verfolge man die schwärmerische Rede von der »deutsch-jüdischen Weggemeinschaft«, deren »Kontinuität« nach der »Unterbrechung« durch den Nationalsozialismus uns »in Zukunft wieder neues jüdisches Leben« in Deutschland sehen lassen werde.[7] Deutsche Juden und Nicht-Juden treiben diesen Diskurs zur Zeit zur Blüte. Er tönt wie die Statement-Glätte und -Wirrnis in Talk-Shows. Eine deutsch-jüdische Differenz, die in ›Weggemeinschaft‹ zur Ausgrenzung des Anderen durch das Eine geführt hat, wird flugs in die Geschichte des Einen zurück-»integriert«! Das ›geht‹ nicht nur mit Heine nicht. Aber, vielleicht, die Genauigkeit sehend und hörend, wie dieser jüdisch-deutsche Dichter seine besondere Geschichte in jener ›Weggemeinschaft‹ reflektiert, könnte auch germanistische Lektüre sich der Ausstrahlung des Unworts »Integration« widersetzen, anschauungsgestützt, nämlich Texte lesend wie den folgenden; Heine an Moser:

Ich will diesen Winter, wenigstens zum Teil, in Berlin zubringen. Meine Gedanken hierüber sind noch nicht bestimmt geordnet. Es ist aber ganz bestimmt daß es mich sehnlichst drängt dem deutschen Vaterland Valet zu sagen. Minder die Lust des Wanderns als die Qual persönlicher Verhältnisse (z. B. der nie abzuwaschende Jude) treibt mich von hinnen. (8. Juli 1826)

⋆

Dieses »z. B. der nie abzuwaschende Jude« als Motto des anstehenden Kapitels herausgepickt zu haben, hat die Absicht verfolgt, das Jüdische als Partialität, die ich soeben für den Grundsatz-Streit zurückgewiesen habe, in seiner syntaktischen Akzentuierung, die *Heine* vornimmt, gerade herauszustellen – als leidende. Beachten wir, daß das Partielle das einzige ist, das im Text zu Wort kommt! so unmißverständlich das Ganze der persönlichen Verhältnisse in den Satz-Mittelpunkt gestellt ist. Dieses anscheinend paradoxe Umgehen mit dem Einzelnen und Ganzen ist den Freunden Heine und Moses Moser, den Hegelschülern, wie wir wissen, geläufig (S. 32 ff.). Nichts liegt in der Korrespondenz mit Moser näher, als Tacheles zu reden: das Ganze, das persönlich ist, *konkret* zu verallgemeinern: »Qual«, und auf den Begriff zu bringen: auf das, was ihre Ursache ist.

In dieser ›Ableitung‹ des Ganzen aus dem Einzelnen, der ich systematisch im nächsten Kapitel nachgehe, gibt es kein angemesseneres *Beispiel* als das *eigentlich* subjektiv Erfahrene, das über sich selbst Auskunft gibt: ›nie abzuwaschen‹. Dem leiht der Erfahrende die Artikulation. Er spricht nicht soziologisch – ›weil ich Jude bin, treibt es (auch) mich von hinnen‹ –, sondern religionsgeschichtlich und philosophisch: ›Ich weiß, daß ich aus eigener Kraft und Anpassung mein Judesein nicht abwaschen kann (*konnte*, meine Taufe liegt ein Jahr zurück). Dieses Wissen treibt mich von hinnen.‹

Und, das hier, im Einleitungs-Zusammenhang dieses Kapitels, nun Entscheidende: Wanderschaft ist keine ontische Kategorie. Nicht ist hier die Rede, wie es in der deutschen Spät- und Popularromantik gang und gebe ist (siehe Wilhelm Müllers [und Franz Schuberts] »Winterreise«), von einer tragisch schönen, allgemein menschlichen Existenzform des Außenseiters auf Wanderschaft. »Minder die Lust des Wanderns ...« (Das auch, ein bißchen, man lebt in dieser Zeit und wird am

»Romantischen« festhalten in letzter verzweifelter Heimsuchtgebärde; lieber der letzte Romantiker als der letzte Jude sein!). In Abgrenzung zum ›romantischen‹ Zeitgeschmack aber, und dies ist betont, ist zum Freund, der in Berlin, in seiner Bank, auch in seiner Liberalität seßhaft ist, von der Wanderschaft gesprochen, der nicht zu entgehen sei. Auch ›Flucht‹ ist nicht gemeint. Dem, was von hinnen treibt, ist auch nicht zu entfliehen. Ebenso nicht gemeint ist eine im engern Sinn politische Bedeutung der Emigration, welche einer Verfolgungsart auswiche, die einer ›Gesinnungstäterschaft‹ gilt und sie so erst in die Welt setzt. In die Idee, sich vom Vaterland zu verabschieden, sind primär die Zwiste eingeschrieben, in denen ein moderner Jude in der Diaspora *und* mit sich selber lebt.

Dies vor allem will Heine dem Freund erzählen. Die Konflikt-Beziehung der beiden scheint mir repräsentativ zu sein für die geschichtliche Bewußtseins-Stufe, die die jahrtausendalten Nöte des Exils und neuesten Probleme der Assimilation in den Köpfen der kleinen Elite-Gruppe im Verein für Cultur und Wissenschaft der Juden in Berlin um 1822 erreicht hatte; formuliert und ausgetragen bis zu einer in der Geschichte jüdischer Selbstanalyse einzigartigen Schärfe (S. 35 ff.). In diesem intellektuellen Milieu, in das die Korrespondenz mit Moser auch nach dem Ende der Vereins-Zusammenkünfte in Berlin noch gebunden bleibt, versucht Heine sich verständlich zu machen. Dies ist im I. Kapitel dargestellt. – Er wird später, schon in Paris, dem Freunde sagen, daß er unverstanden abgereist sei. »Du hast nie mein Leben und Streben verstanden.«[8] Was er ihm und auch den Freunden um Rahel Levin Varnhagen in Berlin jetzt, 1826, klar machen möchte ist, daß er nicht auf der Flucht ist, sondern vorauseilt; deshalb nach Paris reisen will, um ein »europäisches« Buch zu schreiben (I,655). *Das* kann er in Deutschland nicht! Mit sich selbst im Kampf bindet er seine Freiheit ans Schreiben und das freie Schreiben an die französische Revolution.

Diese Bindung wiederum gehört zum *Geheimnis* seiner Zwiste mit sich als einem philosophisch souveränen Juden in der Moderne.

Darüber spricht er im selben Brief an Moser; »tief begründet« sei ihrer beider Teilhabe am »Mythos vom ewigen Juden«.

Ich komme darauf zurück. Hier sei vorweg schon festgehalten, daß die Wanderschaft (hebräisch ›Galuth‹) eine Vorstellungsweise ist, deren unteilbare Bedeutung für die Text-Geschichte des Heine'schen Werkes zur Erkundung ansteht; in diesem Buche ist es unter einigen Aspekten versucht. Unter den Aspekt des folgenden Abschnitts, dem wir uns somit nähern, trete ich mit dem Entrée-Billet eines kleinen linguistischen Hinweises.

Die Formel »Der nie abzuwaschende Jude« nimmt die Subjekt-Stellung in dem Satz ein, der den Sprecher zum Objekt hat: »treibt mich von hinnen.« Er ist soeben in Göttingen zum Doktor juris promoviert und kurz darauf getauft worden, denkt an eine von seinem hamburgischen Familien-Milieu unabhängige Advokatur, auch an eine Hochschul-Laufbahn. Er ist seiner sozialen Klasse nach gut situiert, sein Onkel und Geldgeber für Studium und (Bade)Reisen Salomon Heine ist, wie bis heute allseits bekannt, Hamburgs einflußreichster Bankier gewesen.

»Der nie abzuwaschende Jude treibt mich von hinnen«: in *dieser* Situation! Das ist: Der junge qualifizierte Mann aus bestem jüdischen Hause, der zugleich als deutscher Dichter bereits von der ersten Welle eines wachsenden Ruhms getragen wird, muß erfahren, daß selbst gute soziale Voraussetzungen nicht ausreichen, die Zeichen, daß man ein Jude ist, unkenntlich werden zu lassen; der besonderen Feindschaft, den besonderen Kränkungen seiner Umwelt zu entkommen, dem Richesse.[9] Diese Erfahrung drängt ihn, sein Judentum in den *Zuschreibungen auch* zu erkennen (in ihnen erblickte er die Physiognomie seiner Gegner), ihnen zugleich aber durch literarische Selbstbestimmung zu entkommen.

In den privaten Äußerungen eines deutschen jüdischen Poeten zur Zeit der Spätaufklärung und Romantik in Europa, der Frühemanzipation in Deutschland, ist ein Zusammenhang angesprochen, der auf die ursprüngliche Dynamik zurückverweist, welche der objektiven *Verfolgungs*geschichte der Juden die tatsächliche Richtung gegeben hat; eine Richtung, die es einer Betrachtung mitteleuropäischer *Emanzipations*geschichte von vornherein verbieten müßte, Annahmen über Fortschrittsbewegungen sich anzuschließen, die dem historischen Prozeß immanent seien. Epochen, in denen Formen von freier ethnischer Interkulturalität entwickelt waren, endeten mit Exilierung. Ist dies auch ein vielfältiges, äußerst schwer zu entwirrendes Geschehen, wie ja keine Ereigniskette, die die europäische Geschichte determiniert hat, besser ›beweist‹, als die Austreibung der Juden aus dem legendären spanischen Paradies der drei Religionen (mit der Kern-Zeit im 13. und 14. Jahrhundert), und ist dies schon gar kein Gesetz suprahistorischer Kausalität, so ist es doch eine Struktur in der Geschichte des Morgen- und Abendlandes.

Das gemeinschaftstiftende religiöse Ritual, das die Befreiung aus der Gefangenschaft feiert, ist historisch betrachtet zweideutig. Es ist eine Gefangenschaft auch in der Beziehungsfalle der europäischen Diaspora. Die mosaische Befreiungstat für das Volk Israel wurde der Bedrohung durch solches doubling gerecht, indem sie einschloß, daß die Befreiung *nur nach eigenem Gesetz* möglich sein werde –, und indem sie eine Alternative dem Weg des Volkes als Volk durch die Geschichte offenläßt, Erez Israel oder die Galuth, eigenes Land oder Wanderung. Und *ausschließlich*, so oder so, geführt vom Einen Gott. Daß sich beide Wege als reale Wege Israels, nach Jerusalem und durch die Welt, nicht gegeneinander ausschließen, ist eine im 20. Jahrhundert vollendete geschichtliche Erfahrung. Sie hält das Problem Eigenständigkeit oder Assimilation (in den realen Zuspitzungen in der ›mittelalterlichen‹ *Vor*geschichte zur Shoah: Tod oder Taufe) ebenso offen wie die Wunde, die das Bewußtsein dieses Problems der jüdischen Existenz in fremden Gesellschaften schlägt; oder wie häufig formuliert wird: der jüdischen »Identität«. Es mag erstaunen, wenn ich nun referiere, daß und wie ausgerechnet Heinrich Heine, der Spötter und Laizist, dieses Problembewußtsein wie kein anderer deutscher Jude in seiner Zeit verkörpert und reflektiert hat. In mancher Hinsicht vielleicht vergleichbar mit den Existenz- und Geistesnöten seiner Freundin Rahel Levin Varnhagen. »Ich denke an sie«, sagt Heine, »ergo sum.« (I,657)

⋆

Zeigen will ich, daß es offenbar Heines dichterisches und philosophisches Vermögen gewesen ist, das sein Schreiben zum Organ der historischen Assimilationsprobleme in seiner Epoche hat werden lassen; der Probleme, die über die Zeit hinaus, zurück- *und* vorverweisen – über eine Zeit hinaus, als man zu glauben begann, den »Großen Judenschmerz« bald heilen zu können (IV,764 f.). Man stand an der Schwelle zum Jahrhundert der Großen Emanzipation in der europäischen Moderne. Sie war von Napoléon I. durch Eingriffe ins Gefüge der nationalen Zivil- und Staatsrechte, so schwankend seine Haltung auch war, politisch eröffnet worden; die Edikte kamen – in Preußen (1812), in Bayern (1813) – die Ghetto-Mauern fielen – in Mainz (1798), in Venedig –: hier im ältesten Ghetto Europas tanzten am 10. Juli 1797 die befreiten Juden auf ihrem Campo, der Piazza del Ghetto Novo, um den Freiheitsbaum der Französischen Revolution.[10]

In den ersten Dezembertagen des Jahres 1828 steht Heine auf diesem Platz.

2. DÜSSELDORF · HAMBURG · VENEDIG

Ich versuche im Folgenden erneut ein Stück Geschichtsschreibung am Text.

Den beiden Miniaturen »Jessika« und »Portia« aus H. Heines »Shakespeares Mädchen und Frauen« (1838) wird (zyklisch, auch noch im III. Kapitel) nachzuschreiben sein, dem Text-Kern meines Buches (S. 156). Szenen-Eindrücke aus einem noch immer unbeachteten Heine'schen *Shylock*.[11]

Zunächst aber, zum besseren Verständnis, ein längerer Blick in die biographische Forschung. Ich gebe den Abriß der Geschichte eines *Kaufmanns* von Düsseldorf, der kein Shylock und doch, durch Heine-Text, mit ihm verknüpft ist: dem »alten Bekannten«.[12] Im biographischen Gesamt-Konnex ist diese wahrhaft unerhörte Geschichte noch zu schreiben.

Samson Heine

Während Heine in Venedig herumwandert, am 2. Dezember 1828, stirbt sein Vater Samson in Hamburg. Die Nachricht – sie erreicht ihn, zurück in Deutschland, am 27.12.1828 in Würzburg – hat ihn in einer Weise erschüttert, der man in der Heine-

Literatur, zumal in der sogenannten positivistischen, mit wenig Aufmerksamkeit begegnet; als setzte sich an diesem Punkte, Harry Heines Verhältnis zu seinem Vater Samson, fest, woran man sich auch sonst regelhaft bei Berührung mit den herben Tatsachen in der Großfamilie Heine hält: Berührungsangst, Problemscheu, Beschönigung. Aber es ist unumstößlich: *Im Schoße der Familie in Hamburg ist Samsons Lebensglück zerstört worden.*

Samson Heine war ein erfolgreicher und beliebter Kaufmann in Düsseldorf, aktiv in der Brüderschaft chevra chadischa, tätig als ein von der Gemeinde nicht offiziell geführter, wohl weil zu großzügiger Armenpfleger, Hauptmann der zivilen Stadtwache, lebensfroh und sanft, der Tambour in Heines gebrochen hedonistischen Gedichtträumen.[13] Er handelte mit Manchester-Stoffen, erweiterte die Landkarte seiner Lieferanten-Beziehungen jedoch zu Beginn des neuen Jahrhunderts beträchtlich. Sie reicht zuletzt über Amsterdam und Paris bis nach Südfrankreich, über Bielefeld und Frankfurt bis nach Nürnberg, und den Rhein hinauf bis an die Rhone und in die Französische Schweiz. Sein Warenlager offerierte schließlich eine bunte Sorten- und Modenfülle, von Stoffballen (Velveteen, Flanell und Kartun) über Cashmere-Schals, Strümpfe, Seidenbänder, Bordüren und Pelz- und Lederwaren bis zu Silberbesteck, Spiegeln und Kommoden. 1809 im neuen Haus, einem oft beschriebenen schönen, innerstädtischen Anwesen, das Samson für 11200 Reichstaler erworben hatte, wurde großzügiger als zuvor das Leben der Familie mit dem Wachstum der Warenansammlung und ihrer Farbe und kommunikativen Aura verknüpft. Zugleich differenziert sich das Leben des Vaters, das der modischen Phantasie der Warenvielfalt und ihrem Lebendigkeitsversprechen verhaftet war, im Familienbund auch aus; er schafft sich in seiner Sphäre eine eigene Gegenwärtigkeit, bleibt traditionell in der Bindung der ›modernen‹ Lebensfreude an kommerzielle Materialität und Glaubenseinfalt des ›mittelalterlichen‹ Schutzjudentums. Die Mutter hatte, vergröbernd gesagt, mit dieser Welt wenig gemein, sie widmete sich mit Vorstellungen von einer rationell geplanten Emanzipationskarriere der Erziehung ihrer Kinder. Harry wiederum entzog sich der Weltvorstellung beider Eltern und flanierte kindlich-jugendlich in einer ›bodenständigen‹ Welt der

Volkserzählungen und der erotischen und politischen Phantasien.

Samsons Geschäftsmodell war krisenanfällig. Traten empfindlichere Absatzstockungen ein oder häuften sich die Außenstände, konnte es rasch zu Liquiditäts-Problemen kommen.

Die Krise kam bald nach der Errichtung des erweiterten Warenlagers im neuen Haus. Der Gegen-Boykott Englands gegen das napoléonische Europa 1806/07 führte zu allgemeiner Geldverknappung. Das Mißverhältnis in Samsons Geschäftsvolumen zwischen Wareneinkauf plus Fernhandel und Absatz in der Region wuchs an; verschärft durch objektive Randbedingungen, wie es die Konkurrenz gegen Billigwaren ebenso gewesen sind wie die Konkurrenz gegen eine Vielzahl vergleichbarer Textilhandlungen in Düsseldorf. 1816 wird die Situation prekär. Im Klima einer Konjunkturflaute am Niederrhein wuchsen die Außenstände in Samsons Überland-Vertrieb bedrohlich; sie hatten 1818 schließlich die Höhe von 6194 Reichstalern erreicht.[14] Mit einem Kredit in Höhe von 10.000 Gulden bei seinem Bruder Henry in Hamburg im März 1816 versucht Samson dieser Entwicklung zu trotzen.[15] Zugleich erfährt die Geschäftswelt durch entsprechende Wechselvermerke, daß Samsons Außenstände hoch sein müssen. Die Wechselproteste gegen ihn häufen sich. Hinzu kam, daß die offene Flanke der Außenstände einem jüdischen Handelskaufmann besonders gefährlich sein mußte. Die Schuldner linksrheinisch waren Juden gegenüber wenig zimperlich.

Trotz dieser Umstände aber wäre Samson Heines Geschäft nicht gefährdet gewesen, hätte ihn der Organismus des traditionalen Zahlungsverkehrs ohne Vertrauenseinbußen weitergetragen – die jedoch haben seine Hamburger Brüder Salomon und Henry bewußt und offensiv herbeigeführt.

Die Entmündigung

Studiert man die Geschichte dieser brüderlichen Offensive an ihren Aktionspapieren im Archiv, so wächst das Grausen mit jedem Blatt, das die Lektüre dabei bewältigen muß.[16] Aber ich wähle hier einen anderen, kühleren Aspekt. – Samson Heine war *auch* das Opfer einer Modernisierung im Geldverkehr. Die Verschiebungen im kaufmännischen Denken auf dem Kapitalmarkt führten, gerade jetzt in der europäischen Geldkrise, zur Entgegensetzung eines Geldwertdenkens, das auf Rationalisierung und Abstrahierung des Geldumlaufs setzte, gegen ein gegenständliches Warenwertdenken. Historisch und tendenziell lief diese Entgegensetzung auf die Vernichtung des Primats der Ware in der bürgerlichen Welt hinaus. Die europäische Geldkrise – betrachten wir sie unter dem anschaulichen Gesichtspunkt der Karl Marxschen Formel, wonach das Verhältnis Ware – Geld – Ware vom Verhältnis Geld – Ware – Geld verdrängt wird – *mußte,* in diesem *Augenblick der Gefahr* für die Vertreter des modernen Tauschdenkens, den Waren-Kaufmann Samson Heine unter den Druck der Bankiers-Brüder bringen; und in einen Prinzipienkonflikt mit ihnen.

In Hamburg reagierte man ohne jegliche Rücksicht (Rücksicht auf Waren, Rücksicht auf Menschen), sobald in der Diskurs-Öffentlichkeit des Wechselumlaufs der Name Heine in die Nähe zu einem möglichen Bankrott gebracht war. Zunächst, in den Jahren 1816 bis 1818, war dies objektiv nicht die Lage der Dinge. Samson Heine kämpfte nicht den letzten Kampf gegen einen Bankrott, sondern bediente sich der geschäftsüblichen Mittel (Wechsel ziehen und Wechsel nicht akzeptieren), einen Warenhandel durch Liquiditätsflauten zu steuern: Er handelt ganz identisch mit seiner Geschäftsauffassung; disponiert klug im Wechselumlauf, um die Balance zwischen Außenständen und Verschuldung zu halten. Den Absatz seiner Waren, deren besonderer Akzent ihre modische Aktualität ist, die aber auf der Seite ihrer Sichtbarkeit (Schaufensterkasten in der Bolkerstraße) nicht mehr genügend ankommen, versucht er durch eine Teilverlagerung nach Hamburg zu verbessern. Sein Sohn Harry, der dort seit Ende April 1816 mit seiner Geschäftsvollmacht weilt (nach seinen Worten aber »keine Geschäfte« macht)[17] und im Bankhaus Salomons gedrillt werden soll, wird dank dessen Gründung (vielleicht noch im Einverständnis mit Samsons Kalkül) im Mai 1818 Besitzer einer Boutique. Man hat immer gesagt, der Millionärs-Neffe habe den Laden vernachlässigt und in den Bankrott getrieben. Die Geschichte ist eine andere.

Mag, was nach Aktenlage unwahrscheinlich ist, Salomon seinen Bruder zu diesem Zeitpunkt noch unterstützt haben wollen, so ist in wenigen Wochen seine Intention eine andere geworden, nämlich Samsons *liquidierte* Waren in Hamburg mit Hilfe des Sohnes abzusetzen. Im Juni und Juli 1818 muß Samson durch erhöhte Nutzung des Wechselumlaufs versuchen Balance zu halten. Die kritischste Zeit kommt mit August und September. Samson hätte sie überstehen können mit Hilfe der Hamburger Brüder. Samson zieht Wechsel, die schon im Umlauf waren, auf Adressen in Salomons Geschäftskreis und zielt damit auf dessen Kapital. Dieser Versuch, Ressourcen in der Familie zu beleihen, war nach konservativem Verständnis monetärer Instrumentalität keine Attacke Samsons gegen die Hamburger. Er wurde es objektiv und wohl auch *bald* in reaktiver Absicht, indem die Hamburger Adressen diesen Weg sofort und unisono blockierten. Kein einziger der in August/September gezogenen Wechsel Samsons wird, als diese nach Hamburg gelangen (November, Dezember 1818), akzeptiert. Ehe dies ihm rückgemeldet ist, er die Front dort also lesen kann und also begreifen muß, wie man in der Millionärsfamilie gesinnt ist, geht er im Oktober noch arglos auf die Order aus Hamburg ein, frühere Schulden bei Salomon jetzt in Düsseldorf notariell fixieren zu lassen.[18] Der Schwager Simon van Geldern tritt in dieser Sache als von Salomon Bevollmächtigter auf; es ist das erste Anzeichen dafür, das sich in der familiären und geschäftlichen Umwelt Samsons in Düsseldorf gegen seine Person (»Fröhlicher Lebemann«, wie man noch heute aus der Hofberichterstattung am Elbeufer nachschwadroniert[19]) Spannungen aufgebaut haben, die sich in parteiischem Handeln äußern. Samson bekennt am 12. Oktober eine Schuldsumme von 85.218 Reichstalern ein und gibt dafür offenbar den größten Teil seiner lagernden Waren in Zahlung, in einem Gesamtwert von 101.233 Rtlrn. Die gegenwärtigen Verhältnisse erlaubten es nicht, so Samson, den Bruder bar zu befriedigen. Salomon lehnt diese Sicherung brüsk ab, er greift nach Samsons Waren nun vielmehr tatsächlich auf dem Wege totaler Geschäftsliquidierung und schickt zu diesem Zweck seinen Prokuristen und Freund Aaron Hirsch mit einer ersten Vollmacht (23. November 1818) nach Düsseldorf. Alle erforderlichen Maßnahmen zur Schuldentilgung seien gegen Samson Heine zu ergreifen.

Als Hirsch Mitte Dezember in Düsseldorf tätig wird, konnte für Samson nichts mehr unklar sein. Der Bevollmächtigte greift ohne persönliche Kooperation und desinteressiert an Samsons Dispositionen bei Zahlungsrückständen in den Ausgleich der Bilanz ein. Am Tag des ersten Eingreifens (16. Dezember) wäre es um eine Wechseldisposition bei hohem Zahlungsrückstand gegangen (ca. 1500 Frcs). Aber selbst wenn Samson bei seinen Dispositionen sich Illusionen gemacht haben sollte, der Hamburger Bevollmächtigte behandelte ihn wie einen Unmündigen, der mit den Waffen der Kapitalakkumulation in die Knie gezwungen werden soll. Während Samson weiter als autonomer Geschäftsmann im Tauschhandel, Ware gegen Geld und Geld gegen Ware, zu bestehen versucht, zwingt ihn der Bevollmächtigte zu zwei notariellen Schulderklärungen aufgrund der aufgelaufenen und jetzt auf Salomons Rechnung genommenen Wechselproteste; bei der ersten (25. Dezember) bietet Samson zur Deckung von 10.652 Rtlrn einen Teil seines Lagers, bei der zweiten (7. Januar 1819) zur Deckung von 7.144 Rtlrn das gesamte Lager.

Das nun ist, zunächst nur auf dem Papier, denn Hamburg ist an diesen Waren nicht wirklich interessiert, der Zusammenbruch seines Handels, auch wenn die Waren noch liegen bleiben. Bis zuletzt hatte Samson aus seinen Schuldverschreibungen diejenigen exponiert modischen Artikel herausgehalten, die er trotz der Konsumflaute zu verkaufen gehofft haben muß. Er gibt als Geschäftsmann auch nicht auf, kämpft gegen neue Wechsel-Proteste und um Außenstände. Diese Haltung, dies Festhalten am Traum vom Warenwert bei Gefahr der endgültigen Zahlungsunfähigkeit, provoziert die Hamburger zu einem vernichtenden Zug.

Salomon war dort im Begriff, eine neue Epoche seines Reichtums zu eröffnen. Er hatte das Bankhaus Heckscher & Co., dessen Teilhaber er seit dem Gründungsjahr 1797 war, am 1.1.1819 günstig übernommen und führte es erstmals unter eigenem Namen als Großbank weiter. Es ist bis heute so geblieben: Eine Bank lebt von Namen und Ruf. Es mußte gerade zu diesem Zeitpunkt unbedingt verhindert werden, daß durch weiteres autonomes Handeln Samsons das neue Bankhaus in Verbindung mit Wechselprotesten gegen einen »Heine« in Verruf gebracht werde. Um das blanke bißchen Geld, das zur Stützung des Bruders gebraucht worden wäre, ging es nicht. Auch stand Samson für seine und seiner Familie Verhältnisse durchaus auf festem materiellen Grund: ruhendes Kapital über 100.000 Rtlr, die Düsseldorfer Immobilie mit dem Kaufwert (1809) von 11.200 Rtlrn. Gegen das höhere Interesse in Hamburg war das nichts.

So bevollmächtigten die Gebrüder Heine ihren Prokuristen, der in Düsseldorf agierte, am 5.2.1819 ein zweites Mal. Er solle die Entmündigung Samsons betreiben und dabei alle Macht und Gewalt eigenständig und mit allen Mitteln gebrauchen. Hirsch setzt in Düsseldorf zwei Anwälte und zwei ärztliche Gutachter ein, nimmt Einfluß auf den gerichtlich vorgeschriebenen Familienrat; über die Gesetzmäßigkeit des Verfahrens wacht ein vortragender unabhängiger Friedensrichter am Tribunal 1. Instanz. Samson reist Ende Februar 1819 nach Hamburg (logiert dort nicht bei der Familie); am 4. März widerruft er notariell seine Warenabtretung an Salomon vom 22.11.1818. Er kämpft um seine kaufmännische Unverletzlichkeit und läuft in einen Hinterhalt der Übermacht.

Harry Heines Rolle

Aus der Sicht des Sohnes mußte das vorauszusehen gewesen sein. Harry gerät, als im November 1818 die ersten Wechsel, die Samson Juli/August auf den Geschäftskreis Salomons gezogen hatte, dort zum Platzen gebracht werden und er die Stoßrichtung dieses Konsenses im Clan zu spüren bekam, in eine gramvolle Zwangslage; eingeklemmt zwischen den Interessen des kämpfenden Vaters und der Coolness des Kapitaleigners, von dem er bereits jetzt abhängig war. Der Qual, seinen Vater düpieren zu müssen, indem er die Wechsel nicht akzeptierte, gehorsam dem Onkel-Millionär, dem König der Groß-Familie, entzieht er sich bald in corpore. Er verläßt die Boutique zu den Fälligkeits-Daten oder verleugnet sich und gibt Order zur Zurückweisung der Wechsel.

Wir haben bisher keine Zeugnisse darüber, wie sich Vater und Sohn ausgetauscht haben mögen, da sie nun beide in Hamburg leben; die beiden Außenseiter der Großfamilie. Aktenkundig ist nur, daß sie nicht zusammen gewohnt haben. Dem historischen Blick eine Situation also ohne jegliche anschaubare Füllung. – Im Machtkampf mit den Brüdern schien Samson ein guter Zug geglückt zu sein. Mit der Rücknahme seiner Wert-Verpfändung an Salomon hatte er sich wieder in den Besitz seines Waren-Lagers gebracht. Sollten ihm, wie es scheint, jegliche Finanzierungs-Gespräche in der Familie verweigert worden sein und wäre dergestalt hart kenntlich geworden, daß eine Hilfe oder wenigstens Kooperation zwischen den so verschiedenen Kaufmannstypen en famille verweigert blieb, so hatte Samson doch wenigstens juristisch sich seine Autonomie zurückgeholt.

Aber aus der Sicht der Geldmacht war dies ein leicht zu parierender Entlastungs-Zug. Salomon liquidierte im März 1819 kurzerhand die Boutique, so daß die Absatz-Möglichkeiten in Hamburg abgeschnitten und auch eine Kooperation zwischen Vater und Sohn ausgeschlossen waren, sollte sie denn gefürchtet gewesen sein. Und so war plötzlich alle Warenhaftung abstrakt geworden. Und die Falle für Samson in Hamburg war: Auch hier warteten Notar und gefügige Ärzte, das Entmündigungsverfahren voranzutreiben. Im selben Zug, die Liquidation der Boutique begleitend, sicherte der Onkel dem Neffen die Unterstützung für ein Jura-Studium zu (400 Rtlr. jährlich).

Das Entmündigungsverfahren war gesetzmäßig in Gang gekommen, aber der unterschiedliche Gerichtsstand Hamburg Düsseldorf war das Problem. Um entscheidbar zu werden, mußte dem Entmündigungsbegehren eine Einvernahme des sogenannten Provokaten zur Seite gestellt werden. Das Gericht setzte sie an für den 25.6.1819 im Beratschlagungszimmer des Tribunals in Düsseldorf. Diesen Düsseldorfer Termin mußte Salomon fürchten, denn die dortigen Verfahrens-Strukturen lebten noch aus dem Geist der Gesetzmäßigkeiten, die Napoléon in den Rhein-Provinzen verankert hatte. Und in Düsseldorf, so war zu befürchten, würden manche Zeugen für Samson Heine gut sagen. Salomon verkehrte das Problem zur Waffe und machte die Gesundheit des Bruders zur Jonglier-Masse im Verfahren. Samson muß es in Hamburg zunehmend schlecht gegangen sein. Seit 5 Jahren litt er gelegentlich unter sogenannten epileptischen Zuständen, wir kennen heute die psychosomatische Komponente dieser Krankheit. Es muß Salomon gelungen sein, dem Patienten einen Arzt zu besorgen, der bereit sein würde, ein Gutachten zu erstellen. Dieser Schluß ist vom Ergebnis her begründet. Samson machte dem Arzt gegenüber keinen Hehl aus der Erkrankung und datierte ihren Beginn auf 1814. Dieser und ein zweiter Arzt, beide niedergelassene, keine Amtsärzte, stellten sich mit ihren gutachtlichen Äußerungen in das Entmündigungs-Verfahren. Samson wurde bescheinigt, nicht reisefähig, also nicht in der Lage zu sein, in Düsseldorf zum Termin zu erscheinen.

Wir müssen annehmen, daß Samson Heine in den Monaten April/Mai und Juni 1819 körperlich zusammengebrochen ist. Denn er reiste in der Tat nicht zurück nach Düsseldorf. Offenbar ohne Versuche, die Initiative zurückzugewinnen, auch ohne irgend menschliche oder juristische Hilfe geriet er wohl in eine lähmende Passivität. Aktenkundig ist nichts anderes. Es ist wahrscheinlich, daß die Ärzte die Wahrheit sagen, wenn sie epileptische Anfälle beschreiben. Diese Lage wiederum nutzt Salomon, indem er einen der beiden Ärzte veranlaßt, noch zwei weitere Male die Reiseunfähigkeit Samsons zu bestätigen (Mai und Juni). Mitte Juni, vom Onkel finanziert, reist H. Heine aus Hamburg ab. Samson wird am 1. Juli die Vorladung nach Düsseldorf amtlich zugestellt, die das Tribunal am 14. Mai beschlossen hatte. Wahrscheinlich erfuhr er auf diese Weise zum ersten Mal vom rechtmäßigen Charakter des gegen ihn angestrengten Verfahrens, denn auf Weisung des Gerichts wurden ihm bei dieser Gelegenheit auch die Klage, die Hirschs Anwalt in Düsseldorf formuliert hatte, und das Gutachten des Familien-Rates »signifiziert«.

Es ist hier nicht der Ort, das Entmündigungs-Verfahren im einzelnen darzustellen. Unter zwei Aspekten sei es vorläufig resümiert:

Die Machtergreifung der Sprache über den Körper, die im Zeitalter der europäischen Aufklärung eine Blüte-Zeit erlebt hatte, steigert ihre Legitimations-Chance in solchen Verfahren.

Dies geschieht durch Kontextbildung. Die Diskurs-Macht der medizinischen Körper-Beschreibung wird praktiziert in ihrer Kompatabilität mit dem juristischen Diskurs, der gegen die Integrität einer Person geführt werden kann. So wird aus epileptischer Erkrankung völlige Geisteszerrüttung: Außer allen Zweifel wird gestellt, daß daraus ein trauriger psychischer Zustand erwächst, der wiederum gekennzeichnet ist durch Starrsucht und Gedächtnis-Schwäche; daraus folgt das Bevorstehen eines förmlichen Stumpfsinnes. In summa: Das Ganze ist unheilbar und es begründet, daß der Kranke »seinem Vermögen nicht vorstehen« könne und zur Führung seiner Geschäfte überhaupt unfähig sei. Aus einem vom Hörensagen und eigenem Bekunden fünfjährigen Krankheitsbild taucht plötzlich die Behauptung auf, gestützt von vagen Zeugen-Aussagen, in den letzten zwei Jahren, 1817–19!, habe sich die Zerrüttung drastisch zugespitzt. Merkwürdigerweise ist dies der Zeitraum der zugespitzten allgemeinen *Wirtschaftskrise*. Der Kranke habe sogar mit Selbstmord gedroht. Das Düsseldorfer Hauptgutachten ist gekennzeichnet von einem Gestus sozialen Ausmessens individueller gesundheitlicher Zeichen.

In einer Sprache, deren negative Emphase eskaliert, ist das Bild eines Mannes gezeichnet, der seit zwei Jahren interniert gehört. Er habe Handlungen begangen, die kein vernünftiger Kaufmann jemals begehen wird. Dem Gedächtnisschwund korrespondieren mangelnde Aufmerksamkeit, Versonnenheit und ein trübsinniges, in sich gekehrtes menschenscheues Betragen, charakterisiert durch Ängstlichkeit und allzu furchtsame Nachgiebigkeit gegen Fremde bei leicht aufbrausendem Eigensinn usw. Schließlich wird der Katalog sozialer Untugenden wieder kurzgeschlossen mit einer »Gemütsverfassung«, die den armen Patienten längst unfähig gemacht habe, seine Geschäfte zu übersehen und denselben vorzustehen. Und falls sein Übel nicht gründlich behoben wird – wozu die Hoffnung jedoch bei der Dauer, Größe und unbekannten Ursache des Nervenleidens, dem Alter und der Konstitution des Kranken, den bisher gemachten Heilungs-Versuchen usw. höchst beschränkt ist –, wird derselbe dazu auch gänzlich unfähig bleiben und solange eines für ihn denkenden und handelnden Vorstandes bedürfen. – –

Der zweite Aspekt des Verfahrens:

Was zu beweisen war, wird durch die Gewalt der *nicht-förmlichen* Verfahrenslenkung erst herbeigeführt. Als es nämlich schließlich gelingt, das Düsseldorfer Gericht davon zu überzeugen, daß Samson Heine nicht reisefähig sei und man dort resigniert, die Vernehmung den Hamburger Behörden überläßt, wird ein gebrochener Mann vorgeführt. Samson wird rechtsförmig am 22. September 1819 ohne Vertrauensarzt und ohne persönliche oder gar rechtliche Betreuung vor den Senats-Vertreter bei Gericht (›Staatsanwalt‹) zitiert, dort im Audienz-Zimmer warten gelassen, wo er einen ersten epileptischen Anfall erleidet, und sodann unter Beisein eines ihm fremden Amtsarztes verhört. In schwerer Sprache habe er gesagt, er sei unfähig, er könne nicht … Nach Vortrag des Begehrens seiner Brüder habe er einen erneuten epileptischen Anfall erlitten und die Vernehmung sei eingestellt worden. In ihrem daraufhin beim Düsseldorfer Gericht eingereichten Schriftsatz betonen die Brüder Heine, der Beweis sei nun erbracht,

> daß alle Hoffnung einer Wiederherstellung nur umso mehr verschwinden muß, weil die epileptischen Zufälle immer mehr und mehr zunehmen und hierdurch die Geistesschwäche und Stumpfheit sich im höheren Grade einstellen muß.

Des weiteren lieferten die bei der Vernehmung hervorgestoßenen zusammenhanglosen Antworten den klaren Beweis,

> daß unser Bruder an einer Geistes- und Gemütsschwäche in einem so hohen Grade leidet, daß er hinfort für alle bürgerlichen Verhältnisse als abgestorben wird betrachtet werden müssen.

Es ist die Verfahrensauffassung der Kläger, die sich hier pointiert. In Düsseldorf hat diese Verkehrung eines regelgerechten Verfahrensaufbaus juristisch jedoch keine Chance. Dort kommt es in der ersten Hälfte des Jahres 1820 nach Lage der Dinge lediglich zum amtlich geregelten Falliment der quasi hinterlassenen Warenbestände Samson Heines und zum ebenso amtlichen Verkauf des Anwesens in der Bolkerstraße aufgrund einer Schätzung des Werts, die auf 10.550 Rtlr. lautet. Die Gebrüder Heine krönen ihre Vorgehensweise durch eine eigenmächtige, juristisch nicht legitimierte Entmündigung des Bruders. Samson, entkräftet, hat sich als Kaufmann aufgegeben und bleibt in Hamburg. Im März 1820 reist ihm Betty Heine mit den jüngeren Geschwistern Harry Heines nach. Die kleine Familie wird dem Kuratell der großen unterstellt, abgefunden und ins gesellschaftliche Abseits gedrängt. Von Samsons Epilepsie ist fortan nicht mehr die Rede.

3. JOM KIPPUR

Zurück nach Venedig. Heinrich Heine mag es nachträglich mysteriös gefunden haben, daß sein Vater stirbt, während er in Venedig weilt. Unmißdeutbar ist, daß er beim Schreiben in Paris 1838 den Standort Venedig bewußt wählt, um über seine Schuldgefühle in einem weltgeschichtlichen Zusammenhang aus jüdischer Sicht zu schreiben, und, auch dies erscheint mir unmißdeutbar, daß er dies verborgen tut, nämlich *künstlerisch gestaltet* oder, was hier das Signifikante ist: *geheiligt*, wenn mir dieser Ausdruck gestattet sein mag; geheiligt durch die sprachliche Formung eines Synagogenbildes. Es ist keine romantisierte Szene aus der mittelalterlichen Verfolgungsgeschichte wie in seinem »Bacherach«-Fragment, sondern eine biographische Ich-Reflexion, objektiviert in einer Festbeschreibung, wie wir sonst sie weder bei Heine, noch, dergestalt ergreifend und thematisch eigensinnig, in der deutschen Literatur des 19. Jahrhunderts finden: Jom Kippur in Venedig 1828. – Wie aber sollen wir ›wirklich‹ datieren?

»Die Juden feierten hier eben ihren heiligen Versöhnungstag und standen eingewickelt in ihren weißen Schaufäden-Talaren …« Es dürfte die größte und schönste Synagoge im Ghetto sein, die Heine (wenn auch vielleicht nur in Gedanken) betreten hat, die Spanische, in der das ernste, höchste Fest Jom Kippur gefeiert wird. Alle wesentlichen Momente und Phasen des langen Feiertages sind in das dichte Bild gestellt, Rechenschaft, Vergebung, Buße, Gedenken; Unmittelbarkeit des leidenden Volkes zum Einen Gott, erreicht auf den Stufen der Hauptgebete. »Ich« hört das Mittagsgebet zunächst, das Märtyrer-Gedenken, dann weitet sich die Szene zur Traumdynamik des Traumatisierten. Eine Figuration der Schuld.

Wie wir aus der Traumanalyse Freuds, die Heine in manchen wesentlichen Beobachtungen vorweggenommen hat, und aus eigenen Traumerfahrungen wissen, wandert das träumende Ich durch die Bruchstellen seiner geborstenen Tagesgestalt aus sich heraus und geht die vielen Metamorphosen seines zensierten Selbstwissens ein, die es braucht, dieses eine Mal sich bis zur Erschöpfung bei einer womöglich manifest werdenden Wahrheit zu ertappen. Heine beherrscht die Übertragung dieses Geschehens über die erste Schwelle des Erwachens bis über die zweite der literarischen Nachspiegelung wie kein anderer (S. 375 ff.). Dieses Mal bedient er sich seiner Fähigkeit, Sarkasmus, Witz und Anbetung literarisch zu verschmelzen so, daß um seine Figuren auf der Bühne Venedigs die Welt- und Leidensgeschichte der Assimilation aufblitze und sein tief verstecktes Schuldgefühl in die Bewegungsform eines Traumspiels übergehe. –

Es ist eine thematisch und symbolisch verschlungene Szene. Ihre These ist zurückgehalten in verdeckter Sinn-Gebung. Hinter den Kulissen hört man noch die rational betörende Tonart des Diskurses aus dem Text zuvor verklingen, während sie sich zugleich für den Augenblick zu verleugnen scheint –,

> Was ist aber der letzte Grund jenes Hasses, den wir in Europa zwischen den Anhängern der mosaischen Gesetze und der Lehre Christi bis auf heutigen Tag gewahren … (IV,258) –;

Tonart eines Diskurses über die sozialen Bedingungen des Juden-Hasses im gemeinen Volk, vorgetragen bis an die Schwelle zur Traum-Szenerie. Ist der Ton verklungen? Oder nicht beendbar wie jener Haß? Der Diskurs war übrigens ein Glanzstück Heinescher Sozialgeschichtsschreibung, eingefügt in eine umwerfende Shakespeare-Interpretation, durchgeführt auf der Spur Shylocks in Shakespeares Komödie, die das Allgemeine im Besonderen veranschauliche (S. 168 ff.). Shylock repräsentiere das »düstere Mißgeschick« eines Juden, der vor den heiteren Kontrasten und ökonomisch krisenhaften Hintergründen der Renaissance-Epoche den »Haß seiner Feinde nicht mit Liebe vergelten wollte« und damit seine Subjektstellung zur Geschichte der Assimilation unumkehrbar festlegte: niemals, unter keinem Zwang, ein Christ im Herzen sein zu wollen, der seine Feinde lieben soll.

Gegen die Stellung seiner christlich liebenden Tochter Jessika im Lichte ihres Fluchtraums, der *Welt Portias*, dieser antikisch-weltlichen Pracht, habe Shakespeare den verratenen Vater ins Dunkel seiner Verzweiflung und Treue zu sich selbst gestellt. Heine macht daraus die Selbst-Treue des orthodoxen Juden.

Wie blühend, wie rosig, wie rein klingend ist all ihr Denken und Sprechen, wie freudewarm sind ihre Worte, wie schön alle ihre Bilder, die meistens der Mythologie entlehnt sind! Wie trübe, keifend und häßlich sind dagegen die Gedanken und Reden des Shylock, der im Gegenteil nur alttestamentarische Gleichnisse gebraucht. Sein Witz ist krampfhaft und ätzend, seine Metaphern sucht er unter den widerwärtigsten Gegenständen, und sogar seine Worte sind zusammengequetschte Mißlaute, schrill, zischend und quirrend. Wie die Personen so ihre Wohnungen. Wenn wir sehen, wie der Diener Jehovas, der weder ein Abbild Gottes noch des Menschen, des erschaffenen Konterfei Gottes, in seinem ›ehrbaren Hause‹ duldet, sogar die Ohren desselben, die Fenster, verstopft, damit die Töne des heidnischen Mummenschanz nicht hineindringen in sein ›ehrbares Haus‹ ...– – – (IV, 262)

Wie der Autor dergestalt Shylock aus seiner Rolle im unparteilichen Drama eines nicht assimilierten Charakters herausführt und ins Licht seiner eigenen, über Shakespeare hinausgehenden religionsphilosophischen Deutung stellt, bricht er schon die diskursive Ruhe, die sich, zumal für flüchtige Lektüren, über zwölf Seiten seines Schreibens gegen den Schluß hin ausgebreitet hatte, und betritt, begleitet von der schrillen Stimme des Helden, seines »alten Bekannten«, die Szene des Traums, die er selber spricht – »wandelnder Traumjäger wie ich bin«. Kaum mehr als zwei Seiten Schrift braucht er nur noch dazu. Das wirkt auf uns ästhetisch umso sensationeller, desto besser es unserer Lektüre gelingt, das verdichtete Traumstück aus seinem Beweggrund eines tief subjektgeschichtlichen Begehrens zu verstehen, des Begehrens nämlich, der *Schuld*verstrickung in die Assimilationsgeschichte des Judentums – die hier wie gesagt traumhaft figurengebrochen, figurenverteilt inszeniert ist – eine Versöhnung abzujagen. (IV, 264 ff.)

Autor Heine, wie man ihn zu kennen glaubt, platzt zunächst mit einem Witz heraus, während die Traumjagd beginnt; der Erzähler sucht Shylock auf der Bühne Shakespeares zuerst dort, wo die Geschäfte gemacht und die haßerfüllten Dialoge zwischen Jude und Christ geführt werden, im ältesten Bankquartier Europas, auf dem Rialto.

Ich hätte ihm etwas mitzuteilen gehabt, was ihm Vergnügen machen konnte, daß z. B. sein Vetter, Herr von Shylock zu Paris, der mächtigste Baron der Christenheit geworden, und von Ihrer Katholischen Majestät jenen Isabellenorden erhalten hat, welcher einst gestiftet ward, um die Vertreibung der Juden und Mauren aus Spanien zu verherrlichen.

Der Witz löst keine Spannung, im Gegenteil. Solcher witzigen Erzählung nämlich stellt sich, als Lacher im Bunde mit dem Erzähler, *Shylock nicht*. Der Aufstieg des reichsten der Rothschilde in die Sphäre der höchsten christlichen Duldung interessiert ihn nicht, sie mag die Unterdrückung und Vertreibung kompensieren und jene Spielart des Marranentums entschädigen, die auf vollkommener Anpassung der Getauften und Nichtgetauften an die christliche Politökonomie beruht; ja er, Shylock, mag selbst ein marranischer Typus sein. Er würde sich dann zu der anderen Spielart der Marranen zählen, wie viele andere, die auch in Venedig sich zeitweise niederlassen durften, denen der Haß auf die Inquisition, die sie in die Zwangstaufe trieb, oder auf die christlichen Umstände, denen sie ihre freiwillige Zwangstaufe schuldeten, nicht aus dem Herzen gerissen werden konnte und die dort im Herzen in gleicher Weise wie nicht getaufte Juden in ihrem häuslichen Alltag und in der Synagoge – in Venedig zeitenweise dazu frei – ihr Judentum gegen die christlichen Schachergenossen bewahrten.

Shylock bleibt – ich halte mich noch einen Augenblick im psycho-perspektivischen Spiel mit der Figur, die unerreichbar sei von witziger Antastung – auch unberührt von der Anspielung »Vetter«, dem buchstäblichen Witzkern, der sich auf Kosten des Vergleichs mit Karl Rothschild von Venedig am Ernst Shylocks ›vergreift‹; dieser Rothschild, so könnten wir Shylock sagen hören, hat es nicht besonders weit gebracht. – Was aber ist mit dem dergestalt verdeckten Vergleich der »Vettern« Rothschilds: Shylock – Salomon Heine? Sind sie gleich, weil sie einer dritten Größe gleich sind?

Zunächst: Harry Heine hat die beiden großen Bankiers James Rothschild und Salomon Heine stets auf eine Stufe gestellt, in Schimpf und Ernst. Im Grunde aber war er nicht

Analytiker, sondern Lyriker, wenn er den Vergleich anstellte. An unserm Textort bricht das durch, und deshalb wird der Vergleich dieser beiden Großen außerkraftgesetzt. Ob getauft oder nicht, auf dieser ›hohen‹, ja revolutionären Stufe des Marranentums, auf der Heine das Rothschild-Prinzip ausmacht, geht es nicht mehr um eine konfessionelle Abtrünnigkeit. Sondern um die im Herzen. – Und so nun: Unter der Decke *zweier* witziger Vergleiche, die *beide* nicht aufgehen (James Rothschild – Shylock; Salomon Heine – James Rothschild), steckt der andere fest, der die Pole des Marranentums ›tief‹ ausmißt: Shylock-*Samson* Heine.

Ihn verstehend *aufzulösen,* dazu befreit die Trauer im Witz. Er ist ›geboren‹ aus dem Geist des Jom Kippur. Shylock, so ist die diskursive Übersetzung des Witzes, ist mit dem großen Rothschild nicht vergleichbar, seine Stellung in der Szene ist nicht die eines Verräters, sondern die eines Verratenen. So trifft ihn *kein* Vergleich, auch keiner auf jener Stufe des modernen Geld-Prinzips. Und vergessen wir nicht, daß Shylock in Heines Traum-Text nicht ›selber‹ zu Worte kommt! und auf diese Weise also erst seine krasse Individualität ›zugeschrieben‹ bekommt. »Ich sah ihn nicht«, so wird es sogleich heißen.

Figur einer Traum-Jagd, entzieht sich »Shylock« einer Identifikation seines Interesses, seiner Geschäfte, seiner Meinungen, er ist, von Traumarbeit bewegte Figur, sowohl dem historischen Diskurs als auch der Komödie der Vernunft enthoben; geträumt literarisches Alter-Ego, »alter Bekannter« (S. 62) – Alle ›realen‹ Gestalten brechen sich an ihm *und* gehen in seiner Traum-Realisierung auf; gehen auf in den am Ende entpolarisierenden und entgrenzenden Bewegungen des Eingedenkens: auch Onkel Salomon, vor allem Vater Samson, der sich selber treu geblieben war, geschändet und gebrochen wurde, den der Sohn unter Assimilationszwang verraten hat, dieser Sohn selbst – – Verräter und Verratene, Schuldige und Unschuldige ... – Sie alle werden *von einem Witz* als Individuen angeblitzt, die dem Gleichheitsschein des Assimilations-Begriffs entzogen sind.

Dem Traumbild des Alter-Ego, das sich in Venedig verliert, »ich sah ihn nicht«, läßt sich mit Erfolg, einen »Shylock« dergestalt bannend, keine lustige Geschichte über einen Rothschildischen Assimilationstriumph erzählen, so sehr ihr Witz, ihre verdichtete Form, die Substanz vieler historiographischer Bände über Vertreibung und Marranentum hat, die ganze ›spanische‹ Tragödie in einer Nuß. –

Witz, lustige Geschichte als Introitus aber haben, da sie auf Entlastung aus sind, diesen Sinn: Der Entlastungstrieb prallt an »Shylock« ab, er bricht sich im Text, bricht *ihn* und macht ihn dergestalt fähig, den autobiographischen Sub-Text hervorzulassen. Dieser begehrt Eingang in die Synagoge, sich hier zu verwandeln. Dies geschieht nun, nicht Entlastung. Wir sind in der Synagoge am Jom Kippur.

Der Witz im Widerstreit mit seinem Opfer, Shylock, befreit den Ton aus der Tiefe, woraus hervor wir schluchzen, befreit ihn für einen Text, der ›weiß‹, daß Versöhnung als Gedenken, nicht als Entlastung gefeiert wird.

So nun zu schreiben, versöhnt das traumatisierte Selbstgefühl nicht mit seinen Projektionen, die es mit seinen Verwandten im weitesten Sinne, ob geliebt oder gehaßt, oder beides, verknüpft. Dies kommt in der Verdichtung des Gedenkens in »Shylock« zum Ausdruck. Der Traumgejagte war nicht, wie ein reicher Marrane an den christlichen Höfen Kastiliens oder am Vatikan, Steuerpächter oder Kreditgeber, war nicht ›ehrlicher‹ Kaufmann, nicht souverän über den Äquivalententausch, war weder *heimlich* jüdisch, noch gläubig oder *indifferent* getauft, sondern Geldhändler nach dem Geschmack des Mittelalters, »Jude« ganz und gar, das ist: offen gehaßt, wenn man sich ihm verschuldet, und: sich selber nicht die Blöße christlichen Leichtsinns im Verrat gestattend, die ihn in eine ganz andere Schuld-Sphäre ziehen würde.

Mit dem Wissen solcher ›Identität‹ bleibt er im Haß-Dialog mit dem christlichen Geschäftspartner bei sich selber. Heine hatte *diesen* geheimen Zug des Schacherers im vorausgehenden diskursiven Shakespeare-Referat herausgestellt: Shylock (Samson) verrät niemanden seinesgleichen; und wird verraten. Dies begründe, sagt Heine, das Verdammungsurteil gegen das Kind, Jessika, das den Vater verrät.

Keine Traumversöhnung also mit dem Schmerz, der Shylock heißt? Der Traumjagdtext versucht, so lese ich ihn, ein zum Denken gebrachter Schmerz zu sein.

Shylock 1

Shylock wird sich in das Leichentuch der Jom Kippur-Gebete gehüllt haben? Die Traumwanderung geht jetzt in die Synagoge. Das Traumbild hier scheint schön zu sein, genau und voller Sympathie, in Wahrheit bebt es schon, während es noch schön ist:

> Die armen Juden, sie standen dort, fastend und betend, von frühestem Morgen, hatten seit dem Vorabend weder Speise noch Trank zu sich genommen, und hatten auch vorher alle ihre Bekannten um Verzeihung gebeten für etwaige Beleidigungen, die sie ihnen im Laufe des Jahres zugefügt, damit ihnen Gott ebenfalls ihre Sünden verzeihe, – ein schöner Gebrauch, welcher sich sonderbarerweise bei diesen Leuten findet, denen doch die Lehre Christi ganz fremd geblieben ist!

Ironie gegen einen Versöhnungshandel? Distanz zu symbolisch geronnener Korrespondenz mit Gott? Spiel, gar Ernst mit der christlichen Versöhnungs-Perspektive? Der wohlgekleidete Reisende, der, inzwischen zum Flaneur in Paris aufgestiegen, einen voyeuristischen Blick zurück in die Synagoge wirft? Jede Auslegung mag ›richtig‹ sein; wahrscheinlich wohl alle zusammen, aber zureichend gewiß auch so nicht. Wie weit dringt der Traumtext in das dem Publikum zugleich verborgen gehaltene Geflecht der Beweggründe ein, den historischen Gedächtnisort Venedig zur radikalen Allegorie des synagodalen Judentums mitleidend zu entstellen?

Denn Entstellung findet statt. Sie hat schon Form angenommen im Entschluß, Traumatisierungserfahrungen in literarische Traumarbeit zu übersetzen, ehe noch die Figuren ihre lebendpersönliche Bewegungsform durch die Risse in den Krusten ihrer Identitäten hindurch zugewiesen bekommen. »Diese Leute« – *zuerst* im Text also Allegorie: Figuren »mit unheimlichen Kopfbewegungen, fast aussehend wie eine Versammlung von Gespenstern«; Gespenster? (II, 515) *fast*, denn zwar *fremd geblieben* der herrschenden christlichen Lehre, die zur Assimilation keine Alternative zu lassen scheint, aber doch unter ihr *lebend*. Der mosaischen Konstitution für das Gottesvolk treu ergeben. Die Krusten der Allegorie (Sicherungen der Distanz) brechen. Zwischen ihren schmerzhaften Gebeten singen die

Gespenster wunderbare Gesänge wie in keiner christlichen Kirche zu hören!

Die Distanzierungs*bewegung* bleibt dennoch wirksam im Text, hält im Traumtext an ihrer Bestimmung fest: Sie nimmt (ich versuche eine Deutung) die Töne in der Synagoge auf, läßt sie zugleich aber wieder verschwinden in der visuellen Härte eines perspektivischen Vergleichs, der *thematisch* sein will (das jüdische Sein in der Diaspora treffend), thematisch etwas sichtbar zu machen sich *genötigt* gibt und so, im Vollzug seiner Härte, die ›aufgebrochene Allegorie‹ der Betenden ins soziale Allgemeine ihres hermetischen Lebens projiziert. Das sozial Allgemeine ist das Leben der Gläubigen in einer feindlichen Diaspora.

In dieser Dimension wohl nur ist ihr Heraustreten aus ihrer Erstarrung auch einer Lektüre verständlich, die dem Jom Kippur in einer Weise beiwohnen will, wie der Text es will: gedenkend *und* philosophisch. Der *Traum*jäger kann schreibend, wie im *Leben* auch, den betrachteten Juden in ihrer religiösen Heimstätte den Vergleich mit vergleichbaren Beobachtungen in ihrer sozialen Umwelt (»leider«) nicht ersparen. Er nähert sich dem Vergleich als Reisender und Philosoph, während er ihnen lauscht, sie sieht, sich ihnen öffnet. Das ist, der Traumjäger sieht genauestens in sein eigenes Inneres, nichts erstarrt mehr – und plötzlich hat er, weiterschreibend, sein Traumpersonal beisammen.

> Indem ich, nach dem alten Shylock umherspähend, all die blassen, leidenden Judengesichter aufmerksam musterte, machte ich eine Entdeckung, die ich leider nicht verschweigen kann.

Er hatte am selben Tag San Carlo besucht, das Haus der Wahnsinnigen Venedigs. Die gleichen »Gespenster« dort!

Der Vater Samson, wir erinnern uns, sollte zum Wahnsinnigen erklärt werden. ›Obwohl‹ er doch – *weil* er? – ein so autonomer, sanfter, heiterer und pfiffiger Jude war. Harry, noch ungetauft, hatte ihn seinem Schicksal überlassen. Im Blick der Juden »flimmert (...) derselbe fatale, halb stiere halb unstete, halb pfiffige halb blöde Glanz«. »Dieser unbeschreibliche, rätselhafte Blick« — hier folgt der Textgang noch seiner oszillierenden Traumbildstruktur – »zeugte nicht eigentlich von Geistesabwesenheit, als vielmehr von der Oberherrschaft einer fixen Idee.«

»Nicht eigentlich« – Jetzt ist die Traumsprache von rhetorischer Formel unterbrochen, nimmt Kontakt zu ihrem diskursiven Fundus auf. Sie hilft darüber hinweg, daß ein unerträgliches Bild, das der Vergleich schafft, nicht auf Distanz gehalten werden kann, und läßt die Scheinhaftigkeit einer besonnenen *Fragestellung* aufblitzen, Rhetorik erneut versprechend, so sehr der Trauminhalt nur aufgeschoben bleibt und auf die Worte des ›wachen‹ Fragens deutlich drückt:

Ist etwa der Glaube an jenen außerweltlichen Donnergott, den Moses aussprach, zur fixen Idee eines ganzen Volkes geworden, das, trotzdem, daß man es seit zwei Jahrtausenden in die Zwangsjacke steckte und ihm die Dusche gab, dennoch nicht davon ablassen will – gleich jenem verrückten Advokaten, den ich in San Carlo sah …

Ist das die Sprache des erwachten Lästerers, der den Monotheismus haßt und angeblich nie eine Synagoge betreten hat? So, im weithin durchgesetzten Klischee, liest nur, wer die Traumsprache des säkularisierten Juden Heine nicht würdigt. Der Traumjäger hat sich ihr beim Positionswechsel seines Ichs in den Sätzen (als er seine Fragen zu stellen beginnt, wieder diskursiv zu werden scheint) nicht etwa versagt, sondern sie nur unterbrochen. Diese Modifikation dehnt Traumbild gedanklich in Bildbefragung und macht so Gebrauch vom Raum im psychischen Geschehen, dem der Traumtext zugewandt ist, und von der Lizenz, die hier den Ton angibt. Im Traum, wie wir wissen, ist alles erlaubt; und dies drängt uns Träumende ja oft auch bis in die Reflexion des dämmernden ›schlechten Gewissens‹ noch vor dem Erwachen. »Erfolge« der Traumarbeit vor allem sind es, wenn sie der Ichzensur Lizenzen zur Ichhintergehung abgewinnt und dies in die Sprache des hellen Tages hinüberretten kann; dies ist Heines Spezialität. Unvergessen den Lesern der Börne-Denkschrift, an deren Ausarbeitung der Autor jetzt zugleich geht, die Träume aus dem Elend des Exils! (IV,87, 125)

Hier in Venedig reißt der Schock eines Bildes, in dem ein »Blick der Juden« auftaucht und Schrift werden kann, die Gedanken aus einem Traum von verhängnisvoller Selbstisolierung des Judentums im Exil heraus und scheint seiner Auflösung in einen vernünftigen (politisch-objektiven) Assimilations-Appell zuzustreben. In der Tat ist in der zitierten Fragestellung von einem Traumgrund *persönlicher* Schuldgefühle und eines schmerzenden Renegatentums keine Spur mehr zu hören. Nichts also, was solchen Appell hemmen könnte? – Es ist doch aber die diskursive Sprachbewegung im Traumbild-Material, die von der Frage »ist etwa?« in Gang gesetzt wird, eine Bewegung deutlich auch auf dieser Spur der Hemmung! Denken wir diese These durch die Kategorie der »différance« legitimiert, so wäre die Spur vielleicht lesbar als In-Schrift, in der sie sich verbirgt[20], und dies wäre ein guter Weg, die intellektuelle Einheit in der Spannung des *ganzen* Traumtextes zu erkunden.

Autobiographisch-intellektuelle Verspannung

Solche Erkundungs-Mühe wartet auf uns vor allem in einer nun folgenden Erörterung, die ganz aus der Distanz eines Assimilierten anzusetzen scheint; ich erinnere aber vor dem Zitat dieser Erörterung an ihre politische Voraussetzung *und* psychische Integration. Denn sie greift, indem sie sich als Diskurs-Form aus der ›Traumjägerei‹ der Passage herauszuhalten scheint, doch zurück in den *subjektiven* Schrecken des Bildes von den Fast-Gespenstern der Gläubigen und tut dies *ohne Schockabwehr und ganz ohne Selbstzensur.* Dieser Umstand wird schlagartig deutlich werden, wenn wir im Zitat hören, daß Heine unversehens von *seinem* Pantheismus spricht: von der zur Zeit des Schreibens noch gänzlich unangefochten favorisierten Gottes-Idee – gedeckt nicht allein von Spinoza, sondern auch vom gegenwärtigen stets fortgeschriebenen Hegelianismus des Autors, und gedeckt, vor allem, von des Flaneurs Liebe zur heiteren Seite der Renaissance und seinem wenn auch zuweilen schon gestörten Vertrauensverhältnis zur permanenten französischen Revolution.

Auf diesem Felsen bauen wir
Die Kirche von dem dritten,
Dem dritten neuen Testament;
Das Leid ist ausgelitten.

Vernichtet ist das Zweierlei,
Das uns so lang betöret;
Die dumme Leiberquälerei
Hat endlich aufgehöret.

Hörst du den Gott im finstern Meer?
Mit tausend Stimmen spricht er.
Und siehst du über unserm Haupt
Die tausend Gotteslichter?

Der heilge Gott der ist im Licht
Wie in den Finsternissen;
Und Gott ist alles was da ist;
Er ist in unsern Küssen.

Das ist ein Gedicht aus dem »Seraphine«-Zyklus 1834. Hören wir nun die Erörterung, die an die sozialgeschichtliche Skizze vom Judenhaß des christlichen Volkes, die dann vom gewollt witzigen Einsatz des Traumjäger-Finales abgelöst worden war, wieder anknüpft.

Ich will hiermit keineswegs den Wert jener fixen Idee bestreiten, sondern ich will nur sagen, daß die Träger derselben zu schwach sind, um sie zu beherrschen, und davon niedergedrückt und inkurabel werden. Welches Martyrtum haben sie schon um dieser Idee willen erduldet! welches größere Martyrtum steht ihnen noch bevor! Ich schaudre bei diesem Gedanken, und ein unendliches Mitleid rieselt mir durchs Herz. Während des ganzen Mittelalters bis zum heutigen Tag stand die herrschende Weltanschauung nicht im direktem Widerspruch mit jener Idee, die Moses den Juden aufgebürdet, ihnen mit heiligen Riemen angeschnallt, ihnen ins Fleisch eingeschnitten hatte; ja, von Christen und Mahometanern unterschieden sie sich nicht wesentlich, unterschieden sie sich nicht durch eine entgegengesetzte Synthese, sondern nur durch Auslegung und Schiboleth. Aber siegt einst Satan, der sündhafte Pantheismus, vor welchem uns sowohl alle Heiligen des alten und des neuen Testaments als auch des Korans bewahren mögen, so zieht sich über die Häupter der armen Juden ein Verfolgungsgewitter, das ihre früheren Erduldungen noch weit überbieten wird … (IV,265)

Auf der Dämmerungsschwelle im Jom Kippur-Bild, dort wo die offene Diskurs-Einlage beginnt – Das erzählende Ich hält den Traum-Raum der Synagoge noch offen –, den Blick also zurück ins Innere des Fest-Tages gewendet – – Das letzte Wort hat dort ein verrückter Advokat, der den Vergleich jener fixen Gottes-Idee mit seiner Einbildung zu tragen hat, wonach »die

Sonne ein englischer Käse sei, daß die Strahlen derselben aus lauter roten Würmern bestünden, und daß ihm ein solcher herabgeschossener Wurmstrahl das Hirn zerfresse« – – – Auf dieser Schwelle wird, indem sie überschritten wird, im krassen Bild eines scheinbar ablenkenden verrückten Vergleiches die Gottes-Idee der Juden dem Beben auf der subjektiven Schreib-Spur des Schuldwissens und des Renegatentums ausgesetzt.

So wird die Stimme, die die diskursive Erörterung vorträgt, nicht ruhig werden können.

Lauschen wir ihr, so wenig wir ihr nachdenkend je ganz beikommen werden, mit der Aufmerksamkeit auf die unerhörte Reflexions-Zuspitzung bis zu den drei Text-Punkten am Ende des Zitats, so teilt sich uns wohl mit, daß hier eine Lizenz zur Trennung von Vortrag und Vorgetragenem nicht in Anspruch genommen werden kann; sie hielte uns in der Gewohnheit fest, um die Lektüre jener sich selbst verhüllenden Schreib-Spur in Diskursen nicht bemüht zu sein; uns an Distanz und These zu halten. Ein Distanzposten, so er im Textstück denkbar ist, bleibt am Ende vakant. Der sich distanziert gab, als er im Traumbild Synagoge und San Carlo ineinander verschob, hat die Distanz nun, ausgerechnet im diskursivsten Stück, eingezogen in der Stimme, die das Bild der Besessenen nicht zu verwerfen, sondern es zu verantworten gewillt ist.

So findet er tatsächlich erst jetzt, im Räsonnement, zu sich selbst zurück, zu einer ›Identität‹ in gebrochener Stimmlage. ›Wovor ich in hellichten Tag geflohen bin, es hat meine Stimme‹. Das ist nicht der Ort des ironischen Sprechens über eine orthodoxe Starre, sondern der Ort ihrer Erhellung. Es ist der Ort prophetischen Sprechens, in den Eingang gefunden hat, was sich nicht ironisieren, modernisieren läßt. »Ich« ist das alte und bleibt im Schauder der Traumarbeit erhalten als das Teil des Ichs, das authentisch als jüdisches ist. Mitleidend bringt es zur Sprache, was es sieht: die *Schreckensbilder* der Zukunft, die Vision vom Scheitern der Assimilation als der großartigsten Täuschung im judaisch-christlichen Geschichts-Komplex; sprachlich gefaßter Zusammenbruch dieses Komplexes unter der vorausgesehenen Gewalt des Scheiterns.

Im Traum-Bild fallen dem noch um Distanz Bemühten als *Hegelianer* die Schuppen von den Augen. Der Hegelsche ›Gott in Allem‹ ist zu sehr Mensch geworden, als daß man nicht das Allerschlimmste von ihm zu fürchten haben müßte. Solches Fürchten lehrt der »unbeschreibliche, rätselhafte Blick« der Juden in der Synagoge, *verschrieben* in den Schreckensblick der Verrückten. Ihn ins Weiterschreiben *übertragen* zu können bedeutet, das Schuldwissen des Revolutionärs ins Traumwissen des Jom Kippur-Textes *eingetragen* zu haben.

So sehr der zitierte Abschnitt einer systematischen Deutung noch bedarf, so sei hier, das vorerst Versuchte zusammenfassend, schon einmal ›fest‹ angemerkt: In diesem Textstück ist, um es mit der gebotenen philologischen Kühle zu sagen, das Mittelalter gegen die Neuzeit geltend gemacht. Ein religionsgeschichtlicher Gedanke, der sich nicht in Philosophie-Historie soll versteckt halten dürfen, sondern sozial- und ideologiegeschichtlich exponiert wird! Ein Gestus also, dessen Geltungsart und -bereich unberührt sind von den Versprechungen einer heiteren Genuß-Doktrin, denen der Intellektuelle im Milieu Pariser Glückserfahrungen sich hinzugeben imstande ist. Im Traum-Bild von jüdischer Buß- und Versöhnungsfeier können sie nicht fußfassen. Hier gehorcht der Flaneur einer anderen Bewegungsweise als in den Passagen der Metropole.

4. DIE GOTTESFRAGE

Mit diesen ersten Annäherungen an das Stück im Venedig-Text, das künftige größere Verfolgungen prophezeit, ist eine wenig beachtete, sehr Heinesche Schreibfigur überhaupt angesprochen: »Ich« *ist* biographisch noch in einer gegenwärtigen befreiten Geistesverfassung und *schreibt* in einer Weise gegen sie an, die wir als Selbstinfragestellung unter einem religionsphilosophischen Aspekt lesen müssen.

Ich habe auf diese Schreibweise im Falle von Heines Nähe zum Saint-Simonismus schon öfters hingewiesen[21], ohne Folgen in der modisch linken Heine-Interpretation, wo man den Autor bis in die Zeit des »Wintermärchens« in aller Naivität als Verkünder ungebrochen saint-simonistischer Auffassungen liest. (S. 357) Im Falle von Heines Pantheismus verhält es sich ähnlich. Die viel strapazierte ›religiöse Wende‹ Heines um 1848 dient auch in diesem Fall als Zäsur. Man übersah, daß in den Schriften des Autors stetig die Religions-Geschichte referiert ist und daß sie ohne irgend eine Zäsur um die »wichtigste Frage der Menschheit« kreisen, die Frage nach dem »Wesen Gottes« (III,861): und dies nicht allein in theologischer, mythologischer und biblischer Version, sondern auch stets in politischer und sozialer Rücksicht. Keiner aufmerksamen Lektüre entgeht diese Einheitlichkeit. Hier diene im Vorübergehen als Stützpunkt die eine Formel aus der Vorrede zur zweiten Auflage des »Buchs der Lieder« von 1837, wonach des Autors »poetische, ebensogut wie [seine] politischen, theologischen und philosophischen Schriften, einem und demselben Gedanken entsprossen sind«.[22]

Hierzu aber grundsätzlich mitzudenken ist, daß die Gottes-Frage in keiner Antwort je zur Ruhe gekommen ist und daß wir vielleicht biographisch, als der kranke Dichter 1848 endgültig zusammenbricht, von einer Zäsur sprechen können, nicht aber textgeschichtlich, denn auf das Wesen *Gottes* richten sich zu jedem textlich belegten Zeitpunkt Fragen, deren sprachlicher Form die *Selbst*infragestellung des Subjekts vorausgesetzt ist und bis in die ›Antworten‹ hinein inhärent bleibt. Dies ist sogar in Heines Thematisierungen und Beziehungen der sogenannten religiösen Wende, geschrieben 1851/52 (Rückkehr »zu dem alten Aberglauben«, VI,182, 184), besonders eklatant, und wunderbar ausgeführt dann im Text 1854, den »Geständnissen«, die Heine über sein Grab hinaus geschickt hat. Hier bindet er dann zusammenfassend seinen »Rücktritt« an das Wort »Geistesevolution« (VI,479).

Sprech-Ort

Von einer Textgeschichte im Zusammenhang des sich entwickelnden Nachdenkens und -fühlens der Gottesfrage zu sprechen bedeutet, vom Autor selber ins Bild gesetzt zu sein darüber, welchen Ort das denkende Subjekt im Fluß der Schriften ›theologisch‹ jeweils einnimmt. Zählte man solche Hinweise, die Zahl wäre groß. Wer sich auf solche Orts-Bestimmungen einläßt, bemerkt, daß es nicht bloß Standpunkte sind, wo perspektivische Correctness waltet beim Verhandeln einer

Ansichtssache, sondern daß hier das Subjekt, syntaktisch feststehend, in Wahrheit schwankt. Es schwankt, weil es sich hier bewußt in eine Bewegung der »différance« zu sich selber stellt und es mit den Stimmen auf jener verborgenen Spur zu tun bekommt, die wir Subtext nennen mögen; aus eigener Erfahrung wissen wir, daß sie uns an etwas bindet, das laut werdend seine Macht über uns zeigt; bindet an das Unbewußte unseres Wissens. (S. 82)

Die Synagoge in Venedig ist ein Sprech-Ort solcher Art. Und sie ist im Vergleich aller mit allen in Heines Schriften ein ganz besonderer; ebenso verborgen (wie die Rezeptions-Geschichte des Textes zeigt) wie zum Bersten, zum Weinen ausdrucksvoll. Heines höchste psychodramatische Kunst, die, des Paradoxalen mächtig, das diskursive und poetische Zurückkehren zu Ursprüngen des Schreibens verschmilzt, gelingt es wie selten sonst, die Stimme unverbrüchlichen Seins in jüdischer Geschichte zu artikulieren. Das gelingt, weil Subjektsein in der Jetzt-Zeit im Augenblick der Artikulation *rückhaltlos* in Frage gestellt ist. Daher das individuelle Verlustmaximum im Gehalt der Stelle, die vor dem »Satan«, einem der dem Autor vertrautesten religionsgeschichtlichen Dämonen, warnt. Warnt, indem er ihn als Verkörperung des Pantheismus herbeiruft, so wie das *Christentum* ihn sieht: »sündhaft«. Ist der *Standpunkt des Christentums* eingenommen? Nicht der Standpunkt der Ecclesia, wohl aber der »Lehre Christi«, des Predigers der Nächstenliebe, wie zuvor im Text deutlich geworden, als das Versöhnungsfest merkwürdig christlich gedeutet ist. Es ist *der Standpunkt der Synagoge,* auf dem die Distanz des Autors zum Judentum eingezogen, die Distanz des Christentums zum jüdischen Gottes-Begriff aufgehoben wird. Und auf diesem Standpunkt im Text nun ist vor dem gewarnt, was dem Autor das zur Zeit Schönste ist: ein revolutionärer Pantheismus, ein drittes, ein zweites *Neues* Testament, die Sehnsucht nach Verallgemeinerung der Küsse, die Liebende tauschen, in einem göttlichen All von Lebensbejahung, Glück und Recht im Ist-Zustand – »Das Leid ist ausgelitten.« Das zur Zeit Schönste, das Glück in Paris, ist nicht verworfen, schreibend am Versöhnungsfest. Hier trifft er Shylock und trifft ihn nicht. Diese Differenz ist es, die den Text so bewegt. Träfe der Traumjäger Shylock wirklich, so wäre die

Spannung des modernen Seins in der Geschichte zusammengebrochen; die Pariser Doktrin zum Gegenstand der Bußfertigkeit gemacht. Dies steht hier nicht zur Debatte. Das Haus Shylocks ist fensterlos, düster, die Antithese zur heiteren Renaissance in der Lebenswelt Portias. Die Differenz ist zur Zeit nicht aufhebbar; auch nicht glaubhaft im Traumtext. Würde sie es geschichtlich werden im Zeichen eines *herrschenden*, eines *kollektiven* Pantheismus, der die Menschen zu Gottmenschen entfesselt, dann, so die Prophezeiung, wäre das Schicksal aller Shylocks absehbar. Auch für ein assimiliertes Judentum?

Legt diese Frage nicht eine unbedingte Einlassung auf die *politische*, die welthistorische Variante des Emanzipationsgedankens nahe, wonach die Befreiung der Juden (wie allen »dergleichen gedrückten Volks«) dann erreicht sei, wenn im *allgemeinen* sozialen Befreiungskrieg *gemeinsam* gesiegt sein wird (II, 376 f.)? Diese Perspektive, die er zur ersten »Rabbi«-Schreibzeit, 1822/24, schon verworfen hatte, hat Heine in die »Reise von München nach Genua« 1828/29 noch einmal eingebaut (den Napoléon-Mythos analysierend, Mailand/Marengo); jetzt 1838 hat sie ihren Status glaubhaft literarischer Abwägbarkeit eingebüßt. Das heraufbeschworene Scheitern des Pantheismus als Religion der Freiheit (Befreiung auch für das orthodoxe Judentum) hinterläßt im Traum-Text die Chiffre eines Blickpunkts über einem Bild, »über die Häupter der armen Juden«, aus dem der Traum*jäger*, indem er es schreibt und quasi in ihm steckenbleibt, nicht herausfinden kann, gerade weil er sein Ziel, Shylocks ansichtig zu werden und so wieder Distanz zu gewinnen, nicht erreicht. Der Schreibende bindet sich dergestalt an das Andere in seinem Judentum. Es ist bloß ein Anschein von Paradoxie, daß sein Text-Ich am Sprechort Synagoge, wo Shylock hätte eigentlich auffindbar sein müssen, ihn *nicht* findet; positiv ausgesprochen werden können zur Zeit die realen Trennungen unter Juden, die zusammengehören in ihrer Geschichte.

Die Trennungen unter dem Aspekt partieller (intellektueller) Befreiung eines Juden (Heine) festzupolitisieren, so scheint der Text hier sagen zu wollen, wäre allerdings Verrat; nicht Verrat hingegen wäre es, im intern-jüdischen Differenzwissen (S. 149 ff.) die Kunst des literarischen Traum-Bilds zu üben und dabei das Selbstbewußtsein einer Freiheit geltend zu machen, in deren Vorschein sich aufzuhalten (in Paris), die Lizenz wohl mit sich bringt, so zu schreiben wie jetzt: in »unendlichem Mitleid«, das dem Ich im Text durchs Herz rieselt. Geschrieben ist noch nicht aus der größeren Nähe zum Volk Moses' und zu diesem selbst, so wie wir es 15 Jahre später in den »Geständnissen« lesen. Aber die Nuance ist geringfügig. Hat es jetzt noch den Anschein, als könne der Mitleidende jene Gottes-Idee nur als Bürde sich vorstellen, so wird dies später Ausdrücken weichen, die ein größeres Gewicht auf den Nutzen legen werden, den es habe, dem persönlichen Gott der Juden sich zu unterwerfen. Man mag die Nuance theologisch erheblich finden, oder sie biographisch lesen und sie dem nach 1848 Schwerkranken zuschreiben. Der Künstler jetzt 1838 in der Rolle des Traumjägers macht die Nuance vergessen. Sie ist auch in der Lektüre gewiß vergessen, lesen wir nun den Text, der nach Abbruch des theologisch-solidarischen Diskurs-Stückes, nach den drei Punkten im Zitat, in das Traumbild von Shylock am Ende ganz rein zurückfällt.

Und doch war es mir,
als halte er sich dort verborgen …

5. TEXTTRÄNEN · GOTT DER JUDEN

Shylock 2

Trotz dem daß ich in der Synagoge von Venedig nach allen Seiten umherspähete, konnte ich das Antlitz des Shylocks nirgends erblicken. Und doch war es mir, als halte er sich dort verborgen, unter irgend einem jener weißen Talare, inbrünstiger betend als seine übrigen Glaubensgenossen, mit stürmischer Wildheit, ja mit Raserei hinaufbetend zum Throne Jehovas, des harten Gottkönigs! Ich sah ihn nicht. Aber gegen Abend, wo, nach dem Glauben der Juden, die Pforten des Himmels geschlossen werden und kein Gebet mehr Einlaß erhält, hörte ich eine Stimme, worin Tränen rieselten, wie sie nie mit den Augen geweint werden ... Es war ein Schluchzen, das einen Stein in Mitleid zu rühren vermochte ... Es waren Schmerzlaute, wie sie nur aus einer Brust kommen konnten, die all das Martyrtum, welches ein ganzes gequältes Volk seit achtzehn Jahrhunderten ertragen hat, in sich verschlossen hielt ... Es war das Röcheln einer Seele, welche todmüde niedersinkt vor den Himmelspforten ... Und diese Stimme schien mir wohlbekannt, und mir war, als hätte ich sie einst gehört, wie sie eben so verzweiflungsvoll jammerte: »Jessika, mein Kind!«

Ich erlaube mir einen hilflos bleibenden Kommentar angesichts dieses Textes:

Das Differenz-Wissen, das den Text zuvor hat diskursiv werden lassen (Differenz zwischen Zusammengehörigen) ist zum Satz-Würfel geronnen:

»Ich – sah
ihn – nicht«

der nun ins Bild geworfen wird und es in ein Hör-Bild umbildet. Ein Stein spricht. Die härteste Monade im Universum der Subjekte. Schon Spinoza hat sie zum Sprechen gebracht. Der Mit-Leidende. Auch Heines Pantheismus hat sich nun in diesem Augenblick in die Stein-Monade zurück- und zusammengezogen. Sie spricht weich, hörend. Hörend, wir können auch sagen: sinnlich und mystisch, ist an diesem innersten Sprech-Ort die Gemeinschaft des Judentums ausgesprochen. Auch die Spanische Synagoge auf dem Campo del Ghetto Novo, treten wir heute vor sie hin, ist Stein; allem Anschein nach nur noch ein verschlossener, verwitterter steinerner Würfel. (Abbildung) Heines Text lesend spricht auch dieser Stein heute noch (von Stein zu Stein): An keinem Ort der Schriften Heines ist die Nähe des Text-Ichs zum fernen Gott der Juden so ausgesprochen wie hier. Ein Text bleibt hier übrig, der die Identität der literarisch bewegten Ichort-Form auflöst und dergestalt sich zu einem Raum dehnt, in dem nur noch die Stimme des innersten Wesens des von seinem Gott nicht mehr erhörten orthodoxen Juden vernehmbar ist.

Ich sagte, daß Heine sich nach 1848 zu größerer Nähe zum Gott der Juden bekannt habe. Hören wir in das erste solcher Bekenntnisse, 1851, hinein:

> Ja, ich bin zurückgekehrt zu Gott, wie der verlorene Sohn, nachdem ich lange Zeit bei den Hegelianern die Schweine gehütet. War es die Misère, die mich zurücktrieb? Vielleicht ein minder miserabler Grund. Das himmlische Heimweh überfiel mich und trieb mich fort durch Wälder und Schluchten, über die schwindligsten Bergpfade der Dialektik. Auf meinem Wege fand ich den Gott der Pantheisten, aber ich konnte ihn nicht gebrauchen. Dies arme träumerische Wesen ist mit der Welt verwebt und verwachsen, gleichsam in ihr eingekerkert, und gähnt dich an, willenlos und ohnmächtig. (VI,182)

– und zählen wir zusammen, was hier auffällt. In das alte biblische Gleichnis gehüllt ist die gegenwärtige Rückkehr zu Gott – gleichnislos der Blick zurück in die Zeit als Schweinehirte bei den Hegelianern – Rückblick auf einen Zeitabschnitt der Wanderschaft. Der Zeitgebrauch ist eindeutig: Es war einmal und auch dies schon war Suche nach Gott – Erinnert ist ein Abschnitt auf der Lebenslinie der Gottesfrage durch die Schriften hindurch – Auf diesem Abschnitt: Begegnung mit dem »Gott der Pantheisten«. Dieser Gott ist nicht Herr der Welt, sondern im Gegenteil ihr Gefangener, willenlos, ohnmächtig und langweilig.

Der weitere, hier nicht mehr zitierte Zusammenhang vor allem später in den »Geständnissen« belehrt uns, daß Heine vom Gott der *deutschen* Pantheisten redet, also weit entfernt ist von einer Auseinandersetzung mit dem Gottes-Begriff bei Spinoza und auch, obwohl der Name fällt, bei Hegel; daß er vielmehr von den deutschen politischen Hegel-*Epigonen* redet und von deren Verkehrung des Gotts der Philosophen in blanken Atheismus. Dies ist wichtig für einen zweiten Blick auf das Zitat.

Mitzulesen sind nun zwei Anspielungen, die es unmöglich machen, Biographie und Religionsphilosophie in der Substanz der hier betrachteten Schriftstellen Heines weiterhin zu trennen.

Bei den Hegelianern die Schweine gehütet, das ist ein Bild, dessen brutaler Kern eine Gleichnisbildung, die uns in ein Nicht-so-genau-Bestimmtes entführte, nicht zuläßt. Der Autor beschreibt seine angebliche Hegel-Anhängerschaft, glaubenslose Nutzung einer großen Methode der Denkübung, als Marranentum. – Eine landläufige, offenbar auch Heine verfügbare Assoziation am etymologisch nicht eindeutig bestimmbaren Begriff »Marrane« verweist in die Sphäre der Schweine; ›Schwein‹, ›Schweinehüter‹ (›Dreckskerl‹). Der zweiten Anspielung liegt der Gedanken- und Gefühlsaustausch mit Moses Moser zugrunde; der Weg »durch Wälder und Schluchten« ist der Weg des ewigen Juden, die Hegelsche Dialektik enthebt ihn nicht dieser seiner Grundspur durch die Geschichte. Auf den Punkt gebracht ist der deutsche Jude gemeint, der die deutsche Romantik durchquert. In dem Brief vom 8. Juli 1826, aus dem das Titel-Motto unseres Kapitels stammt, heißt es:

Wie tief begründet ist doch der Mythos des ewigen Juden! Im stillen Waldtal erzählt die Mutter ihren Kindern das schaurige Märchen, die Kleinen drücken sich ängstlicher an den Herd, draußen ist Nacht – das Posthorn tönt – Schacherjuden fahren nach Leipzig zur Messe. – Wir die wir die Helden des Märchens sind, wir wissen es selbst nicht. Den weißen Bart, dessen Saum die Zeit wieder verjüngend geschwärzt hat, kann kein Barbier abrasieren.

Beide Anspielungen sperren den zitierten Text dagegen ab, anders denn als Bekenntnis zum Judentum gelesen zu werden; Bekenntnis, das durch das nun so privat klingende Sprechen über den jüdischen Gott nicht erst erneuert werden muß. Im Kontext der hier angeschnittenen späten Bekenntnis-Texte sagt Heine immer wieder, daß er nichts abzuschwören habe. Rückblick ist Traum oder Reflexion. Hier ist es harte Reflexion. Den Gott der deutschen Pantheisten habe er auf seinem Weg durch die deutsche Romantik wohl gefunden, aber nicht brauchen können – nicht mehr ist hier gesagt. Auch das ist rückwärts zu lesen. Es sagt nämlich auch, daß der Zurückdenkende schon damals einen Gott, wie er ihn jetzt ›hat‹, hätte brauchen können. Dieser Aspekt ist gebunden an die Reminiszenz, die die späten Bekenntnis-Schriften ebenfalls durchzieht: Sie ist zum Bersten mit Erinnerung daran gefülllt, wie schwer es sich der Autor mit der *Auseinandersetzung* mit dem Gott der *Philosophen* gemacht hat – und immer noch macht. Wie unverbrüchlich die Legierung von ›Gebrauchenkönnen‹ und ›Denkenmüssen‹ in Hinsicht auf die »große Gottesfrage« ist, davon zeugt der Tempel-Garten der Heineschen Spätschriften gewiß am eindrucksvollsten, aber nicht allein. Unter den bedeutsamen früheren Zeugnissen mag der Venedig-Text, so kunstvoll verschlüsselt er ist, nun ein wenig geöfffnet sein.

⋆

Die diskursive Sinn-Suche im Traum-Text sei noch einmal pointiert mit dem Hinweis auf das zeithistorische Dilemma, das Heine hier aufgedeckt hat. Das Mittelalter ist überwunden, auch das der Juden; im Prozeß der Zivilisation sehen sie sich nun gespalten. Die hallachische Selbsttreue und das Streben nach kultureller Befreiung in der Assimilation – werden sie unversöhnbar sein in der Moderne? Unhintergehbar die Spaltung, Gemeinschaft aber unterm Zeichen der Verfolgungs-Geschichte, so ist Heines Blick. In dem Dilemma verschafft Ironie Bewegungs-Freiheit. Wie Heine sie gebraucht, tritt er immer wieder in die Perspektive prophetischen Sprechens. Im Dilemma sich zu bewegen bedeutet jedoch nicht, Schuld, die in ihm gedeiht, tilgen zu können. Diese Dimension bestimmt den Venedig-Text, lesen wir ihn biographisch vertieft; d. i.: ›begleitet‹ von unserer eigenen Wahrnehmung, die dokumentarisch versorgt ist und dies ›vertritt‹ in der Gesellung des lesenden zum geschriebenen Ich (S. 120 f.). Dergestalt ›geht‹ mein Ich die Verwandlung mit, die das Text-Ich erfährt, das im ›Text selbst‹ verschwindet. Bekenntnis zum Judentum löst sich auf diesem Weg in Tränen auf, die Text sind. Jedes *lesende* Ich wird auf seine eigene Schwelle zu achten haben, die es bei solcher Gesellung selbstkontrolliert zu überschreiten eingeladen ist.

⋆

Die Arbeit am gesamten Venedig-Text, an seiner Genauigkeit, Spannweite, Schönheit, ja Zärtlichkeit und Trauer, kommt zum

Stillstand am Ende, wo der Text in seiner eigenen Tiefe zu verrinnen scheint – verdichtet zum Schluchzen des verratenen Vaters. Der Donner-Gott ist fern, spottet er der Schmerzen seines Knechts Hiob Shylock? Den Doppel-Aspekt der Figur hier mitzuempfinden, liegt nahe. Nicht in der Logik einer »Weltgeschichte« der Verfolgung mündet der Text, sondern in der Öffnung des Schmerzes, der der »Geschichte der Menschheit« angehört (S. 216 f.). In dieser Spanne kann das Text-Ich sich in seiner Schuld bewegen. Das unterm Zwang seines Assimilations-Begehrens zum Verräter gewordene Kind schlüpft – indem es nun erwachsen seine Kunst dazu nützt – in den Schutz der marranischen Glaubensübung.

Das ist ein letzter reflexiver ›Haltepunkt‹, während sich die Einlösung des geschriebenen Ichs in den Tränenfluß des Textes vollendet. »Ich« übernimmt. Es macht zu Text das Gebet des Vaters Shylock, das in der Synagoge in der Gemeinschaft der Betenden nicht erklungen war und also im gemeinschaftlichen Transport der Gebete zu Gott fehlte, und trägt es in einer unerhört prosodischen Klage vor das verschlossene Himmelstor; eine Anbetung, an die der Text-Autor wie in einem Echo des Abend-Gebetes in der Synagoge seine künstlerische Contenance und Autonomie abgibt. Der Tag neigt sich, vom hörbaren Sprechen des »Höre Israel« in der Synagoge sind Vater (er betet »verborgen«) *und* Sohn ausgeschlossen. Als Ausgeschlossensein vom *Jom Kippur im Text* müssen wir diese Klage nicht lesen. Sie verbindet und versöhnt Vater und Kind in der innigsten individuellen und freien Weise, die dem Gang der jüdischen Geschichte, die sie auseinandergebracht hat, trotzt: Versöhnung durch Mitleiden außerhalb des Ritus. Versöhnung literarisch. In Heines Hegel-kritischer Begrifflichkeit wäre dies eine Verlagerung jüdischen Geschichtsdenkens in eine besondere Gewichtung der »Geschichte der Menschheit«, die *als Text* offenbar ist. Doch kann auch der schönste Text die Dialektik der Moderne nicht vergessen machen, die eine Dialektik zum Tode des Partikularen im selben Maße ist, wie Hegel Recht behalten müßte. (S. 125 ff., 130, 136 f., 143 ff.)

Dem entgegen arbeitet eine der *düstren* Prophetie innewohnende *poetische*, die auf eine im Hebräischen wurzelnde deutsche Sprache als Gewinnerin der politisch-religiösen Revolutionen setzt, wie es, wie Vieles in dieser Art bei Heine, bisher ignoriert in »Zur Religion und Philosophie in Deutschland« 1834 entwickelt ist: »Die Freiheit wird überall sprechen können und ihre Sprache wird biblisch sein.« (III, 546)

6. ERÖRTERUNGEN

Indem wir nun aus der Textinnigkeit des Heineschen Jom Kippur hinaustreten und uns aus seiner Mitte Shylocks »Jessika mein Kind« nachklingt, mag eine Distanz zum Text zurückzufordern sein, in der einige teils hypothetische, teils resümierende Erörterungen zu diesem Kapitel möglich sind. Ich werde also das, was der Text verdichten kann, nämlich die diskursive und figurative Einheitlichkeit eines Schrift-Werkes – in der ein mit sich selbst nicht identisches Ich sich bewegt – aus größerer Distanz zum Text aus der Verdichtung jetzt eher lösen, um sie in ihrer ›eigenen‹ Art und Bedeutung in *diesem* Text befragbar zu machen; textvergessen kann dies allerdings nicht geschehen. Auch werden wir die Unmittelbarkeit der Vater-Beziehung Heines, wenn wir uns ihr ausgesetzt haben, kaum mehr abschütteln können.

Indem wir also jetzt Abstand nehmen, wird Heines eigene theoretische Distanznahme zur Synagoge, die er als Traum-Unterbrechung gestaltet hat, in ihrer Schwerlesbarkeit noch einmal hervorgehoben. –

Sagen wir, Heine habe den Satz ›in der Synagoge‹, den Stein, um den das witzig eingeleitete Text-Finale überhaupt kreist: »Ich sah ihn nicht«, philosophisch und religionsgeschichtlich transzendieren wollen. Und fügen wir hinzu, das spezifische Problem der Assimilation, wie es sich einem intellektuellen Juden und Hegel-Schüler am Anfang des 19. Jahrhunderts stellt, sei tatsächlich auch das existentiell philosophische *und* das poetologische Problem des 19. Jahrhunderts für Heinrich Heine gewesen. Dieses Buch ist in dieser Sichtweise geschrieben. Sie könnte sich in der Vorstellung eines Dreiecks jetzt, für Heines Jom Kippur, so veranschaulichen lassen:

Die ›Positionen‹: Tradition des Judentums – Gedenken dieser Tradition im Text eines Intellektuellen, der sich als Renaissance-Hellene und Pantheist versteht – politische Befreiungsbewegung, in die der Intellektuelle auch die bürgerliche Gleichstellung der Juden hineindenken muß. Eine solche Dreiecks-Formel bildet das oszillierende Zusammensein von eher distanzierter und eher textdichter Schreibweise im Shylock-Fragment ein wenig ab; die trockenste technische Formel-Form wäre: Gedenken – Denken – Kampf (Kampf durchaus im Sinne Hegels in der dialektischen Formel: Kampf und Gegenkampf und Analyse der daraus entstehenden denkbaren Synthesen).

Im nächsten Kapitel werde ich die Befestigung der dritten Position »Kampf« an eine Aufzeichnung Heines, notiert 1830 in Hamburg während der Hep-Hep-Krawalle, näher untersuchen: Schwachheit der Juden als Grund für ihre Geschichte im Exil. Die Herkunft des Notats ist im Diskursstück über den Verfolgungszusammenhang vom Autor verdeckt referiert (»Sie sind zu schwach«). Wie nun läßt sich mit Hilfe des vorgestellten Dreiecks der Kategorien Gedenken – Denken – Kampf (Gegenkampf), das die Objektivität einer Konstellation auch des individuellen Seins in Geschichte simuliert, Heines Schreiben unterm aktuellen Thema seiner Erfahrung mit Assimilation zum Sprechen bringen – und zwar so, daß die millionenfache zweitausendjährige Subjektgeschichte der Assimilation (Schwäche – Anpassung – Schuld) nicht theoretisch verschoben erscheint oder tatsächlich, im Nachvollzug historischer Beispiele, projektiv aufgehoben werde, wozu die Hegelsche Philosophie angeregt hat?

Prophetie

Der Duktus der Rede des Autors über das strenge Judentum ist noch klar geprägt von der Metapher der Bürde. Auch der gestrenge Moses ist dieser Metapher eingeschrieben. Gegen Strenge und Bürde wehrt sich der Schreibende 1838. Hier steckt aber ein »noch«. Er wehrt sich noch. Die Abwehr zeigt schon die Dynamik der Annäherung. Ist sie ein psychoanalytisch beschreibbares Phänomen? Sie ist als solches zumindest hypothetisch brauchbar, um die Annäherung eines noch immer kindlichen Intellektuellen an die Position seines Vaters zu positionieren bzw. zu datieren.

Religionsgeschichtlich nämlich ist der Pantheismus *auch* und gegenüber der philosophischen Ausarbeitung *vor allem* eine kindliche Phase in der Mythologie/Religion der Völker. Dies trifft für die griechisch-germanische Sphäre zu, der sich Heine bis dato ganz verschrieben hatte. Er wird es auch später wieder tun, zu prüfen wäre dann allerdings, unter welchen veränderten Vorzeichen (»Götter im Exil«). Aus der Haltung des philosophisch geschulten und publizistisch eher ›objektiv‹-populär vermittelnden Analytikers (soeben 1836/37, in den »Elementargeistern«) tritt der Autor im Venedig-Text aber heraus. Er stellt sich, mag das eine unbewußte Ausdrucksweise sein, in die eher ›private‹ Position des Kindes, das nun schreibt. Da dies aber wiederum geschieht unter dem objektiven Druck des mosaischen Gesetzes und des mosaischen Gebetes und auch der mosaischen Erfindung des jüdischen Volkes, treibt diese Selbstpositionierung des Kindes gegenüber seinem Vater eine prophetische, und so gesehen eine weiß Gott sehr objektive und unpopuläre Synthese hervor:

Die *Archaik*, die in der Idee einer Verschmelzung des Menschen mit der Natur (Pantheismus) den Götter-Geschichten zugrundeliegt und die Moses im ›Süden‹ zerschlagen wollte, wird sich in dem Verfolgungs-Gewitter gegen die Juden zusammenballen (im ›Norden‹ des 20. Jahrhunderts), dem auch durch Assimilation nicht zu entkommen sein wird. Sie werden unterschiedslos verfolgt werden als Repräsentanten eines mosaischen Volk-Prinzips, das vor allem dem kollektiven Hang zum aggressiven *Atavismus* entgegensteht, welchen der moderne Antisemitismus nutzen wird. Dieser mörderische Zusammenhang zwischen Früh- und Verfolgungsgeschichte hat seinen Grund, so mag es in Heines Text erkundet sein, in einer geistigen Überforderung des kollektiven (christlich geprägten) Unbewußten in der Moderne; die »große Gottesfrage« darf ihm nicht anvertraut werden. Wehe wenn es geschieht! Vier Jahre zuvor hatte Heinrich Heine seine Franzosen vor dem Aufbruch der deutschen Dämonen in die Zivilisation gewarnt. Er beschwört Weisheit und Waffen, um ihnen, die sich mit ihrem »Zerstörungswerk selbst identifizieren würden«, entgegenzutreten. (III,639 ff.)

Die Initiative, zu sprechen wie 1838 im Shylock-Fragment, ist zutiefst aufgespalten. Der Autor wehrt sich, wie ich sagte, gegen die mosaische Bürde; zu dieser Seite seiner jüdischen Selbstreflexion hatte er sich manifestförmig nach der Juli-Revolution 1830 geäußert und dies 1840 überarbeitet in seine Börne-Denkschrift eingefügt: Das Kind der französischen Revolution möchte wie Jesus Christus aus Galilea das Zeremonial-Gesetz niederreißen und sogar das Vernichtungs-Urteil aussprechen über die jüdische Nationalität ... Möchte (vgl. S. 137) – wie anders als witzig kann er es formulieren? – möchte wie sein Vorgänger alle Völker der Erde zur Teilnahme an dem Reiche Gottes berufen, »das früher nur einem einzigen auserlesenen Gottesvolke gehörte« – und »der ganzen Menschheit das jüdische Bürgerrecht geben« ... Und möchte, eingedenk, daß Jesus »ein Opfer seiner Humanität« geworden ist (das bekannte Ende), dieses Opfer vergessen machen, das Martyrium der christlichen Abtötung des Fleisches mitsamt dem philosophischen Aufgehen im absoluten Geiste in einer Revolution beenden, die es vermag, die Welt von der Krankheit des tollen Irrtums des einseitigen Strebens nach Vergeistigung zu heilen. »Wann wird die Harmonie wieder eintreten ...« (IV,41)

Doch eben dieser große, und auch in vielfältigen Formen geäußerte Wunsch nach Emanzipation der Kreatur Mensch ist gebrochen und hat also eine ›andere Seite‹. Aus der Gebrochenheit erwächst das prophetische Sprechen. Die grandiose kosmopolitische Gebärde, philosophisch begründet von der ebenso grandiosen spinozianischen Ironie, die den Verstand einsetzt, um das Begehren der Menschen lächerlich zu machen, sich ihre Bilder von Gott beweisförmig zu sichern – diese durchaus Heinesche Grandiosität formuliert, wo sie ausgespielt wird, eine Voraussetzung mit, in der bereits der Selbstzweifel eingeschrieben ist. Wer ist der Mensch, daß er die »Justifikation« einem Emanzipations-Gedanken zubilligen könne, der *»Gott« in der Natur* und *»Natur« in uns* in Harmonie denkt? Der Zweifel bei der pantheistischen Voraussetzung der Emanzipation der Menschen läßt sich auf die Formel bringen: In den Gott der Pantheisten ist zu viel Mensch hineingedacht (S. 85). Die Naturphilosophie, umgesetzt vorgestellt in der Tatgeschichte, stößt auf ›das Volk‹ und seine Dämonen – und sie sollte, anstatt sich in akademische Verklausulierungen zurück zu ziehen (vielleicht erschrocken), gerade an dieser Schwelle des Denkens hinüber zur Praxis *weiter* denken.

Dies tut Heine im Essay »Zur Religion und Philosophie in Deutschland« (1834), im Gegensatz etwa zu Schelling, weil er Philosophie, jüdische Überlieferung und Revolution (Demokratie) zusammendenkt – so radikal wie zusammengenommen nicht Kant die Kategorien a priori, Fichte das Ich und Schelling den Ursprung der Natur gedacht haben. In solcher Radikalität schlägt die Selbstgewißheit des Gedankens um.

Der Naturphilosoph (nur ›ihn‹ greife ich im Kontext der Belegstelle heraus) wird

> dadurch furchtbar sein, daß er mit den ursprünglichen Gewalten der Natur in Verbindung tritt, daß er die dämonischen Kräfte des altgermanischen Pantheismus beschwören kann, und daß in ihm jene Kampflust erwacht, die wir bei den alten Deutschen finden, und die nicht kämpft, um zu zerstören, noch um zu siegen, sondern bloß um zu kämpfen. Das Christentum – und das ist sein schönstes Verdienst – hat jene brutale, germanische Kampflust einigermaßen besänftigt, konnte sie jedoch nicht zerstören, und *wenn einst* der zähmende Talismann, das Kreuz, zerbricht, dann rasselt wieder empor die Wildheit der alten Kämpfer, die unsinnige Berserkerwut, wovon die nordischen Dichter so viel singen und sagen. (III,639)[23]

Dies niederzuschreiben hat Heine fiktiv verzögert, hat es vorbereitet, indem er die darstellerische Form des Aufschubs bis zu dieser Stelle wählte. Auf diese Weise hat er der Gebrochenheit seiner politisch-religiösen Philosophie Ausdruck verschaffen können, hat, ehe er ihr im Fortgang des soeben zitierten Textstücks (»Die zukünftige Revolution Deutschlands«[24]) die äußerste Formel gab – »Es wird ein Stück aufgeführt werden in Deutschland ...« –, schon zuvor *sein Gefühl* sprechen lassen können, das den Aufschub dessen wünscht, was zwar vorhersehbar, jedoch nicht mißdeutet werden dürfe als Eindeutigkeit. Die Zukunft mag den Dämonen gehören. Aber es ist ungewiß – und nur so ist Hoffnung denkbar –, wie gezähmt, ja ob sie gezähmt hervortreten werden. Hütet Euch Ihr Franzosen, Volk der Zivilisation! mehr wird nicht gesagt werden können, wenn der darstellerische Aufschub beendet ist. »Es mag in Deutschland vorgehen was da wolle ...« –

Aber das Gefühl, während die Kunst zu schreiben und zu komponieren dem Autor den Ort seines Sprechens im Aufschub freihält, den Ort des gedanklichen Innehaltens, der Ruhe und Vertiefung – das Gefühl ist eindeutig; es ist eindeutig zerrissen, zerschnitten, wie es rasch nach der Ankunft in Paris 1831 heißt, »der Wahrheit wegen« (II,209) – Die Wahrheit ist offen und vieldeutig; im Text bleibt sie leer (S. 87 f., 124). Vom Wirken Gottes in der katastrophischen Welt ist an dieser Stelle im selben Tone gesprochen wie im diskursiven Einschub in das Shylock-Fragment.

Ein eigentümliches Grauen, eine geheimnisvolle Pietät erlaubt uns heute nicht, weiter zu schreiben. Unsere Brust ist voll von entsetzlichem Mitleid – es ist der alte Jehova selber, der sich zum Tode bereitet. Wir haben ihn so gut gekannt, von seiner Wiege an, in Ägypten ... (III,590/91)

Nutzen dem Einen Gott seit jenem Eingreifen in die Geschichte Israels keine seiner Verwandlungen in der Welt? Unter diese Frage stellt Heine den religionsgeschichtlichen Abriß vom weltlichen Sterben Gottes. Es ist sein deutlichster Vor-Nietzsche-Text; mit dem Schlußbild:

Hört Ihr das Glöckchen klingeln? Kniet nieder – Man bringt die Sakramente einem sterbenden Gotte. (III,591)

Das ist dann der Anfang zur nun nicht mehr aufschiebbaren Fortsetzung, die dieses vorläufige Schlußbild auflöst in die folgende offene Diskursivität der Vor-Sicht:

›Wenn erst der zähmende Talismann, das Kreuz, zerbricht, dann‹ ...
und, ex negativo, in Venedig:
›Siegt einst Satan, der sündhafte Pantheismus, so‹ ... (IV,265).

Die Identität des Gefühls im Sterbebild und die Offenheit der nicht aufschiebbaren bangen Frage »Wenn« lösen sich in der diskursiven Behandlungsart der »großen Gottesfrage« ineinander auf und gerinnen zur These: Die Verwandlungen Gottes in der Welt enden in einer Sackgasse, wenn ihre Deutung und Begleitung allein einer *politischen Philosophie* anvertraut werden. Dies darf ebensowenig geschehen wie eine Überantwortung der »ursprünglichen Gewalten der Natur« an die Massenseele.

So vielleicht können wir den *identischen Zug* in der Heineschen Kritik zu lesen bekommen; sie mündet in der Warnung, die an die Franzosen gerichtet ist, mit denen der Warner lebt.

Juste-Milieu

Hier öffnet sich der biographische Aspekt des Kapitels nocheinmal; nämlich aus dem aufschiebenden Schreiben als prophetischer Immanenz der Texte hinaus in die Lebenszeit Heines an einem bestimmten Ort: Paris im Juste-Milieu nach der Juli-Revolution 1830. Der Marrane, der getaufte Heinrich Heine, gibt hier sein Entrée-Billett zur europäischen Kultur nicht etwa zurück. Im Gegenteil. Er lebt als Assimilierter weiter im aufgebürdeten Bewußtsein, einem »Volk-Gespenst« anzugehören. Seine biblische und mythologische Reflexivität in den Schriften analysiert dieses Leben und konfrontiert es in Bildern und Szenen tausendfacher Figuren-Brechung mit den Ursprüngen schreibbarer Bildlichkeit überhaupt. Von dort scheinen Imaginationen aus der Geschichte herauf, die mit Unmittelbarkeits-Beziehungen frühgeschichtlicher Menschen zu Natur und Gott spielen, zugleich aber hochgradig textbewußt in ein modernes Schreibkonzept übertragen werden, das an der Gestalthaftigkeit und Schönheit einer ewigen »Geschichte der Menschheit« in den Katastrophen der Weltgeschichte festhält. Dies sei, so sagt Heine bis an sein Ende, sein Hellenentum. Die schriftlichen Rückgänge an die Ursprünge menschlicher Natur- und Gottbeziehungen ist der symbolische Weg des ewigen Kindes, des ewigen Juden; die Initiativen zur ewigen *Reflexivität*, die auf diesem Weg für Umtrieb und Fortgang sorgen, haben den Heineschen Text-Typus konstituiert, der sich zeitlebens in unterschiedlich dominanten Klagetönen ebenso ausarbeitet wie – so Heine in einer zur Zeit des Shylock-Fragments vorgenommenen Bestimmung seines lyrischen Schreibens – in Schriftzügen, die »den Geist zurück zur starken Realität« führen wollen (IV,163).

Diese Formel, dem Juste-Milieu abgewonnen, klingt als solche schon ›realistischer‹, als jene anderen, kategorialen Formeln, deren sich Heine in seinen programmatischen Partien bedient, um den Widersprüchen des Lebens im Zeitalter gerecht zu werden. Schmeichelnd klingen sie auf, seit Heine Pariser Boden betreten hat, zunächst bis in die Verse des Wintermärchens. Das klingt alles ein wenig super-populär und in seinem Humanismus routiniert, und gäbe es nicht die Heineschen Kratzer, wir müßten wohl von Realitäts-Ferne und Vormärz-Pathos reden. Man höre:

Die glücklicheren und schöneren Generationen, die, gezeugt durch freie Wahlumarmung, in einer Religion der Freude emporblühen, werden wehmütig lächeln über ihre armen Vorfahren, die sich aller Genüsse dieser schönen Erde trübsinnig enthielten, und, durch Abtötung der warmen farbigen Sinnlichkeit, fast zu kalten Gespenstern verblichen sind! Ja, ich sage es bestimmt, unsere Nachkommen werden schöner und glücklicher sein als wir. Denn ich glaube an den Fortschritt, ich glaube, die Menschheit ist zur Glückseligkeit bestimmt, und ich hege also eine größere Meinung von der Gottheit als jene frommen Leute, die da wähnen, er [!] habe den Menschen nur zum Leiden erschaffen. Schon hier auf Erden möchte ich, durch die Segnungen freier politischer und industrieller Institutionen, jene Seligkeit etablieren, die, nach der Meinung der Frommen, erst am jüngsten Tage, im Himmel, stattfinden soll. Jenes ist vielleicht eben so wie dieses eine törigte Hoffnung, und es gibt keine Auferstehung der Menschheit, weder im politisch moralischen, noch im apostolisch katholischen Sinne.
Die Menschheit ist vielleicht zu ewigem Elend bestimmt, die Völker sind vielleicht auf ewig verdammt von Despoten zertreten, von den Spießgesellen derselben exploitiert, und von den Lakaien verhöhnt zu werden. (III, 519)

Den Kratzer am Schluß, wie an vielen anderen vergleichbaren Stellen, müßte man als Intervention eines allgemeinen Skeptizismus lesen, zwänge uns Heine nicht, hier konkreter zu werden. Für ihn ist die Negation des Humanismus unmittelbar gekoppelt an das »tröstende Kruzifix«, das, eindeutig positiv konnotiert, *so kratzerisch* hier in den abgehandelten Zusammenhang gestellt ist: »Das endliche Schicksal des Christentums ist also davon abhängig, ob wir dessen noch bedürfen.« (III, 519).

Es bedarf unseres genauen Studiums der »Französischen Zustände« und der »Lutetia«-Berichte Heines, damit wir ermessen können, wie notwendig sein popular-philosophischer Umgang mit den Widersprüchen zwischen Geist und Materie ergänzt werden mußte durch die Analysen des Juste-Milieus, damit der assimilierte Jude der »großen Gottesfrage« ›realistisch‹ gerecht werden könne. Erst »zurück zur starken Realität« sind seine Schriften auf dem Weg, immer kompetenter zu werden für die Aufnahme nur vorläufiger Antworten in die Wahrheits-Aura der Gottes-Frage.

Auf diese Vorläufigkeit kommt es an. Denn Leben in der besonderen jüdischen Assimilation (es gibt auch andere) heißt schuldig zu werden ebenfalls auf besondere Art und *so* zu leben. Eine ›realistische‹ Dokumentation solcher Schuld haben wir kennengelernt.

Können wir sagen, daß die Beziehung des assimilierten Juden im 19. Jahrhundert zu Gott, der »in Allem« zu sein begehrt wird, erwachsen werden muß?

Das würde bedeuten, daß sich der jüdische Pantheismus vom deutschen unterscheiden *muß*, daß er aus dieser Differenz heraus dem philosophischen Denken unterworfen werden müsse und seine Wurzel im Schuld-Wissen eines Lebens reflektiert, das »Emanzipation« realiter in der »Assimilation« findet.

Heines Pariser Schriftsteller-Leben über das »Wintermärchen« hinaus unter dem Zeichen eines theologischen Erwachsenwerdens? – Mir scheint diese Sicht bedenkenswert. »Stark« war die Realität der bankkapitalistischen Modernisierung, der sich die Millionärs-Familie in Hamburg unterworfen hatte, »stark« sind die Erregung und Erschütterung, die eine biographische Lektüre den Schriften des schuldverwickelten Millionärs-Neffen abhört. Die Theorie der biographischen Lektüre, wie sie hier zur Worte kommt (S. 120), isoliert den Gram der Schuldbeladenheit nicht von den Texten als ein Neben-Datum. Vielmehr legt der dokumentarische Kommentar die Spur in den Texten ein wenig frei, auf welcher Erregung und Erschütterung des einst Lebenden nur *literarisch* angemessen gelesen werden können: nämlich so, daß wir auch die gedanklichen und imaginativen Kombinationen verstehen lernen, die ihre Energie und ihren besonderen Charakter der Lebens-Wurzel verdanken.

So scheint es mir z. B. unabweisbar zu sein, daß die »Variationen« in Heines theologischem Denken (VI, 802 ff.), die er so gekennzeichnet nach dem Wintermärchen und dem Scheitern der Februar-Revolution in Paris vorträgt, folgerichtig eine

Widersprüchlichkeit, die unserem Thema innewohnt, nicht auflösen, sondern verschärfen. Seine viel erörterte Rückkehr zu Gott bleibt ein philosophischer Schritt. Auch politische und ästhetische Denk-Konstanten bestätigt der Autor jetzt. Was für ein Jude ist Heine geworden?

Er sagt es auch jetzt nicht. Er sagt, daß er die Konsequenz des Pantheismus zu Ende gedacht habe. Er klärt sein Verhältnis zu Moses. Er vertieft seine biblische Reflexivität in Texten von universaler jüdischer Liebe und Frag-Fähigkeit, die ebenso dem Märtyrertum der Juden gilt wie Gott. Und er spielt sein altes Spiel: verschweigt etwas, das er sagen will, so akzentuiert, daß es schließlich als Attacke hervortritt. Dies wird vor allem Gegenstand des III. Kapitels sein; ich nehme einen Gedanken vorweg (S. 129 ff.):

Von der Freiheitsliebe Israels, während nicht bloß in seiner Umgebung, sondern bei allen Völkern des Altertum, sogar bei den philosophischen Griechen, die Sklaverei justifiziert war und in Blüte stand, will ich gar nicht reden, um die Bibel nicht zu kompromittieren bei den jetzigen Gewalthabern. (VI,486)

Nichts wird einfacher im Schreiben Heines am Ende seines Lebens. Ja es scheint, daß ihm zuletzt auch die große Gottesfrage zu einfach geworden sei und er sie philosophisch ernsthaft nicht mehr stellt. *Scheint* die Distanz zu Gott wieder absolut geworden zu sein wie im orthodoxen Judentum, so *ist* es die zu den realen Verhältnissen des Zeitalters gewiß. In ihnen stecken Emanzipation und Assimilation als reale Verheißungen des 19. Jahrhunderts in Heines Augen längst fest; im Geltungsbereich dieser brennenden Fragen suchen wir nach einer Position des Autors vergebens. Auch zur Schuld, vor allem in ihrer Verallgemeinerung als Assimilations-Problem, scheint der Autor auf Distanz gegangen zu sein; jedenfalls finde ich keine Erregungs-Spur in den Spät-Schriften, die auf Schuld-Gefühl verwiese. Dort, wo wir vor allem nach ihm suchen müßten, im Text über Samson, hören wir nur einen wunderbaren Liebes-Laut (S. 118).

Hoch erregt sind die Schriften noch vom Haß auf die Quäler des Vaters; niedergeschrieben aus *eigenster* Haßquelle. Kein Struktur-Schema kann daraus erwachsen, das die Geschichte der Verfolgung im 19. Jahrhundert nach einfachen Kriterien der Macht- und Gewalthabe und von Tätern und Opfern zu schreiben erlauben könnte. Die Schriftzüge des unendlichen Mitleids mit dem Martyrium der Juden werden ausgezogen; der Gott, den der schwer leidende Dichter nun »benötigt«, ist nicht der Gott der Synagoge – der Geschichtsschreiber der Götter im Exil manifestiert sein altes Heidentum. Am Ende, im letzten Gedicht (Passionsblume), sind die vielen symbolischen Wege zurück zu Quellen der Kindheit in der Geschichte der Menschheit an ein und demselben »Kreuzweg« enggeführt – es scheint die Enge einer einfachen Alternative zu sein. »Ich« liegt schon in seinem Marmor-Grab und genießt die ungestörte Ruhe:

Doch wehe mir! es schwand die Seligkeit,
Als draußen plötzlich sich ein Lärm erhoben;
Es war ein scheltend, stampfend wüster Streit,
Ach, meine Blum verscheuchte dieses Toben!

Ja, draußen sich erhob mit wildem Grimm
Ein Zanken, ein Gekeife, ein Gekläffe,
Ich glaubte zu erkennen manche Stimm –
Es waren meines Grabmals Basreliefe.

Spukt in dem Stein der alte Glaubenswahn?
Und disputieren diese Marmorschemen?
Der Schreckensruf des wilden Waldgotts Pan
Wetteifert wild mit Mosis Anathemen!

O, dieser Streit wird endgen nimmermehr,
Stets wird die Wahrheit hadern mit dem Schönen,
Stets wird geschieden sein der Menschheit Heer
In zwei Partein: Barbaren und Hellenen.

Wie rhetorisch nur der Schein der Einfachheit! Was für eine verwirrende Alternative, Pan oder Moses! Wie widersprüchlich all das.

Der modellbastelnde akademische Lehrer wird nun an die Tafel treten und zwei Senkrechte zeichnen. Links Pan, Schönheit, Hellenen, rechts Moses, Wahrheit, Barbaren – aber nicht einmal die Symmetrie der Senkrechte, die Versform hinabgezogen, gäbe ihm recht. Chiastisch die Bezüge, sinnlos die Parallelen! Der Ästhet ironisiert sich, indem er seine Ordnungsmittel gegen den Strom stellt. Natürlich ist ihm wichtiger als eine formal-inhaltliche Identität der Sprachgestalt die *Wildheit* des Raums, in den die Pan-Anspielung zeigt; hier steht die Sonne im Zenith, der Augenblick brennender Stille, in der die *Figur* des Pan verschwindet. Natürlich ist ihm wichtiger das *Aufbegehren* gegen Moses, der in Treue zum Einen Gott alle anderen Götter verdammt. Gibt es sie denn nicht? Aber natürlich nicht ist Moses Barbar, sondern »unser Lehrer, Moshe Rabenu, hoher Bekämpfer der Knechtschaft … Terrorist, Sozialist …« (S. 19) – keine Vers-Tektonik, kein Reimzwang können den Schmerz der einschneidenden Zeile mildern, die den Sterbenden an den alten Glaubenswahn erinnert. Keine Kategorien, keine Positionen sind dem »Glaubenswahn« zuzuordnen, jegliche diskursive Sicherheit zerbröckelt hier. Auf der Dauerspur der großen Gottesfrage werden wir blitzartig zurückversetzt in den Venedig-Text. »Glaubenswahn« (Glauben, Wahn) hat die Struktur des Vergleichs der Synagoge mit dem Haus der Wahnsinnigen. Hier ist in der Logik der Dauer-Spur selbst die Aufhebung der Differenz in jenem Vergleich manifestiert. Und Verwirrung und Widersprüchlichkeit werden nicht geringer, sehen wir auf den Konnex der Wörter »Barbaren«, »Dämonen«, »alter germanischer Pantheismus« …, so klar der Vergleich an diesem Punkte ist.

›Jüdische Schreibweise‹

Der Lauf der Assoziationen ist freigegeben. Sie mögen in den mythologischen Inter-Text der »Nordsee«-Gedichte gehen, oder in den Tanz der Wallküren über Lutetia, den Cancan in der Stadt oder wohin auch immer. Die hypothetischen Erörterungen erhellen gewiß dieses eine: Eine jüdische Identität ist es nicht, die in unserem Themasatz vom nicht abzuwaschenden Juden gemeint sei. Es ist die Nicht-Identität, die der jüdischen Schreibweise Heines zukommt.

Sie ist zu allem fähig, zu Mitleid, Bekenntnis, Widerstand, Haß und Solidarität und jedenfalls zur poetischen Verausgabung eines universalen Blicks auf das Judentum. Er kann, wie wir am Ende der »Memoiren« sehen werden, auf dem Charakter, der Lebenswelt, der *Art von Glück* eines Samson Heine ruhen, auf dem Vorbild also eines angepaßten jüdischen Lebens in der

Diaspora, das dem Dichter Texttöne von großer Innigkeit und tiefem Begreifen entlockt. Ebenso aber ist dieser Blick historiographisch.

Voraussetzung dazu ist möglicherweise, daß jene Art von Glück ›subjektiv‹ gescheitert ist. Der Blick ›liest‹ die Strukturen eines Exils, das dennoch, als Kulturgeschichte, jenem Glück auf der Spur ist; er kann ruhig und konkret auf ihnen ruhen, »mit tolerantester Gleichgültigkeit« (S. 125, 170); dies wiederum ist dann die Voraussetzung dafür, daß ihre Transformation in die Signaturen der besonderen Heineschen Textart gelingt, die in denkbar knappen Formen diesen Doppelcharakter der *Wanderungen* im Exil bezeugt.

Gemeint sind damit die Verfahrensweisen des Anspielens und Aufblitzens, die uns verleiten können, die Räume einer Geschichtsauffassung selber zu erschließen, die Glück und Scheitern im Exil nicht voneinander getrennt wissen will. Erregung und Erschütterungen, die solcher Auffassung wesentlich sind, können auch in der Textarbeit, schreibend wie lesend, nicht ohne Echo bleiben. Heine nennt das bei Gelegenheit Töne, die wiederklingen (III,42). Seine Textverfahren, an denen wir solche Korrespondenz erfahren mögen, ob lyrisch, dramatisch, erzählerisch oder essayistisch verfaßt, ähneln empirischer Geschichtsschreibung nirgends.

Die knappste aller Formen, die der historiographischen Strukturbildung in den Schriften die oft verdeckten, selten so entdeckten Wege bahnen, ist der Witz.[25] Vor dem Gang in die Synagoge sind wir ihm auch hier begegnet. Den ›spanischen‹ Geschichtskomplex brachte er auf den Punkt. So häufig der Witz das Sagen auch hat –: Wofür er das auffällige *Beispiel* ist, das ›unter‹ sich selber als besondere Ausdrucksform tief hinab verweist auf seine textbildende Quelle, das ist: eine *allgemeine* tiefenstrukturelle Einschreibung der Verfolgungsgeschichte in die Texte. – Machen wir zum Schluß des Kapitels darauf noch eine kleine und resümierende Probe.

Die Frage, was für ein Jude Heinrich Heine sei, stellt sich nicht außerhalb seiner Schriften. Wenn wir, wie biographietheoretisch zuvor angedeutet, Schriften und Leben nicht voneinander trennen, sondern in dokumentarisch beeinflußter Lektüre zusammenführen, dann begegnen wir dem Juden Heine nur *in* seinen Schriften. Und das heißt, daß wir ihm nicht identisch begegnen. Lesendes und schreibendes Ich im Text begegnen sich im Zeichen verwirrender und widersprüchlicher Verknüpfungen im Universum des Schriftwerks und der Arbeit am Verstehen seiner verborgenen Spuren. Nicht daß wir eine ›jüdische Schreibweise‹ an und für sich antreffen werden. Es gibt sie ebensowenig wie es eine selbstidentische christliche oder konfuzianische oder irische gäbe. Dies gilt auch gegen den möglichen Einwand, es seien fermenta cognitiones in den Schriften auszumachen, die man jüdisch nennen könnte; etwa die kabbalistische Verletzungsneigung, das Reden in Rätseln, deren Auflösung das Alte zertrümmern würde. Man kann aber ebenso eine solche Neigung ägyptisch nennen, gefesselt vom ewigen Blick der Sphinx. Nein, der Schriftsteller Heine ist Jude so, wie seine Texte sind; nicht sie sind jüdisch (in einem ontologischen Sinne), sondern sie zeugen von einer Haltung, die wir lesend entdecken: Haltung eines Juden, der in radikaler Weise von seinem Gedächtnis Gebrauch macht und dessen biblische Reflexivität ins Ganze geht.

Die Aufmerksamkeit also für eine Haltung verschafft uns den Zugang zu Heine. Haben wir ihn zu seinem Freund Moses Moser sagen hören, z. B. der nie abzuwaschende Jude treibe ihn von hinnen, so hat das nichts damit zu tun, hier entwinde sich einer der gesellschaftlichen Zuschreibung, die ihn zum Juden macht, der er nicht sein will. Diese Lesart läuft darauf hinaus, da wolle einer lästige Attribute, die ihm angehängt wurden, abschütteln; im Bild: Schmutz abwaschen, sich reinigen. Gegen eine solche Tendenz, die er im Kreis des Vereins für Cultur und Wissenschaft der Juden in Berlin ausgemacht hatte, hat sich Heine vielmehr heftig und verzweifelt gewehrt, wovon der Briefwechsel mit Moser ein beredtes Zeugnis ist. Dort heißt es am 9.1.1824: »›Verwelke meine Rechte wenn ich deiner vergesse Jeruscholayim‹«; ein Psalm-Zitat, das im Zyklus »Jehuda ben Halevy« 1851 in die Schriften eingearbeitet ist (VI,129). Der Gehalt des Psalms (er singt und löst Haß) gehört in jene Spuren.

Damit kehren wir zum Ausgangspunkt dieses Kapitels zurück. Ich erinnere daran, daß es Heine Mitte der 20er Jahre nicht nur von hinnen treibt, sondern nach Paris, wo er ein Buch schreiben will, das »europäisch« werden soll (S. 59). (Nicht ein jüdisches oder anti-jüdisches oder anti-christliches oder politisches usw., sondern ein europäisches). Nehmen wir diese symbolische Projekt-Chiffre als Rahmen-Hinweis für die tatsächlich geschriebenen Pariser Schriften, in denen wir gelesen haben. Und greifen wir den oben hypothetisch eingesetzten Gedanken auf (S. 77 ff.): zu lesen sei unter dem Gesichtspunkt einer Zusammenführung von strukturierender Geschichtsschreibung und einer reflexiven Geschichtsverdichtung in der Form des Porträts. Das Shylock-Porträt könnte man dann so kommentieren:

Der Schuld-Kummer Harry Heines, deutlich unter objektiven Assimilationsbedingungen entstanden, sei der Entwicklung einer Kompetenz, mit genuin literarischen Mitteln Geschichte zu schreiben, nicht äußerlich geblieben. So habe konsequenter Weise der Traumjäger seinen Helden Shylock durch die witzige Annäherung mit Hilfe seines Bildes vom christlich ordensgeschmückten Rothschild nicht erreichen können. Der witzige Angriff auf den Assimilierten auf höchster Ebene in Paris, den großen Rothschild, kann weder den Komödien-Titel für Shakespeares Verkleidungsdrama fortschreiben noch kann er textintern entlasten; im Gegenteil. Indem das Traumbild am Rialto, dem Banken-Standort, sich vertieft, bekommt der Zusammenhang von Assimilation und Schuld/Schulden in seiner topographischen *Verzweigung* und geschichtlichen Verdichtung Konturen. Wir sehen Hamburg und Venedig, prominente Punkte auf der Landkarte mit den Bewegungslinien der spanisch-portugiesischen Vertreibungsgeschichte – Wir werden sehen, wie sie sich zusammenschieben. Dies ist dann längst Lektüre nicht nur auf der Linie der Textzeilen. Auf der Landkarte sehen wir sefardisches Prestige sich entfalten; es ist mitgebracht aus dem Herkunftsland mit dem hohen eigenen Kulturstandard (»Sepharad«).[26] Nicht nur in Hamburg, aber vor allem hier traf das sephardische auf ein anderes Judentum. Die »Stammburg« der Familie Heine stand in Bückeburg (IV,620). Der Weg in den modernen Bank-Kapitalismus vollzog sich kulturell zuerst als Assimilation ans sefardische Sozialniveau, bzw. umgekehrt gesehen als Prestige-Übertragung auf die Ashkenasim, die »aufgestiegen« waren. Samson Heine, wie wir gesehen haben, schuf sich nicht in *dieser* Bewegung seine Persona in der Diaspora. Er gab für den Sohn das Vorbild einer anderen Assimilation. Es hat in dem Begehren des jungen Poeten, als der schon im Milieu des Onkels lebte, die ihm angemessene Richtung gewiesen; er ging dort auch hin. Umso tiefer muß sich die Verratsschuld am Vater eingegraben haben. Den es aus Hamburg kommend treibt, in Venedig nach Shylock zu suchen, der kehrt ein Geschichtsstück zurück, der kommt dort schon in seiner Weise literarisch an.

Geschichtsschreibung

»Wenn du nach Venedig kommst …« – so nimmt uns Lesende Ich im Text in seinen topographischen Stadt-Wechsel hinein –, dann suchst du, vom sefardischen Prestige und kulturellen Gedächtnis versorgt, gebildeter Reisender, nach den Zeichen und Bildern, die im mediterranen Geschichtsraum anzutreffen du dich gesehnt hast; möchtest dich in der Kulissen-Welt der Renaissance, im Blick in seine unendlichen schönen Assoziationen verlieren. Doch mediterran, das ist auch die erinnerte Welt der drei Religionen und Kulturen in Spanien seit dem 8. Jahrhundert; ein brüchiges Paradies; darin wie geborgen in friedlicher Zeit zwei Jahrhunderte ›vor-sephardischer‹ Einzigartigkeit (13. und 14. Jahrhundert). 1492 und in den folgenden Jahren die Vertreibung/Weitervertreibung. Venedig, sephardisch erinnert, liegt auf einem Fluchtweg, wie Hamburg, das »Venedig des Nordens«. Die Erinnerung geht spiralisch in die Zeit. Kommst du nach Venedig aus Hamburg, dann ist dein Blick besonders geschärft für die Brüche im sefardischen Selbst-Bild, das sich nun auf die nicht-jüdische Kultur zurücküberträgt. Wirklich, der verführerische Einladungs-Gestus des Venedig-Textes drängt dir sofort eine Nähe zu den Zeichen der Stadt auf, die ohne Umschweife die Brüchigkeit der Kultur auch hier vor Augen führt. Die Namen, die dir angesichts des Wunders der Scala *De Giganti* oder bei einer Besichtigung des *Arsenale* einfallen, erinnern an blutigen Aristokratismus, Galeere, Schafott und Kreuzzüge (italienische Stadtrepubliken leisteten Beihilfe zum Massenmord in den Städten der palästinensischen Küste), der »Geflügelte *Löwe*, welcher das Haupt der Schlange in der Tatze hält«, vielleicht an den Dogen Orseolo (dessen Löwen-Wahn wiederum an den Säulenheiligen Simeon)[27], gewiß aber an das französische Freiheits-Lied von 1793, den Carmagnole, »doch nur auf einen Augenblick« (Napoléon wird ihn verbieten). Doch erst, wenn du zu denken angefangen hast und begreifst, daß Venedig ein Traum ist, alle Reminiszenzen und Assoziationen ins Leere gehen, weil deine »Helden« tot und vermodert sind und allein Shylock noch lebt, leibhaftig, weil »das unsterblichste Blut, die ewige Poesie« in seinen Adern pulsiert, wenn, in andern Worten, Venedig mit seinem ewigen Juden auch dir zum Text geworden ist, betretbar an meiner Seite, des *Traumjägers* – dann bist *du* aus Hamburg so angekommen wie *ich*.

Zur These, eine solche Text-Monade in der Topographie des Heineschen Schriftwerks sei Geschichtsschreibung, gehört das kummervolle Wissen, daß üblicherweise so nicht gelesen wird. Schreibe ich in der Hoffnung, Leserinnen wie Rahel Levin Varnhagen werde es immer geben? » ... Wenn Sie drucken lassen, vergessen Sie nie dabei, daß ich es lese; geflissentlich. (...) In jedem Falle bleiben Sie fleißig; es geht kein Wort verloren (...); bleiben Sie ganz sich selbst und der Sache gegenüber wenn Sie arbeiten! Jeder Silbe liest man das an.« (5.6.1832)

›Der Historiker‹ wird hier fragen, was das denn für eine Geschichtsschreibung sei. ›Der Literarhistoriker‹ antwortet, daß eine sprachlich autonome selbstanalytische Erinnerungs-Kunst, wie sie im Heineschen Text-Typus vorliegt, Spuren in die Geschichte auf eine Art und Weise legt, die von keiner anderen historischen Methode ersetzt werden kann.

Dergestalt gelegte Spuren wie hier gemeint zu lesen heißt, »Jede Silbe« *und* die Strukturen der Texte zu lesen, in denen es auf jede Silbe ankommt, auf jede Träne; auf die Tränen, »wie sie nie mit den Augen geweint werden.« – Walter Benjamins Thesen zum Begriff der Geschichte sind so verbreitet, daß es naheliegt, sie hier um einer Verständigung willen herbeizuziehen.

Zum Denken gehört nicht nur die Bewegung der Gedanken, sondern ebenso ihre Stillstellung. Wo das Denken in einer von Spannungen gesättigten Konstellation plötzlich einhält, da erteilt es derselben einen Schock, durch den es sich als Monade kristallisiert. Der historische Materialist geht an einen geschichtlichen Gegenstand einzig und allein da heran, wo er ihm als Monade entgegentritt. In dieser Struktur erkennt er das Zeichen einer messianischen Stillstellung des Geschehens, anders gesagt, einer revolutionären Chance im Kampfe für die unterdrückte Vergangenheit. Er nimmt sie wahr, um eine bestimmte Epoche aus dem homogenen Verlauf der Geschichte herauszusprengen; so sprengt er ein bestimmtes Leben aus der Epoche, so ein bestimmtes Werk aus dem Lebenswerk. Der Ertrag seines Verfahrens besteht darin, daß im Werk das Lebenswerk, im Lebenswerk die Epoche und in der Epoche der gesamte Geschichtsverlauf aufbewahrt ist und aufgehoben. Die nahrhafte Frucht des historisch Begriffenen hat die Zeit als den kostbaren, aber des Geschmacks entratenden Samen in ihrem Innern … (II,703)

Machen wir uns dieses Denk-Bild, nachdem, wie im Vorausgehenden, gründlich kreuz- und quergelesen ist, ein wenig formelhaft zunutze: Der spanisch-portugiesische Exodus nach 1492 träte uns in Heines Jom Kippur 1838 dergestalt als Monade entgegen, daß wir zunächst ihre *poetologische* ›Entstehung‹ erkennen; das ist: Die Bedingung ihrer Kristallisation sei eine Reise-Literatur, in der Augenblicke des Innehaltens als Verdichtungen einer unvergeßlichen Schock-Erfahrung, die ›am Ort‹ wiederkehrt, ausgearbeitet werden. Diese Erfahrung erschließe sich, so gesehen, ›von Ort zu Ort‹ als primärgeschichtlich, gäbe keine Ruhe, sei eine Denk-Geschichte geworden, die als Literatur immerwährende Erinnerung ist nach dem Motto: schau um dich, halte die Zeit an, gedenke!

In dieser Weise könnte auch der von Spanien ausgehende Exodus in Heines Text begriffen werden als ›allegorisch‹ erinnert am *Ghetto*-Ort Venedig: Spanische Synagoge am Jom Kippur. Die Konstellation »Venedig« – in »Venedig« Hamburg – Samson Heines und Shylocks »Wahnsinn«: sie würde lesbar so wie von historisch-biographischer Spannung ›gesättigt‹. Der Witz über Rothschilds christlich-spanischen Ordensstern zielt auf ein Lachen in der Assimilation (Lachen in der Carnevallo-Stadt!), dem Shylocks Tränen noch folgen werden in dem Text, der es *sogleich* erstickt. Lachen an Ort und Stelle im Text muß wohl aus ihm *hinaus*stoßen. Salomon Heine hat über solche Witze gelacht ohne Bedenken, ohne Stutzen *im* Text. Dieser läßt uns Vater und Kind im Zeit-Schacht erblicken, 1838 – 1828 – 1818/19, Venedig – Hamburg als relative End-Orte des sefardischen Exil-Wegs (ihnen vor-gesetzt der Schreib- und Endort Paris) – Alles in die Text-Verdichtung eingeschrieben Unversöhnliche wird nicht aufgehoben vom vorstellbar Verbindenden im topographischen Palimpsest Venedig – Hamburg, weder kraft Shakespearescher noch kraft Heinescher poetischer Problemverkörperung. Das Unversöhnliche im Text »Jom Kippur«, da primärgeschichtlich erinnert, treibt vielmehr die Denkarbeit erst hervor, die dem Textstück eingeschrieben wird. Im antilinearen Schema der tiefenstrukturalen Lektüre vorgestellt, sind dem Text *die Züge* abzulesen, die in ihm *still*gestellt sind.

Die sefardischen Züge führen, nach der ersten großen Katastrophe der jüdischen Gemeinschaft in Europa am mörderischen Ursprung der Kreuzzüge, zur zweiten Zäsur in der Geschichte kultureller Zersplitterung in diesem Teil der Erde. Die im Mittelalter so noch kaum zu nennende, aber faktische sefardisch-ashkenasische Kluft vertieft sich an der Schwelle zur Neuzeit; wie *in sie hinein* gerät die jüdische Kultur des Mittelmeerraums unterm Zeichen ›Tod oder Taufe‹, und prägt hier, indem sie die marranische Erfahrung hervorbringt, das neue, das neuzeitliche Exil mit. Wir stehen an einem Ursprung der Moderne.

Über die Brücke einer Vater-Kind-Beziehung – »Jessika mein Kind« – reflektiert Heines Jom Kippur die marranische Erfahrung als Bewußtseins-Form in der ›jüdischen‹ Kluft. Hier, an diesem Standort als Reflexionsort, in die Texte genommen stets als Leerstelle, sind keine Unterschiede erkennbar zwischen Assimilation und religiöser Selbst-Treue im Judentum. Hierher werden, wie vor ein Tribunal, *alle* Wahrheiten, Geheimnisse und Gefahren der jüdischen Moderne zitiert, hier werden sie entäußert (im unendlichen Raum literarischer Verwandlungen leergeschrieben) und neu erfunden und erprobt.

Das ›marranische Bewußtsein‹, um das es hier ›literarisch‹ geht, ist ein gutes Beispiel, die Behauptung zu veranschaulichen, Heines Text-Typus sei in der gekennzeichneten Weise autonom geschichtsschreibend und so wahrgenommen »Gegenstand« einer *rettenden* Geschichtsbetrachtung, wie sie Benjamin vor Augen gehabt hat. Wenn wir ›marranisches Bewußtsein‹ sagen, so handelt es sich um eine Kategorie, die subjektives Sein und Handeln in der Geschichte zugänglich macht. Die besondere Art der Modernität, die sie meint, nämlich Brüchigkeit eines Bewußtseins in der Erfahrung ›seines Selbst‹ und Unmöglichkeit eines mit ›sich selbst‹ identischen Lebensgefühls in der Assimilation, gehört der Geschichte der Juden eigentümlich an.

Eingestellt auf Heines Venedig-Text meint die Kategorie eine geschichtlich entwickelte Zuspitzung, nämlich das Drama der Maskierung, welches aus Täuschung Selbst-Täuschung werden und die Grenzen individuellen Schicksals in der europäischen Diaspora vergessen lassen kann. Dergestalt ist Marranentum zur kollektiven Signatur jüdischer Kultur in der modernen europäischen geworden.

Fritz Heymann, Léon Poliakov und Yirmiyahu Yovel haben diesem Geschehen Untersuchungen gewidmet, deren Verdienst es ist, ihm sozial- bzw. philosophiehistorisch *Aufmerksamkeit* verschafft zu haben.[28] Sie ist in ein forschendes Nachdenken über das Marranentum noch nicht übersetzt in dem Maße, wie das nötig wäre, damit Europas Geschichte als »Kampf und Gegenkampf« *intern* national *und interkulturell* erkennbar werde; in einer ›Gegenseitigkeit‹, die, und so weit man sich dabei dem Judentum zuwendet, nicht doch nur wieder *in Abgrenzung* zu ihm als Identitäts- und Expansionsgeschichte geschrieben wird; also als Geschichte der Kämpfe zwischen nationell ›reinen‹, etablierten Staaten, wie gehabt und wie in negativer Beispielhaftigkeit *auch* geschehen in Braudels La Méditerrannée.[29] Da wird das einschlägige Kapitel suggestiv, d.i. verdeckt antijüdisch, unter der Voraussetzung profiliert, das Schicksal der Juden nicht nur in der Epoche Philipps II. sei darin begründet, daß ›ihre Kultur gegen alle anderen‹ selbstdefiniert gerichtet sei. ›Hartnäckig‹ verweigerten sie, aus ihrem Mittelpunkt der Welt hinauszutreten, oder, täten sie es, dann seien sie sogleich beflissene Schüler ›jeder Akulturation‹.[30] In dieser als »Kulturgeschichte« viel gerühmten Darstellung hat die Kultur der Marranen, wie die jüdische Kultur überhaupt (außer ihren Speise-Vorschriften) bei Licht besehen keinen Raum. Denn die ökonomistische Betrachtungsweise Braudels läßt dort nichts zurück, wo wir den kulturellen Ort einer marranischen, also modernen jüdischen Existenz in einer Identität ausmachen, die es ›zerreißt‹, wenn es zu den immerwährenden Konflikten kommt, die ihr als assimilierter aufgezwungen werden. Dann, so Braudel, sei es stets »die Konjunktur«, die als die Hauptschuldige von Mord und Vertreibung zu gelten habe. Kippt sie, die von der Allgegenwart und Vernetzung jüdischer Händlerschaft genährt war, werde Akulturalität »notwendig« aufgekündigt. Und dann plötzlich ist es für den Verfasser doch die *fremde* Kultur, der sich eine Nation zu entledigen *berechtigt* sei, so auch die iberische 1492. Es sei »das Schicksal der Kulturen, sich selbst ›abzugrenzen‹, einen Teil ihres Erbes und ihres Gepäcks hinter sich zu lassen (...) Doch keine Kultur war gezwungen, so an sich zu arbeiten oder sich so ›abzugrenzen‹, zu zerreißen wie die iberische in ihrer Glanzzeit zwischen den Katholischen Königen und Philipp IV. Ich sage bewußt *iberische Kultur.* Es handelt sich um eine besondere Spielart der abendländischen Kultur, einen ihrer Vorposten oder Ausläufer, der zuvor fast völlig von fremden Wassern überspült war [Von den Wassern Babels?]. Im Laufe des ›langen‹ 16. Jahrhunderts mußte die Halbinsel, um wieder Teil Europas zu sein, militant christlich werden; sie streifte ihre beiden unerwünschten Religionen ab, die muslemische und die hebräische. In einem Prozeß, der gewissermaßen einer heutigen Entkolonisierung entspricht, verneinte sie ihre afrikanischen und orientalischen Züge.«[31]

Einer solchen Betrachtungsweise, die sich selbst kommentiert, verschließt sich das marranische Bewußtsein in seiner Kulturgeschichte. Seine Ausbildung lag kritisch nahe an den Blütezeiten jüdischer Kultur auf der iberischen Halbinsel, immer dann nämlich, wenn der Konkordatsfrieden brüchig wurde, der sich in großen Epochen um die Verträge Omar und Fuero unter Kalifat und christlichem Königtum entfalten konnte.[32] Das marranische Bewußtsein ist kein sefardischer Import in die Mitte und den Norden Europas. Der sefardische Zug im 16. Jahrhundert traf auf eine strukturell bereits ähnliche Erfahrungsgeschichte. Sie war in ähnlichen Auf- und Abbewegungen verlaufen wie in Spanien, seit der karolingische Konkordatsfrieden phasenweise brach und schließlich in den grauenhaften Massakern am Beginn der Kreuzzüge ein Ende fand (S. 281 ff.).

Mit dieser geschichtlichen spanisch-mitteleuropäischen Ähnlichkeit müssen wir Heinrich Heines individuelles Marranentum in Beziehung setzen. Unter diesem Aspekt hat es seinen tiefen Sinn, daß Heine das Geschehen in seinem »Rabbi von Bacherach« aus dem Hochmittelalter heraus an die Schwelle zur Neuzeit versetzt (S. 214). Ich lese im IV. Kapitel den Anfang dieses Textes noch einmal unter diesem Aspekt genau nach. In ihn ist das Wissen eingeschrieben, daß die Ortlosigkeit des Judentums in Europa mit Schwäche und Stärke zugleich korrespondiert, so Gestalt annimmt im Typus des marranischen Intellektuellen, dessen Disposition zur Modernität auf das Zeitalter der französischen Aufklärung und Revolution nicht warten mußte.

Heines historische Arbeit geht an diese gesamteuropäische Quelle jüdischer Modernität zurück. Er läßt die marranische Wurzel in seine Texte wachsen, wo ihr topographisch von Leerstelle zu Leerstelle Orte zur Selbstreflexivität eingerichtet werden. Diesem Geflecht nachgehend bemerken wir, daß es keine disputativen Ortsbestimmungen bei Heine gibt.[33] Disputationen machen ihm angst, sie erinnern ihn an die sinnlosen, heuchlerischen Versuche christlich herrschender Theologie, jüdischen Gelehrten das Gefühl zu geben, durch Siege im Streitgespräch die Gründe für die Verfolgung der jüdischen Gemeinschaft aus der Welt zu räumen. Eine marranische Poesie disputiert *als solche* nicht, auf »Auslegung und Schiboleth« (IV,265) läßt sie sich nicht ein; keine Partei, weder innerhalb noch außerhalb des Judentums, kann sie vereinnahmen. Wenn es geschieht, handelt es sich um Mißverständnisse. Und ein solches Marranentum ist zutiefst anti-philosemitisch.

Braudel sagt im Abschnitt »Spanien verstehen«, selbstverständlich stehe er bei der Betrachtung Spaniens auf der Seite der leidenden Juden … »doch diese Gefühle, denen ich mich nicht entziehen kann, haben mit dem wahren Problem nichts zu tun.«[34] Heines Gefühle sind anderer Natur. Sie haben mit dem »wahren Problem« nicht nur etwas zu tun, sondern sind von ihm »zerschnitten«. Wir haben es gelesen. Auch er möchte sich aus dem Mittelpunkt der Welt nicht vertreiben lassen – dieser Mittelpunkt aber, so sagt er, sei das Herz des Menschen. Nehmen wir das so unsentimental wie es gemeint ist, nämlich als

Ortsbestimmung sowohl des Gefühls als auch poetischer Reflexivität, dann läßt sich die diskursive Rätselhaftigkeit des Venedig-Textes um eine letzte Drehung verdeutlichen. Am Textort des Mitleids und der Prognose erschließt sich Heines Rede über den Pantheismus.

7. DER PHILOSOPH, DER SOHN

Die zweite Ich-Brechung neben dem Traumjäger ist der Philosoph. Die düstere Prophezeiung des größeren Verfolgungsgewitters ist in die Dimension der Hegelschen Geschichtsphilosophie eingetragen. Hegel hatte den Pantheismus zur Grundlage der modernen Philosophie erklärt, hatte seinen Weg in den Norden als Verfallsgeschichte gekennzeichnet und in Auseinandersetzung mit Spinoza dessen Denken Gottes schließlich zurückgewiesen und in die eigene negative Dialektik der Geschichte aufgehoben. Er spricht von seiner Vollendung des Spinozianischen Pantheismus. In der Heineschen Umschrift liest sich das als Sündenfall der modernen Philosophie. Dies näher auszuführen, ist dem nächsten Kapitel zur Aufgabe gestellt. Hier geht es nur noch darum zu sehen, daß Heine die *Verfolgungsgeschichte* mit der Logik in Hegels Geschichtsphilosophie verbindet. Dies kommt einer axiomatischen Widerlegung Hegels aus der Wurzel des Marranentums gleich. Der Hegelsche Pantheismus dürfe sich nicht mit dem nordischen Volk *verbünden*, das ist, er darf nicht siegen. Heine denkt den Zug des Pantheismus in den Norden als *Befreiung,* und die Bedingung ihrer Möglichkeit ist, daß er zurück in die Hände Spinozas gegeben wird. Vor dem Denken Spinozas, wenn es denn von einem Volke angenommen werden würde, braucht kein anderes gewarnt zu werden, wie Heine das französische Volk vor dem deutschen warnt, wenn die deutsche Identitäts-Philosophie es ergriffe.

Sagen wir vor dem letzten Zitat, daß wir lange aufgeschoben haben, daß Samson Heine in seinem Sohn schon früh den Spinozianer entdeckt habe. Natürlich muß das kein philosophiegeschichtlicher Erkenntnisakt gewesen sein.

Der exkommunizierte *Spinoza* hat das marranische Bewußtsein in die Einsamkeit seines modernen Denkens hineingenommen und es hier verkörpert. Mitten aus dem Leben des jüdischen Kaufmanns *Samson Heine*, der in seiner Weise ein Marrane ist, spricht eine Toleranz, die nichts Theoretisches hat und nichts Indifferentes, sondern nur Liebe ist. Heinrich Heine schließt sein Werk mit diesen Sätzen:

Man hatte mich der Gottesleugnung angeklagt, und mein Vater hielt mir deswegen eine Standrede, die längste, die er wohl je gehalten und die folgendermaßen lautete: »Lieber Sohn! Deine Mutter läßt dich beim Rektor Schallmeyer Philosophie studieren. Das ist ihre Sache. Ich meinesteils liebe nicht die Philosophie, denn sie ist lauter Aberglauben, und ich bin Kaufmann und habe meinen Kopf nötig für mein Geschäft. Du kannst Philosoph sein, soviel du willst, aber ich bitte dich, sage nicht öffentlich, was du denkst, denn du würdest mir im Geschäft schaden, wenn meine Kunden erführen, daß ich einen Sohn habe, der nicht an Gott glaubt; besonders die Juden würden keine Velveteens mehr bei mir kaufen und sind ehrliche Leute, zahlen prompt und haben auch recht, an der Religion zu halten. Ich bin dein Vater und also älter als du und dadurch auch erfahrener; du darfst mir also aufs Wort glauben, wenn ich mir erlaube, dir zu sagen, daß der Atheismus eine große Sünde ist. (VI,605)

Kapitel III
»Gefahrentage«[1]
Zur Paradoxie einer jüdischen Hegel-Schülerschaft

– ich kann
Ertragen kaum den Duft der Sieger
(VI, 118)

1. LE TON D'INDIFFÉRENCE

In diesem Kapitel möchte ich die Möglichkeit, Heines Texte verbunden biographisch, historisch und philosophisch, d. i. in ihrer Tiefe zu lesen, noch um ein Stück plausibler machen. Der Hauptzweck dabei ist es, die *Textfiguren* des Juden und des Philosophen, die auf der Grundlage des ersten Kapitels im zweiten endgültig aufeinander zugeführt wurden, mit Blick auf die Widersprüchlichkeit, die sie verbindet, nun ganz genau beim Wort zu nehmen. Dabei wird die Überblendung von Venedig und Hamburg, dem »Venedig des Nordens« (VI, 676), in Form der Spiegelung der beiden Abschnitte 1 und 2 wieder aufgenommen. In Abschnitt 3 betreten wir Hamburg-Text geführt vom Autor ›persönlich‹ anhand einiger Skizzenstriche zu den Hep-Hep-Krawallen 1830, die als ganzes in keinen ausgearbeiteten Text verwandelt worden sind. Den einen oder anderen Splitter und eine zentrale Chiffre aus diesen Aufzeichnungen hat Heine später in veröffentlichte Texte eingebaut (S. 189 f.). Das herausragende Beispiel ist das Urteilspartikel: ›(Die Juden) sind zu schwach‹ im venetianischen Jom Kippur von 1838. In Abschnitt 1 werde ich den *Anfang* des Venedig-Textes aus der Sicht einiger Passagen aus den Spätschriften (»Geständnisse«, »Disputation« und »Lutèce-Vorrede«) gegenlesen.

Dieses Verfahren ist in der Shylock-Einleitung schon ausprobiert. Es dürfte als solches schon, von seinen Ergebnissen abgesehen, der immer noch verbreiteten Meinung entgegenarbeiten, Heines Judentum sei sein Thema zu Zeiten (früh, spät) gewesen, sei ablösbar von ihm wie ein Motiv, das in seinen Schriften ab und an, da oder dort auftritt und eingesammelt werden kann.[2] Der Venedig-Text ist 1838 geschrieben, mitten in der klassisch säkularen Zeit Heines, die der herrschenden Meinung als seine nichtjüdische, ja antijüdische gilt. Dieser Zeitpunkt 1838 ist in diesem Buch überhaupt der Ausgangspunkt für die zyklische Annäherung an die Autoritätsperspektive des Juden Heine in den Schriften. – Das Kapitel ist nicht für Liebhaber der Philosophie geschrieben, denen die Literarizität der Schriften weniger wichtig ist. Ja es ist kein philosophisches Kapitel; es haftet jedoch mit nötiger Strenge für eine Mobilisierung der philosophischen Probleme, die vom Titel angezeigt sind. Dabei halte ich mich ebenso streng an meine Methode überhaupt: an die Bahnung möglicher Lektüre-Wege für ein Lesepublikum, das am Text-Umgang des Autors mit seinem Judentum interessiert ist.

⋆

Lektüretheoretische Zwischen-Überlegungen

Sehen wir auf die *biographische* Lektürespur der beiden ersten Kapitel, dann ist erkennbar, wie wichtig es war – und ist: daß wir die Arbeit des Lesens in *historisch* kompliziert strukturierten Texten an unser raumzeitliches Vorstellungsvermögen binden. Vielleicht sollte es als allen Menschen verfügbar vorausgesetzt werden – insoweit literarische Mit-Teilungs-Kultur auf ein konkretes *Dem-Autor-zur-Seite-Sein* noch wirklich setzt –; jedenfalls habe ich dieses Bild einer dokumentierend mitdenkenden oder auch: nachverantwortlichen Lektürestellung in der Literatur bisher verwendet (S. 93; 107) und ich werde es weiterhin verwenden. In einer Kategorienwelt wie der Heineschen, die an Spinoza, Kant, Hegel geschult ist, versteht es sich von selbst, daß Raum und Zeit und die Grundkategorie ›Raum-Zeit‹ *Vorstellungsbilder* sind und bei all ihren näheren Bestimmungen und Konkretisierungen im Schreib- *und* Lektüreprozeß den metaphorischen Charakter behalten.

Deutlich genug übt der Autor das selber ein, indem er sein ›Geschichts- und Leidgedächtnis‹ an »Traumzeit« bindet (VI,

574, S. 44), eine Kategorie des (nächtlichen) Innen-Raums, die er als eine Grundmetapher in die Schriften stellt und bis in kleinste Splitter differenziert –

> Bei den Wassern Babels saßen
> Wir und weinten …
> Lange schon, jahrtausendlange
> Kochts in mir.
>
> (VI,135)

Ich möchte dieser Einübung entsprechend die raumzeitliche Metaphorik über ihre ›Innen/außen‹-Relation hinaus noch um ein Stück präzisieren, indem ich, einer Strukturvorstellung in Mythos und Dichtung überhaupt folgend, auf die Markierungen ›oben‹ und ›unten‹ besonders aufmerksam mache, an denen wir uns bei Lektüren im biographisch-geschichtlichen Phantasie-Raum unwillkürlich orientieren. Die zur Raum-Vorstellung eines Textaugenblicks, der aus ›unten und oben‹ gemacht ist, hinzugehörige Kategorie ist: *Zeitstrecke*. Sie stammt aus Spinozas »Ethik« IV: »Von der menschlichen Knechtschaft oder Von den Kräften der Affekte« (199). Die formale Qualität dieser Kategorie nutze ich zur vertiefenden Betrachtung des Venedig-Textes, der jene historische Komplexität, wie wir gesehen haben, in so hohem Maße hat. Das soll die raumzeitliche Auffassung der Venedig-Hamburg-Überblendung in der Shylock-Dichtung dergestalt strukturieren, daß ihr poetisch-philosophischer Charakter als besonderes Merkmal der Heineschen Geschichts-Schrift immer deutlicher und abschließend deutlich genug lesbar erscheine. Wenn das gelingt, dann erschließt sich zuletzt ein bisher dunkel gebliebener Text Rahel Varnhagens, der am 21. September 1830 auf Heines Erwanderung der Hamburger Hep-Hep-Krawalle antwortet.

⋆

Dinge, sagt Spinoza, insofern sie uns affizieren, sind *alle gleich* gegenwärtig, wie weit entfernt sie in Vergangenheit oder Zukunft auch immer gedacht oder erwartet sein mögen.

Die gegenwärtigen Affekte jedoch sind mehr oder weniger *stark*, je nachdem wie nah oder fern ihre Ursachen auf der Zeitstrecke zu mir hin erinnert sind: wie groß der *historische*

Intervall zwischen vorgestellter Ursache und gegenwärtigem Affekt ist. Dieses logische Vorstellungsbild schließt eine erste Möglichkeit ein, den Aufschreib- und Leseaugenblick eines Textes, der im weitesten Sinne Verfolgungsgeschichte zum Gegenstand hat, als eine verletzte menschliche Monade in der Zeit zu begreifen. Sie möchte ihre Verletzung zum Ausdruck bringen und dabei deren Ursache mitaufschreiben. Dieses Begehren macht sie hellhörig. Weit hinaus in die Räume der Zeit. Die Monade in der Zeit – und mit ›festem‹ Ort in der Schrift, von Fall zu Fall – sagt »ich«: ›Ich im Text‹ empfindet Geschichte, deutet sie (das ist seine Moderatorenrolle), und gibt den Affekten eine Stimme, die das Echo aus den Zeiträumen ist, die sich in ihrer Entferntheit *ohne (unser) Studium nicht konkret anschaulich öffnen.* Nehmen wir das Beispiel des Wortes »Verfolgungsgewitter« (S. 83).

Es hat im Augenblick des Aufschreibens 1838 die Anteile, die die Reflexions-Figuren Jude, Traumjäger und Philosoph an der metaphorisch aufgetürmten Geschichtsvorstellung im Venedig-Text haben, um sich herum zusammengezogen, ja in sich kristallisiert. Es verkörpert Erinnerung und Prophetie, *ist* monadischer Augenblick. Die Geschichtlichkeit des Wortes zu bemessen bedarf es zwar des Vorstellungsbildes der objektiven Zeitstrecke. Aber je ›tiefer‹ und unmittelbarer die Lektüre in den ›innern‹ Subjektraum der Traum-Suche nach Shylock dringt (S. 73–95), desto schwächer wird, so ist die Erfahrung, das Lektürebegehren nach einer konkreten Vorstellung von den ›draußen‹ auf der historischen Zeitstrecke datierbaren Ereignissen – die nichtsdestoweniger als Ursache der Affektlage des Textes erinnert und mitgelesen werden müssen.

Dieses Paradox kennzeichnet die Beieinander-Position, wenn nicht Verkettung des schreibenden und lesenden (studierenden, ›sich bildenden‹) Subjekts noch einmal sehr genau und am gewählten Beispiel in einer Deutlichkeit, die der Anstrengung, etwas, das für die Lektüre nicht verlangt ist, dennoch zu tun, einen lektüre-*ethischen* Akzent verleiht.

Dieses fürs erste festgehaltene Paradox werde ich im folgenden umkreisen, um es in seiner ganzen Problematik allmählich zu verstehen.

Der prophetische Gestus, den der Autor in unsere Vorstellung der »Zeitstrecke« einstellt, scheint bewirken zu wollen, daß *zugleich* damit, daß das Mitleid mit den Verfolgten vom ›festen‹ Text auf die lebendige Lektüre übertragen wird, unsere Aufmerksamkeit von der Vergangenheit ab- und der Zukunft zugewendet werde, was einer Entstofflichung der vergegenwärtigten Angst Vorschub leisten würde – aber auch eine mögliche Absicht verraten könnte, nämlich die Lektüre so zu lenken, daß sie entlastet werde und sich in ein Denken verwandle, das frei ist für Gefahren-Analyse und Teilhabe an Versuchen der Gefahren-Abwehr. Daß dies eine vernünftige Richtung wäre, ist im *Kontext* unseres Beispielwortes gesagt: Seine *philosophische* Akzentuierung (und Erschütterung) im Sinne einer praktischen Vernunft scheint nämlich nur Gegenwart und Zukunft zu betreffen:

> … Siegt einst Satan, der sündhafte Pantheismus (…), so zieht sich über die Häupter der armen Juden ein Verfolgungsgewitter, das ihre *früheren Erduldungen* noch weit überbieten wird … (S. 83)[3]

Aber eine Lesung der leeren Wendung »frühere Erduldungen«, als sei in ihr konkrete *Vergangenheit* nicht präsent, mißverstünde ihren rhetorischen Schein. Dessen rein formaler *Doppelzweck* ist es, Gegenwärtigkeit einer Vergangenheit herzustellen, auf die zugleich *nur verwiesen* wird. Die ›*inhaltliche*‹ Denkarbeit auf der Seite der Lesenden hätte dann dem Verweis nachzugehen. Ihr allein wäre es aufgetragen – denn der Autor hat es ihr eben *nicht* abgenommen –, dem starken Affekt, der die Prophezeiung hervortreibt, die geschichtlichen Ursachen abzulesen. Würden *sie nicht auch* vergegenwärtigt, könnte die prophetische Syntax, in die das »Verfolgungsgewitter« gefaßt ist, ihre vergangenheitsreflexive Logik auf die Lektüre gar nicht übertragen.

Ist aber diese Logik unverbrüchlich? Gewiß dann, *wenn* auf der »Zeitstrecke« der Geschichte eine Prophetie wie die, über die wir hier nachdenken, ausgesprochen wird; sie ist in der Tat ohne die Erinnerung an vergangenes Verfolgungsleid sinnlos (im Sinne jeder ›natürlichen‹ Logik). Aber in anderen Fällen? – wenn Heine wie so oft, und wie meist rezipiert, populär schreibt (S. 222, 357)? Was kann, was will er der Menge zumuten; was sich selber? Wie groß ist das Verlangen nach Vergessen in der leidüberfüllten Gedächtnis-Dimension wie der jüdischen? Wer will ständig in ihr *leben*? Wie stark ist eine Legitimation des Vergessens durch Hegel? – An den Proben aus dem »Wintermärchen«, die ich am Ende des Buches erläutern werde, sind diese Fragen resümierend pointiert. Wir ahnen hier einen kritischen, ja auch prekären Punkt der Heineschen Erinnerungskunst in ihrer *philosophischen* Begründung. An der Stelle, an der wir sind, läßt er sich unvergleichlich problemnahe ins Licht rücken, gerade *weil* hier ein Vergessen *literarisch*-intentional auszuschließen ist.

Große Texte, weltliterarische Texte des jüdischen Hegelschülers neigen zur Versprachlichung absoluter Subjektivität, d.i. zur Vergrößerung des Innenraums ihrer bildlichen und gedanklichen Vergegenwärtigungen, bis er ›größer‹ ist als jegliche realhistorische Weltvorstellung! Das bedeutet: Der ›Innenraum‹ wird über die umgangssprachlich ›gehandelten‹ Vorstellungsräume hinaus gedehnt, bis die Lektüre an jene schön verblümten Leerstellen geführt ist (S. 87 f.), wo sie sich auf ein Signalement einlassen soll, das auf die Unteilbarkeit alles Gemeinten, auf die Unsagbarkeit alles im Textaugenblick Verschlossenen verweist; und sich dementsprechend meist *geheimnisvoll* gibt. Es handelt sich an den Leerstellen um Orte textintern umgrenzter Überschreitungs-Signale, kritischer Entscheidungs-Momente der Lektüre. Wer sich mit dem Autor, philosophisch gesinnt und textverführt, in den Raum der absoluten Subjektivität hineinneigt, muß sich mit dem Heineschen Bekenntnis zur »Tonart der Indifferenz« auseinandersetzen (V,231). Das ist das Konzept dieses 1. Abschnitts.

In dem Bekenntnis steckt keine ›Weltanschauung‹ (zu deren Bewertung ganze Kohorten von Heine-Kritikern seit den Tagen Gustav Schwabs und Ludwig Börnes angetreten sind[4]), sondern ein philosophischer Gestus, der anzeigt, was den Autor von der Menge seines Publikums und was seine Schreibarbeit von literarischem Populismus trennt. Daß es sich um Philosophie handelt, die über die Schreibautorität Heines in seine Schriften tritt, wissen wir, und was ich in diesem Buche lediglich versuche ist, durchgehend plausibel zu machen, daß dies Wissen als Lektürehaltung dem Gesamtwerk gegenüber konsequenter zu kultivieren sei –: Daß und wie die »Tonart der Indifferenz« in Heines Textarbeit philosophisch bestimmt ist, bedarf endlich einmal eines besonderen und textgenauen Nachforschens. Denn die Philosophie, auf die sich eine »indifferente« Schriftgestaltung den »Fakten« der Welt gegenüber beruft, ist die in unserem Zusammenhang schwer erträgliche Hegelsche, aus deren geschichtstheoretischer Zentralperspektive, mit den Augen eines »allgemeinen Willens«, über die Erleidensgeschichte der Individuen ebenso hinweggesehen werden kann wie über ihre Rolle als Gewaltübende, – hinweggesehen mit »tolerantester Gleichgültigkeit«, wie *Heine* formuliert (VI, 557).

Da dieser Philosophie die Neigung zu Vergessensakten auf der »Zeitstrecke« des Vergangenen immanent ist, liegt die Frage nahe, wie verstärkt diese Neigung auftritt, wenn ihre philosophische Rechtfertigung (z. B. als Fortschrittsglaube) literarisch unter die Menge gebracht wird. Kann ein Schriftsteller innerhalb eines Systems, dessen geschichtsdialektische Denkweise er *methodisch* übernimmt, sich *überhaupt* von der Tendenz zur systemisch-immanenten Vergeßlichkeit distanzieren, insofern er die Methode praktiziert? Ist er gefeit vor der Suggestivkraft der Hegelschen Abstraktion, die weder ›Zeit‹ noch ›Raum‹ zum Gedenken der im ›Geschichtsprozeß‹ Besiegten läßt?

Ich unterziehe Heine bewußt dieser *grundsätzlichen* Fragestellung im Interesse der Problemklärung an dieser Stelle. Denn ihm, als Hegelianer befragt, ist mit der Unterstellung eines Mangels an *moralischem* Willen, der für Hegel das Partikulare schlechthin ist und übersehen werden kann, nicht beizukommen. Auch gibt es keine lektüretheoretische Rechtfertigung dafür, aus einer *Differenz* in der Schreib- und Lektüre-*Einheit* ausgerechnet bei Bearbeitung einer prekären Frage den moralischen Schluß zu ziehen, aus dem Pakt mit dem Autor für diesmal ›persönlich‹ auszutreten und Mitverantwortung mit seinem Denken aufzukündigen. Mag es andererseits angesichts großer Literatur in diesem differenten Paktverhältnis auch vornehmlich darauf ankommen, nach jener Denkarbeit der *Lesenden* zu fragen – ob sie auf der »Zeitstrecke« in Texträumen sich selbständig in die Vergangenheit zurückstudieren –, so muß doch grundsätzlich festgehalten werden, daß das *Mit*denken mit dem *Autor* an Mit- und Nachverantwortung auch dann gebunden bleibt, wenn die Lektüre in eine Konstellation der Kritik oder Negation seines Denkens tritt – will sie ihre Selbständigkeit nicht an Launen koppeln oder, um Hegel zu paraphrasieren (III,436), sie an die »*Furien* des Verschwindens« in identifikatorischer Lesehaltung abgeben.

So soll also die Frage lauten, wie konkret die Gedenk-Daten sind, die Heines Erinnerungsarbeit in seine Prophetie einschreibt, da sie doch nicht unbescholten oder gedankenlos intuitiv und *für uns* unüberprüfbar ins Leere einer Zukunft zielt, die nicht gedacht werden könne, sondern hegelianisch mit einem Zeitbegriff vermittelt ist, der auch in Zukunft ein *bestimmtes* Verhältnis von partikularem Sein und einem allgemeinen Willen voraussetzt, dem dieses Einzelne in Freud und Leid »gleichgültig« ist. Ist das »Verfolgungsgewitter« ein Vorstellungsbild aus der Logik dieses Denkens?

Im Zug zur Versprachlichung einer ins indifferent Absolute gedehnten innersten Subjektivität gedeiht eine Paradoxie, die über die genannte (S. 122), welche endliches und unendliches Sein in der Zeit umspannt und aber die Möglichkeit zu ihrer Aufhebung in Vergessen einschließt, noch hinausgeht. Sie tritt dergestalt unumkehrbar, d.i. sich selbst verewigend ein in den Status eines wirklich philosophischen Dauerzustands der Texte. Das heißt, sie wird zu einer Paradoxie, die, wenn sie gedacht werden will, auch ausgehalten werden muß. Das Grandiose ihrer Vorstellbarkeit: Sie denken zu können bedeutet, den *absoluten Raum* topographisch *erdenken / erwandern*, d.i. im *Paradoxen* darstellerisch heimisch werden zu können.

Es handelt sich um eine Denkweise, die wir rein denkformgeschichtlich schon aus vor-hegelscher Zeit, nämlich aus der Kategorientafel der Jenaer Frühromantiker um Friedrich Schlegel kennen. Dort hatte sie ihre elitäre Verherrlichung in den Gesprächsspielen der »Fragmente« gefunden und war in kernigen Sätzen variiert worden wie diesem: »Unmöglichkeit und Notwendigkeit einer vollständigen Mitteilung.«[5]

Heine, dem Verfasser der »Romantischen Schule«, war diese Überlieferung natürlich bekannt. Aber nicht eine solche formale Nähe zu den ›Vor-Hegelianern‹ ist hier von Interesse. Es kommt hier lediglich auf eine Verdeutlichung dessen an, was ich den in Heines Erinnerungskunst prekären Punkt einer literarischen, ins

Paradoxe gehenden Raum-Verabsolutierung im rein Hegelschen Maß nenne, dem das Vergessen immanent ist. Sie hat nichts elitär-philosophisch Verspieltes wie bei den Jenaern; eher etwas hochherzig raumgreifend Zweifelndes, behutsam Strategisches; auch Witziges im Sinne der humanen Witz-Analysen Sigmund Freuds (S. 371 ff.). Ist so schon der Weg angezeigt, der den *Poeten* aus der Abstraktionsstrenge Hegels hinausführt, die der preußische Philosoph mit Parolen staats-affirmativer Resignativität und Gegenwartsbeziehung bezahlte?

Heine und Leopold Zunz

Die Paradoxie einer »Indifferenz«, die darin liegt, ein absolutes Subjekt *denken* und einen absoluten Raum im subjektiv Innern *fühlen* zu können, verkörpert den Widerstreit, in welchem Heines Philosophie mit seinem Judentum steht, und sie verkörpert den Widerstreit als eine Kategorie *literarischer* Raumauffassung. Dies Besondere, die Literatur als Wahrnehmungsschicksal, war es, das Heine unter seinen Berliner Freunden im Verein für Cultur und Wissenschaft der Juden, wie wir gesehen haben (S. 32 ff. und 58 f.), einsam machte, so unverbrüchlich er die strittige Stellung zwischen Judentum und Philosophie mit ihnen auch teilte – jedoch ›nur‹ in Rücksicht auf die Verheißungen eines philosophisch aufgefaßten Befreiungsweges in die Moderne. Ihn zu begehen bedeutete keinem, vielleicht nicht einmal Moses Moser (S. 38 ff.), aus dem großen Gedenkraum des Judentums ganz zu emigrieren oder die Verantwortung für das jüdische Gedächtnis aufzugeben. Im Gegenteil; letztlich unangefochten von der anti-rabbinischen Befreiungs-Emphase im Überbau des Vereins, die aus Hegels Bewußtseins-Philosophie abgeleitet war und sich an den Gedanken einer Aufhebung des Judentums in der allgemeinen Emanzipation der Gesellschaft verausgabte, entwickelte die Führungsgruppe insgesamt jenes moderne Marranentum, dem auch Heine anhängt (S. 92 ff., 113 ff.). Judebleiben in brüchiger Intellektualität und mit beleidigtem Herzen.

Aber die historische Stellung des Vereins ist gekennzeichnet von ihrer *vor*geschichtlichen Bedeutung für die *Wissenschaft des*

Judentums, die von der überragenden Gestalt des Leopold Zunz ins 19. Jahrhundert getragen wird. Er ist ein Marrane im Wissen; und im Handeln und Sein als Wissenschaftler. Die Nicht-Identität seiner Arbeit mit dem philosophischen Pathos einer Aufhebung des Judentums manifestiert sich in seinen Leistungen als Philologe der jüdischen Kultur in der Weltgeschichte. Auch Heine ist Marrane im Wissen; aber im Handeln und Sein ist er Marrane als Dichter. Ihre Vergleichbarkeit verbindet diese beiden Großen des Vereins über den Unterschied ihrer Professionen hinweg. Beide sind geprägt, aber nicht beherrscht von der Gründer-Idee einer Befreiung durch »Aufhebung« (S. 45 ff.). Daß sie die Prägung abarbeiten, sie nicht ruhigstellen in den ideologischen Versionen des christlichen Assimilations-Versprechens, die im Tausch mit Selbst-Entstellungen des Judentums zu haben sind, das macht sie zu *den* Exponenten des Vereins in der Epoche nach seiner Auflösung 1823/24 (S. 39 f.). Denn dann galt es, der Gewährung von Freiheiten das Projekt einer Befreiung entgegenzusetzen, die tatsächlich ins Absolute geht, aber nicht auf die Vernichtung des Partikularen hinauslaufen würde. Mit anderen Worten, das Judentum als Partikulares war im Allgemeinen der Moderne zur Geltung zu bringen und in die Freiheit seines sozialen Seins zu führen *als Selbst-Allgemeines*.

Man muß Leopold Zunz als die Persönlichkeit ansehen, die, ohne genuin zu philosophieren, Hegelianer war, insofern er in seinem Selbstbewußtsein den Willen verkörperte, nichts nur Einzelnes zu vollbringen, ein »einzelnes Werk«, das »das Volk des Geistes« im Wissenschaftlichen Zeitalter »vertreten« solle[6] und ihm auf *diese* Weise (als einer »Faktion«) diejenige Legitimation in der Moderne einwürbe, die durch Affirmation zu erreichen ist. Zugleich war Zunz Nicht-Hegelianer; denn indem er die Größe und Eigentümlichkeit der jüdischen Kultur in der Geschichte erforschte und ihm sein Gegenstand als selbst-allgemein und organisch galt, vergab er ihn nicht an die »ungeteilte Kontinuität« des allgemeinen Weltwillens, in welchem er in Hegels Denken und Sprache nur noch als »kalt« negiert einen Namen hätte: *trocken vertilgtes seiendes* Selbst (III, 436 f.). Es ist diese Stellung zur Philosophie Hegels – als nicht-revolutionäre Forschungshaltung und als nicht-metaphysische Auffassung von einem authentischen Judentum vorausweisend auf Gershom

Scholem – die für Zunz als eine einfache Form des Widerstreits zwischen Philosophie und Judentum bestimmend blieb. ›Einfach‹ nenne ich diese Form, weil das schmerzende Bewußtsein, daß eine Wissenschaft des Judentums im philosophischen Begriff allgemeiner Befreiung mit Notwendigkeit *nicht* gedacht und als Besonderes also per se *nicht* revolutionär ist, eine Schlichtung im selben Maße erfuhr, wie es im bürgerlichen Leben sich an die *faktische* Assimilation schmiegen konnte, die hinter dem Rücken des über seine Papiere gebeugten Gelehrten als Milieuwirklichkeit zur Quasi-Objektivität anwuchs. Zunz ist dieser Entwicklung auch handelnd treu gewesen, in der Entfernung vom Schreibtisch, als liberaler Politiker und Achtundvierziger.

»Der Kämpe der Revolution«

Heines Weg ist anders zu kennzeichnen. Auch er nahm die faktische Assimilation, in die er hineingeboren war, als Gunst des Zeitalters an (S. 299 ff.). Auch er nahm sie nicht, wie sie kam. Er lebte sie genießend *und* reflektiert, besorgt und ironisch; verwundet ihre Kosten bilanzierend. Das macht sein Sprechen in einer konzentrierten, problembewußten Weise authentisch; und seine Zeugenschaft für eine *revolutionäre* Modernität im Widerstreit zwischen Judentum und Philosophie kompliziert.

Wir sind dem prekären Punkt, auf den ich hinauswill, um ein Stück näher: Seine Erfassung ist geknüpft an den Revolutionär Heine. – Da die Perspektive aus diesem Punkt uns das Zentrum der Paradoxie als Verweilort einer denkenden Heine-Lektüre bezeichnen wird, die sich immer wieder *fragen* muß, wie sie selber im Widerstreit zwischen Philosophie und Judentum sich orientieren will, mag es überraschend sein (oder aber konsequent), daß der Autor eine solche Orientierung *erschwert*, indem er sie in seiner unnachahmlichen doppelbödigen Art selber gibt. Ich zitiere einen Passus, den man nun neu wird lesen müssen. Nicht in eine weiterzitierbare stabile Version übersetzt er das Problem der Indifferenz. Er hält es offen.

Es handelt sich um eine Überleitungsstelle in den »Geständnissen«, ehe vom Geheimnis der Juden die Rede ist. Heine gibt vor, bislang »nie mit hinlänglicher Ehrfurcht« von ihnen gesprochen zu haben, die doch immer Männer gewesen seien,

> gewaltige, unbeugsame Männer, nicht bloß ehemals, sondern bis auf den heutigen Tag, trotz achtzehn Jahrhunderten der Verfolgung und des Elends. Ich habe sie seitdem besser würdigen gelernt, und wenn nicht jeder Geburtsstolz bei dem Kämpen der Revolution und ihrer demokratischen Prinzipien ein närrischer Widerspruch wäre, so könnte der Schreiber dieser Blätter stolz darauf sein, daß seine Ahnen dem edlen Hause Israel angehörten, daß er ein Abkömmling jener Märtyrer, die der Welt einen Gott und eine Moral gegeben, und auf allen Schlachtfeldern des Gedankens gekämpft und gelitten haben. (VI,481)

Hier ist es, das Andere seiner Modernität, das ihn von seinen Berlinern trennt, die Revolution – deren Ort in den Schriften er nur philosophisch bestimmen kann! Daß diese Konsequenz in den Texten ist, aber nicht expliziert wird, das ist das »Geheimnis« seiner *Schreibweise*. Sie zwingt *uns* die Achtsamkeit auf den philosophischen Code der Syntax auf.

Hier ist wie folgt codiert, wobei nur die »einfache Negation« noch als Hegelsche kenntlich ist: Der Kämpe der Revolution kann nicht einem Geburtsdünkel anhängen: der Demokrat nicht stolz auf seine Zugehörigkeit zu einem auserwählten Volke sein. Die »Negation der Negation« (das dialektische Kunststück Hegels, die »Aufhebung«) wäre, wenn sie denn gedacht ist, in die Poesie der Sprache gesenkt und als solche kaum vernehmbar, wenn auch so übersetzbar: Der Schreiber dieser Blätter darf als Revolutionär nicht, könnte aber stolz sein … –: Worauf er stolz sein *möchte* (S. 410), ist nicht irgendein Volk als auserwähltes, sondern dieses … –: *Wie* es in der Stimme des Dichters erscheint, *so* ist die Negation des Stolzes wieder aufgehoben. Heine *ist* als Poet stolz, er geht diesen »närrischen Widerspruch« ein – der politisch gar keiner ist. Denn als Politiker muß kein Jude per se in Widerspruch zu seiner Volkszugehörigkeit geraten, gleichgültig welche und wo er Politik macht.

Wir könnten somit schon die Möglichkeit gefunden haben, den kritischen Punkt einer prekären Überantwortung des Gedenkens an eine indifferente Geschichtsphilosophie *positiv* zu verorten, nämlich *zwischen* Poesie und Logik, Gedenken und Modernität und so zu ›retten‹. Scheint diese Möglichkeit doch auch im zitierten Text vom verdeckten Wink in der Datierung »seitdem« bekräftigt zu sein: ›Seitdem ich mich mit Hegel auseinandersetze‹, d.i. nicht erst jetzt im Wandel des religiösen Denkens (S. 103 f.), sondern seit Berlin 1822/1823 (S. 48 ff.). »Seitdem« bezeichnet keine Zäsur, keinen (Ein-)Bruch, sondern jenen paradoxen Dauerzustand der Texte. Schon in den vorausgehenden Hegel-Passagen der »Geständnisse« hatte Heine mit der vorgeblichen Zäsur in seinem Denken dasselbe Verdeckspiel gespielt. »Wie oft seitdem denke ich an die Geschichte dieses babylonischen Königs ...« (VI, 478) – Er tat es *seit 1819*, dem Jahr des Vater-Verrats, als er von Hamburg aufbrach – –: »Und blindlings reißt der Mut ihn fort; / Und er lästert die Gottheit mit sündigem Wort.« (I, 55)

Aber der denk*methodische* Aspekt einer solchen vermutbaren (lesbaren), in Gegenrichtung zur Hegelschen Intention angewandten »Negation der Negation«, der uns Heines poetologische Bergung seines Judentums in einem Befreiungsprozeß sehen läßt, dem er sich verschrieben hat, obwohl er dessen Gleichgültigkeit gegen das jüdische Besondere mitdenken soll, – dieser Aspekt verweist im zitierten Passus tiefer auf einen Denk*inhalt*, der die Wahrheit des »närrischen Widerspruchs« erst ganz vermitteln kann. Sie liegt im Konjunktiv; in einem Modus also, der die Freiheit zur Unbestimmtheit läßt.

Man kann lesen (kalt): Jüdischer »Geburtsstolz«, rhetorisch eingehängt in seine Verneinung, ist Pathosformel, kein Argument. Sie zeugt von der Erregung, die das achtzehnjahrhundertlange Verfolgungselend individuell im Gedächtnis verursacht, zeugt also auch von der »Solidarität der Generationen« im jüdischen Volk (S. 195). Solidarität steht *nicht* im Widerspruch zur Revolution, ja sie indiziert gut hegelsch die Teilhabe des Partikularen am Allgemeinen. Die vollständige Mitteilung des Autors wäre dann also sein Bekenntnis zum Befreiungskampf *der Menschheit*, wie er es auf dem Schlachtfeld von Marengo abgelegt haben will (S. 172). Das ist viel zitiert. In diesem Kampf sind die demokratischen Prinzipien der Revolution gewahrt und jüdische Mitkämpfer gewürdigt wie jeder von jeglicher Nationalität. Die Solidarität der *Völker* bürgt für die Individualität der *Kämpfer*. Der Konjunktiv ist gedanklich ernst festgehalten; der Gedanke wäre dann: »Seitdem« die Auseinandersetzung mit Hegel im Gange ist, ist am Primat des Allgemeinwillens in revolutionärer Auslegung festgehalten, ohne zu vergessen, daß die Leidensgeschichte der Juden seit der christlichen Entgegensetzung gegen die halachische Orthodoxie *eine* der Voraussetzungen des *allgemeinen* Befreiungskampfes ist. Es wäre ein närrischer Widerspruch, aus diesem Verhältnis von Besonderem und Allgemeinem auszuscheren und sozusagen ein jüdischer Demokrat sein zu wollen mit dem Anspruch auf *Einzigartigkeit*.

Man kann auch lesen (›semiotisch‹): Der Organismus der Bildwörter halte die Autorität des politisierten Allgemeinen, dessen einzige angemessen abstrakte Vertretung das Wort »Revolution« im Text innehat, von der Argumentationslinie, die diese Wörter allein besetzen, so weit und so erfolgreich fern, daß die Lektüre geradezu unwillkürlich bildorganisch geprägt wird. Der »Gedanke« der ersten Lesart ließe sich somit nicht aus der Bilderdominanz bei seiner Ausführung herauslösen. Daß Bildlichkeit und Gedanklichkeit des Textes in der Tat nicht getrennt / nicht trennbar sind, drängt sich auf. Sogar das eine abstrakte Hauptwort »Revolution« ist eingeschmolzen in das Figurenbild »Kämpe der Revolution« (das eine leitmotivische Ich-Metapher in den Schriften ist). In Bildern denken, Bilddenken, ist die Einstellung der Lektüre, die dieser Lesart gerecht wird.

Sie entdeckt die Umkehrbarkeit des Verhältnisses von Pathosformel und Argument in der ersten Lesart: Die poetische Semiotik der jüdischen Solidarität beansprucht die Autorität des Arguments und drängt dem politischen Ich in seiner Haftung ans Allgemeine der Revolution die etwas unheroische Rolle auf, einer Pathosformel zu bedürfen, um die Affekte auf *dieser* Seite des Widerspruchs zwischen dem Besonderen und Allgemeinen gebändigt ausdrücken zu können. Das bedeutet auch, daß die Philosophie des Allgemeinen beim bilddenkerischen Balancehalten zwischen Pathos und Argument nicht nur ihre gerechtfertigte Übermacht einbüßt, sondern einen ihr eigenen Mangel offenbart, der mit dem Mangel des Besonderen, nämlich nur einen partikularen Willen zu haben, *konkurriert*, anstatt das »Recht« zu haben, ihn »aufzuheben«. Somit wäre die vollständige Mitteilung des Textes nach dieser Lesart: Im jüdisch-poetischen Geschichtsbewußtsein *soll* die dialektische Operation »Negation der Negation« (Aufhebung des Geburtsstolzes) *nicht gelten*. Vielmehr ist das Balance-Halten selbst das Festgehaltene in der poetischen Schrift.

Das wäre die strukturelle Aufhebung hegelianischer Kälte; es läßt sich nicht *beweisen*; Hegels totalitäre Geschichtstheorie könnte Recht haben; das Textbegehren ist, daß sie es nicht habe – Daher der ›nur‹ konjunktivische Modus, der den jüdischen Stolz zuläßt, nicht festsetzt. Logik kann hier nicht gelten. Die Bilder des Träumers verwehren ihr den Zutritt ... Sein Text ist sein Traum, sein Konjunktiv. Hier herrscht der Stillstand des Denkens im Bild: Der Revolutionär ist stolz auf seine Zugehörigkeit zum Adel des Hauses Israel. Der Widerspruch, auf den er sich mit diesem Affekt einläßt, ist unaufhebbar, ewig, philosophisch. Es ist nicht so, daß Hegel mit seiner »Negation der Negation« poetisiert wäre, wenn der Geburtsstolz des Kämpen geträumt wird, Text ist. Das wäre bloß philosophische Form in Poesie gebracht. Sondern Hegels Lehre als solche, als *dialektische* Geschichtsphilosophie, ist anerkannt und bleibt dergestalt inhaltlich in allen ihren Konsequenzen bestehen als denkmöglich in den Balanceakten der Bildersprache.

Es ist ebenso möglich, daß in der jüdischen Geschichte ein Besonderes ist, das in der Verwirklichung des revolutionären Weltwillens aufgehoben ist wie ein Besonderes, daß sich selbst im Weltwillen verallgemeinern wird. Das eine würde den Zugehörigkeitsstolz des Kämpen nicht widerlegen, das andere ihn aufs großartigste bestätigen. Der *Konjunktiv* jedenfalls ist in einer dergestalt als unentschieden gedachten Jetztzeit zwischen dem Affekt und jenen »demokratischen Prinzipien« aufgehoben; der *Widerspruch,* für den Augenblick des Affekts und seines Drängens in den Text, kann es nicht sein. Mag es auch Narretei sein, eine denkende Existenz *in ihm* einzurichten.

Ironie
gegen Hegels Weltwillen, der »nichts für die Aufopferung zurückgeben kann« (III,439)

Es ist, wenn in der Verweilzeit an diesem Denkort noch Fragen offen bleiben, im Lektüre-Netz des Wörter- und Figurengedächtnisses unabweisbar, aus unserem Zitat über die Vermittlung zweier Wortstellen hinauszugehen und die so herbeigerufenen Vergleichsstellen dann mitzulesen:

»Närrischer Widerspruch«	Don Quijote
»demokratische Prinzipien«	»dieselben demokratischen Prinzipien, denen meine früheste Jugend huldigte ...«

Zunächst die erste Vergleichs-Stelle, aus dem Buch Lucca 1829, im Kontext des Bekenntnisses zum modernen Märtyrertum der Dichter, ihrem »lebenslänglichen Sterben« (S. 331):

Es gibt nichts Entsetzlicheres als jene Stunden, wo ein Markus Brutus zu zweifeln begann an der Wirklichkeit der Tugend für die er alles geopfert! Und ach! jener war ein Römer und lebte in der Blütenzeit der Stoa; wir aber sind modern weicheren Stoffes, und dazu sehen wir noch das Gedeihen einer Philosophie, die aller Begeisterung nur eine relative Bedeutung zuspricht, und somit in sich selbst vernichtet, oder sie allenfalls zu einer selbstbewußten Donquixoterie neutralisiert!

Die kühlen und klugen Philosophen! Wie mitleidig lächeln sie herab auf die Selbstquälereien und Wahnsinnigkeiten eines armen Don Quixote, und in all ihrer Schulweisheit merken sie nicht, daß jene Donquixoterie dennoch das Preisenswerteste des Lebens, ja das Leben selbst ist, und daß diese Donquixoterie die ganze Welt, mit allem was darauf philosophiert, musiziert, ackert und gähnt, zu kühnerem Schwunge beflügelt! Denn die große Volksmasse, mitsamt den Philosophen, ist, ohne es zu wissen, nichts anders als ein kolossaler Sancho Pansa, der, trotz all seiner nüchternen Prügelscheu und hausbackner Verständigkeit, dem wahnsinnigen Ritter in allen seinen gefährlichen Abenteuern folgt, gelockt von der versprochenen Belohnung, an die er glaubt, weil er sie wünscht, mehr aber noch getrieben von der mystischen Gewalt, die der Enthusiasmus immer ausübt auf den großen Haufen – wie wir es in allen politischen und religiösen Revolutionen, und vielleicht täglich im kleinsten Ereignisse sehen können. (II,521)

Fast kommentiert sich die Passage von selbst. Jedenfalls brauche und möchte ich sie nicht mit einem analytischen Lektüre-Vorschlag versehen. Sie demonstriert die topographisch-philosophische Verknüpfungsweise ihres Autors und eine Anleitung zur (Selbst)Kommentierung der Schriften. Ein kurzer Hinweis nur zum Konnex mit meiner Analyse bisher: Hier ist *mit und gegen* Hegel geschrieben und zu lesen.

Die Tugend des Brutus ist die Tugend des Robespierre; Hegel macht an ihr seine Kritik der Französichen Revolution fest, die zwar das Subjekt auf den Schauplatz der Weltgeschichte gebracht, es aber als moralisches in eine falsche Unmittelbarkeit zum Allgemeinwillen und somit in die Konsequenz gestellt habe, unzeitig sein Vollstrecker zu werden. Heine lehnt diesen Ansatz nicht ab, wie seine Kritik an Robespierre (und Börne) belegt und seine lebenslange doppelbödige Beziehung zum extremen Jakobinismus zum Ausdruck bringt. Aber zugleich verbürgt er sich *mit seiner Person* für das Recht auf die Denkbarkeit des revolutionären Gewaltakts, weil er dessen Quelle, den Enthusiasmus, als die Quelle seines Lebens fühlt. Guillotine *und* Märtyrertum sind hier die Konsequenzen.

Sehen wir uns also hier wie nebenbei die auch in diesem Buche noch immer ein wenig sensationell wirkende Gleichung zwischen den jüdischen Märtyrern, deren »Abkömmling«, und den französischen Revolutionären, deren »Sohn« Heine sich nennt, und staunen vielleicht über die Kollektivierung der Gleichung zum »wir« und über den metaphorischen Turm, den der Autor mit Wörtern für das Gemeinsame im Wir baut:

»lebenslängliches Sterben«
»Wirklichkeit der Tugend«
»selbstbewußte Donquixoterie«
»Schlachtfelder des Gedankens« –,

so sind wir zugleich gehalten, das Ausharren der Schrift im »närrischen Widerspruch« zwischen Judentum und politisierter Geschichtsphilosophie nicht nur dergestalt ›im Bilde‹ solcher Wortbildungen verwirklicht zu sehen. Es kommt hinzu, daß der »Tonfall der Indifferenz« *philosophisch* mitgelesen werden muß, der *gemeinhin* der ironische heißt.

Er liegt als Aura um den Organismus der Bildwörter. Bleiben wir beim Lieblingswort der Heine-Philologie, IRONIE, dann ist diese Aura eine ironische zu nennen, und, gelesen in der strukturellen Festigkeit der stillgestellten Dialektik in den Bildern des »närrischen Widerspruchs«: eine philosophische *und* jüdische Aura. Dies ist weiß Gott ein prekärer Punkt. Denn man hat ihn, germanistisch orientiert, in der Geschichte des deutschen Heine-›Verständnisses‹ zu oft der Giftküche der Antisemiten überlassen, aus Unfähigkeit, Heine philosophisch zu lesen.

Agiert im »närrischen Widerspruch« die Traum-Figur Don Quijote, dessen *philosophische Qualität* sein »Selbstbewußtsein« ist, und macht Heine mit dieser Formulierung seiner verstecktesten ironischen Kritikkunst alle Ehre –

denn Hegels »Selbstbewußtsein« (Freiheit) auf der Subjektstraße der Weltgeschichte (dort »selbst vernichtet«) ist fast unkenntlich parodiert und auf diese Weise der närrischen *Weigerung* anvertraut, den Widerspruch zwischen dem einzelnen und dem allgemeinen Willen auf hegelianische Weise zu vermitteln (aufzuheben); und preisenswerter sei es, ihn statt dessen zu »leben«, in »selbstbewußter Donquixoterie«, kämpfend mit den Windmühlen –,

dann hat hiermit der Autor zugleich sein eigenes hegelianisches Engagement für die radikale Variante der Weltveränderung, die Weltrevolution, ironisiert und somit seine Kritikkunst auch gegen sich selber angewandt.

Die Alarm-Chiffre, das Warnwort ist »Vernichtung« (»der reine Schrecken des Negativen«, Hegel III,439). Man mag hier eine diskursive Widerlegungs-Passage erwarten, die der Autor hätte einschalten können, um sich freihalten zu können vom Verdacht der fahrlässigen (menschenfeindlichen) Hegel-Politisierung. Doch gerade das tut Heine nicht; offenkundig will er sich vor *keinen* extremen Assoziationen in Sicherheit bringen, die »auf den Schlachtfeldern des Gedankens« ausgekämpft werden. Der hegelsche Kämpe, der in Widerspruch zu seinem Judentum Revolutionär ist, kann die *philosophische* Kategorie der Vernichtung nicht nach Belieben zurücknehmen, sondern muß alle ihre möglichen Konsequenzen im Denken wach halten, will er ernsthaft ›im Widerspruch leben‹. Hier hilft dann wirklich nur Ironie.

Unser zweites Nebenzitat, dem die Lektüre auf der Wortlinie der »demokratischen Prinzipien« begegnet, zeigt deutlich, daß der Autor tatsächlich, wie oben angenommen, der Hilfe einer Pathosformel sich bedient. Er spielt sie seinem politischen Ich zu, damit es den »Selbstquälereien« in den Kämpfen standhalte. So kann es ganz im ironischen Tone daherkommen und seine Schmerzen im gelebten Widerspruch verhüllt ausdrücken. Er tut es im Nachwort zum »Romanzero« (1851).

Was mich betrifft, so kann ich mich in der Politik keines sonderlichen Fortschritts rühmen; ich verharrte bei denselben demokratischen Prinzipien, denen meine früheste Jugend huldigte und für die ich seitdem immer flammender erglühte. (VI,184)

Es versteht sich, daß der jüdische Kämpe einen »Fortschritt« aus seinem Leben fernhalten will, dessen philosophische Rechtfertigung, wie auch er sie *denkt*, die Vernichtung dessen einschließt, worüber der Weltgeist hinwegschreitet. Dieser theoretischen Konsequenz halten die demokratischen Prinzipien als das *immer flammender* begehrte Gut nur stand, wenn sie an das Denken der »Revolution« gekoppelt bleiben als deren »teuern, blutteuern Erworbenheiten« (V,461). Das ist die zweite, aus den »Flammen« weitergeschriebene Pathosformel.

Der im ironischen Pathosstil verborgene Gedanke ist nun, daß die Hegelsche Lehre aufgespalten worden ist (»seitdem« ..., siehe oben), um der Zeitvorstellung des jüdischen Geschichtsbewußtseins angemessen werden zu können: Der Widerspruch zur Zukunftsideologie Hegels gewinnt eigene philosophische Qualität dadurch, daß der »Aufhebungs«-Gedanke von seiner kalten Fixierung auf Gegenwart und Einzelwille gelöst, umgekehrt und gegen das abstrakte Wahre des Allgemeinen gerichtet wird. In dieser Denkrichtung wird die Kategorie der »Vernichtung« davon befreit, gedacht zu sein und praktisch ausgelegt werden zu können als Vernichtung der Substanz.

Der Philosoph Heine, der Hegel um diese ›Nuance‹ zurücknimmt und spinozianisch verträglich macht (S. 117), behält »Vernichtung« als symbolische Kategorie zur Hand, mit deren Hilfe er sein revolutionäres *Sprachhandeln* auf die Spitze treiben kann (»Ich will vernichten ...« [II,526]).

Das Pathos, das die Formel von der lebenslangen »Flamme«

vorträgt, deckt den Schmerz zu, daß im Widerspruch des Juden zur Hegelschen Philosophie auch und gerade dann, wenn er sie revolutionär auslegt, das besondere Wissen ausgesprochen ist, daß *das Judentum* in seiner Geschichte *zu schwach* war zur politischen Selbstbefreiung. Das ist der pro-hegelianische Unterton in der ironischen Aura der Formel. O hätten »wir« doch Sieger, nicht Märtyrer hervorgebracht! Der contra-hegelianische Unterton gehört zur Stimme, die dem Gedenken und dem Stolz gewidmet ist. Es ist die Stimme der Solidarität, die aus dem Herzen der eigenen Philosophie kommt und den ›politischen‹ Akzent des *Handelns* nicht allzu ernst genommen wissen möchte; daher die Ironie mit ihrem besonderen Herkunftszeichen. »Was mich betrifft … Ich verharrte …«

Das dergestalt akzentuierte jüdische Geschichtsbewußtsein ist vielleicht nicht angemessener auszudrücken als figurativ, wie Heine es liebt; wer auf solche Augenblicke in den Schriften achtet, wird viele finden. Ich höre einen solchen Ausdruck sehr genau in den Wechsel-Stimmen des Willkommen, das der Narr Jäkel und sein Adlatus Nasenstern den Flüchtlingen aus Bacharach entbieten, als diese, Sara und Abraham, am 6.2.1486 das Frankfurter Ghetto betreten. »– – – ›Gefahr vertreibt den Sabbat‹ – – ›Ich bin ein einzelner Mensch‹ –« (I,483ff.)

Es mag spontan befremden, wenn ich aus der zitierten Pathosformulierung 1851 das Wort »verharrte« zurückbinde an die Szene Nasensterns 1823, die er den Ankömmlingen macht, als er von Gefahr sprechen hört und sein Gesicht angstvoll an die Ghetto-Mauer drückt, und in dieser Stellung zitternd und leise betend »verharrte«. Doch spannt Heine in solche Konstellationen seine Literatur. Wer ihnen einmal auf die Spur gekommen ist, entdeckt immer wieder neue, so alt seine Lektüre auch schon geworden sein mag. Eines Tages erübrigt sich jeder Kommentar. Ich versuche mich an seinen Möglichkeiten dennoch, zur eigenen Vergewisserung und zur Verdeutlichung der Buchkonzeption an dieser wichtigen Stelle:

Das jüdische Geschichtsbewußtsein Heines gewinnt seine genuine philosophische Qualität aus einer Entideologisierung der Hegelschen positiven Dialektik *und* aus der Kraft der Ironie. Beides bildet die Voraussetzung für die betont *negative* Auffassung des Messianismus in den Schriften.

Die Denkweise eines negativen Messianismus ist nicht offensiv vorgetragen, das gehört zu ihr als einer marranischen Schriftquelle. Textmerkmale dafür sind Zurückhaltung und Vermeidung. Kommt, wie oft, hochherziges Gefühl ins Spiel, dann sind paradoxale Stimmungsmomente und Textpunkte gelegt, die sich mit Hilfe pathosformaler Klammern vor dem Zerbrechen schützen; wie im vorliegenden Fall, da für Prinzipien, die nirgend positiv ausgeführt sind (S. 100), seit Jugendzeit »immer flammender erglüht« wird. Über das katastrophische (napoleonische) Geschick dieser Prinzipien in der wirklichen Welt zur Schreibzeit 1851 ist dann besser nicht gesprochen (VI, 512). Auf diese Weise nun, und das ist wohl das verborgenste philosophische Kalkül, ist der Punkt am Textort einer gedanklichen Leerstelle freigehalten, an den minutiös die Nötigung zur Umkehr der Hegelschen Zeit-Kategorie geheftet ist. Hier muß dann jene Denkarbeit der Lektüre beginnen (S. 120 ff., 272 f.).

Der Autor gibt sparsam Laut und Zeichen; entschließt sich erst spät, den Augenblicken des Gedankens Ausgedehntheit in den (lyrischen) Texten selber einzuräumen, vornehmlich im »Romanzero« (1851), gibt dem Gesamtwerk, seit »Belsatzar« (1819), eine eingezogene Struktur des geschichtlichen Zurückdenkens, versucht das große »Märtyrerlied« der mittelalterlichen Verfolgung (den »Rabbi von Bacherach«), setzt Punkte für exzentrische Ablenkung des intensiv zurückhängenden Gefühls voraus in hochgestimmte Zukunftsfreudigkeit (Caput I, »Wintermärchen« S. 357), erzwingt unser Stutzen durch Bildsätze, die in die sinnlich stärksten Textaugenblicke Löcher reißen, in die psychisch zu stürzen und die Lektüre abzubrechen die Bildkraft ebenso zu hindern weiß wie sie dázu verführt – betörend, liebevoll, sarkastisch, trickreich … –, den Lese-Blick nach ›unten‹ zu senken: die Weiterlektüre zu *unter*brechen. Noch immer und weithin ist die Heine-Lektüre davon geprägt, sich auf diese Steuerungsweise des Autors nicht einzulassen, die Unterbrechung zu verweigern. So offenkundig es doch ist, daß Brüchigkeit und Denkanstoß als Form auf Lesebrechung zielen, an unzähligen Stellen wie etwa in den »Nordsee«-Rhythmen I, 211 »– –Wie rauscht der Jordan – – Dort oben (…) die Nase des Weltgeists – –«; von der Shylock-Monade zu schweigen. Halten wir uns an die Augenblicke wie diesen: Bei Lektüre der

»Prinzessin Sabbat« hält eine Leserin (Erstbegegnung mit Heine), nach langem Hin und Her in der Studiengruppe über die Schlußstrophe, noch einmal inne, spricht wenig und vermag es, die Zeit stillzustellen, indem sie an sich selbst zeigt, daß jetzt (sie deutet auf die Zeit nach der Shoah) hinabgeblickt werden muß und ein Studium beginnt:

Er besprengt damit den Tisch,
Nimmt alsdann ein kleines Wachslicht,
Und er tunkt es in die Nässe,
Daß es knistert und erlischt.

Fortgerissen vom Gedanken Hegels, daß die Geschichte ein Prozeß sei, quält Heine der Anblick eines Volkes, dem er kraft Selbstentwurf als Individuum und »Abkömmling« eine andere als die faktische, die Opfer-Rolle in diesem Prozeß zuweisen möchte. Hat es nicht »der Welt einen Gott und eine Moral gegeben«? Noch immer, im Zeitalter der Französischen Revolution, findet es sich auf der Opfer-Seite der Geschichte. Der »Sohn der Revolution« *muß* eine Geschichtsphilosophie revidieren, obwohl sie die eigene sein könnte, die das rechtfertigt. Die jüdischen Kämpen, »Ritter von dem heiligen Geist« (I,171 f.), »gewaltige, unbeugsame Männer« widerlegen an sich selbst, Einzelne zu sein, über die der Weltgeist hinweggehen dürfte, so wie er über Moses nicht hinwegzugehen *vermochte*.

Die also auch substanziell umgekehrte Dialektik des Partikularen reißt nun allerdings die Wunde auf, die Trennung der Kämpen vom Volk heißt. Das unendliche Thema Heines. In der Welt kämpfen sie, ohne Hoffnung zu siegen – ist der Gott ihres Volkes etwa selbst dafür verantwortlich? (VI,201) –, die Dichtung nimmt sie auf als »ewig« gerechtfertigte Waffenträger der Menschheit: »unbesiegt«; »ungebrochen« ihre Waffen (VI,120 f.). So ist die Dichtung die wahre Geschichtsschreibung, *sie* stellt Hegel auf die Füße.

»Mittelalter«

Das bedeutet nun aber, daß das europäische Mittelalter der genuine Gegenstand der Dichtung ist, denn in dieser Zeit begegnet sie ihren Rittern leibhaftig. Es ist die erste Epoche der Verfolgungsgeschichte, seit sie eine christliche geworden ist.

Historisch ist in dieser Epoche der Zeitpunkt zu suchen, auf den Heines *Gedächtnis* sich beruft, wenn er »seitdem« sagt. *Seitdem* kämpfen Einzelne gegen das Allgemeine, Einzelne, denen Hegel nur die Bedeutung von »atomen Punkten« zugewiesen hat (IV,441; XII,534), die man ewig addieren kann, ohne daß sie je zu einem sittlichen Ganzen zusammentreten. *Seitdem* kämpfen die Gerechten, siegen die Glücksritter. *Seitdem* hat der Hellenismus keine Chance mehr in der Weltgeschichte (S. 105). *Seitdem* sind die Helden Märtyrer, Dichter. Im Fortgang des Textes, der den Grund gab zu diesen Erörterungen des »närrischen Widerspruchs«, in dem der moderne Dichter Heine lebt, heißt es:

> Die Geschichte des Mittelalters und selbst der modernen Zeit hat selten in ihre Tagesberichte die Namen solcher Ritter des heiligen Geistes eingezeichnet, denn sie fochten gewöhnlich mit verschlossenem Visier. Ebensowenig die Taten der Juden, wie ihr eigentliches Wesen, sind der Welt bekannt. Man glaubt sie zu kennen, weil man ihre Bärte gesehen, aber mehr kam nie von ihnen zum Vorschein, und wie im Mittelalter sind sie auch noch in der modernen Zeit ein wandelndes Geheimnis. Es mag enthüllt werden an dem Tage wovon der Prophet geweissagt, daß es alsdann nur noch einen Hirten und eine Herde geben wird, und der Gerechte, der für das Heil der Menschheit geduldet, seine glorreiche Anerkennung empfängt. (VI,481 f.)

Über dem schönen Text könnte man vergessen, daß er Philosophie ist und tragische Geschichte. Und wir wären, wie schon bei der Entschlüsselung des »Geburtsstolzes« (S. 129 ff.), der im Widerspruch zu den Prinzipien des Revolutionärs stehe, wieder an einer ›Stelle‹, wo wir aufhören könnten, weiter nachzudenken, denn ist nicht eine Klärung erreicht, die schön und gut klingt und als Kommentarbeigabe philosophisch genug ist für ein belletristisches Vergnügen? Nun bin ich der letzte, der dieses Vergnügen stören, gar vereiteln möchte. Aber das Problem ist: Heine schreibt hier schön über das Verschlossenste und Komplizierteste seiner Existenz, über seine Zugehörigkeit zur Geschichte des Judentums, bettet den Text ein in seine letzte Auseinandersetzung mit Hegel, gesteht, was er gestehen möchte, im Konjunktiv und trägt seine Gedanken figurativ vor. Das Vollständige und Gemeinsame dieser Mitteilungen mag ihre Schönheit ja sein. Aber ihre landläufigen Lektüren sind, wie die Heine-Literatur vor Augen führt, verworren und oberflächlich, wenn nicht feindselig oder hilflos.[7] Dies ist keine Voraussetzung, die Schönheit des Textes auf sich beruhen zu lassen.

Auch können wir uns beim *Studium* dieser Schönheit auf den Autor berufen, wenn wir wollen; er ist nicht müde geworden, den Poeten, die das Geschichtsschöne, »die Stimme der Wahrheit« hervorbringen, die eigentliche Kompetenz zuzuschreiben, die »Schädelstätte der Tatsachen« zum Sprechen zu bringen; nicht den Verfassern toter »Nomenklaturen des Geschehenen«. – Ich zitiere hier aus Heines Würdigung Shakespeares als Geschichtsschreiber (IV, 178 f.). Er schreibt sie als Einleitung, bevor er *seinen* Shylock dichtet. Wie berechtigt nah, bewundernd nicht nur, wie *gleichvermögend* er sich zu Shakespeare stellt, zeigt seine Ausdrucksweise: Mit dem »Anschauungsvermögen (...) der ewigen Poesie« habe der große Brite den Rittergestalten des Mittelalters »in die Nieren gesehen, und ihnen befohlen, das tiefste Wort ihrer Seele auszusprechen.«

Den Rittern in Heines Schriften ist aus den Nieren gesprochen, aber der Dichter hat ihnen nicht befohlen, unbedingt zu sprechen. Zunächst hat er sie maskiert, getreu ihrer wirklichen Zurüstung auf dem Weg aus dem Mittelalter in die Moderne. Wie sie in den Texten zitiert sind, offenbaren sie als Bilder, was »der Gedanke« des Dichters ihnen incorporiert: Als Besiegte gedenkt die Dichtung ihrer als der Überlebenden in der existierenden Welt, rettet die Substanz ihres kämpferischen Seins.

Diese Philosophie befolgt das Prinzip »Wörtlichkeit«. Die Kämpen für Israel und die Revolution, die das Wort Gottes durch die Geschichte getragen haben, sind seit dem Mittelalter mehr denn je, Tag und Nacht in Gefahr, erkannt zu werden. Der Dichter schützt sie und sich mit der Metapher der absoluten Tarnung: Die jüdischen Kämpen sind in die Gestalt ihrer aggressivsten Feinde geschlüpft; in die Rüstung des christlichen Ritters.

Das Visier ist geschlossen. Gefährlich genug, daß man ihre Bärte gesehen. Die Gefahr wächst in dem Maße, wie das Geschichtsbewußtsein der Kämpen Wort wird: Geschichtsschreibung. »Das Wort wird Fleisch und das Fleisch blutet« (V,461). Jetzt *stößt es zusammen* mit Hegels Theorie, die im Zusammenstoß mit dem jüdischen Geschichtsbewußtsein offenbart, daß sie christliche Theologie im Kern geblieben ist. Ihre Ritter sind die Herren der Welt. Heine möchte sie klein machen, er holt zu seinen schwungvollsten Schlägen gegen sie aus (»Wintermärchen«, Caput VIII), es hilft ihm nichts, die Stimme der herrschenden Wahrheit des Christentums spricht aus dem unterlegenen Don Quijote: »Stoßt zu mit der Lanze, Ritter ...« (II,523 ff.)

Deshalb die Arbeit der Wortrettung in Bildern. Das lebendige Wort bleibt gegen eine »Vernunft« im Recht, deren Demokratie-Verheißung in teleologischen Zynismus gemünzt ist. Wir finden dies an der Nahtstelle der Geschichtsphilosophie kenntlich gemacht, von Hegel formuliert, der hier eine letzte Konsequenz seines Denkens mit einer Gewaltrechtfertigung zusammenfallen läßt, deren Frist- und Grenzenlosigkeit der römisch-christlichen Ordnungslehre und Rechtsgeschichte immanent ist und heute keine Schönrede mehr zuläßt. »– – – Das Partikulare ist meistens zu gering gegen das Allgemeine, die Individuen werden aufgeopfert und preisgegeben ...« (S. 174)

Religionsphilosophie

Heine hat seinen Einspruch gegen das zynische Ferment dieser Geschichtsphilosophie bereits in sein sprachliches Handeln übersetzt. Schönheit ist für ihn die andere, die eigene Philosophie; sie denkt die Substanz des Universums der Schöpfung letztbegründet im Menschenrecht auf Unversehrtheit.

Schönheit ist daher das Substanzwort schlechthin für eine Dichtung, die sich als Geschichtsschreibung der »Menschheit« versteht. Der revolutionär maskierte »Geburtsstolz« des jüdischen Schriftstellers in der Moderne unterminiert eine dem

Gewaltchristentum adäquate Geschichtsphilosophie daher aus eigenstem Grund. Auf ihn baut die Philosophie, die den »jetzigen Gewalthabern« das Recht abspricht, über die Partikularität des Judentums zu befinden. Und dies zuendezudenken, ist Heines Radikalität:

Auf den »Schlachtfeldern des Gedankens«, die er im Kopf hat, sind die Apologeten des Gewaltchristentums die Düpierten; Verfechter einer in Wahrheit ihrerseits moralischen Partikularität angesichts des europäisch-universellen Ausmaßes von Leid, das ihre Partei über die Juden gebracht hat. Aus der geschichtlichen Leidquelle, nicht aus einer bei Hegel geborgten Metaphysik[8] erwächst das bewahrende Allgemeine!

Es hat auch religionsphilosophisch die besseren Argumente auf seiner Seite. Die Quelle der Religionsphilosophie Heines ist die Weisheit, die aus der menschlichsten und freiesten Freiheit gebildet ist, der Freiheit des Streits mit Gott aus dem Geist der Verneinung und des Zweifels. Erst dergestalt herausgefordert – »mit Scharfsinn, Witz und Gründen« (VI, 161) – wird der *wahre Gott* sprechen *und* seine *Schöpfung* preisen können, wie er es tat im Buch Hiob[9], und wie der Dichter, der *dann* an seine Seite: aus dem Schatten Hiobs heraus tritt.

Heines letztes zyklisch veröffentlichtes Gedicht (»Disputation«, zusammen mit »Prinzessin Sabbat« der Säulenrahmen um »Jehuda ben Haley« in den *»Hebräischen Melodien«),* inszeniert diesen gott-dialogischen Gedankenkern. – Der Verfechter der herrschenden Theologie im »Maulkampf« kann demgegenüber nur mit einer »Erzählung« von der Dreieinigkeit aufwarten, und mit einer Stimme, »polternd roh und widrig greinend«, die sie ins Unrecht setzt. Man hat immer dieses Gedicht als Prototypus einer ›entlastenden‹ Indifferenz gelesen, die Heines *innere* Gleichgültigkeit im Streit der Glaubenslehren unter Beweis stelle, vor allem seinen derben Sarkasmus als ›Wesenszug‹ eklatant zum Besten gebe; wie man denn zu solcher Beweisführung die Gedichte »des Ironikers« von hinten her, oder überhaupt bloß hinten in Erinnerung zu bringen pflegt.[10] In der Tat, man liest nicht von der Mitte her.

Wir befinden uns mitten in der sogenannten Goldenen Zeit der drei Kulturen in Spanien, und mit verdeckter Raffinesse (kleinem Daten-Verdichtungsspiel) sorgt der Artist für die Hervorkehrung eines mörderischen Scheins in dieser Mitte: Die List der Vernunft weiß sich der Stärke der »Ritter ohne Vorhaut« zu bedienen, die als Generäle und Kanzler auch unter der Gewalt Pedros (1350–1369), des grausamsten Königs der Kastilischen Dynastie, ihr Bestes geben. So auch wird der große Rabbi Juda von Navarra als Ritter in den Schaukampf der Disputationes geschickt, damit der faktischen Herrschaft christlich legitimierter Gewalt der königliche Glanz religiöser Toleranz geliehen werde; und natürlich muß der jüdische Fechter um Vieles besser sein als sein Gegner – der bloß über einen »Mistkarren voll Schimpfwörter« verfügt –, damit der König seine Souveränität in Glaubenssachen zelebrieren kann.

Heine baut nun aus dieser historischen Mitte des Gedichts seine Schluß-Pointe so auf, daß die Lektüre solcher *Bauweise* hart an die religionsphilosophische Wahrheit herangeführt wird, die uns verborgen bleiben würde, wüßten wir nicht diese Königsfigur zu entziffern. Sie ist Hegel im »Goldenen Zeitalter« der Juden in Spanien. Die Versetzung des Romanzentons in die hebräische Melodiösität tarnt die Versetzung der »List der Vernunft« in die »toleranteste Gleichgültigkeit« gegenüber den Juden nur unvollkommen. Pedro hat kein Selbstsein; ist Namenhülse, Allegorie, welcher durch ›Deutung‹ verräterische ›Deutlichkeit‹ eingehaucht wird. Die Deutung ist: Toleranz ist Schein, Laune, ›Höflichkeit‹:

Pedro wird genannt der König
Mit dem Zusatz der Grausame;
Aber heute, milden Sinnes,
Ist er besser als sein Name.

Unterhält sich gut gelaunt
Mit des Hofes Edelleuten;
Auch den Juden und den Mohren
Sagt er viele Artigkeiten.

Souveränität heißt Begrenzung, Herrschaft übers Zeremoniell. Der König beendet den Schaukampf, als dessen Sinn, Toleranztheater zu sein, erfüllt ist. Jetzt ist der Augenblick des Urteils, der Gefahr; der Allgemeinwille sitzt zu Gericht und müßte eigentlich *sein* Urteil fällen, denn »Disputation«, das ist ›kulturelles‹ Verfahren der Reconquista und Inquisition. Doch soweit ist es auf der Zeitstrecke der Weltgeschichte noch nicht. Heine verschmilzt ihre Daten aus Vor- und Durchsetzungsgeschichte. So ist Vorgeschichte *Vor*schein des Allgemeinen im *Schein* der Noch-Duldung des Partikularen. Das ist Poesie, die nur so das Gefährdete unter Bedingungen des schon herrschenden Allgemeinen noch retten kann: gedenkend seiner Existenz und Wahrheit.

Im Gedicht hat ›eigentlich‹ der Rabbi gesiegt, kraft *seiner* Souveränität, aber auch mit Hilfe der drei in ihm versteckten Teufelchen der talmudischen Fechtkunst: Scharfsinn, Witz, Gründe. Der Christ hat sie nicht »exorzieren« können, ihm bleibt, was mächtiger ist als alle Intellektualität: Legitimation durch Gewaltverfahren. Sein Begehren, das auf Vernichtung aus ist, ›weiß‹ Geschichte schon; es setzt das Wissen ins Bild. Und mit ihm hat der Christ das letzte Wort vor dem König.

Ach! anstatt zu disputieren,
Lieber möcht ich schmoren, braten
Auf dem wärmsten Scheiterhaufen
Dich und deine Kameraden.

Es ist auch das letzte Wort vor dem Publikum der Weltliteratur. Die Pointe von der negativen Gleichheit ist ihm zu falschem Vergnügen nur noch nachgeschmissen. Des Dichters Ironie, nur sie vermag es, höhnt den König und das falsche Publikum: Der Grausame, der »heute« den Juden die Marterwerkzeuge (Weihwasserkübel, Sprengelbesen, Räucherfässer) auch nur vorgezeigt hat (den Christen die Beschneidungsmesser), wird als mittelalterlich ›rechtlich‹, d. i. gesittet und vernünftig in Szene gesetzt: Er *fragt,* wer Recht habe, fragt die *Königin.* Aber wer ist diese Königin, Donna Bianca, Blanche de Bourbon, die ihm zur *Vernunftsehe* angetraut worden ist. Diese wird den schlußrhetorischen Reimwitz Heines aufsagen müssen, den vielzitierten:

Welcher recht hat, weiß ich nicht –
Doch es will mich schier bedünken,
Daß der Rabbi und der Mönch,
Daß sie alle beide stinken.

Wer ist sie, die da ungeliebt neben dem König sitzt und vor solcher Frage Zuflucht sucht in einer Gebärde des Sinnens und der Hilflosigkeit, die Hände verschränkt gegen die Stirn gedrückt? Sie »gleichet einem Kinde«: absolut überfordert. *Und* sie ist Pariserin! Aus der Heiterkeit ihres Lebens,

> Schöne, flatterhafte Blume –
> Daß sich ihrer Gott erbarme –
> Von dem heitern Seine-Ufer
> Wurde sie verpflanzt, die arme,
>
> Hierher in den steifen Boden
> Der hispanischen Grandezza …

Welch sarkastischer Tiefsinn des sterbenden Pariser Flaneurs gegen den König, daß nicht er, aus dem Geist der Grausamkeit, den Streit in ›gerechtem‹ Spruch resümieren darf. Das Gedicht drängt ihn aus der Weltgeschichte hinaus. Der anderen Allegorie, ›Schönheit in der Fremde als Justitia‹, ist der Spruch aufgebürdet, ein Spruch, der nur in der Poesie Geltung beanspruchen kann, weil er nur aus dem Geist der Schönheit wahr gesagt sein kann.

Was aber steht in der Verborgenheit des Gedichts zur Verhandlung? Die Frage beantwortet sich durch Übersetzung der Scheinpointe am Schluß zurück in den Streit und *dergestalt* lautet das Urteil marranisch, nach langer, versonnener Erschrockenheit: Auch der Rabbi stinkt (auch er sollte schon ›Marrane‹ sein). Sie sagt die Unwahrheit, *damit der Rabbi überlebt*, denn was wäre geschehen, wenn sie ihm gerechterweise den Sieg zuerkannt hätte! Sie erreicht salomonisch das unter den gegebenen Umständen Äußerste: Gleichheit. *Die Wahrheit, die im Gedicht bleibt*, ist: Allein der christliche Fechter stinkt, stinkt aus dem Mund. Aus diesem fallen die geruchsstarken Wörter, die jahrtausendlang bis in Heines und unsere Tage der kämpferische christliche Antijudaismus hervorgebracht hat:

> Judenvolk, du bist ein Aas …
> ihr seid Hyänen,
> Wölfe, Schakals, die in Gräbern
> Wühlen, um der Toten Leichnam'
> Blutfraßgierig aufzustöbern … usw.

Der Gestank vom »Mistkarren voller Schimpfwörter« zieht durch diese Schmähsyntax bis zum »Knoblauch«, zur ›Chiffre‹, die Heine besonders nahe, besonders aggressiv nahegekommen war.[11]

Der Ironiker, der alles sagen kann, wäre nicht H. Heine, hätte er im taktischen Gleichheits-Wort seiner schönen armen Pariserin, die richten sollte, nicht auch seine Kritik an dem kurz aufflammenden Zorn des Rabbiners ausgesprochen, als der die Fassung verliert und sich auf das Niveau der Stimme seines Gegners begibt.

Sind wir auch Knechte unter der Gewalt, so wollen wir nicht Knechte unserer Affekte sein; »Kreischen, schelten, wüten, schnauben« soll unsre Stimme nicht. Juda von Navarra verliert seine Fassung und wird »rappelköpfig«, als der namenlose Mönchsritter ihm seinen oberrabbinischen Mischna-Kommentar aus dem 17. Jahrhundert (!) madig macht, ein Stück Kabbala[12]. Eine Gelehrtengrille, Nebensache, um derenwillen man seinem Gegner keine Blöße geben soll?

Oder vertieft Heine hier seine Auseinandersetzung mit Hegels Allgemeinwillen bis in die Wurzel seiner philosophischen Differenz *intern im Judentum*, das als rechtgläubiges seinem partikularen eigenen Anderen, der tendenziell häretischen Kabbala (S. 301 ff., 311 ff.), das Recht zu sein nicht läßt, das doch aber vielleicht das wahre Allgemeine, die ›Erneuerung‹ der Gottesfrage im Fortgang der Schrift *ist*?

Die große Solidarität

Wie dem auch sei, der Dichter deckt hier Eigenes zu, so oder so, und zu diesem Zweck bedient er sich eines Anachronismus als Ablenkung (überblendet einen Zeitsprung über 300 Jahre) und gibt so ein Zeichen aus dem autonomen Raum der Poesie, der organisch geordneten Besonderheit, deren Geheimschrift er allein seine ›Meinung‹, auch wenn sie Kritik an Eigenem ist, anvertrauen kann. Denn im Augenblick einer tödlichen Gefahr – worauf als auf reale Geschichte im Gedicht verwiesen bleibt: Taufe oder Tod – wäre eine verwechselbare Positionsnähe des Autors zu seiner Figur des »katholischen Bekehrers« ein feindlicher ›Gewinnschlag‹. Solidarität ist die Haltung, die Heine einnimmt, wenn er parteilich ist.

Parteilich und »indifferent«? Wie geht das zusammen? Wir müssen uns entscheiden – zunächst allerdings innerhalb eines begrifflichen Gebrauchs des hier womöglich angezeigten Problems: Nur in der Umgangssprache scheint es zu bestehen; hier liegt der Grund dafür, daß in den stereotypen Ausstellungen gegen Heines ›Charakterzug‹ der Indifferenz stillschweigend ein Widerspruch vorausgesetzt wird, der dem Charakter gleich zugeschlagen wird: Wenn Heine Partei ergreife, sei ihm nicht zu trauen; besonders ernst jedenfalls könne er seine Meinungen nicht meinen.[13]

Nun sind aber, um formal zu reden, Parteilichkeit und Indifferenz keine verwandten Begriffe, die sich bei Koppelung gegenseitig verunklären oder gar ausschließen. Formallogisch können sie nicht in Widerspruch zueinander geraten, sie können aber in Korrespondenzen treten und dabei Widersprüchlichkeiten erzeugen oder begründen. Denn sie werden, aus ihren verschiedenen Kontexten, ›Material‹ bei sich haben, das an Ort und Stelle der Spracharbeit in die entstehenden Texte im formalen Kollisionsfalle mitgebracht wird. Hier und jetzt entscheidet sich dann das Ausmaß an Spannung oder Schwere, das dem schreibenden Denken ›inhaltlicher‹ Widersprüchlichkeiten eignet und aufgegeben ist. Wir begegnen Aggregatzuständen der Texte, die sich ins Lesevergnügen übertragen und hier mehr oder weniger, wenn das Begehren des Verstehens kräftig ist, Arbeit heischen. Dann auch ist davon zu sprechen, daß Entscheidungen in der Lektüre fällig sein können.

Im VIII. Kapitel, wenn von Heines Witz zusammenhängend gehandelt ist, sind solche Entscheidungsangebote auf den Punkt gebracht; sie bedeuten immer, daß wir lesend, nachdem der Autor dem Text Zeichen anvertraut hat, die von der Bürde des Denkens Nachricht geben, die Entscheidung treffen, ob wir (nur) lachen oder (auch) nachdenken wollen; so unwillkürlich wir genötigt scheinen, spontan zu lachen und es dabei bewenden zu lassen. – Nach meinen Erfahrungen mit der »Disputation« gibt es zum Lachen (vornehm: Schmunzeln) über die Grobheit des Schlußreims noch die Alternative eines verlegenen Bemühens, den Autor als Sarkasten gelten zu lassen und ihm die Grobheit zu verzeihen. Auch somit wird der formale Augenblick, der für Lust- oder Unlustgefühle bleibt, vom Organismus des Gedichts isoliert.

Wenn der *Grund* für die Setzung des Waage-Zeichens, das die Königin in der Fremde am Ende einer tiefen Zeit des Sinnens gefunden hat und ausspricht, der *Augenblick* ist, als der Rabbi die Fassung verloren hat, dann ist dies das gedankliche Zentrum des Gedichts. Und die Lektüre, die auf diese Hypothese kommt oder sie akzeptiert, kann sich entscheiden, das gedankliche Zentrum als Perspektivpunkt im Gedicht zu wählen; kann nachdenkend innehalten. Der Rabbi bringt sich um einen Sieg, der in der Geschichte dieser Disputationen gar nicht möglich, weil von den Machthabern nicht vorgesehen, »festgestellt« ist (Vers 33). Das ist der Aspekt der Verfolgungsgeschichte. Das Paradox, einen unmöglichen Sieg verspielt zu haben, ist zugleich aber der Spalt, durch den die Weltgeschichte ins Gedicht tritt: und auf den Widerstand des Judentums trifft. Das ist die Dialektik des Gedichts.

Der Christ, im Bunde mit dem Weltgeist der Verfolgung, greift das Wesen des Judentums an (und ahnt es siegessicher; im Unbewußten verängstet), insofern er einen Mischna-Kommentar dem Teufel überantworten möchte.

Der Rabbi reagiert darauf nicht bloß mit Zeter-Geschrei; sondern, weil es sich um einen besonderen Kommentar handelt, gibt er im Zorn jenes »wandelnde Geheimnis« preis, vom Angreifer jetzt unbemerkt. Jetzt fällt auch die epische Aura vom Rabbi ab, er repräsentiert nicht mehr eine in der kastilischen Szene denkbare Rolle jüdischer Schlagfertigkeit im Schaukampf, von der die Romanze erzählt. Sondern in diesem Augenblick des Affekts ist es der Autor selber, der den Rabbi mit einem »Teufelchen« versorgt, das aus ihm spricht:

In der Partitur steht, er solle Beweisgründe aus dem »Tausves Jontof« (Tossefot Jomtof) vortragen, was dem *Mönch* Anlaß gibt, diese Schrift zu verteufeln, und dem *Rabbi*, sich aller Beweisnot zu entledigen und der christlichen Blasphemie damit zu begegnen, seinen wahren Gott unmittelbar anzurufen – beim Namen zu nennen – und um Beistand und Rache zu bitten. Nun kann keine ästhetische Aura mehr ein Kampfspiel vortäuschen, »Da hört alles auf, o Gott«, der blanke Anachronismus, den der Autor hier eingebaut hat, hebt alle konkretzeitliche Wirklichkeit und Rücksicht (Vorsicht) auf, läßt Welt- und Verfolgungsgeschichte vergessen.

Heine hat damit in der poetischen Wahrheit die tückische Disputationsordnung und diese eine Veranstaltung in Toledo konkret ideell aufgehoben, nicht, wie ›bloß erzählt‹, der König; hat sich geheim mit der Pariserin verbunden, damit sie den Grund zugespielt bekommt, auf den sie sich tief hinabbesinnen: dem *wandelnden Geheimnis der Juden* auf den Grund sehen und ihnen nun über einen furchtbaren Augenblick der Gefahr hinweghelfen kann. Der Name des wahren Gottes war ausgesprochen! Und höchstens die Gleichberechtigung solcher Offenbarung mit den stinkenden Angriffswörtern des Christen kann diese Selbstgefährdung vor der Grausamkeit des Königs retten, der heute milde gestimmt ist, die Regelgeltung (Sieg oder Taufe → Taufe oder Tod) aufhebt und nach Romanzenart sich der Königin lächelnd zuneigt, ihr das Urteil überlassend. Das eben ist Dichtung; Hebräische Melodie im »Romanzero«. Was aber bedeutet der Eingriff des Dichters in das kastilische Bild?

Der Eingriff erst, die Entzeitlichung bringt den Rabbi um seine Souveränität und zwingt ihn in den verräterischen Affekt. Dafür, wie wir aus der Zentralperspektive des Gedichtes sehen, trägt allein der Autor die Verantwortung, der die epische Distanz zum historischen Juda von Navarra aufgehoben hat und direkt aus der Überzeitlichkeit in die Szene hinabspricht.

Demonstriert ist so zuerst: Der jüdische Intellektuelle ist Marrane; auch im Goldenen Zeitalter der Interkulturalität lebt er gefährlich; es ist notwendig, daß er sowohl seine Affekte wie den Namen seines wahren Gottes »verschluckt«; er disputiere »Mit zurückgehaltnem Eifer, / Wie sein Herz auch überkocht.« Bis zum kritischen Punkt tut er's auch, eigenverantwortlich; wie H. Heine als Dichter in seiner Zeit. Das Zeitgedicht V, »Geheimnis«, gibt dazu das Signal (»Wird es auch laut im wilden Herzen, / Krampfhaft verschlossen bleibt der Mund«). Wir müssen uns fragen, was Heine veranlaßt hat, für diesmal von einer Figurenspiegelung zweier verdeckt Sprechender (Rabbi, Dichter) abzusehen und den Kämpen buchstäblich zu enthistorisieren?

Es ist der Name Gottes, seine »große Gottesfrage« (S. 86 ff.).

Der gewaltgewisse Christ auf dem kastilischen »Schlachtfeld des Gedankens«, auch er vom Autor anachronistisch dahin gelenkt, weiß diese große Frage feindselig zu stellen und dem jüdischen »Ritter des heiligen Geistes«, der sein Visier nicht öffnen will, die Antwort zu entlocken. Wenn wir uns entscheiden können, hier weiterzudenken, und dazu das Material sprechen lassen, das auf dem epischen Fundus der Romanze aufgeschüttet und auch im Buch bisher sichtbar gemacht ist, dann ist, so scheint mir, die Lösung, weshalb Heine den provozierten Rabbi offen sprechen läßt, leicht gefunden; die Antwort steckt im Anachronismus des unterstellten Zitats.

»Denn der Tausves-Jontof, Gott, Das bist du!«

Es ist die fiktiv äußerste Erregung, die den erzählt Bedrängten aus der realen Zeit des noch nicht inquisitorischen Angriffs auf den Talmud hinaus- und hineinspringen läßt in seine im Kommentar-Kontakt mit Gott wahre Zeitvorstellung. *Ich werde sein, der ich sein werde*, (Ex. 3, 14) ist der Name Gottes. Unter den Augen des kastilischen Hofes im 14. Jahrhundert, so der fiktionale Gestus der Poesie, wird die christliche Zeitrechnung aufgehoben (sie wird die Vertreibung und die Inquisition bringen), aufgehoben im Gedanken an den Gott, der sich in der Geschichte seines Volkes enthüllt bis in Ewigkeit. Es ist ohne Belang, daß dies zur gedichteten Zeit ausgedrückt ist in einem Kommentar, der 300 Jahre später geschrieben ist. Es ist dies ohne Belang in der Ewigkeit der Schrift, die die mündlich halachische Überlieferung verzeichnet und fortdeutet.

Die reale Zeit bleibt allerdings die stärkere: ist Weltgeschichte in den Gedanken gefaßt, daß sie vom Ende her, ihrer Vollendung, Sinn erhält. Dieser Gedanke ist stark und grausam, weil zur Herrschaft gebracht. Sein Reich ist Europa im Mittelalter. Die modernste Philosophie hat ihn neu gestärkt, weil säkularisiert. Im Zeitalter der Französischen Revolution beansprucht er noch immer die Übermacht über jegliche gegenwärtige Sinnerfüllung. Aber keinen Zugang hat er zum Raum des Denkens in der Zeitvorstellung des rabbinischen Kommentars.

Hat Heine totkrank, im Kreativitätsschub der Historien, Lamentationen und Hebräischen Melodien 1851, sich diese Zeitvorstellung des Kommentars, als der Verkörperung des jüdischen Schrifttums überhaupt, zueigen gemacht? Dies ist hier nicht behauptet. Er hat sie dargestellt, hat sie als Eigenes der Juden gegen das ihnen weltgeschichtlich Feindliche gestellt. Hat kraft ihrer Vergegenwärtigung die historische Zäsur in Europa zwischen Mittelalter und Neuzeit außerkraftgesetzt. Auch dies ist Fiktion im Realen, macht aber sinnfällig, wie ›natürlich‹ im poetischen Raum Heine parteilich ist. Als sei er nicht Fürsprecher, sondern genuiner, ja ingeniöser Sprecher jüdischer Weisheit.

Aber seine Parteilichkeit, die so schön ist, so melodiös in Klage, Bewunderung und Historizität, sie ist ›nur‹ der Naturlaut im Tonfall einer Denkweise, die »Indifferenz« heißt und auch sein Judentum durchdringt; ist ›nur‹ parteilich materiale Vokalität, die in der Konsonanz (Mitteilbarkeit) und Syntax seiner Religionsphilosophie die lebendige Beglaubigung ist. Aber so natürlich sie ist, so unverbrüchlich geknüpft an das Gedenken der Verfolgungen, sie ist nicht diese Philosophie selbst. Zu wahrhaft parteilicher Poesie in der Moderne wird jüdische Religionsphilosophie erst durch die Darstellung des Bruchs mit dem einfachen Leben in der Tradition. In die prorabbinische »Disputation« am Kastilischen Hofe fährt die Indifferenz und negiert ihre einfache Faktizität.

Die Figur Juda von Navarra hat das zu ertragen, und es macht sie zur tragischen. Sich überhaupt einzulassen auf eine Disputation, die den Regeln der symbolischen Ordnung einer Geschichtsauffassung unterworfen ist, deren kollektives Glaubensvotum heißt, die »Christus-Mörder« zu vernichten –

»Immer meuchelt ihr den Heiland,
Welcher kommt, euch zu erlösen –«

das ist Gefahren-Verkennung. Es ist schön, daß die spanischen Juden an kulturelle Normalität, ja auch eigene Missions-Chance in der Interkulturalität glauben, aber sie sind auf diese Weise in der Falle eines christlichen Gestaltungswahns, der seiner Stunde harrt und dem das katholische Bekehrungsprogramm nur Mittel zum Zweck ist: Es zielt auf Nationalismus, dem das staatliche Programm gemäß ist, »sittliche« Homogenität herzustellen.

*

Wir haben die iberische Variante eines solchen affirmativen Hegelianismus aus der Feder Fernand Braudels kennengelernt (S. 114 ff.); Hegel ist überall, wo solch nachgetragene Legitimation angestimmt wird; ihre Quelle ist der strukturelle Antijudaismus ihrer *Gegenstände,* der aber an ihnen selber deskriptiv nicht namhaft gemacht zu werden braucht, um sich ›mimetisch‹ (nicht immer selbstverantwortet) in den historiographischen Traditionen zu verfestigen. Das wußte Heine. Er brach die ideelle Unsichtbarkeit der verfestigten judenfeindlichen Strukturen auf, indem er mit Schärfe benannte, *woran* sie unsichtbar sind: am Nationalismus an und für sich, seinem Todfeind. Nichts kann im hier betrachteten Sinne parteilicher sein als der Affekt des Hasses im Ausdruck der Schriften, wenn sie die Nationalisten aller Farben, Zonen und Zeiten angreifen und die Gefahr besprechen, die im National-Chauvinismus lauere. Dann spricht Heine identisch als Jude. Am ergreifendsten, so gelesen, vielleicht die mosaische Attacke gegen den preußischen Liberal-Nationalismus, zitiert am Ende meiner Einleitung. Jedenfalls die offenste. Verdeckt aus diesem Hintergrund interveniert der Autor in die »Disputation«!

Was am Hofe dort partikular erscheint, Kastilische Dynastie, Unrechtsregime, verkörpert das herrschend Allgemeine, gegen das ein kulturell überlegenes Allgemeine, das Judentum, auf gleicher Ebene nicht antreten kann oder sollte. Mit anderen Worten, die »Beschneidungsmesser«, die in der Romanze gewetzt werden, um im Fall des Wortkampfsieges den Christen angelegt zu werden, sind Groteske, die »Taufkübel« dagegen, die geschwungen werden, sind die Zeichen der realen Regelgewalt gegen die Juden, denen der Rechtsschein gleicher Ausgangsbedingungen im Argumentenstreit die Zwangstaufe nicht erspart. Dagegen gibt es keine Denkbarkeit politischer Mittel, weder in der rückgewandten epischen Phantasie romantischer Gerechtigkeitsliebe, noch in aktualisierender Geschichtsdichtung, die, z. B. gegen Preußen, auf Wirksamkeit sönne.

Daß es für Heine keinen Widerspruch zwischen Parteilichkeit und Indifferenz gibt, begreifen wir nur, wenn wir gegen allen Anschein (S. 159, 256–264) seinem heftigen Anti-Nationalismus nicht unterstellen, ein realpolitisches Programm zu sein (S. 171 f., 357 f.). Sein Haß ist defensiv. Es ist ihm fremd, den

Marquis Posa zu spielen oder sich in die Rolle des »Vaterlandsretters« zu verrennen; besorgt schaut er nach den Krallen staatlicher Wappentiere und gießt seinen Spott auf die Freunde der Freiheit, die darauf warten, wieviel davon man ihnen liberalerweise gewähren werde. Der politische Gehalt seines Antinationalismus ist indirekt, geht nach innen in den Gedächtnisraum der Sorge um das Leben der Juden.

Hier ist absolute Solidarität, und hier ist Heine heimisch mit seiner Denkweise, die *ihre* Freiheit im »Tonfall der Indifferenz« hat und übt. So, wie wir wissen, daß alle solche Übung ihre Wurzeln in der großen jüdischen Solidarität hat, so lesen wir auch alle ›internen‹ Differenzen in dieser Bindung – und sind mitgerissen von ihrer Lebendigkeit und säkularen Universalität selbst in den kleinsten schnöden, munteren, grotesken Details, wie es der kreischende Rabbi im Augenblick ist, als er vom Dichter beladen wird mit der Bürde seiner Enthistorisierung und Verallgemeinerung.

Sie macht aus seiner religionspolitischen Leidenschaftlichkeit die Allegorie der ewigen Zeit, die Gott hat, sich in den Schriften der ihn kommentierenden Juden zu verkörpern.

Im Aufprall der Indifferenz auf die *Partei* des kämpfenden Judentums entstehen Differenzen in eigner Sache. Heine spottet selbstverständlich darüber, daß der Rabbinismus eine Fechtkunst sei (liebevoll, wie sein »Jehuda ben Halevy« zeigt [VI,132]) und im Scheingefecht um den Beweis des wahren Gottes sich drauf einläßt, beweisfähig zu sein durch »Scholastik«.

Durch die Macht der Argumente,
Durch der Logik Kettenschlüsse
Und Zitate von Autoren,
Die man anerkennen müsse –

Und seine Bilder im Gedicht sind entsprechend. Da aber die Eigene Sache nach außen geschützt werden muß (S. 301), eröffnet sich an dieser publizistischen Frontlinie für den Witz- und Verhüllungskünstler ein weites Feld; auch für das schöne Spiel mit den Feinden, die Eulenspiegelei, die »Beimischung von Spaß« (II,464). Heine waltet dieses Amtes nicht wie ein Knecht der guten Sache, sondern absolut frei nach innen und offen nach außen. Er geht keinen Differenzen mit Juden aus dem Wege.

Doch gibt es dabei zwei Bedeutungsstufen, nämlich die im weiten Sinne biographische Konfliktgeschichte, auf die hier nicht eingegangen sei, und die, im weitern Sinne von Geschichtsgedächtnis und subjektiver »Geistesevolution« (VI, 478), kritische Auseinandersetzung mit jüdischer Religionsphilosophie. Was die poetische Widerlegung und indifferente ›Aufhebung‹ der historischen Disputation in Toledo leistet, ist, daß eine höhere Freiheit der Gedankenkämpfe dem Judentum zurückgeeignet wird, die nur auf dem Boden absoluter Solidarität mit dem Geist der ewigen Gegenwärtigkeit und Dynamik des göttlichen Buchstabens und seines Kommentars gedeiht und sich entfalten mag über alle je gedachten Varianten der großen Gottesfrage bis zur kabbalistischen Häresie und sündhaften Teufelei und Revolutionsschrift.

Dies ist der Aspekt der Sicherheit im Judentum, die eine indifferente Geisteshaltung ausstrahlt, wenn sie dergestalt solidarisch ist und Freiheit atmet.

Philosophisches Resümee

Wir sind an einem Punkt, über den noch viel nachgedacht, neugelesen, gestritten und ausprobiert werden muß. Nicht nur unter ›Heine-Spezialisten‹! – Ich möchte, nun mit einiger Formelhaftigkeit, hier vorläufig und offen bleiben, gebe ein Zwischenresümee, das in eine kurze Betrachtung der Paris-Vorrede 1854 mündet, und schlage so den Bogen von der Lektüre aus den Spätschriften zurück zum Knotenpunkt der Heineschen Hegelschülerschaft in seiner Geistes-Epoche säkularer Religiösität (S. 87–93, 119 f.). – Mit diesem Bogen endet der 1. Abschnitt dieses Kapitels.

Der Geist der Verneinung, die Sprache des Teufels – Witz, Scharfsinn, Disput unmittelbar mit Gott im Streit um die Güte der Schöpfung – und die Selbstachtung als Künstler haben Heines religiöses Denken davor bewahrt, von der Frage aufgesprengt zu werden, ob an den jüdisch »wahren« oder den »Schöpfer«-Gott zu glauben sei. Hier bewährt sich die »Indifferenz« als Denk-, nicht Glaubenshaltung.

Er dachte den Schöpfergott und war mithin frei, seinem

kolossalen mythologischen Anschauungsdrang nachzugeben. Er sorgte sich wie Gott, aber auch wie Satanas, um die Krankheit in der Schöpfung, als Künstler um die Schöpfung selbst: die Unendlichkeit ihrer Bilder.

> Warum ich eigentlich erschuf
> Die Welt, ich will es gern bekennen:
> Ich fühlte in der Seele brennen,
> Wie Flammenwahnsinn, den Beruf …
> (IV,358)

Unter dem Gesichtspunkt der Substanzerhaltung konnte Heine kein Hegelianer (S. 137) – aus der tiefsten Quelle seines Judeseins, der Solidarität und des eigenen Leids, mußte er Anti-Hegelianer sein. *Die Verfolgungsgeschichte* entband ihn nicht von der Gottesfrage (auch heute eine quälende jüngste), wohl aber war sie der Grund, eine Geschichtstheorie zu verwerfen, die der Verfolgung keine Aufmerksamkeit schenkte, obwohl sie so viel Auskunft über die Sieger der Weltgeschichte bereithielt und wie nichts sonst in der Welt einen dialektischen Partikularitäts-Gedanken hätte auf den Prüfstand zwingen müssen, der die Vernichtung der Juden mit dem Fortschritt der Menschheit zu verrechnen erlaubt.

Aber doch ist Heine Hegelianer geblieben seit seinen ersten Auseinandersetzungen in Berlin. Hegelianer in der oben dargelegten reduzierten und auf die Füße gestellten Intensität (S. 133). – Ohne seine Hegelschülerschaft hätte Heines denkende Religiösität in ihrer Dehnung ins geschichtlich Absolute ihre Besonderheit nicht entfaltet. Die seit 1822 nie unterbrochene Präsenz des Jahrhundertphilosophen in Leben und Schriften ist dafür das äußere Zeichen. In Hegels Hörsaal hat der Dichter gelernt und begonnen, sein Ich in der Epoche zu »konstruieren«; ich gehe dem im Lyrik-Kapitel nach (S. 314 ff.). Hier sind wir am Punkt zu erkennen, daß die Kritik an Hegels Geschichtsphilosophie die Spannung in dem Raum erhöht hat, in dem der Sohn des Judentums und der Revolution nach seiner Philosophie ›von Haus aus‹ als nach einer Religions- und Befreiungsphilosophie sucht. Denn im Prozeß dieser Kritik kommt Heines besonderes Gedächtnis als der konkrete Aggregatzustand erst zu sich selbst, in dem eine geniale universalgeschichtliche Empfindsamkeit zur jüdischen wird, da Gegenstände des »Schmerzes« in Gegenstände der »Belehrung« verwandelt sind. (I,839)

In Kritik Hegelianer zu bleiben bedeutet, den »Großen Judenschmerz« als Resultat von Geschichte zu erkennen, nicht aber als notwendig anzuerkennen. *Trotz* Kritik Hegelianer zu bleiben bedeutet, der Denkfigur der »Aufhebung« (Negation der Negation) philosophisch in seiner revolutionären Umdeutung und Konsequenz treu zu bleiben, denn wann, wenn nicht in einer »allgemeinen« Befreiung, kann der Schmerz des Verfolgungselends aufgehoben sein?

In dergestalt widersprechender Anhängerschaft nimmt der Schüler die abstrakte Orientierung der Geschichtsdialektik am »Fortschritt« in Kauf. Geschichte als Prozeß –, damit kann er philosophisch und politisch arbeiten. Am weitesten entfernt vom Lehrer ist er im Denken eines messianischen Zeitbegriffs. An diesem Punkt spürt man auch den stärksten Affekt gegen Hegel, z. B. im Don Quijote-Finale des Buchs Lucca. Die »Jetztzeit« ist Heine heilig. Noch vor die »Hebräischen Melodien« 1851 setzt er das unbemerkte Motto:

O laß nicht ohne Lebensgenuß
Dein Leben verfließen!
Und bist du sicher vor dem Schuß,
So laß sie nur schießen.

Fliegt dir das Glück vorbei einmal,
So faß es am Zipfel.
Auch rat ich dir, baue dein Hüttchen im Tal
Und nicht auf dem Gipfel.

Im Jetzt der Freude und der enttäuschten Befreiungshoffnungen stürzt das Abstraktum einer unbefristet gedachten Vollendung der Menschheit auf das jüdische Gedächtnis ein und deckt es zu. Jetzt Zukunft zu denken ist nur noch rückgewendet möglich. – »Ich erschrak in den Armen der Freude« (III,684). In sich gekehrt, den Erinnerungen der Verfolgungsgeschichte ausgeliefert erhebt sich Ich gegen Hegel im einzigen verbleibenden Gefühl: Sorge um das Judentum in einer Gegenwart und Zukunft, denen aus sich selbst heraus standzuhalten es »zu schwach« ist.

Pereat mundus!

Einen solchen Augenblick gestaltet der Dichter in der Vorrede zur Lutèce im März 1855, in der er den Ton der Indifferenz (le ton d'indifférence) rechtfertigt und über seinem Haß gegen den Nationalismus diesen Ton nur mit Mühe halten kann. Die Kommunisten, die die europäische National-Bourgeoisie, zur Partikularität verkommen, stürzen werden in der Konsequenz all der Folgerungen aus der Prämisse, daß alle Menschen das Recht haben zu essen, und dabei auch vor seinem »Buch der Lieder« nicht haltmachen können – die berühmte Szene:

gesegnet sei der Krautkrämer, der einst aus meinen Gedichten Tüten verfertigt, worin er Kaffee und Schnupftabak schüttet für die armen alten Mütterchen, die in unsrer heutigen Welt der Ungerechtigkeit vielleicht eine solche Labung entbehren mußten –

diese Kommunisten, »aus Haß gegen die Nationalisten« könnte er sie »schier lieben«. Ein Meisterstück Heinescher Affektspiele und Geheimschrift! Generationen politischer Schwärmer für ›ihren‹ Heine sind darauf hereingefallen. Nichts gegen Heines Fast-Liebe zu den Kommunisten auch biographisch. (Sie ist seiner Napoleonliebe verwandt.) Aber das Spiel ist ernster. Die Kommunisten stehen in ihren obersten Prinzipien für ein Allgemeines, für das auch Jesus von Nazareth und das Judentum stehen (S. 179 f.): »Weltbürgertum aller Menschen«; aber ihre Zeit wird begrenzt sein wie sie »jetzt« zu früh gekommen wäre; der messianische Gedanke, der in ihren Zielen steckt, wird in der Übergangsperiode, die ihnen nur bemessen ist, zugrundgerichtet werden, ihr »Regiment« wird bloß ein »Nachspiel« sein, wieder nur ein Partikulares, eine »echte Tragödie« (V, 374).

Im »Tonfall der Indifferenz« spricht der Autor nicht selbst, sondern sprechen »alle Dämonen der Wahrheit«. Er selbst hält so zu sprechen kaum aus, braucht alle Vorkehrungen der indifferenten Schreibart, den Augenblick durchzustehen. Auch meine Kommunisten, obwohl sie das Zeug zum Allgemeinwillen haben, sind zu schwach gegen unseren »gemeinsamen Feind«, den Nationalismus. Das Beste, das man in Sorge um künftige »Verfolgungsgewitter« von ihnen sagen kann: ›Sie werden sich um die Juden nicht kümmern.‹ Sie gehen vorüber wie die Wanderratten weiterziehen werden. Wohin? Was kommt danach? Eine neuer Nationalismus? – »Zu schwach« die Vollstrecker eines allgemeinen Willens, des historischen Antinationalismus! und die in ihrem allgemeinen Selbst-Sein auf solche tatkräftige Vertretung wohl setzen könnten, die Juden: sie selbst, aus eigener Kraft, »zu schwach«! – »Ich rede zu viel …«, so die verräterische Vertuschungsgebärde am Ende der Szene.

Nicht gestaltlos aber ihre Botschaft! Sollte der verschlossene messianische Kern in Hegels Geschichtsdenken nicht zurück in das Gedächtnis der Verfolgungsgeschichte gesenkt und so ihrer revolutionären Auslegung anvertraut werden können, dann ist keine Hoffnung; oder: keine Hoffnung im Konzept der Emanzipation. Hier ist die Koda aller Texte der Zuversicht Heines, sie mag bis zum triumphalen Ton der Überlegenheit über alle »Feinde« gehen: Hier schaut er in den Abgrund jeglicher weltlichen Erlösungshoffnung. »Zurückschleichen« in den Glaubensstall abgelebter Dogmatiken wird er nicht (VI,482 ff.), aber zurückdenken, unerschrocken, zu einem Glauben, der sich mit Hiob und Moses mißt. Am Abgrund ist der Ort der Religionsphilosophie, das Denken einer Erlösung ohne Opfer mit dem Einschluß radikalster Verneinung: Messianismus eingezwungen in die bedingungslose Gerechtigkeit in der Jetztzeit: *Fiat justitia, pereat mundus!* (V, 233).

In diesem Gestus sind Trauer, Verzweiflung und Sorge um das Judentum zusammengeschmolzen, aber auch das Begehren wiederum ausgedrückt, eine grandiose Initiative nicht aus der Hand zu geben, die Initiative zu einem Universum poetischer Dekonstruktion des Resigniertseins *und* des Trotzes, die sich im Gestus auch aussprechen; Dekonstruktionen als negative Ästhetik einer ewigen Suche nach Gerechtigkeit und Lebensgenuß, philosophisch unter Kontrolle gehalten von einer Denkweise der Indifferenz und des Schöpferlobs, die das Geschichtsuniversum offen hält für die Freiheit, allen Schmerz in Belehrung zu verwandeln, ja auch, am Abgrund des eigenen Todes, in ein triumphales Haleluja (VI, 334).

Der Autor, der sich schon fast verabschiedet hat, hat von seinen Anfängen an aus dieser Initiative seine Texte entstehen lassen und kontrolliert, früh daher auch schon vom Recht gesprochen, »müde zu sein« (I,11), ›Historisch‹ datiert hat er diese ›schöpferische‹ Initiative mit der Vertreibung aus dem Paradies. Das Datum kennzeichnet die Unmöglichkeit, diesem Bilddenker und Revolutionär ein Zeichen zu entlocken, das auf eine andere als die jüdische Autorität seiner ›Politik‹ hindeutete.

Du schicktest mit dem Flammenschwert
Den himmlischen Gendarmen,
Und jagtest mich aus dem Paradies,
Ganz ohne Recht und Erbarmen!

Ich ziehe fort mit meiner Frau
Nach andren Erdenländern;
Doch daß ich genossen des Wissens Frucht,
Das kannst du nicht mehr ändern.

Du kannst nicht ändern, daß ich weiß,
Wie sehr du klein und nichtig,
Und machst du dich auch noch so sehr
Durch Tod und Donnern wichtig.

O Gott! wie erbärmlich ist doch dies
Consilium-abeundi!
Das nenne ich einen Magnifikus
Der Welt, ein Lumen-Mundi!

Vermissen werde ich nimmermehr
Die paradiesischen Räume;
Das war kein wahres Paradies –
Es gab dort verbotene Bäume.

Ich will mein volles Freiheitsrecht!
Find ich die gringste Beschränknis,
Verwandelt sich mir das Paradies
In Hölle und Gefängnis.

Der Kämpe der Revolution weiß seine Zeit befristet. Daher und nur so ist zu verstehen, daß sich in die Klagetöne seiner Schriften am Ende Figurenbilder der offengehaltenen Resignation stellen, enfant perdu oder Lazarus. Allem Zeitkampf schlägt die Stunde, über den Niederlagen »unbesiegt« zum Veteran der Revolution zu werden. Heine, wie nebenbei, in einer der Passagen, die er auf Anraten seines Verlegers aus den »Geständnissen« ausgesondert hat; die ich Napoleonklage nennen möchte; die von Metaphern jüdischer »Wir«-Rede überquillt: »Ich bin selbst ein Veteran, ein Krüppel mit beleidigtem Herzen.« (VI, 509) (S. 176ff.)

Kehren wir zurück zum Paradox der »vollständigen Mitteilung« und ihrem Namen: Schönheit (S. 143ff.). Niemand wird wohl bestreiten, daß die Texte, die in diesem Abschnitt zitiert sind beim Versuch, Heines kritische Hegelschülerschaft aus seiner absoluten Solidarität mit dem Judentum zu verstehen, schön sind. Es deutete sich auch an, daß der Autor meint, er habe es, wenn er (schön witzig ...) über das Allgemeine des jüdischen Seins in der Partikularität ihrer Verfolgung schreibt, mit einem tragischen Gegenstand zu tun. Zwei seiner verstreuten Aufzeichnungen stellen diese Bindung des Schriftschönen an seinen Gegenstand, der ein tragischer sei, tatsächlich her.

Schöne Geschichte die jüdische – Aber die jungen Juden schaden den alten – die man weit über die Griechen und Römer setzen würde – ich glaube, gäbe es keine Juden mehr und man wüßte, es befände sich noch irgendwo ein Exemplar von diesem Volk, man würde hundert Stunden reisen, um es zu sehen und ihm die Hände zu drücken – und jetzt weicht man uns aus.

Tragische Geschichte die Geschichte der neueren Juden, und schrieb man über dieses Tragische, so wird man noch ausgelacht – das ist das Allertragischste – (VI,648)

Wir sind auf den Textwanderungen dieses Buches wieder an einer Stelle (S. 139), wo der Eindruck entstehen könnte, nun dem »einen und selben Gedanken«, ein wenig endgültig fast, so nahe zu sein, wie es sich der Autor wünschen möchte, als er sein Publikum auf die Reise durch alle seine Schriften schickte, »die poetischen ebenso gut wie [die] politischen, theologischen und philosophischen«; aber den »Gedanken« nicht isoliert formuliert (S. 86). Er ließe sich so gar nicht formulieren. Er wirkt in der Paradoxie der »vollständigen Mitteilung«.

Ich erinnere daran, daß ich den ›Punkt‹, an dem wir sind, einen nicht nur paradoxalen, sondern womöglich auch prekären genannt habe, denn mit dem dialektischen Geschichtsdenken Hegels habe Heine auch ›denkend zur Hand‹ gehabt, daß der Kategorie des Geschichtsprozesses die Möglichkeit des Geschichte-Vergessens immanent ist, und schlage vor, in unsrer

Nähe zum »Gedanken«, wie sie also nun erreicht ist, durchaus auch einen ›Festpunkt‹ zu sehen; wenn nur eines dabei auch feststeht: Heine ist in seiner intellektuellen Lage ›zwischen‹ Judentum und Denken der Geschichte als Prozeß nicht festzulegen auf dabei erarbeitete ›Positionen‹, ›Resultate‹, Philosopheme ..., zu keiner Zeit. Wie der Schriftsteller an der Literarizität seines Denkens fest- und es in dieser Bindung frei- und offenhält für die Erschütterungen, denen es von ›außen‹ und ›innen‹ ausgesetzt ist, er also als Denkender schwankt, wie er schreibt und schreibt, wie er schwankt, so auch sollte, dem zu folgen, eine Lektüre sich einrichten. – Ich suche dem gerecht zu werden, indem ich nun vom prekären ›Festpunkt‹ aus, der figürlich vom jüdischen Kämpen der Revolution eingenommen und religionsphilosophisch von Heines Hegelkritik ausbalanciert ist, die Überblendung des Venedig-Textes aus der Perspektive der Spätschriften offen erörternd vornehme.

Offen erörternd – das bedeutet auch, Heines ›Politik‹ als *Ferment* der Schriften zu lesen. Am Nationalismus-Haß haben wir gesehen, daß die ›Politik‹ des Dichters keinem direkt antistaatlichen, antinationalistischen Kampfprogramm folgt, sondern die Wachsamkeit und Sorge im Zugehörigkeitsraum der Großen Solidarität ist. Die gedankliche Bewegung, Bewegtheit dieser Politik ist auf die ständig zerstreuten Augenblicke und Orte der Gefahr konzentriert: Wann im Gedenken, wo in der Jetztzeit ist ›Geschichte als Prozeß‹ gegen das Heimischwerden der Juden in Geschichte und Exil gerichtet? Wenn Heine von sich sagt, er sei »ein in jeder Hinsicht politischer Schriftsteller« (V,229), so charakterisiert das auch diese Sorge als Moment seiner Politik. Kaum merklich wacht er darüber, wann immer er in »eigener Sache« schreiben muß.

2. »DAS MODERNE PRINZIP« IM JUDENTUM

Die Große Solidarität bedeutet nicht Auftrags-, gar Erbauungsliteratur; Haskala (S. 27), die ihr Amt durch philosophischen Pump bekräftigt. Nicht dadurch gewinnt Heines Schreiben seine jüdische Autorität, daß er Schreibbares mit Machbarem verwechselte, Mittelwege der Verständlichkeit in der Diaspora, in feindlicher Umwelt suchte, als müßten die Schriften im Horizont der Weltliteratur, wo sie ihr allgemeines Publikum haben, bestehen mit einem Gemisch aus Judentum und Geschichtsphilosophie und dergestalt einem spezifischen Publikum, das vom Auf und Ab seiner Assimilationsprobleme in modernen Übergangsgesellschaften strapaziert ist, eine Art Schonkost reichen: Heine hat nie nur für ein jüdisches Publikum geschrieben. Er ist nie zum Philosophen des Judentums, oder, überm Denken und Leben seiner Differenzen in ihm, gar zu einem des Nichtjudentums geworden. Er ist Philosoph sui generis; Religionsphilosoph, wie ich entwickelt habe. An seiner Hand, sozusagen, haben wir die jüdische Führungslinie durch die Schriften als ihre ›Politik‹. Auf ihr lesend gilt das Primat der Philosophie. Mit dieser Lektürethese steht dieses Buch quer sowohl zur konventionellen Heine-Philologie – die die Philosophie des Dichters als Anderes der Poesie aus der Betrachtung läßt, sie bestenfalls wie ihre ›Nebenspur‹, nicht als ihr immanent zu würdigen weiß – als auch zur Popularität Heines. Im Gegensatz zu philosemitischen Lese-Einstellungen, die zur Zeit Mode sind (S. 415), ist eine philosophische zu *allen* Zeiten unpopulär.

★

Ich erörtere nun den springenden Punkt der »Aufhebung« leicht gewendet. Es könnte scheinen, Heine habe durch seine revolutionäre Auslegung des Partikularen (wodurch er die Verfolgungsgeschichte mit Hegelscher Dialektik in einer Erlösung ohne Opfer aufgehoben, geendet denken konnte) diesem schon eine absolute Gegenwärtigkeit zugestanden und es dergestalt aus der phänomenologischen (Hegelschen) Mißachtung herausgelöst. Sein Widerstand gegen die Berliner propaganda ideae mag hier das Argument sein. Doch hat der Dichter unmißverständlich allem Glück (und Leid) im Leben des Einzelmenschen die *kleine Chronik* im »Buch der Geschichte« zugewiesen (III, 21). Gilt auch seine ganze Sympathie dem absoluten Lebensrecht (das Recht zu leben ist sich selbst Zweck) und möchte er Tribun im Kampf an der Seite des »glückenterbten Volkes« in der Gegenwart sein[14], so kann er doch an solch einfachen militanten Messianismus nicht glauben, ohne das Allgemeine bestimmt zu haben, für das gesiegt und – geblutet werden soll.

Der Souverän über seine Gefühle hält am Begriff des Allgemeinen fest, auch wenn er unter seiner Last ächzt, schwankt – der Atlas seines frühen Gedichts (S. 317).

Poetisierung des Allgemeinen – oder: poetische Verallgemeinerung?

Und so könnte es andersherum scheinen (und verlockend sein), Heines produktive Anwendung der Hegelschen Dialektik auf die Verfolgungsgeschichte in die Formel zu fassen, Versöhnung werde sein, wenn der »Allgemeinwille« im Besonderen des Judentums aufgehoben sein werde; eine Philosophie der Weltgeschichte als Kulturanthropologie des Judentums, gewissermaßen. Sind wir im 1. Abschnitt nicht auf dieser Denkspur gewesen? Ist, auf ihr »laut« zu werden, nicht das, was der Autor sich versagt? sein offenbares »Geheimnis«? Ist seine Große Solidarität mit dem Judentum als Kultur und Geschichte, das von anderen, seinen Freunden, in diesen modernen Zeiten für partikular gehalten wird, anders zu deuten – wenn wir es Hegelianisch deuten –, denn als Treue zu einem Partikularen, das das Allgemeine ist?

Darüber aber zu sprechen ist gefährlich; auch unter dem Gefahren-Gesichtspunkt einer von Heine wohl geahnten Metaphysik der Selbstenteignung, wie er sie in jüdischen Kantianismen wieder Gestalt annehmen sah. – Hier ist der springende Punkt. Da die Literatur das Organ ist, dennoch, auf ihre Weise zu sprechen, Gefahrentage zu fingieren, in denen sie die »wilden Herzen« laut werden lassen kann – denn »Gefahr« und »Geheimnis« passen im Bildraum des jüdischen »Kämpen« literarisch bis zur Identität zusammen –, deshalb wissen wir nicht, nicht immer und nicht immer genau, was Heine ›wirklich‹, als ›Philosoph für sich‹ denkt. Die Lektüre braucht dieses Wissen aber auch nicht. Sie wird ins Freie des Nach- und Mitdenkens durch Dekonstruktionen geführt (S. 160). Der Autor ›legt vor‹, was ›hier‹ denkbar ist, bald kann er uns wieder in eine andere Vorlage ›dort‹ einbeziehen, die das *hier* Denkbare in veränderter Gestalt *dort* zeigt. Koppeln wir Belegstellen solcher Art, hört alle Sicherheit auf (S. 163). Und auf diese Weise kommen wir der schreibenden Denkart auf die Spur, der im 1. Abschnitt als »Tonart der Indifferenz« nachzudenken war.

Ich habe das Verfahren der Koppelung schon im einleitenden Essay ansatzweise erprobt. Indem dort z. B. Heines Geständnis, das Volk Gottes habe einmal »allen Völkern als Muster, ja der ganzen Menschheit als Prototyp dienen können«, an die Einleitung zum Shakespeare'schen Shylock ›unterschwellig‹ geknüpft ist, ist ein Sinn entstanden, den Heine so an *einer* Stelle aufzuschreiben klar vermieden hat. Ist durch das Koppelungsverfahren ›falsch‹ gelesener Sinn entstanden oder folgt die Lektüre frei den Lesbarkeiten im *Gesamt*-Werk an Text-*Orten*, wo die Dekonstruktionsbewegung einen festen Ausgangspunkt in einem Wortwagnis vorlegt? So zu lesen entspricht meiner Literaturtheorie; sie zeigt einen Weg, von zeitgenössischer Lektüre-Ordnung im Autortext den Bogen zu ›uns‹ zu schlagen, die wir heute einen Zusammenhang als Geschichte erkennen, den im Text eindeutig zu machen der Autor weder wollte noch immer konnte: *Dies* ist die Form der Indifferenz, die prophetisches Sprechen freisetzen kann.

Was dem Autor, als er in seiner klassisch säkularen Zeit über Shylock schrieb, selber bewußt geworden ist an dem, was er auf dem Sterbebett zum ›selben Thema‹ sagt – zusammengedrängt im Vergleich sind die Worte »Verfolgungsgewitter« / »allen Völkern als Muster« –, das hat er als Geheimnis gehütet, jedenfalls bis an den Rand des Grabes oder bis in den Nachmärz (Kap. VII). Wir aber, im Ohr die »Geständnisse«, hören das »Geheimnis« in der Shakespeare-Einleitung 1838 gleich zu Beginn – denn die Erregung des wortbegierigen zeitgenössischen Ichs im Text ist groß – aus der Textmonade der »Tränen« sprechen, die am Ende, »Jessika mein Kind! (S. 90), sich endgültig literarisch verschließen wird. – Die Rede ist von einer Shylock*Darstellung.*

Vergeblich sucht »Ich« erinnernd Halt am Portrait jener britischen Theaterbesucherin, aber das Portrait weint und da das unvergeßlich ist, geht die Erinnerung unwillkürlich weiter und schreibend *zu weit*: spricht über das Opferjudentum und sein Racherecht. Warum streicht der Autor eine Stelle nicht, die, veröffentlicht, zu weit gehen würde? Die Antwort liegt im Organcharakter der Literatur beschlossen, von dem die Rede war. Der Autor verbirgt öffentlich, will nicht privat tilgen, *was ist;* auch er will *darstellen*. Das ist, er geht ans *literarische* Verallgemeinern; was in diesem Falle heißt, er stellt dar, wie Shakespeare dasselbe angeblich macht. Ein Manöver!

Wenn ich aber an jene Tränen denke, so muß ich den »Kaufmann von Venedig« zu den Tragödien rechnen, obgleich der Rahmen des Stückes von den heitersten Masken, Satyrbildern und Amoretten verziert ist, und auch der Dichter eigentlich ein Lustspiel geben wollte. Shakespeare hegte vielleicht die Absicht, zur Ergötzung des großen Haufens einen gedrillten Werwolf darzustellen, ein verhaßtes Fabelgeschöpf, das nach Blut lechzt, und dabei seine Tochter und seine Dukaten einbüßt und obendrein verspottet wird. Aber der Genius des Dichters, der Weltgeist, der in ihm waltet, steht immer höher als sein Privatwille, und so geschah es, daß er in Shylock, trotz der grellen Fratzenhaftigkeit, die Justifikation einer unglücklichen Sekte aussprach, welche von der Vorsehung, aus geheimnisvollen Gründen, mit dem Haß des niedern und vornehmen Pöbels belastet worden, und diesen Haß nicht immer mit Liebe vergelten wollte.
Aber was sag ich? der Genius des Shakespeare erhebt sich noch über den Kleinhader zweier Glaubensparteien, und sein Drama zeigt uns eigentlich weder Juden noch Christen, sondern Unterdrücker und Unterdrückte, und das wahnsinnig schmerzliche Aufjauchzen dieser letztern, wenn sie ihren übermütigen Quälern die zugefügten Kränkungen mit Zinsen zurückzahlen können. Von Religionsverschiedenheit ist in diesem Stücke nicht die geringste Spur, und Shakespeare zeigt in Shylock nur einen Menschen, dem die Natur gebietet seinen Feind zu hassen ... (IV,251)

Ich möchte erklären, weshalb ich Heine hier manövrieren sehe. Als Hilfsvorstellung diene dabei die Unterscheidung in philosophisch diskursive und bildsprachliche Schicht des Textes. Es wird darum gehen, die Unterscheidung rhetorisch lesen zu können. Denn es ist spontan erkennbar, daß sie absichtsvoll hervorgekehrt ist, indem das blanke Hegelwort »Weltgeist« gegen emotional hochwertige Subjektwörter wie »Aufjauchzen« gesetzt und somit anthithetisch gegen die Shylock-Sphäre isoliert ist, mit welcher es doch gerade vermittelt werden soll, wie die Argumentation zeigt. Sie baut also Sperren gegen sich selbst ein, was auf eine fürs erste undurchschaubare rhetorische Vorgehensweise schließen läßt. Zudem ist auf die rhetorische Figur der Selbstunterbrechung aufmerksam zu machen: »Aber was sag ich?«

Nach allem, was bisher über Heines Umdeutung des Hegelschen »Allgemeinwillens« entwickelt ist, ist das Auffälligste unsres Textes seine geradezu kapriziöse Berufung auf diesen. Das entspricht zwar dem gewonnenen Eindruck seiner Stabilität in den Schriften als Begriff, der in seiner Problematik philosophisch durchgehalten wird, überrascht aber angesichts der Nonchalance, wie er hier hin und her geworfen wird. Folgt dem die Lektüre, so scheint pure Verwirrung unvermeidbar zu sein. – Ausgerechnet das populärste Wort Hegels, »Weltgeist«, ist verwendet, Shakespeare ein Mitleid zu unterstellen, das ihm die »Komödie«, das Lustspiel mit Shylock, verdirbt. Unter dem Gesichtspunkt des Selbstvergleichs mit dem großen Briten ist das allerdings konsequent: Der höchste Standort der »Indifferenz« ist es, aus dem beide Dichter dichten; hier ›oben‹ ist »Genius des Dichters« = »Weltgeist«. Hier steht man »immer höher« als mit seinem eigenen »Privatwillen« (korrekt mit Hegel), begeht aber philosophisch die Inkorrektheit, Mitleid mit dem Partikularen zu haben; *so* verbindet die Dichtung fühlend ›oben‹ und ›unten‹, das Allgemeine und das Besondere. Das ist keine ›Vermittlung‹ mehr. Man ist »privat« für solche Erwärmung der Begriffskälte auch gar nicht haftbar zu machen. Man denkt vielleicht korrekt, aber ›Es‹ dichtet so.

Wo aber bleibt bei solcher Unwillkürlichkeit die *Strenge* des Begriffs (auf den man sich noch beruft) in der Schrift? Verabschiedet sich der Dichter vom Philosophen jetzt? Schreitet Dichtung auf eigenem Terrain über eine Philosophie hinweg, die ihr, da sie Allgemeingültigkeit beansprucht, nicht erlauben dürfte, das Partikulare anders zu »justifizieren«, als es auch poetisch dem Allgemeinen zu opfern? Deutet sich an, daß Heine, da er diese Konsequenz nicht mitgeht, jetzt, unter dem Antlitz Shylocks, sich hinter dem breiten Rücken Shakespeares, des Schöpfers der Figur, versteckt, um der unerbittlichen Dialektik des Partikularen zu entgehen und ihr die jüdische »Sekte« als Sonderfall abzutrotzen: indem er sie der Bewertung durch *poetischen* Weltgeist anvertraut sein läßt? In der Tat scheint es so zu sein. Denn der philosophische Weltgeist käme nicht auf den Gedanken, »geheimnisvolle Gründe« gelten zu lassen, weshalb ein Partikulares dem Ganzen (auch wenn es der »niedere und vornehme Pöbel« heißt) ausgeliefert war, im europäischen Mittelalter, von dem hier die Rede ist. Und wir hören auch unphilosophische Töne aus der Verwendung der Affektkategorie »Haß« heraus. Was könnte das Geheimnis sein, weshalb aus einem ›normalen‹ Verhältnis des sich durchsetzenden Allgemeinen zu seiner Voraussetzung, der Nichtigkeit des Partikularen, Haß werden mußte? …

Wir stehen hier bei einer autonom ästhetischen Argumentation im Text, so wie auch er stehen zu bleiben scheint: In einer Ästhetik, die von Hegels Bewertung als unterste Stufe der philosophischen Vermögen befreit worden ist, wird das Geheimnisvolle mitgedacht; das gilt auch für Heine, der dazu sogar ungewöhnlich prinzipiell geworden ist, als er nach seiner Ankunft in Paris über den Salon von 1831 schrieb (»In der Kunst bin ich Supranaturalist …«, III, 46). Wenn der Weltgeist (der »heilige«, ebd. 45) in der Umwandlung, die ihm in Shakespeares Geist widerfahren ist, aus der geplanten Komödie »Der Kaufmann von Venedig« eine Tragödie »Shylock« hat werden lassen (empirischer Beweis: die Tränen, die über die Ungerechtigkeit, die dem Dukatenhändler widerfährt, von der schönen Britin geweint wurden), dann ist jenes Geheimnis nicht angerührt, gar aufgeklärt. Wir können es als Grund des Unglücks der »Sekte« auf sich beruhen lassen. Sie ist gerechtfertigt (»justifiziert«) durch die Kunst, die ihr Schicksal in aktuelles Mitleid verwandeln konnte. – Nun haben wir hier ein Problem. Die schöne Britin ist Christin, sie weint vor einer Bühne des christlichen Welttheaters. Ihr Mitleid ist nicht das philosophische des indifferenten Geistes. Weint sie nach Lessings Theorie des bürgerlichen Trauerspiels, dann empfindet sie auch Furcht, d.i. Mitleid mit Shylock, auf sich selbst bezogen: ›Das könnte auch mir passieren‹. Die Reinigung des Mitleids als Affekt glückte dann im Gedanken beim Nachhausegehen: Aufgepaßt, was du nicht willst, das man dir tu, das füg auch keinem andern zu. So banal allgemeinmenschlich, so neutral menschlich darf man das einmal sehen, was so viel Aufhebens in christlicher Kultur von sich macht. Der arme Shylock als Bühnenfigur hat funktioniert, ist aufgehoben in der christlichen Liebe (Zuwendung, Barmherzigkeit) beim rechten Zuschauen, ganz anders als im Drama selber: »Wahrlich, Shakespeare würde eine Satyre auf das Christentum gemacht haben, wenn er es von jenen Personen repräsentieren ließe, die dem Shylock feindlich gegenüber stehen … – – –

– – – … aber dennoch kaum wert sind, demselben die Schuhriemen zu lösen.« (VI,252)

Kein Zweifel, aus dem ›wirkungsästhetischen‹ Konzept des Tragischen, das aus Shylock eine Opferfigur machen würde, an der zu pädagogischen Zwecken demonstriert werden kann, daß wahre christliche Liebe anders mit ihm verfahren wäre, will Heine heraus. Die Lektüre des jüdischen Verfolgungselends bestenfalls Leuten überlassen, die sich beim Nachhausegehen sagen: daß sich Juden, wie dieser Shylock, auch mal zur Wehr setzen und Haß mit Haß vergelten, das kann man schon begreifen?? Nein! »was sag ich …«

Wie im rhetorischen Aufbau des Textes Heine nun aus solcher ästhetischen Konzeption einer Tragödie des Judentums hinausspringt, das belegt sehr pointiert die Untrennbarkeit jüdischer und philosophischer Schreibautorität, wie ich sie als Beweisziel für dieses Buch entwickele. Der im Text bis zum Absatz dargelegte, als Shylock-Einleitung stark gewichtete Blick in die Geschichte der Juden im Mittelalter *und* in die poetisch-weltliterarische Lesart des »Weltgeistes« wird in *einem* Gestus korrigiert –: ›Aber was sag ich?

Verschärfen wir den philosophischen Gedanken, daß Shakespeares Weltgenius sich über seinen Privatwillen erhebt! Dann geht es nicht um tragisches Mitleid, das unsre Affekte reinigen, sondern um die »toleranteste Gleichgültigkeit«, die unser geschichtliches Denken stärken soll. – So den Gestus übersetzt erkennen wir, wie er uns jetzt führen will. Nämlich nach der strengen dialektischen Logik einer Verallgemeinerung. Also doch auch mit ein wenig mehr ›Kälte‹! So nur läßt sich Shylock vom christlichen Liebesblick, der eine Falle für einen wirklichen Juden wäre, freihalten. Jetzt erst wieder hat Hegel uneingeschränkt das Sagen, jetzt ist Shakespeare sein Weltgeist auf der Bühne. Der reine, klare Gedankentext, in den »Kaufmann von Venedig« des Dichters hineingelesen, der »das Allgemeine im Besonderen veranschaulichte« (IV,258), ist er nicht das probateste Mittel gegen einen christlichen Philosemitismus? …

Verharmloster Heine 1997

Wenn wir Heine so lesen (wie er in der Tat Shakespeare in die Dialektik Hegels übersetzt), d.i. wenn wir aus dieser Lesart im Text den *ganzen* Text machen wollten, dann hätten wir den linkspopulären Klartext schlechthin für den Intellektuellen H. Heine ausgefiltert. Und wollte er dieses Bild von sich nicht auch suggerieren? Das Bild ist eine Lesart seiner »Indifférence«. In ihm sehen wir den großen politischen Schriftsteller der Früh-Moderne, der die Überwindung des partikularen Leidens an der Gesellschaft verkündet: aus eigenem und seines Volkes Leiden klug geworden, hat er über die Kräfte der Geschichte die Übersicht gewonnen und somit die Ausgangslage, sich für die richtige Seite in den Emanzipationskämpfen entscheiden zu können ... – Das Bild war zuletzt in der Deutschen Demokratischen Republik das herrschende und es ist wieder aktuell. Das Heine-Jahr 1997 ist von der Parole eingeläutet worden[15], Heine sei dank der Republikanisierung des Vaterlands, das ihn *einst* ausgestoßen habe, in der Zeit nach 1945 (im Westen) domestiziert worden, und die Institutionalisierung eines Intellektuellen von seinem radikalaufklärerischen Zuschnitt gehöre heute, auf der Skala von der Gruppe 47 bis zur neuen Rechten, zum »normalen« (!) Rollenverständnis im Lande: Rechts »rehabilitiert«, links nicht mehr »monopolisiert« – Es ist das Bild des repatriierten Heine, »der uns allen gehört«[16]. Hat der exilierte Poet davon geträumt, in das Bild zu passen? In *dieses* Bild? Vielleicht. Vielleicht, wenn nicht ein wenig andersherum, im berühmt unverstandenen Passus des Vorworts zum Wintermärchen (1844), der seinen Lobern 1997 etwas peinlich sein müßte ... – »die ganze Welt wird deutsch werden! Von dieser Sendung und Universalherrschaft Deutschlands träume ich oft, wenn ich unter Eichen wandle. Das ist *mein* Patriotismus.« (IV, 575) Er wandelte nicht unter Eichen. Er träumte es bloß. Er gab seine Poesie auch nicht ab an die Politik der Befreiung. Aber es gehörte zu seinen Manövern, auch dies gelegentlich zu behaupten, wie im schönen Denkbild »Marengo« (1829), mit dem ebenfalls berühmt unverstandenen Passus:

Ich weiß wirklich nicht, ob ich es verdiene, daß man mir einst mit

> einem Lorbeerkranze den Sarg verziere. Die Poesie, wie sehr ich sie auch liebte, war mir immer nur heiliges Spielzeug, oder geweihtes Mittel für himmlische Zwecke. Ich habe nie großen Wert gelegt auf Dichter-Ruhm, und ob man meine Lieder preiset oder tadelt, es kümmert mich wenig. Aber ein Schwert sollt Ihr mir auf den Sarg legen; denn ich war ein braver Soldat im Befreiungskriege der Menschheit. (II,382)

Unverstanden nenne ich all die Vereinnahmungen Heines in emphatische Wunschbilder eines befreienden Selbstseins im »Befreiungskriege der Menschheit«, weil diese getarnte Spielart des Heineschen Indifferentismus – ein »Naturlaut« eigenen Wünschens in der Fiktion objektiver Erfüllung – nicht als die *philosophische* Denkfigur der ›Aufhebung‹ all des wirklichen Leids in der Jetztzeit gelesen wird, die der Autor oft in sein Schreibspiel einbezieht. Er tut es, weil er in biblischer Maske (S. 408) auf »ein neues Geschlecht« vorträumt, dem er »Alles« verkünden möchte, auch das »Sonnengemüt« des Dichters, das sich vom Schauder in der realen Leidgeschichte nicht widerlegen lassen will (IV, 642).

Wer heute und jetzt behauptet, Heines Intellektualität sei normalisiert, hat den Schauder aus seinem Geschichtsbewußtsein und Selbstbild als eines modernen Intellektuellen exorzieren lassen und schlägt den Bogen von der illusionären Abstraktion im philosophischen Befreiungsdenken am Anfang des 19. Jahrhunderts bis zum Republikpatriotismus im vereinten Deutschland 1990 und möchte die »Wunde« vorzeitig geschlossen wissen, die Heine, nach dem berühmtesten modernen Philosophenwort über den Dichter, *ist,* und sich erst schließen werde »in einer Gesellschaft, welche die Versöhnung vollbrachte«[17]. Im Heine-Jahr 1997 ist davon ernsthaft keine Rede mehr. Einem Schriftsteller, der »erst nach 1945« und »erst in der Bundesrepublik (...) traditionsbildend gewirkt« habe, ist folgerichtig Vorbildlichkeit gerade noch für einen Typus von Intellektualität zugeschrieben, der bestenfalls ein »reflexiv gebrochenes Verhältnis« zu den kulturellen Überlieferungen und Legitimationen in je durchgesetzten Gesellschaftskompromissen pflegt[18]. Der besondere Akzent bei solcherart Aktualisierung Heines ist der, daß von seinem Judentum in irgend thematischer Rücksicht zu sprechen überflüssig geworden ist. Ja man hört den Aktualisierungsreden die *Vermeidung* an.

Welch merkwürdige Nichtidentität des Gleichen: Auch Heines Stil kann auf seine Vermeidungsabsicht hin untersucht werden. Doch der Dichter sinnt schreibend darauf, sein Judentum nicht stets und ständig zu betonen, gar als Banner vor sich herzutragen, während seine Verharmloser über ›etwas‹ nachzudenken vermeiden, das ihnen in solcher A-Pathie ›zugänglicher‹ wird. Das mutmaßliche Judentum von der Oberfläche der Texte *überhaupt* verdrängt, von der es der Autor in seinen populärsten Stücken so meisterlich und unterhaltsam *selber* fernzuhalten scheint (wie unzureichend ist dieser Anschein überprüft!), schafft jenes Bild vom »unproblematisch gewordenen (!)« deutschen Intellektuellen Heinrich Heine, von dem uns »inzwischen« nichts mehr trenne als die ganz normale »geschichtliche Distanz«[19] – Sehen wir nun genauer hin, wieweit dem Shakespeare-Text eingeschrieben ist, was der neudeutschen Vermeidung entgegenkommt.

Ich versuche, das zitierte Textstück auf seine oberflächliche Qualität hin zu lesen.

›Der Weltgeist geht über den privaten Darstellungs-Willen des Dichters hinweg. Nicht einen wilden Einzelgänger nach christlichem Volksglauben hat Shakespeare schließlich geschaffen (»einen gedrillten Werwolf … ein verhaßtes Fabelgeschöpf«), den er dem Publikum »zur Ergötzung« vorzuführen beabsichtigt haben mag. So deutlich die Züge solcher Absicht Shylock aufgeprägt sind, er ist als Geldverleiher, der nach dem Blut des Schuldners vergeblich lechzt, »dabei seine Tochter und seine Dukaten einbüßt und obendrein verspottet wird«, die Verkörperung und Rechtfertigung der jüdischen Diaspora, die als »unglückliche Sekte« die Verfallsgeschichte ihrer Rechte im Mittelalter überlebt hat, verfolgt vom Haß der Mehrheit in der christlichen Gesellschaft. – »Aber was sag ich?« – Der schöpferische Weltgeist sieht auf das Große und Ganze und gestaltet das Allgemeine.

Interesselos an den Parteien im Kampf und Gegenkampf in der Geschichte inspiriert er den großen Dramatiker zu gleicher Haltung. Interesselos am Antagonismus der Christen und Juden (»Kleinhader zweier Glaubensparteien«) habe Shakespeare eine geschichtliche Konstellation von »eigentlicher« Bedeutung dargestellt: »Unterdrücker und Unterdrückte«.

Von Juden und Christen im Drama »nicht die geringste Spur«!

So gelesen ist die Umdeutung des »Weltgeists« in den »poetischen Genius« Shakespeares problemlos zurückzuübersetzen in Hegels Geschichtsphilosophie, z. B. in den berühmten Passus:

Das besondere Interesse der Leidenschaft ist also unzertrennlich von der Betätigung des Allgemeinen; denn es ist aus dem Besonderen und Bestimmten und aus dessen Negation, daß das Allgemeine resultiert. Es ist das Besondere, das sich aneinander abkämpft und wovon ein Teil zugrunde gerichtet wird. Nicht die allgemeine Idee ist es, welche sich in Gegensatz und Kampf, welche sich in Gefahr begibt; sie hält sich unangegriffen und unbeschädigt im Hintergrund. Das ist die *List der Vernunft* zu nennen, daß sie die Leidenschaften für sich wirken läßt, wobei das, durch was sie sich in Existenz setzt, einbüßt und Schaden leidet. Denn es ist die Erscheinung, von der ein Teil nichtig, ein Teil affirmativ ist. Das Partikuläre ist meistens zu gering gegen das Allgemeine, die Individuen werden aufgeopfert und preisgegeben. Die Idee bezahlt den Tribut des Daseins und der Vergänglichkeit nicht aus sich, sondern aus den Leidenschaften der Individuen. (XII,49)

Nehmen wir die ›Oberfläche‹ (Exoterik) als die philosophische ›Ebene‹, so mag das zwar verblüffen, trifft aber offensichtlich zu, denn die begriffliche Ordnung zwischen den Polen des Allgemeinen und Besonderen/Partikularen ist eindeutig. Doch spätestens auf dieser Ebene schon, und zwar durchaus auf ihr immanent, ist Anlaß zum Stutzen: Shylock »nur ein Mensch, dem die Natur gebietet seinen Feind zu hassen«?

Die *Natur*? Das wäre nicht ganz unhegelsch, aber eine schlechte und auch ein wenig schlampige Reduktion von: ›Die List der Vernunft läßt die *Leidenschaft* für sich wirken.‹ Es gibt aber einen eindeutigen Hinweis darauf, daß so von Heine gar nicht gedacht, sondern ›bloß‹ geschrieben ist: eine Seite später setzt er neu an mit der analytischen Frage, welches der *Grund* (offensichtlich kein »geheimnisvoller«) zum Haß zwischen Christen und Juden sei. Und die ganze folgende sozialhistorische Studie über die Frage des Grunds zur Judenverfolgung (S. 74) ist eine einzige Widerlegung des Satzes, *die Natur* gebiete den Juden, ihre Peiniger zu hassen. Wir haben es also mit einem Schritt zur Ablösung der autorisierten Ich-Rede im Text von der nun als Shakespeare-*Interpretation* kenntlich gemachten philosophischen Argumentationslinie zu tun, ohne daß dies ausdrücklich gesagt ist.

Aber auch die Heine-wie-Shakespeare-Perspektive ist verlassen.

Es bezeichnet dies den Übergang zu einer Passage, die vor allem erst einmal das Drama selber zur Sprache bringt (IV, 252–255); das geschieht jedoch nicht ohne ›stehen‹ gelassenes Vorverständnis: zuvor nämlich war über das Raster der wie objektiven Interpretation ein reiner parteilicher Heine-Ton gelegt worden. Er widerspricht der behaupteten Weltgeist-Indifferenz im Drama mit einem Urlaut der Identifikation (»wahnsinnig schmerzliches Aufjauchzen«) und widerspricht zugleich der eigenen Interpretation: Nicht irgendwelche Unterdrückte im generellen Klassenkampf der Geschichte sind von der jüdischen »unglücklichen Sekte« im Mittelalter »eigentlich« zur Anschauung gebracht in Shakespeares Stück, sondern diese Unglücklichen allein sind verkörpert, ohne jede Repräsentativität.

Es sind Charakteristika, von der Tonstärke der Parteilichkeit emporgehoben, die unmißverständlich auf die einmalige Situation der Juden (im Mittelalter) und auf die persönliche Gefühlslage in der Jetzt- und Schreibzeit anspielen; nämlich »mit Zinsen«, »Kränkungen«! Auch der ritterliche Herrenmensch und Kampfchrist ist bezeichnet: »übermütige Quäler«. So ist der Denkfigur der Verallgemeinerung, während ihre Buchstaben noch feucht sind, bereits widersprochen. Nicht suspendiert ist sie, ganz und gar nicht, wie wir gleich sehen werden; aber die Poesie des genauen Gefühls ist in sie gesenkt. Und so auch in die Lektüre überträgt sich – wird nur unsererseits ebenso genau mitgefühlt – Heines Kunst einer allesdurchdringenden poetischen Dynamik im geschichtlich-philosophischen Schreibkosmos.

Der Aufruhr des beleidigten Herzens

Und nun erleben wir eine gestaffelt vorgetragene Klärung, deren Universalität nicht mehr überraschen kann. – Die Einlassung auf die Rollenkonstellation im Stück hat zum Mittelpunkt die Herzstelle der Kränkung, jene Ausfällung individueller Affektrede – »Ich bin ein Jude« – aus dem Komödienkonzept, um die noch keine Einlassung auf Shakespeares Shylock herumreden konnte: »Was willst du mit diesem Fleisch?«

> Fisch mit zu angeln. Sättigt es sonst niemanden, so sättigt es doch meine Rache (...) Wenn ihr uns stecht, bluten wir nicht? Wenn ihr uns kitzelt, lachen wir nicht? Wenn ihr uns vergiftet, sterben wir nicht? Und wenn ihr uns beleidigt, sollen wir uns nicht rächen? Sind wir euch in allen Dingen ähnlich, so wollen wirs euch auch darin gleich tun ...[20]

Es ist Heinrich Heines und Friederike Varnhagens Verständigungswort, womit Shylocks Rede bevorwortet wird, wir kennen es aus der Napoleon-Klage (S. 161 f.), werden am Schluß des Kapitels seine Erstsetzung im Rahel-Brief antreffen (S. 204). Hier ist es, das identische Wort, dualisiert und kontrapunktisch an das Rachemotiv geknüpft:

> Aber es gibt etwas, was er dennoch höher schätzt als Geld, nämlich die Genugtuung für sein beleidigtes Herz, die gerechte Wiedervergeltung unsäglicher Schmähungen: und obgleich man ihm die erborgte Summe zehnfach anbietet, er schlägt sie aus, und die dreitausend, die zehnmal dreitausend Dukaten, gereuen ihn nicht, wenn er ein Pfund Herzfleisch seines Feindes damit einkaufen kann.

Wir kennen Haß- und Rache-Intensität in Heines eigenem Affektleben und seinen Personalsatiren aus vielen Zeugnissen, worauf ich jetzt nicht einzugehen brauche. Worauf es zur Beurteilung der gestaffelten Denkbewegung hier ankommt, ist die konkretfigürliche Absolutheit, die der Individualität Shylocks erteilt ist – durch Gedanke und Gefühl –, wodurch sich Heine den Absprung schafft für eine Verallgemeinerung, auf die er offenbar von Anfang an zusteuerte: für eine ganz andere als die, die das Judentum als Partikulares dem Vernichtungsgedanken der Geschichtsphilosophie in Hegels *inhaltlicher* Version zuschlägt: Shylock ist Opfer, steht aber nicht für ein Opferjudentum als ethnisch-religiöse Identitätsvorstellung, deren Nichtigkeit im gedacht höheren Allgemeinen des Geschichtsprozesses ›aufgehoben‹ wäre, sondern für das Allgemeine eines kämpferischen Volkes, das in der Geschichte der Menschheit besonders ausgezeichnet ist, auch und obwohl es unter der *Weltgeschichte* wie kein anderes gelitten hat.

Nicht aus seinem Leiden schnitzt Heine die Rechtfertigung des jüdischen Volkes – hier auch ist der Kern seiner Rebellion gegen den Gott-Tyrannen der Juden –, sondern aus seiner Sittlichkeit.

In den »Briefen aus Helgoland« hat Heine diesen Gedanken zum ersten Mal diskursiv entfaltet (IV, 43f.) – »die wahre Sittlichkeit, die Vernunft des Herzens« – und sie dort ebenfalls aus dem »Stein« hervorquellen lassen, der das Bild eines gekränkten jüdischen Herzens ist. Shylocks Racheherz in konkreter Situation der Verfolgungsgeschichte – er will den Einsatz im Schuldvertrag, das Herzfleisch des Gegners, real – ist kein Widerspruch zur wahren Sittlichkeit – wie auch der Widerspruch zwischen altem und neuem Testament aus Heines Sicht ein konstruierter ist –, sondern im Gegenteil: Dieses Herz sei die Beglaubigung dafür, daß die Sittlichkeit, für die es als besonderes steht, »wahr« ist im Sinne dessen, was »Allgemeinheit« heißt, wenn sie der Name für die kämpferische Geschichte der Juden ist: »menschliche Sittlichkeit«, nicht abstrakte, metaphysische, auch nicht partikular kulturelle, die im Wort »Sitte« repräsentiert sei (IV, 43).

Mir ist lange verborgen geblieben, weshalb Heine die europäische Zivilisation zweideutig empfand, positiv und negativ besetzt, als Verheißung und Scherbenberg[21] –, und eine zweite Unklarheit steht hier zur Auflösung: weshalb Heine leitgedanklich das Datum »anderthalb Jahrtausend« in den Schriften setzt (z.B. auch hier, »Briefe« IV,44) – –: Seit dem 3. Jahrhundert n.u.Z. ist das Christentum Staatsreligion und der Grund zum allgemeinen Prinzip der Gewalt gegen die Juden gelegt – – – Seitdem ist die europäische Zivilisation gespalten und in Gefahr, an der Vernichtung der »Vernunft des Herzens«, dem Werk Moses', zugrundezugehen. Shylock, der knurrige Orthodoxe und Feind sinnlicher Heiterkeit, fällt nicht aus diesem Werk heraus, sondern verkörpert sein Überleben in der realen Geschichte seiner Mißachtung und Verfolgung. Anders, als in Gleichheit zum christlichen Verfolgungsprinzip aus dem Racherecht zu handeln, ist in dieser real »seienden vernünftigen Welt« (II,526) nicht zu überleben.

Aus dieser Kollision in dieser Gleichheit entwirft der Genius des Weltpoeten (Shakespeare) das »schauerliche Bild« des Hasses, »den wir in Europa zwischen den Anhängern der mosaischen Gesetze und der Lehre Christi bis auf den heutigen Tag gewahren.« (IV,258) *Unterlegt* ist dem Bild der Text von der Gleichheit zweier in ihrem Ursprung selbstrepräsentativen Völker. Aus diesem Text spricht nur noch Heine:

> Nicht bloß Deutschland trägt die Physiognomie Palästinas, sondern auch das übrige Europa erhebt sich zu den Juden. Ich sage erhebt sich, denn die Juden trugen schon im Beginne das moderne Prinzip in sich, welches sich heute erst bei den europäischen Völkern sichtbar entfaltet. (IV,258)

Somit ist Hegels ›inhaltliche‹ Lesung seiner Dialektik-Formel vom Verhältnis des Partikularen zum Allgemeinwillen in der Geschichte tatsächlich auf die Füße gestellt in dem Sinne eines jüdischen Selbstbewußtseins von der eigenen Geschichte. Und die historische Leistung Heines als Hegel-Kritiker tritt unter diesem Aspekt noch einmal[22] präzis ans Licht: Er hat Hegels Geschichtsphilosophie entidealisiert.

Denn er läßt bei all seiner marranischen Manövrierkunst auch an der Oberfläche der hier gelesenen Texte *Venedig* und *Helgoland* keinen Zweifel daran, daß er Hegels ›christlichem‹ nun nicht einen ›jüdischen‹ Idealismus nachsetzt. Unsre Empfindsamkeit allerdings wird dies an der Oberfläche der philosophischen Ent-Idealisierungs-Schritte nicht angemessen genug erkennen; so führt uns Heine denn jetzt am Ende seiner gestaffelten Klärungsarbeit am Begriff des Allgemeinwillens der Geschichte auch härter, lakonischer, aufrüttelnder als je und auf das ungeschminkteste vor die philosophischen *Formeln*, um die der »Jessika«-Text gebaut ist, und verlangt von der Lektüre, daß sie am Wort der Formeln hinabfühlt, ganz konzentriert hinabfühlt in die Substanz des Bilddenkens, das *sie*, die Formeln, ausgerechnet sie, in den Text eingeritzt haben. – Zwei Formelorte sind auf diese Weise als stark gefühlt lesbar:

1) Vom Haß zwischen den Juden und Christen habe uns Shakespeare, so hörten wir, »indem er das Allgemeine im Besonderen veranschaulichte« (anstatt Gründe *darzulegen*), im ›Kaufmann von Venedig‹ ein schauerliches *Bild* geliefert.« (IV,258/9) In den Schacht, den »letzten Grund« des Bildes, der sich an dieser Stelle sofort öffnet, dürfen wir nicht fallen ohne, zunächst wenigstens, die Balance in jener »Indifférence« zu halten; er klafft zurück bis an eine älteste Quelle dieses Hasses, und Heine *fragt* vorsorglich bloß:

Ist es der ursprüngliche Bruderhaß, den wir schon gleich nach Erschaffung der Welt, ob der Verschiedenheit des Gottesdienstes, zwischen Kain und Abel entlodern sehen? Oder ist …

Soll die Form der Frage den Chock, den sie birgt, zurückhalten? Vermag sie es? ›Ruht‹ doch der Gehalt des Chocks in der wie eine *Geschichtswahrheit* befragten biblischen Quelle: *Jede* Differenz zwischen Juden und Christen ist gelöscht in der Erinnerung an jene alte (vorchristliche) Geschichte vom ›richtigen‹ Opfer, um dessen Definition (ein »Kleinhader«?) die Geschichte der Menschheit die unselige Verbindung von Glaubenswahrheiten und Rechtfertigung der Gewalt gegen Menschen in Kauf genommen hat.

Hat dem nicht Jesus von Nazareth ein Ende bereiten wollen, der Christus? Er »ward ein Opfer seiner Humanität, und der Stadtmagistrat von Jerusalem ließ ihn kreuzigen und der Pöbel verspottete ihn …« (IV,41) – So sehr Heine den ganz ›un-marranischen‹ Prediger der bedingungslosen Menschenliebe, seinen »armen Vetter«, verehrte (IV,605 f.) und seinen »Kosmopolitismus« hochschrieb (S. 159): Die Passion, in die der Märtyrer der Gewaltfreiheit ging, als »großes Drama« gelesen, bindet Heine ans alte, erste Testament zurück! Diese Passion sei »das rote Siegel der Beglaubnis«, aufgedrückt dem Wort der *Propheten*. Das schauerliche Bild des Hasses –: wir sollen es nun doch vorchristlich, in »unmittelbarem Stil« lesen: den Chock annehmen, vor das Urbild des Zwists treten, das allein ›entsiegelt‹ wird in den *Texten* der Bibel, »dem Wort Gottes«.

Nur bei einem einzigen Schriftsteller finde ich etwas, was an jenen unmittelbaren Stil der Bibel erinnert. Das ist Shakespeare. Auch bei ihm tritt das Wort manchmal in jener schauerlichen Nacktheit hervor, die uns erschreckt und erschüttert; in den Shakespeareschen Werken sehen wir manchmal die leibhaftige Wahrheit ohne Kunstgewand.

Schreibt er in diesem biblischen Stil, dann, sagt Heine, ist Shakespeare Jude (IV,47). Das lebendige Wort unmittelbar zu Gott – zum Schöpfergott: das ist Heines drittes Testament, als Text in die »Weltgeschichte« eingreifend eingeschrieben: Text der »Geschichte der Menschheit« (S. 216f.). Nicht und nirgend gesagt ist, ob das dritte Testament die *Erlösung* bringt. Aber zunächst, und unter Berufung auf Luther – das Wort sie sollen lasen stan – ist das lebendige Wort als Organ der *Befreiung* eingesetzt. Es ist dies der Subtext in Heines »Zur Religion und Philosophie in Deutschland«.

Hier verrät er, warum er ein deutscher Dichter sein will. Sein Testament »muß« in deutscher Sprache geschrieben sein, in der von Luther aus dem Geist des Hebräischen geschaffenen Sprache (S. 95, 223), die »wie ein Bergquell« ist, »der aus harten Felsen hervorbricht«; aber (seit Luther, Paracelsus …) »erst in neuerer Zeit ward die Benutzbarkeit der deutschen Sprache für die Philosophie recht bemerklich.«

Das »geheimste Wort« der Natur, das in dieser Sprache zu vernehmen sei, ist messianisch verhüllt: Moses – Jesus – …, Luther – Lessing – …: »– der dritte Befreier! – ich sehe schon seine goldne Rüstung, die aus dem purpurnen Kaisermantel hervorstrahlt, ›wie die Sonne aus dem Morgenrot!‹« (III,572–584)

Der Messias

Wir bewegen uns in einem Textbezirk Heines, der bis heute unangetastet geblieben ist. In der ›politischen‹ Heine-Rezeption, insofern sie sich links oder liberal verstand, wollte man Heines dergestalt sich aussprechendes Deutschtum nicht recht wahrhaben und hielt sich lieber bei jenem »Patriotismus« auf, der ohne jüdisches Beiwerk von ihm zu haben war, wofür es klassische Stellen gibt (III,379 f., 488 ff.). Auch in weniger ›politischer‹ Heine-Lektüre schien es peinliches Berührtsein auszulösen, jüdische Großgestalten als weltliche Befreier Deutschlands geträumt zu sehen, oder doch zumindest in Bündnis-Bildern imaginiert. »Unsere liebe deutsche Muttersprache« so belastet!

(III,573), das ging allenthalben zu weit. Daß es Heine um alles geht, wenn er von solchen Bündnissen träumt, das zeigt sich einer Lektüre, die seine Sprache ganz ohne ›Übersetzung‹ als das Organ seiner jüdisch-deutschen Befreiungssehnsucht versteht, die ihn als Schriftsteller in die Konfliktzonen des *Verstandenwerdens* getrieben hat.

So plazierte Heine eine seiner schönsten Erzählungen, seine Messias-Anekdote, an eine ganz offene Stelle in seiner Denkschrift »Ludwig Börne«, deren zweites Buch die »Briefe aus Helgoland« sind.

Die Natur, sagte mir einst Hegel, ist sehr wunderlich: dieselben Werkzeuge, die sie zu den erhabensten Zwecken gebraucht, benutzt sie auch zu den niedrigsten Verrichtungen, z. B. jenes Glied, welchem die höchste Mission, die Fortpflanzung der Menschheit, anvertraut ist, dient auch zum – – –

Diejenigen, welche über die Dunkelheit Hegels klagen, werden ihn hier verstehen, und wenn er auch obige Worte nicht eben in Beziehung auf Israel aussprach, so lassen sie sich doch darauf anwenden.

Wie dem auch sei, es ist leicht möglich, daß die Sendung dieses Stammes noch nicht ganz erfüllt, und namentlich mag dieses in Beziehung auf Deutschland der Fall sein. Auch lezteres erwartet einen Befreier, einen irdischen Messias – mit einem himmlischen haben uns die Juden schon gesegnet – einen König der Erde, einen Retter mit Szepter und Schwert, und dieser deutsche Befreier ist vielleicht derselbe, dessen auch Israel harret …

O teurer, sehnsüchtig erwarteter Messias!

Wo ist er jetzt, wo weilt er? Ist er noch ungeboren oder liegt er schon seit einem Jahrtausend irgendwo versteckt, erwartend die große rechte Stunde der Erlösung? Ist es der alte Barbarossa, der im Kyffhäuser schlummernd sitzt auf dem steinernen Stuhle und schon so lange schläft, daß sein weißer Bart durch den steinernen Tisch durchgewachsen … nur manchmal schlaftrunken schüttelt er das Haupt und blinzelt mit den halbgeschlossenen Augen, greift auch wohl träumend nach dem Schwert … und nickt wieder ein, in den schweren Jahrtausendschlaf!

Nein, es ist nicht der Kaiser Rotbart, welcher Deutschland befreien wird, wie das Volk glaubt, das deutsche Volk, das schlummersüchtige, träumende Volk, welches sich auch seinen Messias nur in der Gestalt eines alten Schläfers denken kann.

Da machen doch die Juden sich eine weit bessere Vorstellung von ihrem Messias, und vor vielen Jahren, als ich in Polen war und mit dem großen Rabbi Manasse ben Naphtali zu Krakau verkehrte, horchte ich immer mit freudig offenem Herzen, wenn er von dem Messias sprach … Ich weiß nicht mehr, in welchem Buche des Talmuds die Details zu lesen sind, die mir der große Rabbi ganz treu mitteilte, und überhaupt nur in den Grundzügen schwebt mir seine Beschreibung des Messias noch im Gedächtnisse. Der Messias, sagte er mir, sei an dem Tage geboren, wo Jerusalem durch den Bösewicht, Titus Vespasian, zerstört worden, und seitdem wohne er im schönsten Palaste des Himmels, umgeben von Glanz und Freude, auch eine Krone auf dem Haupte tragend, ganz wie ein König … aber seine Hände seien gefesselt mit goldenen Ketten!

Was, frug ich verwundert, was bedeuten diese goldenen Ketten?

»Die sind notwendig« – erwiderte der große Rabbi, mit einem schlauen Blick und einem tiefen Seufzer –, »ohne diese Fessel würde der Messias, wenn er manchmal die Geduld verliert, plötzlich herabeilen und zu frühe, zur unrechten Stunde, das Erlösungswerk unternehmen. Er ist eben keine ruhige Schlafmütze. Er ist ein schöner, sehr schlanker, aber doch ungeheuer kräftiger Mann; blühend wie die Jugend. Das Leben, das er führt, ist übrigens sehr einförmig. Den größten Teil des Morgens verbringt er mit den üblichen Gebeten oder lacht und scherzt mit seinen Dienern, welche verkleidete Engel sind, und hübsch singen und die Flöte blasen. Dann läßt er sein langes Haupthaar kämmen und man salbt ihn mit Narden, und bekleidet ihn mit einem fürstlichen Purpurgewande. Den ganzen Nachmittag studiert er die Cabala. Gegen Abend läßt er seinen alten Kanzler kommen, der ein verkleideter Engel ist, eben so wie die vier starken Staatsräte, die ihn begleiten, verkleidete Engel sind. Aus einem großen Buche muß alsdann der Kanzler seinem Herrn vorlesen, was jeden Tag passierte … Da kommen allerlei Geschichten vor, worüber der Messias vergnügt lächelt, oder auch mißmütig den Kopf schüttelt … Wenn er aber hört, wie man unten sein Volk mißhandelt, dann gerät er in den furchtbarsten Zorn und heult, daß die Himmel erzittern … Die vier starken Staatsräte müssen dann den Ergrimmten zurückhalten, daß er nicht herabeile auf die Erde, und sie würden ihn wahrlich nicht bewältigen, wären seine Hände nicht gefesselt mit den goldenen Ketten … Man beschwichtigt ihn auch mit sanften Reden, daß jetzt die Zeit noch nicht gekommen sei, die rechte Rettungsstunde, und er sinkt am Ende aufs Lager und verhüllt sein Antlitz und weint …«

So ungefähr berichtete mir Manasse ben Naphtali zu Krakau, seine Glaubwürdigkeit mit Hinweisung auf den Talmud verbürgend. Ich habe oft an seine Erzählungen denken müssen, besonders in den jüngsten Zeiten, nach der Julirevolution. Ja, in schlimmen Tagen, glaubt ich manchmal mit eigenen Ohren ein Gerassel zu hören, wie von goldenen Ketten, und dann ein verzweifelndes Schluchzen … O verzage nicht, schöner Messias, der du nicht bloß Israel erlösen willst, wie die abergläubischen Juden sich einbilden, sondern die ganze leidende Menschheit! O, zerreißt nicht, Ihr goldenen Ketten! O, haltet ihn noch einige Zeit gefesselt, daß er nicht zu frühe komme, der rettende König der Welt! (IV,119)

2) Wie dicht bei Heine Vieles beisammen oder assoziativ verbunden ist! und wie wieder zugleich das verbunden Einzelne im Schauder der Bildverwurzelung seiner Schreibart zu verschwinden droht! Waren wir eben noch bei der »ursprünglichen« Ähnlichkeit des jüdischen und deutschen Volkes, bei der Sprache der Bibel und ihrer befreienden Kraft für die deutsche, aus deren »Mutterboden« wiederum eine *Philosophie* entstehen werde, die, verkörpert im deutschen *Dichter* Heine, die Entfaltung der altjüdischen Sittlichkeit im modernen Europa verkündet – und hörten wir in diesem Traum den messianischen Ton und in seinen Bildern das poetische messianische Personal –, und war solcher Aufwand auf kurzer Textstrecke konzentriert, um in der düstren Gestalt Shylocks das Judentum zu »veranschaulichen« und zu »justifizieren« – –, und war dies alles eine sprach- und religionsphilosophische Gedankenbewegung – – So sind in solche Verdichtungen, wie plötzlich, Sprünge eindiktiert, die kaum noch nachzuvollziehen sind. Leistet die Lektüre hier nicht eine ähnliche Konzentration wie die Schrift sie strukturell manifestiert, dann ist der Augenblick für ein Verstehen vorüber. Eine solche ›Stelle‹ – »Oder ist …?« (S. 179) – folgt unmittelbar auf die fragende biblische Konfiguration Shylock – Abel und leitet, nachdem der Schauer dieser Anspielung die kühle Indifferenz der philosophischen Formel (Veranschaulichung des Allgemeinen im Besonderen) kurz überflutet hatte, über zu der zweiten philosophischen Formel, die wir hier noch verstehen müssen. Sie wird »Kampf und Gegenkampf« heißen und sich als Hegelsche ein wenig maskieren. Zunächst aber ist die Überleitung selber zu begreifen.

Oder ist die Religion überhaupt nur Vorwand, und die Menschen hassen sich, um sich zu hassen, wie sie sich lieben, um sich zu lieben?

Hier also plötzlich die Rationalität einer Hypothese. Heine hat sie oft formuliert und während der Zeit seiner klassischen Hauptschriften, in der wir hier sind, philosophisch und politisch variiert. Es ist die Zeit, da Heine an solche Maximen ohne Fragezeichen zu glauben scheint (Das Leben ist der Zweck des Lebens, wie die Liebe, wie die Kunst etc., z. B. III,23) und dabei im großen parteilichen WIR der Blumenrevolutionäre, der antipuritanischen Pantheismus-Anhänger gedanklich sich wohlig einhüllt. Es kann sich um keine bloß rhetorische Überleitung handeln. Denn genau wörtlich und inhaltlich ernstgenommen stehen sich hier die beiden ›Positionen‹ gegenüber, Pantheismus, ›Deismus‹, die am Ende des Venedig-Textes in ihrer diskursiven Gegensätzlichkeit die Prophezeiung vom »Verfolgunsgewitter« hervortreiben (S. 84). Sollen sie sich hier gegenseitig bloßstellen? Gegenseitigkeit ausschließen können sie sich nicht. Die Unklarheit läßt sich beheben, bedenken wir, daß Heine den pantheistischen Glaubensschein zu dieser Zeit in schöne poetische Gestaltungen bannt (»Auf diesem Felsen bauen wir ...«, S. 82) *und* an emphatische Fragen an die Unversöhnlichkeit des alten und neuen Testaments bindet (»Wann wird die Harmonie wieder eintreten ...?«, IV,41) und diese Variationen seinem messianischen Traum vom »Dritten«, dem Testament des ausgestandenen Leids widmet, das seine *Ritter und Märtyrer* hat, wie wir gesehen haben.

Es ist Heines intellektuelle Redlichkeit, daß er das etwas übermütig säkulare Konzept der Blumenrevolution (»Wir wollen keine Sansculotten sein ...«, III,570) nicht beiseiteschiebt, wenn er zeitgleich sich seiner literarischen Basis im »heiligen Buch« und seines Stands als Schriftsteller an »den Abgründen der Schöpfung« versichert (IV, 39 ff.). Es ist auch philosophische Konsequenz. Denn so wie literarisch sah Heine auch unterm Prinzip des dialektischen Denkens seine Modernität in der Bibel begründet:

> Schon in ihren frühesten Anfängen, wie wir im Pentateuch bemerken, bekunden die Juden ihre Vorneigung für das Abstrakte, und ihre ganze Religion ist nichts als ein Akt der Dialektik, wodurch Materie und Geist getrennt, und das Absolute nur in der alleinigen Form des Geistes anerkannt wird. (IV, 40)

Um sowohl hegelianisch als auch biblisch »nicht unterzugehen im Nebelmeer des absoluten Geistes« (IV, 41) suchte Heine nach *allen* Aspekten, unter denen er als jüdischer Schriftsteller in der Moderne *Befreiung* denken und dichten konnte. Das Geheimnis, daß er dabei an der Mission der Juden festhielt, hat er nirgend so klar gelüftet wie an den zentralen Belegstellen dazu, wie ich sie in diesem Kapitel durch Überblendung spät- und mittel-Pariser Texte herausgestellt habe. Die »Vorneigung« der Juden »für das Abstrakte« (1830/1840), »die Freiheitsliebe Israels« (1854) und »das moderne Prinzip« im Judentum (1838) ragen daraus als Merkformeln hervor. Sie bezeichnen gemeinsam und je in ihrem Kontext auf der Zeitstrecke der Geschichtsphilosophie eine biblische Dimension.

Gleichheit?

So können wir uns abschließend der zweiten Formel-Entfaltung zuwenden. Ohne Absatz ist nach zweimal antwortlosen Fragen nach dem »Grund jenes Hasses« (Ursprünglich Bruderhaß oder Haß um des Hassens willen?) die dritte Frage mit einer Antwort versehen: »Auf welcher Seite ist die Schuld bei diesem Groll?«

Die Antwort ist lang. Sie ist eingeleitet mit der These, daß sie »auch die Gegner Shylocks justifiziert«! – Auf der Suche nach einem ›durchschlagenden‹ Modernitätsprinzip auf der Seite der Juden wirft Heine die Dialektik des Geldes in die Waagschale; im folgenden Jahr 1839/40 wird daraus die Rothschild-Passage in der Börne-Denkschrift werden (Geld ist flüssiger als Wasser …, IV, 28 ff.); hier haben wir ihren Ausgangspunkt. Shylock, Banker am Rialto im Ausgang des Mittelalters, ist wieder emporgehoben aus der schaurigen Bildtiefe seines Vergleichs mit Abel und aus seinem Abseits in der Morgenröte der Revolution, um ins Licht kältester dialektischer Aufklärung gestellt zu werden – das auf seine Gegner fällt: als das Licht der »Justifikation«. Was er davon abbekommt, war schon für seine Zugehörigkeit zur »unglücklichen Sekte« des Mittelalters gesagt und kann jetzt in die Vermittlung dessen überspielt werden, was er repräsentiert: die Flüssigkeit des Geldes. Sie macht ihn seinen Gegnern gleich und er kann sie besiegen, wenn sie sich ihm über ihre Verhältnisse verschulden. Nicht mehr um Schuld geht es jetzt, sondern um Schulden.

Heine baut das Bild dieser historischen Indifferenz mit einer wie verzweifelten Differenziertheit auf: läßt die geschichtlichen ›Kosten‹ aufblitzen, die es nicht vergessen machen kann; unterzieht sich der schmerzhaften Stilistik offensichtlich um des Zweckes willen, einen Aspekt der Moderne hieb- und stichfest auszuformen, unter dem eine Gleichheit der »Gegner« im Zweikampf (Konkurrenz) beschrieben und die Möglichkeit des Obsiegens angedeutet werden kann. Der bittere Nichtglaube an diese Möglichkeit ist ›von unten‹ in den Text geschnitten und im Witz, der ›steckenbleibt‹, angezeigt: »Wir leben nicht mehr im Mittelalter, auch das gemeine Volk wird aufgeklärter, schlägt die Juden nicht mehr auf einmal tot ...« Aber im ganzen ist die indifferente Kühle der hier besonders hervorgekehrten *sozial*-historischen »Antwort« auf die Frage nach dem Haßgrund ›umgesetzt‹ und im Schlußbild, das unsre zweite Formel birgt, erstarrt: »Sehen Sie, in der Weltgeschichte hat jeder Recht, sowohl der Hammer als der Amboß.« – – Mit ängstlicher Vorsorge hat der Autor Heinrich Heine festgelegt, daß das nicht ihm, sondern der Autorität eines »Privatbriefes« aus Frankfurt (!) zugeschrieben werde. – Ich zitiere den tiefgestuften ›Fremd‹-Text, auf den ich im Kapitel II schon verwiesen habe (S. 74), hier ungekürzt.

»Ich verdamme nicht den Haß, womit das gemeine Volk die Juden verfolgt; ich verdamme nur die unglückseligen Irrtümer, die jenen Haß erzeugten. Das Volk hat immer Recht in der Sache, seinem Hasse wie seiner Liebe liegt immer ein ganz richtiger Instinkt zu Grunde, nur weiß es nicht, seine Empfindungen richtig zu formulieren, und statt der Sache, trifft sein Groll gewöhnlich die Person, den unschuldigen Sündenbock zeitlicher und örtlicher Mißverhältnisse. Das Volk leidet Mangel, es fehlen ihm die Mittel zum Lebensgenuß, und obgleich ihm die Priester der Staatsreligion versichern, »daß man auf Erden sei, um zu entbehren und trotz Hunger und Durst der Obrigkeit zu gehorchen« – so hat doch das Volk eine geheime Sehnsucht nach den Mitteln des Genusses, und es haßt diejenigen, in deren Kisten und Kasten dergleichen aufgespeichert liegt; es haßt die Reichen und ist froh wenn ihm die Religion erlaubt, sich diesem Hasse mit vollem Gemüte hinzugeben. Das gemeine Volk haßte in den Juden immer nur die Geldbesitzer, es war immer das aufgehäufte Metall, welches die Blitze seines Zornes auf die Juden herabzog. Der jedesweilige Zeitgeist lieh nun immer jenem Hasse seine Parole. Im Mittelalter trug diese Parole die düstre

Farbe der katholischen Kirche, und man schlug die Juden tot und plünderte ihre Häuser: »weil sie Christus gekreuzigt« – ganz mit derselben Logik, wie auf St. Domingo einige schwarze Christen, zur Zeit der Massacre, mit einem Bilde des gekreuzigten Heilands herumliefen und fanatisch schrieen: les blancs l'ont tué, tuons tous les blancs.

Mein Freund, Sie lachen über die armen Neger; ich versichere Sie, die westindischen Pflanzer lachten damals nicht und wurden niedergemetzelt, zur Sühne Christi, wie einige Jahrhunderte früher die europäischen Juden. Aber die schwarzen Christen auf St. Domingo hatten in der Sache ebenfalls Recht! die Weißen lebten müßig in der Fülle aller Genüsse, während der Neger im Schweiße seines schwarzen Angesichts für sie arbeiten mußte, und zum Lohne nur ein bißchen Reismehl und sehr viele Peitschenhiebe erhielt; die Schwarzen waren das gemeine Volk. –

Wir leben nicht mehr im Mittelalter, auch das gemeine Volk wird aufgeklärter, schlägt die Juden nicht mehr auf einmal tot, und beschönigt seinen Haß nicht mehr mit der Religion; unsere Zeit ist nicht mehr so naiv glaubensheiß, der traditionelle Groll kleidet sich in modernen Redensarten, und der Pöbel in den Bierstuben wie in den Deputiertenkammern deklamiert wider die Juden mit merkantilischen, industriellen, wissenschaftlichen oder gar philosophischen Argumenten. Nur abgefeimte Heuchler geben noch heute ihrem Haß eine religiöse Färbung und verfolgen die Juden um Christi Willen; die große Menge gesteht offenherzig, daß hier materielle Interessen zu Grunde liegen, und sie will den Juden durch alle möglichen Mittel die Ausübung ihrer industriellen Fähigkeiten erschweren. Hier in Frankfurt z. B. dürfen jährlich nur vierundzwanzig Bekenner des mosaischen Glaubens heuraten, damit ihre Population nicht zunimmt und für die christlichen Handelsleute keine allzustarke Konkurrenz erzeugt wird. Hier tritt der wirkliche Grund des Judenhasses mit seinem wahren Gesichte hervor, und dieses Gesicht trägt keine düster fanatische Mönchsmiene, sondern die schlaffen aufgeklärten Züge eines Krämers, der sich ängstigt im Handel und Wandel von dem israelitischen Geschäftsgeist überflügelt zu werden.

Aber ist es die Schuld der Juden, daß sich dieser Geschäftsgeist bei ihnen so bedrohlich entwickelt hat? Die Schuld liegt ganz an jenem Wahnsinn, womit man im Mittelalter die Bedeutung der Industrie verkannte, den Handel als etwas Unedles und gar die Geldgeschäfte als etwas Schimpfliches betrachtete, und deshalb den einträglichen Teil solcher Industriezweige, namentlich die Geldgeschäfte, in die Hände der Juden gab; so daß diese, ausgeschlossen von allen anderen Gewerben, notwendigerweise die raffiniertesten Kaufleute und Bankiers werden mußten. Man zwang sie reich zu werden und haßte sie dann wegen ihres

Reichtums; und obgleich jetzt die Christenheit ihre Vorurteile gegen die Industrie aufgegeben hat, und die Christen in Handel und Gewerb eben so große Spitzbuben und eben so reich wie die Juden geworden sind: so ist dennoch an diesen letzten der traditionelle Volkshaß haften geblieben, das Volk sieht in ihnen noch immer die Repräsentanten des Geldbesitzes und haßt sie. Sehen Sie, in der Weltgeschichte hat jeder Recht, sowohl der Hammer als der Amboß.«

Unter dem Primat der Philosophie und ihrer avanciert wissenschaftlichen Analytik, wie sie das Zeitalter nach Ansicht der Hegelschule hervorgebracht hat, muß das weltgeschichtlich Konkreteste der Moderne beim Namen genannt werden: die Idee der Befreiung mit den Mitteln der Interessen, in denen »das Allgemeine« wirkt. Es sind die »Interessen der Kapitalien« (II, 524) – Wir müssen hier nicht ausführen, was Heine von den Protagonisten dieser Interessen hielt. Darauf, auf seine Empfindungen, kam es *dem Philosophen* auch nicht an. Die Diskrepanz, auf die es ankommt, ist eine andere. In ihr ist das Motiv eingeklemmt, aus dem heraus Heines Hegel-Umkehrung notwendig geworden ist: Eine wirkliche Gleichheit gibt es nicht, weil der ›subtile‹ Antisemitismus der Moderne, der sich unter merkantilischen Argumenten und ihren ideologischen Unterstützungen verbirgt und tausend Gefahrentage begründet, im Dienst jener »Interessen« erst gedeiht und seine moderne Qualität erreicht: sich *nicht* mehr als uneigentlicher Haß des Volkes auf den Reichtum derer, die es ausbeutet, justifizieren läßt.

Hier haben wir ihn wieder, den Umschlag Hegelscher Dialektik in einen Realismus, der das Wesen jüdischer Geschichtserfahrung ist. Tiefsinnig ironisch nennt Heine seinen Hegel den »Propheten des Abendlandes«, ein weiß Gott »schauriger« Tiefsinn (IV,40). In ihm erkennen wir die Quelle der genuinen Philosophie H. Heines. Er entwickelt sie dialektisch im Verwerfen hochbewerteter Vorlagen, der Geschichtsphilosophie des Meisters selbst wie auch der (unterstellten) Abstraktion Shakespeares vom besonderen jüdischen Leid Shylocks (»von Religionsverschiedenheit … in diesem Stücke nicht die geringste Spur«). *Es ist* die religiöse Gewaltrechtfertigung der »Gegner Shylocks«, die die Ungleichheit *verewigen*, wenn die *Befreiung* nicht gelingt. Wiederum in Umkehrung der ›Fronten‹ sagt Heine in eigener Sache der Juden: »Was den Republikanismus der Juden betrifft ... [:] Freiheit und Gleichheit war ihre Religion. Welcher Wahn!« (IV, 258)

Hat der Philosoph, auf seine Weise, gesprochen und hat den Geist durchgeschüttelt, ist der Schriftweg frei für das wahre Mitleid, das unendliche, das dem Dichter durchs Herz rieselt wie die Buchstaben, die er findet, um sie in der Denkschrift für Shylock weinen zu lassen – »Tränen, wie sie nie mit den Augen geweint werden ...« (S. 90).

3. »DER GRUND IST GESCHICHTE«

(Die Hamburger Krawalle)

Das Diskursstück, das der »Traumjäger« als Schriftsteller, der er (auch) ist, in sein venetianisches Suchbild »Shylock« 1838 einfügt (S. 83 f.), umschließt jenen Gedanken, den Heine aus Hamburger ›Rohaufzeichnungen‹ nach Paris mitgenommen hat. »Sie sind zu schwach«. In der Hansestadt war er notiert in den Tagen der Hep-Hep-Krawalle, die im engeren Sinn dieser Titulierung auf drei Tage, vom 31. August bis 2. September 1830, zu datieren sind (S. 197 f.). Der Gedanke hatte den szenischen Wortlaut:

> Ein Jude sagte zum andern: »Ich war zu schwach.«
> Dies Wort empfiehlt sich als Motto zu einer
> Geschichte des Judentums. (VI, 616)

Bedenken wir vorweg die Kunstart einer solchen Aufzeichnung. – Sie trägt die Signatur eines Augenblicks, der aber dann, wenn er in veröffentlichtem Text ›wiederholt‹ wird, im Nachhinein seine autorisierte Vorbewertung als ein Schriftzeichen beweist, dem möglicherweise beträchtliche Bedeutung zugedacht ist. Ist sie schon *ganz*, also zur Aufschreibzeit, verwirklicht und weist so auch zurück in eine Vorzeit, oder *wie weit* schon ist sie verwirklicht, gemessen am Entwurf eines möglichen ›späteren‹ Textorts oder dann an diesem selbst? – Über Beweglichkeit und Verwandlung solcher Aufzeichnungen bis in die Neuverkörperungen im Kontext einer Schrift können wir nur dank philologischen Wissens urteilen. Sätze, Satzstücke, Bilder, Wörter kommen aus dem Nachlaß, wo sie hätten verschwinden können, zurück in die wirkliche Möglichkeit ihrer isolierten oder kontextuellen Lektüre. Dem ›natürlichen‹ Lesen, das vom Bestand oder Wandern solcher Splitter nichts weiß, wird per Kommentarstück angeboten, vom Nachlaßwissen Gebrauch zu machen. Mit welchem Gewinn? In unserm Fall (nicht allzuoft ist der Weg eines Splitters von der Aufzeichnung in eine bestimmte Textstelle nachvollziehbar) ist eine Differenz zwischen Aufzeichnung 1830 und ihrer öffentlichen Neuverkörperung 1838 spontan erkennbar und somit der ›Werdegang‹ des Splitters als eigener Lese-Anhalt an uns vermittelt. Dies ist zunächst von struktureller Bedeutung: Das Textteilchen »zu schwach« kommt, irgendwie, ›von unten herauf‹! Wir stehen an einer Stelle, wo jene Vorstellungshilfe, die einleitend zum Kapitel benannt ist (›Blick hinab‹, S. 139), die Erkenntnis eines konkreten Textereignisses formgerecht erhellt. Der Realismus der symbolischen Schriftwelt ist erwiesen; er bedeutet, daß Bilder, die aus unmittelbarer Beobachtung der Tageswelt zu stammen scheinen, durch die Nacht der Schreibbewahrung gezogen erst literarisch verwirklicht sind.

In Heines Worten, »Memoiren« (um 1851): Es ist ein Austausch und Miteinander der »oberen Abteilung« des Dichterlebens (Gegenwart) und seiner »unteren Abteilung« (poetische Vergangenheit), Austausch und Miteinander in »fortlaufenden Nachtträumen«, in denen Ich sein Doppelleben erfährt: das eine Leben im Umgang mit bunt-wüsten Traumgestalten, denen es »dennoch wie alten Bekannten« begegnet, das andere, das ungeträumte Leben, im »Grauen« darüber, daß im geträumten Leben »Ich ein anderer« ist. (VI,572)

Das Ganze, die *Raumzeit des Dichters* (oder des erinnerten Kindseins als Grunderfahrungsstufe des arbeitenden, erwachsen werdenden Dichtens), welche ›oben‹ im Untensein zugleich ist: es ist eine Vorstellung, die nicht gespalten, nicht aufspaltbar ist! – in der es wohl Grauen, doch kein Schwanken gibt. Dort hat Ich schreibend Selbstbewußtsein. Der Traumjäger wandelt »dort mit sicherem Fuß und sicherem Verhalten.« Der Name dieser literarischen Doppelgängerzeit: »Traumzeit« (VI,572).

Im freundlichen Anschein unangestrengter Märchenstimmung, die Heine seinem hochsystematischen psychoanalytischen Erzählstil zu verleihen weiß, kommt solche, wie hier und oft auch knapp gezeichnete Theorie poetischer Modernität in einem denkbar einfachen, ja fast unauffälligen Vergleich daher: »Mein Leben glich damals einem großen Journal, wo die obere Abteilung (...), während die untere Abteilung ...« – Und doch erweist sich diese Schema-Erinnerung aus dem Journalgebrauch (Tagesberichte/Tagesdebatten oben – Romanfeuilleton unten) als kunstvolle und, wie wir wissen, spinozianische Überkreuzung von Zeit- und Raumwirklichkeit (S. 121 f.) dergestalt, daß ihre Wirklichkeiten ineinandergehen und auf diese Weise als getrennte aufgehoben sind. Denn die referierte Ich-ist-ein-anderer-Konstruktion ist ja nicht statisch ins Bild gesetzt, sondern als Leben erinnert, für das die dynamische, eben als *Erinnerung* in Bildern arbeitende »Einheit des Selbstbewußtseins« in Anspruch genommen ist (ebd.). Dieses kommunizierende Ineinandergehen nun, das den Affekt-Augenblicken (»Grauen«) ihren Textort verschafft und dabei die »Zeitstrecken« des Erinnerns mit allen ihren »Intervallen« buchstabenfest *augenblicklich* erscheinen läßt, ist in unserem Beispiel manifestiert.

Der Erkenntnis des Ereignisses in unserem inhaltlichen Zusammenhang kommt zugute, daß es sich bei der Hamburger Aufzeichnung um ein Notat handelt, das als solches bereits einen Kontext hat (VI, 619 ff.), d. h. überliefert ist zusammen mit einem kleinen Ensemble solcher Notate in der besonderen Situationszeit August/September 1830. Heinrich Heine, soeben zurückgekehrt von seinem literarisch brisanten Aufenthalt auf Helgoland (Fortsetzung seiner Studien zur Französischen Revolution, Nachricht von der jüngsten Real-Fortsetzung in der Großen Juli-Woche zu Paris, Bibellektüre) wandert durch Hamburgs Straßen während der judenfeindlichen Ausschreitungen, die ihren inneren Zusammenhang mit den revolutionären Übersprüngen aus Paris nach Deutschland insofern offenbaren, als sie ›aufgehen‹ (und so auch im allgemeinen vergessen werden) in sozialrebellischen »Gefahrentagen«, die Hamburgs bürgerlich-proletarische Unterschichten ihren Oberen bescheren. – Betreten wir den Schauplatz mit dem zeittheoretischen Rüstzeug dieses Kapitels.

Der Flaneur, Angehöriger der (jüdischen) Oberschicht, tritt zwischen drei ›Eckzeitpunkte‹ in einem ›Vortext-Geschehen‹, indem er (im Schema seines Journalbildes) zunächst zur

Geschehenszeit das Material aufnimmt, das z.T. bereits Sprache ist (Parolen, Sätze von Handelnden und Nichthandelnden, Zeitungsberichte, Debattenfetzen, Gerüchte) und es in einen eigenen vorläufigen (nicht zur sofortigen Veröffentlichung bestimmten) Tagestext überführt, – und zugleich diese »Gegenwart« (Tage und Text, Tage im Text, Texttage)[23] in die Tiefe derjenigen Zeit auflöst, die wir ›Vergangenheit in der Gegenwart‹ nennen: Eine Wortszene der Tage, deren Wortlautform in den Rahmen für einen jüdischen Witz gestellt ist (Ein Jude sagte zum anderen), hat das »Motto zu einer Geschichte des Judentums« hervorgebracht, und so wird es notiert.

Die Gesamtzeit-Strecke der Exils- und Verfolgungsgeschichte ist in den Augenblick eines (verborgenen) Affekts aufgehoben – – Und dieses Einswerden zweier Zeitpunkt-Anhalte (»Edom« in Hamburg) wartet nun, indem es Vortext bleibt, auf eine Verwirklichung in der »Traumzeit«-Weise des Dichters. Es ist ein vor- und zurückwissendes Warten. Die Geschichte des Judentums ist sein Raum. Es ist literarisiertes Offenhalten der Geschichte überhaupt, Sorge; besorgtes Sehen auf den Tag und sorgendes Warten auf den zur Notatzeit noch offenen Endpunkt einer *Unterwanderung* der laufenden schriftstellerischen Arbeiten durch die Aufzeichnung dieses Tages.

Die Aufzeichnung geht auf eine eigene Zeitstrecke; Aufschub ist die Kraft, die sie auf dieser Strecke hält. Diese ist, im ›oben/unten‹-Schema vorgestellt, ›Zeit unten‹: Ein »Motto« wird auf die Wanderung durch die »poetische Vergangenheit in fortlaufenden Nachtträumen« geschickt. Eine Vergangenheit wie die, die jetzt auf den Straßen Hamburgs in kurzen Tagen wieder beginnt, existiert nicht im Schema des linearen, kalenderlogischen *Drei*-Schritts Vergangenheit-Gegenwart-Zukunft.

Diese Vergangenheit ist Jetztzeit, drei und mehr »Gefahrentage«. Der Hamburger Senat erklärt sie am 13. September für beendet.[24] Der Schriftsteller aber hatte während der Gefahr zugleich ihre ›Zukunft‹ ins Jetzt eingeholt: Das »Motto« geht auf seinen Weg. Da es der *Erinnerung* zugespielt ist, die hinabgedehnt ist in die Geschichte, ist nun leicht einzusehen, daß es ›zeitlos‹ ist im Sinne eines *allzeitlichen Wortseins* im Raum einer Vorstellung, die dem Dichter allein eignet. Folgerichtig nennt Heine diese *Raum*-Vorstellung, in der der gehörte Tag-Satz seinen Ort als »Motto« beansprucht, in der zitierten und hier belehnten Version »poetische Vergangenheit«.

Wir haben also den Titel seiner poetischen *Zeit*-Vorstellung vor uns, die nach der spinozianischen Kategorie der Raumzeit gebildet ist (S. 121 f.). Ich schlage vor, diesen Tatbestand hier so zu nennen: Im jüdischen Geschichtsbewußtsein sei Alles noch Vergangenheit, auch die Zukunft, und erst recht die Zeit, die erfaßt ist im Jetzt der Erinnerung: auf den Straßen des Hep-Hep-Krawalls.

Jetzt und hier verfließen auch die Grenzen zwischen Flaneur-Situation und Bibliothek. Gesehen, gehört, gelesen, erinnert ist ›Material‹, aus dem die Geschichte sich *phantastisch kundgibt*, d. i.: dann schon hindurchgegangen ist durch die *Nachtträume* der »poetischen Vergangenheit«, die Zeit des Dichters (VI, 572). »Der Geist der jüdischen Geschichte offenbart sich mir immer mehr und mehr ...« sagt Heine ein Jahr vor seiner Taufe, während der Arbeit am »Rabbi«-Projekt (I,839) – solcher Offenbarung öffnet sich der Schriftsteller auf der Zeitstrecke seiner Wanderungen ›oben‹ in der »Gegenwart« wie im Traum oder ringt um sie, wenn er an bestimmten Stellen der Schriftentfaltung, z. B. nach der Rückkehr aus Italien 1829, unwillkürlich stillhält, studiert, »wie es Vögel gibt, die irgend eine physische Revolution (...) vorausahnen«; oder wenn sich ihm das Studium, auch das Philosophieren aufdrängt, so wie vor den Krawallen, als er im Zweifel verharrte, ob das »Weltallgemeine«, das sich mit und nach der Juli-Revolution 1830 manifestiert hatte, womöglich ganz »ohne unser Zutun« voranschreite (19. November 1830 und 1. April 1831 an August Varnhagen).

Der Flaneur-Blick, der einer Straßenszene das »Motto zu einer Geschichte des Judentums« abliest und es aufzeichnet, ist als Textmoment, strukturell gesehen, jenen ›Leerstellen‹ verwandt, die wir als Orte der Schriftstille und Denkanregung in den veröffentlichten Texten kennengelernt haben (S. 87 f., 123 f.). Der Autor, als er das 1830 auf die Reise durch die »Nachtträume« geschickte Motto 1838 in der Shylock-Szene seiner Gefühle textlich neuverkörpert, legt so fest (für Lesende, die sich den Vorgang bewußt machen wollen), daß die Denkanregung der Stelle auch auf die Selbstreflexivität der Dichtung als Geschichtsschreibung zielt. Ich bin dieser Anregung im II. Kapitel nachgegangen. Wir haben wahrnehmen können, wie auch und gerade eine ›offen‹ als Traum dargestellte Textkonstruktion die facettenreiche Geschichte der Vertreibung und des Marranentums hat aufleuchten lassen. Offenkundig muß eine »Geschichte des Judentums« nicht professionell ›betrieben‹: geschrieben oder konzipiert sein, um in eine Form ihres Erscheinens zu gelangen.

Im nächsten Kapitel wird das noch augenfälliger werden. Es handelt sich um eine Geschichte der Vergangenheit, der »die Färbung unserer eigenen Gefühle« verliehen ist (IV,179); um eine Geschichtsschrift eigenen Rechts. Also auch eigener, vielleicht besonderer Berechtigung in der Kultur des Gedenkens, neben ›akademischen‹ Formen der Historiographie.[25]

Bedeutender als ein Vergleich mit nicht-poetischer Geschichtsschreibung ist es in unserem Zusammenhang, auf die autobiographische Aufladung zu achten, die der Hamburg-Splitter »zu schwach« im Körper des Venedig-Textes bewirkt – insgeheim bewirkt, da in dieser Hinsicht kein offenes Signal gewählt ist. Was Heine in seiner Shakespeare-Einleitung als das Merkmal lebendiger Geschichtsschreibung kennzeichnet, die Farbe der eigenen Gefühle und das dialogische Band zwischen den Generationen, das in den Gefühlen seine Wirkung zeigt (S. 195), das teilt er seiner Traumszene mit und diese »Färbung« genügt ihm dort als Mitteilung seiner selbst. Tränen, ihr Grund ist Geschichte ... – Haben wir aber die Hamburg-Wurzel des Venedig-Textes im Sinn, vertieft sich uns der Augenblick des Mitleids trotz seiner grandiosen Dehnung ins ›zeitlos‹ Weite des jüdischen Geschichtsbewußtseins hinunter in den Abgrund eines persönlichen Zustands von höchster Spannung. Wir lesen ineins: das Mitleid mit dem vergangenen und künftigen Martyrtum der »inkurablen« Orthodoxen (IV,265) und das Subjekt-Prädikat-Verhältnis in der Motto-Szene »Ich war zu schwach«.[26]

Es ist die Doppelbödigkeit solcher Lektüre, die ›unter‹ den neuartigen Assimilationsproblemen des 19. Jahrhunderts mit ihren individuellen Erfahrungsbeständen den weltallgemeinen Geschichtsgrund der Juden erschließt, Schuld und Leid, über den Heinrich Heine nicht in der Dimension einer persönlichen Schuld- und Leidensgeschichte und auch nicht in Hegels

Begrifflichkeit[27] schreiben wollte. Dieses Vermeidungs-Motiv ist stil- und bilderprägend in den »Memoiren« – Wieder überliefert der Autor in diesem ›letzten Text‹ seine geheimsten Gedanken. Sie mußten bis hierher noch das »Weltrevolutionsgepolter« Februar 1848 durchschritten haben, den »sichtbar gewordenen Gotteswahnsinn« (V,804).

Es gibt gewiß noch schlimmere Schulden als Geldschulden welche uns die Vorfahren zur Tilgung hinterlassen. Jede Generation ist eine Fortsetzung der andern und ist verantwortlich für ihre Taten. Die Schrift sagt: die Väter haben Härtlinge (unreife Trauben) gegessen und die Enkel haben davon schmerzhaft taube Zähne bekommen. Es herrscht eine Solidarität der Generationen die auf einander folgen, ja die Völker die hinter einander in die Arena treten, übernehmen eine solche Solidarität und die ganze Menschheit liquidiert am Ende die große Hinterlassenschaft der Vergangenheit – vielleicht durch einen Universalbankrott. (VI,573)

(Variante: »Im Tale Josaphat wird das große Schuldbuch vernichtet werden oder vielleicht vorher noch durch einen Universalbankrott.«)[28]

Die Wortschöpfung »Universalbankrott« für: Weltrevolution in der Moderne, hat ihre Wurzeln im Hamburger »Ideen«-Schatz des Buchs le Grand von 1827 und wird seitdem bis in die Tage der Februarrevolution 1848 vielfach umspielt. Es ist das Hamburger Erfahrungsmilieu, ergänzt in Paris (S. 413), das sich dergestalt kundtut. Der Sohn der Revolution unterhält zu seiner Mutter ein tief unruhiges Verhältnis: der ›persönliche‹ Aspekt dieser Unruhe interessiert hier: Ihre Quelle sind die Schulden des Sohns beim System der Revolution (S. 185). Jeder Fortschritt des Systems verstärkt die Unruhe, der »Lärm« der Weltgeschichte als Revolution »stört« den Poeten, dessen messianische Gedanken in solchem Augenblick negativ gewendet werden (S. 138 f.).

In den ›privaten‹ Aufzeichnungen, als er an eine solche für ihn typische Bruchstelle von Gefühl und Gedanke wiedereinmal gerät, schlägt er seinen Ton sarkastisch ahnungsvoller Bangigkeit an, spricht von der Sittlichkeit der Juden, den Geschöpfen Moses'! »Ist ihre Mission geendigt?« Die Bangigkeit läßt es ihn fast glauben: geendigt im System, dem er sich verschuldet hat, geendigt mit dem neuen realen Vehikel des Weltgeists der Hegelschen Theorie, mit »den Wellen« der modernen Revolution ..., nämlich »wenn der weltliche Heiland kommt: Industrie, Arbeit, Freude – Der weltliche Heiland kommt auf einer Eisenbahn ...« (VI,652) Kind Heine wird sich um Aktien dieses Transportmittels bewerben.

Hier ist der Prozeß der Moderne beim Namen genannt, Prozeß, der den Sohn fortreißt, ja beglückt (S. 299 ff.), dessen Vernichtungsenergien jedoch dem *jüdischen* Prinzip der Moderne, der Mission der Bibel, ein Ende bereiten könnten und daher den Kämpen des Geistes und der Revolution in seine berühmte Zerrissenheit stellt. In der erzählerischen und analytischen Souveränität der »Memoiren« ist von Zerrissenheit keine Rede mehr, an unser Zitat schließt ursprünglich ein schöner Passus über Moses' Gesetzesregelung des Erbrechts an (wir kennen die Gedanken dazu aus der langen »Geständnisse«-Passage in der Shylock-Einleitung, S. 18 f.); doch ist da Heines noch immer tiefe Erregung über die Unvereinbarkeit von jüdischer und revolutionärer Moderne nur besonders tief *verborgen*. Wir wissen von ihr aus den Assoziationen, die das hier gebrauchte Wort »Familie« im Netzwerk von Schrift und Lektüre anstiftet. Unter dem Druck der Familienzensur streicht Heine schließlich die Stelle.[29]

Der Gesetzgeber der Juden hat diese Solidarität tief erkannt und besonders in seinem Erbrecht sanktioniert; für ihn gab es vielleicht keine individuelle Fortdauer nach dem Tode, und er glaubte nur an die Unsterblichkeit der Familie; alle Güter waren Familieneigentum, und niemand konnte sie so vollständig alienieren, daß sie nicht zu einer gewissen Zeit an die Familienmitglieder zurückfielen.

»Familie«, das ist auch Ottensen, Salomon Heines Garten der »Affrontenburg« –

Vermaledeiter Garten! ach,
Da gab es nirgends eine Stätte,
Wo nicht mein Herz gekränket ward,
Wo nicht mein Aug geweinet hätte.

Und noch weiter unten in der Geschichtstiefe der gestrichenen schönen Memoiren-Stelle erinnert an die Erregung des »Kindes« in der Schrift ein wie spielerischer Wechsel vom Sprechen über die *Mutter* zum Gedenken des *Vaters*, der noch, in der ebenfalls unterdrückten biblischen Variante, *vor* dem Richter im

Tale Josaphat zu Wort kommt: liebevoll, in einer Ironie, die ihm selber zugeschrieben ist, an den Thora-Ursprung der Generationen gestellt, an die Seite Moses'. Erzählt war – wobei das ›oben/unten‹-Schema aufgezeichnet ist – »aus jener Traumzeit, wo ich mein eigener Großoheim war«, der geheimnisvolle »Morgenländer«, »Chevalier« van Geldern.[30]

Wenn ich Fehler begehe, deren Entstehung mir unbegreiflich erscheint, schiebe ich sie gern auf Rechnung meines morgenländischen Doppelgängers. Als ich einst meinem Vater eine solche Hypothese mitteilte, um ein kleines Versehen zu beschönigen, bemerkte er schalkhaft: er hoffe daß mein Großoheim keine Wechsel unterschrieben habe die mir einst zur Bezahlung präsentiert werden könnten. (VI,572f.)

Ganz anders nun, als in diesem späten »Märchen meines Lebens«-Ton, nämlich etwas fahrig pointierend und auf der Bildsuche ungestillt, ist Heines Zwiespalt zwischen Judentum und Hegelschülerschaft in seinen Krawall-Aufzeichnungen präsent. Ist es Sozialrevolte oder Judenverfolgung, was er erlebt? Lassen sich die beiden ›Aspekte‹ der Krawalle trennen? Gerät bei ihrem weiteren Verlauf das verfolgungsgeschichtliche Aufblitzen bei ihrem ›Ansatz‹ in den Caféhäusern um den Jungfernstieg am 31. August und 1./2. September objektiv in Vergessenheit, wie es nach den Dokumenten den Anschein hat?[31]

Der Chronist: »In allen öffentlichen Lokalen wird die Marseillaise verlangt und gespielt, auch sind nie Zeitungen wieder mit solcher Hast verschlungen worden wie damals.« Das ist ein Bild aus der deutschen Wirkungsgeschichte der Pariser Juli-Revolution, Hamburg Juli/August 1830; in unserm Kontext Vorgeschichte. Heine ist noch auf Helgoland, wo *er* die Zeitungen ungeduldig erwartet, mit den Nachrichten von der »Großen Woche« in Paris (»Sonnenstrahlen, eingewickelt in Druckpapier«, die berühmte Stelle in den »Briefen«, IV,50 f.) … – Um den Jungfernstieg staut sich ›Ärger‹ an, bürgerliche Juden im einen oder anderen Pavillon haben versucht, Besucher am Debattieren und Marseillaise-Singen zu hindern; der Chronist spricht von ›Erinnerung‹: Im Volke der Mittelklasse stecke »noch von 1819 her« (das Datum der seit langem wieder ersten judenfeindlichen Krawalle in Deutschland, mit dem ›neuen‹ Ruf »Hep«[32]) die »Erbitterung gegen die Juden, vorzüglich gegen die dem eigentlichen Schacher obliegenden«. Dies stoße nun zusammen »mit der zur Schau getragenen Geldarroganz Einiger von ihnen.« Heine notiert: »Reiche Juden – der junge Schweinehirt will als Reicher seine Schweine zu Pferde hüten – jene haben sich aufs hohe Pferd gesetzt …«[33]

Heine ist jetzt in der Stadt zurück (seit dem 23. August). Nimmt er Partei? Leidet er nicht unter eben dieser Arroganz in seiner Familie, in der »Affrontenburg«? Die anschließende Notiz lautet, er liebe, die ihn quälten, »persönlich«. Am 31. August »greifen«, so der Chronist, Cafébesucher in einem Pavillon »zur Eigenhilfe«. Das macht Schule, und noch am selben Abend »entfernte« man »die Juden und alles was ihnen ähnlich sah, gewaltsam aus allen öffentlichen Lokalen.« Andere Nachrichten bemerken, daß all dies jedoch geschah, ohne die Juden »sonst zu mißhandeln«. Am 1. September kann dann nichts mehr beschönigt werden. Noch am Abend des 31. August hatte sich das Geschrei der ersten Hep-Hep-Rufe über die Straßen gelegt, aus den Zusammenrottungen heraus, so der Chronist, zertrümmerte »der Pöbel die Fenster in diversen Judenhäusern.« Heine: »Nicht bloß der Pöbel … Wenn *ich* von Pöbel spreche …«[34] »Vergleich mit der französischen Revolution – ein Frauenzimmer in Mannskleidern hat Scheiben eingeworfen, ihr Name –« »Juden – sie waren die einzigen, die bei der Christlichwerdung Europas sich ihre Glaubensfreiheit behaupteten –« Der 1. September findet am 2. September seinen ›eigentlichen‹, gesteigerten Ausdruck. Es scheint, die Menge auf den Straßen ist in Pogromstimmung. Sie dringt nun von draußen in die Caféhäuser ein …, »Juden raus!« »Nieder mit den Juden!« Heine: »Ein Jude wehrt sich, aber wie bei Navarino siegte das Kreuz …«[35] »Eine Phyrne, welche am Dammtor stand, sagte: ›Wenn heute die Juden beleidigt werden, so gehts bald gegen den Senat und endlich gegen uns.« Kassandra der Drehbahn[36], wie bald gingen deine Worte in Erfüllung!« Am 2. September wird ein »Ruhestörer« festgenommen, eine erste erkennbare Handlung des abwartenden Senats. Die Stimmung, so alle Nachrichten, schlägt um. »Es geht gegen den Senat«. *Jetzt* habe die Rebellion begonnen, so ist die übereinstimmende amtliche und öffentliche Verschriftlichung der Geschehnisse; *jetzt* ist von »Brutalität« die Rede: seitens der Tumultuanten.

Bürgergarde und Militär stehen gegen eine Menge, die sich dann am Morgen des 3. September, einem sonnig milden Herbst-Freitag durch den Neuen Wall gegen das Stadthaus bewegt, bedrohlich verharrt, Steine gegen die Fenster des Senats wirft und unterm Rauschen der Parolen sich im Sozialprotest homogenisiert. Die judenfeindlichen Rufe sind aus dem öffentlichen Text verschwunden (überdeckt?). Die Parolen lauten: »Steuern abgeschafft! Weg mit den reichen Kaufleuten! (!) Weg mit dem Nepotismus! [›Vetterleswirtschaft‹] Nieder mit den Mystikern! ... mit der Zensur! ... der Polizei! Aux armes, citoyens!« Und sie werden immer diffuser, komischer – Parole an und für sich; offenbar auch Aufruhrspaß, der beim Auszug der Stadtplebejer bei noch immer schönem Wetter am 4. und 5. September zum Hamburger Berg (St. Pauli) noch einmal vielstimmig wird, ehe er unter den ersten Kugeln der Bürgersoldaten und Ulanen ein Ende hat.

Auch am Hamburger Berg war Heine dabei. Am Schreibtisch dann vermeidet er, genau zu werden, stilisiert auffällig; ins Witzige sich tastend. Und ein strukturell eklatanter, doch auch inhaltlich sonderbarer Vergleich zur Komposition des späteren Textes, des venetianischen Jom Kippur, drängt sich auf. Unmittelbar vor unserem Zentralbeleg »Ein Jude sagte zum andern ...«, im selben Schreibzug, erzählt Heine, er sei »während des Tumults« (am 4. oder 5. September) in der Menagerie van Aken gewesen:

> Der Löwe war am ruhigsten, vornehm indigniert, die Affen freuten sich, die Schlangen wanden sich, die Hyäne war unruhig gierig, der Eisbär streckte sich bequem hin und wartete, das Chamäleon veränderte jeden Augenblick die Farbe, rot, blau, weiß, endlich sogar dreifarbig – die Tiere sahen menschlich vernünftig aus, im Gegensatz zu den Menschen, die tierisch wild rasten. (VI,616)

So haben wir die ›Nahtstelle‹: »Die Menschen rasten (Absatz) Ein Jude sagte«!

Das ist in der Schreib- wie in der erzählten Zeit dichteste Nähe, wenn nicht Verschmelzung der äußerlich im Geschehen inzwischen zeitlich getrennten ›Aspekte‹ Pogromlatenz und Sozialprotest. Und ist es nicht unzweifelhaft, daß dieses buchstäbliche Zusammenrücken die Gleichzeitigkeit der *Schrift* gegen den Anschein von Verschiedenzeitigkeit und Verschiedenartigkeit der Beobachtungen in der ›*Wirklichkeit*‹ ins Recht setzt?

So wie der Flaneur das Erkennbare aufschreibt, *sieht* er es offenkundig aber doch auch. Er beobachtet das, was ihn ängstigt, in dem, was ihn freuen sollte. Die Hep-Hep-Schreie im Ohr glaube an die Trikolore, wer an die farbliche Beständigkeit des Chamäleons glauben kann! Deshalb gehen die ›objektiven‹ und die ›subjektiven‹ Zeugnisse der »Gefahrentage« in Heines Aufzeichnungen kaum abgrenzbar ineinander über und verraten in dieser Gestalt die sie hervortreibende Erregung und Sorge, die aus dem Untrennbaren dieser Tage begründet sind. Andrerseits: Witziges Experimentieren mit der Blick- und Hörmaterie, die beim Umhergehen sich gebildet hat, schafft Distanz zu ihr. Bedenken wir aber die Beziehung des Witzes zum Unbewußten (S. 77 f., 374 ff.), so bekundet die Arbeit an der Distanz doch nur, daß der bewegte Dichter den Mittelpunkt des Geschehens, das die Gefahr birgt, in sich selber ›weiß‹. Der Schrecken hat dorthin, ins Herz getroffen – das für die Revolution schlägt.

Im wohlbekannten Gedicht »Erinnerung aus Krähwinkels Schreckenstagen« (1853) haben wir noch ein spätes Echo der akuten Bemühung um witzige Chockabwehr. Dieses abgeklärt ›sozialistische‹ Poem ist ein nachvibrierend Hamburgisches und schöpft aus dieser Quelle den marranischen Gestus, der im Spott gegen das 1830 zur Anwendung gebrachte Tumultmandat vom 8. Juli 1796 den Schutz hat, nicht davon sprechen zu müssen, daß am Ende die Juden allein »das Maul zu halten« haben, nicht »Jud und Christ«, und daß im Verweis auf die Fremden die Obrigkeit (»fromm und liebend«) stets mit den rebellischen »Landeskindern« sich wieder ins Benehmen zu setzen versteht.

> Ausländer, Fremde, sind es meist,
> Die unter uns gesät den Geist
> Der Rebellion …

Im Augenblick des Tumults versucht der Witz sich z. B. an seiner Möglichkeit zu lustiger Simulation. Den Schmerz des Juden über seine Nichtidentität mit dem ›Subjekt des Aufruhrs‹ schafft sich Heine vom Halse durch den kleinen Lustgewinn an diesem Einfall: Das polizeilich ausgestreute Gerücht von »fremden Emissären«, die, »in guter Kleidung«, das Volk aufwiegelten und ihm aus regierungsfeindlichen Journalen vortrügen, gießt Heine in die Notiz: »Vorwurf: Zeitung gelesen – ›Morgenblatt‹ – es stand vielleicht ein Gedicht von mir drin.«

Der jüdische Poet als Revoluzzer – ein Witz. Er ›verlängert‹ ihn noch bei ruhigem Schreiben hinter den Fenstern in eine Hetzrede-Parodie im wohltemperierten Ton »liberaler« Deputiertenrede: »Mißkennt mich nicht, ich will nicht das Volk gegen euch aufwiegeln …«

›In Wahrheit‹ gehört der Dichter in das Kollektiv, dem der Schrei eines anderen gilt, Hep-Hep-Hep. Unter dem Eindruck dieses Schreis muß Heine sich in diesen Tagen mit seinen Vertrautesten über seine Gefühle verständigt haben. Rahel Varnhagen wird diese ›Nachricht‹ als die eigentliche des Dichters aus Hamburg aufnehmen (S. 203). Es ist nicht gewiß aber wahrscheinlich, daß beide eine der umlaufenden ›Übersetzungen‹ gekannt haben: Hierosolyma est perdita, Hep. »Wenn ich deiner vergäße …«, das zerstörte Jerusalem der Fluchtpunkt des jüdischen Gedenkens und des Spotts der Feinde im neuen Ton des alten populären Hasses. »Ein Jahrtausend schon und länger …« (I,271)

Ich glaube, daß dies der Herzpunkt des Dichters in den »Gefahrentagen« ist. Seine philosophische Indifferenz treibt ihn, Schriftsteller zu sein und mitten hinein in die Erkennbarkeit der Tage zu gehen, und er tut es tief »gestört«!

Frappant sein Hineingehen in die Szenen, Hauptorte der Menge im Aufruhr. Merkwürdig der Zufall seiner Adresse: Haus-Nr. 28 Neuer Wall. Hier bewegte sich die Menge gegen die bewaffnete Staatsgewalt und hier war es zu ›hören‹, das Umkehrenkönnen des zeitlichen Verlaufs der Geschehnisse seit dem Hep des Vortags. Dem es im Ohr liegt, wie es sich an seinem Hamburger Lieblingsort, dem Pavillion, erhoben hat, der hört es auch schon im Echo seiner »fortlaufenden Nachtträume«. Von hier und dort, ›oben‹ und ›unten‹, zeitlos hört er es und fühlt sich »gestört«. Nichts betont er dieser Tage in vertrautem Gespräch und Brief öfters.

Diese private Hintergrund-Äußerung ist wegen ihres Mangels an Heroik bedeutsam. Der Kämpe der Revolution genervt – wie ›gut‹ paßt das ins Heine-Bild jener, die den philosophischen Indifferentismus des Dichters begriffslos dem politischen Autor als Wankelmut und Dandyismus ankreiden! Dem »Augenblick der Gefahr« aber stellt sich kein politisch abgeklärter, vom doppelbödigen Elendsgrund der Rebellion ungerührter Verstand. Der Grund wird leiblich angeeignet, mit »beleidigtem Herzen« (S. 162). Die erwanderte Erkennbarkeit einer historischen Konstellation, in der es unmöglich ist, die geschichtliche Faktizität von Sozialrebellion und Judenfeindschaft substanziell säuberlich voneinander zu trennen, versetzt den Poeten in Sorge und Schrecken. Die Unfähigkeit zu sofort publizierbarem Tagesbericht – »geschrieben angesichts der Begebenheiten, im Geräusch des Parteikampfs« (III,228) – wird in Paris überwunden sein, jetzt noch nicht.

Es ist eine Urszene, deren Ausstrahlung aus dem Untergrund der Schriften in ihre Tageshelle dem »Schriftsteller, welcher eine Revolution befördern will« (III,215), immer zusetzen wird. Als nächste große Probe auf diese Feststellung könnte sich die Lektüre den Texten der »Französischen Zustände« annehmen, deren stilistische Luzidität aus der hier rekonstruierten Hamburger Unruhe-Quelle *erarbeitet* ist und sie auf vielfältige Weise, bis zum wörtlichen Zitat[37] ›bestätigt‹ – Sie selber scheint dann in nahezu epigrammatischer Gedankensicherheit verschwunden zu sein nach dem ›Motto‹:

> Ich will so viel als möglich parteilos das Verständnis der Gegenwart befördern, und den Schlüssel der lärmenden Tagesrätsel zunächst in der Vergangenheit suchen. Die Salons lügen, die Gräber sind wahr. Aber ach! die Toten, die kalten Sprecher der Geschichte, reden vergebens zur tobenden Menge, die nur die Sprache der Leidenschaft versteht.
>
> (III,164)

›Im Grund‹ ist das Hamburg-Text, September 1830, Kennwort »Lärm« unter den Fenstern.

Stets wird der jüdische Hegelschüler, wenn er Geschichte schreibt, vor sich selbst nicht zur Ruhe kommen, denn sein philosophischer Indifferentismus den »Tatsachen« gegenüber beharrt darauf, daß »die sogenannte Objektivität (...) nichts als eine trockene Lüge« und die »Stimme der Wahrheit« nur einer Sprache zueigen sei, in der »Poesie und Historie« eins sind

(IV,179). Der Autor solcher Grundsätze, solcher Gedankeneinheit (86) wäre vom konkreten »Lärm« der Geschichte nicht »gestört«, hielte er ihnen als Poet problemlos stand. Daß das Einssein von Poesie und Historie das Epigramm über einem Leben im Widerspruch bedeutet, haben wir in diesem Kapitel gründlich durchdacht, die Krawallskizzen zeigen es aktuell als individuelle Überforderung.

Wir bewundern Heines Kunst des szenischen Bilds. Daß sie auch sehr unruhige biographische Urszenen am Grunde der ›Geschichte jetzt‹ gestalten muß, wissen wir jetzt. Hamburg, Neuer Wall 28, oben der Schreibtisch, unten Tumult. Diese Chiffre ist ein Jahr danach in der Normandie zum ersten Mal, und sogleich in schönster Weise, paris-szenisch umgesetzt. Diese *Umsetzungs*kunst ist um so bewunderungswürdiger, als sie den Stoff roher Erfahrung in lebendigste literarische Einfachheit überträgt und sie zugleich in die Höhe philosophischer Genauigkeit hebt:

> unter meinem Fenster
> der »mißtönende Lärm der Weltgeschichte«.
> (»Bei solchem Lärm verwirren und verschieben
> sich alle Gedanken und Bilder.«) (III,69)

Keine solche künstlerische ›Aufhebung‹ ist endgültig. Ihr ›Grund‹ bleibt roh, gekränkt, »blutig« (S. 255). Darauf reagiert Rahel. Ihr Brief vom 21. September ist fast ein Testament; wie für Heines Arbeit geschrieben. Sie stirbt bald darauf. Testament als Tagestext. Akut gequält (»gemelkt fühlt' ich mein Herz«) und bedacht, schreibend zu sagen, wie sie dem ihre Haltung abgewinnt – eine Haltung gegen die Not des Gewäsches um sie herum und die Not einer marranischen Existenz zwischen den Kulissen einer Assimilationskultur, die sie nicht beruhigen kann –, so antwortet sie auf Heines Gestörtsein im Tumult[38] »... bin durch nichts in all meinen Ansichten und Meinungen gestört.« Und unmittelbar darauf: »Hepp ist mir so wenig unvermutet als alle andere Unzucht.« Sie dringt auf ein Geschichtswissen in Geduld, auf einen selbstbestimmten jüdischen Messianismus, aus deren Quelle Heines Dichtung sich Bahn brechen werde.

Hepp ist mir so wenig unvermutet als alle andere Unzucht. Keine großen Trümeau, kein »Jungfernkranz«, kein Elephant über Theaterbrücken, keine Wohltätigkeiten, kein Vivat, keine Herablassung, keine gemischte Gesellschaft, kein neues Gesangbuch, kein bürgerlicher Stern, nichts, nichts, könnte mich je beschwichtigen.[39] Die Pockenmaterie muß raus; Schminke hilft nichts, und wäre es mit Hausanstreichpinseln aufgeklext! Nur Despoten können uns helfen, die Einsicht haben, *oder:* so gesagt, so geschehen! Unversehens habe ich Sie hier gegrüßt mit Allem, was ich jetzt über jetzt zu sagen weiß. Sie werden dies herrlich, elegisch, phantastisch, einschneidend, äußerst scherzhaft immer, gesangvoll, anreizend, oft hinreißend sagen; nächstens sagen. Aber der Text aus meinem alten beleidigten Herzen wird doch dabei der Ihrige bleiben müssen. Und auch hier wiederhole ich: Gott weiß das Alles; sieht, was uns fehlt; und schickt gewiß die trefflichen Despoten mit Bedacht aus weisem Grunde nicht. Dieser Grund ist Geschichte, und das mindeste Bischen Einsicht davon schon genug zu Geschichtserzählung. Unsre Krankengeschichte ist allein unsre Geschichte. Alles haben wir mitgefressen, und das muß wieder heraus. Kommen Sie bald; schreiben Sie noch früher (...) Adieu. Gesundheit und heitere Tage.[40]
Friederike.

Heine ruft der Freundin in der Vorrede zum Buch der Lieder 1837 nach:

Es ist als ob Rahel wußte, welche posthume Sendung ihr beschieden war. Sie glaubte freilich, es würde besser werden, und wartete; doch als des Wartens keine Ende nahm, schüttelte sie ungeduldig den Kopf, sah Varnhagen an, und starb schnell – um desto schneller auferstehen zu können. Sie mahnt mich an die Sage jener anderen Rahel, die aus dem Grabe hervorstieg und an der Landstraße stand und weinte, als ihre Kinder in die Gefangenschaft zogen. (I,10)

Kapitel IV
Sara von Bacharach, eine Tochter des Rheins

Verwelke meine Rechte
wenn ich deiner vergesse Jeruscholayim

I. RHEINROMANTIK UND VERFOLGUNGSGESCHICHTE

I. ANNÄHERUNGEN

Das erste Kapitel des überlieferten Textes zum Projekt »Der Rabbi von Bacherach«[1] erzählt das Pessachfest im Kreis des Rabbi Abraham und seiner Frau Sara und die Flucht des Paares vor der Vernichtung der Gemeinde im Pogrom, der heraufbeschworen ist aus dem Geiste der Blutlegende »St. Werner«.[2] Wir werden mitgenommen in eine engelgeleitete, ›romantische‹ Fahrt im Ruderboot den Rhein hinauf. Es geht in ein Exil, dessen besondere biblisch-politische Deutung der Autor verdeckt vorträgt. Eine erste Station ist Mainz, im Vorübergleiten; das Bild der Goldenen Stadt ist der traumatisiert träumenden Sara: Jerusalem.

Das zweite Kapitel führt das Paar nach Frankfurt, einem Textort, der mit Bildern und Bedeutung schier überbürdet ist. In einem kräftigen Doppelzug werden Abraham und Sara in die Stadt geholt und ihre Spur genutzt, den Quellen der Erzählung *und* der männlich-rabbinischen Willensbahnung gegenzuerzählen. – Mit welchem Ziel, welcher Absicht leitet der Rabbi seine »schöne Sara« und ihre Blicke durch die Stadt, und was ist zu sehen bei einer jüdischen Stadtbesichtigung mit den Augen christlicher Chronik? Der Gang führt über das morgendliche, heiter geschäftige Hafengelände durch das »dunkle Maintor« *hinein* (hintergründig die Tor- und Osterspazier-Szenen des »Faust« parodierend) durch enge Ladengassen in die Innenstadt am Römer, ein »buntes« Historienbild der mittelalterlichen Kaiser- und Handelsstadt, das schließlich, an der Schwelle zum zweiten, inneren Tor, am Ghetto, als das Paar, »jetzt ganz allein«, dort ankommt, in einer chiffrierten Szene erstarrt: Die Reichsstadt »schützt« die Juden durch das niedrigste und gemeinste Organ ihres Gewaltmonopols, ein Individuum ihrer christlichen Soldateska, wofür sie sich adäquat bezahlen läßt, wie der Rabbi Sara bei Betreten der Stadt berichtet: mit der niedrigsten Dienstleistung, jenen 5000 toten Ratten, die die Gemeinde gemäß einem obskuren Sühneabkommen jährlich zu zahlen habe. Anfang und Ende des Stadtgangs sind gesetzt; das bunte Historienbild von seiner Kehrseite her in Fassung gebracht. Grell die sinnlichen Abstraktionen in der Szenerie nun am Ghetto-Tor: der Stadtsoldat, gekleidet in gelb – rot – schwarz, trommelt *die Melodie*, *die Erinnerung* an jenes Lied aus der »ersten Judenschlacht«[3], dessen Worte er in »rauhem Biertone gurgelt«:

> Unsre liebe Fraue,
> Die ging im Morgentaue,
> Kyrie Eleison!

Das dritte Kapitel läßt die ashkenasischen Flüchtlinge im Ghetto auf einen sefardischen Flaneur treffen und bricht ab. Wir kennen dieses historische Aufeinandertreffen in anderer Schreibart, aus dem Blickwinkel des »Traumjägers«, dessen spanisch-deutsches Gedenkuniversum im Venedig-Text zu erschließen war (S. 73 ff.). Dort liest Heine Shakespeare; hier Lessing, parodierend. Die Parodie der Beziehung des Tempelritters zu Nathans Ziehtochter Recha zur Zeit der Kreuzzüge öffnet im »Rabbi« den Spalt im Marranentum: Glaubenstreue und Lebenslust – Gedenken und Modernität – Tod oder Taufe; die Gefahr blitzt auf: Erinnerung oder Gedächtnisverlust, Israel oder Abtrünnigkeit:

> Edler Herr! Wenn Ihr mein Ritter sein wollt, so müßt Ihr gegen ganze Völker kämpfen, und in diesem Kampfe gibt es wenig Dank und noch weniger Ehre zu gewinnen! Und wenn Ihr gar meine Farben tragen wollt, so müßt Ihr gelbe Ringe auf Euren Mantel nähen oder eine blaugestreifte Schärpe umbinden: denn dieses sind meine Farben, die Farben meines Hauses, des Hauses welches Israel heißt, und sehr elend ist, und auf den Gassen verspottet wird von den Söhnen des Glücks! (I,495)

⋆

1815 lernt Harry Heine die Route den Rhein hinauf nach Frankfurt auf einer Reise mit seinem Vater kennen. Samson Heine hat auf der Messe zu tun, den Sohn läßt er zurück, damit ihm eine kaufmännische Grundausbildung zuteil werde, Laden-Umgang mit Waren und Kunden. Ein Reflex aus dieser Zeit (auch IV,9) ist in das zweite »Rabbi«-Kapitel eingefügt; es könnte ein Zusatz in der Reinschrift 1840 sein (S. 253 ff.). Der Autor stellt sich neben seine Figur, ein wichtiger Moment im Krisengang Saras nach dem Pogrom; die abgeklärte Warenanalyse, die der Textblick in eine Seiten-Passage der Frankfurter Ladenstraße verrät, spricht für den Parisischen Erfahrungsgrund.

Hier, in einer engen Straße, erhob sich ein Kaufmannsladen neben dem andern, und die Häuser, wie überall in Frankfurt, waren ganz besonders zum Handel eingerichtet: im Erdgeschosse keine Fenster, sondern lauter offne Bogentüren, so daß man tief hineinschauen und jeder Vorübergehende die ausgestellten Waren deutlich betrachten konnte. Wie staunte die schöne Sara ob der Masse kostbarer Sachen und ihrer niegesehenen Pracht! Da standen Venezianer, die allen Luxus des Morgenlands und Italiens feil boten, und die schöne Sara war wie festgebannt beim Anblick der aufgeschichteten Putzsachen und Kleinodien, der bunten Mützen und Mieder, der güldnen Armspangen und Halsbänder, des ganzen Flitterkrams, das die Frauen sehr gern bewundern und womit sie sich noch lieber schmücken. Die reichgestickten Samt- und Seidenstoffe schienen mit der schönen Sara sprechen und ihr allerlei Wunderliches ins Gedächtnis zurückfunkeln zu wollen, und es war ihr wirklich zu Mute, als wäre sie wieder ein kleines Mädchen und Mühmele Täubchen habe ihr Versprechen erfüllt, und sie nach der Frankfurter Messe geführt, und jetzt eben stehe sie vor den hübschen Kleidern, wovon ihr so viel erzählt worden. (I,475)

Karl Marx hat die Analyse-Idee »Könnten die Waren sprechen« berühmt gemacht.[4] Hier ist ihre Urszene. Harry-Henri Heine 1840 in Paris spielt die Waren-Impressionen aus dem Vaterhaus in der Düsseldorfer Bolkerstraße (S. 63) in Saras Gedächtnis ein. Das Traumziel *ihrer* Kindheit funkelt auf, wie der hübsche Schein jetzt vor ihren Augen ist. Für diesen Augenblick stehen Heine – Sara in einer Pariser Passage, für die abstrakteste Realität einer Blicksekunde an einem Textort, wo, für diesen *Bruchteil* von Zeit, unsre Lektürephantasie autonom, ja geschichtslos ist und die ausgestellten Waren in ihrem reinsten, d. i. ihrem

Schauwert erkennt: Wir realisieren ihn in der Vorstellung, sie, die Waren, könnten in Gaben verwandelt werden. So wirklich sprechen sie im einen Augen-Blick, den Sara, Tochter aus reicher Juweliers-Familie, auf sie wirft. »Das funkelt, das lacht, das lockt« (1841; S. 351). Aber sie steht, Textgestalt im »Rabbi«, nicht in der Rue Vivienne in »Lutèce«. *Nicht Geschichte dort*: die geballten Fäuste der ouvriers, in einem Augenblick des Nochnicht, des Aufschubs der Kämpfe um einen gerechten Warentausch, *bedrohen* ihr Begehren, *sondern Geschichte jetzt* hat es bereits ins Nichts geworfen, wo die Menschen, denen die Waren zur Gabe geworden wären, nicht mehr sind.

Mit heimlicher Freude überlegte sie schon was sie nach Bacherach mitbringen wolle, welchem von ihren beiden Bäschen, dem kleinen Blümchen oder dem kleinen Vögelchen, der blauseidne Gürtel am besten gefallen würde, ob auch die grünen Höschen dem kleinen Gottschalk passen mögen, – doch plötzlich sagte sie zu sich selber: »Ach Gott! die sind ja unterdessen großgewachsen und gestern umgebracht worden!« Sie schrak heftig zusammen und die Bilder der Nacht wollten schon mit all ihrem Entsetzen wieder in ihr aufsteigen ... (476)

Der Augenblick, das Funkeln Lachen Locken ist zerrissen. Vom Traum des Messebesuchs, Kaufen und Geben, aber bleibt der bunte Warenschein zurück und lenkt – als stellte der Autor sich jetzt neben den Stadtführer Abraham – vom Drängen des Entsetzens ins Bewußtsein noch ab: »blinzelt« Sara schelmisch an, »redet« ihr »alles Dunkle aus dem Sinn« – – Dann taucht das Paar fremd ins bunte Stadttreiben des besonderen Tags, ins Historienbild in seiner Chronik-Version, wie abgeschirmt gegen das wahre Ganze der *jüdischen* Stadtbesichtigung. Die christliche Erzählvorlage wird prächtig beleuchtet repräsentiert, »Welch ein buntes Treiben!« über fünf Seiten im Originaldruck, und hält den Chock für die Weile der letzten Wegstrecke bis zum Ghetto-Tor noch nieder – Bis dann das Ritual in der Synagoge, indem der *Rabbiner* Abraham dort die Wahrheit traditionsgemäß der fremden Gemeinde zuerst und ganz offenbart, dem Bewußtsein der Frau das Ende der Chockvermeidung zumutet, besser: endlich zutraut. Das Totengebet, das Abraham spricht und die Namen aller gemordeten Lieben nennt, wirft Sara nieder. Es ist ihre dritte Ohnmacht auf dem ›romantischen‹ Fluchtweg den Rhein hinauf, ehe sie, emanzipiert von der Fessel rabbinischmännlicher Führungsroutine und Deutungsobhut (»Mach die Augen zu, schöne Sara!«), ihre eigene Gestalt im Exil gewinnt, im Herzen »tief gekränkt« von den Zuschreibungen, wer sie sei im Gefüge jüdischer Männlichkeitskultur. (S. 200; 206)

*

Die Parallelität von Saras erster und zweiter Ohnmacht.
Die erste: Abraham hat seine exoterische Gestalt schon *vor* dem Text; Vertreter des gelehrten und mächtiger werdenden Rabbinats im ausgehenden deutschen Mittelalter und seiner Stadtkultur; seine esoterische Augenblicks-Gestalt ist dem Text *unterlegt*: Stammvater gegen Ende seiner Tage in Kanaan, als das Paar von Gott die Namen Abraham und Sara erhält und ihnen ihr Sohn Isaac verheißen wird (Genesis 17). Im Text gewinnt der Rabbi seine Persönlichkeit als behaglicher Hausherr zum Pessachfest, Feierlichkeit ausstrahlend beim Vortrag aus der Haggada und als großartig listige Retterfigur, der schönen Sara Entsetzen einflößend wie er sein eigenes Entsetzen überspielt nach seiner Entdeckung, daß zwei Agenten der St. Werner-Pogrome sich als jüdische Fremde ins Haus gelogen hatten, mit der blutigen Leiche eines Kindes unterm Mantel (»… wie plötzlich sein Antlitz in grausiger Verzerrung erstarrte […] und seine Augen wie Eiszapfen hervorglotzten; – aber fast im selben Augenblick […] seine Züge wieder die vorige Ruhe und Heiterkeit annahmen, […] sogar eine ihm sonst ganz fremde tolle Laune sein ganzes Wesen ergriff«). Heines *Rabbi* Abraham kommt ganz zu sich selbst, als er nach geglückter Flucht seiner Frau, die ihm blind gefolgt war, das Geschehen erzählt und dabei mehr als die halbe Wahrheit ihr vorenthält: den bevorstehenden Mord an ihrer gesamten Familie, und an der Gemeinde. »Ich« ist sein steter Bezug, nicht seine Gemeinde, Ihm habe der Anschlag gegolten, Seinem Silber und Gold (Genesis 12).[5] Als reduziere und verkörpere sich ein Ende und Anfang auf den Wanderungen Israels in ihm in diesem Augenblick, entreißt er Saras Händen das Pessach-Becken, »das große, silberne, mit getriebenen Goldfiguren reichverzierte«, und schleudert es in den Rhein. Und während er JHWH für ihrer beider Rettung lobpreist, gleitet die »schöne Sara lautlos« in die Ohnmacht, die ihr eine andere Rettung ist. Das letzte, das sie noch hört, ist des

Rabbi Definition ihres Geschicks, das Gebot eines neuen Exils. Heine *paraphrasiert* die Verheißung Kanaans, im Munde seines Abraham hört es sich an wie *Parodie*, eine biblische Stimme mit anderer Zunge:

Komm mit mir, schöne Sara, nach einem anderen Lande, wir wollen das Unglück hinter uns lassen, und damit uns das Unglück nicht verfolge, habe ich ihm das Letzte meiner Habe, das silberne Becken, zur Versöhnung hingeworfen. Der Gott unserer Väter wird uns nicht verlassen. (470)

Die *zweite* Ohnmacht: Ohne Abrahams Zutun, als der Kahn soeben um den Binger Strudel geschossen war, entlang gleitend den Berghängen unter den Burgen Rheinstein und vielleicht schon Klopp erblickt Sara die Wahrheit des Geschehenen, nun schon im Traumbild, entworfen aus den »mondbeleuchteten« Nebelschwaden, die über dem linken Rheinufer nach Mainz hinauf ziehen. »Mit Leichengesichtern und in weißwallenden Totenhemden schreckenshastig«: alle ihre Verwandten und Freunde.

… Es ward ihr schwarz vor den Augen, ein Eisstrom ergoß sich in ihre Seele, und wie im Schlafe hörte sie nur noch, daß ihr der Rabbi das Nachtgebet vorbetete, langsam ängstlich, wie es bei totkranken Leuten geschieht, und träumerisch stammelte sie noch die Worte: »Zehntausend zur Rechten, zehntausend zur Linken; den König zu schützen vor nächtlichem Grauen …« (474)

Der krisenhafte Sturz in die Ohnmacht wird aufgefangen mit der Kraft des kultischen Gedächtnisses, die ausgeht vom Rabbi, der nicht weiß, ob Sara sterben wird, und seines Amtes waltet.

Doch ihr Leben ist im Augenblick nicht das Problem der Textarbeit, sondern ihr Überleben als kultisches Gedächtnisorgan. Während sie nach ihrer dritten Ohnmacht als eine Person auf dem Schauplatz stehen wird, die ihres Seins mit der Bewußtheit gedenkt, daß es geschichtlich sei, weil es dem kämpfenden Israel angehört, hat dagegen jetzt der Autor Anstalten getroffen, ihre Traumatisierung nahezu allegorisch erscheinen zu lassen. Eben noch, im Halbschlaf, und dem besänftigenden Rhythmus des Kahns hingegeben, war ihr Zustand »träumerisch«, erinnerungsoffen. Der Chock, dem sie ausgeliefert worden war (»Die schöne Sara erschrak wie sie noch nie in ihrem Leben erschrocken war

...«), hatte sie nicht außer sich gebracht, sondern, nach der ersten Ohnmacht, in sich zurück gleiten lassen, in ihr Kindsein in der soeben vernichteten Zeit am heimatlichen Rhein – im nächsten Abschnitt ist darauf gesondert zu sehen.

Nun vor Mainz erfüllt sich alle Unselbständigkeit der Person in einem Zusammenbruch, der ins Bild eines erkaltenden Körpers gefaßt ist. Als sei der ›Weg‹ vom Leben einer jüdischen Kindfrau in die Erstarrung so kurz wie die Sekunde dieses Absturzes: in die Seelenhaftigkeit eines Körpers, der nur noch existiert, insofern er sich seines Erinnertseins in Gott gewiß sein kann. Gerade noch konnte Sara sehen, daß am Ufer die Goldene Stadt hervortritt.

»Von jeher gewohnt, ihrem Manne blindlings und fragenlos zu gehorchen«, war sie dem Rabbi schweigend gefolgt, als seine *eiskalten Hände* sie aus Bacharach fortzogen; nun, da *ihre Seele vom Eisstrom* erfaßt wurde, gehorcht sie erneut: Sie stammelt dem Rabbi das Nachtgebet nach – und gerät in den Kultzustand jüdischen Gedenkens schlechthin. In letzter Erinnerung daran, daß ihre Seele an einen Körper gebunden ist, der auferstehen wird, verwandelt der Autor ihr Trauma in eine Vision. Mainz ist Jerusalem. Jedoch er läßt den Eindruck von Unmündigkeit jetzt nicht aufkommen. Im Augenblick der *Krise der Lebenden* vollendet sich das haggadaische Gedenken der Geschichte (zwischen A und O ist alles – zwischen Anfang und Ende ist nichts), nicht jedoch vollendet ist alles *fernere* Gedenken *in* Geschichte: wozu diese Sara jetzt aufersteht. Der Mond ist unter-, die Sonne aufgegangen, und ihre Strahlen schaffen die Tempelherrlichkeit zurück. Das königlich jüdische Reich ist nicht untergegangen.

... Der düstre Vorhang ward vom Himmel fortgerissen, es zeigte sich oben die heilige Stadt Jerusalem, mit ihren Türmen und Toren; in goldner Pracht leuchtete der Tempel; auf dem Vorhofe desselben erblickte die schöne Sara ihren Vater, in seinem gelben Sabbatschlafrock und vergnügt mit den Augen lachend; aus den runden Tempelfenstern grüßten fröhlich alle ihre Freunde und Verwandte; im Allerheiligsten kniete der fromme König David, mit Purpurmantel und funkelnder Krone, und lieblich ertönte sein Gesang und Saitenspiel, – und selig lächelnd entschlief die schöne Sara. (474)

Der Schlaf des Königs ist geschützt: erwacht, wird David die Psalmen erklingen lassen. Geschichtszeit ist aufgehoben, Saras Lieben und Freunde sind auferstanden. Sie gleitet aus dem ›agadischen‹ Bild[6] hinaus, am Tod vorbei; zurück, zuerst, in die individuelle Körperlichkeit eines traumlosen Schlafs. Währenddessen führt sie der Kahn in den neuen Morgen den Main hinauf.

★

Die Seele kann nur, solange der Körper dauert, sich etwas vorstellen und sich der vergangenen Dinge erinnern.

In Gott gibt es aber notwendig eine Idee, die die Wesenheit dieses und jenes menschlichen Körpers unter einer Art der Ewigkeit ausdrückt.

(Spinozas *Ethik*, V. Teil, Lehrsatz 21 und 22.)

2. ZWISCHEN BACHARACH UND MAINZ

Die Entelechie, die stufenweise ›Entpuppung‹ der chockierten Kindfrau zur Sprecherin Israels, »welches sehr elend ist«, vertraut H. Heine einer fiktiven Rollenverteilung an, die nach der ersten Ohnmacht eingeleitet wird.

Zuerst aber und im Dienst dieser ›internen‹ Verteilung der Erzählrollen im Text wird die Autorität des Rabbi im selben Augenblick gebrochen, da er, herausgeworfen aus seinem Lehr- und Auslegungsamt, in ›seiner‹ Fluchtgeschichte selber zu erzählen beginnt. Dieser Bruch bringt ›objektiv‹ keine Bewertung der Figur ins Spiel, sondern öffnet die Erzählung zurück zu ihrer ›göttlichen‹ Voraussetzung in der Genesis und prägt ihr so zu Beginn bereits das Schicksal ihres ›weltlichen‹ Fragmentcharakters auf.

An uns, die wir die Lektüre-Hoheit über den Text haben, ist dieser Vorgang ›objektiv‹ adressiert; ›wir‹ haben uns damit herumzuschlagen. Daß der Autor dergestalt eine Streitbarkeit in seiner Leserschaft anspricht, ist von einer ihrer jüdischen Gruppierungen bis heute besonders klar bestätigt und beantwortet worden; sie und keine andere hat eine Lesart entdeckt, die ich oben bei der Wiedergabe des Berichts, den der Rabbi seiner Frau von den Geschehnissen gibt, aufgenommen habe: Abrahams Egozentriertheit kann gelesen werden als Verrat an seiner

Gemeinde. Gläubige Juden, jene Lesergruppe, lesen so mit gutem Grund. Seine Gemeinde in der Not im Stich zu lassen, ist eines Rabbiners unwürdig; die Tat löst die Gemeinde auf, gibt sie preis, trennt sie symbolisch vom Geleite Gottes.

Was diese Lesart jedoch nicht aufnimmt, ist die strukturelle und exegetische Fixierung, die des Rabbis Rechtfertigungsrede an diesem Ort und zu diesem Zeitpunkt im Text erfährt: Gerade ihr moralisches psychologisches Ärgernis beschwört die Wiederholung einer biblischen Situation herauf. Indem auf den Einzug des Paares in Ägypten angespielt ist, ist eine hochwertige exegetische Provokation in den Text eingestellt. Dort ist Abrams Ichbezogenheit ohne Belang für eine Gemeinde, die es noch nicht gibt, wohl aber von Belang für Israel, dessen Landnahme Gott an das Überleben des Urvaters geknüpft hat. Daß Abram Sarai um seines Überlebens willen dem Pharao preisgibt, ist in Gottes Wille und Verheißung eingeschlossen.

Heine baut die Elemente der ›originalen‹ biblischen Situation um. Das ist im Kern Kabbala als Methode (S. 239 f.). Sein Abraham gibt die Gemeinde preis und rettet Sara. Auch in der Genesis allerdings ist dies vorgebildet, denn als »Abram« »Abraham« heißen wird und »Sarai« »Sara«, geht es nicht mehr ums Überleben des Mannes, sondern ums Fortleben des Paares. Wider die ›Natur‹ verheißt Gott den beiden Alten einen eigenen Sohn: Isaac! Aus Gottes Hand also nimmt der Bibelleser Heine das Recht, exegetisch fortzuerzählen. Beim Fest unmittelbar vor Entdeckung der Mörder, mitten in heiter-haggadaischer Szene ist die biblische Verheißung nachgespielt, das noch kinderlose junge Paar erkennt sie für sich im Anschauen der Urszene in der Haggada.

Welche Bedeutung es haben mag, daß Heines Isaac, »Don Isaak«, als Ritter, Marrane und Poet, und auch als Geck auftritt, der das Hohe Lied Salomonis als Travestie christlichen Minnedienstes der ›Mutter‹ Sara im Ghetto darbringt, dem mag nachgedacht werden. Im Gang unsrer Textwanderung hier ist der Ort, festzuhalten, daß der *Ansatz* der Erzählung ein in keiner Weise ironischer oder mit anderen Mitteln der Negation vorgehender Eingriff in die heilige Erzählung der Stammesgeschichte Israels ist und dies insbesondere an der Stelle nicht, wo die Veränderung des ›Originals‹ am einschneidensten erscheinen muß: bei der Behandlung der *Land*-Verheißung.

Heines Abraham verläßt die Gemeinde mit seiner, wie *soeben* offenbart, schwangeren Frau, um »das Unglück hinter uns« zu lassen. Das Andere des Unglücks ist das Glück; am Schreib-Ort und zur Zeit des Drucks im »Salon von H. Heine« 1840 ist dies so eindeutig bestimmt, wie das einem jüdischen Pantheisten möglich ist: Doktrin der gaieté, verheißen dem »glückenterbten Volk« (S. 351). An der ›Schöpfstelle‹, unmittelbar am biblischen Fundort in der Erzählung jetzt, bleibt der ›originale‹ Wortlaut der Verheißung erhalten; das »Land, wo Milch und Honig fließen«, Kanaan, erhält lediglich, wenn auch geradezu präzis modern und säkular das Beiwort »anders«. »Komm mit mir, schöne Sara, nach einem anderen Lande (...). Der Gott unserer Väter wird uns nicht verlassen. –«

Dieses Pessach-Fest zu »Bacherach« 1486[7]: Um der ›modernisierten‹ Verheißung im Augenblick des christlichen Pogroms willen, um einer Fortschrift willen (S. 152 ff.), die der Autorisierung durch den Gott der Juden nicht entsagt, aber als säkulare Erzählung und auf ihrem Problemfeld die Autarkie eines männlichen Wahrheitsanspruchs nicht fortsetzen möchte, wird der Autor Heine mit der biblischen Allgegenwärtigkeit männlicher Erzählperspektive im entstehenden Projekt brechen und das Rabbi-Fragment öffnen für die ›andere Hauptfigur‹, die Stimme der gedenkenden, sich durch tätige Erinnerung von männlichen Bestimmungen befreienden Sara.

Wie ernst, wie wenig inhaltsutopistisch dem Autor bei dieser Art von exegetischer Schrift zumute gewesen ist, wird an unserer Ansatzstelle auch daran erkennbar, daß er am mosaischen Sprach-Gestus festhält. Die Thora ist ewig. Ja, sie ist als pragma universell. Sie, das Allerheiligste des Tempels, hat dessen Zerstörung und alle Verfolgung überdauert, wie könnten Poesie, die aus ihr erwächst, Historisierung, die ihre Hörbarkeit sichert, und aller gelehrter Deutungsumtrieb, der ihren Quellencharakter zu allen Zeiten empirisch unter Beweis stellt, ihr je unangemessen sein?

Insofern Erzählung eine solche Art der Bibeltreue verkörpert, also im theologischen Horizont überlieferter Offenbarungserzählungen bleibt (und, psychologisch gesehen, von einem Manne stammt), wird sie männlich bestimmt sein wie ihre Quelle, und wird der mosaischen Perspektive auf Israel nicht eine weibliche entgegensetzen wollen. Sie wird gleichwohl lebendiges, erotisches und in der Kulturgeschichte der Juden weises Fortarbeiten sein können. Im vorliegenden Fall ist sie Krisenschrift im Augenblick einer Gefahr, gemacht, um erst einmal den autoritär männlichen Strukturen im glaubensfesten Judentum entgegenzuwirken und von diesem Ausgangspunkt aus, in der Phase des Ausgangs aus dem Ghetto, Haltung zu gewinnen und literarisch zu erproben.

Unter diesem Aspekt wird unsere Lektüre auch dem autoritären Charakter des Rabbi Abraham von Bacherach gerecht; er wird nicht literarisch verkörpert oder repräsentiert, sondern analysiert. Als erzählte Wahrheitsinstanz wird die Autorität im Perspektivenspiel des Textes ein Stück entpersonifiziert und relativiert; die Charaktermaske des gelehrten Rabbinats in quasi geschichtsloser wenn auch durchaus sozial bunter Zeit, gezeichnet in der Vorgeschichte zum Handlungstext (I,463 ff.), verliert an Individualität in Abrahams Haupthandeln: Rettung und Verheißung. Er *handelt* aus instanzieller Autorität! Im Denkraum der Psychoanalyse müßte man sagen, er handele nach dem Gesetz des Vaters, so unmißverständlich ist das in der Vorgeschichte erzählt.

Er war geboren in dieser Stadt, und sein Vater, der dort ebenfalls Rabbiner gewesen, hatte ihm in seinem letzten Willen befohlen, sich demselben Amt zu widmen und Bacherach nie zu verlassen, es seie denn wegen Lebensgefahr. Dieser Befehl und ein Schrank mit seltenen Büchern war alles was sein Vater, der bloß in Armut und Schriftgelahrtheit lebte, ihm hinterließ. (463)

So haben wir, als Sara in ihre erste Ohnmacht sinkt, die ›Väter‹ der Vorgeschichte beisammen; Gott, Moses, und den Vater des Rabbi, Großvater des gezeugten Kinds; unantastbar von Erzählung und, insofern sie in ihr auftreten: allegorisierte Instanzen. Sara dagegen ›kindlich‹-lebendige und leidende Stimme und Bewegung. Sie zwingt Abraham zum Dialog und dergestalt auch die fernen Instanzen in *einem* Anruf, in *einer* Gebärde zu sich heran, indem sie *nach Erzählung ruft,* die *ihr begreifbar* werden soll: Im zum Bersten mit Ahnung und Angst gefüllten Bewußtsein erstarrt zwar die Unterwerfung unter das über ihr waltende Abstraktum Gott, wie es scheint, in allegorischer Szene (einem *Ritual* der Unterwerfung): Kniefall vor ihrem Mann; auf ihrer Bahn betrachtet aber ist das Bewegung hindurch zum eigenen Willen und zur Erkenntnis dessen was geschieht. Sie veranlaßt Abraham – der in diesem Augenblick seinen eigenen Chock schon fast ganz abgebaut hat und also seinen Mund zum Bericht wird öffnen können –, damit zu beginnen, Wahrheit freizugeben (Geschichte zu offenbaren), wenn auch etwas theatralisch:

Unterhalb der Burg Sonneck, Lorch gegenüber, ungefähr wo jetzt das Dörfchen Niederrheinbach liegt, erhebt sich eine Felsenplatte, die bogenartig über das Rheinufer hinaushängt. Diese erstieg Rabbi Abraham mit seinem Weibe, schaute sich um nach allen Seiten, und starrte hinauf nach den Sternen. Zitternd und von Todesängsten durchfröstelt stand neben ihm die schöne Sara, und betrachtete sein blasses Gesicht, das der Mond gespenstisch beleuchtete, und worauf es hin und her zuckte wie Schmerz, Furcht, Andacht und Wut. Als aber der Rabbi plötzlich das silberne Waschbecken ihr aus der Hand riß und es schollernd hinabwarf in den Rhein: da konnte sie das grausenhafte Angstgefühl nicht länger ertragen, und mit dem Ausrufe »Schadai voller Genade!« stürzte sie zu Füßen des Mannes und beschwor ihn das dunkle Rätsel endlich zu enthüllen. (469)

Dann, nach des Mannes Worten, aus der Ohnmacht erwacht, ein wenig in neuer Lage zu Bewußtsein kommend, jetzt ganz Wachtraum und Gefühl, ist Sara in der Erzählung. Dies Medium ist jetzt für sie da. Es schmiegt sich ihr an. Es ist aus der Bindung an eine Mono-Instanz heraus und in die Verantwortung der historischen Stromlandschaft hineingenommen. Es ist mehrstimmig. Die Rollenverteilung des Erzählens greift. Der Rhein, Vater auch er, übernimmt fiktiv als Haupterzähler die Vermittlung der Arbeit, die nach dem Plan des Autors nun Sara anvertraut ist: die Verwandlung der Bilder und Sagen aus einer Poesie der heimatlichen Landschaft, aus der sie stromauf hinausgetragen wird, in eine *Poesie des Exils*, eine Erinnerungsarbeit, der nichts verloren geht.

Vater Rhein, der eine »Weltgeschichte« erzählen kann, äußert sich aus der Autorität einer Erzählrolle, die der »Geschichte der Menschheit« zugeneigt ist. Heine liebt, wie wir wissen, die Anwendung dieser von ihm erfundenen Romantisierung

Roberts Schnitter kennen keine Sünde. Sie sind versöhnt ohne Opfer.

(Umkehrung) der Hegelschen Geschichtsphilosophie (Kap.III). Er hat sie am schönsten und zugleich streng gedanklich strukturiert im Pariser »Salon« ausgeschrieben, an jenem großen Debatten-Ort vor dem »Cromwell« und den »Schnittern« der Maler Delaroche und Robert, 1831 exponiert und antithetisch gehängt am Eingang zur Großen Galerie des Louvre. Ich komme auf dieses ›Begriffszentrum‹ im Buch immer wieder zurück.[8]

Wenn wir auf dem einen Gemälde jene Geschichte sehen, die sich so närrisch herumrollt in Blut und Kot, oft jahrhundertelang blödsinnig stillsteht, und dann wieder unbeholfen hastig aufspringt, und in die Kreuz und in die Quer wütet, und die wir Weltgeschichte nennen: so sehen wir auf dem andern Gemälde jene noch größere Geschichte, die dennoch genug Raum hat auf einem mit Büffeln bespannten Wagen; eine Geschichte ohne Anfang und ohne Ende, die sich ewig wiederholt und so einfach ist wie das Meer, wie der Himmel, wie die Jahreszeiten; eine heilige Geschichte, die der Dichter beschreibt und deren Archiv in jedem Menschenherzen zu finden ist; die Geschichte der Menschheit! (...)

Ach! wohl tut es Not, daß die liebe, unverwüstliche, melodische Geschichte der Menschheit unsere Seele tröste in dem mißtönenden Lärm der Weltgeschichte. (III,68) (S. 203)

Der Büffelkarren – Saras Rheinkahn – Monaden Heinescher Poetisierung der Geschichte. Saras ›Passivität‹ (Aufnahme, Wahrnehmung, Perzeption) ›nimmt‹, was die verteilten Rollen der Romantisierung ihr geben (der Blick des stummen Engels, die Stimme des Rheins, die Märchen der Kindheit, die Stimme ihres leiblichen Vaters), und ›gibt‹ aktiv zurück, wozu der Autor sie macht: Inbild zu sein. Sein als Gedenkorgan in einer *jüdisch-progressiven Universalpoesie.*

Wie zum Zeichen, daß er es genau so meint, setzt Heine seine romantische Lieblingschiffre ein, ehe er das Wort an die Rheinstimmen abgibt.

Der Blick des stummen Knaben weckte die schöne Sara aus ihrer Betäubung, sie fühlte auf einmal, daß alles was ihr Mann ihr erzählt, kein bloßer Traum sei, und Ströme bitterer Tränen ergossen sich über ihre Wangen, die jetzt so weiß wie ihr Gewand. Da saß sie nun in der Mitte des Kahns, ein weinendes Marmorbild; neben ihr saßen ihr Mann und der stille Wilhelm, welche emsig ruderten. (I,471)

Nun beginnt, was zum Voraus ein wenig zu kommentieren war, in verschlungener Komposition; die Rollenverteilung in der Erzählung, die sich selbst erzählt; das Verfahren der Romantisierung gegen den Strom: Synthese von Sprache und Strom, Schrift und Gedenken.

Sei es nun durch den einförmigen Ruderschlag, oder durch das Schaukeln des Fahrzeugs, oder durch den Duft jener Bergesufer, worauf die Freude wächst, immer geschieht es, daß auch der Betrübteste seltsam beruhigt wird, wenn er in der Frühlingsnacht, in einem leichten Kahne, leicht dahin fährt auf dem lieben, klaren Rheinstrom. Wahrlich, der alte, gutherzige Vater Rhein kanns nicht leiden, wenn seine Kinder weinen; tränenstillend wiegt er sie auf seinen treuen Armen, und erzählt ihnen seine schönsten Märchen und verspricht ihnen seine goldigsten Schätze, vielleicht gar den uralt versunkenen Niblungshort. Auch die Tränen der schönen Sara flossen immer milder und milder, ihre gewaltigsten Schmerzen wurden fortgespielt von den flüsternden Wellen, die Nacht verlor ihr finstres Grauen, und die heimatlichen Berge grüßten wie zum zärtlichsten Lebewohl. (471)

Ein zärtliches Lebewohl? Nicht dem Attribut »zärtlich« gilt die Frage, sondern der Bedeutung eines Exils, die der Text im folgenden entfaltet. Es scheint ein Exil zu sein, dessen Wesen an die Substanz des Abschieds gebunden ist.

Jedes Ding strebt, soviel an ihm ist, in seinem Sein zu beharren.

Das Streben, womit jedes Ding in seinem Sein zu beharren strebt, schließt keine endliche, sondern eine unbestimmte Zeit in sich.

Wenn die Seele sich etwas vorstellt, das die Wirkungskraft des Körpers vermindert oder hemmt, so strebt sie, soviel sie kann, sich an Dinge zu erinnern, die dessen Existenz ausschließen.

(Spinoza, III, Lehrs. 6,8,13)

Sehen wir auf den Abschied, den Sara nicht ›nimmt‹, sondern der ihr gegeben wird, so komplex wie er erzählt ist: gegeben von christlicher Gewalt, gestellt unter die rabbinische Obhut; vom »alten, gutherzigen Vater Rhein« ein wenig vertuscht, geschönt? Weil er seine Kinder nicht weinen sehen kann? So hat es den Anschein. Doch der Kern der vom Autor gewählten Begründung ist ein Wort, das nicht aufdringlich gesetzt, sondern versteckt ist; Sara ist in der Obhut einer Kindschaft, aus welcher »Leid« ausgeschlossen werden möchte: Sara, eine *Tochter* des zärtlichen Rheins!

Wie wörtlich sollen wir diese Kindschaft aus der Feder Heines verstehen? Die Jüdin auf der Flucht, mit diesem Namen: erzählerisch konkret, aber nominiert für Assoziationen in der Kette von Namen, die uns den Sagenkreis des alten ›germanischen‹ Rheins vergegenwärtigen; Zukunft (»Der Gott unserer Väter ...«, »Komm mit mir ...«) und Vergangenheit (»Ich weiß nicht was soll es bedeuten ...«, »uralt versunkener Niblungshort ...«) erschlossen und mit Sinn erfüllt von einer Gegenwart – so der dem »Vater« zugeschriebene Wunsch-Affekt –, die ihrer Seele Trost in den alten Bildern gibt. Der Kahn gleitet an Lorch vorbei, hier kann des »Kedrich« gedacht werden, den es nur noch in den alten Geschichten gibt und der in der naturverwandelnden Erzählung die Attribute des Lure-Felsens übernimmt (der, stromabwärts von Bacharach, ›nur‹ Text ist), so daß wir hier ein schönes Figurenbild vor Augen geführt bekommen: Sara – Heine, ihr »Lieblingsberg« Kedrich – seine »Loreley«.

»Mondbeleuchtet«, also in seiner poetisch erinnerten Gestalt, grüßt der Berg herab in der Sprache, die ihm diese Orts- und Figurenverschmelzung geliehen hat, und ›ruft‹ seine Mär herab: den Traum von der Befreiung des »Fräuleins mit ängstlich ausgestreckten Armen« aus den Händen der »Zwerge« (der Luren, der Bergstimmen, Sagen) durch den kühnen Ritter. Manifest war der Traum im jetzt erinnerten Erzählen der »Muhme aus Lorch«, auf ihrem Schoß erlauscht vom Kind Sara. Aber all die noch einmal laut werdenden »wahren Geschichten« befreien nicht wirklich, sie enthalten ihr eigenes Dementi; diese Wunde hält die bewußte Traumarbeit des Textes offen. Der Mond scheint, sein Freiheitswiderschein auf der vorübergleitenden Natur wird umso blasser, je deutscher die Muhme inhaltlich erinnert wird in ihrem Erzählen; dieses geht über in ein schließlich nur noch titulierendes Märchen-Formel-Stakkato, in ein rhythmisches Syntaktum mit dem Ruderschlag der Flucht: *Er* ordnet jetzt das erinnerte Erzählen »vom wunderlichen Wispertale drüben, wo die Vögel ganz vernünftig sprechen, und vom Pfefferkuchenland, wohin die folgsamen Kinder kommen, und von verwünschten Prinzessinnen, singenden Bäumen, gläsernen Schlössern, goldenen Brücken, lachenden Nixen ...« (471)

Halten wir aber inne wie der Text hier auch und richten unser Augenmerk auf die jüdisch-germanische Wachtraum-Struktur, die hier erzählerisch analysiert ist. Zweifellos sind ihr sowohl eine populistische Stofflichkeit und Tonlage als auch eine Aura von Weiblichkeit geliehen. In *sie* gleiten die familiären Attribute des »Vaters« hinüber, konstant nun, wie es scheint; wie in ›mütterliche‹ Väterlichkeit, ewig wie der liebe klare *Strom*, allumfassend wie es treue Arme nun einmal sind, wenn ein Kind in ihnen vorgestellt ist, und einlullend, wie der kleinen Sara – wie sie jetzt träumt – *zu Mute war* »auf dem Schoße ihrer Muhme aus Lorch.« Doch die Struktur ist subtiler geschichtet, und in Bewegung wie der Fluchtkahn. Der Autor täuscht die Abgabe der Vaterrolle in den Rheinerzählungen an eine weibliche Autorität nur an. Der Rhein erzählt und die Muhme. Oder: Der Autor läßt den europäischen Rhein, dieser die jüdische Muhme erzählen. So wird die Lektüre an die epische Urszene in Lorch zwar zurückgeführt, wo sich das germanisch-jüdische, heimatlich-mütterliche Ineinander des ›Natursagens‹ begeben hat;

aber die Autorität des Sagens bleibt männlich. Als wolle H. Heine einer universalen, pan-*theistischen* Erzählhoheit huldigen, von der er seine Textarbeit letztlich herleitet.

(…) Nixen …[9] Aber zwischen all diesen hübschen Märchen, die klingend und leuchtend zu leben begannen, hörte die schöne Sara die Stimme ihres Vaters, der ärgerlich die arme Muhme ausschalt, daß sie dem Kinde so viel Torheiten in den Kopf schwatze! (471 f.)

Gegen den Anschein einer Entgegensetzung rheinischen und jüdischen, natürlichen und gesetzlich-mosaischen Gedenkbegehrens wird gerade an dieser Stelle klar, daß die Welt, aus der Sara soeben hinausgeführt wird, von einer einheitlichen oder zusammengedachten ›väterlichen‹ Ordnungsvorstellung geprägt und daß dies der Textort ist, der eine Emanzipation ankündigt. Eine Emanzipation ohne Verrat. Eine biblisch reflexive Neuformulierung der Personalität Saras inmitten der Vielstimmigkeit des deutschromantischen Mittelrheins. Heine-Sara arbeiten, er als Textarbeiter symbolisch, sie als wachträumende Figur im symbolischen Spiel, an einer Ablösung vom Vater in Rabbinatsgestalt.

Der Befreiungsgedanke, den das »Rabbi«-Projekt ausarbeitet, ist also nicht aus dem Inhalt erzählbarer heimatlicher Sagenwahrheiten entlehnt und den armen deutschen Juden als ›Freiheit in einer deutsch-jüdischen Symbiose‹ dargeboten, gar unter der Bedingung, sie sollten im Gegenzug auf das rabbinische Geleite verzichten. Sondern er ist an eine Veränderung jüdisch-autoritärer Erzähl- und Überlieferungsgewohnheiten geknüpft. *Er ist intern jüdisch und intern literarisch konzipiert* (S. 149 ff.).

Demnach ist die ›Ablösung vom Vater in Rabbinatsgestalt‹ als Erzählgeschehen gefaßt, das als Voraussetzung von Befreiung, nicht als ihr Inhalt (Tötung des Vaters, in psychoanalytischer Begrifflichkeit) ins Gedächtnis gelegt wird; in ein Gedächtnis, das durch Lektüre angelegt wird! – Wir lesen hier deutsche Literatur. H. Heine sorgt in seiner Sprache dafür, daß eine Verständigung über biblische und germanische Quellen der Befreiung in deutscher Literatur kultiviert wird, und das bedeutet, daß die Befreiung Saras im Kontext einer Debatte um ein neues, modernes »Domizil im Exil«[10] an Lesarten einer Befreiung herangeführt werde, die auch als *deutsches* Problem formulierbar sein muß. Daher die ›rheinisch‹, leichthin erzählte, populistische Form des Kedrich-Märchens. Als deutsches soll es Sara trösten, so will es Vater Rhein, der seine Tochter gerade verliert, wie sie ihn und mit ihm ihre Heimat. Es ist ihr erzählt, wie es ihr als Kind erzählt wurde, als Inhalt ins Gemüt geflößt. Dieser inhaltlich-stabile Anschein muß aufgelöst werden, also muß er erst einmal erstehen.

Daher schreibt Heine hier populistisch, für deutsche Lektüre. Daher die verschleiernde Anspielung an den katholisch gewordenen Clemens Brentano, an dessen Namen die Kedrich-Version als »Lore Lay« zur Schreibzeit gebunden war;[11] sie muß *ganz* vom Kedrich-Ursprung gelöst werden, er ist treudeutsch, altdeutsch, teutsch-romantisch … Es ist bloß ein plumper mittelalterlicher Ritter in ungewaschenem Wams, der da hinaufstürmt auf den Berg und das Fräulein herunterholt; verblümter Chauvinismus. So steckt die schöne Mär im trivialromantischen Gedächtnis ja fest bis heute. Diesem Gedächtnis ist Heines »Loreley« – ganz etwas anderes; oder es vereinnahmt sie. In Wahrheit destruiert Heinrich Heine den ›teutschen Grund‹ im »Rabbi«-Projekt auch mithilfe *seiner* deutschen Sagen-Dichtung. Das ist der Sinn jener insgeheim *kritischen* Verschmelzung von Berg und Berg im Text, in Saras Gedächtnis. Als der Mittelrhein-Fluchttext entsteht, ist Heines Weltvolkslied geschrieben. Von seinem Ruhm verdeckt ist seine fabelhafte Politik. Dieses Fräulein strahlt das freiheitliche Licht der untergehenden Sonne wider, das von jenseits des Rheins herüberdringt: die Loreley bleibt an ihren Fels gefesselt. Deutsches Freiheitsbild, deutsche Romantik, Wunsch und Trauer. »Ich weiß nicht was soll es bedeuten …«

FREUDE ist Übergang des Menschen von geringerer zu größerer Vollkommenheit. Freudigkeit ist Freude, begleitet von der Idee eines vergangenen Dinges, das unverhofft eingetroffen ist. (Spinoza III, 2,16)

WUNSCH ist die Begierde oder der Trieb nach dem Besitze eines Dinges, der durch die Erinnerung an eben dies Ding genährt, und zugleich durch die Erinnerung an andere Dinge, die die Existenz des erstrebten Dinges ausschließen, gehemmt wird.

E r l ä u t e r u n g: Wenn wir uns an ein Ding erinnern, werden wir, wie schon oft gesagt ist [S. 121 f.], dadurch veranlaßt, es mit dem selben Affekt zu betrachten, als wenn es gegenwärtig wäre; allein diese Geneigtheit oder dieses Streben wird, solange wir wachen, für gewöhnlich in Schranken gehalten durch die Vorstellungsbilder von Dingen, die die Existenz dessen, an das wir uns erinnern, ausschließen. Wenn wir uns also daher eines Dinges erinnern, das uns in irgend eine Gattung der Freude versetzt, streben wir eben dadurch, es mit dem selben Affekt der Freude als gegenwärtig zu betrachten; dieses Streben jedoch wird sofort in Schranken gehalten durch die Erinnerung an Dinge, die die Existenz jenes ersten Dinges ausschließen. Deshalb ist der Wunsch eigentlich eine Trauer, die jener Freude entgegengesetzt ist, die aus der Abwesenheit eines Dinges entspringt, das wir hassen … (III,32)

Es scheint also um ein Gedächtnis zu gehen, das in solcher spinozianischen Dialektik als Gedächtnis von deutscher und französischer Freiheit anzulegen wäre; als Obhuts-Organ einer poetischen Substanzbildung (Abglanz und Erinnerung) in jüdischer moderner Kultur, die sich gegen ihre Verfolgung in der Realgeschichte in anderen Kulturen, in denen sie auch ihre Bündnisse schließt, behauptet und dergestalt im »Zeitkampf« für die »Geschichte der Menschheit« steht und die ›geheime‹ Führung hat. Sie ist ihr aufgrund ihrer besonderen Schicksale und Erfahrungsquellen zugewachsen. Ich halte diese Auffassung von der »Mission« der jüdischen Kultur in der Moderne, übersetzt in einen *Weg der Kunst*, für das »Geheimnis« des deutschen Juden H. Heine (S. 344 ff., 249). Die Aufzeichnung, die darüber doppelbödig zu sprechen beginnen will – »Michel bahnt (dem »weltlichen Heiland«) den Weg – Rosen werden gestreut auf Eisen [b] …« – bricht ab (VI,648). In den »Geständnissen« ist der Gedanke am deutlichsten ausgesprochen (S. 130). Allerdings entwickeln ihn die Luther-Passagen im ersten Buch »Zur Religion und Philosophie in Deutschland« schon deutlich genug, wenig verschanzt, kaum beachtet. Den Zeitgenossen war die Pointe der Gedankenführung versperrt; der Zensor strich den Satz:

Dieser Umstand wird, wenn bei uns die politische Revolution ausbricht, gar merkwürdige Erscheinungen zur Folge haben. Die Freiheit wird überall sprechen können und ihre Sprache wird biblisch sein.

Noch einmal: *Entgegengesetzt* dem jüdischen »Vater« ist der Gedanke der Befreiung Saras, wie er hier skizziert ist, nicht. Als

Weg der Kunst entworfen (III,570) ist sie an das Denken einer ›Rosen-Revolution‹ gebunden; Heine hat sie immer unterschieden von der politischen, ihrer Voraussetzung. Das Verhältnis beider Befreiungswege zueinander ist in seinen Schriften so oft erörtert, daß man meinen könnte, es sei einer systematischen Klärung zugänglich. Aber der Autor vermeidet es, dieser Meinung Vorschub zu leisten.

Am Rhein, in der Pessach-Pogromnacht, im Text ihrer ›romantischen‹ Vermittlung ist der Weg der Kunst von der Lektüre der Haggada geprägt. Darauf ist mehr als bisher zu achten; sie wird rabbinisch familiär gefeiert, als Poesie von Heine in Gebrauch genommen. Was wird daraus?

Wie Heines *Mutter* hat Saras leiblicher Vater, der »zärtlich« ist wie der Rhein in der Vaterrolle, anders als dieser vom Kinde »Aberglauben und Poesie« zu entfernen gestrebt (VI,562). Dies fällt Sara jetzt ein, als ihre Seele sich in den vorüberziehenden Märchen verlieren möchte. Der rettende Vater? Vielleicht. Doch auch: Der »zornige« Zug in seinem Bild deutet sich an. Die Konstellation ist so lesbar: ›Beide‹ Väter, unterm Siegel ihrer Zärtlichkeit zu *einem* Bilde vereint, treten als je alter ego des anderen auseinander und wir können nicht umhin, in solcher Versiegelung in der Verschlungenheit der Erzählung die innere Zerrissenheit dieser Vater-imago zu erkennen. Leid und Glück, Mitleid und Zorn überkreuzen sich. ›Der Vater‹ (beide Väter ineins), der seine Tochter nicht leiden sehen kann, der die schönsten Märchen, die er ihr zum Trost erzählt, verbietet …

Ist Haß im Spiel?

WOHLWOLLEN ist die Begierde, dem wohlzutun, den wir bemitleiden.

ZORN ist die Begierde, durch die wir aus Haß dazu gereizt werden, dem ein Übel zuzufügen, den wir hassen.«

(Spinoza III, Definitionen 35 f.)

Aber zwischen all diesen hübschen Märchen, die klingend und leuchtend zu leben begannen, hörte die schöne Sara die Stimme ihres Vaters, der ärgerlich die arme Muhme ausschalt, daß sie dem Kinde so viel Torheiten in den Kopf schwatze! Alsbald kams ihr vor, als setzte man sie auf das kleine Bänkchen, vor dem Sammetsessel ihres Vaters, der mit weicher Hand ihr langes Haar streichelte, gar vergnügt mit den Augen lachte, und sich behaglich hin und her wiegte in seinem weiten, blauseidenen Sabbatschlafrock. (471)

Es scheint, der Traum den Rhein hinauf sei nun in die *ganze*, innige, feierliche Familien-Geborgenheit der Kindheit zurück vertieft. Wie er es in den »Memoiren« tun wird, läßt der Autor den eigenen herzensguten Vater ins Bild treten, flüchtig; schon verklingt die autobiographische Färbung; der Haushalt eines Patriarchen wird geträumt, dessen Liebe zum Kind in Haß umschlägt, als eine kindliche Zärtlichkeit zwischen Abraham und Sara zur Liebe wird. Und als der traditionsgelehrige arme Liebhaber schließlich beider Begehren in mosaischen Gesetzesbann schlägt – »Ich nehme dich hiermit zu meinem Weibe, nach den Gesetzen von Moses und Israel!« – und in seine spanischen Lehrjahre aufbricht, da tobt und flucht der reiche und eifersüchtige Vater, gezwungener Schwiegervater: »›Sieben Jahre sollt ihr betteln gehn!‹ und bald stirbt er.« Die Traumidylle mitsamt ihrem Verheißungs-Gehalt im Traumatisierungs-Geschehen am Rhein ist zerbrochen.

Wir haben allen Grund, aufmerksam gegenüber dem Verfahren des Autors zu sein: Wieder einmal erzählt er seine Bilder ›im Zuge‹, *läßt Bilder ziehen*, hier zuerst wie sanft »durch die Seele der schönen Frau«, dann, im nachhinein, nach der Zäsur im Tod- und Haßbild, »hastig.«

Heine hat, bevor er dies veröffentlicht, Pan 1830 nach Paris ziehen lassen, triumphierend und sterbend;[12] soeben (1840) schickt er sich an, den Zug der hungernden rächenden Ratten in »Lutetia« einzuschleusen[13] , und in den »Französischen Zuständen« 1832 spielen die Züge der Choleraleichen und der Bacchanten der Freiheit, die von ihrem Heldentode schon vorauseilend berauscht sind, ineinander (III,179); am Beginn seines Pariser »Salon«-Berichts verschiebt Heine, unter Berufung auf die »innere Traumanschauung« des Malers Decamps in der Patrouille des Hadji-Bey, den Zug der Myrmidonen, die für Spartas Freiheit kämpfen, in den Zug der »hastigen Kreaturen«, die, geprügelte Knechte, ihrem Hauptmann, der ihnen das Szepter des absoluten Prügeltums, die Knute, voranträgt, durch Smyrna folgen: ein hastiges »Schattenspiel« (III,43). »Ein hastiges Schattenspiel« auch der Zug der Bilder durch Saras dämmernde Seele! Welche Züge in den Schriften wir auch betrachten, alle zeugen sie von einer anscheinend nicht ineinander vermittelbaren Zweideutigkeit oder Doppelbödigkeit der an sie gebundenen Assoziationen, denen sie zum Ausdruck verhelfen oder die sie anstoßen. – So auch hier. Die Zweideutigkeit der Vater-imago, die der Autor in Saras Fluchttraumatik walten läßt, prägt einen Bilderzug, der einerseits der Leidenden den Abschied bereitet, der sie rettet, weil er erfüllt ist von erinnerter Freude, andererseits sie *auch deshalb* in die Befreiung begleitet, weil sie dergestalt *sehen* kann und nicht zu verdrängen braucht, was zu *begreifen* allerdings noch jetzt furchtbar wäre: die kultische Beziehungsfalle im jüdischen Patriarchat.

Daß der neu gedeutete (biblische) Aufbruch des Paares ihr die Rettung vor dem Pogrom durch ihren Mann gebracht hat, bedeutet auf der analytisch geführten Erzähllinie des Autors nicht, daß sie dem alten Gesetz auch weiterhin unterworfen bleiben solle, das ihre Entwicklung zur selbständigen Jüdin in der Moderne ausschließt. Hier liegt, im erzählten Augenblick einer unmittelbaren Gefahr für Leib und Leben, die Erkennbarkeit einer anderen Gefahr bereit, der sich die »Rabbi«-Leserschaft, so weit das zu überblicken ist, bisher verweigert hat. Der Vergleich der Smyrna- mit der Rhein-Szene mag chockieren, er ist unvermeidlich. In beiden Fällen die »Hast« der Bildgestalten in der »inneren Traumanschauung« der Bildautoren: Der Augenblick einer Gefahr ist gestaltet. Sie blitzt auf. Dort im muslimisch beherrschten Smyrna zieht der Zug, um jederzeit losprügeln zu können – – »Wieviel höher steht die Frau bei Moses als bei den anderen Orientalen – noch auf den heutigen Tag bei den Mohametanern – …« (VI,655)

Wir kennen Heines Angst-Chiffren, die Prügel, aus Kindheit und Zukunftssorge[14] … Der Subtext steht in den »Memoiren«, dort sind die Prügel aufgeschrieben im Gedenken an den Großvater in Bückeburg (VI,575) –

Man muß mit vielen Symbolisierungen der Urszene rechnen, wenn auf den Textwegen ihrer Chiffrierung an sie erinnert ist. Mit dieser Hindeutung mag die Lektüre sich auf die Entzifferung der Finalfügung einlassen, die der Autor seiner Mittelrhein-Passage gibt; das ›Realbild‹ der Kahnfahrt bis vor Mainz ist nicht ausgemalt, wir mußten die Wasserstraße schon nach Lorch gedanklich verlassen und der Bildverdichtung in Saras Traumschacht hinab folgen; für dort war zuletzt erzählt, wir befänden uns im Bild der rituellen Anverlobung Saras und der

Verfluchung durch ihren Vater. Es ist nun nachzutragen, daß die »Hast« der Bild-*Folge* im erzählt Geträumten auch Bild-*Inhalt* ist: mit »Hast« stürmt Vetter Abraham in Saras Kammer und bemächtigt sich ihrer Treue, »in Reisekleidern und blaß wie der Tod«; und wie ungeschönt die Bedeutung ist, welche seine *Reise* für den *Vater* hat! Sie geht nach Spanien, auf »die hohe Schule zu Toledo«, ins Kulturmilieu der gelehrten Marranen, »jener spanischen Juden, die damals auf einer außerordentlichen Höhe der Bildung standen.« (I,464, 472)

Wie die Lehrjahre auf die Titelfigur gewirkt haben, wird im Text offengelassen, nicht aber die Reaktion des Vaters auf die Abreise des dreisten Jünglings; erstarrt, das inkarnierte Gesetz, wütet er in Formeln gegen das Kind, das aller Sanftmut bedurft hätte oder doch wenigstens des unversehrten Seins in sich selber in dieser Situation, da ihr orthodoxes Familien-Idyll von Abraham aufgesprengt worden ist; um der Liebe willen, wenn auch mit orthodoxen Mitteln selbst. Der Vater wütet gegen »Spanien«, Utopia einer jüdischen Moderne, versehrt dadurch sein Kind und »bald darauf stirbt er«. Es ist unmöglich, dies alles als Erzählung »Der Rabbi von Bacherach« zu lesen, es ist Gegenerzählung, es ist Traum gegen das jüdische Patriarchat, es ist Text an sich. *Er* macht sich geltend nun besonders, da es dem Kind im Traum schlecht ergeht, denn *das* ist es ja gar nicht, was erzählt werden soll als Geschichte; es ist Gegengeschichte, Leerstelle, Nachtseite (S. 190): Vergewisserung, *was Text jetzt ist.*

Und während noch gesagt wird, was er ist: Traum, Text als Traum, *erinnerte*, in Hast erstarrte Zeit (»hastiges Schattenspiel; die Bilder vermischten sich auch wunderlich«), taucht in ihm die ›reale Zeit‹ wieder auf – an Lorch und dem »Kedrich« muß man jetzt längst vorbei sein –; poetisiert, lautlich verkörpert taucht sie auf; als Murmeln des Rheins. Wir kennen den Augenblick aus unseren Traumtexten, Außenreize dringen deutlicher in die Traumbildfolge ein und bewirken, daß die mehr oder weniger ›nur‹ geträumten Bilder sich mit den mehr oder weniger von ›außen‹ eindringenden »vermischen«; ein solcher Augenblick ist jetzt, nachdem der sterbende Vater in Wut und Fluch einer vaterlosen Zeit Platz gemacht hat. Der Bilderzug der »alten Geschichten«, das »hastige Schattenspiel«, ist vorüber. Die Chiffre »Rhein« wird neu gesetzt. Sie erinnert, den Text reizend, an die reale Zeit – es geht voran, der Kahn wird fortbewegt – und indem die Chiffre so wirkt, wird sie in den Text eingeschmolzen, ist geträumte, lautlich-bildliche Qualität geworden: *Der Text* fließt, ist Zeit; es murmelt in ihm, wie er fortfließt, die reale Zeit ist, indem sie dergestalt verwandelt wurde, noch einmal vom Bewußtsein abgewehrt.

Mit ganz auffälliger Behutsamkeit setzt der Autor die erneuerte Mitsprache des Rheins im Text ein. War er nicht soeben der zärtliche Vater gewesen, der seine Tochter in seine Erzählarme nimmt, liebevoll, tröstlich mitleidend? Schien nicht ›Heinetext‹ vor diesem herbeigerufenen Textgeschehen nahezu zurückzutreten? Man lese noch einmal den schönen Gang der Sätze: » … immer geschieht es, daß auch der Betrübteste seltsam beruhigt wird, wenn …« –: wenn Vater Rhein ihm seine schönsten Märchen erzählt. Eine vergleichsweise einfache, ja auch triviale Form der Romantisierung.

Die Romantisierung an der Textstelle, an der wir jetzt stehen, ist dagegen unvergleichlich. ›Heinetext‹ erscheint zurückgenommen in die Text-Bild-Laut-Körperlichkeit der Haggada selber.

> So zogen der schönen Sara die alten Geschichten durch den Sinn, wie ein hastiges Schattenspiel; die Bilder vermischten sich auch wunderlich, und zwischendurch schauten halb bekannte, halb fremde bärtige Gesichter und große Blumen mit fabelhaft breitem Blattwerk. Es war auch als murmelte der Rhein die Melodien der Agade, und die Bilder derselben stiegen daraus hervor, lebensgroß und verzerrt, tolle Bilder … (473)

Genau besehen verteilt Heine die Autorität seines Erzählens jetzt ›nur‹ eine Spanne weiter als bisher; über Erzählrollen hinaus bis zur fast gewaltsamen Re-Inkarnation der Fluchtgeschichte »Rabbi« im Medium Haggada: *verändert es*. Die Vertrautheit des Buches muß sich den Platz in Saras Sinn mit Fremdheit teilen, die es ebenso ausstrahlt: Fest und Verfolgung, Gedenken und Bedrohung. Auch Vater Rhein muß sich mit einer Teil-Habe an der Verwirklichung dieses Buches begnügen: Es ist im heimatlichen Landstrich zwischen Wesel und Lorch von anderem Gehalt und Schicksal als Kedrich-Saga und Nixen-Wesen, die er, der Rhein, in eigenster Hut gehabt und konservativ erzählen konnte. Doch immerhin ist seine Rolle noch bedeutend. Erinnert sein wirkliches Murmeln an die wirkliche Zeit und könnte es sie dauerhaft abschirmen, solange Sara nur träumt – so beschwört das Murmeln, als es in Saras Sinn den realen Charakter der gewohnt *autoritären* zarten Stimme angenommen hat, die die Haggada vorträgt, die wahre Wirklichkeit der Zeit herauf, die jetzt ist, die Nacht der Pessachfeier und der Vernichtung, und Rettung nur für das Paar, das sich Ihm, dem Vater Rhein, anvertraut hat. Und er selbst, wie der Text des Autors, hat sich verwandelt; es konnte nicht anders sein nach der Erinnerung an die gewalttätige Seite der patriarchisch-kultischen Vater-Zärtlichkeit. Die Zärtlichkeit des *Rheins* ist, hört man nur genau hin, die gleiche geblieben jetzt auf der höchsten Stufe der Romantisierung, da er seine Autorität des Sagens an die musikalische Realisation der Haggada abgeben mußte, *als ihr Sänger.* Der Korrektheit wegen muß angemerkt sein, daß ihn Heine dies mit Distanz sein läßt: *Es war auch als (ob):* Der Fluß und seine Poesie in der Romantisierungsgeschichte der Flucht bleiben deutsch, keiner emphatisch-trivialen jüdisch-deutschen Symbiose ist das Wort geredet.

Da wir nun die Höherstufigkeit der haggadaischen Abschieds-Poesie bei der Verwandlung der mondbeleuchteten Rheinlandschaft in Saras Sinn bemerkt haben, ist zum Schluß unsres Abschnitts am Mittelrhein die Vielschichtigkeit der Textromantik auf ihren *einheitlichen* Zug hin anzusehen. Die Zerrissenheit im Vaterbild, die der Text in Saras Seele sich strukturieren läßt, unter einem einheitlichen Aspekt zu betrachten, sind wir vorbereitet: Poesie und Poesieverbot, Zärtlichkeit und Gewalt gehören zusammen wie leiblicher und Rhein-Vater im Fluchttraum. Dies ist nun schärfer zu pointieren in Anbetracht des Gewichts der Haggada für den Text und angesichts der hier betrachteten Zäsurstelle.

Im Augenblick des Bruchs in den alten Geschichten – Tod des Vaters nach dem Verlöbnis mit Abraham – ist die Haggada nicht mehr vergegenwärtigt in Gestalt der familiären kultischen Proportionen. Nicht deren Realisation ist die Poesie, die es *jetzt* zu verstehen gilt: Jüdisches Geschichtsbewußtsein, wie es im kultischen Gedenken an Fluchten und Exile lebt, ist gebrochen, seine Bilder entstellt. Die Spur der Flucht den Mittelrhein hinauf ist poetisch gezogen als ein Weg der Verschiebungen des

›einen in allem‹ der jüdischen Kultur (ihres Hen kai pan): ihres Bedrohtseins in Geschichte konkret. Eine bibliophile Erinnerung an die Haggada in *christlicher* Kultur ist dementiert. Heine notiert das subtil. Die bibliophilen Ornamenturen der Haggada selber sind entstellt im Augenblick ihres Erscheinens in Saras Sinn, die vertrauten physiognomischen und vegetabilen Signaturen des Buches romantisiert nach Art E.T.A. Hoffmanns; nur noch übersetzt in die Proportionen des erlittenen Lebens sind die Menschendarstellungen im Fluchttraum real und in dieser Gestalt aber zugleich auch real im Romantisierungs-*Konzept* des Autors; »lebensgroß«, »verzerrt«, »toll« sind die Bilder der Haggada in seinem *Text:*

Der Erzvater Abraham zerschlägt ängstlich die Götzengestalten, die sich immer hastig wieder von selbst zusammensetzen; der Mitzri wehrt sich furchtbar gegen den ergrimmten Moses; der Berg Sinai blitzt und flammt; der König Pharao schwimmt im Roten Meer, mit den Zähnen im Maule die zackige Goldkrone festhaltend; Frösche mit Menschenantlitz schwimmen hintendrein, und die Wellen schäumen und brausen … (473)

Diese Haggada-Lektüre kommentiert sich selbst. – Dort, wo ich im Zitat abgebrochen habe: eine letzte Zäsur in der Kette der ›romantischen‹ Fluchtzeichen: Aus den verzerrten Haggadabildern heraus zieht der Text eine drohende Hand hervor – ein Zeichen, das dem Sturz in die Wahrheit der Toten-Vision und in die zweite Ohnmacht übergelegt ist (von ›oben‹ nach ›unten‹ drückt), aber in der Buchstaben- und Leseabfolge des Textes noch der erzählerischen Voraus-Strecke angehört und von dorther erlebt nun eine harte – und doppeldeutige Schlußsetzung ist. Wir ahnen es, während der Kahn dem Binger Loch zusteuert, wer da aus dem Rhein auftaucht an der auch vor der ›englischen‹ Rheinromantik[15] schon berühmten Stelle (Abb.). *Gelesen* aber wird dieser geographische Merkpunkt in der mondbeleuchteten Uferkulisse sofort so, wie alle diese Punkte skandiert sind in Saras vorüberdämmernder Wahrnehmung: in ihrer verwandelten Form – »… und die Wellen schäumen und brausen, und eine dunkle Riesenhand taucht drohend daraus hervor.«

Erzählt wird plötzlich nichts mehr. Es ist Stillstand der Bil-

der. Blättern wir in einer Haggada zu dieser Heinetext-Stelle nach[16], dann läßt sich mitphantasieren: wie die Riesenhand drohend aus dem Roten Meer hervortaucht; dunkel aus dem Kolorit, das den graphisch verzerrten Bildern erhalten bleibt. Dann Punkt und Schnitt (Zeilen- und Zeitensprung):

»... und eine dunkle Riesenhand taucht drohend daraus hervor.

Das war Hattos Mäuseturm und der Kahn schoß eben durch den Binger Strudel.«

Der Schein, als werde Sara selbst, nicht allein der Kahn in ›die Wirklichkeit‹ zurück, aus dem Strudel hinausgerissen, trügt. Sie bleibt in ihrer haggadaisch-rheinischen Doppelwelt noch für die Zeit des schrecklichsten Augenblicks, da ihr sogleich in den mondbeleuchteten Ufernebeln vor Mainz ihre gemordeten Bacharacher Lieben erscheinen werden. Zugleich aber lesen wir den Zeitensprung. »Das war Hattos Mäuseturm«. Die Härte des Laut-Zeichens identifiziert den Turm als Sagenzeichen (Rache-Ratten fressen den schlimmen Bischof Hatto) im selben aufblitzend realen *Augen*-Blick, da Sara vom gefährlichen

Strudel aus der *Umklammerung* durch die deutsche Sagenwelt gelöst wird.

Doch hat die *Schrift* das Doppelzeichen dauerhaft in das haggadaische Gedächtnis eingeschnitten. Der Sagenturm im Rhein bedroht die Flucht Israels über das Rote Meer, die Ur-Befreiung in den Bildern der Gedenkkultur.

Es scheint, die Differenz der Zeiten im Gedenken sei im Augenblick aufgehoben, eins im anderen identifiziert, die eine Rettung in der anderen; Exil bleibe Exil. Doch da wir schon weitergelesen haben, wissen wir, daß die haggadaische Tempelvision Sara zutiefst, in ihrer Ohnmacht, zu erkennen geben wird, daß der Doppelblick auf die heilige Stadt MainzJerusalem die Differenz der Geschichte mitsieht, daß der Auferstehung der jetzt fröhlichen Anverwandten ihre »Schreckenshast« aus der rheinischen Mordstadt Bacharach, ihrer Heimat am Rhein, vorausgegangen ist und daß sie, Sara das Kind, die Zärtlichkeit ihres Vaters, der vom Tempel herab wie einst vergnügt »mit den Augen lacht«, seiner guten Sabbatlaune zu verdanken hat; aus ihrem Leben gegangen ist er mit einem Fluch auf den Lippen.

Ihr Weg ist vorgezeichnet aus der Quelle einer jüdischen ›Identität‹, die nicht ruht, wie die Augen der Kindfrau auf den Bildern der Haggada zu Pessach geruht haben, wenn im Wohllaut hausväterlicher Stimme der Errettung Israels gemeinschaftlich gedacht wurde, sondern die bewegt ist wie das Leben in einer Geschichte, von der Sara zu Isaak sagen wird, daß sie Kampf ist.

⋆

Die Einheitlichkeit der Lektüre, nach der hier zu fragen war, ist die Reflexion dieser bewegten Identität. Flucht und Rettung ist eine der Modalitäten auf ihrem Weg; daß sie sich nicht aufgibt, eine andere. Der Weg von Bacharach nach Mainz, der so ›romantisch‹ ist, ein Kunstweg, ist grauenvoll (I,469). Das ist eine Kennzeichnung, deren Plausibilität *literarisch* nicht an das Vernichtungsgeschehen am Schreckensort dieser Nacht geknüpft ist, dem das biblische Paar entkommt, sondern an das, was Sara während der Chockabwehr auf dem Fluchtweg erfährt. Aufgebaut ist diese Erfahrung als Verfahren einer Romantisierung, die – erst bei genauer Lektüre ist es erkennbar – auf einen Prozeß hinausläuft, der die Bilder und Sagen des heimatlichen Rheins in einer Neubewertung der Haggada aufgehen läßt. Die künstlerisch entworfene, wahre und verschlüsselte, bis heute jedenfalls nicht gelesene Einheit des »Rabbi«-Projekts nimmt Konturen an. Es sind politische Konturen.

Eine deutschromantische Wiedererkennungs-Lektüre mag die ›schönen Stellen‹ der Flucht-Passage, die mit Bedacht, wie ich oben gezeigt habe, populistisch zugerichtet sind, an Eindrücke und Erinnerungen ähnlicher Art bei anderer Gelegenheit knüpfen (Alois Schreiber, Karl Simrock, William Turner)[17] – daß Heine der Wiedererkennungs-Lektüre auflauert und auch sie verwandeln will, das beweist das Textstück, das die Verwandlungsabsicht an signifikanter Stelle einübt: der *Einstieg* in die Romantik-Szenerie der Mittelrhein-Strecke.

> Es war eine jener Frühlingsnächte, die zwar lau genug und hellgestirnt sind, aber doch die Seele mit seltsamen Schauern erfüllen. Leichenhaft dufteten die Blumen; schadenfroh und zugleich selbstbeängstigt zwitscherten die Vögel; der Mond warf heimtückisch gelbe Streiflichter über den dunkel hinmurmelnden Strom; die hohen Felsenmassen des Ufers schienen bedrohlich wackelnde Riesenhäupter; der Turmwächter auf Burg-Strahleck blies eine melancholische Weise; und dazwischen läutete, eifrig gellend, das Sterbeglöckchen der Sankt-Wernerskirche. (469)

Die parallele Stellung dieser Bilder am Anfang des Fluchtwegs zu denen an seinem Ende, zu den Verzerrungen der Bilder aus der Haggada, ja die nahezu identische grotesk verfremdete Historisierung der ›Natur‹ im Lichte der Verfolgungsgeschichte des Augenblicks, bedürfen, wird nur die Substanz der Bild-Nomen mit ihren Attributen genau verglichen, meines Kommentars nicht. Hinweisen möchte ich lediglich darauf, daß dieses Licht der Mond über die Szene wirft. Es mag aufgefallen sein, daß in meinen Text ein Leitwort Heines, »mondbeleuchtet«, zuletzt öfters eingeflochten war. Hier, entgegen aller gewohnten Erwartung an einen Mond über dem deutschen Rhein, wirft er »heimtückisch gelbe Streifen über den dunkel hinmurmelnden Strom«. Man findet dafür in der Kultur des Rheinkolorits kein vergleichbares Beispiel.[18]

3. IM ZEICHEN DES MONDES

Ehe der Rabbi die blutige »Sankt-Werner«-Gabe der Pogromagenten unter dem Tisch seines Hauses entdecken und Sara den Gang durchs Trauma geführt werden wird, ist der haggadaische Textgrund in die Erzählung gelegt:

Wie Abraham die steinernen Götzen seines Vaters mit dem Hammer entzweiklopft, wie die Engel zu ihm kommen, wie Moses den Mitzri totschlägt, wie Pharao prächtig auf dem Throne sitzt, wie ihm die Frösche sogar bei Tisch keine Ruhe lassen, wie er Gott sei Dank versäuft, wie die Kinder Israel vorsichtig durch das Rote Meer gehen, wie sie offnen Maules, mit ihren Schafen, Kühen und Ochsen vor dem Berge Sinai stehen, dann auch wie der fromme König David die Harfe spielt, und endlich wie Jerusalem mit den Türmen und Zinnen seines Tempels bestrahlt wird vom Glanze der Sonne. (466)

Heine bedient sich, wie wir sehen, einer abbildenden Manier. Er wählt eine Bildfolge, »keck und bunt gemalt«, wie sie Sara »schon als kleines Mädchen, am Pascha-Abend, so gerne betrachtete« (464). Bei Lektüre der Erzählung in Gegenrichtung fällt sofort ins Auge, daß die Bilder-Folge hier so aufgebaut ist, daß ihre Teile dann im weiteren wiederverwendet: verändert werden können. Zwei krasse Momente hebe ich hervor.

(1) In das Bild des *Sonne*-bestrahlten Jerusalem, wie es Sara in ihrer Traumsturz-Vision vor Mainz erblickt, wird der fluchend gestorbene *Vater* als wieder heiter lächelnder Hausvater eingebettet, geheiligt vom Harfenklang König Davids, »– und selig lächelnd entschlief die schöne Sara.« Sie hätte auch *sterben* können.

(2) Der vordere Teil der abgeschilderten Bildfolge ist kurz zuvor, als der Mäuseturm im Roten Meer als drohende Riesenhand auftaucht, gekürzt und umgestellt der »Melodie« unterlegt, wie der Rhein sie murmelt der Beeinträchtigung gemäß, welcher die Bilder an dieser Stelle in Saras Traumanschauung ausgesetzt sind. Sie sind »verzerrt«. Der Mond scheint.

Nicht die ganze ungeschminkte Bildverzerrung als solche (die an die ›naiv‹ grotesken Züge der Haggada-Bildlichkeit durchaus anknüpft), bedarf einer Kommentierung, wohl aber die Verwundung, die der Autor mit dem Verfahren einer romantisierenden Entstellung in die haggadaische Basis seines Textes reißt. Ist es nicht eine Wunde, die er dem Körper seiner eigenen Poesie zufügt? – Ich gehe zunächst in einer Schleife um den Text:

Ich unterstelle Heine ein Bibel-reflexives Schreibprogramm, das zwischen *Gedenken* und *Gedächtnis* einen ständigen Austausch unterhält. Gedenkarbeit findet danach ihre Worte wie in einer autoritativen Quellenbeziehung aus der Lektüre der heiligen Schriften und aus einer Beheimatung des Traumjägers in der mythischen Aura über die ›Ränder‹ der Bibel hinaus (S. 238, 295); das Gedächtnis speist in diese Beziehung Bilder ein, die sich umfassenden Mythologie- und Geschichtsstudien verdanken. Angesichts dieses Universums kann der Austausch zwischen Gedenken und Gedächtnis nicht anders als dramatisch sein. Das Drama hat seine Schauplätze im Denken und ist in den Schriften reflektiert. – Dies ihnen als ihre biblische Eigenschaft zuzuschreiben, behauptet viel. Die kleine Definition beansprucht nun aber auch wirklich keine zuschlagende Endgültigkeit, sondern mag als Ausgangspunkt in immer neuen Fällen dienen, wenn Heines Schreiben mit Tam Tam wie etwa in den »Briefen aus Helgoland« oder eher anspielend und still wie z. B. im »Wintermärchen« einen jener Schauplätze betritt und dabei: ›an der Bibel schreibt‹. Ich wähle diesen Ausdruck aus folgendem Grund.

Er meint, daß auf der ganzen Skala schreibender Bibelnähe bis hin zur reduzierten Chiffre, die zum fast nur noch anekdotischen Gebrauch einer Anspielung verleitet – wie im Falle der mindestens 10-fachen Erinnerung an die Geschichte Beleams und seines Esels – Heine die Bibel nicht benützt als Fundgrube für Metaphorisierung und stofflichen Schmuck in seinen Texten, sondern inspiriert von ihrer Darstellungsweise arbeitet.

Ich verwende, um das zu belegen, eine sonderbare Formulierung, die Heine 1840 drucken ließ, in einem Kontext, an dem er, ähnlich wie am »Rabbi«-Projekt, schon früher gearbeitet hat (IV,39); er nennt dort die Bibel »wurzelnd in die Abgründe der Schöpfung und hinaufragend in die blauen Geheimnisse des Himmels«. Wir haben, das ist kurz auszuführen, die Kernformulierung Heines in den Äußerungen über sich selbst als Artist vor uns.

Inhaltlich variiert er sie auf der philosophischen Leitlinie seines an Spinoza angelehnten literarischen Pantheismus (S. 117), als Formel für Stil verweist sie auf die Perspektive seiner jüdischen Schreibautorität. Er nimmt sie im Verlauf seiner Text- und Denkgeschichte zunehmend in der Haltung jener Zerrissenheit und daraus resultierender Solidarität mit dem Volk Gottes wahr (S. 149 ff.). Nirgends verrät er diese Haltung so sehr wie in einem Satz zu Spinoza 1834: »Statt zu sagen, er leugne Gott, könnte man sagen, er leugne den Menschen.« (III,564) Denn hier ist ausgesprochen, was den Stand des biblischen Schriftstellers ausmacht: *Er steht wie neben Gott und sieht vom Anfang her.*

Dies ist keine utopische Position, sondern der Stand des schöpferischen Pantheisten in der Moderne, daher ist das vergleichende Wie, den *biblischen Textbezug* des Gott-Rivalen im Auge, überkreuz zu setzen, wie es in Heines Äußerungen *über* die Bibel geschieht: Das Wort in biblischer Darstellung ist »*gleichsam* ein Naturprodukt« und es ist »*wirklich* das Wort Gottes«. (IV,46)

Der ›mystische‹ Hauch um solche Ausdrucksweise ist nicht das geringste, das an kabbalistische Bibelauffassung erinnert.

Auch in dieser Schriftkultur gibt es keine Entgegensetzung von Bibel und ihren Nachfolgeschriften einschließlich der Tradition symbolischer Geheim-Exegese (wenn es auch natürlich Häresie gibt). Ausdrücke wie die zitierten,

wurzelnd in die Abgründe der Schöpfung (IV,39),
aufgelöst in ihr ursprüngliches Nichts (II,480)
oder: *wieder zerrinnen in die unerschaffene Gottheit* (S. 313),

die Heine an signifikanten Stellen publizistisch gegen die deutsche Hegelschule ins Feld führt, zeigen an, wie radikal (an die Wurzeln gehend) der schreibende Bibelleser sein Schreiben aus der Parallel-Lektüre eines inoffiziellen Spinoza rechtfertigt. Daß diese Quelle in die Historie der Kabbala gehört, ist dort Gemeinplatz; wie sehr Heine sich mit diesem Spinoza identifiziert, das jedoch muß aus der Unbestimmtheit eines on dit erst noch hinausgeführt werden. Ich verweise hier nur auf eine frappante, wenn auch ›geheime‹ Anlehnung: Während Heines vielbesprochene Spinoza-Passage im »Salon« 1834 anhebt, von der Methode der »Ethik« zu sprechen und von der mathematischen

Form, ihrem angeblich »großen Gebrechen«, weicht die Rede plötzlich, fast unauffällig, in den Schutz einer großen lyrischen Metapher aus, offenkundig um dem Autor Platz zu schaffen, so, wie es ihm ums Herz ist, von der Darstellungsweise des Philosophen sprechen zu können – und unversehens sind wir mitten im Bild, das er, wie oben angedeutet, von der Darstellungsweise der *Bibel* gibt. Ich zitiere zunächst beide Stellen jetzt auf ihren identischen Wortpunkt hin:

Welch ein Buch! groß und weit wie die Welt, wurzelnd in die Abgründe der Schöpfung und hinaufragend in die blauen Geheimnisse des Himmels … (IV,39)

Bei der Lektüre des Spinoza ergreift uns ein Gefühl wie beim Anblick der großen Natur in ihrer lebendigsten Ruhe. Ein Wald von himmlischen Gedanken, deren blühende Wipfel in wogender Bewegung sind, während die unerschütterlichen Baumstämme in der ewigen Erde wurzeln. Es ist ein gewisser Hauch in den Schriften des Spinoza, der unerklärlich. Man wird angeweht wie von den Lüften der Zukunft. Der Geist der hebräischen Propheten ruhte vielleicht noch auf ihrem späten Enkel. (III,561)

Wie nebenher treffen wir hier auf einen Verknüpfungspunkt in den Chiffrenzügen der Schriften, der uns auf die Verquickung philosophischer und mythologischer Elemente in den Metaphern des literarischen Pantheismus Heines hinweist. Treffen wir darauf, wie hier, an Stellen assoziierter Symmetrie (Bildähnlichkeits-Brücken) über größere Abstände zwischen Niederschriftzeiten hinweg – *Abgründe der Schöpfung* (1830/40), in der die Bibel, und *ewige Erde* (1834), in der Spinozas »Ethik« wurzeln –, so zeigt sich das *Netz*, das geknüpft ist. Es ist ausgelegt, die Verknüpfungen in *erweiterten Bezügen* aufzunehmen (S. 112 ff.) und in der Syntax, deren sich der Autor dabei bedient, Autor-Subjekte stehen zu lassen, die, in mehrere Prädikationen wie austauschbar eingesetzt, ins Universale gehend aktiv sind. Folgen wir beispielhaft einer kleinen Partie in diesem Netz:

Spinoza, ein neuer Prophet, schreibt aus den Wurzeln, die in die Erde, in die Abgründe der Schöpfung reichen, schreibt also biblisch: im Bild »Abgründe der Schöpfung« denkt *Heine* diesen Wurzelgrund über die Brücke *seiner* Autorschaft mit als »ewige Erde«; Heine – Spinoza – *biblischer Pantheismus* … – daß es ein poetischer sei, gibt Heine über dieselbe Ähnlichkeits-Brücke zu erkennen: Im Chiffren-Netz, das aus Quellen des biblisch-hellenisch-germanischen *Eichen*-Mythos in den Schriften ausgezogen wird und einen quasi vor-mosaischen Mythos-Vorbehalt in die Lektüre des Pentateuch und der Propheten einträgt, ist das Bild der Poesie zu finden, die wie die deutsche Eiche unter der Gewalt des Sonnengottes steht und unerschütterlich in der heiligen Erde wurzelt ... (III,673) – In *dieser* Verknüpfung wiederum nur ist die oben zitierte Brücke von der biblischen zur deutschen Sprache zu verstehen wie sie einst sein wird, wenn die Befreiung ihrer Sprecher geglückt ist, während andererseits zugleich das *Alter* dieser Sprache in Bildern der Erde und der Steine und Bäume angegeben und verherrlicht wird, z. B.:

In keiner anderen Sprache hätte die Natur ihr geheimstes Wort offenbaren können, wie in unserer lieben deutschen Muttersprache. Nur auf der starken Eiche konnte die heilige Mistel gedeihen ... (III,573)

Der Mythologe Heine weist auf dieses Alter zurück mit einem ins Philosophische gehenden Kürzel an derselben Stelle:

»vorchristlicher Volksglaube, germanischer Pantheismus« ...–

während wiederum der Gedanke, der in die vor-mosaische Götterwelt dringt (Kultstätte Sichem) und dort (an der Orakeleiche) auf Abrams und Sarais Weg unter Gottes Verheißungsbefehl trifft (Gen. 12,6), geknüpft ist an ein nach-mosaisches Zeugnis. Es ist das Thora-Lob aus der krypto-biblischen Ethik des ›Hellenen‹ Josua ben Sirach, das Heine emphatisch, in der lutherischen Übersetzung, 1852 an das Ende seiner späteren »Salon«-Vorrede setzt. Sie bespricht seine Philosophie, ohne ein Jota ihrer spinozianischen Art zu dementieren.

Im Verknüpfungsnetz interner, Bibel-reflexiver Verständigung in den Schriften gibt es das akademische Problem einer Form-Inhalt-Differenz nicht. Alles Zurückdenken ist Sprache in Sprache; Arbeit der Denkbilder an den Gedächtniswurzeln in vormetaphorischen Lektüren. – Allein in Gestalt der Gestikulationen, die der *Schriftsteller* autorisiert, sind auch Kritik, Abgrenzung und Parodie zu begreifen, denen Heine sich anvertraut beim Sprechen im Zeitalter der Revolutionen und ihrer streitenden Programme. Diesem Zeitalter gilt der ›private‹ Gestus, der 1823 den Anforderungen des »Vereins für Kultur und Wissenschaft der Juden« entgegengehalten ist: Man möge an seiner *Existenz* als Schreibendem bemessen, was er für die gute Sache tue, ebenso, wie die frühe Mahnung, nicht so viel über die jüdische Religion zu »schwatzen«, zu deren »Champion« sich keiner aufwerfen solle (I,838), oder die späte Erinnerung an Freund Marx, er möge die Bibel lesen (III,510). Für Heine gibt es keinen logischen Messianismus der Philosophie und Politik, sondern nur den religiösen seines Schreibens, dem es seine Nähe zur kabbalistischen Schriftkultur verdankt. In dieser Nähe arbeitet es in einer geheimen Obhut auf der Seite eines Zurückgedenkens im Archiv der »Geschichte der Menschheit« und im Widerspruch zur »Weltgeschichte«, der sie unterworfen ist. »Ach! wohl tut es Not …« – es ist oben zitiert.

Ein *radikales Zurück* ist die Voraussetzung zu solchem Widerspruch; zu einer Geschichtsauffassung, die eine Zukunft nicht verneint, von deren Lüften man, wie Heine sagt, in Spinozas Schriften, wie wir sagen mögen, auch in Heines Schriften angeweht wird (III,562).

⋆

Eingedenk der Gedächtnis-Spanne in Heines Literaturprogramm zwischen Alt und Nochnicht, Ursprüngen und Jetztzeit – einer Spanne, in der Geschichte ist, ist nun der Ort, über Parodie zu sprechen und Heines häufige Verwendung dieser Schreibweise vor den Interpretationen zu schützen, die sie mit der Spottlust, Boshaftigkeit und einer fröhlichen Überheblichkeit im Psychogramm des Autors erklären wollen. Vergeblich ist im ersten Band der Sämtlichen Schriften schon 1968 die Zunft auf die gedächtnistheoretische Dimension Heinescher Parodiekunst hingewiesen worden (I,661 f.); wir müssen über den Tellerrand der ›Heine-Philologie‹ hinaussehen, um Unterstützung zu finden; bei Einsichten, Hypothesen der klassischen Poetik.[19] ›Parodia‹ (lat.), das ist auch: neu geschrieben in gebrochenem Ton mit dem Risiko, falsch geschrieben zu haben; ›Gesang mit anderer Stimme‹. Versteckt in die Hedonismus-Analyse seiner Pariser Zyklen »Verschiedene« gibt Heine einen diesbezüglichen Wink:

Neue Melodien spiel ich
Auf der neugestimmten Zither.
Alt ist der Text! …
(IV,339)

Schreiben in kritischem Gedenken, den Bildern des Gedenkens zugetan und aus einem unzensierten Gedächtnis; Ur-Geschriebenes weiterschreiben und die Spannen, Klüfte, Katastrophen in der Geschichte seither und die Einsichten daraus ins Uralt-Geschriebene zurücklagern, seiner geschichtslosen, oft geschichtsblinden bloßen Überlieferung ins Wort fallen, es verletzend; dabei getreu der kabbalistischen Weise, das Geschriebene anzutasten, ohne ihm zu entsagen, nach neuen Formen suchen, um dem Überlieferten gerecht zu werden – auch das ist Parodie.

So läßt Heine seinen Rhein nach dem Pessach-Pogrom die Haggada anstimmen, und dort wo er fließt, Strom einer Geschichte und ihr Gedächtnisträger, kann die Diskrepanz zwischen altem Text und neuer Melodie nicht anders ausfallen, denn als entstellt. Die süße, liebliche, »mütterliche« Bildlichkeit und Musikalität des Gedenkbuches ist so wahr, angemessen, familiär wie die unerschütterliche Form des Kultsinns, die ihre Frische der Erinnerungs-Wurzel verdankt: die ihre Festigkeit im Traditionsgebrauch sichert. Sie denkt in das befreiende Exil, den Auszug aus Ägypten zurück *und* ist an die Einzigartigkeit des Gedenkbildes »mit vorgeschriebenen Worten« gefesselt. Es ist im höchsten Sinne Illusion, was im Haggada-Kult geschieht, Gegen-Spiel gegen die Geschichte. Als illusionäre aber ist die Vor-Schrift in der festlichen Lektüre mit jedem neuen Tag der wirklichen Geschichte, der zwischen den Festen war und ist, zugleich grotesk, märchenhaft und latent tragisch. Schon während im Hause des Rabbiners der ruhende Text zu seiner diesmaligen Realisation aufgeweckt wird – von Heine artistisch per Absatz-›Reim‹ bewerkstelligt: »Glanz der *Sonne* – Söhne der *Freiheit*« (I,467) – und den Feiernden den Augenblick der Verheißung spendet, ja genau in dieser Sekunde, betreten, verkleidet wie vom Haggada-Text selbst freundlich begrüßte »Fremde«, die St.-Werner-Agenten den Festsaal. Dieser mörderischen Verletzung der haggadaischen Familien-Poesie räumt der Autor nicht den Charakter eines Zufalls, Unglücksfalls ein, der von außen feindlich in das an und für sich geschützte Sacrum einfällt. Sondern die feindliche Geschichte strahlt aus dem Erinnerungswesen des Buches selber aus – wenn es eingedenk der Geschichte so gelesen wird, wie sie von einem säkularen Gedächtnis aufbewahrt wird. Heine präzisiert auf seine Weise diesen ungeschichtlich geschichtlichen Doppelsinn des Buchgebrauchs noch in seiner ›vorerzählerischen‹, historischen Einleitung zum Pessachfest beim Rabbi Abraham:

(…) der herkömmlich singende Ton, womit die Agada von dem Hausvater vorgelesen und zuweilen chorartig von den Zuhörern nachgesprochen wird, klingt so schauervoll innig, so mütterlich einlullend, und zugleich so hastig aufweckend, daß selbst diejenigen Juden, die längst von dem Glauben ihrer Väter abgefallen und fremden Freuden und Ehren nachgejagt sind, im tiefsten Herzen erschüttert werden, wenn ihnen die alten, wohlbekannten Paschaklänge zufällig ins Ohr dringen. (465)

Spricht der Autor hier noch aus eigener Empfindung im Stil der gebrochenen Attributierung der Haggada und ihres ungebrochenen Geschichtsbildes, so treibt er im Fortgang des »Rabbi«-Projekts die Gebrochenheit in eine sarkastische Tonlage, in welche, um keine Gedenksentimentalität aufkommen zu lassen, der moderne Grenzgänger zwischen Gedenken und Abtrünnigkeit zur Zeit der ›spanisch‹-jüdischen Hochkultur, Don Isaak, zurückweicht:

(…) »schau mich nicht an mit Abscheu. Meine Nase ist nicht abtrünnig geworden. Als mich einst der Zufall um Mittagzeit in diese Straße führte, und aus den Küchen der Juden mir die wohlbekannten Düfte in die Nase stiegen: da erfaßte mich jene Sehnsucht, die unsere Väter empfanden, als sie zurückdachten an die Fleischtöpfe Ägyptens; wohlschmeckende Jugenderinnerungen stiegen in mir auf; ich sah wieder im Geiste …« (499)

Im selben Jahr, da das »Rabbi«-Fragment veröffentlicht wird, 1840 in den »Briefen aus Helgoland«, in denen wir soeben mit Spinoza gelesen haben, spricht Heine der Autor in anderem Ton über die Kluft, die die Schriftkultur der Juden von der Geschichte um sie her fernhalte. Die Passage ist oben schon anzitiert. Unschwer mitzulesen dort, wie Heine die Bibel und das abenteuerliche biblische Gedenkbuch, Haggada, die biblia pauperum der Pessach-Familie, derselben Struktur seiner zugeneigt kritischen Betrachtung unterwirft. Ist im »Rabbi«-Projekt seine Neubewertung der Haggada *erzählt*, so ist sie im Paralleltext *begründet*:

Welch ein Buch! groß und weit wie die Welt, wurzelnd in die Abgründe der Schöpfung und hinaufragend in die blauen Geheimnisse des Himmels ... Sonnenaufgang und Sonnenuntergang, Verheißung und Erfüllung, Geburt und Tod, das ganze Drama der Menschheit, alles in diesem Buche ... Es ist das Buch der Bücher, Biblia. Die Juden sollten sich leicht trösten, daß sie Jerusalem und den Tempel und die Bundeslade und die goldenen Geräte und Kleinodien Salomonis eingebüßt haben ... solcher Verlust ist doch nur geringfügig in Vergleichung mit der Bibel, dem unzerstörbaren Schatze, den sie gerettet. Wenn ich nicht irre, war es Mahomet, welcher die Juden »das Volk des Buches« nannte, ein Name, der ihnen bis heutigen Tag im Oriente verblieben und tiefsinnig bezeichnend ist. Ein Buch ist ihr Vaterland, ihr Besitz, ihr Herrscher, ihr Glück und ihr Unglück. Sie leben in den umfriedeten Marken dieses Buches, hier üben sie ihr unveräußerliches Bürgerrecht, hier kann man sie nicht verjagen, nicht verachten, hier sind sie stark und bewundrungswürdig. Versenkt in der Lektüre dieses Buches, merkten sie wenig von den Veränderungen, die um sie her in der wirklichen Welt vorfielen; Völker erhuben sich und schwanden, Staaten blühten empor und erloschen, Revolutionen stürmten über den Erdboden ... sie aber, die Juden, lagen gebeugt über ihrem Buche und merkten nichts von der wilden Jagd der Zeit, die über ihre Häupter dahinzog! (IV,40)

So »zog« die Verfolgungsgeschichte am Beginn der beiden ersten »Kreuzzüge« den Mittelrhein hinauf und weiß Gott nicht *über* die Häupter der Juden hinweg. In die liebreizenden Murmeltöne des Vaters Rhein ist diese Geschichte eingeschrieben, ob er von den Vögeln im Wispertal oder den Fröschen des Pharao erzählt, er erzählt nicht außerhalb seines Wissens, sondern aus ihm hervor und *tröstend*; und während die *Heimat* der Jüdin in den vermischten Bildern aus rheinischen und agadischen Sagen in *seinen Worten* noch unverloren scheint, sind ihnen die Wunden der Erinnerung bis in den Augenblick der Vertreibung schon eingeschnitten. *Das* ist Haggada-Text, Gedenken *und* Gedächtnisbilder, die es nicht verschonen (S. 235).

Und nun, erinnern wir uns der objektiven Charakteristik des Buches in der Einleitung zu Pessachfeier und Fluchtpassage, stellt sich das Problem der Neubewertung der Haggada in verschärfter Weise: Wie kann ein Erinnerungskult, der »so schauervoll innig, so mütterlich einlullend, und zugleich so hastig aufweckend« klingt, aus der Auslegungs- und Überlieferungshoheit des jüdischen Patriarchats hinausgeführt werden, dessen Männlichkeits-Stempel noch bis in die Bedeutungsvergabe der Verheißung buchstäblich, also heilig ist?

Gegenwärtigen Jahres feiern wir hier das Fest, aber zum kommenden Jahre im Lande Israels! Gegenwärtigen Jahres feiern wir es noch als Knechte, aber zum kommenden Jahre als Söhne der Freiheit! (467)

Als ich oben die ›feministische‹ Fragestellung eingeführt habe (S. 212 ff.), war schon klarzustellen, daß H. Heines Solidarität mit dem im weitesten Sinn biblischen Überlieferungsbestand seiner Textarbeit (mithin auch mit dem ›Buchstaben des Gesetzes‹) keine dogmatischen Gegensetzungen zulasse. Selbst der Wechsel der erzählten Fluchtperspektive von Abraham auf Sara ist so wenig aufdringlich, daß er in der Geschichte der Text-Lektüren nicht bemerkt worden zu sein scheint. Im Genrebild der Synagoge-Stunde im zweiten Kapitel dann ist das erzählerische Wohlwollen überdeutlich an die Frauen vergeben, die von oben herab der Verlesung der Gesetzesabschnitte zuschauen und währendessen ihre eigene Geselligkeit pflegen, und in dieser Perspektive ist es ganz natürlich, daß die Sphären der Männer- und Frauen-Abteilung ein wenig verwischen und selbst die gesetzlich männliche Thora-Vorführung geradezu zärtliche Züge annimmt – Aber am Rhein, am Pessachabend in Bacharach, bleiben die Sphären buchstäblich scharf getrennt: im verlesenen Haggada-Text selbst schlägt am entscheidenden Punkt der Befreiung ›inhaltlich‹ durch, daß sie eine männliche sein wird. Es gibt in der Verheißung buchstäblich keine Töchter der Freiheit. Das entspricht der Stellung der Frau in der *Halacha*, der Überlieferung des Gesetzes. So scheint es Heine an jener Stelle, die ihm der Zensor gestrichen hat, gewiß nicht gemeint zu haben – »Die Freiheit wird *überall* sprechen können und ihre Sprache wird biblisch sein« (S. 223).

Doch sollten wir gerade hier die Nuance nicht übersehen, die zwischen ›biblisch‹ und ›poetisch‹ bleibt. Die Bibel überliefert Gesetze, Poesie – und Geschichte: diese drei. Heine trennt sie nicht – in seiner Auffassung von der Bibel. Seine Neubewertung der Haggada aber zeigt, daß er sich an eine Sonderstellung ihres agadischen Wesens, der Poesie hält – indem er sie nicht heraushält aus dem Gedächtnis von den »Stürmen« der Weltgeschichte. Keine Frage, daß die Haggada auf der Seite der Poesie ist, keine Frage aber auch, daß die Wahrheit der Geschichte auch aus *ihrem* Körper blutet (S. 280).

Mag das Probierfeld des »Rabbi«-Projekts insgesamt dagegen noch manche offene Fragen enthalten, dazu gehört nicht die Bedeutung des Mond-Zeichens über der Szenerie der Flucht. Im Lexikon der mythischen Zeichen und ihrer Attribute ist Mond weiblich. Der Schluß, Heine versehe seine Haggada ebenfalls mit diesem Attribut, wäre voreilig gezogen. Später, in seinem Wunder-Poem »Jehuda ben Halevy«, wo er es zu tun scheint, ist der Bezug viel feiner. Dagegen ist dort klar ausgewiesen das Ineinanderspiel von Poesie und Agada. Sehen wir uns den Mond zwischen Bacharach und Mainz in diesem Spiel noch an.

Er scheint über der gesamten Passage den Mittelrhein hinauf; drei besondere Reflexe leuchten pointiert im Text auf: Als das Paar Bacharach verläßt (über den dunkel hinmurmelnden Strom wirft der Mond *heimtückisch gelbe Streiflichter,* und das blasse Gesicht des Rabbi ist *gespenstisch* beleuchtet); als die rheinromantische Befreiungssage erinnert ist (Saras »Lieblingsberg, der Kedrich« erscheint *seltsam* unterm Mond); und als Sara ihre Lieben im Ufernebel dahinhasten sieht (der Mond zeigt sie ihr *in weißwallenden Totenhemden).*

Das Zeichen des Mondes also steht über der Romantisierung stromauf, deren Verfahren es ist, ›Haggada‹ in »modernen Erzähltext« zu verwandeln. Ein Stück Verfolgungsgeschichte wird erzählt; es wird einer neuzeitlich-biblischen Reflexivität zugänglich gemacht. Wie dabei der Text die Erhabenheit erniedrigt, die der rabbinischen Haggadalektüre ›vor der Verfolgung‹ zugewiesen war –

> Auf den purpurnen Sammetkissen eines mehr als die übrigen erhabenen Sessels und angelehnt, wie es der Gebrauch heischt, saß Rabbi Abraham und las und sang die Agade, und der bunte Chor stimmte ein oder antwortete bei den vorgeschriebenen Stellen (466) –,

das zeigt an, wie Heine die Neuvergabe der exegetischen Kompetenz bei der Historisierung des jüdischen Exils sich vorstellt und ausführt: Da die Verfolgungsgeschichte durch die Zeiten des traditionellen Haggada-Gebrauchs fortgeschritten ist, dem Buche also längst als post-ägyptisch eingezeichnet ist – man muß es nur so lesen – *sei es an der Zeit*, dies neuerzählend deutlich zu machen.

Der Text soll neuerzählte Haggada sein! Dem geschichtlich mitgehenden Erzählen gehöre die Autorität in der jüdischen Schriftkultur! – So gesehen ist ›parodia‹ in der neuen Literatur tatsächlich Erniedrigung (S. 238). Heines Verfahren ist rigoros: Er zeichnet die Haggada nicht willkürlich um, sondern er reißt sie auf; in den erzeugten Spalt fällt die versteifte rabbinische Autorität. Ihre Ohnmacht vor der Geschichte ist demonstriert. Vielleicht hatte Rabbi Abraham dies darzustellen im Projekt vor allem noch vor sich. Daß er ›feministisch‹ gelesen auch lächerliche Züge hat, mag in dieses Konzept passen. – Entscheidend ist, daß das poetische Wesen der Haggada von der Verantwortung, Geschichte zu schreiben, nicht ferngehalten werde; daher verleibt Heine sie seiner Literatur ein. Am neuen Ort ist haggadaische Reflexion auf Geschichte dem Mondzeichen durchaus ›treu‹; ihm, dem Gattungszeichen der agadischen Schreibweise überhaupt, ist die Beleuchtung der Verfolgungs-Wahrheit anvertraut. Die Wahrheit am Rhein ist, daß Natur in einer Heimat, die so verloren geht, entstellt ist: gezeichnet von der Grausamkeit einer Sozietät, die diese Heimat mit der jüdischen Gemeinschaft nach so langer ›gemeinsamer‹ Geschichte plötzlich nicht mehr teilen will und die städtischen Korporationen stigmatisiert. Dies aber stigmatisiert auch die Natur mit all ihren Sagen. Der Mond bringt es an den Tag.

Natur, die eben noch die Betrübtesten trösten konnte und »den Duft jener Bergesufer ausströmt, worauf die Freude wächst«, sie läßt die Seele erschauern, ihre Blumen duften leichenhaft und Heimtücke hat jene gelben Streifen geschaffen, die der ›natürliche‹ Vater der heimatlichen Landschaft auf seinen Wellen nun ›reflektieren‹ muß. Wie ist ein solches Verderben ›natürlicher‹ Materie nur möglich! Welle, Klang – – Des Rheins uralte Stimme und dieser Widerschein der Gegenwart auf seiner Oberfläche »vermischen« sich wie die Bilder der Haggada unterm kläglichen Murmeln, in das seine Treue (seine ›triuwe‹) zurückweicht.

Nein, die Haggada ist nicht weiblich; wie mit keinem solchen Attribut der Geschichte beizukommen ist; sondern sie ist Poesie dem geschichtswahren Text, der sie aufnimmt, und verleiht ihm jene Glaubensphantasie der jüdischen Kultur, die der Geschichte standhält, trotz allem. Der Text wird dergestalt der »Geschichte der Menschheit« zugehören.

Wie der Text so Sara; die Haggada ›in ihr‹ wird sie, die in ihrer Seele so gekränkt ist wie die Bilder des Festbuches verletzt sind, ›tragen‹ wie der Rhein sie jetzt trägt. Wie sie sich verändert haben als Gedächtnisträger, *das Buch*, *der Strom*, unter den Lasten der »Weltgeschichte«, so wird Sara die Veränderungen auf ihrem Weg *begreifen* und für sich verwirklichen. Zu den »Söhnen« sollen »Töchter der Freiheit« in der Verheißungsformel treten, die dem Gedenken der Vertreibungen gewidmet ist. Es ist ein weiter Weg.

Als Sara aus ihrer Tempel-Vision erwacht, war es das Licht der *Sonne*, das sie sehend gemacht hatte, und jetzt, das zweite Kapitel eröffnend, ist sie von ihm »fast geblendet«. Es wird noch eine Zeit das Wort des Rabbi sein, das ihre Blicke führt, da der Weg nun durch die reale Welt geht. Diese Vorstellung ist im biblischen Sinne patriarchalisch. Aber Heine verehrt Moses, der an der Schwelle zur jüdischen *Geschichte* steht. Im Spätwerk wird er liebend, anbetend vom großen Lehrer sprechen … (S. 19) Aber die Vorstellung vom männlichen Geleite ist auch individuell geprägt, auch zeit- und erkenntnisgeschichtlich. Auch das zeigt der Text. Ist im Projekt einleitend über die »schöne Sara« der Schleier einer »Schönheit der Jüdinnen« geworfen, der uns rühren soll, weil er das »Bewußtsein des tiefen Elends« der Gemeinschaft bezeugt – über ihre holden Gesichtszüge seien »eine gewisse leidende Innigkeit und beobachtende Liebesangst« gebreitet (466) –, so hört sich das ein wenig so an, als sei das leidende Israel männlich und das *beobachtende* Mitleid weiblich, fürsorglich, den »Stürmen« der Geschichte nicht unmittelbar ausgesetzt – – Doch andererseits sitzt an dieser Textstelle Sara noch ganz Kindfrau zu Füßen Abrahams – »sah beständig nach den Augen ihres Mannes; dann und wann schaute sie auch nach der vor ihr liegenden Agade …« (467) –: und *beginnt* erst ihren Weg durch die Bilder der Haggada, die sich verändern werden – – Es ist alles eine Frage der Zeit.

1851, im Mittelstück der »Hebräischen Melodien«, einem

Gedicht von unvergleichlicher Schönheit, »Jehuda ben Halevy«, Spiegelportrait des Autors Heine, in seinem eigensten Rhythmus Nachpsalm zum Werk des gottbegnadeten Klassikers der ›spanisch‹-jüdischen Hochkultur Jehuda Halevy, auch dies ein Fragment, nimmt der totkranke Dichter in einer abgeklärten Reflexionsweise noch einmal seine frühe Neubewertung der Haggada/Agada auf. Im Durchspiel aller Haltungen poetischer Orthodoxie nimmt er zu diesem Zweck auch das Deduzieren wahr: Im Anfang ist die Thora, der strenge Vater beginnt mit ihr den Unterricht.

Diese las er mit dem Sohne
In dem Urtext, dessen schöne,
Hieroglyphisch pittoreske,
Altchaldäische Quadratschrift

Herstammt aus dem Kindesalter
Unsrer Welt … (VI,131)

Ohne Gottes Urtext kein Talmud, und in dieser Welt der Freiheit der Lektüren und Stile herrscht gewaltlos eine Ordnung der Folge, deren erster Schritt der gefesseltste ist: »Auslegung und Schibboleth« (IV,265), fixe Ideen von Richtigkeit, aber auch der Streit um sie; noch hat der Vater das Wort:

Ja, frühzeitig hat der Vater
Ihn geleitet zu dem Talmud,
Und da hat er ihm erschlossen
Die Halacha, diese große

Fechterschule …

Doch der Himmel gießt herunter
Zwei verschiedne Sorten Lichtes:

(Die »Vater«-Instanz scheint jetzt aus dem Text verschwunden zu sein –; der Übernahme der Folgerungszügel durch den Poeten chiffriert unterworfen aber, im Sonnenbild, spricht er weiter *mit*; die Folgeschritte ohne seine einzige Autorität werden freier)

Grelles Tageslicht der Sonne
Und das mildre Mondlicht – Also,

Vom Monde weiß man, daß sein Licht kein Lichtsubjekt ist, hier aber verliert solches Subjektsein auch die Sonne, *der Himmel* beansprucht es allein, er läßt beide leuchten (wie Gott, wie der Dichter) wie der Talmud:

Also leuchtet auch der Talmud
Zwiefach, und man teilt ihn ein
In Halacha und Hagada.
Erstre nannt ich eine Fechtschul –

Letztre aber, die Hagada,
Will ich einen Garten nennen,
Einen Garten, hochphantastisch
Und vergleichbar jenem andern,

Welcher ebenfalls dem Boden
Babylons entsprossen weiland –
Garten der Semiramis,
Achtes Wunderwerk der Welt.

Königin Semiramis,
Die als Kind erzogen worden
Von den Vögeln, und gar manche
Vögeltümlichkeit bewahrte,

Wollte nicht auf platter Erde
Promenieren wie wir andern
Säugetiere, und sie pflanzte
Einen Garten in der Luft –

Hoch auf kolossalen Säulen
Prangten Palmen und Zypressen,
Goldorangen, Blumenbeete,
Marmorbilder, auch Springbrunnen,

Alles klug und fest verbunden
Durch unzählge Hängebrücken,
Die wie Schlingepflanzen aussahn
Und worauf sich Vögel wiegten –

Große, bunte, ernste Vögel,
Tiefe Denker, die nicht singen,
Während sie umflattert kleines
Zeisigvolk, das lustig trillert –

Alle atmen ein, beseligt,
Einen reinen Balsamduft,

Welcher unvermischt mit schnödem
Erdendunst und Mißgeruche.

Die Hagada ist ein Garten
Solcher Luftkindgrillenart,
Und der junge Talmudschüler,
Wenn sein Herze war bestäubet

Und betäubet vom Gezänke
Der Halacha, vom Dispute
Über das fatale Ei,
Das ein Huhn gelegt am Festtag,

Oder über eine Frage
Gleicher Importanz – der Knabe
Floh alsdann sich zu erfrischen
In die blühende Hagada,

Wo die schönen alten Sagen,
Engelmärchen und Legenden,
Stille Märtyrerhistorien,
Festgesänge, Weisheitsprüche,

Auch Hyperbeln, gar possierlich,
Alles aber glaubenskräftig,
Glaubensglühend – O, das glänzte,
Quoll und sproß so überschwenglich –

Und des Knaben edles Herze
Ward ergriffen von der wilden,
Abenteuerlichen Süße,
Von der wundersamen Schmerzlust

Und den fabelhaften Schauern
Jener seligen Geheimwelt,
Jener großen Offenbarung,
Die wir nennen Poesie.

Auch die Kunst der Poesie,
Heitres Wissen, holdes Können,
Welches wir die Dichtkunst heißen,
Tat sich auf dem Sinn des Knaben.

Und Jehuda ben Halevy
Ward nicht bloß ein Schriftgelehrter,
Sondern auch der Dichtkunst Meister,
Sondern auch ein großer Dichter.

Ja, er ward ein großer Dichter,
Stern und Fackel seiner Zeit,
Seines Volkes Licht und Leuchte,
Eine wunderbare, große

Feuersäule des Gesanges,
Die der Schmerzenskarawane
Israels vorangezogen
In der Wüste des Exils. (VI,132 ff.)

In der Abgeklärtheit des Spättextes mag die poetische Entmachtung des »Vaters« eindeutiger sein als im »Rabbi«-Projekt, und die weiblichen Züge in den Texten des großen Rabbi Jehuda entsprechend betont; im Gegenzug, trotz der ins legendarisch Tragische verklärten Sterbeszene in Jerusalem (ebd., 147), muß die Poesie, trauernd bei den Wassern Babels zu singen, den *aufbrechenden* Davidisch-Heineschen Rache-Affekt gegen die Feinde Israels lindern (136) – bedeutsamer als solche Nuancen ist die Differenz zwischen zwei Gattungen.

Das späte schöne Poem mit dem Loblied auf die agadische Poesie schreibt Geschichte im Gedenken an die »Gnade« der spanischen Utopie, ist insofern hymnische Parodie Jehudas – dieser ›spanische‹ Charakter der historischen Bindung im Gedicht ist im »Rabbi«-Projekt bereits enthalten (vorgesehen, aufgehoben). Hier ist mithilfe einer Versetzung des Bacharach-Pogroms ans Ende des 15. Jahrhunderts (S. 214) eine Zeitenverschmelzung gedichtet:

Utopia, das »andere Land«, noch nicht betreten; während die spanische Utopie historisch bereits gescheitert ist, die große Vertreibung dort unmittelbar bevorsteht. So mußte der Ausgangspunkt des jüdischen Exils, ›der‹ Exodus, unmittelbarer neu erzählt werden. Und das bedeutet: Die Zeit des Erzählens ist überschattet von der europäischen *neuzeitlichen* Voraussetzung der Exilgeschichte, daß nämlich Mittelalter und Neuzeit als Bedingungen für Pogrom und Vertreibung noch immer nicht geschieden sind; noch immer das Mittelalter in der Neuzeit haust, – daß ein europäischer jüdischer Dichter des 19. Jahrhunderts also, auch wenn ihn die »Gnade« an die Seite Jehudas gestellt hat (VI,135), eine größere Bürde geschichtlicher Erfahrung zu tragen und somit die Bürde durch analytische Erzählung, in harscher *Prosa* abzutragen hat, wenn er im Gedenken sein Gedächtnis und seine Jetztzeit nicht verleugnen will. In der anderen Gattung, der mystisch-lyrischen Erinnerung an jene »glückliche« Zeit, ›darf‹ die Bürde leichter gemacht, der Zeitsprung ›übersungen‹ sein – die haggadaische Basis der Poesie weniger belastet, ja unverletzt bleiben. Der schöne Schein beansprucht sein Recht auf mehr Freiheit von »Weltgeschichte« als das »düstre Märtyrerlied«, das aber auch, das grundschwingende Lamento, jugendliche hebräische Melodie, in der Prosa steckt:

Brich aus in lauten Klagen,
Du düstres Martyrerlied,
Das ich so lang getragen
Im flammenstillen Gemüt!

Es dringt in alle Ohren,
Und durch die Ohren ins Herz;
Ich habe gewaltig beschworen
Den tausendjährigen Schmerz.

Es weinen die Großen und Kleinen,
Sogar die kalten Herrn,
Die Frauen und Blumen weinen,
Es weinen am Himmel die Stern!

Und alle die Tränen fließen
Nach Süden, im stillen Verein,
Sie fließen und ergießen
Sich all in den Jordan hinein.
(I,271)

Am Rhein zu singen, des Jordans gedenkend – das Klagelied aus dem Nachlaß mag ›zurückhaltend‹ in der Sehnsucht geschrieben sein, dem schwierigen Romanprojekt im Grundton liebevoll beizukommen, lyrisch wie in diesem Lied, das im Oktober 1824 geschrieben wurde. – Gedichte (»Romanzen«), die dann im Anhang zum »Heimkehr«-Zyklus, den das Lure-Lied von deutscher Freiheit eröffnet, 1827 vorgelegt werden, stammen aus dem »Rabbi«-Konzept und deuten den Versuch an, *spanisch-lyrisch* der Düsternis der Basiserzählung zu entkommen. Auch später, kurz vor dem Übergang über den Rhein bei Straßburg im Mai 1831, phantasiert der Autor *französisch-lyrisch* hochgestimmt diese Grenzüberschreitung als Entkommen, Befreiung, und überschreibt den Augen-Blick in die Bibel zurück an eine

›Denk-Stelle‹ (S. 123), die elementarer zukunftsorientiert gar nicht mythisiert sein könnte.

Paris ist das neue Jerusalem, und der Rhein ist der Jordan, der das geweihte Land der Freiheit trennt von dem Lande der Philister. (II,601)

Aber als Heine dann in Paris ist, ist die Phantasie der Befreiung vernunftgemäßer eingefangen, d.i. für den *Dichter*: Ihre innere Widersprüchlichkeit ist klaffender geworden, und das eins-im-anderen-Denken am Grenzfluß RheinJordan und im »geweihten Land« FrankreichKanaan wird intern in der phantasierten Wirklichkeit ›Text‹ noch einmal um einen Deutlichkeitsgrad tiefer ins Universum poetischer Ausdrucks-Lizenzen versenkt: in die Dimension des ›Traums im Text‹. Dies geschieht, 1837, mithilfe einer Anleihe beim Heineschen »Donquixotismus«, der ein eigenes Buch verdiente (S. 331).

So erinnere ich mich, als ich nach Frankreich reiste und eines Morgens im Wagen aus einem fieberhaften Halbschlummer erwachte, sah ich im Frühnebel zwei wohlbekannte Gestalten neben mir einher reiten, und die eine, an meiner rechten Seite, war Don Quixote von der Mancha auf seiner abstrakten Rozinante, und die andere, zu meiner Linken, war Sancho Pansa auf seinem positiven Grauchen. Wir hatten eben die französische Grenze erreicht. Der edle Manchaner beugte ehrfurchtsvoll das Haupt vor der dreifarbigen Fahne, die uns vom hohen Grenzpfahl entgegen flatterte, der gute Sancho grüßte mit etwas kühlerem Kopfnicken die ersten französischen Gendarmen, die unfern zum Vorschein kamen; endlich aber jagten beide Freunde mir voran, ich verlor sie aus dem Gesichte, und nur noch zuweilen hörte ich Rozinantes begeistertes Gewieher und die bejahenden Töne des Esels.

Ich war damals der Meinung, die Lächerlichkeit des Donquixotismus bestehe darin, daß der edle Ritter eine längst abgelebte Vergangenheit ins Leben zurückrufen wollte, und seine armen Glieder, namentlich sein Rücken, mit den Tatsachen der Gegenwart in schmerzliche Reibungen gerieten. Ach, ich habe seitdem erfahren, daß es eine eben so undankbare Tollheit ist, wenn man die Zukunft allzu frühzeitig in die Gegenwart einführen will und bei solchem Ankampf gegen die schweren Interessen des Tages nur einen sehr mageren Klepper, eine sehr morsche Rüstung und einen eben so gebrechlichen Körper besitzt! Wie über jenen, so auch über diesen Donquixotismus schüttelt der Weise sein vernünftiges Haupt. – (IV,153)

Nein, dem lyrischen Grundton ist nicht entsagt, aber die Arbeit des jugendlichen »Rabbi«-Poeten jetzt in Paris hat den prosaischen Akzent im Projekt verstärken müssen; die Arbeit am europäischen Gedächtnis der Juden verlangte eine Prosa, die keine Abschweifung ins allzu Partikulare eines subjektiven Schmerzempfindens zuläßt, keine *metaphorisch*-lyrische Entbindung vom Schicksal der deutschen Juden am Rhein, vorerst, im ersten Kapitel.

Unterhalb des Rheingaus, wo die Ufer des Stromes ihre lachende Miene verlieren, Berg und Felsen, mit ihren abenteuerlichen Burgruinen, sich trotziger gebärden, und eine wildere, ernstere Herrlichkeit emporsteigt, dort liegt, wie eine schaurige Sage der Vorzeit, die finstre, uralte Stadt Bacherach. (I,461)

4. PARIS 1840

»WÄHREND WIR LACHEN UND VERGESSEN ...«

Es könnte sein, daß auch das *Prosa*-Fragment nie von Heine selber veröffentlicht worden wäre. Mit Mühsal hat er 1824-26 an den ersten Kapiteln gearbeitet, im Oktober 1824, als das Klagelied geschrieben ist und die Konzeption erstmals einigermaßen steht, die Pessachfeier ihre endgültige Gestalt schon hat, »viel Geschriebenes« jedoch wieder »ausgelöscht« ist, bekennt der geplagte Autor dem Freund Moser, er trage das ganze Werk »mit unsäglicher Liebe« mit sich herum (I,839) – eine doppelsinnige ›Werk‹-Beschreibung damals schon! – – Den gesamten Briefwechsel[20] zum »Rabbi«-Thema kann man *auch* lesen als Umschreibung der Gründe, weshalb das Buch nicht fertig wird.

Solche Liebe ist kein schlechter Zurückhaltungsgrund »in dunklen Zeiten«, was wird sie in Schriftgestalt bewirken? Haß? Neue Verfolgung? Das Buch hätte, so Heine an den Verleger *1840*, wegen seiner ketzerischen Ansichten! bei Juden und Christen viel Zetergeschrei hervorgerufen (I,834) – *jetzt*, zu Moser: »Aber eben auch, weil es aus der Liebe hervorgeht, wird es ein unsterbliches Buch werden, eine ewige Lampe im Dome Gottes ...« (I,839) Sich wissen in der Huld des Gottes, der ihm Kraft zum Schreiben geben soll – Schreiben über »den großen Judenschmerz« –, und Sorge wegen des Geschreis, vielleicht sind das keine zwei Gründe, der eine für, der andere gegen eine Publikation, sondern ein und derselbe dagegen – – Das Klugheitsgesetz, so steht es im Moser-Brief, spräche dagegen, das Buch überhaupt *zu schreiben*. »Ich sehe voraus, wie viel ich dadurch verschütte und Feindseliges herbeirufe« – Wie haben wir das zu verstehen?

Heine ist noch nicht getauft, als er diese Sorge äußert. Als Marrane denkt er schon. Der »Almansor« (1821) ist aus diesem Denken entstanden: Es *wird* einen Kampf geben; im *schönen Traum vom schönen Spanien* ist sein Losungswort schon ausgegeben, in einer »Waldgegend«, verdeckt: Befreiung – »das ewge Wort, das urgeborne.« (I,317)

Wir bewegen uns auf der Schriftspur des Nochnicht und der Sklavensprache, Spur der Ritter vom heiligen Geist, die auf die rechte Stunde warten, dem Losungswort zu folgen, wie es einer von ihnen, »Ich« in der »Bergidylle«, 1824 verkündet: irgendwann, nur nicht zur Unzeit (S. 203 f.). Das ist es wohl, das gehütete Geheimnis der (messianischen) Frist. Das marranische »Existieren« in einer Zeit, da die »Glaubenskerker« und die »Zwingherrnburgen« noch nicht, wie im schönen Traum Almansors, »einstürzen in Glut und Rauch«, aus denen das ewge Wort emporsteigen werde, »In rosenroter Glorie selig strahlend« –: es steht unter dieser Frist wie das marranische Schreiben, das *offen* nur in den Chiffren des biblischen Pantheismus sein kann: Das urgeborne Wort kommt aus den Abgründen der Schöpfung.

An einer Werkgestalt des zentralen Schmerzthemas aber, der Verfolgungsgeschichte, ist der Marrane Heine, der sich in der Mitte seiner Bemühungen taufen läßt, gescheitert. In diesem Gedächtnisraum schafft er es nicht, das Losungswort zu chiffrieren und dergestalt offen durchzuarbeiten im *ungeheuren Stoff*. In der Haggada wie im Manuskript bleibt es als *Motiv* stehen, »Gegenwärtigen Jahres feiern wir hier das Fest (...) noch als Knechte ...«[21] Heine mußte fürchten, das marranische Geheimnis zu verraten, das zu hüten existenzsichernd war für einen Schriftsteller wie ihn.

Geheimnis

Wir seufzen nicht, das Aug ist trocken,
Wir lächeln oft, wir lachen gar!
In keinem Blick, in keiner Miene,
Wird das Geheimnis offenbar.

Mit seinen stummen Qualen liegt es
In unsrer Seele blutgem Grund;
Wird es auch laut im wilden Herzen,
Krampfhaft verschlossen bleibt der Mund.

Frag du den Säugling in der Wiege,
Frag du die Toten in dem Grab,
Vielleicht daß diese dir entdecken
Was ich dir stets verschwiegen hab. (IV,414)

Die marranische Bewußtseinsquelle war es dann wohl, die nicht »verschüttet«, und das gedeckte Schreiben, gegen welches »Feindseliges« nicht wachgerufen werden durfte. An Moser zur »Rabbi«-Zeit konnte das einbekannt werden unter dem vorausschauenden Aspekt eines Scheiterns des Projektes in seinem ganzen gedachten Umfang, deutsches Mittelalter an der Schwelle zur Neuzeit und spanische Utopie umfassend.

»Eine ewige Lampe im Dome Gottes« – das Bild erinnert an die »Gedächtnis-Ampel« im Genre-Bild der Synagoge, die Don Isaak nicht betritt, wo die Gebete für die Gemordeten von Bacharach erklingen (I,487). *Überzogen* gewählt für eine Projektion von Vollendung, offenbart es doch auch, als Pathosformel, die *theologisch erfaßte Diskrepanz* zwischen einer nur allzu verständlichen Wunschvision des jüdischen Autors, der auf seiner Bahn in die Moderne an seine rechte Hand denkt, die verdorren könnte …, und der bedrückenden Unmöglichkeit einer öffentlichen Debatte über ein möglicherweise *gelungenes* Gesamtwerk »Rabbi« mit den voraussehbaren Folgen. Auch Gott kann sie, in dunklen Zeiten und im Land der Philister, nicht wollen …

Wie dem auch sei, Heine deponiert das unvollendete Werk bei seiner Mutter in Hamburg, wo es 1837 mit dem Haus, in dem sie wohnte, verbrannt ist.[22]

Auf dem Weg nach Paris 1831 überschritt der Sohn der Revolution den deutsch-französischen Rhein bei Straßburg, der 1840 in seiner ganzen historischen ›fränkischen‹ Bedeutung zur

Chiffre eines politischen Diskurses zwischen beiden Ländern wird. Es geht um die Rheingrenze. Nicht aber zwei Länder und Armeen stehen sich gegenüber, sondern zwei ideologische Parteien: französischer und deutscher Nationalismus.[23] Noch vor dieser kam es zu einer anderen, in der offiziellen deutsch-französischen Historie nicht verzeichneten Konfrontation, im selben Jahr: französischer und deutscher Antisemitismus. – Es geht um die »Blutfrage von Damaskus«[24], die Folterung und Marter einer Gruppe jüdischer Kaufleute, die beschuldigt wurden, einen Kapuzinermönch und seinen Diener getötet zu haben, um ihr Blut am Pessachfest zu gebrauchen. Der fanzösische Konsul in Damaskus, ein klerikaler Antisemit, leitete die Grausamkeit der provokatorischen Nachforschungen aktiv an, ohne daß ihm von der französischen Regierung Einhalt geboten worden wäre, und erzeugte noch vor Prozeßbeginn unter der muslimischen Bevölkerung eine Pogromstimmung, die zu entsprechenden Ausschreitungen führte. Die Dokumente über die Vorfälle sind in der Heine-Edition, nach der hier zitiert wird, zugänglich.[25] Heine geht jetzt aus seiner Deckung heraus. Er tut es in differenzierter Weise. Unter anderem bereitet er, parallel zur Redaktion der »Briefe aus Helgoland« für die Börne-Denkschrift, die Veröffentlichung des »Rabbi«-Fragments vor. Um einen Neu-Ansatz zur Meisterung von Motiv-Balance und Werkgestalt konnte es jetzt nicht gehen, nicht um spanische Utopie und um die Zerrissenheit eines Schriftstellers, der eine »Rosen«-Revolution befördern will, nicht in diesem Augenblick. Ihm war die »notdürftigste« Textfertigung aus den erhaltenen Unterlagen angemessen (I,833). – Sehen wir auf Heines publizistisches Handeln im Ganzen.

Unmittelbar antwortet er auf die Nachrichten aus Damaskus mit einer Doppelstrategie, die an der politischen Oberfläche und tiefer versteckt ›mit Texten handelt‹. Er hatte soeben mit seiner »Lutetia«-Serie für Cottas »Allgemeine Zeitung« begonnen: Auf der ›Weltebene‹ dieser Zeitung greift er selber mit Text an und spielt dem Blatt zugleich die ungekürzten, detaillierten Dokumente über die Vorgänge zu. – Er will, daß skandalisiert werde, was der Außenminister und Ministerpräsident Adolphe Thiers ironisch herunterspielt: daß ein Beamter des revolutionären Frankreich einen antisemitischen Aberglauben aus dem europäischen Mittelalter in den Orient verpflanzt, wo er noch unbekannt sei; daß ein neuer ideologischer Kreuzzug heraufbeschworen wird. Heine schreibt mit der politischen, souverän-bildlichen Wachsamkeit seiner Tagestexte. Er schreibt in Paris (345 ff.).

Er appelliert an die westliche Zivilisation. Der Konsul hatte eine christliche neue Barbarei begangen, indem er zur Unterstützung seiner Umtriebe in Damaskus eine »haßschnaubende Schrift«, wie Heine sie nennt, unters Volk gebracht hatte, die die Wahrheit des kultischen Christenmords, den man den damaszener Juden unterstellte, unter Beweis zu stellen vorgibt. So gut der Paris-Journalist weiß, daß der Konsul seine Haßgenossen, ja wohl auch seine »Wahrheits«-Lieferanten im Herzen der Metropole sitzen hat – er sagt es auch –, so täuschend weiß er in seinem ersten Bericht am 7. Mai 1840, der den erzählerischen Kern der blutigen Legende ins Licht stellt, die Meinung zu lancieren, dieser Aberglaube gehöre in das *Europa* der Vergangenheit. Hier haben wir ganz den Politiker Heine. Während er an der Oberfläche sagt, wie unwürdig die Barbarei des Konsuls der französischen Politik sei, markiert er die Gefahr für das Judentum für den Fall, daß die Einpflanzung jener Legende im türkisch regierten Orient, wo die Knute herrscht, gelingen sollte und die jüdische Gemeinschaft der ›besonderen‹ Obhut des regierenden Prügeltums aus einem ›besonderen‹ Grund ausgeliefert würde, den die Christen geliefert haben. Seine politische Essenz hat der Bericht dann in einer literarischen Geste: »Während wir lachen und vergessen …« – Jetzt und in dieser Form sagt der Autor, was er wirklich weiß und denkt. Das Vergangene ist auch und gerade in Europa, dem Ursprungsland der Kreuzzüge, nicht vergangen. Es ist bloß vergessen – damit wir lachen können. Diese Schizophrenie müßte ein assimilierter Jude aushalten und überdecken (über-leben) helfen. Das gerade aber macht Heine nicht mit. Der Wissende, der Erinnernde, *der Erzähler* hatte sich im Bericht ja auch, lesen wir sofort genau, sofort *verraten*, gedeckt von der geradezu ästhetischen Entrückung des Erzählten:

Die heutigen Pariser Blätter bringen einen Bericht des k. k. österreichischen Konsuls zu Damaskus an den k. k. österreichischen Generalkonsul in Alexandria, in bezug der Damaszener Juden, deren Martyrtum an die dunkelsten Zeiten des Mittelalters erinnert. Während wir in

Europa die Märchen desselben als poetischen Stoff bearbeiten und uns an jenen schauerlich naiven Sagen ergötzen, womit unsere Vorfahren sich nicht wenig ängstigten; während bei uns nur noch in Gedichten und Romanen von jenen Hexen, Werwölfen und Juden die Rede ist, die zu ihrem Satansdienst das Blut frommer Christenkinder nötig haben; während wir lachen und vergessen, fängt man an im Morgenlande sich sehr betrübsam des alten Aberglaubens zu erinnern und gar ernsthafte Gesichter zu schneiden, Gesichter des düstersten Grimms und der verzweifelnden Todesqual! Unterdessen foltert der Henker, und auf der Marterbank gesteht der Jude, daß er bei dem herannahenden Paschafeste etwas Christenblut brauchte zum Eintunken für seine trockenen Osterbröde, und daß er zu diesem Behufe einen alten Kapuziner abgeschlachtet habe! (V,268)

Bedeckt auch gibt sich der *Mitfühlende* im Bericht. Das ändert sich ein wenig in den nächsten Tagen; das hat seinen Grund: Nicht pure politische Kritik kann es sein, ebenfalls auf der Oberfläche der Pariser Diskurs-Teilhabe, wenn die Hindeutungen in anderen deutschen Blättern auf die Unterstützung der Gemarterten in Damaskus durch die Pariser Juden in Cottas Weltblatt zur Sprache kommen muß. So gut auch jetzt wieder Heine zurückhaltend zu bleiben versucht und ihm dies auf seine ironische Weise zunächst auch stilvoll gelingt, er hält es nicht lange durch, und je länger der Bericht, desto unfähiger der Schreiber, seine Gefühle zu verbergen …

Wahrlich, wir würden die Juden von Paris eher loben als tadeln, wenn sie, wie die erwähnten norddeutschen Blätter meldeten, für ihre unglücklichen Glaubensbrüder in Damaskus einen so großen Eifer an den Tag legten und zur Ehrenrettung ihrer verleumdeten Religion …(V,274)

Es wurde dort nicht geholfen, woher zuerst hätte Hilfe kommen müssen! Es ist empörend – und doch kann es in den Formen eines zivilisierten Aufklärungs-Diskurses und auf der Höhe einer Offenheit behandelt werden, die das Licht der Weltöffentlichkeit sucht, braucht und nährt: noch heller macht. Selbst wenn es um den französischen Nationalismus geht. Geschrieben wird in Paris, hier ist Publizität ohne Ängste an der Tagesordnung. Dies setzt allerdings ein prekäres Bündnis voraus, demgegenüber Heine wahrlich nicht naiv ist: ein mentales Bündnis von Assimilation und Kapitalismus in Frankreich. In ihm scheint jüdische Solidarität untergegangen zu sein im Tausch mit einer Befreitheit, die zu eng an Aufstieg geknüpft ist und die Erhöhung durch Nationalität nicht unter Aspekten der Geschichte des Judentums reflektiert. Wir wissen, daß dies ein Thema überhaupt für Heine ist, in Deutschland – *und* Frankreich (S. 153 ff., 159 ff.). Doch gerade jetzt in der publizistischen Situation 1840, im lachenden Paris, unter dem Eindruck der Nachrichten aus dem Orient und des Versagens jüdischer Solidarität auf hoher Emanzipations-Stufe, drängt sich Heine die befreiende Differenz seines Aufenthalts zur deutschen ›Heimat‹ als ein *Problem* auf, das er als europäischer Weltbürger lösen möchte (im »Lutetia«-Stil), als deutscher Jude aber offen publizistisch vor deutschem Publikum nicht lösen kann.

1834 hatte er, vor Deutschland warnend, philosophiehistorische Deckung gesucht (III,639), 1838, im Venedig-Text, theologisch-prophetische. Jetzt, 1840, da er eigentlich die französischen Juden vor ihrer Selbstaufgabe in nationalgeschichtlicher Zukunft warnen müßte, greift er zu französisch-deutscher Doppelstrategie – und konzentriert sich auf die ›deutsche Seite‹, wo die schwerere Arbeit auf ihn wartet.

Der deutsche Nationalismus nämlich ist von anderer Art als der französische. Er konstituierte sich und wuchs im 19. Jahrhundert in Symbiose mit dem deutschen Antisemitismus. – Jene deutschen Zeitungstexte waren hämisch; hätte es eine deutsche Einheit politisch schon gegeben und eine Hauptstadtpresse, sie hätte anders über einen deutschen Antisemiten in Damaskus berichtet, nicht kritisch oder schlimmstenfalls bagatellisierend, sondern zustimmend. Da diese Voraussetzungen noch nicht bestehen, sind die Texte verklemmt, indirekt, schielend. Offenheit herrscht nicht, weil es keine politische nationale Presse gibt. Heines Strategie ist es, die in Deutschland erscheinende »Allgemeine Zeitung« am kranken Punkt des Antisemitismus zum Kurzzeitforum für eine Diskursprobe auf Offenheit zu machen; würde die Zeitung eine *französisch*-deutsche Damaskus-Debatte ein Stück in ihre Spalten überspringen lassen?

Der erste Schritt gelang; ein zweiter ging schief. Mit Gustav Kolb, dem Chefredakteur und »Waffenbruder« aus gemeinsamer Münchner Zeit[26], ließ sich der vollständige Abdruck jener Dokumente verabreden. Er erfolgte in einigen Mai-Nummern,

›ergänzt‹ allerdings von einer hervorgekehrt »unparteilichen« Berichtspolitik der Redaktion, die dem Blutritual Wahrheit zusprach und so die Wirkung der Dokumente bereits wieder schmälerte.[27] Als Heine schließlich im Juni eine Korrespondenz einschickt, die im ›Pariser Stil‹ nun doch einer Angst Ausdruck geben will, seiner Angst um die Juden in *Europa* anläßlich der damaszener Vorfälle, und dies verdeckt tut in Form eines französisch-deutschen Pressevergleichs, unterdrückt Kolb den Text. Sehr verdeckt, sehr ironisch verknüpft Heine darin die Möglichkeiten jüdischer Selbstaufklärung über die Gefahren, die den Gemeinschaften in der Diaspora durch die Abgabe ihrer Identitäten an ihre heimatlichen Nationalismen drohen, mit der nationalen Pressefreiheit. Gewiß hat nicht deshalb Kolb gestrichen. Auch ist der abgedeckte Sinn des Textes schwer zu entziffern; und wohl überhaupt nur, wenn die Empfindsamkeit des Autors vorausgesetzt und bei Lektüre der vorangegangenen Berichte zu Damaskus wahrgenommen ist.

Es ist wahr, die Artikel sind in den französischen Blättern besser geschrieben und logischer abgefaßt, als in den deutschen, wo der Verfasser seine politische Sprache erst schaffen und durch die Urwälder seiner Ideen sich mühsam durchkämpfen muß; es ist wahr, der Franzose weiß seine Gedanken besser zu redigieren, und er entkleidet dieselben, vor den Augen des Publikums, bis zur deutlichsten Nacktheit, während der deutsche Journalist, weit mehr aus innerer Blödigkeit als aus Furcht vor dem tödlichen Rotstift, seine Gedanken mit allen möglichen Schleiern der Unmaßgeblichkeit zu verhüllen sucht; und dennoch, wenn man die französische Presse nicht nach ihrer äußern Erscheinung beurteilt, sondern sie in ihrem Innern, in ihren Bureaus, belauscht, muß man eingestehen, daß sie an einer besonderen Art von Unfreiheit leidet, die der deutschen Presse ganz fremd und vielleicht verderblicher ist als unsere transrhenanische Zensur. Alsdann muß man auch eingestehen, daß die Klarheit und Leichtigkeit, womit der Franzose seine Gedanken ordnet und abhandelt, aus einer dürren Einseitigkeit und mechanischen Beschränkung hervorgeht, die weit mißlicher ist, als die blühende Konfusion und unbeholfene Überfülle des deutschen Journalisten! (VI,280)

Die Ironie, die hier gleich am Anfang des Artikels waltet, ist wie selten in Heines Journalliteratur ganz bei sich selbst: Sie verhüllt *und* ist philosophisch korrekte »Annihilation«, wie es am Ursprung dieser Ironie-Kultur heißt[28]; sie verhüllt, daß ihr

Wortlaut ›wahr‹, ihre Bewertung ›eigentlich‹ negativ sei und daß es aber *möglich* ist, daß solche Bewertung ETWAS fixieren würde, das, im Prozeß der Geschichte aufgelöst oder verändert, sein Positives nachträglich, aber vielleicht nicht zu spät an den Tag bringt. Die Ironie, die es daher an Ort und Stelle schon positiv bewertet hat, hätte es dann vor zu früher Entscheidung und Identifikation (Bloßstellung) bewahrt.

Das gilt auch für die Umkehrbarkeit des ironischen Wertvergleichs. Sie läßt ihn vibrieren, und das verwirrt den Blick in die Zukunft sowohl des negativ bewerteten französischen wie des positiv bewerteten deutschen Aspekts im ironischen Überkreuz. Was wird nicht alles lesbar in dieser geordneten ›Unordnung‹! Ich empfinde stark die Zuwendung nach Deutschland hinüber (S. 180 ff.). Die »Urwälder seiner Ideen« erinnern an Heines »germanischen Pantheismus«, an das Eins-im-andern (Hen kai pan) des deutschen Dämonen- und Barbarentums, an die »Heimat« der deutschen Sprache (S. 238). Wird eine befreite politische Sprache der Deutschen barbarisch oder – »biblisch« sein? Gewiß schreibt Heine die Passage besonnen in die doppelsinnige Struktur seines Denkens über Deutschland und die westliche Zivilisation ein, als stünde er am Rhein, an beiden Ufern zugleich; oder auf der Brücke, im Gespräch mit »Vater Rhein« (S. 366). Lesbar aber auch der augenblicklich entzündete Sarkasmus angesichts der deutschen Zeitungstexte über Damaskus, entzündet vom deutschen verklemmten Antisemitismus, der die Ironie-Kultur selbst eines Heinrich Heine aufzusprengen droht; dieser Zug im Schreibaugenblick ist so stark, daß er wie isoliert, wie zurückgehalten erscheint vor dem prophetischen Spiel des ironischen Über-Rhein-Vergleichs. Was auch immer Gustav Kolb gelesen hat – an Heines ironischer Form an sich kann er sich nicht gestoßen haben, er war sie liebgewohnt –, er vermeidet den Druck des Textes aus Motiven, die Heine später »höhere vaterländische Rücksichten« nennt und *als solche* anerkennt (V,290).

Auch dies ist eine verhüllt verhüllende Wendung und nicht ohne Ironie. Man weiß ja, daß es Heine oft ums Herz ist, als müsse er »Vaterland« ganz schlicht und rein und liebevollsehnsüchtig positiv notieren. Genaue Lektüre sieht immer, wie das Wort gebrochen ist. Hier ist »vaterländisch« die Situation, welcher der Freund Kolb gerecht zu werden versucht, indem er einen Text, den er verstanden haben mag, streicht. Für Heine schwingt mit Sicherheit mehr mit, als er das Wort gebraucht. Aber auch das könnte Einverständnis mit Kolb bedeuten. Die »Spätere Notiz«, in der das Wort fällt, erörtert die »Notwendigkeit«, den Vormärz-Journalismus eines Kolb oder Heine in Deutschland »unter einer Maske« zu betreiben, wenn er »sowohl der tausendköpfigen Lesewelt, als auch manchen ganz kopflosen Behörden gegenüber« vertretbar sein will. – Dieses Prinzip der Verhüllung – ein marranischer Journalismus – durfte also nicht verraten werden? War das Kolbs Streichmotiv? Wir wissen es nicht, wissen nur, daß Heine es guthieß. Und in seinem Schreibzusammenhang 1840 ist allzudeutlich, daß sein marranischer Stil von einer Leidenschaftlichkeit herausgefordert ist, die ihn auf den Prüfstand stellt – wo er ein wenig wackelt. Dies vor allem ist hier zu erhellen; ein schönes Licht mag ›nebenher‹ auf das unausgesprochene Einverständnis zwischen den Freunden fallen.

Tatsächlich war Heines Juni-Artikel nahe daran, den »Masken«-Stil zu enttarnen, und es ist glaubhaft, daß er nicht bloß verständnisvoll, sondern gar dankbar auf die Streichung reagierte. Das *Lob* der konfusen deutschen Journalisten zu einem Zeitpunkt, da es ihm um die politische Contenance als deutscher Korrespondent in Paris unter dem psychischen Druck der Nachrichten aus Damaskus zu tun war – es war höchst doppelbödig! So ironisch es gegen eine korrumpierbare Pressefreiheit ausgespielt war, die sich von Thiers zur Stunde einen Maulkorb in der damaszener ›Frage‹ umlegen ließ – *Es war Freiheit*, eine Freiheit, die im *revolutionären Frankreich grundgelegt* und um die das Volk von Paris oft auf die Straße gegangen war und jederzeit wieder gehen würde. Heine hatte das jauchzend gepriesen (IV, 51). Die Art, wie *Damaskus* in *Deutschland* erörtert war, aus Paris geborgt und in deutsche Ideologie pervertiert, und auch die »Unparteilichkeit« der Allgemeinen Zeitung: Waren sie nicht das Medium, in dem der ebenfalls »verhüllte« Antisemitismus gedieh und *offenen* Zeiten entgegen reifen konnte? Der Weg der Allgemeinen Zeitung nach Kolb, nach 1848 in den Nachmärz belegt diese Logik einer unfreien Presse in einem antisemitischen Land (S. 339 ff.).

Heine war dieser Logik eingedenk. Dennoch, und dies ist eine weitere Lesart der Ironie-Passage, als deutscher Autor begehrte er im Grunde nicht, auf französische, offene Art gegen den Judenhaß in Deutschland zu schreiben. So betrachtet verraten sogar seine »Lutetia«-Texte zu Damaskus, daß in den freien Wendungen offener Solidarität verborgen deutsch geschrieben ist und Angst sie unterminiert (S. 358 ff.).

So beeilte Heine sich, zur Berichtzeit zugleich sein »Pessachfest« aus dem »Rabbi«-Projekt in einer Abschrift Betty Rothschild zu überreichen; sie und ihr Mann – *sehr* marranische Deutscheuropäer – hielt Heine für die einzigen mit dem »Martyrtum« in Damaskus solidarischen Juden in der Metropole. Sie also durften aus den »Lutetia«-Berichten den »Bacherach«-Text heraushören und so wußten sie, daß der *Dichter* in Paris keine Märchen erzählt. »Während wir in Europa die Märchen des Mittelalters ...«

Offen in Deutschland war zur Zeit nicht eine nationale Presse, sondern die nationale Ideologie. In ihren Zeugnissen war der Tummelplatz einer kulturellen Kommunikation zu besichtigen, in der sich ›naiver‹ Antisemitismus und stolzer Patriotismus, verklemmter Philosemitismus und Nationalliberalismus verschlungen in ihrer ganzen »Blödigkeit« äußerten.

Am Rhein und um den Rhein hatte sich in den dreißiger Jahren die deutsche politische Romantik im selben Maße vulgarisiert, wie sie sich ausdifferenziert hatte; ob liberal oder servil[29], die Rheinromantik kannte keine Parteien. Und als im Juli 1840 die »Rheinkrise« kam, weil ein französischer Grenz-Chauvinismus sich des Flusses erinnerte, als Beckers »Der deutsche Rhein« die Hymne für eine Volksbewegung wurde (IV, 1033) – «Sie sollen ihn nicht haben, den freien deutschen Rhein ...« – und die preußische amtliche Rhein-Burgen- und Kapellenwiederaufbau-Politik die ideologischen »Zwingherrnburgen« und »Glaubenskerker« in den deutschen Herzen wieder heimisch machte, da achtete wohl ›niemand‹ so recht darauf, wie natürlich diese Romantik ihren Patriotismus nationalistisch und ihre Frömmigkeit antisemitisch artikulierte. Karl Simrock, ein Duzfreund Heines aus Bonner Studientagen, bereiste im Auftrag des Wigand Verlages für das Projekt »Das malerische und romantische Deutschland« das Rheinland und ließ sein

Erzählen sich um nichts und alles auf diesem Sagengelände tummeln und im Sagen-Pluralismus *auch* Revue passieren, wie die Wernerkirche »zu Ehren des von den Juden zu Oberwesel gemarterten Knaben Werner gestiftet« sei und man an dem zierlichen Kirchlein heute die gotischen Trümmer bewundere, von »Künstlerhand so unzählich oft nachgebildet.«[30]

Das alles ist so offen und frei, so etabliert im Gemeinbewußtsein und hegemonial als Bündel aller möglichen Gesinnungen, daß dagegen nicht mit *besserer Gesinnung* geschrieben werden konnte, sondern nur mit *anderem Text.* So war – während der französische Konsul in Damaskus in Schrift und Tat nahtlos an die Kreuzzugs-Propaganda in Frankreich und Deutschland im 11./12. Jahrhundert anschloß – hinabzusteigen ins Archiv des jüdischen Gedächtnisses, dem der deutsche Rhein sich anders darstellte als es in deutscher und französischer Öffentlichkeit zur Zeit der Fall war.

Das ist das Motiv, das Fragment jetzt zu publizieren, im vierten Teil des »Salon von H. Heine«.

Unterhalb des Rheingaus, wo die Ufer des Stromes ihre lachende Miene verlieren, Berg und Felsen, mit ihren abenteuerlichen Burgruinen, sich trotziger gebärden, und eine wildere, ernstere Herrlichkeit emporsteigt, dort liegt, wie eine schaurige Sage der Vorzeit, die finstre, uralte Stadt Bacherach.

II. TEXT UND GESCHICHTE

1. ANALYSE

Eine Lesart des »Rabbi von Bacherach«, wie sie hier mit der besonderen Aufmerksamkeit auf dem ersten Kapitel vorgetragen ist, lebt aus dem Nachweis einer innigen Verflechtung von anwesender und abwesender Geschichte im Text. Meine These ist, daß Heines ›Belletristik‹ die Lesbarkeit der Welt als Problem nicht zu lösen versucht nach dem Rezept: möglichst viel ›Text‹, möglichst wenig ›Geschichte‹. Im »Rabbi«-Projekt *scheint* das Problem aber so angegangen worden zu sein. – Nun kann es sein, daß meine ›Romantik‹-Analyse solchen Anschein schon etwas zerteilt hat. Auch lehrt die Erfahrung, daß eine Lektüre des Fragments kaum vorkommt, auf die sich *nicht* etwas von dem überträgt, was diese Belletristik ›im Innersten‹ aus historischen Quellen bis zum Zerspringen auflädt. – Ein allerdings gewichtiges Argument gegen die These vom historischen Überdruck im Text könnte sein, daß gerade das, was ich plausibel gemacht habe, nämlich die Überblendung der Abraham-Geschichte mit dieser mittelalterlichen Pogromflucht, doch zeige, daß wir es eher mit einer biblischen als mit einer realgeschichtlichen Spannung im Text zu tun haben; daß man also von einer literarisch-immanenten Gattungstreue sprechen sollte, von ›Narrativität‹ im weitesten Sinn, die die Unmöglichkeit, ›die Geschichte‹ wirklich im Text haben zu können, auf ihre Weise auflöst – wie eben die Bibel es selber so unwiderlegbar vor Augen führt.

Nun ist es aber gewiß so, daß sich bei solchem Disput nichts wechselweise ausschließen muß; z. B. ›Geschichte‹ und ›biblisches Erzählen‹. Doch wie dem auch sei, die Erörterung des Problems literarischer Geschichtsanschauung kann, jedenfalls in der eher abstrakten Manier einer *allgemeinen* Literaturtheorie, auch noch aufgeschoben bleiben, solange sie nicht zureichend fundamentiert ist durch analytische Lektüren von deutsch-jüdischen Texten, wie sie heutzutage überhaupt erst allmählich in Gang kommen. – Für meine Zwecke in diesem Buch, nämlich einzuführen in die jüdische Autorität der Schreibhaltungen in den Schriften Heines, will ich jetzt, zur Stützung meiner These, analytisch auf die historische Einleitung zum ersten »Rabbi«-Kapitel eingehen. In diesem Eingangsstück ist noch keine Spur einer Bibel-Lektüre des Autors, und so drängt es sich als konkretes Beweismittel in einer Debatte wohl auf, die in diesem Buch latent mitläuft: Wie meistert *H. Heine* das komplizierte Geschichte-Text-Verhältnis und wie ist methodisch in Lektüren angemessen mit dieser Frage umzugehen?

Ich möchte dem Abschnitt voranschicken, daß man ihn auch überblättern kann. (Nicht die zitierten Textstücke!) Er bietet an zu studieren, welchen Erkenntnis-Wert es habe, eine Zeitlang mit analytischer Überstrenge sich an Textbuchstäblichkeit zu halten. Da es sich um keine beliebige Textstelle handelt, lege ich die Analyse als ein Stück Forschungsarbeit mit in das Buch.

Zu ermitteln war: Wie setzt Heine sein Historisierungs-

Konzept *im einzelnen* in seine ›marranische‹ Schreibweise um, die gerade nicht darauf aus ist, *im ganzen* zu erklären, wie sie das Verhältnis von Verdecken und Entdecken künstlerisch gestaltet.

›Historische Einleitung‹? Nicht nur nach erster flüchtiger Lektüre scheint die Bezeichnung korrekt zu sein. In wenigen Sätzen werden Jahrhunderte überspannt, Bacharach, dem verfallenen Städtchen am Rhein, wird der ihm gebührende Platz in der Geschichte der europäischen Region zugewiesen und stilistisch wird verfahren, wie es sich für eine Chronik auch im Kleinformat einer Einleitung gehört. Was dennoch gegen die Bezeichnung spricht, ist ihre Suggestivität. Als habe der Autor etwas dem literarischen Hauptteil vorgeschaltet Anderes schreiben wollen, in einer Diskursart, die das Problem, Geschichte in *Literatur* anwesend zu machen, nicht hat. – Wir müssen aber gar nichts aus der Charakteristik streichen, die die Einleitung als eine historische ausweist, wenn wir die *Bezeichnung* vermeiden, weil wir ihre *Suggestivität* vermeiden wollen. Nicht dort gedeiht ein Problembewußtsein für die Geschichtlichkeit literarischer Arbeit, wo einer Wissenschafts-›Disziplin‹ zufolge, die auf Trennungen beruht, für eine getrennte Kodifizierung von ›Gegenständen‹ gesorgt wird, die dergestalt selber im Text gar nicht in Erscheinung treten (wie in unserem Fall z. B. Investitur-Streit, staufische Burgenpolitik, Geschichte des Bistums Köln ...). Hier ist die Gelegenheit, einem solchen Trend, dem in diesem Buch prinzipiell der Text gelesen ist, in einer extremen Gegenstandslage zu widersprechen: Ein Literat selber scheint eine Trennung von Geschichtsschreibung und Dichtung vorzunehmen und das eine nur ins andere hinübergleiten zu lassen. Bei analytischem Licht jedoch betrachtet, trügt der Schein.

Zeigen will ich, daß Heine das »Rabbi«-Projekt mit einem Historisierungs-Akt eröffnet, dessen Intensität und Raumtiefe mit den Mitteln seiner literarischen Kunst erarbeitet sind.

Zu diesen Mitteln gehört die Täuschung, die *Dissimulation*. Als ob der Dichter des »düstren Märtyrerlieds« der Juden am Rhein *nicht* von Anfang an am Werke sei. Mit dem Objektivitätsschein der benutzten christlichen Chroniken wird gespielt. *Nicht* »laut ausbrechen« soll die Klage des Lyrikers. Wir lesen eine nüchtern gestimmte Einleitung, die das Moment der Geschichtsschreibung strenger und klarer an der Schreiboberfläche der Textarbeit hält, als in anderen in diesem Buch, vor allem in seiner ›Mitte‹ (Shylock) erörterten Fällen, die eher zu Heines Esoterik gehören. Eine Ansicht seines literarischen Marranentums läßt sich umso schärfer profilieren. –

Zugegeben, ein analytischer Nachweis solchen marranischen ›Als-ob-nicht‹ (›als ob der Autor kein Jude wäre‹) ist an einem Text, der sich an die Schreibart seiner Quellen hält und der Haltung christlicher Hegemonie über die Wahrheit in der Geschichte somit nolens volens Tribut zollt, besonders kompliziert und langwierig – Aber ist ein solcher Nachweis nicht gerade da am Platze? Nicht alles, was die folgende Passage substanziell begründet, nicht alle analytische Kleinarbeit, werde ich wiedergeben; nur ein wenig Probematerial zeige ich mit vor, Probe aufs Exempel einer esoterischen Lesbarkeit desjenigen Textteils im »Rabbi«-Projekt, der sich den geringsten literarischen Anschein gibt.

⋆

Es beginnt sogleich mit einer Ausnahme. Der Eingangssatz, ich habe ihn zum Ausklang der beiden letzten Abschnitte zitiert, ist zwar lesbar in historischer Absicht, er ist aber zumindest hoch artifiziell, wenn nicht gar gepreßt zu einer spezifisch poetischen Funktion: *Verdichtung* des ersten Blicks auf den Schauplatz zu sein; »… dort liegt, wie eine schaurige Sage der Vorzeit, die finstre, uralte Stadt Bacherach.«

Es ist Jetztzeit. Aus der Raumperspektive des herrlichen Rheingaus über Mainz fliegt der Lektüreblick mit der Beschleunigung einer Linsendrehung, wenn die Kamera einen fernen Punkt ›heranholt‹, stromab hinunter zwischen die Uferkulissen, wo sie »ihre lachende Miene verlieren, Berg und Felsen, mit ihren abenteuerlichen Burgruinen, sich trotziger gebärden, und eine wildere, ernstere Herrlichkeit emporsteigt.«

Der Paris-Flaneur Heine (der für Landschaftsmalerei nichts übrig hat[31]) gestaltet den Textanfang strukturell wie den Gedankeneinflug in eine (geographische) Passage. Dort liegt »Bacherach« (I,461). Der Flecken ist, auf solche Weise angetroffen, schon bei erster Textberührung zum Textort geworden und aus seiner ›romantischen‹ Lesart herausgebrochen, die man ihm wohl eben noch, beim Anlesen, hat geben wollen angesichts seiner schönen Kulissen. Aber es ist wohl darauf angekommen, was man unter ›romantisch‹ verstand, als man zu lesen begann. Daß Bacherach finster ist: das wird mithilfe einer Arbeit am Zeichenarrangement, nicht an unsren Vorverständnissen bestimmt: Der Fixpunkt des herangezogenen Blicks ist die Mitte der *Metaphernbildung*: »liegt (,) (wie) eine schaurige Sage«.

Dringt der Blick in sie ein, dem Sog des Bildes gehorsam, entschlüpft dem Städtchen seine schaurige Botschaft auch schon: die Streichung des Vergleichs. ›Dort liegt eine schaurige Sage, Bacherach.‹ Was der Ort *ist,* sagen seine Steine. ›Eine schaurige Sage sagt heute was war.‹ Jetztzeit verschwindet in der *Vorzeit*.

Orientieren wir uns *dort* an Handfestem. Zwei parallele Urzeit- oder Gründungsdaten nennt der Text eher nebenbei und nicht sofort: (1) »Bacherach gehörte einst zu jenen Municipien, welche von den Römern während ihrer Herrschaft am Rhein gegründet worden …« – Also liegt die Gründungszeit im engen Kreis um den Anfang der ›christlichen‹ Zeitrechnung und die Gründung zur Zeit der römischen Ansiedlungen im Rhein-Main-Dreieck (dem späteren Königsland der Salier und Staufer, im Jahr 16 vor u.Z.) und Colonia, KÖLN (im Jahr 37 nach u.Z.), als der Feldherr Drusus die Reihe der linksrheinischen Kastelle zwischen Straßburg und Nimwegen schuf. Die grauzeitliche Unbestimmtheit der ›römischen‹ Zeitrechnung für Bacharach wird etwas später näher bestimmt durch die sie *ergänzende* ›jüdische‹: (2) »… die kleine Judengemeinde, die schon zur Römerzeit in Bacherach sich niedergelassen …«

Als Heine im April/Mai 1840 das Fragment für den Druck vorbereitete, unterzog er auch die Quellenbeziehungen seiner rheinromantischen Umschrift der Pessach-Haggada einer Nachkontrolle und »blätterte« zu diesem Zweck in der Bibliothèque Royale im 15-bändigen Werk Historie de la religion des juifs depuis Jesus-Christ jusqu'à présent des christlichen Autors Jaques Basnage de Beauval (V,276). Gründlicher waren die Studien der mittelalterlichen Rechtsgeschichte, mit der Heine sich in der Göttinger Bibliothek herumgeschlagen hatte (I,841). Der Arbeit in den Bibliotheken verdankt das Flucht-Kapitel die historisierende Struktur, deren *eine* Textfunktion eine geradezu datentechnische Präzision ist.

Die offene Setzung der Daten allerdings ist teilweise vermieden. Sind sie offengelegt, nehme ich sie zunächst wie naheliegend: als Rahmen. Am Beispiel der beiden Gründungsdaten: Ihre Formulierung legt die Rahmenfunktion unter zwei Aspekten fest: Die Mauern der römischen Befestigung (1) sind auch um die kleine Gemeinde der Juden gelegt, die sich in ihren Schutz begeben haben (2). Der Daten-Rahmen erweist sich als Rahmen eines Bildes, das in zwei Langsätzen die Blickvertiefung in die Eingangsmetapher, »eine schaurige Sage«, ausmalt:

Nicht immer waren so morsch und verfallen diese Mauern mit ihren zahnlosen Zinnen und blinden Warttürmen, in deren Luken der Wind pfeift und die Spatzen nisten; in diesen armselig häßlichen Lehmgassen, die man durch das zerissene Tor erblickt, herrschte nicht immer jene öde Stille, die nur dann und wann unterbrochen wird von schreienden Kindern, keifenden Weibern und brüllenden Kühen. Diese Mauern waren einst stolz und stark, und in diesen Gassen bewegte sich frisches, freies Leben, Macht und Pracht, Lust und Leid, viel Liebe und viel Haß.

Einen deutlich dialektischen Zug malt das Bild aus. Der Blick, gefesselt noch vom Eindruck der Metapher, die ihm ein Sichtbares zu hören gab: ›dort die schaurige *Sage* Bacherach‹, wird nun genauer hin gebunden an dergestalt gemischte Sinnesakte, die den Verfall ihm lesbar machen: Unumstößlich diese morschen Mauern, da sie die Signatur ihres »Nicht immer so« verkünden! Jetzt real sind sie um »öde Stille« gezogen, die nur unterbrochen ist von einer akustischen Symptomatik des Verfalls, »einst« aber waren sie stolz und stark und schützten konkretes Leben, dessen Qualitäten (Korporationsfriede, Handwerk und Handel, Farbigkeit und Frische, ›Normalität‹) man auch gerne hören würde, nicht zugedeckt von der *Karikatur* hörbaren Lebens im Jetztzustand (Schreien, Keifen, Brüllen). Im Einst blitzt etwas auf, das anders war. Wann begann der Verfall?

Zwei Zeugen im Projekt, der Toledo-Schüler Abraham und Don Isaak, sind Assoziationsträger dieses »einst« hinüber in die Spanische Utopie. Was der Text mit dieser Assoziation macht, ist auch eine Frage der Datierungen, die in ihm aufgefunden werden.

Denn *sie* sind unabdingbar in einer Lektüre, die sich in ihrem Textverstand nicht formalästhetisch isoliert, d.i. hilflos um die historisierenden Gesten der Erzählung herumliest. Sollten sie

Genauigkeit beanspruchen, dann müssen sie so auch realisiert werden; sie verweisen nämlich dann auf Signaturen im geschichtlichen Stoff und Raum, denen offenbar ein Gedenkgebot gilt, das der Text und sein Subtext veranschaulichen, nicht selbst schon erledigen wollen. »Diese Mauern waren einst …«

Die jüdische Gemeinde ist noch ungenannt, wenn das dialektische Bild zu lesen aufgegeben wird. Es gibt dem Gedenken einen Ausgangs- und Zielpunkt, in dem Düsternis, Schaurigkeit und frisches, freies Leben, Macht und Pracht, Lust und Leid, viel Liebe und viel Haß noch ungeschieden sind. Eine akurate soziologische Skizze, die gleich im Text folgen wird, wäre das letzte, was man *im Augenblick* erwarten würde. Die Mauern, stolz und stark, schützen Schützenswertes. Der folgende Satz, der das erste Gründungsdatum nennt, das ›römische‹, aber noch immer nicht das zweite, das ›jüdische‹, verharrt in solcher ästhetisch-formalen Indifferenz; in Wahrheit setzt er einen kostbaren Akzent im »einst«: »die Einwohner …«

Bacherach gehörte einst zu jenen Munizipien, welche von den Römern während ihrer Herrschaft am Rhein gegründet worden, und die Einwohner, obgleich die folgenden Zeiten sehr stürmisch und obgleich sie späterhin unter Hohenstaufischer, und zuletzt unter Wittelsbacher Oberherrschaft gerieten, wußten dennoch, nach dem Beispiel andrer rheinischen Städte, ein ziemlich freies Gemeinwesen zu erhalten.

Gespannt auf eine soziologische Differenzierung ist man nun doch, da »die Einwohner« in die Geschichte eingeführt werden. Solches Gespanntsein aber scheint eine analytische Lektüre vorauszusetzen, die jetzt schon weiß, was später kommt; so wie hier zu Papier gebracht. Aber man sollte sich auf ›reine‹ Analytik als Lesewirklichkeit nicht kaprizieren. ›Analytisches‹ und ›natürliches‹ Lesen oszillieren immer. Der analytisch Lesende, wenn er sich das bewußt macht, *weiß* dann von sich selbst, wie ›man‹ ›subjektiv‹ liest; z. B. vorausahnend, Vorzeichen mitlesend, wiederholt lesend, kreisend um eine schwierige Stelle nicht weiter, sondern zurück lesend … Oder *sieht*, wie der Textaufbau hier ›objektiv‹ verfährt: Wenn die (eigene) ›natürliche‹ Lektüre beim zweiten Gründungsdatum angelangt ist und dort noch mehr (was hier noch nicht analysiert ist!) über die Juden in Bacharach erfährt, dann weiß sie, daß unter den »Einwohnern«, von jenen

Mauern geschützt, auch die jüdische Gemeinde gewesen ist. Und das so aufzunehmen (›gewesen ist‹), mag der Textarbeit angemessen sein.

Der Analytiker nun aber behauptet, daß der Text so weit eben noch nicht ist, weil eine andere Arbeit zuvor noch im Gange/zu tun ist. Der zitierte Satz birgt Rätsel und scheint eine esoterische Lektüre nun offen einzufordern. »Die Einwohner – – – wußten.« Die Logik der *Syntax* hat die Juden Bacharachs (ungenannter *Teil* im Plural der *Kommune*) *jetzt* in eine Subjektstellung gebracht, nicht später in der Gründungsnotiz, wenn dann zugleich schon Verfallsgeschichte erzählt wird!

Das hat augenscheinlich den Zweck, eine Lektüre, die dazu aus Gewohnheit neigen könnte, an der Assoziation zu hindern, die jüdischen Einwohner seien im Gemeindeverband ein Sonderfall. Festgelegt jedenfalls ist, daß die jüdische Gemeinde im Subjektbegriff derer, die nach dem Beispiel des rheinischen Stadtmodells ihre Geschichte zu machen versucht haben, mitgesehen ist. Ebenso augenscheinlich aber geht es dem Text hier innerhalb der vagen Zeit-Klammer »Die Einwohner – – – wußten« nicht um klare historiographische Datierungen, die, wenn es sie denn gäbe, einfach zu schlucken wären. Es ist dagegen die Arbeit des Textes, die Daten zu verstecken, die Arbeit der Lektüre, sie ausfindig zu machen. In der Tat bildet sich, literarische Arbeitsteilung hier so aufgefaßt, ein Problembewußtsein, auf das kaum verzichtet werden kann, sollen die Daten zum Sprechen gebracht werden, ›wie der Text es will‹. Kurz, wer sich auf die Logik des syntaktischen Spiels im zitierten Satz einläßt, wird *kunstgerecht* mitspielen müssen.

Denn schon weniger augenscheinlich ist der Zweck, den der Text mit seiner Art verfolgt, *sich selbst* in Szene zu setzen, wenn er in historisierender Absicht Daten andeutet. An seiner Oberfläche hängt er sie nicht ein. Ihre Anwesenheit schwankt zwischen Unbestimmtheit und Auslassung. – Sehen wir uns die Auslassung näher an: »obgleich die folgenden Zeiten sehr stürmisch«. Ent-chronologisiert der Text die Zeit? Eine Mini-Metapher liegt über der gähnenden Weite der Jahrhunderte von der römisch-jüdischen Gründungszeit bis 1156, als Bacharach an die Hohenstaufer fiel. Es ist wirklich nicht vermeidbar, daß wir, da eine reale Zeit-Vorstellung bei so großem Zeit-Raum im

Text hier unmöglich Platz findet, das Substitut zur Kenntnis nehmen, das die reale Zeit im heraufgerufenen Raum ersetzt:

Die Bildkette für Zeit gelesen *ist Zeit im Text*. Dergestalt an die Kette genommen erkennt die Lektüre, daß dies in der Tat eine Umwandlung von Zeit bedeutet, die nicht auf den Anfang beschränkt ist und also Ent-Chronologisierung des Fortgangs durch den Text nach dem Anfang genannt werden kann. Dort hat die Streichung des Vergleichs, »wie eine«, die Vorstellung einer Vertikale geschaffen, an der herauf, aus der Vorzeit, »die schaurige Sage Bacherach« zu hören ist. Die Metaphern-Bildung, die so beginnt, wird sodann im weiteren Verkettungsprozeß, dem das Bildmaterial unterzogen wird, in die Vorstellung einer Horizontale umgelegt. »Dort liegt«, aus der Vogelperspektive gesehen, etwas, das uns »sagt«, wir könnten hinabsteigen so tief, bis wir dort sind, wo wir es hören können, und sehen, woher es kommt. *Dort* ist die Horizontale ausgelegt, in die die Lektüre nun gedrängt wird, wenn sie vollzieht, wie der Textfluß nach dem Anfangsbild gemacht ist: Wiederum werden die Vergleichsverbindungen »Bacherachs« mit den ihm zugeschriebenen Bildmomenten durchtrennt. Kein Vergleich mehr mit *realem* Zeitlauf! »Bacherach« wird chiffriert zum Symbol, mit dem etwas geschieht in der Textzeit-Folge, die ihre eigene Logik hat und ihre Bindeglieder nur noch rein abstrakt notiert: »dort liegt« – »uralt« – »nicht immer« – »einst« – und wieder »einst« – »folgende Zeiten«.

Sagen wir: Diese Art der Textgestaltung hat die chronologische durch eine monadologische Zeitvorstellung ersetzt. Bilddenken ist als historische Erkenntnisweise etabliert.

Infolge der Ent-Chronologisierung der Zeit durch ihre Ver-Bildlichung in der Tiefe der gedachten Vorzeit ist keine Frage mehr an einen bestimmten ›Beginn‹ des Verfalls zu stellen. Daher fehlt eine Datierung. »Einst« ein municipio, »einst« stolz und stark. Die Frage nach dem Ende *dieser* Zeitart ist in der Zeit-Monade »einst« ebensowenig zu beantworten, wie die Frage nach Daten des Verfalls seit einem Beginn. Es ist eine Frage *inszeniert*, indem ihre ›normale‹ Logik, die nach Antworten drängt, außerkraftgesetzt ist. Inszeniert man die Frage so nach, verzichtet also kunstgerecht auf Antworten, findet man sich vor Ereignisse geführt, die nicht erzählt werden: findet sich (wie) vor dem »zerrissenen Tor« *in der Stadtmauer* zur Jetztzeit, ansichtig jener anderen Zeit, die nur entstellt lesbar ist, nämlich in den Signaturen des verfallenen Stadtgesteins. In der realen Zeit dagegen ist die *Geschichte* des Verfallens abgeschlossen. »Bacherach«: *Es ist* nur noch am Rhein liegende (!) »schaurige Sage der Vorzeit«. Sie verkündet, geschichtslos geworden in der Jetztzeit, etwas anderes als es die christlichen Chroniken tun: Wir wissen, es ist die Vernichtung der Gemeinde.

Dies Andere ist nicht erzählt, wie wir sehen. Soll es inhaltlich unbekannt bleiben? Das widerspräche der Erzählung, die als Genre ja weitergeht. – Es sei hier monadisch, szenisch zu verstehen, daß »einst« nicht datiert und nicht datierbar ist, so war das Zwischenergebnis. Es liegt nicht fern, sich so die Bildung einer Urszene der Erinnerung vorzustellen. Das Naheliegende aber müßte annähernd lesbar sein. – Sagen wir, der Mittelpunkt der monadischen Zeit vor der Zäsur sei dies: ›«sehr stürmisch« identisch »einst«‹. Das ist übersetzbar in: Das schützenswerte Leben und sehr stürmische Zeiten sind nicht voneinander getrennt im Text. Aber *syntaktisch* wird es nicht als Identisches behandelt. Sondern der Takt der Zeitverwandlung (syntaktisches Metrum) geht durch die besprochene *Bild*-Kette hindurch einen Schritt weiter vor in der *realen* Zeitvorstellung, wobei es das »stürmisch« mitnimmt; dieser Schritt über die Grenze ist geradezu symmetrisch: ›obgleich — die folgenden Zeiten // und obgleich – – späterhin.‹ Der Schritt ist also über 1156 in die Staufer- *und* Wittelsbacher-Zeit gegangen, und auch für diese gilt: »stürmisch«. Nicht gilt aber mehr: »einst«, das zurückbleibt! »Stürmisch« also überzieht die Epochengrenze, in die Staufer-Zeit hinein. Somit können wir ihre Bedeutung lesen. Sie begrenzt das »einst«, das aber schon »sehr stürmisch« war! – Was ist mit dem offenbar kostbar Schützenswerten »einst« geschehen?

Gewiß ist das, was nach der Zäsur gesagt ist, nicht belanglos; nicht für die Einwohner und nicht für die Freiheit ihres Gemeinwesens – Aber der Rhythmus der Zeitschritt-Kette ›obwohl die folgenden Zeiten // und obwohl späterhin / und zuletzt/dennoch‹ ist so deutlich auf Entspannung aus – so sehr sie Verfallsgeschichte ist! –, verliert sich so locker in einem vernünftigen Gedanken, der eine inhaltliche Antwort enthält auf die Frage, was da war (»ziemlich freies Gemeinwesen«), daß die Anspannung vor der Zäsur nur noch bewußter wird und erhalten bleibt, als warte auch sie, an ›Ort und Stelle‹ verharrend, auf Inhalt. »Obgleich« Verfallsgeschichte – »dennoch« wie wunderbar, berichten zu können, wie über so lange Zeit ein ziemlich freies Gemeinwesen … – – Aber am Anfang, was war da, daß es verschwiegen wird?

Kompositorisch unübersehbar hat im syntaktischen Spiel mit einer datierten Zäsur (1156) und ehe dann im Lauf der Zeilen noch im ersten Absatz Bacharachs Verfallsgeschichte erzählt wird, der Text rein zeichenhaft zum Innehalten die Gelegenheit geschaffen. Es ist eine historische Leerstelle im buchstäblichsten Sinn, die vor der Zäsur gelesen werden will; die Aufforderung dazu ist doppelt signiert: ›negativ‹ durch rhythmisch unterstrichenes Nicht-Benennen des Zeitraums (»folgende Zeiten« irgendwann vor 1156), ›positiv‹ durch das Überdecken der historiographischen Leere mit den Chiffren »einst« und sehr »stürmisch«, deren Analyse verdeutlicht hat, daß ihre *bildliche* Gestaltung sie identifiziert, ihre syntaktische hingegen ihre Nichtidentität anhand des *weiter*wirkenden »stürmisch« kennzeichnet. Eine hoch angespannte Text-Monade, historisch gesehen zu plazieren vor der Epochen-Zäsur der für Bacharach beginnenden Stauferzeit!

Verhüllt die Vorstellung einer ›besseren‹, ›freieren‹ Zeit die wirkende Ursache ihres Verfalls?

Was Bacharach am Rhein betrifft, so war jene Zeit von starken und stolzen Mauern umfriedet. Die Lust am Text ist befriedigt durch ein Bild des Friedens? Also ist alles gut? Also war da etwas gut? Metaphernarbeit und die Inszenierung eines textfreudigen Innehaltens sind das Fundament solcher ins Fragen geratenden Geschichtsschreibung. Das Doppelbild vom *verteidigten* Frieden (Kampf und stolzer Frieden) enthält eine Blickrichtung nach außen, in die Geschichte des deutschen Reichs.

Die Benennung der Zäsur strahlt in dieses »einst« ja auch zurück! 1156 wurden Burg Stahleck (»Sareck«) und die Vogtei Bacharach (»Bacherach«), die schon eine bedeutende ›Freiheit bei Rhein‹, eine Pfalzgrafschaft waren, die sich stolz und wacker gegen die Kölner Bischöfe schlug, ein staufisches Lehen. Doch

… eine schaurige Sage der Vorzeit, die finstre, uralte Stadt Bacherach

schon die Zeit davor in der Leerstelle des Textes war draußen im Reich eine ›staufische‹. Die Realhistorie beschreibt es; das Attribut ›staufisch‹ gebührt der Übergangs-Periode der salischen und staufischen Könige. Zeit der großen Oppositionen zwischen Barbarei und Zivilisation am beginnenden Hochmittelalter, Investiturstreit und Kreuzzüge, »Judenschlachten« – – *Anfang* einer Geschichte des Verfalls? Die große Gestalt dieser Zeit, Heinrich IV, kämpft schon gegen ihn.

Seine mächtigsten Vasallen in diesen Kämpfen waren die Staufer, die sich seit 1079 so nannten. Ihr Wappentier war der Löwe. Wir wissen, er ist auch Judas Symbol. Das Gemeinwesen Bacharach wird es in sein Wappen nehmen, wenn sie staufisch ist. Das wird 1229 sein. Der Anfang dieses verdeckten Zeitrahmens, 1079, ist sonderbarerweise – ein neues Rätsel – an eine Urszene des Kaisers Heinrich IV. geknüpft, an die Winternacht im Burghof Canossa.

Ein schlichtes Fazit ist für dieses Analysefragment zu ziehen: Eine so kunstvoll gebaute Leerstelle im Text soll nicht überlesen werden. Eine Entscheidung zu solcher Lektüre, bewußt und im Sinne des Innehaltens, ist allerdings die Voraussetzung. Entscheide ich mich (vielleicht unwillkürlich und aus Lesegewohnheit) zum Überlesen, so bleibe ich paradoxerweise textnäher. Am Fortgang der Zeilen unseres Textes ist das gut zu demonstrieren: Nach seinen monadologischen Operationen und ihrem Schlußpunkt »ziemlich freies Gemeinwesen« erzählt der Autor weiter im Genügsamkeitsschein eines kunstfreien Chronik-Stils, bietet also an, so wie geschrieben den Absatz zuende zu lesen. Habe ich mich aber zum Innehalten über der Leerstelle entschieden, werde ich an Ort und Stelle meine eigene historisch dokumentarische Lesearbeit aufnehmen, werde mich vom Text zeitweise entfernen und das wird, eingefügt in den Versuch, kunstgerecht zu lesen, mein Beitrag zur Historisierung des Erzähltextes sein. Es ist der Vorgang, den ich im ersten Venedig-Kapitel ein *dem Autor zur Seite treten* genannt habe (S. 120). Habe ich die Leerstelle überlesen (wollte ich schnell weiterlesen), dann vertraue ich mich (exoterisch) auch im weiteren nur der chronikalischen Textoberfläche an; andernfalls (esoterisch) studiere ich die Verschweigungs- und Verweisungskunst, die mir vorliegt, gerade dann, wenn sie ins Leere weist, *und beziehe des Autors Weitererzählen in dieses Studium ein,* biege es zur Leerstelle zurück. Ich arbeite anders mit. –

Es erscheint mir unbestreitbar, daß die künstlerische Historisierungsarbeit des Autors diese andere Mitarbeit braucht.

Dieses (Gemeinwesen) bestand aus einer Verbindung einzelner Körperschaften, wovon die der patrizischen Altbürger und die der Zünfte, welche sich wieder nach ihren verschiedenen Gewerken unterabteilten, beiderseitig nach der Alleinmacht rangen: so daß sie sämtlich nach außen, zu Schutz und Trutz gegen den nachbarlichen Raubadel, fest verbunden standen, nach innen aber, wegen streitender Interessen, in beständiger Spaltung verharrten; und daher unter ihnen wenig Zusammenleben, viel Mißtrauen, oft sogar tätliche Ausbrüche der Leidenschaft. Der herrschaftliche Vogt saß auf der hohen Burg Sareck, und wie sein Falke schoß er herab, wenn man ihn rief, und auch manchmal ungerufen. Die Geistlichkeit herrschte im Dunkeln durch die Verdunkelung des Geistes. Eine am meisten vereinzelte, ohnmächtige und vom Bürgerrechte allmählig verdrängte Körperschaft war die kleine Judengemeinde, die schon zur Römerzeit in Bacherach sich niedergelassen und späterhin, während der großen Judenverfolgung, ganze Scharen flüchtiger Glaubensbrüder in sich aufgenommen hatte.

2. GEDÄCHTNIS-INSEL »BACHERACH«

Wenn es richtig ist, im Medium kunstgerechter Lektüre eigenständig dokumentarisch mitzuarbeiten, dann mag es nicht überflüssig sein, daran zu erinnern, daß dabei das eine nicht die Basis des anderen sei.

Wie auch immer ästhetische und dokumentarische Lese-Energien ineinandergehen, die Probe auf ihren gemeinsamen Beitrag zur Historisierung der Texte wird ihre wechselseitige Intensivierung sein. Heines geschichtsschreibende Genauigkeit jedenfalls ist nicht nach der einen oder anderen Seite auseinander zu dividieren. Lektüren, die außer in geschichtlichen Räumen nicht ›denken‹ können, ›wissen‹ das und erfahren es an Texten wie diesem. Die analytische Lektüreweise hilft dabei ein wenig, mehr nicht. – »Vom Bürgerrechte allmählich verdrängt« – – »und späterhin«, diese Wendungen im Ausklang des ersten Absatzes erscheinen historiographisch unzweideutig und sind es wohl auch; klar wie kunstlos. Aber wie anders, und es setzt sich fort, schwingen die Sätze im Gefühl der Erregung, das bei der Einziehung des Blicks in den kunstvollen Anfang der Erzählung sich mitgeteilt hat! Die Konstruktion der ersten Metapher dort drückt die Unbestimmtheit und Düsternis einer »Vorzeit«

in den Ortsnamen »Bacherach« ein und macht ihn zur schaurigen Sage, noch ehe die erste Datierung zu bedenken wäre, die dann verweigert: ebenfalls in Unbestimmtheit und Düsternis chiffriert wird. – Die natürlicherweise exponierte Stellung dieses Beispiels als Text-Eröffnung führt in Heines Historisierungs-Duktus bei jeder Art, ihn zu lesen, mit Sicherheit ein. Mein folgender Versuch erprobt eine Möglichkeit. Er überträgt die zurückgelegte Analyse des Textanfangs in ein kurzes Stück ›Geschichte lesen‹ im Text.

Das zitierte Chronikstück ist ›innenpolitisch‹ geprägt. Unter dem Kennwort »streitende Interessen« ersteht ein Eindruck von der Sozialstruktur einer mittelalterlichen Stadt. Ihr »frisches, freies Leben«, die »Macht und Pracht« ihrer Makrostruktur hängt *nach draußen* ab vom Schutz der Interessen-Konflikte, den man einig organisiert; *nach innen* von der wiederum internen Stabilität der Korporationen, ohne die sie ihre Konflikte untereinander nicht durchstehen und durchfechten könnten. Die Geschichte der Korporationen zwischen »einst« und dem erzählten Pogrom hat gezeitigt, welche die schwächste unter ihnen geworden ist. Der Berichtssatz, der das am Ende feststellt, öffnet zugleich die Chronik zur besonderen Stadt-Saga hin, indem er für die jüdische Korporation als einziger ausdrücklich sagt, was jene (quasi familiäre) Binnenstabilität bedeutet hat: Sicherheit. Und dieser öffnende Gestus wiederum schafft *für die Stadt Bacharach* selber einen *besonderen* Brückenschlag zwischen draußen und drinnen, der über die Andeutung sonstiger reichshistorischer Aspekte im Chronikteil (Handelsstraße Rhein, Raubzölle, Herrschaftsrechte, Lehensverhältnisse) hinausgeht: »Bacherach« habe ›sich‹ länger als andere Städte am Rhein vor *Judenverfolgung* schützen können, ja sogar vor der großen, denn während dieser blieb die jüdische Korporation von draußen und im Innern unbehelligt und konnte die Verfolgten aus anderen Gemeinden in ihre Obhut nehmen.

Somit hat nun doch die stadtsoziologische Musterung die Reichsgeschichte ins Spiel gebracht, und zwar auf ihrer schaurigen Seite – – die aber »einst« und »späterhin« um Bacharach einen Bogen gemacht habe; zugleich aber ist für die Juden, die das positiv betraf, Reichsgeschichte unter dem Aspekt von Rechtsgeschichte erinnert – – und hierbei nun allerdings ist keine Sonderstellung der kleinen Stadt behauptet! Während die schwächste Korporation vor Verfolgung noch geschützt war, ist ihre Schwäche (S. 83 ff., 158 ff., 189 ff.) das Einfallstor für ihre allmähliche Verdrängung aus dem Bürgerrecht gewesen.

Hier haben wir den Schlüssel zum Problem der Verfallsgeschichte, das die Analyse herausgearbeitet hat. Im ersten Absatz ist eine Ungleichzeitigkeit eingefangen, die »Bacherach« im Strom der allgemeinen Geschichte und zugleich in einer Außenseiter-Stellung erscheinen läßt. Schmerzhaft wird das dialektische Bild der Stadtmauern konkret. Der symbolische Ort »Bacherach« hat Mauern, die »einst«, als sie noch stark und stolz waren, eine Frage beantwortet haben, die der Dichter ihnen nachstellt: Vor Verfolgungen haben sie die jüdischen Einwohner lange Zeit geschützt, während sie sie gegen den Einbruch einer allgemeinen Entrechtungsentwicklung in die Stadt nicht schützen konnten. Warum?

Verfolgung und Rechtsverfall waren im Reich identisch; das Symbol »Bacherach« steht für die Möglichkeit einer Ausnahme, d.i. für die Weigerung des Autors, in dieser Identität eine geschichtliche Zwangslogik anzuerkennen. Gegen Geschichte steht eine Hoffnung, die die Geschichte überschreitet: Jüdische Erzählautorität öffnet einen Spalt im Allgemeinen, aus dem hervor diese *Hoffnung aufleuchtet* ›wie aus einer *schaurigen Sage der Vorzeit*‹.

Die ›Verfalls‹- als Rechtsgeschichte aufzufassen, wie es im ersten Absatz offenkundig geschieht, bedeutet zu wissen, daß Rechtsgeschichte *bedroht,* jedoch nicht grundsätzlich (gar ontologisch) identisch ist mit Verfall. – Und während die Erzählung nun weitergeht und sich der Verfolgungsgeschichte im Allgemeinen und im verzögert Besonderen der Geschichte Bacharachs zuwendet, bleibt im Text stehen (mahnend zum verzögernden Weiterlesen, zum Innehalten und Gedenken) das Fragment einer Geschichtsschreibung, das der hegemonialen (christlichen), die die gleichen Quellen benützt, etwas zu sagen hätte; etwas das aus den »Sagen« der Quellen herauszuhören sie sich weigert. Bis heute tut sie das.[32]

Wie weit H. Heine die Ausnahme-Symbolisierung »Bacherach« treibt und sich dabei seines realhistorischen Wissens bedient[33], zeigt das Datum 1287 etwas später im Text, kurz bevor der Rabbi Abraham den Schauplatz der Erzählung betritt. 1287, das meint den Einbruch eines *anderen*, nicht rechtsgeschichtlichen Allgemeinen aus dem Reichsgebiet in Bacharachs »Mauern«: die Judenverfolgung mit dem Segen der Kirche; das Bacharach-Datum aus dem christlichen Kalender der St. Werner-Legende.

Eine andere Beschuldigung, die ihnen schon in früherer Zeit, das ganze Mittelalter hindurch bis Anfang des vorigen Jahrhunderts, viel Blut und Angst kostete, das war das läppische, in Chroniken und Legenden bis zum Ekel oft wiederholte Märchen: daß die Juden geweihte Hostien stählen, die sie mit Messern durchstächen bis das Blut herausfließt, und daß sie an ihrem Paschafeste Christenkinder schlachteten, um das Blut derselben bei ihrem nächtlichen Gottesdienste zu gebrauchen. Die Juden, hinlänglich verhaßt wegen ihres Glaubens, ihres Reichtums, und ihrer Schuldbücher, waren an jenem Festtage ganz in den Händen ihrer Feinde, die ihr Verderben nur gar zu leicht bewirken konnten, wenn sie das Gerücht eines solchen Kindermords verbreiteten, vielleicht gar einen blutigen Kinderleichnam in das verfemte Haus eines Juden heimlich hineinschwärzten und dort nächtlich die betende Judenfamilie überfielen; wo alsdann gemordet, geplündert und getauft wurde, und große Wunder geschahen durch das vorgefundene tote Kind, welches die Kirche am Ende gar kanonisierte. Sankt Werner ist ein solcher Heiliger, und ihm zu Ehren ward zu Oberwesel jene prächtige Abtei gestiftet, die jetzt am Rhein eine der schönsten Ruinen bildet, und mit der gotischen Herrlichkeit ihrer langen spitzbögigen Fenster, stolz emporschießender Pfeiler und Steinschnitzeleien uns so sehr entzückt, wenn wir an einem heitergrünen Sommertage vorbeifahren und ihren Ursprung nicht kennen. Zu Ehren dieses Heiligen wurden am Rhein noch drei andre große Kirchen errichtet, und unzählige Juden getötet oder mißhandelt. Dies geschah im Jahr 1287, und auch zu Bacherach, wo eine von diesen Sankt-Wernerskirchen gebaut wurde, erging damals über die Juden viel Drangsal und Elend.

⋆

Bis 1287 ist »Bacherach« in der Verfolgungsgeschichte am Rhein eine Insel der Verschonung. Bis dahin hat der Schutz eines verfallenden Bürgerrechts gehalten. Insel konnte der Flecken aber nur sein, seit er aus seinem Incognito in römischer, später germanischer Zeit hinaustrat und in Kontrast geraten konnte zu anderen Stadtentwicklungen am Rhein. Dann auch erst öffnet sich uns der Geschichtsraum der Überkreuzungen von Recht und Gewalt, Rechtsverfall und Verschonung, in den die Erzählung ihr »Bacherach« als *Gedächtnis-Insel* einstellen kann. Zu gedenken ist des Bildes, das die Entrechtung mit dem Auge des Rechts, die Gewalt in Erinnerung an einen Hort geschützten Lebens zu sehen lehrt. Dem Rückblick aus der nachfolgenden Erzählung zeigt sich der Bildteil des ersten Absatzes in seiner Geschichtlichkeit erst ganz:

Den Garantien des Zusammenlebens christlicher und jüdischer Einwohner sind die »Zähne« gezogen, der jüdische Scopus unter den »Warttürmen«, die gemeinsam ihres Wächteramtes walten, ist geblendet wie diese; in den Luken der Türme, ihren Augen, pfeift der Wind und nisten die Spatzen – *wie es jetzt ist – ist es geworden*: Irgendwann ist es notwendig geworden, aus Vorahnungen klug zu sein. Im Jahr 825: Ludwig der Fromme tritt in die Geschichte der deutschen Städte im Mittelalter mit einer Charta, die den Juden Zoll- und Religionsfreiheit *und Schutz des Lebens*, das nicht gefährdet war, verbrieft. Es ist die Zeit, da der Friedensschutz für die jüdische Kaufmannschaft, für ihren Fernhandel unangefochten war, ja seiner Blüte entgegensah, und die Autonomie-Entfaltung im Innern der jüdischen Gemeinden noch in den Anfängen steckte.[34] Die Annalen sprechen von der karolingischen Urkundenfamilie, die diesen Zustand sichert und bis in die Zeit der Ottonen und Salier, also bis in die Stauferzeit ins 11. Jahrhundert hinüber bestimmt.[35] Zu Beginn des 11. Jahrhunderts tauchen die ersten Daten in den christlichen Chroniken auf, die die Historie der Massaker an den Juden in Deutschland bezeugen.

Es soll ›WILD‹ begonnen haben. 1014: Ein wilder Haufen rheinischer »Jerusalemfahrer« mordet tausend Juden in der Umgebung von Mainz. Noch ehe der erste Kreuzzug 1096 eine Fortsetzung und eine gegen die Städte gerichtete Steigerung dieser ›Wildheit‹ bringt, besinnt man sich in den königlichen und bischöflichen Kanzleien des Vorbilds der karolingischen Vernunft.[36] Es kommt die Zeit der legendären Großtaten *bischöflicher* Schutzpolitik am Rhein; in Speyer, Mainz. Sie könnte in der Tat, wie in jüngster Geschichtsschreibung noch ›gesehen‹, ein »Bild der glücklichen Symbiose christlicher und jüdischer Welt in Deutschland« werfen[37], wäre sie nicht in der Grausamkeit des ersten Kreuzzugs zu Schanden geworden.

Kurz zuvor, am 19.2.1090, setzt Heinrich IV. ein weitausstrahlendes Signal. Er erhebt eine ›goldene‹ Urkunde, womit Bischof Rüdiger von Speyer ›seinen‹ Juden 1084 eine Privilegien-Mustergemeinde geschaffen hatte, zum Reichsrecht. Der Kaiser glaubte einer Rechtlichkeit, die er begehrte; glaubte an eine Freiheit der Gemeinwesen, die sich der *christlichen Gesellschaft* als Muster werde einprägen müssen, wenn sie das Zeichen bekäme, von den Juden nicht bedroht zu sein: Er ratifizierte *ihre* Friedfertigkeit – Sie sollten keine Waffen tragen *dürfen*.

Diese Konstruktion ist paradox und offenbart die *innere* Frontlinie, an der dieser kämpferische Deutsche stand. Er traute der *christlichen Mehrheit* einen Konkordatsfrieden zu, der durch ein Barbarentum gefährdet war, dem der christliche *Klerus* wenig entgegensetzte. Die Kreuzzugs-Massaker an den Juden am Rhein, die wunderbarer Weise Speyer zunächst verschonten, haben den Kaiser widerlegt. Aber er kämpft. Und er erkennt, in welchem schaurigen Bündnis Volks-Mehrheit und Klerus verbunden sind! Ein Jahr nach den schaurigen Ereignissen verordnet er, daß die überlebenden Zwangsgetauften zu ihrem Kultus zurückkehren durften. Das ist 1097.

Die ersten Anklagen und Morde wegen der christlichen Blutlegende sind aber erst seit 1140 belegt, in Köln 1150.[38] Die karolingischen Urkunden also sind noch stark? Die Verfallsgeschichte hat noch nicht eingesetzt?

Friedrich Barbarossa erneuert Heinrichs Urkunde 1157. Ehe mehr als ein Jahrhundert später im Namen der Blutlegende den Rhein hinauf gebrandschatzt, geplündert und gemordet wird und dies auch Bacharach erreicht (1287), erneuert Friedrich II. von Hohenstaufen 1236 nochmals die Reichsgeltung der Urkunde Heinrichs, jedoch mit einer Einleitung, die die Rechte der Juden einschränkt.[39] Für 1240, es ist wie eine Antwort auf diesen Einbruch in die Formgeschichte des Rechts, verzeichnet Heine im zweiten Kapitel für Frankfurt das erste große Blutbad an den Juden in dieser Stadt, aber auch er scheint seine Quellen so zu verstehen, wie es heute nachzulesen ist im großen Geschichtswerk Poliakovs, daß nämlich erst die christlichen Grausamkeiten im Zuge der Ritualmord-Anklagen gegen Ende des 13. Jahrhunderts jene Massenbewegung gegen die Juden eingeleitet haben, deren hysterische Irrationalität gelenkt wurde von einem klerikal und ›theoretisch‹ verantworteten ›Glauben‹: Die Juden seien kollektiv schuldig für alle Nöte, die die Christenheit (vulgo: das Volk) heimsuchen.[40]

Noch einmal versucht es ein Rechtsakt, umzugehen mit einer Entwicklung, die dann aber längst erstarrte *Geschichte* geworden ist. Im Jahre des Herren 1300 wird anläßlich eines Ordnungsbedarfs aus mörderischer christlicher Selbsttäuschung ein *Gedanke* geboren, der Geschichte neu einleitet nach dem Bild der Erstarrung von Recht, die die Herrschenden der Neuzeit so fasziniert: Das Theorem des Hl. Augustinus, wonach die Christenheit stets über einige letzte Juden verfügen müsse, die die Überlegenheit des neutestamentarischen Glaubens an sich selber bezeugen sollen, gießt Duns Scutus in den Vorschlag um, die Privilegien der Juden um das ›abstrakte‹ Recht, zu leben und ihrem Kultus nachzugehen, zu beschneiden: und Überlebende auf eine Insel zu deportieren.

Schließlich macht Ludwig der Bayer 1343 mit seiner ›Kopfsteuer‹ die Vorschau auf die Sühnetribut-Gesetze der Nazis perfekt.[41] Wenn die Personalität der Juden als Bürger rechtlich aufgehoben ist, ist es für die Massen leichter, ihre barbarische Hysterie in Notzeiten an den Sündenböcken auszutoben, die, wie christlich gepredigt, ohnehin des Teufels sind. Nach dem Blutlegenden-Rausch der ›Großen Judenschlachten‹ 1298 geschah dies in den Pest- und Flagellantenjahren 1347 ff. gegen die ›Brunnenvergifter‹ in solch massenhafter Turbulenz, daß Poliakov von der Ausrottung der Juden in Mitteleuropa sprechen kann.[42] Als dann, in seinen Worten, das »großartige einheitliche Gebäude der mittelalterlichen Christenheit« zerfallen ist[43], sind auch die Kanzleien kein Hort der Vernunft mehr, und die Kette der problembereinigenden Abwanderungsbefehle reißt durch das gesamte 15. Jahrhundert nicht mehr ab.[44]

Liest man Heines Erzählung der Ritualmord-Legende in ihrer Ausführlichkeit und Überproportionalität (siehe Zitat) und nimmt die Frankfurter Passage hinzu, die mitten im christlichen Historienbild die schaurige Spur der »Judenschlachten« erinnert (I,479), so scheint es, der Autor stehe am Anfang der modernen Geschichtsschreibung, die darin einig ist, daß der Niedergang der Lebensrechte der Juden in West- und Mitteleuropa darstellbar und erklärbar sei nach dem Modell eines Auf und Ab in der Geschichte eines auserwählten Opfervolkes, das den Launen der Könige und dem Neid der Wirtsvölker ausgeliefert sei.

Auch in diesem Modell wird die Theologiegewalt der Christen nicht unterschätzt. Auch, wenn zwischen König und Volk eine kritische Schwingung im Verhalten gegen die Juden beobachtet wird, erkennt man vage, daß es da um Schuld und Schulden geht. Doch tief in die Strukturen dieser Beziehungen gehen keine Darstellungen. Das jüdische Volk ist schuldbeladen – das ist eine Wissenswurzel, die jederzeit aus den frühchristlichen heiligen Gelehrten zu ziehen war –: Wächst den Höfen die Internationalität und Macht der priviligierten Kaufmannschaft über den Kopf, dann schwächt man ihre Stellung, indem man ihren realen Schuldnern die Schulden erläßt. Das stellt das Volk jedoch nicht zufrieden, das bei solchen Vorgängen vielmehr bloß aufmerkt auf das Geld, das dabei kenntlich wird und sie stachelt; das die Kaufleute aber brauchen, um die hohen Abgaben zu zahlen und um investieren zu können in ihre besondere Kunst, die wertvollsten Waren der Welt zirkulieren zu lassen. Der Neid des Volkes kennt keine Einsicht. Auf den unteren Ebenen wird Neid geschürt durch die Präsenz der ›Zinsjuden‹. In dem Gefühlsgebräu hat ein christlicher Prediger oder ein Hysteriker vom Schlage des ›Hirtenknaben‹ von St. Denis 1320[45] oder des Schlächters von Röttingen 1298[46] mit Worten rasch zum Führer der Mord-Rotte eines bestialischen Haufens avancieren können, und, wenn es zu schlimm wurde und Hunderttausende gemordet sind, bereinigt eine königliche Truppe vorübergehend die Situation.[47] Papst und Klerus sind ›machtlos‹.

Auch H. Heine gibt zu verstehen, daß er das Volk in seiner Rolle sieht. Jedoch ist seine Darstellung getrennt von der modernen Geschichtskunde in einem wesentlichen Punkt: Er ist immun gegen Erklärungen, die in sozialhistorischen Durchblicken stecken bleiben und dann ihre gute Gesinnung in Beteuerungen kleiden wie: Entrechtungen im Mittelalter seien nicht Unrecht, sondern »Rechtsverletzungen«[48], und die Verfolgungen, die die Juden erlitten haben, hätten am Ende dazu geführt, daß sie »ihre religiöse Identität und die Rolle als Subjekt der eigenen Heilsgeschichte« bewahrten[49] – ebenso immun gegen Erklärungen, deren Hilflosigkeit in Ausflüchten vergessen gemacht wird wie: Es müsse soziale Auswirkungen haben, wenn »eine ganze Gemeinschaft« von »Umnachtung ergriffen« und ihre Eliten von einem »deutlich sichtbaren Niedergang des intellektuellen Niveaus« heimgesucht werden, wie während der Pest-Katastrophe im 14. Jahrhundert. Die sozialen Auswirkungen heißen in diesem Fall »eine allgemeine Verwilderung der Sitten.«[50]

Heines Weg als Erzähler, der dichtet und historisiert, historisiert und dichtet, ist ein Weg der Kunst und des Zorns in der Konstellation einer Quellensicht, die ihn in keine Erklärungszwänge bringt – Erklärungen mögen gut oder schlecht, hilflos oder anregend sein, dieser Schriftsteller gestaltet eine Alternative für Lektüren, nicht der Erklärungen. Sie beruht darauf, daß Lesen unabhängig machen könnte von Erklärungsnöten, die in ideologischen Lagern gedeihen.

Beobachten wir den Artisten: Er nützt das Wissen der Chroniken, wonach seit den Pest-Pogromen relative Ruhe vor Verfolgung (auch im Rheinland) herrschte, und behauptet für »Bacherach« noch einmal eine Zeit der »Schonung«. Dabei datiert er unauffällig exakt: 1287 rheinische St. Werner-Pogrome – 1486 Königskrönung Maximilians in Frankfurt. Nach »viel Drangsal und Elend«: »zwei Jahrhunderte« für Bacharachs Juden in Freiheit »vor solchen Ausfällen der Volkswut«. Das Datum aber des Pessach-Pogroms 1486 ist gedichtet.

Damit erreicht der Autor zwei Ziele: Ein Bild der christlichen Ritualmord-Raserei wird über die Schwelle zum 16. Jahrhundert als Mittelalter in die Neuzeit *bruchlos* hinübergezogen und verweist auf die Damaskus-Aktualität 1840. Und so ist im Text eine Spannweite auseinandergedehnt auf der »Zeitstrecke« zwischen 1840 und der »schaurigen Sage der Vorzeit«, in der die »Weltgeschichte« als *ein* Zusammenhang erscheint, nämlich Verfolgung, und deren Dreh- und Erkenntnispunkt Frankfurt 1486 ist. Wir erinnern uns an das Historienbild vor den Augen des flüchtenden Paars. *An alles* ist dort erinnert, was das Mittelalter in Deutschland war, bis beide vor das Tor des Ghettos treten.

Es könnte paradox erscheinen, daß »Bacherach« – die schöne Ausnahme, die kleine jüdische Gemeinde unter Druck, aber unbehelligt genug, hilfreich für die Verfolgten und Überlebenden zu sein, verschont nach dem St. Werner-Sturm zwei Jahrhunderte – nun herhalten soll, mit einem erdichteten Pogrom beladen das Symbol des in die Moderne geschleppten Legenden-Wahns zu sein.

Im Paradox aber erfüllt sich das »Textbegehren« der Mauerbild-Monade zu Beginn. Sara und Abraham, die über die Schwelle zur Neuzeit treten, werden ein »anderes Land« finden müssen. Spanien kann es nicht mehr sein; in Sechsjahresfrist wird dort vertrieben. Liegt Polen, das sein jüdisches Goldenes Zeitalter noch vor sich hat[51], in ihrem Horizont? In solch *unbestimmter Situation,* auf der Schwelle, sich und ihr Domizil neu bestimmend, sollen sie »Bacherach« mit sich nehmen. *So* treten sie in das Projekt des Schriftstellers und in unsre weitere Lektüre.

Was geschieht, wenn wir das »Bacherach«-Gedenken des Paars zu unserm machen? Die Frankfurt-Datierung Heines ist der punktierte Tiefsinn: er verknüpft zwei Könige und Kaiser im Gedenken an ein Land, das seine letzten Juden vertreibt. Sollen sie sich, Stamm-Mutter und Stamm-Vater eines neuen unbekannten Domizils, an den »letzten Ritter« Maximilian halten?

Im Bilddenken des Textanfangs könnte die Antwort bereitliegen, die dem antikausalen Erzählen entspricht. Heinrich IV. sei das Bild im Dunkel der schaurigen Vorzeit, deren »Sage« dann wäre: Ich habe Euer Recht nicht verletzt, sondern formuliert. Bereits dies war der Anfang vom Ende, ich hätte es wissen können. Doch was hätte das Wissen genützt? Ich hatte zu kämpfen; die Modernisierung des Reichs hat mich interessiert, nicht die Kreuzzüge, meine Rechtshoheit und meinen Traum vom befriedeten Reich setzte ich auch auf die Karte eurer kultischen Souveränität; vor und nach der Katastrophe am Rhein kämpfend gegen eure und meine Feinde. Das war, was ich tun konnte, ich, euer König in Deutschland.

Das in geschichtlicher Erfahrung ›gehärtete‹ Gedenken lebt aus den Paradoxien einer Erkenntnis, die der Negativität ihrer Gegenstände nicht erliegt. Die Gedächtnis-Insel »Bacherach« bleibt in den »sehr stürmischen Zeiten« der Verfolgungsgeschichte beständig, weil sie das Andenken an eine Rechtsgeschichte bewahrt, die die Negativität ihrer Gegenstände negiert. Die Stauferzeit unter dem Zeichen des Löwen war die beste der »sehr stürmischen« Zeiten. Heinrich IV. wartet, der letzte Salier- und der erste Staufer-König, verborgen in »Bacherach« darauf, verstanden zu werden. Heines Gedenk-Appell an eine »Vorzeit«, deren »schaurige Sage« der Flecken unter Burg Stahleck und St. Werner-Kapelle *ist*, ist in einer ergreifenden Weise ›deutsch‹.

3. CANOSSA · DEUTSCHER KÖNIG DER JUDEN

Die Datenumschreibung »Hohenstaufische Oberherrschaft« bedeutet nicht, daß Heine sich damit für die Zeit seit 1156, als die Vogtei und Pfalzgrafschaft Stahleck-Bacharach ein Reichslehen wurde, auf besondere Unterdrückungsverhältnisse emphatisch stadtparteilich habe festlegen wollen; so deutlich er diese »folgenden Zeiten« aus stadthistorischer Sicht bewertet. Als Kenner der Rechtsgeschichte im »germanischen« Mittelalter historisiert er sein Sterben aus höherer Warte: Er weiß, worum zu Beginn der Stauferzeit gestritten wurde: um »Freiheiten« in der zivilen Fassung von Regularien, deren administrative und soziale Rationalität ein Mittel gegen das kriegerische Barbarentum sein konnte, das die Feudalstruktur in den deutschen Reichslanden überhaupt in dieser Übergangszeit beseelte.

Die Landfriedenspolitik der Könige kämpfte gegen den Widerstand eines Adels, der auf seinen säkularen und kirchlichen Besitzständen in der Mentalität eben dieses Barbarentums beharrte, das er für ›altes Recht‹ hielt. – »Freiheiten«, das waren Selbständigkeitsgarantien, die in Bewegung waren in einem großen ›Text‹ von Eigentums-, Handels- und Fehderechten, in einem Föderalismus bis zu kleinsten Einheiten ausgefochten (Vogtei, Kloster, Flecken), im großen aber polarisiert in einer Konstellation hier Königtum da Hochadel und Kirche. Heines Wink ist kein abstrakt herrschaftskritischer, sondern lenkt die Lektüre des bildlichen Textanfangs, wie ich in der Analyse gezeigt habe, in die Weite und Spannung der Leerstelle im Text, die das Streben des Gedenkens (den conatus in der Monadologie) an sich zieht. Sie ist syntaktisch verfugt in die Dynamisierung der »Vorzeit«-Metapher, so daß die Erregung auf der Bildlektüre-Spur auch in sie hineinhorchend nach Anschauung, Lesbarkeit sucht. Und halten wir nun auf diese Weise Ausschau nach reichsgeschichtlichen Anhaltspunkten des Projekt-Themas, so werden wir mit der Präzision, die der Autor seinen Subtexten widmet und die *seine* Vorstellung von Epochen umreißt, so an die vor-staufische Zeit *Bacharachs* herangeführt, daß die vor-staufische Epoche des *Reichs* dahinter sich öffnet als der Krisenmoment jener Zeit, die »sehr stürmisch« war – und blieb. Denn sie kam aus der Krise nicht mehr heraus, um deren Geschichte es dem Autor geht. In ihre ›Obhut‹ legt er sein »Bacherach«-Symbol. Ihr ›Obhutsmann‹ in dieser Lektürespanne ist die große Gestalt Heinrichs IV., der in allen seinen Kämpfen symbolisch, zusammengefaßt mit seinem Mainzer Reichslandfrieden von 1103, für all das in der Geschichte steht, worum es auch dem »in jeder Hinsicht politischen Schriftsteller« H. Heine stets gegangen ist (V,289). Um ein Zusammengehen von König und Volk; um einen Frieden unter den sozialen Klassen, der ›wehrhaft‹ sein, also das Bewaffnungs-Monopol des Adels brechen müsse; um eine Gerechtigkeitspflege, die ›germanisch‹ nicht in aristokratischer, sondern aus der Sicht von Volksüberlieferungen sei; um die Freiheit der Sinne, wofür Heinrich gegen den Papst stritt (Priesterehe).

Steht Heinrich IV. Heinrich Heine so nah, weil er seine Auffassung von der Unmittelbarkeit des Königtums zu Gott gegen den Papst verteidigte? Weil er starke und stolze Mauern um freie Bürger und mit ihnen um die kleinen Gemeinden mit dem Ein-Gott-Kultus wünschte? Zwischen Gott und Volk nicht den Papst ertrug, sondern sich selber wußte? Der König machte das Staufergeschlecht zur Verwaltungs-Elite im Reich, die Nutznießerin und Vermittlerin einer Lehens-, Schutz- und Königslandpolitik wurde, welche *auf Bauern und Bürger gestützt* ein nicht zuletzt für die »Freiheiten« an Ober- und Mittelrhein bedeutsames Burgenbauprogramm betrieb. Und in diesem Zusammenhang »Bacherach«, das ist alles in einem dann dies: Gedächtnis-Insel inmitten der Stürme für alle Erinnerung an die jahrhundertelange, weltliche und geistliche Hegemonial-Politik des Bistums Köln den Rhein hinauf.

KÖLN entdecken wir auf der Erregungsspur bei dynamischer Lektüre des ersten Absatzes unmittelbar neben der ersten Erwähnung der jüdischen Gemeinde in Bacharach!

»Die Geistlichkeit herrschte im Dunkeln durch die Verdunkelung des Geistes.« Das betrifft nicht nur die jüdischen Einwohner einer kleinen Niederlassung am Mittelrhein, sondern die wahrhaft und vor allem von der siegreichen Macht der *Kirche unterdrückten* Menschen im Mittelalter. Die Juden waren die besiegtesten unter ihnen. »Eine am meisten vereinzelte, ohnmächtige …« An die Übermacht in diesem Kräfteverhältnis, Kirche – Menschen, der die beiden großen Könige Heinrich IV. und Friedrich Barbarossa, jeder auf seine Weise, unterlegen sind, gemahnt »Bacherach« *politisch* vordringlich.

Tiefer dringt ein Gedenken, das der zyklischen Historisierungsbewegung des Textanfangs auf dem Königswege noch ›subjektiver‹ folgt: wenn Zorn und Haß (Spinozas verdeckt revolutionärste Kategorien) mitgenommen werden in die Ergründung der Leere im Text um die schaurige Sage Bacherach. Heinrich IV. erscheint dann, im Licht einer Urszene der Erinnerung, wie sein Dichter ihn aus seiner Demütigung befreit und ihm marranischen Charakter und die Sprache des politischen Messianismus verleiht.

*

Der Burghof von Canossa am Nordhang des Appenin, Heinrich im Bußgewand vor dem Papst, es herrscht strenge Kälte in diesem Winter – zu dieser kontrovers überlieferten Realszene[52] dichtet Heine in Berlin, als er dort in der Kgl. Bibliothek seine Bonner Geschichtsstudien weitertreibt, 1821 den Affektkern ›Heinrich in Canossa‹, der in drei Entfaltungs-Stufen aufs Papier kommt: Jetzt in Berlin zwischen »Almansor«- und »Rabbi«-Projekt[53], dann in Paris 1839, als er an »Frankfurt« für das Börne-Buch schreibt, in dem uns auch das schöne chassidische Messias-Bild (S. 181 ff.) und eine Erörterung des poetischen Königswegs begegnen werden (IV, 126 ff.), schließlich in Endform in einem Vorzyklus der Pariser »Zeitgedichte«, dort ziemlich verräterisch plaziert (IV,419), und kurz darauf noch einmal, aber wieder verdeckter im *fertigen* Zyklus.

Der Kern: Heinrich singt ein lautes Bußlied,
Doch im Geiste singt er heimlich:
Komm ich jetzt nach Hause, Pfäfflein,
Unterschreib ich dir den Laufpaß!

Gedicht 1821: Auf dem Schloßhof zu Canossa
Stand der deutsche Kaiser Heinrich,
In dem Büßerhemd und barfuß,
Und die Nacht war kalt und regnigt.

Aus dem Fensterlein herab schaun
Zwei Gestalten, und das Mondlicht
Überflimmert Gregors Kahlkopf
Und die Brüste der Mathildis.

Heinrich singt ein lautes Bußlied,
Doch im Geiste singt er heimlich:
Komm ich jetzt nach Hause, Pfäfflein,
Unterschreib ich dir den Laufpaß!

Nicht weniger als die Nichtaufnahme in das »Buch der Lieder« verdeckt den Affekt im Text eine Anmerkung, die Heine dem Druck in einer verbreiteten Berliner Zeitung mitgibt.[54]

Gedicht 1839: Auf dem Schloßhof zu Canossa
Steht der deutsche Kaiser Heinrich,
Barfuß und im Büßerhemde,
Und die Nacht ist kalt und regnicht.

Droben aus dem Fenster lugen
Zwo Gestalten, und der Mondschein
Überflimmert Gregors Kahlkopf
Und die Brüste der Mathildis.

Heinrich, mit den blassen Lippen,
Murmelt fromme Paternoster;
Doch im tiefen Kaiserherzen
Heimlich knirscht er, heimlich spricht er:

Du, mein liebes treues Deutschland,
Du wirst auch den Mann gebären,
Der die Schlange meiner Qualen
niederschmettert mit der Streitaxt.

Gedicht 1844: Auf dem Schloßhof zu Canossa
Steht der deutsche Kaiser Heinrich,
Barfuß und im Büßerhemde,
Und die Nacht ist kalt und regnicht.

Droben aus dem Fenster lugen
Zwo Gestalten, und der Mondschein
Überflimmert Gregors Kahlkopf
Und die Brüste der Mathildis.

Heinrich, mit den blassen Lippen,
Murmelt fromme Paternoster;
Doch im tiefen Kaiserherzen
Heimlich knirscht er, heimlich spricht er:

»Fern in meinen deutschen Landen
Heben sich die starken Berge,
Und im stillen Bergesschachte
Wächst das Eisen für die Streitaxt.

Fern in meinen deutschen Landen
Heben sich die Eichenwälder,
Und im Stamm der höchsten Eiche
Wächst der Holzstiel für die Streitaxt.

Du, mein liebes treues Deutschland,
Du wirst auch den Mann gebären,
Der die Schlange meiner Qualen
Niederschmettert mit der Streitaxt.«

Kapitel V
»Gedächtnis-Insel« – Ein Resümee mit Stichworten zu Verfallsgeschichte, Moderne, Antisemitismus, Radikalität

Diese Mauern waren einst
stolz und stark

1. »Bacherach« und neue Kabbala

Die Metapher »Gedächtnis-Insel« in reale Phantasie versetzt lädt zu einem anderen Lesen ein. Im letzten Kapitel habe ich versucht, der Einladung möglichst konsequent, und das heißt auch: in analytischer Muße-Haltung nachzukommen. Die Metapher hat sich bei einem neuerlichen Anlaß, über den »Rabbi« zu sprechen[1], spontan eingefunden und an den Anfang aller Betrachtung und Recherche gesetzt. »Gedächtnis-Insel« hält der Gewohnheit, lesend in einen Lauf *der* Zeit einzutreten, die mit dem Text geht, eine Weile stand. Wir treten in einen Still-Stand ein; *sind* auf einer Insel und *bleiben* eine Zeit. Und ›verwirklichen‹ wir dabei, daß die Realität der Phantasie, die uns hier festhält, Buchstaben sind, dann kann das Spiel mit ihnen beginnen. Ich habe das Spiel gespielt, sie ›gegen den Rhein‹ zu lesen, so wie die Flucht stromauf. Dabei ist die ideologische Normalität des Stroms verloren gegangen. ›Er selbst‹, den Initiativen des Autors gemäß, beginnt, ›wirklich‹, zu sprechen. Eine ›andere‹ Poesie wird hörbar, Haggada, Agada und wir begreifen allmählich, daß er auch eine ›andere‹ Geschichte hat. Die Veränderung der auratischen Normalität ist während der gesamten Zeit des analytischen Lesens an die Buchstäblichkeit am Ausgangspunkt des Spiels (rück-)gebunden geblieben. Insofern ist dieser ein symbolischer Anfang. Er bleibt stehen, löst sich in die Lektüre nicht auf. Sondern die Lektüre muß, *wie in einen Punkt*, immer wieder in ihn zurück. Er wartet. »Bacherach« – die Lektüre betritt die Unbegrenztheit der Monade: die »Sage« seiner

Buchstaben. Auch mit seiner bildlichen ›Haut‹ bleibt dieser Anfang streng monadisch; »... Bacherach«; so stark die Ausstrahlungskraft seines stofflichen Materials auch ist (»schaurige Sage der Vorzeit«). Der weitere Text ›hält sich‹ an die Buchstaben-Symbolik des Anfangs, an seine Standfestigkeit, und die Lektüre versucht kreisend, dem, was das bedeutet, zu folgen. Sie wird einerseits vom Zug in das Bild hinein, ›nach unten‹ in die Geschichte, fest in den Text gebunden, andererseits ent-deckt der nun weiter nichts, schreibt erstmal *nichts aus.*

Was in den Analysen zu dieser Anfangs-Erziehung der Lektüre zu sagen war (S. 267 ff.), formuliere ich jetzt so: Der weitere Text schreibt gegen die ›klassische‹ Idee, es könne oder müsse der Bild-Kern, nachdem er gesetzt ist, anschließend in die Grenzen einer bestimmten Interpretation gefaßt werden. – Erst nachdem er dicht eingefleischt worden ist in weiteres *Bild*material, das unter anderm, vielleicht vorherrschend, Merkmale von Verfall veranschaulicht (»Diese Mauern ...«), und nachdem *dann* Kennworte zur Einleitung in eine historische Lesbarkeit des Materials skandiert worden sind (Municipio, Stauferzeit ...), erst dann wird »Bacherach« gewissermaßen freigegeben zur Deutungsarbeit – ohne Preisgabe seiner monadischen Unbegrenztheit in fest bleibender Buchstäblichkeit.

Und die Deutungsarbeit, die ich selber im letzten Kapitel ausprobiert habe, fasse ich so zusammen: Soll die *Sage* »Bacherach« mit ihren Konsonanten und Vokalen unsre Augen und Ohren an sie selbst fesseln und an nichts anderes – wie die Heilige Schrift in rabbinischer und kabbalistischer Exegese –, so sorgt die ›hautnahe‹ bildliche Einhäutung am Kern »Bacherach«, in ihrer sinnlichen Wirkung, dann allmählich doch selbst dafür, daß diese Fesslung gelockert, wenn nicht aufgesprengt wird: »schaurig«. Wendet sich die Lektüre, nachdem sie historisch eingestellt wurde, nun also zurück und liest den Kern »Bacherach« in dieser ihm unmittelbaren Hülle, so wissen die Lesenden, daß die Historisierungsarbeit, die auf sie wartet, ins Weite einer ›romantischen‹ Ahnung zielt, deren *geschichtlicher* Charakter festgelegt ist. D. h. die monadische Unbegrenztheit der Anfangsbuchstaben »Bacherach« wird frei-literarisch so umgedeutet, daß ihre Lesbarkeit von den *Anschauungen* abhängig wird, die in der Unbegrenztheit der angezeigten sehr stürmischen *Zeiten* warten. – So aus dem Autoritäts-Bezirk ›Text‹ bedingt befreit (vertrieben?) in ›die Geschichte‹, sucht die Lektüre nunmehr nach einer lesbaren Bestimmtheit, die in der Monade »Bacherach« entworfen ist und in deren Grenzen Bedeutung, Geschichtlichkeit gedeihen kann. Die Suche glückt, indem der Name Heinrich IV. in den ›Kern‹ der Monade einwandert.

Da und dort in diesem Buch habe ich mit dem Gedanken gespielt, Heines Schreibart an ›Kern‹-Stellen mit kabbalistischen Verfahrensweisen in Verbindung zu bringen; auch wenn mir dabei als Nichtjuden Grenzen gezogen sind.[2] Wie dem auch sei, die Fragestellung gehört in dieses Buch. – Kein Zweifel kann sein, daß Heine exegetische Kompetenz beansprucht. Am ausführlichsten spricht er dazu in den »Briefen aus Helgoland« (S. 236–42). Dort ›zwängt‹ er in die Differenz zwischen Gott und Wort, die das Thema der Kabbala in ihrer *Entwicklung* ist, den philosophischen Anspruch ein, daß Gott auch in Natur *und auch* in der Geschichte denkbar anwesend und nicht allein, als Gestalt, in seinem Wort oder, orthodox-exegetisch: das Wort selbst sei. Aus dieser Differenz entfaltet der Autor eine Serie schöner Äußerungen zur Bibel. ›Laufend‹ begegnen wir ihnen bei unseren Textwanderungen. Dies aber sind nicht bloß ›belletristische‹ Partien. Wer nicht blind und taub ist für Heines Schreibart, sieht und hört, daß der Autor die Quelle seiner Gott-Rede, die Differenz, *säkularisiert*. Ironie, Witz, Satire, Parodie … sind in diesem Lichte zu würdigen.[3] Im Blick auf eine mögliche Beziehung Heines zur Kabbala aber ist festzuhalten, daß die Definition, die er seiner Helgoländer Bibellektüre im »Ludwig Börne« gibt und deren Kern ich sogleich noch einmal aushebe, ihn nicht als einen ›Nachfolger, Nachfahre‹, eher als Erben der Kabbala ausweisen würde, der aus dem Zentrum ihrer Kontroversen hervor das Prinzip erkannt hat, das ihm höchst eigentümlich ist: *Antasten* sprachlicher Überlieferungen, die durch Orthodoxie in den Anschein von Unantastbarkeit gestellt sind. Die Definition lautet:

Merkwürdiger noch als der Inhalt ist für mich diese Darstellung, wo das Wort gleichsam ein Naturprodukt ist, wie ein Baum, wie eine Blume, wie das Meer, wie die Sterne, wie der Mensch selbst. Das sproßt, das fließt, das funkelt, das lächelt, man weiß nicht wie, man weiß nicht warum, man findet alles ganz natürlich. Das ist wirklich das Wort Gottes (...) Ach! wie gesagt, hier fehlen alle Maßstäbe der Beurteilung ... die Bibel ist das Wort Gottes. (IV,46)

Im Zusammenhang des Abschnitts »Im Zeichen des Mondes« (S. 236 ff.) ist dargelegt, daß hier Heines ›biblischer Pantheismus‹ zu Wort kommt, daß der Philosoph von den Rändern der Bibel her ihr gottgesetzliches Zentrum, die Thora, liest. Diese Bewegung *ist* die Säkularisierung. Nicht die Thora, versteht sich, ist ihr Gegenstand, sondern die Sprachtheorie, die für den Identitätssatz in der Kabbala, wonach der Bibeltext die Gestalt Gottes sei, verantwortlich ist.

Saras Weg den Rhein hinauf ist ein Weg der Befreiung auch aus orthodoxem Halacha- und Haggada-Verständnis, nicht nur aus der vernichtenden Umklammerung durch die deutschchristlichen »Legenden« und »Sagen«. Die Beziehung dieser Kindfrau, die blind zu gehorchen und naiv zu lesen gewohnt war, zu den Vätern und Interpreten wird der realen Verfolgungsgeschichte eingeschrieben und dergestalt verwandelt. Am Ende führt Sara das Wort für die Kämpfe Israels.

Als sie diesen Weg geht, ist das aus dem Blickwinkel der Anfangs-Monade buchstäblich ein Weg aus dem realen Bacharach fort in die Schrift, wo »Bacherach« (weiter-)treibt, die Gedächtnis-Insel im Text. Der Kahnführer Wilhelm, der taubstumme Rettungsengel, wohnt dort und kehrt dorthin zurück. Dann erst, für eine Zeit noch, übernimmt der Rabbi wieder die Führung. In der Zeit der Schrift, die nicht Chronologie ist, bleibt des Engels gedacht, wie er Sara aus den Händen Abrahams in die Erzählung übernimmt. Seine Gebärdensprache spricht für sich. *Er ist Text*, und seiner wird gedacht im Textfluß als des wahren Retters. Sein Ort bleibt aber »Bacherach«. Als der Rabbi mit Sara ans Ufer kam, hatte er schon »erraten« und »gewartet« ...,

um seine geschlossenen Lippen zog sich das lieblichste Mitleid, bedeutungstief ruhten seine großen blauen Augen auf der schönen Sara, und sorgsam trug er sie in den Kahn. (I,470)

Dieser Engel ist reine Gestalt; Gebärde, Sorgsamkeit, Mitleid und Rettung. Etwas frech kabbalistisch gelesen: Gott sprach einen Engel, der Sara und Abraham in ein neues Exil zu führen hatte.

Wir erinnern uns, wie ›biblische Reflexivität‹ zu definieren war (S. 184, 235). *Gedächtnis* und *Gedenken* spielen ineinander, wie *Geschichte* und *Text* als Räume gedacht sind, in denen dieses Spiel gespielt wird. Lesen wir nun die »Bacherach«-Monade in ihrer durch Historisierungsarbeit geöffneten Form (S. 277 ff.), so erkennen wir *zwei* Gestalten, die aus der geöffneten Monade »Bacherach« hervorsprechen, eine biblische und eine geschichtliche, den Engel, Wilhelm, und den deutschen König der Juden, Heinrich. Beide mit verschlossenen Lippen; wir kennen die Chiffre aus Heines »Geheimnis« (S. 255). Und wie nun Heinrich den Schauplatz der Schrift betritt, aus der Sphäre des Gedächtnisses in die des Gedenkens, so ist das Problem ›Verfallsgeschichte‹ auf dem Plan der Lektürearbeit.

2. DEUTSCHER KÖNIG DER JUDEN

Heinrich IV. ist der Kämpfer gegen den Verfall des Rechts der Juden im Reich. Im Kontext des »Rabbi«-Projekts ist seiner gedacht im Büßerhemd in Canossa. So wäre er die erinnerte Figur im Gedächtnis-Umriß »Bacherach«, deren auch die Lektüre in dieser *historischen* Fassung zu gedenken hätte?

In den Abschnitt ›Text und Geschichte‹ war wie eine Spirale die Frage eingezogen, wie denn Beginn oder Verlauf des Verfalls zu datieren seien? – Es fand sich keine datierbare Antwort. – *Zunächst*:

Die Lektüre hier bezieht den Blick auf »Bacherach« aus der Aktualität von 1840 in ihre Arbeit ein. Dies kann und will sie deshalb, weil sie aus eigener Jetztzeit (Ende des 20. Jahrhunderts) zurückblickt. Nehmen wir der Kürze wegen eine Aufzeichnung Benjamins zu Hilfe:

> *Damit ein Stück Vergangenheit von der Aktualität betroffen werde, darf keine Kontinuität zwischen ihnen bestehen.* (»N« 7,7)

Wie die Mauern um »Bacherach« im Text erscheinen: als Urszene der Erinnerung gelesen – »Nicht immer waren so morsch und verfallen diese Mauern ...« – so dehnt sich ein Gedächtnisraum von Ludwig dem Frommen bis Friedrich Barbarossa, in der Mitte Heinrich IV. Da war kein Ende und Anfang einer

Verfallsgeschichte auszumachen, nicht nach einer Erinnerungsweise jedenfalls, die frei von Kontinuitäts-Vorstellungen denkt. Diese Erinnerungsweise habe ich ausgearbeitet.

Wie wenig Heine sich von einer ›Kontinuität‹ als Vorstellungshilfe in seiner Historisierungskunst hat leiten lassen, das zeigt seine anti-chronologische *Datierung der Aktualität*! Ja sie ist kontrafaktisch, als solle sie exegetisch gegen die »Handbuchschreiber« stark sein: Sara und Abraham werden unter dem Stern eines erdichteten Datums für Königs-Krönung (6.2. 1486) *und* Pogrom in die Neuzeit geführt, Mittelalter und Neuzeit verschmelzen zum Einen des »tausendjährigen Schmerzes«, in den hinein das *Klagelied* die Fluchterzählung stellt. Diese tausend Jahre sind wie oft bei Heines verdeckten Datierungen genau zu nehmen (S. 285). Das Lied ist 1824, Ludwigs des Frommen karolingische Urkunde 825 geschrieben. *1840* muß die »schaurige Sage« *neu* erzählt werden ...

Im Bilde dieser Art von Datierung eines Zeit-Raums (S. 190 ff.) ist Verfolgungsgeschichte jenseits von ›Fortschritt‹ oder ›Verfall‹ vergegenwärtigt. Das bedeutet viel und es füllt die Lektüre mit höchster Unruhe an, da wir anerkennen sollen, in diesem Datum-Bild des »tausendjährigen Schmerzes« nun *nicht* Rechtsgeschichte im Verfall, *nicht* eine Kette von Zivilisationsbrüchen, *nicht* prästabilisierte Opfergeschichte zu denken – Sondern: »... nach einem anderen Lande, wir wollen das Unglück hinter uns lassen ... Der Gott unserer Väter wird uns nicht verlassen ...« –

Das Erzählen verschließt sich um solche Worte wieder zu einer Monade (Unglück als Hinterlassenschaft); wie auch die Ohnmacht Saras und ihre Rede im Ghetto über den Kampf für Israel Monaden sind; Variationen der in den Text genommenen Anstoß-Monade »Bacherach«. Die Dialektik des Mauer-Bildes erweist sich als weitere Bewegungsinitiative zu diesen Variationen.

In den Gebieten, mit denen wir es zu tun haben, gibt es Erkenntnis nur blitzhaft. Der Text ist der langnachrollende Donner. (Benjamin, N 1,1)

Heine war vernarrt in das Bild von Blitz und Donner, und so, wie er die Identitäten von Gott und Wort antastet und aus der Quelle dieser *Differenzierung* (weiter)schreibt, so tastet er auch die Natur dieses Bildes an: ›setzt sich schreibend in einer Differenz zwischen Blitz und Donner fest‹ – Wir sollen glauben, daß er donnern kann, er wird donnern, »Wartet nur«! (IV,431). Am Beispiel des »neuen Liedes« werde ich diesen Appell genauer bestimmen (S. 357). Im Aufschub aber konstituiert sich bereits TEXT!

So ist zu verstehen, daß dem Verfall der Rechtsgeschichte im Mittelalter aus der Erfahrung der Neuzeit kein inhaltlicher (Salon-)Utopismus entgegengesetzt wird, der ja auch eine Ausgeburt der Fortschritts-Ideologie ist – daß dennoch aber eine Textart entsteht, die das Negative zu negieren imstande ist, Hegel auf den Kopf stellt (S. 119 ff.), weil sie bei sich selbst bleibt »im Kampfe für die unterdrückte Vergangenheit« …

Der historische Materialist geht an einen geschichtlichen Gegenstand einzig und allein da heran, wo er ihm als Monade entgegentritt. In dieser Struktur erkennt er das Zeichen einer messianischen Stillstellung des Geschehens, anders gesagt, einer revolutionären Chance im Kampfe für die unterdrückte Vergangenheit. (Benjamin, I,703)

Der deutsche König der Juden Heinrich IV. ist der Kern einer solchen Stillstellung. Nichts ist entschieden. Ein König im Kampfe gegen die Feinde der Menschheit, die personifiziert sind im Papst, dem Präzeptor der gläubigen Massenseele im Christentum; ein König, der schon zum Mittel der Verrechtlichung des Rechts greifen mußte und so in die karolingische Urkundenfamilie intervenierte und Verfallsgeschichte schrieb. Nicht dies aber, sondern die Verheimlichung des Grundaffekts im Herzen, des Hasses, der ihm die Kraft zu kämpfen gab, ist sein *Textmerkmal*; das Merkmal eines marranisch säkularen Messianismus‹. So soll seiner gedacht sein. »Komm ich jetzt nach Hause, Pfäfflein …«

Als Heine im März 1826, schon getauft, unruhig, weil er »den Rabbi nicht ausschreiben« könne (I,830), am Groß-Konzept wohl schon gescheitert ist, nämlich den Entwurf einer Gesamtdarstellung des jüdischen Martyriums am Rhein und seiner Brechung in den »Interferenzen« eines Glücks in jüdischer Moderne zu geben (S. 306) da fordert er kurz angebunden und wie innerlich gejagt dem Jugendfreund Christiani das Manuskript seines ersten Heinrich-Gedichtes ab[4]. Ich nehme an, dies ist der Augenblick, da dieser deutsche König in das »Rabbi«-Projekt eingetreten ist und dort nun sein »heimliches« Wesen hat wie ein »Splitter der messianischen Zeit« (Benjamin, I,704), für die Heines Textarbeit zuständig ist. Heinrich IV. ist der König des gerechten Kriegs für die Geschichte der Menschheit (ein in diesem Kontext ebenfalls Benjaminscher Begriff). In den Gedichten, die leicht auszustreuen sind ohne ihr Geheimnis zu verraten, entpuppt sich der messianische Splitter erst 1839/44; jetzt, 1826, da der Dichter sich seiner ersten Heinrich-Verse erinnert, begleitet von den Zeilen »Der Tod das ist die kühle Nacht …« (I,149), ist es erst noch der königliche Übermut, der es ihm angetan hat: der Papst wird des Landes verwiesen, nicht die Juden. Heinrichs messianische Botschaft 1839 und 1844 wird sein, dem Erzfeind der Judenheit den deutschen Streiter auf den Hals zu prophezeien, dessen Axt aus einem Bilde des »germanischen Pantheismus« geschaffen ist (S. 180 ff.). Ich suche um die Buchstaben dieser Gedichte herum vergeblich nach einer Spur von Ironie. »Du mein liebes treues Deutschland …«

3. MODERNE

Auch der historischen Figur Heinrichs IV. also wird nicht allein historisch (= tautologisch), sondern in der texteinverwandelnden Weise gedacht, wie das der Historisierungs-Kunst Heines eigentümlich ist, die vor allem am Schriftzug der Namens-Monade »die schöne Sara« den Rhein hinauf zu studieren war. Die Erregungen der Geschichte durchströmen die Schriften und geben ihnen im monadischen Verschluß die aus der Wurzel der Subjektivität kontrollierte politische Empfindsamkeit.

Mit dieser Kategorie (die auch eine der Lyrik ist)[5] eine populäre Lesart widerlegen zu wollen, die auf Inhalte fixiert ist und in jede schöne Parole am Wege der Schriften ein politisches Bekenntnis oder Programm hineinliest, ist kaum möglich. Dieser Dichter scheint verdammt zu sein, geliebt oder gehaßt und in beidem mißverstanden zu werden. So ist es auch noch nicht gelungen, seine Textarbeit aus der Umklammerung zu lösen, in die er als ›Schriftsteller des Vormärz‹ geraten ist. (S. 307 f., 355). – Die Entstehungsgeschichte der »Rabbi«-Veröffentlichung 1840 brachte nun aber eine Widersprüchlichkeit hervor, die das Verkennungs-Merkmal der Zuschreibungen mit den Problemen verbindet, die Heine selber mit seiner Selbstverständigung als Jude in der Moderne hatte. Die Grundlage, um das zu verstehen, ist der Abschnitt I,4 in Kapitel IV, S. 253 ff.

Ins Bild der großen politischen Inhalte, das für den Vormärz in der Literarhistorie reserviert ist, paßt das »Rabbi«-Fragment nicht. Daher hat es, so es überhaupt in der deutschen Nationalliteratur beachtet wird, zum Ruhme des Vormärz-Dichters Heine nichts beigetragen. Dieser Ruhm, auch in Frankreich, hat noch nie beinhaltet, daß der Autor 1840 um die Solidarität der europäischen Juden mit ihren gemarterten »Glaubensbrüdern« in Damaskus besorgt war und in dieser Situation erstmals öffentlich die Blutlegende aus dem rheinischen Mittelalter erzählt – obwohl dieser publizistische Gestus in das Profil des *politischen* Pariser Schriftstellers durchaus gepaßt hätte! Dieses Profil ist gut gefüllt. Wir haben z. B. das Thema der deutsch-französischen Vermittlung, wir haben die im »Land der Zivilisation« gegebene Aufklärung über Deutschland einschließlich der Warnung vor dem »dämonischen« Land, wir haben die Kritik der französischen Zustände – – So gesehen könnte die Nichtbeachtung des journalistischen und des poetischen Beitrags zum Antisemitismus-Symptom ›Damaskus‹ in der politischen Wirkungsgeschichte Heinrich Heines als vulgäre antisemitische Abdrängung interpretiert werden. Es ist ja seit einigen Jahren zum Klischee geworden, in linken Oppositionsgesinnungen überhaupt verdeckte Antijudaismen und gelinde gesagt die Ignoranz gegenüber jüdischer Kultur und Überlieferung zu benennen.

Was in dieser Hinsicht historisch in der Tat zu belegen ist, ist ein weites, trübes Feld, und die sogenannte Heine-Rezeption gehört zu den schlimmsten Paradigmen.[6] Aber eine Rede von ›linkem Antisemitismus‹, die sich kritisch emphatisch allein auf Nichtbeachtung und Verschweigen beruft, ist so oberflächlich wie ihre Belege. Was ist an dem Nachweis, daß der ›Vormärz-Dichter‹ *Heine* für das Gros seiner linken ›Anhänger‹ als Jude kein Thema war und ist, oberflächlich? Nicht so sehr, daß die Angriffe und Vereinseitigungen, die den Autor von rechts getroffen haben, von Anfang an aggressiver waren, vernichtungsbereit; wichtiger für eine differenzierte Wahrnehmung Heines als eines Schriftstellers, dessen Verkennung, Verunglimpfung, Nichtbeachtung auf Symptome des Antisemitismus hin betrachtet werden müssen, ist auf der ›linken Seite‹ das Motiv der Identifikation und der Suche nach Zeichen von ›Zugehörigkeit‹ in der Kultur (S. 57). Je stärker dieses Motiv in den Heine-Lektüren, die wir nach dem rechts-links-Schema links verorten, hervortritt, desto ›stimmiger‹ ist vom Juden Heine nicht die Rede (S. 172). Man braucht ihn nicht. Ich will das hier nicht theoretisch vertiefen, denn es gehört in die Struktur meines Buches, daß die Gründe und Abgründe einer solchen Symptomatik allmählich erwandert werden auf den Wegen, die durch die Texte des Autors selber gehen. Der Hinweis diene aber als Brücke zu folgender Überlegung.

Heines publizistische Gesamt-Intervention 1840, die, wie ich nachgewiesen habe, begründet ist von der ›europäischen‹ Unruhe, die die Nachrichten aus Damaskus beim Autor ausgelöst haben, hat einen ›innerjüdisch‹ historischen Kern, aus dem der Gestus herausgesetzt ist, der sich anhört wie: ›Ich spreche über unsere Angelegenheiten‹ (S. 155 ff.). Nirgends in den Schriften ist das so *deutlich* wie hier. Und wenn ich das so kommentiere: ›Die Intervention ist der Versuch, jetzt, 1840, das europäische Judentum an seine geschichtlichen Wurzeln im Mittelalter zu erinnern, das nicht vergangen ist‹, dann ist noch klarer, was es in der konkreten Jetztzeit bedeutet, ›über unsere Angelegenheiten‹ mit Heinescher Radikalität zu sprechen: ›Über uns in der Diaspora‹, das ist: ›Über uns unter *euch Nichtjuden*, über eure *Geschichte, euren Fortschritt* …‹ Der Exilschriftsteller geht an die Wurzel des Scheins einer gemeinsamen Geschichte, an die Wurzel des Nationalismus (S. 256–64), er geht an die Wurzel einer verweigerten Existenzruhe in der Diaspora.

Und das nun heißt, daß in der Sprache eines Juden über Juden ›fremder‹ Nationalität eine Attacke steckt, deren Aggressivität in nichtjüdischer Wahrnehmung reflektorisch erkannt, das heißt aber: als Angriff ›durchschaut‹ und infolgedessen entpolitisiert und entrechtet wird und kraft dieser Umwandlung nur noch, im Gegenzug, als Aggressivität pur aufgenommen werden kann, als *feindlich Fremdes* im ›eigenen‹ Nationalverband, das sich ›bemerkbar macht‹.

Für die Antisemitismus-Debatte ergibt diese Sicht: Die Diaspora-Juden sind am gefährlichsten ›für uns Nichtjuden‹, wenn sie sich mit sich selbst beschäftigen. Die Gefahr liegt darin, daß sie die Voraussetzung unseres Gleichstellungs-Angebots, nämlich: *sie sollen ihr Eigensein* (*=Fremdsein*) *aufgeben,* durchschauen und verweigern könnten. Sie störten dann mehr als ›früher‹ den Gesellschaftsfrieden, den wir gewähren können; so wie ein solcher Sprecher in eigenen Angelegenheiten diese Störung schon ist.

Weil Heine weiß, daß Emanzipation und Assimilation, so wie sie ›gewährt‹ werden, Blendungen sind, ist er so empört über die Gleichgültigkeit in der ›Damaskus-Affaire‹, wie er sie unter den Juden in Paris ausgemacht hat. Sein prophetischer Sinn sieht ›Damaskus‹ in einer *Vorgeschichte* (›Dreyfus‹). Im Verhalten der Assimilierten sieht er den Beweis und den Erfolg der Blendung. Und im Verhalten der ›übrigen‹ Gesellschaft wurde ihm vor Augen geführt, daß das Gleichstellungs-Denken zynisch ist und widerlich sich selbst entlarvt im Augenblick einer ›plötzlich‹ eingetretenen realen Bewährungsprobe. Selbst ein Adolphe Thiers macht jetzt nur Judenwitze.

Und die revolutionäre Pressefreiheit leistete gerade an diesem Punkt den Offenbarungseid. Wegen der unter französischer Obhut geschändeten Menschenrechte einiger orientalischer Juden gibt es in Paris keine Emeute gegen die Mißachtung der Charte –

Man kann überspitzt formulieren: Verschwindet, wenn ihr unsrer Idee von Gleichheit nicht folgen wollt! In der Tat steckt dieser böse Kern in aller guten Ideologie von Emanzipation und Assimilation. Auch diese selbst – Heine beschreibt für 1840 die *französische* Nationalitäts-Variante – ist eine Art des Verschwindens, eines Verschwindens, dessen Geschichte erst beginnt.

Daß in solcher Zuspitzung eine furchtbare Widersprüchlichkeit ausgesprochen ist, muß nicht erläutert werden. – Unter ihrer Wirkung stehend vervollständige ich nun die Betrachtung des Moderne-Problems im »Rabbi«-Projekt.

Das Mit-sich-selber-Beschäftigtsein unter dem Druck der Assimilationsprobleme ist während der Manuskript-Zeit und des Scheiterns am Gesamt-Projekt 1824/25 ja noch viel extremer angelegt als 1840, nämlich offener subjektiv, als es das »notdürftig« zugeschnittene Fragment im Damaskus-Jahr nur noch verrät. An der Schwelle zur ersten Periode seines Dichterruhms kämpft Heine um eine Darstellung, die die mittelalterlichen Voraussetzungen des Judeseins in Europa einbezieht in den Entwurf, als Jude frei und glücklich in der Jetztzeit zu leben.

Die monadischen Figuren Heinrich IV. und Sara von Bacharach und den nicht erst 1840 hinzuerfundenen Don Isaak als Textzeugen in dieser extremen Schreiblage kenntlich gemacht zu haben, ist mir hoffentlich gelungen. Die ›narrativen‹ Symbole Deutscher König der Juden und Neues Exil, ihre strukturelle Obhut unter König David und Gott (Ich werde sein der ich sein werde) – womit könnte ein Jude, der sich anschickt, als Dichter aus dem Ghetto des Mittelalters zu treten, die Öffentlichkeit seiner Zeit mächtiger provozieren? Hier ist das Motiv, das Heine dem Freund Moses Moser in jenem Brief eröffnet (S. 253 f.). Am besten wäre, das Werk gar nicht zu *schreiben*. Seine Veröffentlichung werde »viel verschütten« und »Feindseliges herbeirufen«. Klarer konnte der Arbeitende seine Gegner *und* Freunde der Assimilation (die ewigen Philosemiten) nicht benennen, welche wohlwollend sind, die Bürgerrechte nicht verweigern wollen, aber finden, daß der Friede, den man will, nicht gestört und, in Berührung gebracht mit Vergangenem, das aufgerührt wird, nicht auf die Probe gestellt werde. Andernfalls würde ›Duldung‹ das in ihr »Feindselige« zum Ausdruck bringen. Dann wäre das ›biblisch-nachbiblische‹ Urphänomen des Judenhasses entblößt: »Ein Jahrtausend schon und länger …« (I,271; S. 201)

Das ist es, das den Grund unter der Oberfläche des ›vulgären‹ Antisemitismus in der Geschichte der Heine-Wirkungen sichtbar macht; heute muß man vielleicht so sagen: den kulturanthropologischen Grund des antisemitischen Philosemitismus. Er versorgt, wie wir gesehen haben, die moderne Geschichtsschreibung mit den Ausdrücken der ›Abgrenzung‹.[7]

Dergestalt ist kenntlich auch die Opposition, in der Heine als Geschichtsschreiber steht. Wir haben ihn bei der Arbeit beobachtet; das Resümee unter diesem Aspekt sei: Die furchtbaren Widersprüchlichkeiten, in die sich ein moderner Jude hineinschreibt, der sein Fremdsein in der europäischen Geschichte reflektiert, sind weder mit Verfahren fakten-historistischer Chronologie noch telos-orientierter Fortschritts-Historie darstellbar, sondern durch historisierende Kunst in Lyrik und Erzähl-Arten.

Auf der ›theoretischen‹ Ebene, auf die wir Heines Opposition als Historiker abbilden können, wäre davon zu sprechen, daß seine Radikalität darin besteht, jüdisches Geschichtsbewußtsein als historisch-erinnerndes »Selbstbewußtsein der Freiheit« (S. 356) so zu gestalten, daß es in der Diaspora lesbar werden konnte. So formuliert jedoch ist der gefährlich praktische Aspekt der Opposition sofort zu sehen. Die Lesbarkeit jüdischer ›Selbstgeschichte‹ in der Diaspora ist das Problem. *Wird* gelesen oder geahnt, gar verstanden, sind die Feinde auf dem Plan; nicht nur nichtjüdische. Daher Heines Satz an Immermann 1832: »Literatur, das sind wir und unsere Feinde.«[8]

Seine Radikalität so gesehen hätte dann Heine *als Außenseiter* zum Auch-Vertreter der Wissenschaft des Judentums im 19. Jahrhundert werden lassen, an deren Anfängen er ja tatsächlich stand (S. 127). Über das bisher so nicht betrachtete, geheime Grundmotiv der »Protagonisten« dieser Wissenschaft hat Amos Funkenstein eine schöne, aber in ihrer Traurigkeit schwere Hypothese formuliert:

> Möglicherweise strebten sie unwillentlich nach einer deutsch-jüdischen (oder französisch-jüdischen) Kultur, die sich von der Umwelt unterschied, aber dennoch an ihr teilhatte, die keine politischen Ziele verfolgte, aber das Recht auf die Bewahrung der eigenen kostbaren Lebensformen und Wertvorstellungen beanspruchte. Sie orientierten sich am Paradigma des sogenannten goldenen Zeitalters der spanischen Juden zwischen dem zehnten und dem dreizehnten Jahrhundert, und zwar in der Überzeugung, daß die Judenemanzipation unwiderruflich war, daß sich das Ende der spanischen Judenheit in einem säkularisierten und kultivierten Europa nicht wiederholen könne.[9]

Auch in diesen Worten ist zu ›sehen‹: Die, über die wir hier sprechen, leben und arbeiten an der Frontlinie, die ihnen diejenigen ihrer »Feinde« ziehen, die auf Assimilation bestehen. Heine nun, den ich als Radikalen in diesem Kontext beschreibe, war wirklich der schreibende Tat-Typ einer *existentiellen Avantgarde* (S. 45 ff.). Er wollte es im Leben wissen. In einem Leben aus jüdischem Geschichtsbewußtsein, das in die Darstellung drängt und auf diese Weise in die natürlichste Gegnerschaft primär zum orthodoxen Gedenk-Konzept des Ritus geraten mußte, ehe die wirklichen Feinde davon noch etwas bemerken und ihre Anstalten gegen den Störer treffen konnten – In einem solchen Schreibleben gibt es keine wesentlichen Grenzen zwischen Textarbeit und Lebenswillen. Im »Rabbi«-Kontext sagt Heine zu Moser: Thema im Projekt sei, wie Aufopferung für eine Idee und das Begreifen des Lebensgenusses sich nicht ausschlössen; auszuhandeln sei dies nur auf dem Grund der jüdischen Geschichte, deren Geist sich ihm »immer mehr und mehr« offenbare (I,839f.).

Er offenbarte sich ihm aus der Leidensgeschichte im Mittelalter, aus ihrer »Fülle der Belehrung und des Schmerzes«. Nun aber die Ängste und Ungereimtheiten – die bei dieser Arbeit an den Quellen, weil sie mitten im gegenwärtigen Leben getan wurde, an den Tag traten – nicht allein von ihrer dunklen Seite her zu betrachten, nicht allein in ihrer widersprüchlichen Bewußtseinsform selbst (Erinnerung, Buchstabe, Bruch), sondern im Lichte des Lebensgenusses und der Ansprüche, die er nie erfüllt: dazu ist Anlaß genug, sehen wir den Dichter in seinen Bibliotheks- und Schreibmühen Berlin Göttingen 1821/25 so konkret an wie möglich. Das wird eine Biographie auszuarbeiten haben; hier nur soviel und en miniature:

Diesem Mann macht es Spaß, was ihm die augenblickliche Moderne zu bieten hat. Die Modernisierung des Reisens, der Seebäder[10], der Gastronomie; der Code Napoléon, der das bürgerliche Leben, der Liberalismus, der das öffentliche Streiten, der Salon, der die Dialoge freier macht und die wissenschaftliche Philosophie hinter den verschlossenen Pforten der Gelehrsamkeit hervorholt (III,514); die im Umgang der Geschlechter freier werdende Sexualität (S. 381 ff.): Mag diese vielseitige Kulturrevolution, deren Dynamik und Chancen man gemeinhin mit der Metternich-Epoche nicht zusammendenkt, von Heine *stärker* als in ihren ausgelebten Hoffnungen in ihren Widersprüchlichkeiten und von den Prügeln her, die er erlitten hat, erlebt worden sein – Er hat sie genossen. Eben dies macht sie zum persönlichen Thema des »Rabbi«-Projekts, wie wir gehört haben; im Genuß des modernen Lebens trägt der von jüdischer Geschichte Belehrte die Kämpfe und Freuden aus, Attacken und Niederlagen, Qual und Ruhm. »Ich erschrak«, sagt Heine später in Paris, »in den Armen der Freude.« (III,684)

Gibt man diesem ›Thema‹ eine biographische Wendung, so läßt sich demonstrieren, wie sehr es darauf ankommt, die Kategorien Leben und Schrift in einer Weise ineinander zu lesen, daß man *beiden* Kategorien gerecht wird. Ein ›kleines‹ Beispiel:

Rainville, das ist der Name eines französischen Emigranten und seines Garten-Restaurants in Hamburg an der Elbe (Abb.), gelegen neben Salomon Heines Villa. Hier saß und aß Heine gern. Hier wurde nicht deutsch, sondern modern gespeist und getrunken. »Die große Suppenfrage« (I,340) konnte man hier für sich entscheiden; mit ein bißchen Geld und viel Klarheit darüber, daß auch die Sinnlichkeit der Küche vom Mittelalter befreit werden könnte. Freie Luft jenseits der Tore (Stadt, Ghetto), eine moderne Architektur (Elb-Renaissance), die Traumstruktur des Flaneurs in den Passagen schon im Leib, das gehörte dazu. Und stellen wir uns den Autor an solchem Orte sitzend vor, die Ghetto-Szene des »Rabbi«-Projekts im Kopf. Die Garküche der Schnapper-Elle, Don Isaaks »wohlschmeckende Jugenderinnerungen«, Domizil im Exil.[11]

Die Lebensgeschichte Heines scheint mit der Ausreise aus Deutschland 1831 dann eine große, allgemeine Entlastung erfahren zu haben. Auf Schritt und Tritt bezeugen Neider mit Fahndungsblick den Genußmenschen in Paris, dem »modernen Babylon«; der sich nicht mehr für eine Idee aufopfert und »leider keine Religion« besitzt (II,601). Es ist wahr, der Autor schreibt jetzt bald viel Schönes über gaieté und das »glückenterbte Volk«. – Doch alle unsere Lektürefreude an Heines Stilkunst im Parisisch philosophischen und politischen Umgang mit den Programmen der Kulturrevolution kann nicht darüber hinwegtäuschen, daß das bewußte *Leben in der Moderne* literarisch reflektiert war an den *Abgründen der Moderne*.

Wenn der Schreibgang an den Abgrund einer Idee tritt, die soeben gefeiert war, dann, so müßte man meinen, *kann* ein Interesse an Heines jüdischer Schreibautorität sich gar nicht mehr spalten lassen in ein Interesse an der Biographie eines intellektuellen Juden im 19. Jahrhundert und ein ästhetisches Interesse an seinem Werk. Meist ist es, wenn es sich um ›offene‹ ideelle Textorte handelt, nur eine Frage des ›Weiterlesens im assoziativen Stillstand‹, um der hochstilisierten Widersprüchlichkeit, die auch hier vorliegt, innezuwerden. Nehmen wir die vielzitierte Hymne an den Fortschritt im ersten Buch »Zur Religion und Philosophie in Deutschland«, die in Handbüchern so gründlich zuschanden politisiert worden ist, daß eine von dort gelenkte Lektüre – »... denn ich glaube an den Fortschritt, ich glaube ...« – beim Weitergehen nur Tautologien hört und am Ende der Passage – »Das endliche Schicksal des Christentums ist also davon abhängig, ob wir dessen noch bedürfen« – den syntaktischen Bruch und die Ironie und Prophetie darin nicht mehr wahrnimmt (III,519). Doch auch vorgewarntes Stillstellen der Lektüre reicht womöglich nicht aus, die ›Oberfläche‹ der Buchstaben in einen Gegenlauf umzulegen und der Stillstellung den Sinn zu geben, einmal *diesen*, den Gegenlauf zu riskieren. Es könnte dabei herauskommen: ›»Wir« werden des Christentums einmal nicht mehr bedürfen. Wann wird das sein? Wer sind »wir«? Das freie revolutionäre Judentum, das sich Bahn bricht und die Rosen-Revolution führen wird?‹ (S. 254, 282)

So wäre auch eine ›offene‹ Textstelle, deren Offenheit nicht die weiße Leere ist, sondern heitres Bekennen schwarz auf weiß, lockendes Revoltieren in Bildern, erregender Anspielungston, Verschwinden des hohen Tons im Unterholz eines ironischen Rätsels etc. – auch nur ›wieder‹ das syntaktische Spiel des Marranen.

Ich sagte, die verdeckt antisemitischen Zuschreibungen an den *politischen* Heine im Vormärz und die schmerzensreiche Schreibarbeit am »Rabbi«-Projekt stünden in einer Verbindung. Die Formel nun dafür: Die Radikalität des Autors, der sich vom Kämpferglück in der Moderne nicht in eine Assimilation ziehen läßt, die Selbstaufgabe des Seins in jüdischer Geschichte ist, schreibt sich die antisemitischen Reaktionen, die auf der Unfähigkeit eines Zusammenlebens mit solch eigensinnigem Fremden beruhen, auf den Hals. Und so, aus dem hier gewählten Blickwinkel, steht das Scheitern am »Rabbi«-Projekt um die Taufzeit 1825 herum im Konnex zur Emigration, deren Planung in der Tat, nach ersten Andeutungen 1823, jetzt ernsthaft beginnt. »Der nie abzuwaschende Jude treibt mich von hinnen ...« (S. 58) – Aber statt in Paris das Buch nun wirklich zu *schreiben*, das »europäisch werden soll« und aus dem Scheitern in Deutschland hat folgen sollen, *lebt Heine* dann in »Lutetia«.

Natürlich ist das nicht das »andere Land« des Fluchtplans am Rhein 1486. Aber das Wechselspiel von Leben und Schreiben blitzt auf. Was Heine noch in Prosa geben wird, wird Fragment sein. Das Fragment der Fragmente ist die monadische Form, die er seiner persönlichen Kunst des Gedenkens geschaffen hat. Sie unterläuft alle Zuschreibung. Denn sie ist ständig in Bewegung, während die Zuschreibungen starr sind. In der Konsequenz dieser Kunst liegt Heines wahre Radikalität. In Politik kann man sie nicht übersetzen. Nicht in eine Politik, wie sie in den Vormärz-Klischees verstanden wird. Diese Radikalität bleibt textgebunden in jeder Situation der »Weltgeschichte«.

Diese bringt Leid und »belehrt« den Autor. Sein radikales An-die-Wurzel-Gehen aber *sucht* allein geschichtliche Monaden in der Unbegrenzbarkeit ihrer Buchstäblichkeit; Ursprungsphänomene auf der Dauerspur der »Geschichte der Menschheit.« Dabei trifft er auf Primärkonstellationen der *Kämpfe*, an die zu erinnern das eigene, literarische Kämpfen *ist*. Eine solche Primärkonstellation ist, im »Geist der jüdischen Geschichte« aufgesucht, Heinrichs IV. Kampf gegen den Papst und seine deutschen Agenten.

Und wie nebenbei entdeckt die Erinnerung Sara, eine Tochter des Rheins, die um eine neue ›Freiheit im Exil‹ kämpfen und so die Haggada-Form des jüdischen Geschichtsbewußtseins aufbrechen wird: im Kontext all der Figuren vor und zwischen den Kulissen, die der Gedenk-Künstler Heine ihnen baut und die sie, seine Figuren, für ihre ›Politik‹ brauchen. Immer wieder nämlich müssen sie sich verstecken können in *seinem* »Kampf für die unterdrückte Vergangenheit.«

»Die Ufergegenden der Elbe sind wunderlieblich. Besonders hinter Altona, bei Rainville.«

Kapitel VI
Abgesang auf Hegels »Weltgeschichte«? Zur näheren Bestimmung des Lyrischen

Niemand knetet uns wieder
aus Erde und Lehm
Paul Celan[1]

Einsichten in H. Heines Empfindungsgründe und in die philosophisch-geschichtlichen Voraussetzungen seines lyrischen Ausdrucks haben sich bei unseren Textwanderungen seither immer wieder eröffnet. Dieses Kapitel arbeitet an ihrer Vertiefung.

Vielleicht als innerster Bewegungsgrund des Lyrikers hat sich vor allem im »Bacherach«-Kapitel eine Erfahrung zu erkennen gegeben, die er selber als Ineins von »Schmerz und Belehrung« beim Studium der Verfolgungsgeschichte beschrieben hat (S. 240 ff., 160, 193).

Hatten wir in dieser Hinsicht im Hegel-kritischen Kapitel III den ›philosophischen‹ Ton der Indifferenz und den ›lyrischen‹ der Großen Solidarität in ähnlicher Weise ineins hören können, so stellte sich bei der detaillierten Durchdringung des exilgeschichtlichen »Bacherach«-Projekts vice versa heraus, daß sich dies auch einer geschichtsphilosophischen Begriffsklärung verdankt – bei deren sprachlicher Ausführung der Autor die stärksten Empfindungen zeigt (S. 90 ff.).

So gehen in der Praxis genauer Lektüren die Perspektiven des Verstehens ineinander über, deren schematische Trennung noch Gewohnheit ist. Die permanente Auseinandersetzung mit Hegels Vorstellung von Geschichte ist eine Quelle der Sprache, die der »trocknen Lüge« einer sogenannten Objektivität »Gefühle« entgegensetzt. Indem Heine so gesehen ›subjektiv‹ schreibt, gewinnt er eine Basis für die Hegel-kritische ›Objektivität‹ zweier Kategorien, deren begriffliche Logik *für ihn* ihre Widerspruchseinheit im lyrischen Organon der Sprache ist und die Ausgeschlossenheit eines ihnen Dritten; die Kategorien sind: »Weltgeschichte« – »Geschichte der Menschheit«.

Daß Heine gegen die Hegelsche dialektische Logik fest bleibt bei seiner *Entgegensetzung* der Kategorien, sie nicht im Schema der Synthese erörtert, ist darin begründet, daß er die Notwendigkeit ihrer Versöhnung in der Geschichte nicht zu denken vermag. Das habe ich im III. Kapitel nachgewiesen. Die Vervollkommnungsfähigkeit der Menschen in Gesellschaft (Spinoza: ›Die menschliche Natur ist ganz anders‹; Traktat, S. 84) war für ihn kein Glaubenssatz (»Ich glaube an den Fortschritt«, S. 307), sondern Hoffnung, die er *nicht stets*, zumal als Lyriker nicht, in der ironischen Negativität seines Messianismus verbergen wollte. Als er das Kategorienpaar »Weltgeschichte – Geschichte der Menschheit« das erste Mal ausformulierte, 1828 im Marengo-Text, ist seine Hoffnungs-Emphase, so weit ich sehe, am unverblümtesten gewesen: und aber zugleich ›romantisch‹ annulliert! ›Ein Schwert aufs Grab, keinen Lorbeerkranz!‹ (S. 172). In der Tat, das klingt nach Versöhnung, nach ›Aufhebung‹ der Gegensätze im Befreiungskrieg (Befreiung · Krieg): *Soldat*-Sein für die »Geschichte der Menschheit«! Es sind *Formeln*, an deren Relativität der Ironiker seine Kunst bis zuletzt übt, bis in den kämpferischen Dialog mit Gott: »nichts als ein Dichter« (VI, 498) – »Kämpe der Revolution« – pereat mundus! (S. 159) …

Für eine Grille – keckes Wagen! –
Hab ich das Leben eingesetzt;
Und nun das Spiel verloren jetzt,
Mein Herz, du darfst dich nicht beklagen.
(VI,322)

Ich habe die *begriffliche Entgegensetzung* der beiden Geschichtsauffassungen in ihrer Konsequenz fürs *lyrische Schreiben* am »Bacherach«-Komplex dargelegt (S. 216 ff.) – Die Nachricht vom Scheitern des Autors an diesem Projekt jüdischer Geschichtspoesie verweist auf den paradoxalen ›Dauerzustand‹ seiner Texte (S. 126 ff.) unter dem Aspekt ihrer lyrischen Allgemeinverfassung. So gesehen ist die Fluchtlegende am Rhein die literarische Ursprungs-Skizze eines unermüdlichen Arbeitens daran, den Widerstreit verschiedener Geschichtsauffassungen, den der Autor begrifflich aufnimmt, lyrisch unmittelbar zu den Empfindungen auszudrücken, deren Quelle die »Geschichte des Judentums« ist.

Indem Heines universalpoetische Bearbeitung seiner *Quellen* als Voraussetzung der lyrischen Schreibsteuerung *und* diese als *Primärspur* im »Rabbi«-Textfragment lesbar wurden, wurde klar, auf welcher ›Seite‹ der Autor steht. Aus der Perspektive seiner Parteilichkeit für die »Geschichte der Menschheit« und seiner lyrischen Auffassungsweise ließ sich der Standort einer ›Positivität‹ erkennen. Sie ließ sich aber nicht verbuchen als Fürsprache für ›gute Inhalte‹, z. B. für das partikulare unterdrückte Gute in der Geschichte. Sondern sie ist eine subjektiv und artistisch bis zur persönlich verantworteten Indifferenz vermittelte Positivität: ironische Vermittlung der »Menschheit« an das ihr verbundene Andere. (Vermittlung als Eindringung, nicht Synthese-Orientierung!) Unvermittelt mit »Welt« geriete Fürsprache für die »Menschheit« zur geschichtsblinden Idylle, die einer radikal-subjektiven Erfahrungskontrolle entzogen ist. Heines lyrische Positivität dagegen ließ sich als Historisierung der Affekte beschreiben, mit denen die Selbsterfahrung in der Jetztzeit beim Studium der jüdischen Geschichte zusätzlich aufgeladen wird.

Die Bewegungsrichtung in dieser Betrachtungsweise ist umkehrbar; sie sieht einen Zirkel wechselseitiger Anstöße: Der radikale Lyriker will an die Wurzel seiner *geschichtlichen* Existenz. Seine Affekte also – Klage, Liebe und Haß, Freude und Trauer … – gießt er auch *zurück* in die Quellen der Historie – – und es »verwirren und verschieben sich alle Gedanken und Bilder«; sie ›verfärben‹ sich.

›Positivität‹ – ihre Textrealität resümiert sich in der Entdeckung der monadischen Figuren Sara und Heinrich IV., die *beide* – an der Schwelle zur Neuzeit, so wie sie sich *im* Text begegnen – der Verfolgungsgeschichte als »Weltgeschichte« eingeschrieben werden. So angetastet hält diese in literarischer Anschauung ihrem Begriff nicht mehr stand, nämlich eine logische zu sein. Ihre Homogenität ist gestört. Die Ausstrahlung allein zweier solcher Figuren in das Faktenmaterial, dessen sich historische Kontinuitätsvorstellungen (›Fortschritt‹, ›Verfall‹) bedienen, bringt jene Verwirrung und Verschiebung, bringt die Risse und Ungereimtheiten im welthistorischen Denken zustande, die der Poet in eine neue Ordnung bringen will: als Autor einer »Geschichte der Menschheit«. Er kann zwar die einander feindlichen Aspekte der Geschichte nicht in getrennte

Gemälde bringen wie Delaroche und Robert im Salon von 1831 (III,67 ff.). Literarisch und philosophisch werden sie *ineinander verschlungen* erkannt. Aber allein die Aura von Schönheit, die der Dichter um seine verstecktesten Figuren legt, die ihre Spur in der Geschichte der gerechten Kämpfe haben, bringen das Glück über etwas Stolz und Stärke in das wütende »Kreuz und Quer« der Bilder aus der Weltgeschichte oder in den Lärm der Tageskämpfe (S. 189 ff.). Es sind die Monaden der Schönheit in unvollendeten Kunstwerken.

In jedem wahren Kunstwerk gibt es die Stelle, an der es den, der sich dareinversetzt, kühl wie der Wind einer kommenden Frühe anweht. Daraus ergibt sich, daß die Kunst, die man oft als refraktär gegen jede Beziehung zum Fortschritt ansah, dessen echter Bestimmung dienen kann. Fortschritt ist nicht in der Kontinuität des Zeitverlaufs sondern in seinen Interferenzen zu Hause: dort wo ein wahrhaft Neues zum ersten Mal mit der Nüchternheit der Frühe sich fühlbar macht.

(Benjamin, N 9a,7)

So weit ab von Hegel jegliche ästhetische Rekonstruktion der Geschichte, so spinozianisch begründet eine Geschichtsschreibung im Dienste der unterdrückten Vergangenheit auch ist, nach der »Belehrung«, wie wir im III. Kapitel erkannt haben, die Heine von Hegel erfährt, müssen wir doch stets fragen. Durch solche Belehrung war der Dichter schon durch, als er 1824 am Ende der »Harzreise«, vom kühlen Wind der Frühe angeweht, seiner *Sehnsucht* nach einem »wahrhaft Neuen« ›jugendlichen‹ Ausdruck gibt.

Es ist noch früh am Tage, die Sonne hat kaum die Hälfte ihres Weges zurückgelegt, und mein Herz duftet schon so stark, daß es mir betäubend zu Kopfe steigt, daß ich nicht mehr weiß, wo die Ironie aufhört und der Himmel anfängt, daß ich die Luft mit meinen Seufzern bevölkere, und daß ich selbst wieder zerrinnen möchte in süße Atome, in die unerschaffene Gottheit; – wie soll das erst gehen, wenn es Nacht wird, und die Sterne am Himmel erscheinen, »die unglückseligen Sterne, die dir sagen können – –«

Es ist der erste Mai, der lumpigste Ladenschwengel hat heute das Recht, sentimental zu werden, und dem Dichter wolltest du es verwehren?

Die inszenierte »Sentimentalität« feiert ein Ideal-Ich, das aus der Fesselung des Hegelschen Subjekt-Begriffs an das Absolute der

Geschichtsvollendung befreit sein möchte. Zugleich bleibt verformelt, daß das Begehren zu zerrinnen jüdischem Denken angehört.

Die Belehrung beim Meisterdenker hatte Heine aber auch schon hinter sich, als er sie für sich positiv benannte; noch in Berlin, kurz vor seiner Abreise nach Lüneburg/Hamburg im Mai 1823 (S. 43), schreibt er an Wohlwill (7.4.1823), es sei ein großes Glück für ihn gewesen, daß er just aus dem Philosophie-Auditorium gekommen sei, als er in den Zirkus des Welttreibens trat, denn er habe jetzt sein eigenes Leben philosophisch konstruieren können.

1. ANKNÜPFUNG IN HEGELS HÖRSAAL · RESTAURATION

Sein Leben philosophisch konstruieren – ein starkes Wort! Um es begreifen zu können, rekonstruiere ich seine Bedeutung in der Weise einer biographischen Situationsskizze. Das bringt uns den Lyriker näher als *Person*, die um ihre Stellung in der Welt besorgt ist (S. 257 ff.); über die Bedeutung an und für sich, die Heines Hegel-Studium für die philosophische Struktur der Schriften hat, muß in diesem Buch nichts mehr gesagt werden. Auch ist von Konfrontation mit ›Philosophie überhaupt‹ hier nicht die Rede. Sonst müßte über Spinoza gesprochen werden, was in anderen Hinsichten in allen Kapiteln geschieht. Es geht ›nur‹ um Aufprall und Hilfe bei einem Denken, das unmittelbar zur Übergangsperiode, in der sich das (west)europäische Judentum zur Zeit wußte, mit seinen Begriffen auch auf die Mühe zielte, die sich ein Avantgarde-Typus wie Heine mit der Grundfrage machte: Wie konstruiert ein jüdischer Autor in der Moderne sein Leben und wie die Freiheit seines Schreibens?

Ich wähle eine andere Lektüreweise als die mikroskopische der »Bacherach«-Kapitel; nämlich eine eher oszillierende, die über den hier gesetzten Blickpunkt schließlich hinauskommt und die Begrenztheit des *besonderen* philosophischen Aspekts auch wieder auflösen kann (S. 332 ff.). –

Wir haben im I. und II. Kapitel ›in der Nähe‹ zugesehen, aus welcher *Abgrund*nähe die Familienlosung zu befreien schien: Annahme des modernen Ökonomie-Prinzips! (S. 24 ff., 68 ff.)

Faktisch hat Harry Heine diesen Weg eingeschlagen. Wir wissen, daß er die Familienlosung der Hamburger als Frage an sich selbst mitnahm. Vielleicht (S. 73 ff.) stammt aus der ›objektiven‹ Reflexion des dabei entscheidenden Schritts (Annahme des Stipendiums Juni 1819) seine Rothschild-Theorie. Sicher ist, daß spätestens im Hegel-Kolleg zur Rechtsphilosophie (Winter-Semester 1821) *subjektiv* der Bann der Familien-Erwartung gebrochen war, er werde aus dem Jurastudium an den gesellschaftlichen Praxis-Ort zurückkehren (als Familien-Advokat), wo *moderne* Rechtsgeschichte im Gewand einer Geschäftsphilosophie des gesellschaftlichen Rechts*gebrauchs* das jüdische Genie des Sprößlings verwandeln – und unpoetisch praktisch werden lassen würde.

Wir erinnern uns (S. 31 ff.): Den Wortführern im Verein für Cultur und Wissenschaft der Juden war gemeinsam, daß sie sich die bürgerrechtliche Emanzipation der Juden im »wissenschaftlichen Zeitalter« des 19. Jahrhunderts wie ein Versprechen der geschichtlichen Logik selbst vorstellten. So wenig dem als einem Programm bürgerlicher Gleichheitslogik Heine Sympathie entgegenbringen wollte, so galt doch auch für ihn, daß in der Epoche der nachnapoleonischen Restauration in Mitteleuropa für Juden mit Hegel auch die Chance gedacht war, aus dem Ghetto *einen Schritt von ganz neuer historischer Qualität* zu gehen, einen Schritt, der die konkrete Erfahrung einer *Dialektik* der Aufklärung gedanklich und existenziell in die Ideen-Geschichte des europäischen Judentums trägt: und in ihre (Heines) Dichtung.

Hatte nämlich die Restauration napoleonische Aufklärungslinien und Reformanstöße, an denen entlang politisch und administrativ die bürgerliche Gleichstellung der Juden entwickelt werden konnte, wieder verwischt, so war die jüdische Intelligenz durch die Erfahrungsgeschichte der Französischen Revolution *gegangen*: die Erfahrung hatte *gewirkt*: und mit der Wahrnehmung, daß die Aufkündigung der Revolutionsziele eine große internationale Klasse enttäuschter Menschen geschaffen hatte, zu denen man *auch* gehörte, trat man – zumindest in der Idee – nun aus seiner *Isolierung* als *jüdische* Befreiungsintelligenz heraus. – Sozialgeschichtlich haben wir es schlicht mit dem Auftreten eines allgemeinen Bewußtseins vom modernen Antagonismus der sozialen Klassen zu tun, dem sich die jüdische soziale Selbstkenntnis als nicht besondere zurechnen konnte. *Dichtungs*geschichtlich aber, und verdeckt religionsgeschichtlich, steht zur Frage, *wie früh und seit wann mit Klarheit* Heine in diesem allgemeinen Bewußtseinsmilieu der Enttäuschung sich verstand und bewegte.

Im Mai 1823, beim Verlassen des Studienorts Berlin (S. 43), als die erwähnte Äußerung an Wohlwill zu Papier kommt, hat der Verfasser der *Jungen Leiden*, der beiden Tragödien und des *Lyrischen Intermezzos*, der Flanierberichte aus Berlin und des Reisememoirs aus Polen sowie der ersten *Heimkehr*-Gedichte, hat der 26jährige gewitzte Schüler Hegels die primär *philosophische* Arbeit am »großen Judenschmerz« und seiner Verallgemeinerung vorerst abgeschlossen; im Kontrast zum *gestalterischen* Versuch des Gesamt-Projekts »Bacherach«, an dem er arbeitet. Dieser »konstruktive« *Gedanken*schritt sichert ihm *auch* primär den *sprachlich-lyrischen Zugang* zur Intelligenz des Elends, zur Partei der Enterbten, zum Schmerz der Erniedrigung: Zugang zu einem Allgemeinen, dem er als *deutscher Dichter* angehören kann. Der Weg des jüdischen Liederdichters 1816, des Sonderlings, der allein sein *will* (S. 24 ff.), an die Seite anderer, die so empfinden wie er, ist als ein Weg des sprachlichen Ausdrucks und der Ästhetik des Schmerzes geglückt. Ein schon großes Publikum ist gewonnen, die Leidtragenden der Restauration …

Mit deinen schwarzbraunen Augen
Siehst du mich forschend an:
Wer bist du, und was fehlt dir,
Du fremder, kranker Mann?

»Ich bin ein deutscher Dichter,
Bekannt im deutschen Land;
Nennt man die besten Namen,
So wird auch der meine genannt.

Und was mir fehlt, du Kleine,
Fehlt manchem im deutschen Land;
Nennt man die schlimmsten Schmerzen,
So wird auch der meine genannt.«

(I,114)

Das Wort ist gesagt: deutscher Dichter-Name eines, der an der Unmöglichkeit der deutsch-jüdischen Symbiose kratzen, das ist, sich von nun an als kritischer jüdischer, aber auch und mit Gefühl als *deutscher* Poet in die Kultur einschreiben wird. Die Gedichte, die jetzt entstehen, finden sich wenig später wieder auf anderem Aufschreibpapier: Ihre *populäre* Allgemeinheit wird, wie ›primär‹ korrespondierend mit den Schmerzen eines Nichtjuden, von der Liederästhetik des gleichaltrigen Franz Schubert *verschlüsselt*: Dergestalt aber verweist dessen Kunst, das Schlußlied des Heine-Zyklus »Ich unglückselger Atlas! eine Welt,/Die ganze Welt der Schmerzen, muß ich tragen (...)«, zugleich auf eine ›zweite‹, nicht mehr allgemeine Korrespondenzweise beider Künstler, die sie *von ihrem Publikum wieder trennt:* verweist auf eine ›radikale Subjektivität‹, die zwei verschiedene »Schmerz«-Erfahrungen (und -Begriffe), die eine nicht allein jüdische Quelle haben, verknüpft.

2. »...DIE *in sich* REFLEKTIERTE UND DADURCH ZUR *Allgemeinheit* ZURÜCKGEFÜHRTE *Besonderheit; – Einzelheit:* DIE SELBSTBESTIMMUNG DES ICH ...« (HEGEL VII,54)

Noch einmal und wörtlich das Briefzitat:

Es war ein großes Glück für mich, daß ich just aus dem Philosophieauditorium kam, als ich in den Cirkus des Welttreibens trat, mein eigenes Leben philosophisch construieren konnte und objektiv anschauen –

Dieser Satz als Satz ist ein szenisches Konstrukt, stellt symbolisch einen Augenblick des Übergangs dar; der da aus dem Hörsaal tritt, erfahre das Unmögliche: eine Wechselerhellung von Philosophie und realer Weltgeschichte im Entwurf eines selbstbestimmten Lebens; »kritische Theorie«[2]. Nicht im Ernst ist damit eine *plötzliche* Erleuchtung behauptet, als könne die bis dato erlebte Welt gelöscht werden durch einen gelungenen Akt idealistischer Selbstschöpfung, als wolle Heine sein Leben seit Kindheit und Napoleonischen Kriegen bloß als vorgeschichtliche Erfahrung des nun von sich distanzierten Welttreibens gedeutet wissen. Vielmehr läßt der Satz eine Summe erlebter Geschichte als Reflexionsergebnis philosophischer Lehrjahre aufblitzen, die weitergehen; das *Glück* einer begrifflich offenbarten, *bürgerlichen* Selbst-Bestimmung kann angesichts *dieses* Lebens, das ein Erleiden ›jüdischer Partikularität‹ ist, nicht gemeint sein. Es ist Methodenklärung des Lyrikers. Was da zur Bearbeitung nun ansteht, ein erlebter Zusammenhang von Leben und Weltgeschichte, ist kein Glück des Inhalts. Der Satz verbreitet eine Aura von Trotz und Ironie um das Wort »Glück«; »glücklich«, wer in dieser Zeitperiode, nach Waterloo und Karlsbader Beschlüssen, nach Zurücknahme oder Verwässerung der Juden-Edikte und Napoleonischer Rechtsreformen, immerhin und wenigstens über eine Methode verfügt, die ihm erlaubt, sein Leben in der Zeit, sein Außer-sich-Sein *in ihr*, unter die Obhut eines ›Sinnverstehens‹ zu nehmen; unter die Obhut einer begrifflichen Lebens-Anstrengung, die im Hörsaal »in sich reflektierte (…) Besonderheit« heißt.

Wir sind an einem Punkt, der dem Historiker und Theoretiker der deutschen Literatur sehr viel auf einmal abverlangt. Er soll darstellen, was sich in Textgeschichte, gar Schriftstellerbiographie nicht ohne weiteres zeigt, ja, was sich dort in aller Regel verborgen hält, nämlich die ideelle Verschränkung von Gedankenarbeit, Schreibarbeit und Geschichtsverarbeitung; philosophisches Lernen, Innehalten und Alltag; weltgeschichtliche Katastrophen in der Ministruktur individueller Verstehensakte und lebensgeschichtliche Entmutigung in der psychischen Makrostruktur sozialer Verzweiflungsgründe; Sozialbindung, Moralexperiment, ideologische Richtungsentscheidungen, ihre Korrektur; neue Philosophie …

Exkurs

Mit der Frage, wie ein Außer-sich-Sein als Bewußtsein möglich sei, hatte Novalis seine Lehrjahre bei Fichtes Fortschreibungen der Kantischen Urteilslehre aufgesprengt und sich *eine Bahn* ins Unbestimmte des Universums gelegt, die ihn als *Hörer einer Sprache*, die in ihm laut wird und sein individuelles Sein im Bewußtsein wesentlich übersteigt, selber zum Sprechen und

Sprachgestalten bringt. So wie wir bei Novalis erkennen können, daß das romantische Prinzip einer universalisierten Aufklärungsfähigkeit und Modernität der Subjekte als *Bruch* der individuellen Vernunftsautonomie, und nicht einfach als vernünftiges Selbstbegrenzungswissen gedacht wird, so wäre die philosophische Arbeit des Romantikschülers Heine ähnlich zu beschreiben: als existentielle Nagelprobe darauf, inwieweit das Aufsprengen der Fichteschen Rationalität im Selbst-Bewußtsein dem modernen Schriftsteller etwas philosophisch Entscheidendes aufnötige, nämlich Aus-Blick. Aus-Blick an der ›Stelle‹/den ›Stellen‹ des Bruchs/der Brüche (in) seiner Autonomie *und* eine angemessene Kontrolle seiner Erfahrungen als Subjekt konkret. Wir werden diesen Typus als »echten Flaneur« wiedertreffen (S. 348). Es handelt sich um Erfahrungen in einer Welt, die, insofern sie nur zu *erleben* (zu erleiden) wäre, hinnehmbar organisiert werden könnte, als *gesprochene* Welt aber dem sprechenden Ich seine idealistische Selbstbeherrschung kostet und ihm eine supra-idealistische Selbstreflexion abfordert.

Die Arbeit Heines an den philosophischen Kategorien von Ich und Nicht-Ich, Bestimmtheit-Unbestimmtheit usw. kann hier detailliert nicht dargestellt werden, so notwendig das an sich wäre.[3] Er hat diese Arbeit in Hegels Denkschule und in Auseinandersetzung mit seinen Berliner Genossen als Schriftsteller geleistet. In Skizzenform, wenigstens, sei versucht, die ideen-historische *Kreuzungs*stelle kurz begrifflich zu erhellen, wo die Ausformung und Ent-Poetisierung der frühromantischen Ich-Philosophie durch Hegel einem literarischen Anfänger und studierenden Juden hilft, sein eigenes Leben zu begreifen und es über den philosophischen Horizont Hegels aber auch hinauszuführen.

Sein eigenes Leben philosophisch konstruieren zu können, so sagten wir, habe für Heine nichts Geringeres bedeutet, als aufgehoben zu sein in der Oppositionsgemeinde der Restaurationsperiode. Die Dialektik, die in diesem Bild einer ›Gemeinde‹ steckt, verweist krass auf die subjektiv-resignative Seite des Hegelschen Geschichtsdenkens; in Opposition sein ist nicht besonders vernünftig, ist nicht Subjekt-Sein im Allgemeinen des »Begriffs«, gehört aber als Besonderung in die ›Zeit der Poesie‹ (S. 190 ff., 272). Und die Philosophie, sagt Hegel in der Vorrede zur Rechtsphilosophie, ist *»ihre Zeit in Gedanken erfaßt«* (VII,26). Als dialektische Zeitphilosophie erklärt sie objektiv das Oppositionelle des Augenblicks als das vernünftigerweise Niedergeworfene, und insofern sie als *strenge Philosophie der fortgehenden geschichtlichen Zeit* parteilich artikuliert wird, *sieht* sie auf das oppositionell Partikulare, verwirft es aber theoretisch doch; vielleicht trauernd. Wieder und wieder vernichtet muß werden, hörte Heine im Hörsaal, was sich aus der Niedergeworfenheit aufrichtet und gegen das in der Zeit durchgesetzte Vernünftige (prometheisch) opponiert.

Wir wissen, daß in seinen Schriften »Zeit« einer anderen Philosophie unterliegt.

3. »DER SCHIFFBRÜCHIGE«

Hegels Kategorie »Zeit« genauer zitiert:

> Das *was ist* zu begreifen, ist die Aufgabe der Philosophie, denn das *was ist*, ist die Vernunft. Was das Individuum betrifft, so ist ohnehin jedes ein *Sohn seiner Zeit*; so ist auch die Philosophie *ihre Zeit in Gedanken erfaßt.*

Es ist oft festgestellt worden, daß dies die *Rechts*auslegung der Dialektik ist, die den preußischen Staat als das sittliche Universum erkennt, dessen Unvollkommenheit kein Problem der Philosophie sei. Denn ihr ist die Unvollkommenheit des Staates seine Bestimmung als in der Zeit Vernünftiges.

Erschien es mir schon mehrfach zwingend, bei unseren Textwanderungen darauf hinzuweisen, daß Heines Anti-Nationalismus kein seiner Poesie aufgesetztes politisches Programm sei (S. 256 ff., 154), so haben wir hier den Grund. Der gelernte Hegelianer kann aus der Denkschule der Dialektik nicht einfach austreten, wenn ihm die *Weltanschauung* des Philosophen nicht paßt[4]; auch Flucht in eine *andere* (oppositionelle) ist kein Ausweg aus der philosophischen Strenge methodischer Konsistenz. Es ist der Schmerz des partikularen Selbstbewußtseins, den Heine in Gedanken zu fassen bei Hegel lernt. Auch den Lyriker zu begreifen, folgt also aus dem Primat der Philosophie (S. 164, 188). Zudem mag Heine im Hörsaal *Trauer* empfunden haben, wenn er den preußischen Beamten philosophieren hörte, wie irrelevant jeglicher *Soll*-Katalog in den Tageskämpfen sei … Um ein tugendhaftes besseres »Meinen« gegen den »sittlichen Staat« war es ihm sowenig wie dem Sprecher zu tun. Seine Preußenkritik kommt aus der Affekt-Quelle des Lyrikers, ist Haß; und widerstreitet nicht seiner philosophischen Perspektive. »Ich bin ebenfalls Indifferentist …«[5] Im September 1830, noch nachdem die äußere Ruhe nach dem Aufruhr in Hamburg ›wiederhergestellt‹ war, hörte Maria Assing erschrocken, wie der beunruhigte Dichter gesprächsweise sagt: Preußen solle Hamburg besetzen …[6]

Wirklich verneint wird der Meister auf dem rein philosophischen Terrain seiner Kritik an den Frühromantikern. Heine besteht auf der Denkbarkeit dessen, was er als jüdischer Dichter *weiß*: daß er nicht nur »ein Sohn *seiner* Zeit« ist, wie er zu hören bekommt; daß die enthusiastische Versetzung aus der Gegenwart hinaus nur einem vernünftigen Selbstbewußtsein möglich ist, das *außer sich sein* kann. »Der echte Dichter gibt nicht die Geschichte seiner eigenen Zeit, sondern aller Zeiten.«[7]

So mögen wir uns den Dichter vorstellen, der wie gebräuchlich sein Recht auf träumendes Wahrnehmen auch in Hegels Hörsaal übt, vom *Zweikampf* historischer Oppositionen sprechen hört und sich *verhört*. Er versteht »Zeitkampf«. An der Schwelle zum Unbewußten wie bald nach Berlin am Meer, verdichtet sich ihm alle Zeit und aller Kampf zum Traumbild der Niedergeworfenheit, des Scheiterns. Der Zeitkampf ist zusammengezogen zu kabbalistischer Schwarzweiß-Symbolik in der Wiederauferstehungs-Ödnis »erloschener Bilder«:

Der Schiffbrüchige

Hoffnung und Liebe! Alles zertrümmert!
Und ich selber, gleich einer Leiche,
Die grollend ausgeworfen das Meer,
Lieg ich am Strande,
Am öden, kahlen Strande.
Vor mir woget die Wasserwüste,
Hinter mir liegt nur Kummer und Elend,
Und über mich hin ziehen die Wolken,
Die formlos grauen Töchter der Luft,
Die aus dem Meer, in Nebeleimern,

Das Wasser schöpfen,
Und es mühsam schleppen und schleppen,
Und es wieder verschütten ins Meer,
Ein trübes, langweilges Geschäft,
Und nutzlos, wie mein eignes Leben.

Die Wogen murmeln, die Möwen schrillen,
Alte Erinnerungen wehen mich an,
Vergessene Träume, erloschene Bilder,
Qualvoll süße, tauchen hervor!

Es lebt ein Weib im Norden,
Ein schönes Weib, königlich schön.
Die schlanke Zypressengestalt
Umschließt ein lüstern weißes Gewand;
Die dunkle Lockenfülle,
Wie eine selige Nacht,
Von dem flechtengekrönten Haupt sich ergießend,
Ringelt sich träumerisch süß
Um das süße, blasse Antlitz;
Und aus dem süßen, blassen Antlitz,
Groß und gewaltig, strahlt ein Auge,
Wie eine schwarze Sonne.

O, du schwarze Sonne, wie oft,
Entzückend oft, trank ich aus dir
Die wilden Begeistrungsflammen,
Und stand und taumelte, feuerberauscht –
Dann schwebte ein taubenmildes Lächeln
Um die hochgeschürzten, stolzen Lippen,
Und die hochgeschürzten, stolzen Lippen
Hauchten Worte, süß wie Mondlicht,
Und zart wie der Duft der Rose –
Und meine Seele erhob sich
Und flog, wie ein Aar, hinauf in den Himmel!

Schweigt, ihr Wogen und Möwen!
Vorüber ist Alles, Glück und Hoffnung,
Hoffnung und Liebe! Ich liege am Boden,
Ein öder, schiffbrüchiger Mann,
Und drücke mein glühendes Antlitz
In den feuchten Sand.

Ein anderes Beispiel, »Marengo« (S. 171 f., 311), ein weites Feld, Schlachtfeld. Der wandernde Zeitbeobachter betritt es auf seiner dritten Auslandsreise[8], noch vor der Emigration; allem Anschein nach, um auf diesem Schauplatz eines seiner kompliziertesten Versteckspiele zu spielen. Der Philosoph bringt seine poetischen Kategorien ins reine, die im Hörsaal einer philosophischen *Kristallisation* ausgesetzt waren; lockert sie: Der »Weltgeschichte« wird der »heilige Befreiungskrieg der Menschheit« gegengezeichnet. Der Hegelschüler betreibt des weiteren Reklame für seine Gleichgültigkeit gegen das bloße politische Meinen …

Dieses wunderbare Kaleidoskop »Marengo« kann ich hier nicht gehörig durchschütteln; soviel nur: In allem, was der Spielmeister auf dem Schlachtfeld der französischen Revolution, dem Schauplatz des Subjekts, der Schrift ganz unpoetisch zum Besten gibt, ist Poesie so raffiniert in die Rede eingeholt, daß man sie nur findet, wenn man sozusagen weiß, daß sie da ist. Sie ist dergestalt nicht anwesend, daß der Autor, sein Spiel pointierend, zu sagen wagen kann, und wie im Gesinnungs-Rausch sprechen es ihm alle Schildbürger einer trivial-politischen Heine-Lektüre nach: Poesie, »so sehr ich sie auch liebte«(!) – und weiter in der Vergangenheitsform: sei ihm »immer nur heiliges Spielzeug, oder geweihtes Mittel für himmlische Zwecke« gewesen (II,382). Im Versteckspiel verrät der Poet, wie präzis er *philosophisch* spielt. Auf dem Boden der Schlacht, auf dem festen Grund der Vernunft, über den »der Mann mit dem dreieckigen Hütchen« geritten ist (der »Weltgeist zu Pferde«), hat das Konzept sogar noch in der Erinnerung zu siegen, wonach »die Allgemeinheit der europäischen Zivilisation« um jeden Preis die Oberhand im Zweikampf der Zeit erringen müsse. Aber auch hier hilft genaue Lektüre und vertreibt den Huldigungsspuk im Text. Seine Bilder und seine Gefühle verraten den Kämpfer für die unterdrückte Vergangenheit; nicht den »Sohn der Zeit« (Hegels Sohn), sondern den »Sohn der Revolution« (IV,53): den Dichter, der seine Monaden ins Feld führt.

Hat man *seine* Stimme aus dem Betrachtungs-Chaos herausgehört, kommt erst die wahre Textordnung ans Licht, die philosophische Kategorienhilfe ist Subordnung – und in dieser Zurechtgewiesenheit ächzt sie unter der Umdeutung ihres Hauptbegriffs, »Weltgeschichte«, durch den Poeten. Der, mit seinen »Mitteln«, geht in ihre Kämpfe mit Melancholie, denn er liebt das Allgemeine des Fortschritts so, wie es sich im Zivilisationstraum partikularisiert; kämpft auf dem Schlachtfeld der Schrift – rettend das im *Zwei*kampf geopferte Partikulare. Es hat Fleisch und Blut. Der Dichter läßt die Toten auferstehen. Das große »Erwachen«, das als *politische* Metapher für die Revolutionskämpfe in den Text eingeführt wurde, ist nun *poetisch*: die Auferstehung jedes einzelnen gemordeten Mörders[9] im Reisebild Marengo.

Auf dem Schlachtfelde von Marengo kommen einem die Betrachtungen so scharenweise angeflogen, daß man glauben sollte, es wären dieselben, die dort so mancher plötzlich aufgeben mußte, und die nun, wie herrenlose Hunde, umherirren. Ich liebe Schlachtfelder, denn so furchtbar auch der Krieg ist, so bekundet er doch die geistige Größe des Menschen, der seinem mächtigsten Erbfeinde, dem Tode, zu trotzen vermag. Und gar dieses Schlachtfeld wo die Freiheit auf Blutrosen tanzte, den üppigen Brauttanz! Frankreich war damals Bräutigam, hatte die ganze Welt zur Hochzeit geladen, und, wie es im Liede heißt,

> Heida! am Polterabend,
> Zerschlug man statt der Töpfe
> Aristokratenköpfe.

Aber ach! jeder Zoll, den die Menschheit weiter rückt, kostet Ströme Blutes; und ist das nicht etwas zu teuer? Ist das Leben des Individuums nicht vielleicht eben so viel wert wie das des ganzen Geschlechtes? Denn jeder einzelne Mensch ist schon eine Welt, die mit ihm geboren wird und mit ihm stirbt, unter jedem Grabstein liegt eine Weltgeschichte – Still davon, so würden die Toten sprechen, die hier gefallen sind, wir aber leben und wollen weiter kämpfen im heiligen Befreiungskriege der Menschheit. (II,378)

Das Sonderbare: Die Melancholie, die sich bei der Arbeit an der Umdeutung der Hegelschen Geschichts-Dialektik immer schwerer auf den Text legte, erhält Form in einem »Morgengebet«, das gegen alle Abendgebete in den Schriften ein verzweifelt hymnisches Gegengewicht zu bilden versucht. Wir erinnern uns an Saras Sonnen-Vision angesichts von MainzJerusalem. Die aufgehende Sonne vertreibt den Mond wie die siegreiche Revolution der *Menschheit* die *Poesie* außer Gebrauch setzt. Wie wenig ernst-aktuell *gemeint* das ist, wissen wir. Jedoch, es hat in Heines Melancholie ›System‹, kehrt noch im Abgesang auf die Poesie des *Buchs der Lieder* wieder, in der großen Entsagungs-Gebärde des Künstlers 1854: Fiat justitia, pereat mundus! (S. 159)

Es ist die Melancholie des Philosophen, der weiß, daß der Satz vom beherrschenden Allgemeinen, auf dessen Prosa-Boden der Lyriker wie auf dem Schlachtfeld steht, unumstößlich ist. Der Lyriker reagiert auf dieses Allgemeine zyklisch im Werk und immer erneut unmittelbar; und manchmal wie hier, betet er hymnisch das kommende »neue Geschlecht« an; der Ausdruck ist hier geboren, am Ende des Buches nehme ich ihn noch einmal auf. Der Philosoph aber zieht der hymnischen Sprache die Strukturgräten des melancholischen historischen Wissens ein. Wenn das »neue Geschlecht« erstanden sein wird – der messianische Gestus –, dann werden »wir«, die *heute noch* »geborenen Knechte«, wieder auferstehen – als die Toten der Kämpfe, deren Ende nicht abzusehen ist. »... Wir sterben dahin wie der scheidende Mond – allzu kurz gemessen ist des Menschen Wanderbahn, an deren Ende das unerbittliche Grab.«

»Der Tribut« also für die philosophische Übertragung der Hegelschen Dialektik auf das Spannungsfeld der künstlerischen Arbeit, d.i. für die Verschiebung der Kategorien des Partikularen und Allgemeinen auf die der lyrischen und historisierenden Universalpoesie ist die Melancholie?[10] – – Der Gebetsmonolog auf dem Schlachtfeld endet mit den berühmt gewordenen, schon zitierten Worten (S. 172), die nun als *Nein* zu Hegels Kategorie des Partikularen entschlüsselt sind: Gedenkt meiner in diesem Bilde! Diese Partikularität ist *nicht* »zu gering gegen das Allgemeine« (S. 174).

4. LYRIK · LIEBE · FIGURATION »HARTE UNWILLIGE ARBEIT GEGEN SICH SELBST« (HEGEL XII,76)

Radikale Subjektivität gegen die Objektivitäts-Orientierung der Vereins-Genossen gesetzt heißt, auf den Punkt gebracht: Ich erkenne mich im Fremden, im Nicht-Ich; ich bin es. Bis in die Höhe des absoluten Geschichtsprinzips reicht mein ihm ausgesetztes Sein, *aber ich gebe dieses Ausgesetztsein* an kein *abstraktes*

Versprechen ab, weder an die Idee oder an ihre Verwirklichung im Vergänglichen, im sittlichen Staat, noch an ein Du, ein Wir, eine Partei. Ich allein *verantworte* mein Ausgesetztsein: Ich spreche.

Ich setze mich aus, dem ›Teufel‹, dem Anderen in der Geschichte der Menschheit. Es ist mir in jeder Beziehung begegnet. Ich kenne es, ich spiele es, ich bin der Dämon Gottes. Ich bin Ich. Das *absolute* Andere ist in Liebe und Haß. »Ich habe die süße Liebe gesucht, und hab den bittren Haß gefunden.« (I,270)

Deshalb ist die Triebrichtung des Seins im Anderen in jeder Jetztzeit umkehrbar und soll es sein. Das Eine begehrt das Andere und umgekehrt. Die Liebesdichtung als gesellschaftliche treibt diese gesuchte Erfahrung auf die Spitze. In der Liebe erfährt Ich das Du als Ich im Anderen und als das Andere im Ich: Liebe ist dieser Dialektik gemäß stets auch Liebesentzug oder ist den Triebfedern des Liebesverrats ausgesetzt (Schriftzüge, S. 122). ›Ich‹ weiß das; der lyrische Sarkasmus im Witz Heinrich Heines ist so begründet.

Hörst du nicht die Klagetöne
Selbst im Ton der eignen Kehle?
In der Nacht seufz ich und stöhne
Aus der Tiefe deiner Seele. (S. 383 ff.)

Die Liebesdichtung als Ichklage repräsentiert die philosophisch zu Ende gedachte Empfindung im Jugendmut, *ausgesetzt* Alles in Allem zu sein (S. 24 ff.), und den unaufgekündigten Entwurf, dies auch zu *wollen*. Die witzige Klage wird salonfähig *gemacht*: der bürgerlichen Gesellschaft in ihrer Liedform aufgezwungen. Zugleich ist die Liebesdichtung die verdeckte Arbeit, das eigene Leben im Sein, die Existenz, in den Sprachformen der sarkastischen Gott-Konkurrenz zu aktivieren; was davon als Wirkung öffentlich bewußt wird, begründet den gesellschaftlichen *Fluch* über Heine. Die jüdische Geschichtserfahrung ist zunächst immer erst, daß »das Absolute« in der *Diaspora* konkret wird und sich ›objektiv‹ als Verfolgung manifestiert (S. 174 ff.); die moderne Staatsidee bietet keine Garantien gegen die ewige Redundanz *dieser* Selbstoffenbarung »Gottes« im Menschen. So gelesen, ist das »Bacherach«-Gedicht »Ein Jahrtausend schon und länger ...« (S. 201) auch das Zeugnis eines Gegen-Fluchs; negative Theologie.

Auf du und du mit dem Absoluten der Geschichte – so unmöglich das ist, es ist die dämonische Entgegenstellung des Lyrikers zur Gott-Instanz der Hegelschen Philosophie, die er als *seine* Erkenntnisquelle dialektisch, und das heißt auch ironisch und parodistisch, für die Ich-Brechung im sprachlichen Universum seiner Schriften nutzt. In verkehrter Identitäts-Stellung tritt der Ich-Sprecher vor den Spiegel der Welt, und dort erblickt er den Gott der Philosophie in Märtyrergestalt. Dichtung ist in diesem Spiegelbild gemeint als höchster *Bewußtseinsakt* des leidenden Philosophen auf dem Theater seiner Fiktionen.

Brich aus in lauten Klagen,
Du düstres Martyrerlied,
Das ich so lang getragen
Im flammenstillen Gemüt!

Dieses Märtyrer-Bild aus dem Klagelied im »Bacherach«-Projekt (S. 251) ist ein Paradigma, aus dem Heine redundante Phrasen bildet, die über die Schriften verstreut in ihr ›Gewebe‹ gehören. – Hören wir kurz noch einmal in den ›Ton‹ einer Figur hinein, die uns unter Saras Augen bereits begegnet ist. Sie droht, ein Heine-Inbild, im Zuge ihres ›Auf-du-und-du-Seins‹ mit dem Absoluten an ihrer Einsamkeit, Fremdheit *und* Epigonalität zu zerbrechen; in die *Märtyrer*-Geschichte will sie nicht gehören: Isaak Abarbanel, Neffe des großen rabbinischen Gelehrten Abarbanel. Im Gewande eines spanischen Ritters betritt er die Bühne des Ghettos.

Sein Gang, obschon gleichgültig hinschlendernd, hatte dennoch eine etwas gesuchte Zierlichkeit; die Federn seines Barettes bewegten sich mehr durch das vornehme Wiegen des Hauptes, als durch das Wehen des Windes; mehr als eben notwendig klirrten seine goldenen Sporen und das Wehrgehänge seines Schwertes, welches er im Arme zu tragen schien, und dessen Griff kostbar hervorblitzte aus dem weißen Reutermantel, der seine schlanken Glieder scheinbar nachlässig umhüllte und dennoch den sorgfältigsten Faltenwurf verriet. (I,494)

»Don Isaak« ist Indifferentist als Marrane, der *das nicht* sein *will;* aber Gestalt und Gestus der Bewegungen verraten sein Fremdsein im angenommenen Gewand des Mitläufers mit dem christlichen Weltgeist in Spanien (S. 154 f.), ebenso Fremdsein in der durchwanderten Umgebung; sie verraten seine Unsicherheit. Abraham gibt dem in seinem Wollen wirklich Abtrünnigen seinen *Namen* zurück.

> Da klirrte das Schwertgehänge unter dem Mantel des Spaniers, seine Wangen erblichen (...) bis zur fahlsten Blässe, auf seiner Oberlippe zuckte es wie Hohn der mit dem Schmerze ringt, aus seinen Augen grinste der zornigste Tod ...

Auf das Gesicht des soeben noch kokettierenden, flanierenden Ritters, den es nun auf die ›andere Seite‹ der Geschichte zurückzuverschlagen scheint, treten wider Willen die Züge des modernen Märtyrers, wie sie der Dichter noch öfters zeichnen und wieder verwischen wird, des Ritters vom heiligen Geist ... »Apostel (...) mit Ironie auf den Lippen«.[11] Die Begegnungs-Szene stellt die Dialektik der Geschichte nach, das Sein alles Alten im Neuen, des Jüdischen im Christentum, König Davids im schließlich bekennenden Eingedenken eines Repräsentanten des spanischen Goldenen Zeitalters der Juden, die Zerissenheit des modernen Bewußtseins, das aus den Spuren des Alten erschüttert zu sich selber aufbricht: dem Ghetto *seiner* Geschichte dabei nicht entkommt. Es ist, im berühmten Ausdruck Hegels in der *Phänomenologie*, die »Schädelstätte des absoluten Geistes«, in deren Gedenken Heine solche Figuren wie hier den Isaak agieren läßt.

Weit über 1000 Figuren zähle ich! Im Spiel mit ihnen spielt der Autor seine Widersprüchlichkeit als Historiker, Wanderer, Gestaltenhungriger aus. Im Nicht-Ich-Arsenal der *poetischen* Figuren mögen wir nach dem *Philosophen* suchen, der sein *Leben* konstruieren kann, nach dem »deutschen« Dichter, dem Propheten, Bruder Baruch de Spinozas – Der Spieler wird sich immer maskiert haben. – Im Kontext der Figurenspiele müssen wir gewärtigen, daß wir auf Spuren einer *Gattungs*-Bestimmung des Lyrischen treffen, die zu den Ich-Stellungen im philosophischen Horizont des selbstreflexiven Weltgefühls auch differiert.

5. PROMETHEUS, DON ISAAK, DON QUIJOTE ...

Diese Vermutung bleibe nun im Hintergrund einiger hier folgender Figurenbeobachtungen. – Werden die ›wichtigen‹, ›tragenden‹ Rollen aus Heines Fundus in den Texten zu jüdischen Figuren? Der Liebling der Sonne, der tote Napoleon; Prometheus, der an der Nordsee am Strand liegt und weint; Isaak, der wieder für Israel kämpfen soll, »welches sehr elend ist«; Antaios, der Riese, dem die Kräfte im Kampf der Titanen wieder wachsen, wenn er die Mutter Erde in Deutschland berührt, der am Ende vom stärksten, Herakles, in der Luft erwürgt wird; der Journalist Marat, der aus seinem Wassergrab herausschreibt und die oppositionellen Kleinbürger der *Julimonarchie* züchtigt; der aussätzige Lazarus, der ein ganzes Volk, das deutsche, mit seinen Liedern erheitert; Hiob, der mit Gott hadert und das große Rechtsgespräch ewig mit ihm anzettelt; der griechische Kämpfer Leonidas, der in der Rue Lafitte an einem Eckstein sitzt und sich, wo Börne und der Baron Rothschild ihre Adresse haben, vom Kutscher eines der reich gewordenen Banditen, wie Heine die Bankiers nennt, mit Dreck bespritzen lassen muß; Shylock, der um seine Rache Geprellte, Simson, der sterbende Rächer; Laban, der Eifersüchtige; Schlemihl ohne Schatten; Fliegender Holländer, Tannhäuser, Adam der Erste, Eulenspiegel, Don Quijote, Gladiator, Bärenhäuter, Belsatzar usw.?

Schon die flüchtigste Hypothese, die sich aus dieser Frage bei Heine-Lektüren bilden läßt, enthält den paradoxen Hinweis, daß »Ich«, »der Schreiber dieser Blätter«, uns als autonomer Regisseur der *großen* Masken tatsächlich am nächsten kommt: seine Autonomie im Schreibprozeß gerade aber dann am nachhaltigsten verliert. Will *Ich* nicht, daß am *Autor* in den Texten sein Judesein erkannt werde, sondern in den Schriften an und für sich und in ihrer »figurativen Ordnung«?[12] Der Regie-Assistent Satyr scheint das Kommando bei der Führung der *kleineren* Masken zu haben, wenn das große *Theater* ›Weltgeschichte der Menschheit‹, als sei Versöhnung wenigstens *spielbar*, spöttisch als *Komödie* gezeigt wird; meist treten dann auch die ganz realen Figuren der Zeitgeschichte in den Kabinetten, Kontoren, Studierstuben und auf den Straßen ins Kostüm: der Prinz von Preußen, Gumpel in Hamburg, die Göttinger Professoren,

Schneidermeister, Esel, Ochsen, die »besten Doctores Juris« und »die kleinen Flöhe« (IV,357) ...

Am Arbeitsplatz, wo »Bacherach« erarbeitet wird, in der Göttinger Bibliothek, wird eine Szene gezeigt, die als Beispiel des Figurentheaters der Schriften kurz besichtigt sei (II,109 f.). Als Schädelstätte des Weltgeistes erweisen sie auch in diesem Spiel ihre Raumstruktur als die Bildspannung der Traumzeit. Ich paraphrasiere: Ich war müde wie ein Hund und schlief wie ein Gott, die Kirchenglocke schlägt 12 (Mitternacht), die Saaltüre der Bibliothek öffnet sich langsam, und die Titanin Themis, die Mutter des Prometheus und Göttin der Gerechtigkeit erscheint, umwuselt von den Rechtsgelehrten der aufgeklärten Wissenschaft im 18. und 19. Jahrhundert in ihren verschollenen Trachten und längst vergessenen Gesichtern. Sie disputieren die Titanin zur Verzweiflung,

> bis diese die Geduld verlor, und in einem Tone des entsetzlichsten Riesenschmerzes plötzlich aufschrie: ›Schweigt! schweigt! ich höre die Stimme des teuren Prometheus, die höhnende Kraft und die stumme Gewalt schmieden den Schuldlosen an den Marterfelsen, und all euer Geschwätz und Gezänke kann nicht seine Wunden kühlen und seine Fesseln zerbrechen!‹

Tränenbäche stürzen aus den Augen der Göttin, die Prometheus-Napoleon-Beschwörung gegen die schwätzende Systemtheorie des Rechts läßt die Saaldecke platzen, die Bücher taumeln – »Ich« rettet sich in den Historischen Saal, und, *niedergestürzt* vor den Bildern des Belvederischen Apoll und der Mediceischen Venus, besänftigt hellenische Historiker-Ruhe seine Seele. Unter dem Klang der Lyraklänge Apolls fällt der Vorhang. Der *Dichter* erwacht aus dem Alptraum der Weltgeschichte und ihres verachtenswürdigen Personals.

> Erwachend hörte ich noch immer ein freundliches Klingen. Die Herden zogen auf die Weide und es läuteten die Glöckchen. Die liebe, goldene Sonne schien durch das Fenster und beleuchtete die Schildereien an den Wänden des Zimmers. Es waren Bilder aus dem Befreiungskriege, worauf treu dargestellt stand, wie wir alle Helden waren, dann auch Hinrichtungs-Szenen aus der Revolutionszeit, Ludwig XVI. auf der Guillotine, und ähnliche Kopfabschneidereien, die man gar nicht ansehen kann, ohne Gott zu danken, daß man ruhig im Bette liegt, und

guten Kaffee trinkt und den Kopf noch so recht komfortabel auf den Schuldern sitzen hat.

Die Niederlagen der Gerechtigkeit unter der Marter der siegenden Listen der *Vernunft* werden im Universum der ironischen Texte ausgetragen, die zwischen Tod und Satire, Wüste und Idylle ihr Erfahrungsangebot den Lektüren unterbreiten, auch im lyrischen Ton; und in der Selbstgewißheit des lyrischen Ichs manchmal auch maskenlos. Den Text über die philosophische Frage, welche ›Identität‹ der *siegende Ironiker* habe, liest uns Don Quijote, die tollste lyrische *Maske*, die Heine auf die Bühne geschickt hat, hinter welcher sich kaum verbergen kann, der sie trägt:

Es ist ein seltsames Martyrtum, das solche Sieger in unseren Tagen erdulden, es ist nicht abgetan mit einem kühnen Bekenntnisse, wie in früheren Zeiten, wo die Blutzeugen ein rasches Schafott fanden oder den jubelnden Holzstoß. Das Wesen des Martyrtums, alles Irdische aufzuopfern für den himmlischen Spaß, ist noch immer dasselbe; aber es hat viel verloren von seiner innern Glaubensfreudigkeit, es wurde mehr ein resignierendes Ausdauern, ein beharrliches Überdulden, ein lebenslängliches Sterben, und da geschieht es sogar, daß in grauen kalten Stunden auch die heiligsten Märtyrer vom Zweifel beschlichen werden. Es gibt nichts Entsetzlicheres als jene Stunden, wo ein Markus Brutus zu zweifeln begann an der Wirklichkeit der Tugend für die er alles geopfert! Und ach! jener war ein Römer und lebte in der Blütezeit der Stoa; wir aber sind modern weicheren Stoffes, und dazu sehen wir noch das Gedeihen einer Philosophie, die aller Begeisterung nur eine relative Bedeutung zuspricht, und sie somit in sich selbst vernichtet, oder sie allenfalls zu einer selbstbewußten Donquixoterie neutralisiert!

(*Die Stadt Lucca XV*)

Noch einmal zitiere ich den philosophischen Kommentar des Dichters (S. 134):

Die kühlen und klugen Philosophen! Wie mitleidig lächeln sie herab auf die Selbstquälereien und Wahnsinnigkeiten eines armen Don Quixote, und in all ihrer Schulweisheit merken sie nicht, daß jene Donquixoterie dennoch das Preisenswerteste des Lebens, ja das Leben selbst ist, und (...) die ganze Welt (...) zu kühnerem Schwunge beflügelt!

6. »GEDEIHEN EINER PHILOSOPHIE«? PARIS, AUSBLICK

Solche Figurenbilder verraten das Begehren, die Hegelsche Philosophie *wie den Tod* zu überspielen – der ihr gleichgültig ist. Was aber *erlebte* ein Don Quijote, der sein Scheitern an der Vernunft des Seienden überleben würde? Der ewige Jude könnte es ihm sagen. (S. 55 f.) Die Ewigkeit der vergeblichen Kämpfe macht aus den Kämpen der Revolution, die um des gegenwärtigen Lebens willen kämpfen, »Gespenster«. So früh das Wort schon fällt – zeitgleich in den Lucca-Passagen mit der Jugendlichkeit des Inbilds Don Quijote –, niederschreiben will der Dichter die *Erfahrung*, zum Gespenst seiner selbst geworden zu sein, erst spät. Der Schmerz des Überlebens sucht den Ausweg des Gedenkens schlechthin wie in den Jahren der frühen Debatten: Jerusalem (S. 59 ff.); nun aber ist die heilige Stadtmetapher aus dem Gefühl bebildert, die Geschichte habe aus ihr die *Negation* ihrer selbst gemacht: »verödet/Und verunreint nun die Stätte ist«.

> O des Jammeranblicks ! rief
> Einst ein Pilger, dessen Bart
>
> Silberweiß hinabfloß, während
> Sich das Barthaar an der Spitze
> Wieder schwärzte und es aussah,
> Als ob sich der Bart verjüngte –
>
> Ein gar wunderlicher Pilger
> Mocht es sein, die Augen lugten
> Wie aus tausendjährgem Trübsinn,
> Und er seufzt: »Jerusalem! …«

Um die Tonlage des Nachmärz-Lyrikers sogleich zu vervollständigen, stelle ich zu diesem Stück einer Erzählung, die der junge Jehuda ben Halevy in Toledo hört (VI,139), einen Heineschen Scherz aus der gleichen Leidensquelle:

> Ewigkeit, wie bist du lang,
> Länger noch als tausend Jahr;
> Tausend Jahre brat ich schon,
> Ach! und ich bin noch nicht gar.

Ewigkeit, wie bist du lang,
Länger noch als tausend Jahr;
Und der Satan kommt am End,
Frißt mich auf mit Haut und Haar.
(VI,326)

Was verändert sich auf dem Figurentheater des Erinnerungskünstlers? – Die Vielfalt ist schöner denn je. Doch greift der Regisseur ins Gewimmel der Spieler, einschließlich seiner Selbstvertretung im Text, jetzt rigoroser ein, ordnet die Figuren gelassen nach der Konstellation ›klein‹/›groß‹, konzentriert das thematische Konzept der Inszenierungen: strafft die Struktur des Dialogs mit Gott. In der Spur Adams des Ersten (S. 161) kommt es immer häufiger zur Konfrontation und unvermeidlich zum ironischen Eklat.

Der ›kleine‹ Autor nimmt das Gespräch mit dem ›großen‹ unter neuen Vorzeichen auf. Niedergeworfen, verlorener Sohn, koppelt er seine Gott-Apostrophe in den Gedichten der zeithistorischen Vor-Nachmärz-Wende – »Valkyren« (1847), »Oktober 1849« – philosophisch unverhohlen an die Niederlage der Revolution, den Sieg des »Weltwillens«.

Unten Schlacht. Doch oben schossen
Durch die Luft auf Wolkenrossen
Drei Valkyren, und es klang
Schilderklirrend ihr Gesang:

Fürsten hadern, Völker streiten,
Jeder will die Macht erbeuten;
Herrschaft ist das höchste Gut,
Höchste Tugend ist der Mut.

Heisa! vor dem Tod beschützen
Keine stolzen Eisenmützen,
Und das Heldenblut zerrinnt
Und der schlechtre Mann gewinnt …
(VI,20)

Der große Ironiker könne ihn nicht mehr täuschen, schon zum zweiten Mal lasse er eine gescheiterte Revolution aufführen, den Sieg der nationalen Bourgeoisie (IV,60). »Geht ihm die Schöpfungskraft aus?« Der kleine Ironiker pariert: »Aber ein gutes Stück kann man zweimal sehen.« (V,208) Der *Spott* wächst an mit dem Haß auf den Nationalismus und seine »liberalen« Stellvertreter-Dummköpfe und mit der politischen Einsamkeit (V,818). Auch im Spott Gott selbst in Konkurrenz unterlegen. »In demselben Maße, wie die Revolution Rückschritte macht, macht meine Krankheit die ernstlichsten Fortschritte ...« (V,789): »Ach! der Spott Gottes lastet schwer auf mir ...« (VI,499)

Ob deiner Inkonsequenz, o Herr,
Erlaube, daß ich staune:
Du schufest den fröhlichsten Dichter, und raubst
Ihm jetzt seine gute Laune ...
(VI,332)

Usw. – Auf der Spur des gelegentlichen Amusements am lyrischen Spötter (und Paraboliker) der Spätzeit hat das Lese-Publikum wenig Interesse für die Arbeit Heines an der Paradoxie seiner Hegelschülerschaft gezeigt. Es hätte auffallen müssen, daß diese Arbeit an Dramatik zunimmt. Hinter dem würzig-brillant gezauberten Anschein in den Bekenntnistexten (als habe Hegel ganz abgedankt und die Rückkehr zum »Gott der Väter« freigegeben) formiert der Lyriker seine Kritik an der Unerträglichkeit jener »List der Vernunft« als Kritik am Gott der Weltgeschichte. Der läßt »die Schlechten« und »die schlechte Sache« (VI,502) siegen. Dies strukturiert die politische Spätlyrik überhaupt, und es ist doppelter Boden.

Nur unvollkommen nämlich gelingt der gelassene Ton, wie er besonders schön in der Napoléon-Klage 1854 getroffen ist (S. 161 f.). Hart und unzweideutig aber auch dort der Satz »Es war die Menschheit, welche zu Waterloo die Schlacht verloren.« (VI,503) Wir *wissen* von unseren Textwanderungen, daß der Satz die Sorge um das Judentum in Europa resümiert, das nur ›auf der Seite‹ der »Geschichte der Menschheit« um seine Lebensrechte kämpfen könne. Die späte, noch einmal allen jugendlichen Enthusiasmus erinnernde Identifikation der jüdischen Dichterstimme mit den Huldigungen einer Generation in Deutschland, die im Kaiser den Befreier sah, mag man überhörend dem Es-war-einmal-Ton der »Memoiren« zurechnen und ›politisch‹ als nicht spezifisch ›jüdisch‹ verbuchen – obwohl eine Bildlektüre über die Zeile stolpern müßte: »daß man in jenem einzigen Mann auch uns schlug, auch uns verhöhnte, uns kreuzigte« – – Die lyrischen Texte im Nachmärz verbergen nicht, daß ihre Gelassenheit eine *Haltung*, keine Weltanschauung ist. Gelassen ist die Konstellation akzeptiert, die man Abstand zu Gott als neue Voraussetzung dafür nennen kann, mit ihm in *größerer Freiheit* zu streiten (S. 141 ff.). Der ›kleine‹ Autor gewinnt dem ›großen‹ gegenüber darin seine Größe.

Doppelbödig ist das späte lyrische Konzept in spezifischer Weise insofern, als seine ›Politik‹ nun unmittelbar auf den »Gott unserer Väter« trifft, mit der Schwere all des Gehalts, den die Kritik an Hegel aufgestaut hat. Dem Gott des Philosophen konnte ein Autodafé beschert werden (VI,477), dem Gott der Juden nicht. So muß nun der »theologische« Schriftzug den »politischen« auf dem Aufschreibpapier mitvertreten.

Es gibt auch den umgekehrten Fall. Doch gewinnt die Gegenwart, die dem »Herzen« des Dichters ferngerückt ist, ihre kritische Unmittelbarkeit in den Schriften nicht mehr zurück. (Flüchtig scheint sich das zu ändern, als Heine ansetzt, das Napoléon-Bild seiner »Sage« auf Charles-Louis Napoléon zu beziehen, den Kaiser der Restauration [VI,510].) Das bedeutet, daß die Gegenwart Gottes, seine Hand oder seine »Lauge der Verhöhnung« (VI,499) den Spätschriften des »in jeder Hinsicht politischen Schriftstellers« (V,229) ihr verwandelt politisches Gewicht gibt. Der Lesart sollte also genugsam widersprochen sein, wonach das ›Grundmotiv‹ der letzten Variation in Heines religiösem Denken seine Krankheit gewesen sei. »Das ganz kleine bißchen Gott«, das der Kranke jetzt *braucht*, ist »grande réaction religieuse« genug (V,806 f.) und zeigt eben die Vertiefung und Verallgemeinerung an, die der Autor seiner »Gottesfrage« angedeihen läßt. Wir mögen es auch eine mystische Neustrukturierung der lyrischen Rede in der Welt nennen. Der Poet weiß, daß er in den Leidensnächten seine Klage gegen den Gott der Weltgeschichte gleich bei ›ihm selbst‹ einlegen kann. Das schließt ein, daß es »persönliche« Anklage sein wird, wenn der Affekt des »Knechts« es will.

Die Hiob-Figuration bringt Heine auch die *gedankliche* Erleichterung der Spätzeit; er kann seinen Hegel-Dialog in die philosophische Fassung letzter Hand bringen. In dieser letztgültigen theologischen Fixierung des Lehrers ist zugleich der verborgenste Kristall der Nachmärz-Poesie zu erkennen: Hiobs Fragelyrik.

Heine reißt die Gottesfrage der Kabbala auf (S. 239 ff.). Der Gottgedanke selber ist doppelbödig. Der ›Eine Gott‹ korrespondiert mit dem ›einen Lyriker‹, der ihm zwei Arten von Adressen zukommen läßt. Werden die Affekte gegen die Sieger an ihn weitergeleitet, muß er sich als Gott der Weltgeschichte verantworten; das Geschöpf aber, das der Sprache mächtig ist, überbietet sein Leiden mit Lobgesängen, mit denen der Schöpfergott selbst noch einmal in Konkurrenz treten muß. Gibt er kein Zeichen und bleibt bei seiner einzigen ironischen Lobrede auf seine Schöpfung im Buch Hiob (S. 38 ff.), dann spricht der Dichter für ihn.

Mit dem Zitat zweier Beispiele möchte ich dieses häretische Manöver Heines, womit er der Alternative in der jüdischen Gottesgelehrtheit »Wahrer« oder »Schöpfergott« ausweicht, hier demonstrieren:

Laß die heiligen Parabolen,
Laß die frommen Hypothesen –
Suche die verdammten Fragen
Ohne Umschweif uns zu lösen.

Warum schleppt sich blutend, elend,
Unter Kreuzlast der Gerechte,
Während glücklich als ein Sieger
Trabt auf hohem Roß der Schlechte?

Woran liegt die Schuld? Ist etwa
Unser Herr nicht ganz allmächtig?
Oder treibt er selbst den Unfug?
Ach, das wäre niederträchtig.

Also fragen wir beständig,
Bis man uns mit einer Handvoll
Erde endlich stopft die Mäuler –
Aber ist das eine Antwort?

(VI,201)

*

Am Himmel Sonn und Mond und Stern',
Sie zeugen von der Macht des Herrn;
Und schaut des Frommen Aug nach oben,
Den Schöpfer wird er preisen, loben.

Ich brauche nicht so hoch zu gaffen,
Auf Erden schon find ich genung
Kunstwerke, welche Gott erschaffen,
Die würdig der Bewunderung.

Ja, lieben Leute, erdenwärts
Senkt sich bescheidentlich mein Blick,
Und findet hier das Meisterstück
Der Schöpfung: unser Menschenherz.

Wie herrlich auch der Sonne Pracht,
Wie lieblich auch in stiller Nacht
Das Mondenlicht, der Sterne Glanz,
Wie strahlend der Kometenschwanz –

Die Himmelslichter allesamt
Sie sind nur eitel Pfennigskerzen,
Vergleich ich sie mit jenem Herzen,
Das in der Brust des Menschen flammt.

Das ist die Welt in Miniatur,
Hier gibt es Berge, Wald und Flur,
Einöden auch mit wilden Bestien,
Die oft das arme Herz belästgen. –

Hier stürzen Bäche, rauschen Flüsse,
Hier gähnen Gründe, Felsabschüsse,
Viel bunte Gärten, grüne Rasen,
Wo Lämmlein oder Esel grasen. –

Hier gibts Fontänen, welche springen,
Derweilen arme Nachtigallen,
Um schönen Rosen zu gefallen,
Sich an den Hals die Schwindsucht singen.

Auch an Abwechslung fehlt es nicht;
Heut ist das Wetter warm und licht,
Doch morgen schon ists herbstlich kalt,
Und nebelgrau die Flur, der Wald.

Die Blumen, sie entlauben sich,
Die Winde stürmen fürchterlich,

Und endlich flockt herab der Schnee,
Zu Eis erstarren Fluß und See.

Jetzt aber gibt es Winterspiele,
Vermummt erscheinen die Gefühle,
Ergeben sich dem Mummenschanz
Und dem berauschten Maskentanz. –

Freilich, inmitten dieser Freuden
Beschleicht sie oft geheimes Leiden,
Trotz Mummenschanz und Tanzmusik,
Sie seufzen nach verlornem Glück. –

Da plötzlich krachts – Erschrecke nicht!
Es ist das Eis, das jetzo bricht;
Die Rinde schmilzt, die frostig glatte,
Die unser Herz umschlossen hatte. –

Entweichen muß was kalt und trübe;
Es kehrt zurück – o Herrlichkeit! –
Der Lenz, die schöne Jahreszeit,
Geweckt vom Zauberstab der Liebe! –

Groß ist des Herren Gloria,
Hier unten groß, wie in der Höh.
Ich singe ihm ein Kyrie
Eleison und Halleluja.

Er schuf so schön, er schuf so süß
Das Menschenherze, und er blies
Hinein des eignen Odems Geist,
Des Odems, welcher Liebe heißt.

Fort mit der Lyra Griechenlands,
Fort mit dem liederlichen Tanz
Der Musen, fort! In frömmern Weisen
Will ich den Herrn der Schöpfung preisen.

Fort mit der Heiden Musika!
Davidis frommer Harfenklang
Begleite meinen Lobgesang!
Mein Psalm ertönt: Halleluja!
(VI,334)

Es ist die Paradoxie von Erniedrigung und Größe, aus der sich der Ironiker zur grandiosen Gebärde seiner Kritik und zum Triumph seiner lyrischen Stimme im Nachmärz erhebt. 1849: »Ich bin jetzt nur ein armer todkranker Jude, ein abgezehrtes Bild des Jammers, ein unglücklicher Mensch.« (V,109)

Es ist dieselbe Paradoxie, die Heine dazu bewegt, ihren politischen Aspekt jetzt religionsphilosophisch verschwiegner lyrisch zu gestalten als früher: sein Judesein, das er in der klassischen Zeit seiner säkularen Deutschlandschriften bis über die Schwelle der Politisierung veröffentlicht hatte (S. 96 ff.). Er dichtet den politischen Aspekt der Paradoxie als deutscher Dichter: in winzigen Kristallen, die man überliest, seit 1851 in die Gedichte ausgestreut; wie in die »Waldeinsamkeit«, Strophe 18. Die deutschen Elementargeister nehmen ihren Abschied aus der Literatur. Als die Reihe an den »Wichtelmännchen« ist, den Erdgeistern mit der *tief geheimen Wunde* (»Sie haben nämlich Entenfüße/Und bilden sich ein, daß niemand es wisse«), da unterbricht der Erzähler den Abschiedsreigen beim Stichwort »geheime Wunde« zu einer Klage in eigener Sache:

> Ach Himmel! wir alle, gleich jenen Zwergen,
> Wir haben ja alle etwas zu verbergen;
> Kein Christenmensch, wähnen wir, hätte entdeckt,
> Wo unser Entenfüßchen steckt.

Es ist eine verzwickte Tragödie. Die öffentliche (literarische) Korrespondenz zwischen den Geistern des germanischen Pantheismus und ihrer jüdischen Stimme im Exil ist zerstört, beider Abschied ist *politischer* Natur. Es hat ihnen die Sprache verschlagen beim Miteinander im heineschen Text. Vorausgesagt war es am Ende der Börne-Denkschrift 1840, im Traum von der »geheimen Zerstörung« des heidnischen Lebens in der Moderne, unterm Pöbelgeschrei der Republik, der neuen Form der Christianisierung (VI,142). Was das Schlimmste ist: Die Geister erkennen ihren deutschen *Dichter* nicht mehr. Die »Waldeinsamkeit« eröffnet die Lamentationen im »Romanzero«! Dort sehen die Geister ihren Dichter nun mit den Augen ihres »kalten Elends«, neo-christianisiert, so, wie Heinrich Heine in Deutschland nach dem März nun anzusehen verabredet wird: Jude ohne Volk.

Allgemeine Zeitung: »Um vom Volk zu reden muß man einem Volk angehören.« *Die Grenzboten*: »Wir glauben, daß jeder echte Christ über die Art und Weise, wie er jetzt mit seinem lieben

Gott umgeht, viel mehr empört sein wird als über seine frühere Frivolität.« (VI,158 f.)

Im Gedicht ist die Abschieds-Szene am Fluß; Urszene ausgelassener Schönheit und Lust. Trostlos rauscht er jetzt, »gleich am Styxe,/ Am einsamen Ufer sitzt eine Nixe …«

> Mitleidig tret ich zu ihr heran –
> Da fährt sie auf und schaut mich an,
> Und sie entflieht mit entsetzten Mienen,
> Als sei ihr ein Gespenst erschienen.
> (VI,83)

Die letzte Nixe flieht vor dem letzten Romantiker; er *ist* ein Gespenst in ihren Augen! Die geheime Gleichheit bleibt.

Dem Dichter bleibt kein anderer Weg, als sich in diese Rolle so vollkommen einzuwickeln, daß er als jüdischer Autor in der deutschen Öffentlichkeit seine »Bewegungsfreiheit« wahrt. Diese Strategie, in den »Geständnissen« eingeschlagen, geht genau auf; die deutschen antisemitischen Kritiker hören den vertrauten ›romantischen‹ Ton und räumen ein, Heine hätte zwar als Getaufter auf den Verrat seiner Juden »an der Tiefe des Evangeliums« eingehen sollen, aber über das Judentum, den alten Jehova und die Bücher des Alten Testaments schreibe er »in der Tat am schönsten« (VI/2, 160 f.)

Meisterlich hatte Heine seine Gegner überlistet, hatte am Eingang zu den »Geständnissen« die Rolle selbst bestimmt: für die »deutschen Literarhistoriker«, nicht für seine Rezensenten.

Die Romantik sei mit ihm, »ihrem letzten Dichter«, beschlossen, und er überführe sie so zugleich in »die moderne deutsche Lyrik« (VI,447).

Sich so einzuschreiben in die deutsche Literatur ist nun aber ein unzweideutiger Hinweis auf Zugehörigkeit zu einem Publikum in Deutschland, das sich den ideologischen Verabredungen gegen den Autor zu entziehen weiß. Zugleich scheint es mir den Wink zu enthalten, wie nicht nur der Autor, sondern auch sein Publikum sich der angemaßten Meinungsführerschaft der Antisemiten auf dem Felde der literarischen Kommunikation zu entziehen wissen *sollten*. Heine geht bewußt auf die ›Oberfläche‹ des Nationalismus (S. 256 ff.), wo Haß verbinden kann.

Aus der Knechtschaft des Hasses gegen Edom möchte er heraus. Sein schläfriges liebes deutsches Publikum möchte er als *Literatur*publikum in einen »westöstlichen« und darin in einen deutsch-jüdischen Dialog ziehen, der der tugendhaften Fixierung auf Antisemitismus *entraten* kann, weil er an der Hoffnung arbeitet, den kulturellen *Nationalismus* zu überwinden. Mit anderen Worten, Heine wendet sich an das gleiche Publikum in Deutschland, mit dem er sich während der anti-napoleonischen Restauration vor 1830 verbunden hat (S. 315 f.). Ihm kann er von seinem Judentum Nachricht geben und seine neuen Gedichte schicken, es wird sie alles interessieren. Vielleicht ist diese publizistische Gedankenrichtung sein *aufgehellter* »westöstlich dunkler Spleen«?

Vielleicht aber ist dieses Publikum zu klein; vielleicht auch nicht. Als er ihm am 15. April 1849 von seiner Lage unter den neuen Umständen Nachricht gibt, endet er mit einer angemessenen Version der Verfassung, in der er seine Adressaten wohl wußte: »Den Herzen, welche verbluten im Vaterland, Gruß und Träne!«

Es ist zu vermuten, daß Heine dieses Publikum auf seinen Weg in den Nachmärz einladen wollte. Ein wenig aber hat er es offensichtlich überfordert, bis heute noch haben wir Probleme mit Texten wie diesem, den ich aus der Nähe der Titelzeile zu diesem Buch hier ausschneide:

»Lechzend klebe mir die Zunge
An dem Gaumen, und es welke
Meine rechte Hand, vergäß ich
Jemals dein, Jerusalem –«
(...)

Jahre kommen und vergehen,
Menschentränen träufeln, rinnen
Auf die Erde, und die Erde
Saugt sie ein mit stiller Gier –

Tolle Sud! Der Deckel springt –
Heil dem Manne, dessen Hand
Deine junge Brut ergreifet
Und zerschmettert an der Felswand.

Gott sei Dank! die Sud verdampfet
In dem Kessel, der allmählich
Ganz verstummt. Es weicht mein Spleen,
Mein westöstlich dunkler Spleen –

Auch mein Flügelrößlein wiehert
Wieder heiter, scheint den bösen
Nachtalp von sich abzuschütteln,
Und die klugen Augen fragen:

Reiten wir zurück nach Spanien
Zu dem kleinen Talmudisten,
Der ein großer Dichter worden,
Zu Jehuda ben Halevey?
(...)

Und Jehuda ben Halevy
Ward nicht bloß ein Schriftgelehrter,
Sondern auch der Dichtkunst Meister,
Sondern auch ein großer Dichter

Ja, er ward ein großer Dichter,
Stern und Fackel seiner Zeit,
Seines Volkes Licht und Leuchte,
Eine wunderbare, große

Feuersäule des Gesanges,
Die der Schmerzenskarawane
Israels vorangezogen
In der Wüste des Exils.
(...)

Auch Jehuda ben Halevy
Starb zu Füßen seiner Liebsten,
Und sein sterbend Haupt, es ruhte
Auf den Knien Jerusalems.
(VI,129-141)

Zu wenig ›kämpferisch‹ muß niemandem solch »hebräische Melodie« erscheinen. Im Fluß der Texte bleibt selbst die »Weltgeschichte« offen für den von Individuen vorgetragenen Widerspruch gegen ihre Setzungen: »Das Partikulare«, das Hegel in einer Vernunftherrschaft hat vollendet sehen wollen, die es vernichtet, ist poetisch favorisiert als gegenwärtig Lebendiges und hat dergestalt seine Bewegungsfreiheit. Dies Geschehen wartet auf Assoziation. Heines Kunst, uns aus seinem Repertoire zur rechten Zeit bewegende Figuren anzubieten, die als Monaden den Spielraum der Assoziationen ›kennen‹ und uns durch die Schriften führen, ist reizend genug. Sie zielt auf Assoziationen der Geduld, die zu verlieren die Weltgeschichte die Gründe liefert.

Bringt Heine ›große‹ Figuren ins Spiel, so entsteht eine geschichtsphilosophische Hoffnungs-Aura eigener Klasse, auch wenn die Ich-Brechung im Text nicht in so wunderbaren diskursiven ›Einschüben‹ Gestalt gewinnt wie etwa am Eingang zum Salon von 1831, in jener Gegenüberstellung zweier Triumphe, Triumphe der Heiterkeit und der politischen Gewalt (S. 217). Das Ineinanderschreiben der »Geschichte der Menschheit« und der »Weltgeschichte« wird meist allein auf dem Schauplatz der Figurationen gelöst. Hier ist »west-östlich dunkler Spleen« im Aggregatzustand der Aufhellung zu verfolgen. Das Licht der »Freiheitsliebe Israels« tritt in den Sekunden aus Texten hervor, wenn Heine ankündigt, ein »neues Lied« singen (S. 240) oder ein Buch schreiben zu wollen, wie man »nur rote Löwen malt« (III,17). Hier leuchtet eine kämpferische Natur auf, die als jüdischen Laut zu hören der Lesemut noch immer fehlt.

Don Isaak erinnert den Rabbi an den biblischen Ursprung, in den Heine das Zeichen des Löwen zurückstellt:

»Sennor Rabbi! Ihr kennt mich. Nun wohlan, so wißt Ihr auch wer ich bin (…) Nur wer wie der Löwe fühlt, kann seine Schwächen begreifen …«

Abraham von Bacherach: »O, ich begreife es wohl (…) wie der stolze Leu aus Stolz seinen fürstlichen Pelz abwirft und sich in den bunten Schuppenpanzer des Krokodils verkappt, weil es Mode ist ein greinendes, schlaues, gefräßiges Krokodil zu sein! Was sollen erst die geringeren Tiere beginnen, wenn sich der Löwe verleugnet?«

Kapitel VII
Passagen
Auf dem Weg der Kunst in den Nachmärz

Das letzte Caput des »Wintermärchens« steht in der deutschen Literaturgeschichte fest und unerschütterlich als Heinrich Heines Kritik an König Friedrich Wilhelm IV. von Preußen. In Seminargesprächen wird darüber hinaus zuweilen am schwer übersetzbaren Begriff einer übermütigen politischen Dichtung nachgegrübelt, deren Autor sich kräftig wähnt, den herrschenden Tartüff in Berlin in seine Verse zu sperren und ihn dort ewig braten zu lassen, wie in Dantes Hölle, unerlösbar. Daß es mit solcher Deutungsarbeit nicht genug sein kann, wird man wandernd durch Heines Texte bemerken. – Schier unendlich könnte eine Lektüre durch das ganze Märchen sein. In jedem der XXVII Kapitel könnte das Abenteuer beginnen; wo wir auch eintreten, wir entdecken ein Epigramm über der Pforte, das Neues verheißt.

Gegen Ende nun *meiner* Textgänge halte ich mich, in diesem und vor allem noch einmal am Ende des letzten Kapitels, beim einen oder andern Zugang zu dem populären Wunderwerk auf. An dieser Stelle seien es die Strophen 5 und 3 des Caput XXVII:

Mein Herz ist liebend wie das Licht,
Und rein und keusch wie das Feuer;
Die edelsten Grazien haben gestimmt
Die Saiten meiner Leier.
(IV,642)

Das kann des Verfassers Ernst nicht sein, so, wie die Musik der Worte nun einmal ist, sich selber zu verklären. Sonst bliebe nur, Heine bei einer seiner ihm zuweilen unterstellten narzißtischen ›Peinlichkeiten‹ ertappt zu haben und weiterzugehen. Und doch haben wir hier sein Kunstprogramm, eine extrem ästhetische Lesart der gesetzten Wörter vorausgesetzt.

Kein Kunstprogramm haben wir dagegen zwei Strophen voraus, wo, ebenfalls mißverständlich, zu inhaltlicher Lektüre geladen scheint.

Es wächst heran ein neues Geschlecht,
Ganz ohne Schminke und Sünden,
Mit freien Gedanken, mit freier Lust –
Dem werde ich Alles verkünden.
(IV,642)

Was ist hier nicht alles erst *angekündigt*, was man im Wintermärchen als schon verkündet aufgesammelt hat! Aber eben dies ist hier das Epigramm des Dichters: daß das alles nichts ist; im besten Falle inhaltliches Selbst- und Fremdzitat aus früheren Tagen (III,568 ff.). Auf das berühmteste Beispiel, das »neue Lied« in Caput I und V, komme ich zurück (S. 357).

Von den Haltepunkten an den beiden Strophen möchte ich für das Folgende nur mitnehmen, wie enttäuschend es in der Tat sein müsse, Heine mit einer ›solchen‹ Kunstauffassung in den Nachmärz ziehen zu lassen, wenn man noch immer positiv »Besseres« bei ihm nachlesen will, das gegen die schlechte Welt zu stellen sei. Eine »Leier« soll Alles verkünden, die Heine aus der Hand des *Aristophanes*, seines »Vaters« hat, wie es in der 6. Strophe heißt?

⋆

Ich möchte in diesem Kapitel die Bewegung des Wanderns an sich selbst von einigen Pariser Blickpunkten aus beobachten; in eher zufälliger impressiver Weise, en miniature. Wir betreten die Passagen und Boulevards der Metropole. Auf viel eigene Lektüre kommt unter dem gewählten Aspekt alles an. Meine These ist, daß auf dem Paris-Schauplatz literarische Blickmaterie gebildet wird, die topographischer Natur ist und sich ihrer Ausdrucksverschiebung in politische Programmsprache widersetzt. *Die Figur des Flaneurs* gewinnt ihr Nachmärz-Profil im Vormärz.

Haben wir uns in *seine* Wahrnehmungsweise eingelesen, dann wird es eine simple Plausibilität darstellen zu akzeptieren, daß er es ist, der im November 1843 auf die Winterreise nach Deutschland geschickt wird, als sterbender Flaneur, und dort als solcher ein »neues Lied« ankündigt, das *nach allen Bündnissen*, die ein politischer Dichter je eingegangen ist und eingehen wird, seine Zeit hat. Es verweist zugleich auf eine biblische Quelle, den Jakobsbrunnen (S. 408).

Hören wir zuerst in den Ton des Lieds hinein:

Wir fuhren durch Mühlheim. Die Stadt ist nett,
Die Menschen still und fleißig.
War dort zuletzt im Monat Mai
Des Jahres Einunddreißig.

Damals stand alles im Blütenschmuck
Und die Sonnenlichter lachten,
Die Vögel sangen sehnsuchtvoll,
Und die Menschen hofften und dachten –

Sie dachten: »Die magere Ritterschaft
Wird bald von hinnen reisen,
Und der Abschiedstrunk wird ihnen kredenzt
Aus langen Flaschen von Eisen!

Und die Freiheit kommt mit Spiel und Tanz,
Mit der Fahne, der weiß-blau-roten;
Vielleicht holt sie sogar aus dem Grab
Den Bonaparte, den Toten!«

Ach Gott! die Ritter sind immer noch hier,
Und manche dieser Gäuche,
Die spindeldürre gekommen ins Land,
Die haben jetzt dicke Bäuche.

Die blassen Kanaillen, die ausgesehn
Wie Liebe, Glauben und Hoffen,
Sie haben seitdem in unserm Wein
Sich rote Nasen gesoffen – – –

Und die Freiheit hat sich den Fuß verrenkt,
Kann nicht mehr springen und stürmen;
Die Trikolore in Paris
Schaut traurig herab von den Türmen.

Der Kaiser ist auferstanden seitdem,
Doch die englischen Würmer haben
Aus ihm einen stillen Mann gemacht,
Und er ließ sich wieder begraben.

Hab selber sein Leichenbegängnis gesehn,
Ich sah den goldenen Wagen
Und die goldenen Siegesgöttinnen drauf,
Die den goldenen Sarg getragen.

Den Elysäischen Feldern entlang,
Durch des Triumphes Bogen,

Wohl durch den Nebel, wohl über den Schnee
Kam langsam der Zug gezogen.

Mißtönend schauerlich war die Musik.
Die Musikanten starrten
Vor Kälte. Wehmütig grüßten mich
Die Adler der Standarten.

Die Menschen schauten so geisterhaft
In alter Erinnrung verloren –
Der imperiale Märchentraum
War wieder herauf beschworen.

Ich weinte an jenem Tag. Mir sind
Die Tränen ins Auge gekommen,
Als ich den verschollenen Liebesruf,
Das Vive l'Empereur! vernommen.
(IV,596)

I. HEIMKEHR IN PARIS · 17. SEPTEMBER 1842

Wie vertreibt sich der »gewöhnliche Flaneur« die Zeit? Sie hält ihn an, er hält sie an; es ist angenehm. »Jetztzeit« (V,375). 1840–1842: Kommunistische Gruppen sind aus der Illegalität herausgetreten, aus ihren ›Schlupfwinkeln‹, sie mischen sich in den Diskurs des Juste-Milieu. Manifeste sind formuliert, Gefolgschaften bilden sich. Die ersten politischen Prozesse haben stattgefunden. War der Flaneur in der Provinz unterwegs und kehrt zurück in die Stadt, dann jauchzt sein Herz, als der Postwagen über das Pflaster der geliebten Boulevards dahinrollt …

als ich dem ersten Putzladen mit lächelnden Grisettengesichtern vorüberfuhr, als ich das Glockengeläute der Cocoverkäufer vernahm, als die holdselige zivilisierte Luft von Paris mich wieder anwehte. Es wurde mir fast glücklich zumute … (V,416)

Auf den Boulevards stehen die Sprecher der Theorien in ihren Grüppchen und diskutieren, zufrieden blickt der Heimkehrer (denn er kommt »aus England«, hat die Theorie der Chartisten im Gepäck, S. 361) auf das *heitre* Treiben der Diskutanten. Sie sprechen *ihren* Terrorismus frei und unumwunden aus. Der Flaneur ist längst aus seiner Kutsche gestiegen und gesellt sich zu den Freunden. Ein Bild entsteht. Männer führen das Wort, die noch einige Scheu tragen, die letzten Konsequenzen ihres Prinzips beim rechten Namen zu nennen. Abschaffung des Eigentums? Die Redner winken ab. Im Gegenteil, man werde das Eigentum »auf eine breitere Basis etablieren«, durch eine umfassendere Organisation. Du lieber Himmel, brummelt der Witzjäger, ich fürchte, das Eigentum würde durch solchen Eifer sehr in die Krümpe gehen, »und es würde am Ende nichts als die breite Basis übrigbleiben«. Er verdrückt sich. Ein anderes flüchtiges Bild:

»Ich will dir die Wahrheit gestehen, das Eigentum wird keineswegs abgeschafft werden, aber es bekömmt eine neue Definition.« (V,422) Ein Klangbild, das nachklingen wird in der Marxschen Epochenformel: »Es kömmt darauf an …«

Das Gemurmel der freien Aussprache. L'Atelier, L'Intelligence, Le Populaire, L'Union … – Organe der moralischen und materiellen Interessen der Arbeiter, le droit commun, la reforme sociale, Réorganisation sociale et politique, Bulletin des ouvriers rédigé et publié par eux-memes …[1] Der Journalsüchtige war noch, wie »gewöhnlich«, durch einige Lesekabinette gestreift …: Noch hält sich das Regime, »durch die Angst vor der neuen Definition«. Es ist ein Regime wie »jede Demokratie (…) wo das Wort frei ist und die Menschen leichtgläubig«.

Der »echte Flaneur«

Heine tauft die Figur im selben Tagestext, der die »armen Findelkinder der alten Gesellschaft«, die Kommunisten, zum ersten Mal in seinen Berichten nach Deutschland bei »ihrem wirklichen Namen« nennt (V,231).

Das Blickgenie (»Im düstern Auge keine Träne …«) *sieht* die Klasse. Seine Figur der Passagengänger muß sein Auge haben, das den Blick *des Anderen* aushält! In der rue Vivienne, vor dem Eingang zur Galerie, ist die Geburtsszene der Figur[2]. Zum Blick gehört der Kopf, der denken kann. Paris, 11. Dezember 1841:

Jetzt, wo das Neujahr herannaht, der Tag der Geschenke, überbieten sich hier die Kaufmannsläden in den mannigfaltigsten Ausstellungen. Der

Anblick derselben kann dem müßigen Flaneur den angenehmsten Zeitvertreib gewähren; ist sein Hirn nicht ganz leer, so steigen ihm auch manchmal Gedanken auf, wenn er hinter den blanken Spiegelfenstern die bunte Fülle der ausgestellten Luxus- und Kunstsachen betrachtet und vielleicht auch einen Blick wirft auf das Publikum, das dort neben ihm steht. Die Gesichter dieses Publikums sind so häßlich ernsthaft und leidend, so ungeduldig und drohend, daß sie einen unheimlichen Kontrast bilden mit den Gegenständen, die sie begaffen, und uns die Angst anwandelt, diese Menschen möchten einmal mit ihren geballten Fäusten plötzlich dreinschlagen, und all das bunte, klirrende Spielzeug der vornehmen Welt mitsamt dieser vornehmen Welt selbst gar jämmerlich zertrümmern! (V,373)

Ein Vormärz-Bild. An ihm kommt der Flaneur zu sich selbst, gedankenvoll (S. 354). Sein Blick in die *Augen* der Klasse der Produzenten lockert reflexiv die Wurzel seines Seins in der ›Gegenklasse‹; die andere historische Konstellation, die Kämpfe zwischen den ›beiden Geschichten‹ (der Welt- und Menschheitsgeschichte) offenbaren sich in der »häßlichen« Physiognomie der ›Klassenfeinde‹: Die »Erscheinung« dieses Publikums, »das dort neben ihm steht«, ist »respektabler und imposanter« als die bisherigen Bundesgenossen »in der Martyrergeschichte der Menschheit« (IV,1021,V,428).

In den Passagen vor den Schaufenstern, im paradoxen Blickkontakt mit den ouvriers findet der echte Flaneur den tieferen Grund seiner Sympathie mit der vorauszusehenden Rohheit dieser Hoffnungsträger der Emanzipation (S. 159). Sie tragen »die Miene des Volkes« –, aber: Den Affekt in ihren Zügen muß man zu lesen verstehen. Dieses Volk ist dem »alten« (mittelalterlichen) Antagonismus Arm/Reich, Elend/Verführung, Neid/ Massaker entwachsen, diese häßlichen Gestalten wissen schon, daß sie den Reichtum produzieren, der ihnen vorenthalten wird; nichts fruchtet mehr die Predigt, daß ihnen die Genüsse, die die Menschheit ihnen verdankt, erst im Himmel zustehen: Ihre jetzt geballten Fäuste werden ihre erzwungene Selbstaufgabe beenden. Die Bilder aus Ausbeutungs- und Verfolgungsgeschichte »verwirren sich«. Die Augen des Betrachters funkeln in Erinnerung an seinen Besuch im Faubourg Saint-Marceau, wo die Fäuste zur Arbeit geöffnet waren und den Hammer auf den Amboß schlugen (S. 188), »Nichts als Leidenschaft und Flamme!« (V,251)

»– und Lieder hörte ich singen, die in der Hölle gedichtet zu sein schienen ...« Der Erinnerungsblick des echten Flaneurs hebt die Zeit auf und dringt *dorthin* zurück – und hört Satans *Stimme* im Rechtsgespräch mit Gott jetzt. »– es handelt sich nicht mehr um Gleichheit der Rechte, sondern um Gleichheit des Genusses auf dieser Erde ...« (V,375)

Jedoch, »ist sein Hirn nicht ganz leer«, dann stellt der Flaneur in den Passagen *komplexe*, unruhevolle Fragen. »Wird Guizot sich halten?« Er mag der Minister eines herrschenden Korruptionssystems sein, *die Gefahr* des Kommunismus hat er erkannt, da »sein strenges Auge am tiefsten hinabblickt in die Schreckensnächte der Zukunft«. Dem Willensmenschen, der aus der Gelehrtenstube in die Politik getreten ist, ist die Nuance anvertraut:

> ... es gibt in Paris etwa 400 000 rohe Fäuste, welche nur des Losungsworts harren, um die Idee der absoluten Gleichheit zu verwirklichen, die in ihren rohen Köpfen brütet. (V,375)

Guizot, Hegel im Hôtel des Capucins, könnte das Denken des Berliner Philosophen korrigieren. Der Identität von *Rohheit* in den Fäusten *und* Köpfen darf die Zukunft nicht gehören. Mit Blumen solltet Ihr den Minister bei Laune halten, mit Rosen ihm sein Logis erheitern ... Denn mit »antikischer Unerschütterlichkeit« und »modernster Klugheit« kann er das »hereinbrechende Verderben abwenden«: daß die Gleichheit abstrakt werde (S. 185 ff.), daß der allgemeine Weltwille sich der Verwandlung der »sozialen Ideen« in absolute Rohheit bedienen könnte: daß die »Universalrevolution« *zu früh*, ihr »Zerstörungsstoff« *jetzt ganz* ausbricht und ihre »frühern Erworbenheiten« vernichtet (V,461). Jener »alte« Antagonismus würde sich der Gemüter wieder bemächtigen und sie in die Gefolgschaft einer Propaganda treiben, die »so einfach« ist. *Hunger – Neid – Tod*: »Das lernt sich so leicht!« (V,375)

Den bangen Fragen an die Willensrichtung des in den Spiegelfenstern aufblitzenden Begehrens weiß der Flaneur seine Färbung zu geben, bis hinüber in den Eingang zum »Wintermärchen«, »Auch Rosen und Myrten ...«. Das Epigramm am Schachtrand seines Blicks in die Zeit jetzt ist den Eingängen zu den Passagen überschrieben:

Doch laßt uns dieses trübe Thema verlassen und wieder zu den heitern Gegenständen übergehen, die hinter den Spiegelfenstern auf der Rue Vivienne oder den Boulevards ausgestellt sind. Das funkelt, das lacht und lockt! Keckes Leben, ausgesprochen in Gold, Silber, Bronze, Edelstein, in allen möglichen Formen, namentlich in den Formen aus der Zeit der Renaissance, deren Nachbildung in diesem Augenblick eine herrschende Mode. (V,375)

Der intellektuelle Müßiggänger möchte die Produzenten auf seine Seite ziehen: als Erinnernde, die sich selbst begegneten am Glanz *ihrer Erzeugnisse* und ihn entzifferten als das Schöne, das *sie* in die Geschichte der Menschheit eingebracht haben seit alters her, was aber die moderne Ökonomie ihnen schneller entreißt als ihre Lektüren brauchen, auch diese Seite ihrer Ausbeutung zu begreifen.

Sara in Frankfurt (Heine hatte die Szene soeben veröffentlicht) begreift auch »zu spät« (S. 208). Das ist der Koinzidenzpunkt der Verfolgungsgeschichte auf der Seite ihrer wirklichen Subjekte.

*

Heine schickt seinen Flaneur nicht als Utopiker auf die Wege in Paris. Er belädt ihn nicht mit den Resultaten seiner Philosophie auf unmittelbare Weise, so daß die Figur zum Sprachrohr negativen Zukunftswissens werden müßte. Der Flaneur ist Kunstfigur, die, weil es ihr Autor so möchte, im unmittelbaren *Blick*kontrast die Kraft und das Selbstbewußtsein der Produzenten in die Kunstgeschichte der Menschheit hinein und in ihr mit-sieht. Diese Figur *spricht* als Intellektueller, der auch dann, wenn er vom Sehreiz in den Passagen angehalten ist, über das ureigene Produkt »dieser Menschen« nachzudenken, über die Ware, *bei sich selbst bleibt* und nur in der Aura schöner Pathosformeln die Sache der Elenden so eindrucksvoll vertritt. Man beachte, daß er dies wiederum in den Bildern der Passion am liebsten tut:

… wenn wir die Erlöser Gottes werden, wenn wir das arme, glückenterbte Volk und den verhöhnten Genius und die geschändete Schönheit wieder in ihre Würde einsetzen, wie unsere großen Meister gesagt und gesungen, und wie wir es wollen, wir, die Jünger – (IV,575)

Der müßige Genießer ist als Intellektueller von den Zukunftsbildern seiner analytischen Prophetie nicht verschont, denn er durchschaut die Warenform des Genusses, das tendenzielle Verschwinden des Genießens im Tauschzwang. Das Proletariat als Masse von künftigen Kleineigentümern gedacht, deren Recht, Genuß zu kaufen, nach der Umorganisation des Eigentums garantiert sein wird, wird daran nichts ändern. *Das* macht den Flaneur zum Augenmenschen, der aus dem *Erinnerungs*blick die Jetztzeit ergreifen will; macht ihn aber zugleich, als Hedonisten, zum Sarkasten und Melancholiker.

Was das Proletariat *noch* nicht hat, aber sich zu nehmen begehrt, den freien Genuß, wird es selber, wie auch der Bourgeois, nicht *mehr* haben. Das ist der Analyse-Chock im Augenblick der Gefahren-Erkennung, der sich auf den Blick des Flaneurs überträgt: in seinen Tagträumen Bilder des Genießens hervortreibt. Sie retten das Privileg des Schönheitssinns in die Warenausstellungen hinüber – als Bilder der Mode. Die Erfindung der Mode (denkt der Flaneur) heftet dem Warentausch das Moment der Erinnerung an. Magisch zieht es den Blick an, der sich im schönen Schein der Waren verkörpert und wissen will, was sie ihm verbirgt; »könnten sie sprechen«! (S. 207) – Die Auskünfte aus den Schreckensgründen der Zukunft hat der »echte Flaneur« schon. Sein Blick wendet sich, als melancholischer, von der Zukunft ab und den warenförmig zerstreuten Zeichen der Moderne an ihrem Ursprung zu.

> *Vor dem Eingang der Passage*
> *ein Briefkasten: eine letzte Gelegenheit,*
> *der Welt, die man verläßt,*
> *ein Zeichen zu geben.*
>
> (Benjamin, C 3,2)

Der moderne Jude, der sein in den Passagen zeichengeleitetes Gedächtnis nutzt, vergegenwärtigt sich seine Geschichte mit dem Rücken zum Zukunftsdiskurs, um Tod und Lebendigkeit im Entwurf einer Geschichte der Menschheit zusammendenken zu können. Aber in dieser »allereigensten Enge«[3] seines monadischen Zustands, zum reinen Sehen verschwunden in den Passagen, trifft das bürgerliche Subjekt auf den anderen Blick. Die Blick-Monade birst. Erschüttert verliert sich der

Blick in der Gedächtnisschwäche der Kultur als Klassengeschichte und besinnt sich auf seine Traumarbeit in der »Märtyrergeschichte der Menschheit«. Es bedarf der Vernunftshelle am Schreibtisch (S. 199 ff.), den Passagentraum zurückzuholen in den Tagestext des Korrespondenten nach Deutschland. Schrift, die der Unwillkürlichkeit, der Ewigkeit der Mode sich annähern möchte?

Woher die Vorliebe für diese Zeit der Renaissance, der Wiedergeburt oder vielmehr der Auferstehung, wo die antike Welt gleichsam aus dem Grabe stieg, um dem sterbenden Mittelalter seine letzten Stunden zu verschönen? Empfindet unsre Jetztzeit eine Wahlverwandtschaft mit jener Periode, die, ebenso wie wir, in der Vergangenheit eine verjüngende Quelle suchte, lechzend nach frischem Lebenstrank? Ich weiß nicht, aber jene Zeit Franz I. und seiner Geschmacksgenossen übt auf unser Gemüt einen fast schauerlichen Zauber, wie Erinnerung von Zuständen, die wir im Traum durchlebt; und dann liegt ein ungemein origineller Reiz in der Art und Weise, wie jene Zeit das wiedergefundene Altertum in sich zu verarbeiten wußte. Hier sehen wir nicht, wie in der Davidschen Schule, eine akademisch trockene Nachahmung der griechischen Plastik, sondern eine flüssige Verschmelzung derselben mit dem christlichen Spiritualismus. In den Kunst- und Lebensgestaltungen, die der Vermählung jener heterogensten Elemente ihr abenteuerliches Dasein verdankten, liegt ein so großer melancholischer Witz, ein so ironischer Versöhnungskuß, ein blühender Übermut, ein elegantes Grauen, das uns unheimlich bezwingt, wir wissen nicht wie.

Der Maler

Die Mode aber geht mit der Zeit. Flüchtig ihre Anreize für das Gedenken ihres Abglanzes. Nachdenkliches Innehalten ist am Ende schrecklich, während die moderne Zivilisation ihre siegende Zukunft im Vormärz (voreilig) feiert. Eine flüssige Verschmelzung der heterogenen Elemente wie am Ursprung der Moderne (Renaissance), Verschmelzung nun von Vor- und Nachmärz, Revolution *und* Bürgertum wird es nicht geben. Der echte Flaneur, sich schulend im Paradoxen, bleibt vor den *Bildern* der Empörung stehen, die das Bürgertum ausstellt, um sich an seinem Gegenbild zu ›erkennen‹. So auf dem Boulevard Montmartre vor dem *Kupferstich*, der vom Gemälde *Die Fischer* von Leopold Robert genommen ist. Als reproduzierbares Gegenbild wird es bestehen. Verkäuflich auf den Straßen. Polizeiwidrige Gedanken wird es freisetzen, und ›linke Melancholie‹, wo immer es, als Ware geschützt, ausgestellt ist. Der echte Flaneur geht weiter, dem Original nach.

Das Original ist ein Bild des absolut gewordenen Widerspruchs auf dem Grund bürgerlicher Produktivität. Der Maler haust in der sterbenden Venetia, zwingt sich ins persönlichste Elend hinab, um es als allgemeines *in diese Welt* hinein malen zu können. *Das* ist ihm nicht gelungen. Gelungen war das Bild *Die Schnitter*: Die Heiterkeit der Menschheit. Ihr gemalter Vormärz (S. 217). Nun aber: »unmächtig« der lange Blick auf die leere Leinwand. Schließlich das Produkt:

Ein melancholischer Fluch ist hier gemalt, und der Maler, sobald er das Gemälde vollendet hatte, schnitt er sich die Kehle ab. Armes Volk! armer Robert!

Der Dichter antwortet dem Maler, d.i. er schreibt gegen die Versöhnung des bürgerlichen Käufers mit dem Sujet im Tauschgeschehen Geld-Ware-Geld; gegen das Verschwinden des Bildes in diesem Tausch. Gibt es den Weg der Kunst in die Marktöffentlichkeit noch? Der Philosoph hält inne. »Ich erinnere mich …« – Er reflektiert die Spanne eines Jahrzehnts.

1831: Wenn die Kunst auch in Paris mehr als anderswo blüht, so werden wir doch in ihrem Genusse jeden Augenblick gestört durch das rohe Geräusch des Lebens; die süßesten Töne der Pasta und Malibran werden uns verleidet durch den Notschrei der erbitterten Armut, und das trunkene Herz, das eben Roberts Farbenlust eingeschlürft, wird schnell wieder ernüchtert durch den Anblick des öffentlichen Elends. (III,70)

»Ich erinnere mich …« – Selbstvergessen der philosophische Blick, die revolutionäre Haltung jetzt auf dem Boulevard Montmartre vor dem bei Goupil und Rittner ausgestellten Kupferstich der *Fischer*. 1835: Kein öffentliches kommunistisches Debattenspektakel verwirrte damals die Gemüter in der Stadt. Die Nachricht vom Tode des Malers und sein Bild trafen zusammen in Paris ein. Man ging zur Sonderausstellung des Originals der *Fischer*, im Gedächtnis die *Schnitter*. Verbunden war ein Spendenaufruf an die bourgeois zum Wohle der Armen. Sechzehntausend Franken waren zusammengekommen.

Im Saale standen sehr viele Menschen vor dem Bilde versammelt, keiner sprach, es herrschte eine ängstliche, dumpfe Stille, als läge hinter der Leinwand der blutige Leichnam des toten Malers (V,377).

11. Dezember 1841, der Tag im Text des Korrespondenten wird leer, nachdem die Erinnerung aufgeschrieben ist; die Leere läßt sich mit nachgetragener Betrachtung füllen. Sie ist im Stile des kritischen Feuilletons, des Krittelns ausgeführt. *Ästhetik* des *Vormärz*. Sie deckt zu, woran die Mode noch erinnert: den Traum von der Versöhnung der Moderne mit ihrem Ursprung in der Renaissance. *Dieser Ursprung schon* stand unter dem Zeichen der Nichtversöhnbarkeit; der Versöhnungskuß, den die Antike mit dem mittelalterlichen Spiritualismus tauschte, bringt sich als ein Bild schauerlichen Zaubers *dem* Rückblick in Erinnerung, der sich dem modernen Abenteuer der Ironie verdankt. *Im Abglanz* der schönen Ware spricht die Lebendigkeit, Keckheit unseres Traums. Wir haben ihn durchlebt, als wir aus der Quelle tranken; im sterbenden Mittelalter. *Das war schon die Revolution.*

Aus der zeitlosen Traumzeit, in der dies geschieht, ist die Gegenwart herausgefallen. Der Schreiber erwacht aus seinen Erinnerungen, und fühlt sich dem toten Maler hinter dem Bilde nah und fern zugleich. Wie Robert in den Ruinen der Renaissance gescheitert ist, so kann auch manch andrer »Volksfreund« scheitern, z. B. als Kunstkritiker im Vormärz, wenn er die epochale Frage nicht erkannt hat: wie in einer Fortschrittswelt, die sich den Freiheiten der Don Quijoterie verschließt – dem »süßen Wahnwitz der Kunst«, dem »unheimlichen Gelüste nach Traumweltgenüssen« –, das Problem der *künstlerischen* Sujets und ihrer Darstellbarkeit überhaupt noch formuliert werden könne?

Indem der Tagestext (parodierend) zu kritteln anfängt (V,378), ist diese Fragestellung demonstriert und gegen die »Philister« gestellt, »deren Zopf unter der roten Mütze hervorlauscht«. Kritteln ist wie Agonie, »halber Tod«. Dem Zirkel ›Bildende Kunst – »bornierte« Kritik im Vormärz‹, der sich fruchtlos im Engagement für »das Volk« schließt, wenn das »große Genie« (V,417) ihn nicht sprengt, entzieht sich Heine auf *seinem* Weg. Wir verstehen das als künstlerische Reaktion nur dann richtig, wenn wir in Anschlag bringen, daß er den Vormärz im besten Falle an dessen politischer Zeitgeist-Pointe mißt: einem gerechten Gang des revolutionären Weltwillens die Kunst in den Dienst zu geben; im schlimmeren Falle an der Knechtung der Kunst unter die Auffassung, sie müsse »die Befreiung zu ihrem Stoffe wählen«. Das »Selbstbewußtsein der Freiheit in der Kunst«, so Heine unverblümt gegen die Kunstansprüche einer »knechtischen Menge«, offenbare sich in der *gestalteten Form* (V,438). Robert war sein letzter *Kunst*-Zeuge im Prozeß des Scheiterns der vormärzlichen Kunstidee. Das Verständnis des Dichters für den »melancholischen Fluch« des Malers deutet auf beider Einsamkeit auf dem Emanzipations-Markt. *Nachmärz im Vormärz.*

2. DOPPELTER BODEN PARIS – DOPPELTE »HEIMKEHR«

> Den Flanierenden leitet die Straße
> in eine entschwundene Zeit.
> Ihm ist eine jede abschüssig.
> Sie führt hinab (...)
> Im Asphalt, über den er hingeht,
> wecken seine Schritte eine
> erstaunliche Resonanz. Das
> Gaslicht, das auf die Fliesen
> herunterstrahlt, wirft ein
> zweideutiges Licht auf diesen
> doppelten Boden.
>
> (Benjamin, M 1,2)

Der Bericht von der Rückkehr »aus England« am 17. September 1842 ist ein Meisterstück der Ironie, die ihrer rhetorischen Selbstvertretung in Formeln oder Pointen nicht bedarf.

Der Kommentator, der unter die Oberfläche des heitren Stadt-Szenarios zeigt, übernimmt das häßliche Amt, im schönen Text auf *Momente* zu dringen, die den Blick nach unten *ziehen*: Es sind ›Stellen‹, ›Stücke‹, im Nu über Texttiefpunkte vorüberhuschende Ausdruckselemente, die sich plötzlich im Stillstand der Lektüre offenbaren können; jetzt Formeln, ja Pointen *werden* und wieder verschwinden. Ein Beispiel voraus: »fast glücklich«. »Es wurde mir fast glücklich zumut.« (V,416)

Das *Unglück* blitzt also auf im »holdseligen« Paristag. Es *liegt* ›unten‹. Sorge und Grauen betten es ein, sie sind »aus England« mitgebracht, auf Deutschland bezogen, von der schönen Lutetia, der glänzenden Hauptstadt der Zivilisation nicht mehr zu widerlegen. Dem heiteren Flaneur, der er heute noch sein möchte, ist der Boden entzogen. Gesehen hat er das Unglück schon im Dezember 41 in den Passagen, vor den Spiegelgläsern im Auge des Proletariats, analysiert wird es jetzt an englischem Stoff im Bericht nach Deutschland.

Ich löse diese Verdichtung des Unglücksignals ein wenig auf, überblende dabei den Text von der Rückkehr nach Paris September 42 und die Abreise nach Deutschland Oktober 43 (poetisch: »Im traurigen Monat *November* wars«). So wird es wahrscheinlich leichter, das Wunder der Glückstöne im Eingang zum Wintermärchen »Deutschland« mit Blick nach ›unten‹ zu lesen: nicht mehr als Verheißung pur.

Aber der Ton der Verheißung in Caput I des Märchens hat bis heute Generationen zu Tränen der Freude und des Glaubens an eine bessere Welt gerührt. Ich möchte das als Wirklichkeit nehmen, und dennoch kontern.

Ein neues Lied, ein besseres Lied,
O Freunde, will ich Euch dichten!
Wir wollen hier auf Erden schon
Das Himmelreich errichten.

Wir wollen auf Erden glücklich sein,
Und wollen nicht mehr darben;
Verschlemmen soll nicht der faule Bauch
Was fleißige Hände erwarben.

Es wächst hienieden Brot genug
Für alle Menschenkinder,
Auch Rosen und Myrten, Schönheit und Lust,
Und Zuckererbsen nicht minder.

Ja, Zuckererbsen für jedermann,
Sobald die Schoten platzen!
Den Himmel überlassen wir
Den Engeln und den Spatzen.

(IV,578)

»Ein neues Lied, ein besseres Lied, O Freunde, will ich Euch dichten ...« – Eine harte Tatsache ist, daß das Versprechen nicht auf politische Solidarität baut: unter Freunden, die auf Praxis sinnen, keinen Einklang ausstreuen will. Ein Sänger bietet sich nicht an, mitzumarschieren. Es ist letzte theoretische Selbstisolierung eines *Dichters,* was dem schönen Ton den attributiven Ausdruck eines wesentlichen Für-sich-selber-Seins gibt. So nah ihm Signifikate einer programmatischen Verabredung zu stehen scheinen (»Wir wollen hier auf Erden schon ...«) – so auch Freunde, Genossen, Idee und Recht (Notwendigkeit) –, es kann von *konkreter* Dissonanz zum schlechten Gegebenen im Zeitalter entfernter nichts sein, als dieser Ton. Er drückt aus: Ihr *werdet* ein neues Lied vernehmen; von mir. Und es wird *gedichtet* sein. Der Vers ist aber fertig. Von Zukunft sagt seine Kunst nichts. Futur ist Präsens-Ton. Nicht ›später‹ wird das Versprechen nicht eingelöst, sondern es ist schon aufgelöst in der rhythmischen Substanz: ›Jetzt ist mein Lied.‹ Versprochen, mit anderen Worten, ist das Versprechen von Kunst, die in ihm schon präsentiert ist. Es ist das Andere eines politischen Gelöbnisses: Der politische Dichter in seiner eigensten Enge gibt keine politischen Inhalte.

Er hält sich vielmehr im Erinnern fest; daraus, aus nichts anderem, schöpft er den Glauben an die Bildertöne, die ihm sein Begehren vorspielt: Vor sich selbst glaubwürdig schreibt er die Buchstaben auf. Daß er so schreiben solle, »gesangvoll ...«, hat Rahel von ihm erwartet (S. 204). »Sobald die Schoten platzen« ist nicht *voraus*-geschrieben (›Pro-jekt‹, ›Pro-gramm‹), sondern jetzt klingendes Begehren.

Nun wäre dies im Vergleich der Künste (Malerei, Musik): gemalte Heiterkeit, vertonter Naturlaut, vielleicht Idylle und jedenfalls gedankenlos in freudig zustimmende Lektüren zu übersetzen, deren prominente Version seit 1844 das sozialutopische Entzücken ist, bestenfalls die nüchterne Charakteristik im Marx-Kreis: »Heine, eine der deutschen Inkarnationen des humanistischen Prinzips.« (IV, 1020). Das macht noch keine moderne Poesie.

Die moderne Poesie ist unterminiert von Analyse, Philosophie. Ein Großer wie Heine borgt dazu nicht das Besteck, gar die Resultate. So wie er sich an seinem Erinnern festhält, wenn er dichtet, so bringt die Analyse das Recht auf Einspruch ins Spiel und beunruhigt die Bilder, die bei diesem Selbstbezug der Erinnerungstätigkeit *zu* fest, *zu* dicht werden könnten.

»Ich komme aus England ...« (V,416)
»Sie sind die alten Franzosen nicht mehr« (IV,588).

Erinnerung und Analyse operieren nicht in getrennten Räumen; sie greifen ineinander auf den Zeitstrecken der Affektbildung (S. 121 f.) und finden nie zur Aussöhnung mit der gegenwärtigen Wirklichkeit. »Der Grund ist Geschichte« (S. 189). Daher sind Erinnerung und Analyse ›gemeinsam‹ in die Grenzenlosigkeit der spinozianischen Raumvorstellung gedehnt, wo sie im Auftreffen auf gegenwärtige Wirklichkeit ›altes‹ *Grauen* ›neu‹ verstärken können. So auch am 17. September 42 bei der Rückkehr »aus England« in die »holdselige zivilisierte Luft von Paris«.

Dies nun ist die Basis für die ›neue‹ Lektüre des Wintermärchens, welches klassische Form dann sein wird insofern, als es nicht mehr selbst analytisch sagt, woran zu denken ist, wenn Analyse und Erinnerung im Formgewordensein nachzittern und so die Bruchlinien nur noch ›anzeigen‹, die von den analytischen Wahrheiten in die schönen Bilder und Rhythmen gezogen werden. Dann schweigen z. B. die christlichen Sterbeglocken zur Feier der Gewalt, die einst einer Tochter Kanaans angetan worden ist, und wir müßten eigentlich erschrecken darüber, daß das neue Lied, das bessere, eine Vergewaltigung besungen haben will, die die Helden-Ikone der Französischen Revolution (»der schöne Genius der Freiheit«) an der Prinzessin Europa verübt hat.

Alt und neu so verknüpft kann hohes Alter der im Text niedergelegten Signifikate bedeuten (der Name Europa ...). Erst ihre Brüche, Ränderverwirrung und Verflüssigungen machen sie ›neu‹. An unserem Beispiel: Als Heine den »echten Flaneur« im Dezember 1841 aus der Taufe hebt, ist seine schönste Zeit schon vorbei; begehrlicher Gewaltblick durchbricht die Membran, die sich um einen angstfreien Kontakt zur ausgestellten Ware schützend legen könnte. Wir haben gesehen, zu welchem widerspruchsvoll gespannten, aber auch im Einzelbild tief erschütterten Text das geführt hat. Walter Benjamin notiert im

Passagen-Block »der Flaneur« einen Besucherbericht, Paris, 7. Juli 1838:

Er litt im Frühling sehr an den Augen. Das letztemal ging ich ein Stück von den Boulevards mit ihm. Der Glanz, das Leben dieser in ihrer Art einzigen Straße regte mich zu unermüdlicher Bewunderung auf, welchem gegenüber dieses Mal Heine das Grauenvolle, das diesem Weltmittelpunkte beigemischt sei, bedeutend hervorhob. (M19,4)

England

Heine nimmt in Kauf, sich eines Vorurteils bezichtigen zu müssen, nur damit er »England / Die Engländer« sagen kann, um den handlichen Begriff zu haben für seine »grenzenlose, grauenhafte Furcht« vor dem, was er analysiert hat.

Er war im September 42 für die »Allgemeine Zeitung« unterwegs, um über englische Zustände zu berichten. Boulogne-sur-mer genügte ihm als Beobachtungsort: »bereits eine englische Stadt«. Man höre und sehe dort nichts als Engländer. Er war dort vertieft gewesen in englische Physiognomien, Gespräche und Zeitungen; und in seine Erinnerungen an London 1827 (II,538 ff.).

… es gibt in der ganzen Schöpfung kein so hartherziges Geschöpf wie ein Krämer, dessen Handel ins Stocken geraten, dem seine Kunden abtrünnig werden und dessen Warenlager keinen Absatz mehr findet. (V,418)

Und die Sprache – am Schreibtisch des Dichters doch der Naturlaut in der »Geschichte der Menschheit«! –, sie hört der Poet aus diesem Bild imperialen Krämertums nur noch heraus als »Zischlaute des Egoismus, der sich in jeder Silbe, in jeder Betonung ausspricht …«

Die Masse, die Stock-Engländer – Gott verzeih mir die Sünde – sind mir in tiefster Seele zuwider, und manchmal betrachte ich sie gar nicht als meine Mitmenschen, sondern ich halte sie für leidige Automaten, für Maschinen, deren inwendige Triebfeder der Egoismus. Es will mich dann bedünken, als hörte ich das schnurrende Räderwerk, womit sie denken, fühlen, rechnen, verdauen und beten – ihr Beten, ihr mechanisches anglikanisches Kirchengehen mit dem vergoldeten Gebetbuch unterm Arm, ihre blöde langweilige Sonntagsfeier, ihr linkisches Frömmeln ist mir am widerwärtigsten; ich bin fest überzeugt, ein fluchender Franzose ist ein angenehmeres Schauspiel für die Gottheit, als ein betender Engländer! (V,416 f.)

Heine muß solcher Kritikersprache mit Vorurteilsklang selber die »gleichgültigste Indifferenz« entgegenbringen, sonst bräche sich die Poetisierung eines Bilds letzten Auswuchses der »Weltgeschichte« am lebenden Menschen nicht so frei die Bahn wie hier. Und doch ist das ineinandergeschriebene Bild von Imperialismus und verdinglichter Subjektivität nur Folie einer Kritik, auf die es Heine *eigentlich* ankommt: Kritik an den revolutionären Oppositionellen in England, den Chartisten!

An diesem Punkt erst zeigt sich Heines Interesse am *Kontrast* England – Frankreich:

Nur soziale Ideen könnten hier eine Rettung aus der verhängnisvollen Not herbeiführen, aber, um mit Saint-Simon zu reden, auf allen Werften Englands gibt es keine einzige große Idee; nichts als Dampfmaschinen und Hunger. (V,419)

Doch seltsam, auch im Kern der vergleichenden Kritik an den Chartisten: Sprachkritik! Sie sprechen eine Vertretersprache, die die Hungernden nicht befreien, sondern bloß die parlamentarische Gesetzesmaschine »regenerieren« wird, die wieder nur »Zähne« (Gesetze) hervorbringen kann, womit die Herrschenden ihre »Beute erhaschen« (II,597). Nicht Forderungskataloge, sondern Ruf, Ton, Gebärde, wie sie der Kritiker beim Arbeiter-Aufstand in Lyon vernommen haben will, geben den »banalen« Worten (Parolen) der Revolution »ihre welterschütternde Bedeutung« (V,420).

Hier ist der Spalt geöffnet, durch den wir auf Heines dargestellte Gemütsverfassung bei der Rückkehr nach Paris sehen können. Die Chartisten sieht er in einer Reihe mit den Organisatoren des »Widerstands der irischen Katholiken«, worüber er 1828 geschrieben hatte. Und dahinter verbirgt sich, woran er denkt, wenn er den Ländervergleich an »einer Idee« befestigt: Von einer solchen Idee seien die *französischen*, dagegen *nur* von ihrem Hunger die englischen Aufständischen getrieben. 1828 chiffrierte der Autor die Idee, die *er* meint: die »beleidigte«; die Idee des »Völkerrechts der religiösen und politischen Freiheit« (II,590).

Die Auflösung (II,904) hatte er für die Buchfassung an dieser Stelle unterdrückt bzw. in der irischen »Parallelgeschichte« angedeutet (II,585ff.). Auch jetzt 1842 posaunt er nicht aus, daß er mit der Erinnerung an die »Emanzipation« der irischen Katholiken seine Sorge um die europäischen Juden deckt:

Wie sollen sie sich in den sozialen Revolten abgrenzen? – wie sollen sie kämpfen? – wie sollen sie sprechen?

»Sie werden dies (...) nächstens sagen. Aber der Text aus meinem alten beleidigten Herzen wird doch dabei der Ihrige bleiben müssen.« (S. 204)

Paris ... »– als hörte ich wieder die Laute des Vaterlandes« (V,416)

Die Sorge um die Juden bei ihrer »Emanzipation« ist für Heines analytischen Verstand längst europäisch globalisiert. Das »partikuläre Geburtsland« England behält seine Chartisten nicht für sich. Ihr Prinzip, das Recht auf Arbeit und ihre parlamentarische Repräsentanz in legaler Opposition zum Kapital, wird Schule machen, und also auch ihre furchterregende Sprache. Geht »Paris« als Kunstort verloren?

Der Flaneur vergaß im wunderbaren Augenblick, da »der Postwagen über das geliebte Pflaster der Boulevards dahinrollte«, die Analyse im Gepäck. Er wird sie hinter seinen Fenstern wieder herausziehen und am Schreibtisch ausformulieren. In der Kutsche jauchzte ihm »das Herz in der Brust«. Als der Text nach diesem Eingang ins Präsens fällt, ist der Augenblick vorbei. Präsent ist »England«, die Arbeit am Schreibtisch.

Zurückblickend, spätestens, erkennen wir: Die Signifikate der Freude bei der Rückkehr sind geronnen: Putz-*laden*, *Grisetten*-Gesichter, Glockengeläute der Coco*verkäufer*. Das ist »englisch« gefärbtes Paris, Fast-Glück, noch lebt das akustisch-visuelle Getümmel, der »Tanz auf dem Vulkan« (V,390), wann gerät der Handel ins Stocken?

Das pure Angstgefühl färbt die Geschichte, die der Tagestext schreibt, und muß zurückgestaut, ins Innre/Innerliche gedrängt werden – umgeschrieben ins einfach klingende: »Besorgnisse ob der eigenen Wohlfahrt, ob der glücklichen Friedensruhe des deutschen Vaterlandes.« (V,417) Alles Parisglück (»fast glücklich«) ist zusammengekratzt (das von den »wackeren Landsleuten« so verachtete Straßenglück, V,416[4]), um die aus England kommende Angst mit dem Hilfsmittel einer Heimweh-Floskel des deutschen Juden im Exil zu bannen. Welche Ironie!

Sie schafft den Raum für die Arbeit an einer kaum merklichen, nur nuanciert ausgedrückten politischen Frontstellung Englands gegen *Frankreich und Deutschland*: Schon oft bin ich in dieses andere Deutschland zurückgekehrt –« Aber diesmal ist meine Freude (…) doppelt groß«. Was seither so war, bekommt jetzt den doppelten Boden einer deutsch-französischen Gemeinsamkeit *in der Gefahr.* Der erstbeste Nationalgardist sieht aus wie ein deutscher – Bär! Der Flaneur hätt ihn »umarmen können«:

Warum aber war die Freude bei meiner Rückkehr nach Paris diesmal so überschwenglich, daß es mich fast bedünkte als beträte ich den süßen Boden der Heimat, als hörte ich wieder die Laute des Vaterlandes? Warum übt Paris einen solchen Zauber auf Fremde, die in seinem Weichbild einige Jahre verlebt? Viele wackere Landsleute, die hier seßhaft, behaupten, an keinem Ort der Welt könne der Deutsche sich heimischer fühlen als eben in Paris, und Frankreich selbst sei am Ende unserm Herzen nichts anderes als ein französisches Deutschland.
(V,416)

Der Rückkehrende auf dem Boulevard möchte das Glück empfinden, das ihm die Situation, in die er eintaucht, immer versprechen wird, er kann seinen deutschen Lesern aber nicht vorenthalten, daß das begehrte Glück ins Unwirkliche entweicht. Im ›bloß‹ professionellen Tun des Berichtens ist ein Vorkommnis gestalterisch zu fassen, das sich im Nu definitiv der *Schreib-*Situation überhaupt bemächtigt: So spezifisch die Heimkehrfreude über Paris ist – denn sie ist dem erreichten Sein *in Paris* im Zyklus der erwanderten Augenblicke, rückwärts betrachtet, eigentümlich –, so plötzlich unerreichbar ist dem Schreibenden ein dieser Freude angemessener Ausdruck geworden. Deutschland hat ihn eingeholt:

Im Ausdruck der Situation hat sich unversehens die Sentimentalität breitgemacht, und so schließt sich der Ausdruck in actu selber vom Stoff aus, den er aufnehmen sollte: von einem »Paris«, das dem gefürchteten »England« kühl und selbstbewußt standhält. Es bleibt übrig für die Schrift eine gebrochene Identität des Flaneurs: wird sie bloß noch als ästhetische Abstraktion überleben? Als Freude am Leben, die auch in »Deutschland« zu finden wäre? Das »*Schellengeklingel* der Coco-Verkäufer« hatte den Exilanten im Mai 31 empfangen (VI,460), erklingt es als »*Glockengeläute*« im zurückeroberten Deutschland, nachdem dort die »*Sterbeglocken*« schweigen?

Sollte die Rückeroberung aber nicht von den »Grenadieren« Napoléon Bonapartes bewerkstelligt werden? Betrachten wir die beiden kostbaren Momente im Wintermärchen, wo Texttränen uns zum Innehalten bewegen; »Und als ich an die Grenze kam ...« (IV,577) Und als angesichts der preußischen Besatzer Mühlheims am Rhein die Erinnerung an Napoléons Leichenzug, Januar 1841 in Paris (V,340), den Erzähler überwältigt (S. 347) –

In der Sagenwelt des Dichters, in die er seine Schriften *nach Napoléons »Kreuzigung«* gestellt hat, begegnen uns drei große Gestalten, Pan und Don Quijote beim Verlassen[5], Antäos beim Wiederbetreten Deutschlands. Ihre bedeutende Rolle als Begleiter auf dem Weg des Dichters bezeugt die Dominanz des Mythos in der figurativen Ordnung der Schriften. Sie entlasten die Trauer um den Kaiser, die über der gesamten Zeitstrecke der Wanderungen Heines liegt.

FREUDE ist Übergang des Menschen von geringerer zu größerer Vollkommenheit.
TRAUER ist Übergang des Menschen von größerer zu geringerer Vollkommenheit.
Erläuterung: Ich sage: Übergang. Denn Freude ist nicht die Vollkommenheit selbst. Wenn nämlich der Mensch mit der Vollkommenheit, zu der er übergeht, geboren würde, so würde er ohne den Affekt der Freude in ihrem Besitze sein. Dies erhellt noch klarer aus dem Affekt der Trauer, der dem Affekt der Freude entgegengesetzt ist. Denn daß die Trauer in dem Übergang zu geringerer Vollkommenheit besteht und nicht in der geringeren Vollkommenheit selbst, kann niemand in Abrede stellen, da sich der Mensch insofern nicht betrüben kann, als er irgend einer Vollkommenheit teilhaftig ist. Auch können wir nicht sagen, daß die Trauer in dem Mangel größerer Vollkommenheit besteht; denn Mangel ist nichts, der Affekt der Trauer aber ist ein wirklicher Vorgang, der deshalb kein anderer sein kann, als der Vorgang des Übergehens zu geringerer Vollkommenheit, das heißt der Vorgang, durch den die Wirkungskraft des Menschen vermindert oder gehemmt wird. Die Definitionen der Heiterkeit, der Lust, des Trübsinns und des

Schmerzes lasse ich unerwähnt, weil diese Affekte vornehmlich dem Körper angehören und nur Arten der Freude oder der Trauer sind. (Spinoza, 168 f.)

Nachdem das »Politische Kunstwerk Lutetia« (Schriftzüge, S. 333 ff.), dessen Aura Freude und Bündnisproben bilden, geschockt wurde von den »englischen Nachrichten« – der Berichterstatter faßt sie zusammen als Angriff auf die »melodische Geschichte der Menschheit« (III,69), die in einem verfallsgeschichtlichen Denken keinen Ort hat –, ist der Gigant Antäos herbeigerufen, der den Weg der Kunst zurück auf den rettenden, den erinnerten, den geliebt-verlorenen, den »süßen Boden des Vaterlandes« ebnen soll! Er betritt den Plan – Wird er den Weg freihalten bis ein stärkerer kommt, Herkules, der auch dem gewaltigen Liktor des Poeten den Boden entzieht[6]?

Seit ich auf deutsche Erde trat,
Durchströmen mich Zaubersäfte –
Der Riese hat wieder die Mutter berührt,
Und es wuchsen ihm neu die Kräfte.
(IV,579)

Die Rückkehr »aus England« ist die eigenste Zäsur, die Heine in den Vormärz schneidet. »England« hat »Paris« verändert, in der Realität entzaubert. Die Kunst des Nachmärz nimmt ihren Anfang. Die Angst, die dem Dichter seine Analyse macht, hat ihn ›*physisch* entpolitisiert‹[7] , seine »Schöpfungskraft« (V,378) *gestärkt*: ihn endgültig ins Bild gesetzt, was Paris bedeutet: Schreibort, »unserem Herzen (...) ein französisches Deutschland.«

Hier wird Deutschland nicht überblendet oder als »wahres« im Exil mystifiziert, sondern *gedichtet*. Der Fremde *überhaupt*, fremd überall, kann *hier* »deutscher Dichter« sein, ohne der »unbegrenzten Aufnahmefähigkeit« zu entbehren, an welche die »Dauerspuren« der Kunst sich halten: Paris doppelter Boden, »Wunderblock«[8]. So ist es Pariser Poesie, daß die Veränderung zuerst dem »Vater Rhein erzählt« wird, in den schwärzesten Euro-Farben: Die Franzosen werden leibhaftig wie die Deutschen!

O fürchte nicht, mein Vater Rhein,
Den spöttelnden Scherz der Franzosen;
Sie sind die alten Franzosen nicht mehr,
Auch tragen sie andere Hosen.

Die Hosen sind rot und nicht mehr weiß,
Sie haben auch andere Knöpfe,
Sie singen nicht mehr, sie springen nicht mehr,
Sie senken nachdenklich die Köpfe.

Sie philosophieren und sprechen jetzt,
Von Kant, von Fichte und Hegel,
Sie rauchen Tabak, sie trinken Bier,
Und manche schieben auch Kegel.

Sie werden Philister ganz wie wir
Und treiben es endlich noch ärger;
Sie sind keine Voltairianer mehr,
Sie werden Hengstenberger.
(IV,588/89)[9]

Die Rücknahme des Flaneurs aus dem Textbuch der Paris-Spiele ist in den drei, vier Korrespondenzen, die Heine nach der Rückkehr aus »England« noch unter dem gleichen Banne schreibt, besiegelt. Und sie hat einen Abschieds-Text erhalten, der seither sein ungelesenes Dasein in der »Lutetia« fristet. Ehe ich ihn abschließend zitiere, kurz einige Kommentar-Notizen:

Der Flaneur kann nicht mehr ›gehen‹ (die Freiheit in Paris hat sich den Fuß verrenkt), die Doppelbödigkeit, sein Terrain, ist durchgebrochen: Die Beschleunigung der neuen Zeit hat seinen Tiefen-Raum getötet (V,449).

Mir ist als kämen die Berge und Wälder aller Länder auf Paris angerückt. Ich rieche schon den Duft der deutschen Linden; vor meiner Türe brandet die Nordsee. (V,449)

In alten fröhlichen Witzbildern bricht die Balance zusammen, und ihr katastrophischer Gehalt strömt begleitet von sarkastischen Tönen des Autors ohne Kunstanspruch in die noch nachfolgenden Berichte. Knarrend schließen sich die Pforten des Kunstraums Lutetia; kaum noch erkennbar eine Hoffnung auf Erhalt jener »blutteuern Erworbenheiten« der Revolution im Juste-Milieu; rein politische Tagesurteile signalisieren: Der

Dichter verliert das Interesse daran, ob Guizot sich halten könne; kein gestalterischer Widerstand mehr dagegen, »daß dieses System auf die Länge scheitern muß« (V,431). Die Toten der drei großen Jahreskatastrophen (Rothschilds Eisenbahn verunglückt, Hamburg brennt, in Haiti tötet ein Erdbeben Tausende)[10] werden lässig der Philanthropie, der »Partei der Menschheit« anempfohlen (V,165): Hier, auf dem philosophischen Grund der Schriften, gräbt der Autor nicht mehr nach Motiven des dialektisch dahinschreitenden Weltwillens, die in einem politischen Kunstwerk zu gebrauchen wären und die Strukturen des produktiven Widerstreits mit Hegel ästhetisch stärken könnten. Immerhin: Was nach verzagtem Griff in die Mottenkiste vorformulierter Witzeinfälle aussieht, um mit den Katastrophen fertig zu werden (aus der Asche »meines schlabbrigen Hamburgs« werden die aus Rauchfleisch gemeißelten Kaiserbilder des Rathauses wie »gepuderte Phönixe« auferstehen; usw.)[11], es folgt höherer Witzordnung: wird untergeordnet einer figurativen klaren Trennung des Real- und Kunstraums der Phantasie. In den Kunstraum werden alle Dialektik des historischen Denkens und alle Mythologie hineingenommen.

Und ihm allein wird das *messianische Denken* jetzt anvertraut, dessen negative Orientierung an der *Zeitgeschichte* (S. 180) an dieser Stelle, im Übergang ins Jahr der Winterreise nach Hamburg, nocheinmal betont und rückblickend aufs Jahr 1842 in die »englische« Beleuchtung gestellt wird: »Der Messias wird nicht auf einem Esel, sondern auf einem Dampfwagen den segenreichen Einzug halten« (V,430). Wie dieser Segen zu verstehen sei, scheint sarkastisch geklärt. Die neueste Zivilisationsgeschichte treibt uns in Katastrophen, die zur Naturgeschichte der Menschheit zu werden drohen; die Opposition dagegen hat ihren Kurs auf Sozialdemokratie vorausgestellt (bloß noch Vernunft und Sozialintegration). Wenn aber alle »verjüngenden Keime« aus der Politik herausvernünftelt werden, wird eine Rede von ihrer erlösenden Zukunft blank zynisch. – Übers Tal Josaphat Auskunft zu geben, bliebe dann nur noch Sache der Kunst. Der Schatten dieser Hypothese liegt über Heines Verabschiedung des Flaneurs und Reise nach »Deutschland«. Was der Autor jetzt positiv, in ›schöner‹ Textarbeit, klärt, ist sein Festhalten am messianischen Denken als Künstler (S. 298). Für den

Augenblick drückt er das im ironischen Szenario des Neujahrs-Artikels 1842 aus: Großes Staunen am Styx. – Der Text verknüpft aufs neue und selbstverständlicher als je die Dichtung mit dem Mythos.

Paris, 31. Dezember 1842.

Noch ein kleiner Fußtritt, und das alte böse Jahr rollt hinunter in den Abgrund der Zeit. Dieses Jahr war eine Satire auf Ludwig Philipp, auf Guizot, auf alle die sich so viele Mühe gegeben haben, den Frieden in Europa zu erhalten. Dieses Jahr ist eine Satire auf den Frieden selbst, denn im geruhsamen Schoße desselben wurden wir mit Schrecknissen heimgesucht, wie sie der gefürchtete Krieg gewiß nicht schrecklicher hervorbringen konnte. Entsetzlicher Wonnemond, wo fast gleichzeitig in Frankreich, in Deutschland und Haiti die fürchterlichsten Trauerspiele aufgeführt wurden! Welches Zusammentreffen der unerhörtesten Unglücksfälle! Welcher boshafte Witz des Zufalls! Welche höllischen Überraschungen! Ich kann mir die Verwunderung denken, womit die Bewohner des Schattenreichs die neuen Ankömmlinge vom 6. Mai betrachteten, die geputzten Sonntagsgesichter, Studenten, Grisetten, junge Ehepaare, vergnügungssüchtige Drogisten, Philister von allen Farben, die zu Versailles die Kunstwasser springen sahen und statt in Paris, wo schon die Mittagstafel für sie gedeckt war, plötzlich in der Unterwelt anlangten! Und zwar verstümmelt, gesotten und geschmort! »Ist es der Krieg, der euch so schnöde zugerichtet?« »Ach nein, wir haben Frieden, und wir kommen eben von einer Spazierfahrt.« Auch die gebratenen Spritzenleute und Litzenbrüder, die einige Tage später aus Hamburg ankamen, mußten nicht geringeres Erstaunen im Lande Plutos erregen. »Seid ihr die Opfer des Kriegsgottes?« war gewiß die Frage, womit sie empfangen wurden. »Nein, unsre Republik hat Frieden mit der ganzen Welt, der Tempel des Janus war geschlossen, nur die Bacchushalle stand offen, und wir lebten im ruhigen Genusse unsrer spartanischen Mockturtlesuppen, als plötzlich das große Feuer entstand, worin wir umkamen.« »Und Eure berühmten Löschanstalten?« »Die sind gerettet, nur ihr Ruhm ist verloren.« »Und die alten Perücken?« »Die werden wie gepuderte Phönixe aus der Asche hervorsteigen.« Den folgenden Tag, während Hamburg noch loderte, entstand das Erdbeben zu Haiti, und die armen schwarzen Menschen wurden zu Tausenden ins Schattenreich hinabgeschleudert. Als sie bluttriefend anlangten, glaubte man gewiß dort unten, sie kämen aus einer Schlacht mit den Weißen, und sie seien von diesen gemetzelt oder gar als revoltierte Sklaven zu Tode gepeitscht worden. Nein, auch diesmal irrten sich die guten Leute am Styx. Nicht der Mensch, sondern die Natur hatte das große Blutbad angerichtet auf jener Insel, wo die Sklaverei längst abgeschafft, wo die

Verfassung eine republikanische ist, ohne verjüngende Keime, aber wurzelnd in ewigen Vernunftgesetzen; es herrscht dort Freiheit und Gleichheit, sogar schwarze Preßfreiheit. – Greiz-Schleiz ist keine solche Republik, kein so hitziger Boden wie Haiti, wo das Zuckerrohr, die Kaffeestaude und die schwarze Preßfreiheit wächst, und also ein Erdbeben sehr leicht entstehen konnte; aber trotz des zahmen Kartoffelklimas, trotz der Zensur, trotz der geduldigen Verse, die eben deklamiert oder gesungen wurden, ist den Greiz-Schleizern, während sie vergnügt und schaulustig im Theater saßen, plötzlich das Dach auf den Kopf gefallen, und ein Teil des verehrungswürdigen Publikums sah sich unerwartet in den Orkus geschleudert!

Ja, im sanftseligsten Stilleben, im Zustande des Friedens, häufte sich mehr Unheil und Elend, als jemals der Zorn Bellonas zusammentrompeten konnte. Und nicht bloß zu Lande, sondern auch zu Wasser haben wir in diesem Jahr das Außerordentliche erduldet. Die zwei großen Schiffbrüche an den Küsten von Südafrika und der Manche gehören zu den schauderhaftesten Kapiteln in der Martyrgeschichte der Menschheit. Wir haben keinen Krieg, aber der Frieden richtet uns hin, und gehen wir nicht plötzlich zugrunde durch einen brutalen Zufall, so sterben wir doch allmählich an einem gewissen schleichenden Gift, an einer Aqua Tofana, welche uns in den Kelch des Lebens geträufelt worden, der Himmel weiß von welcher Hand!

Ich schreibe diese Zeilen in den letzten Stunden des scheidenden bösen Jahres. Das neue steht vor der Türe. Möge es minder grausam sein als sein Vorgänger! Ich sende meinen wehmütigsten Glückwunsch zum Neujahr über den Rhein. Ich wünsche den Dummen ein bißchen Verstand und den Verständigen ein bißchen Poesie – – – (V,426-428)

⋆

Am Ende gerät der Poet als Artikler ins Stottern und Schwimmen, mühsam rettet er den Gruß nach Deutschland hinüber als ein Gemisch von Witz ohne Tiefsinn und konventioneller Rhetorik ohne Witz:

Den Frauen wünsche ich die schönsten Kleider und den Männern sehr viel Geduld. Den Reichen wünsche ich ein Herz und den Armen ein Stückchen Brot. Vor allem aber wünsche ich, daß wir in diesem neuen Jahr einander so wenig als möglich verleumden mögen.

Wie es künftig aussehen wird, das »ganz neue Genre« einer witzigen Poesie, die ihre Traumzeit-Räume autonom durchwandern wird und dabei zugleich aller »Tendenzpoesie (...) den

Todesstoß« versetzen soll, das vertraut der Deutschlandreisende wieder ihm an, dem »Vater Rhein«, der den witzigen Poeten wie keiner kennt, der zuvor einiges erzählt hatte von dem, was ihm widerfuhr von Biberich herunter (vorbei an Mainz, St. Goar, Bacharach) und was er hofft.

> Gib dich zufrieden, Vater Rhein,
> Denk nicht an schlechte Lieder,
> Ein besseres Lied vernimmst du bald –
> Leb wohl, wir sehen uns wieder.
>
> (IV, 589)

Kapitel VIII
Heines Witz und Satire

Und als ich an die Grenze kam
....
Und als ich die deutsche Sprache vernahm
....
Wer mir den Vogel herunterschießt

Antaios der Gigant, unbesiegbar im Kampf, wenn seine Füße auf dem Boden stehen (S. 365), betritt »Deutschland«. Bücher aus Satans Bibliothek trägt er im Kopf. Im Kaiserdom zu Aachen beugt er sich übers Grab des Großen Karolingers. Als er die Soldaten des Preußenkönigs sieht, die Besatzer der Rheinlande, kommt Haß auf. Ihn gelüstet nach dem Symbol, dem preußischen Adler. Er sieht schon wie der König der Lüfte ihm »einst« in die Hände fallen wird: »So rupfe ich dir die Federn aus / Und hacke dir ab die Krallen.« Aber der Erdensohn verträumt sich dort oben im Luftreich, die natürliche Logik setzt aus: Wo zu kämpfen für ihn tödlich wäre, träumt er weiter wie ein Kind, in Bildern, die nicht mehr ›stimmen‹. Er möchte –

Er möchte den Adler wie einen Papagei, nachdem er *ihm* die Krallen, *sein* Steh- und Angriffsmittel genommen hat, in luftger Höh auf eine Stange setzen und den Rheinischen Vogelschützen zum Abschuß frei geben. Dem wackern Mann, der trifft, verspricht er Krone und Szepter.

Sollen wir lachen über den Tollpatsch, der im Haß auf den Feind sich selbst verkennt und den Spielraum seiner Kräfte über-schätzt? Lachen über den Althelden, der in so hochromantischem Ton neu eingeführt war? »Seit ich auf deutsche Erde trat …«

Liest man den Auftritt so, *müßte* man eigentlich lachen … Da vertritt einer, der kämpfen kann, unsere Affekte, und die Sorge um den Sieg, die berechtigt scheint, wird uns genommen vom Einfall, den Großen gar nicht kämpfen, sondern bloß träumen zu lassen mit der Pointe eines »lustigen Schießens« (IV,583) – Ein wenig Entlastung, ein wenig Unlustabfuhr doch schon?

Aber da ist noch etwas. Zeus/Jupiter, der moderne Todfeind der Giganten, hatte seine Hand im Spiel. Selbst in seinen Träumen wird der Erdensohn, der träumend gar nicht kämpfen kann, ausgespielt von den wahren Protagonisten der neueren Geschichte, von Gott und König: Und ihnen wird auch noch das Witzvermögen, die Hoheit über den »Einfall« zugesprochen!

Nicht übel gefiel mir das Kostüm
Der Reuter, das muß ich loben,
Besonders die Pickelhaube, den Helm,
Mit der stählernen Spitze nach oben.
(...)

Ja, ja, der Helm gefällt mir, er zeugt
Vom allerhöchsten Witze!
Ein königlicher Einfall wars!
Es fehlt nicht die Pointe, die Spitze!

Nur fürcht ich, wenn ein Gewitter entsteht,
Zieht leicht so eine Spitze
Herab auf Euer romantisches Haupt
Des Himmels modernste Blitze! – –

So wenig je bestritten worden ist, daß dies ein witziger Text sei, so verwirrend aussichtslos scheint es zu sein, sich über die Ursache des Eindrucks zu verständigen. Hat man der Ich-Rede den Riesen bis zuletzt überhaupt noch assoziiert, dann wird man jetzt *über* ihn gewiß nicht mehr lachen können. Worüber statt dessen? Über die Kumpanei des Königs mit dem Gott, der seine Soldaten trefflich erschlagen wird? Über Heine im Dialog mit dem Adler? Was ist daran witzig? – Wir werden sehen, daß die Assoziation Antaios-Heine vom Witzgelächter freigehalten wird, weil ihr Bildgeheimnis ist: jüdischer Dichter-Riese.

Im oszillierenden Anspielungsgetümmel der Eintrittspassage nach Deutschland – nehmen wir hinzu die Sängerin, das Volk, die Priester, die Freunde, die Engel, das Hochzeitspaar, Jupiters oder Wotans Eiche, die Hunde auf den Straßen Aachens, die Zöllner, den neuen Gott, den Sänger des Deutschlandlieds, Kreuzritter, die schwäbische Dichterschule ... – in diesem reizenden Kaleidoskop ist eine Zuordnung der Affekte zu ihren Auslösern oder Trägern und also eine dem Witz gerecht werdende Situations-Grammatik nur schwer nachzuvollziehen. Hinzu kommt eine geradezu absolute Unbestimmtheit der Adressatenlage bei vorausgesetzt witziger Erzählabsicht. Andererseits ist die Freiheit der Lektüre angesichts witziger Strukturen (weil man unwillkürlich lacht, sich unfreiwillig amüsiert) begrenzt.

Und das aber deutet auf die Erkennbarkeit bestimmter Elemente der Sprachform, die uns ›gefangen‹ haben, wenn wir lachen. Freiheit bleibt, sie hält sich aber im Hintergrund. Ich bin frei, einen zweiten Witz vom selben Sprecher zu verweigern. Ich brauche die freie Wahl der Mittel, die mir womöglich helfen müssen, ein im Halse steckengebliebenes Lachen zu lösen. Ich möchte mir, bevor ich weiterlese, die Zeit nehmen, darüber nachzudenken, warum mir die »Jungfer Europa« ›komisch vorkommt‹ oder ich die dunkle Ahnung habe, soeben über Verborgenes, die »Judenhunde« jener mittelrheinischen Zollstation (Rheinstein) gelacht zu haben[1], weil ich über den offenen Doppelsinn »zerstreu uns ein wenig« lachen mußte – »Gib uns einen Fußtritt, o Fremdling ...« (IV,581)

Bei flüchtiger Sondierung der hier aufgeworfenen Fragen (und mehr habe ich nicht beabsichtigt) stellt sich heraus, daß die *meisten Figuren*, von denen Anspielungsimpulse ausgehen, Objekte in der Anspielung selber und in dieser Rolle auch nützlich sind (funktionieren) bei mutmaßlicher Witzabsicht oder drängender Witzlust. Während »ich« sich in privilegierter Subjektstellung mit eher ernsten (Haupt)Figuren assoziiert: mit Antaios, Jupiter/Wotan (Moses?), Satan, dem unbekannten Gott, dem Schützenkönig.

Die Oberfläche des Erzähl- und Gedankengangs des Wintermärchens »Deutschland« ließe sich so erst einmal unter dem Aspekt der figurativen Ordnung, die wir dem gesamten Text unterstellen, als die Unterlage bestimmen, auf der wir die Bildung witziger Strukturen beobachten können. Mir scheint, das Angedeutete könnte auch genügen, ein Anreiz zu sein, gerade dann, wenn wir ›bloß‹ vor einer Witzbühne zu sitzen wähnen, eine bestimmte bildliche *Schwelle* uns vorzustellen, an die uns zu versetzen der Dichter einlädt. Ich meine die

Schwelle zum Mythos und zur Religionsgeschichte einer modernen Ästhetik, deren Politik es ist, zurückzugehen an die »Abgründe der Schöpfung« und dies erzählend und in lyrischer Gattung zu tun – »einschneidend, äußerst scherzhaft immer ...« (S. 204)

Diesen schöpferischen Gang ›am Abgrund‹ immer besser zu verstehen, habe ich über die Kapitel hin und zuletzt in den Pariser Passagen versucht. Bei allen diesen Textwanderungen treffen wir auf Heines Witz. Daß er Stimme aus dem Unbewußten sei und zugleich bei seinem ›Eintritt‹ in Texte ihnen eine bestimmte Form abverlangt, die *auch* Schwelle ist (›von unten‹ aufschwellender Ort) – dies war immer wieder eine Erkenntnis des Lesens und ein Grund zum Innehalten.[2] Am Ende nun möchte ich mit einigen instrumentellen Erläuterungen zum Heineschen Witz die Anregungen dieses Buches stützen, die auf Freiheit der Lektüren in den Textbindungen der Schriften gerichtet waren. – Eine neue Lektüre des »Wintermärchens« wäre eine der vielen, aber gewiß eine der schönsten Proben auf solchen Anregungsgehalt. Im letzten Kapitel mache ich dazu einen kleinen Anfang.

I. WITZ

> Der Traum ist immer noch ein,
> wiewohl unkenntlich gemachter Wunsch;
> der Witz ist ein entwickeltes Spiel.
>
> (Sigmund Freud, IV, 168)

»Beim Dukatenschlagen bekommen Sie die Dukaten und ich die Schläge« sagt Heine zu seinem Verleger Julius Campe.[3] Der Dichter hatte diese Bemerkung in seinem Formelspeicher und gebrauchte sie gern. Sie ist nach allgemeinem Verständnis witzig. Wir lachen, oder, wahrscheinlicher, wir schmunzeln, lächeln. Woher die Heiterkeit?

Wir verdanken sie, so Sigmund Freud, einer Arbeit des Unbewußten. Demnach spielt sich beim Hören einer witzigen Sprachfügung Folgendes ab. Das in der Witzbildung verwendete Wortmaterial ruft in unserer Vorstellung ein sinnliches Bild hervor, das uns im Horizont von Erfahrung und Wissen unwillkürlich an etwas erinnert, dem es angemessen wäre, nun gedanklich verarbeitet zu werden. Ja möglicherweise bewegt es uns, es abzuwehren, weil es an Verdrängtes rührt, das sich dem Geist in schmerzhafter Gegenwärtigkeit wieder aufdrängen könnte. Beide möglichen Reaktionen auf das im Hören eines Witzes mobilisierte Erinnern, nämlich Gedankenarbeit oder affektive Schmerzabwehr, wären anstrengend. Noch ehe aber die Erinnerung auf dem scheinbar also vorgezeichneten Weg uns solche Mühe machen kann, ist sie uns schon abgenommen worden mit Hilfe der Form, die der witzige Einfall dem Gehalt des mitgeteilten Bildes verliehen hat. Das verschafft uns Lust, die sich in befreitem Lachen äußert. Diesen Vorgang nennt Freud in Anlehnung an die Arbeit, die er dem Traum zuschreibt, »Witzarbeit«; dargelegt in dem klassischen Buch *Der Witz und seine Beziehung zum Unbewußten.*[4]

Das Unbewußte scheint uns mit Lustgewinn etwas abzunehmen, das wir gern ›selber‹ tun würden, frei und selbstbestimmt in taghellem Selbstbewußtsein unserer Freiheit. Von solcher lustvoll *souveränen* Bewußtseinsarbeit träumt die Menschheit seit sie Aufklärungszeitalter hervorbringt. Freud wußte so gut wie Heine, daß die Vernunft, die in diesem Traum die Hauptrolle spielt, ihre Kehrseite hat. Ihr wendet er sich zu; dorthin, wo er das Unbewußte annimmt: »etwas, was man wirklich nicht weiß.« (152)

Ihm mit Verstehen *und Wissen* (paradoxerweise) beizukommen, ist Freud in den Traum- und Witzuntersuchungen ein gutes Stück geglückt. Ein pfleglicher Humanismus bindet dieses Wissenwollen an die gelassenste Anerkenntnis unserer Vergessenstriebe und Verschiebungssehnsüchte (158). Eine reflexive Subjektfreundlichkeit prägt das Witzbuch, dem Heines Dichtung also nicht zufällig Musterbeispiele für die Analysen geliefert hat. »Lustprämien« werden uns gegönnt, wenn, wir kennen den Text, es wieder einmal nottut, »daß die liebe, unverwüstliche, melodische Geschichte der Menschheit unsere Seele tröste in dem mißtönenden Lärm der Weltgeschichte« (S. 365). In diesem geschichtlichen Kontext haben wir durchaus die Schwelle zu suchen, wo auch die Witzbildung, wie andere Nachrichten aus dem Unbewußten »in der Wahrnehmungsregion anlangt«

(154) und ins Spiel ihrer *Form*-Entwicklung tritt. Der Witz sei »die sozialste aller auf Lustgewinn zielenden seelischen Leistungen«, sagt Freud (167).

Kehren wir zur witzigen Bemerkung über den Verleger Julius Campe und seinen Autor Heine zurück. – Beim Dukatenschlagen bekommt mein Verleger die Dukaten und ich die Schläge. Freud würde diesen Satz etwa so beschreiben:

Verleger/Campe	Autor/Ich/Heine
Dukaten	Schläge

Das Wortmaterial »Dukatenschlagen« wird in der Arbeit des Witzes halbiert und die Hälften werden im witzigen Einfall zutage gefördert, indem sie je eine Ergänzung oder Korrespondenz erhalten. So werden die Dukaten mit dem Verleger und die Schläge mit dem Autor, dem Ich, verknüpft. Und natürlich wäre für eine genauere Analyse der Witztechnik die Reihenfolge des witzigen Satzes mit seinen beiden Zuordnungspolen wichtig. In Kürze nur: Der witzige Satz muß *pointiert* sein mit dem Double Heine und Schläge (nicht umgekehrt mit Campe). Übersetzen wir diesen witztechnischen *Vorgang* oder, wie Freud dieses Verfahren nennt, reduzieren wir ihn auf den im sinnlichen Bild mitgeteilten Gedankengang, so ist der Witz weg!

Wir sehen: Das aus der Witzarbeit am Wort*material* resultierende Wort*gefüge* wird als sinnliches Bild qualifiziert und von den verdeckten Gedanken (die es verschließt) unterschieden. Und mit dieser Reduktion realisieren wir, daß etwas in der ›harmlosen‹ Wortverbindung Einheitliches, die Arbeit des Münzenschlagens, auseinandergerissen wird und eine somit aufgerissene *Erinnerung* ihren ursprünglichen Gehalt aufscheinen läßt *und* ihn zugleich geschichtlich analysiert. Wir befinden uns dann, indem wir uns der Bildreduktion überlassen, im Prozeß der Gedankenarbeit. Aus Gold wird Geld. Der Fürst des Mittelalters, der die Dukaten schlagen läßt, ist der Repräsentant eines Sündenfalls. Das Geldwerden des göttlich-königlichen Goldes lehrt ihn, den Mehrwert des Goldes in der Arbeit zu entdecken, die es kostet, aus Gold Geld zu machen, aus einem edlen Rohstoff eine Münze, die im Tausch mit anderen Produkten, die aus anderen Rohstoffen erarbeitet werden, die Dynamik des Mehrwerts verbirgt. Der Fürst wird, mit anderen

Worten, die Erzeugung des Mehrwerts zu seiner und seiner Klasse Sache machen und den Arbeiter, der beim Dukatenschlagen seine Kraft, während der Fürst bloß seine Idee verausgabt hatte, mit einem Hungerlohn abspeisen. Wir befinden uns im Prozeß einer gedanklichen Sondierung, deren Besonderheit darin besteht, daß sie in allgemeine historische Dimension zurückdringt: Das ursprüngliche Solidarverhältnis, das im Begriff menschlicher Arbeit noch überliefert ist, wurde aufgekündigt. Die Ausbeutungsgeschichte tritt in ihr kapitalistisches Stadium. Ausbeutung durch Betrug bei der gemeinsamen Wertschöpfung. Gedankenarbeit hieße hier also: *Historisches Zurückdenken wird (soll werden) zur Kritik.* – Der Witz aber, sagt Freud, stellt uns sicher vor den Einsprüchen der Kritik.

All das, worauf die gedankliche »Reduktion« des Witzes stößt, wußte Heine natürlich und er hat sich stellvertretend mit seinem Verleger zeitlebens mit dem modernen Betrug am Wert der menschlichen Arbeitskraft herumgeschlagen – Hörten wir nicht soeben wiederum das Wort ›schlagen‹? Unversehens hat uns die Gedankenarbeit auf die Witzform zurückgeführt, die sie verbirgt. Aber unsere Reduktion sprengt die Form und schaut hinab und zurück. Was im Gedankengang eine Klage genannt werden könnte, kommt aus Heines Munde als Witz, der darin begründet ist, daß die Wortverbindung nur als solche, als Sprachmaterial, in die fertige Münze des witzigen Einfalls umgeschlagen wird. Das sinnliche Bild der Wortverbindung wird nicht gedanklich *eröffnet*, nicht also in dem Gehalt zugänglich gemacht, der ein schmerzhafter ist und als Erinnerung an seine persönliche und geschichtliche Dimension im Witz ›nur‹ aufblitzt. *Dergestalt* wird er, abgeschnitten von seinen Gedanken*bahnen*, entstellt zur Kurzform. Noch ehe wir uns in das so gekürzt erinnerte Leiden vertiefen können, lachen wir schon.

Die Witzform, im Lachen realisiert, schützt uns vor solcher Vertiefung. Wir vergessen, indem wir erinnert werden. Und dies gerade deshalb, weil die Erinnerung im Wortspiel, genauer: in seinem Unsinn gefangen bleibt. Der Witz ist, daß das Wort Schlagen innerhalb des sprachlichen Bildes »Dukatenschlagen« verschoben wird in einen Sinn, der vom bildlichen Ausdruck nicht gemeint ist, also, im Bilde gelassen, Unsinn ergibt. So belassen werde der Sinn im Unsinn, sagt Freud, zum Verschwinden gebracht, von dort her entfalte er seine formbestimmende und in Form gebannte Aktivität: »Der Sinn im Unsinn« macht den »Unsinn zum Witz« (56,124). Ebendiese seelische Leistung des Verschiebens bringt uns den Lustgewinn der Erleichterung: Indem wir über die unsinnige Vermenschlichung der Schläge beim Geldprägen lachen (über die Verdichtung also von Prägen und Prügel im Wort »Schlagen«), entgeht uns, wie unerträglich all *die* Schläge sind, die Menschen wirklich zugefügt werden, weil und seitdem das Geld regiert. – Hören wir Heines ›private‹ Stimme am zitierten Belegort seines Witzes (1854): »... und ich die Schläge. Ich schließe, denn das Sprechen greift mich zu sehr an.«[5]

Noch ein Letztes in der knappen theoretisch-analytischen Vorbereitung, dann sind wir zurück in der witzigen Textwelt des Autors Heinrich Heine. – Freud unterscheidet Traum- und Witzarbeit in sozialer Hinsicht. Mit meiner Traumarbeit und damit, wie ich im Bewußtsein an sie anzuknüpfen suche, bin ich mit mir allein, ja ich gefährde mich – Freud sagt: bis zu meiner Zerstörung (167) –, wenn ich mich dem manifesten lustbringenden Inhalt meines Traums erzählerisch hingebe, so daß er womöglich verstanden wird. Wie dem auch sei, in solche Gefahr bringt mich nicht mein Witz. Fällt mir einer ein, so bin ich der Zensurinstanz, die mich vor seiner Äußerung zurückhalten und den gefundenen witzigen Ausdruck hemmen könnte, bereits entwischt (anders im Traumbild, das dieser Hemmung ausweicht durch Kompromißbildung, die den latenten Traumgedanken beim Erwachen ins Unverständliche entstellt); die Witzbildung will sich offensiv vollenden, verständlich, vergnüglich, unterhaltsam sein, auch und gerade in ihrer Formkürze: nach außen harmlos wirkend.

(Der Witz) besteht darauf, das Spiel mit dem Wort oder dem Unsinn unverändert zu erhalten, beschränkt sich aber auf die Auswahl von Fällen, in denen dieses Spiel oder dieser Unsinn doch gleichzeitig zulässig (Scherz) oder sinnreich (Witz) erscheinen können, dank der Vieldeutigkeit der Worte und der Mannigfaltigkeit der Denkrelationen. (161)

Daraus folgt: Der Witz ist »doppelzüngig« so wie er in der Sprache der Andeutung aus dem Unbewußten im Bewußtsein spricht. Das begründet seine soziale Qualität. Der Witz braucht deshalb eine personelle Grundkonstellation von mindestens zwei Beteiligten, Mitspielern, wobei im Falle des angreifenden, verletzenden Witzes die primär andere Person allerdings nicht um ihr Mitspiel gebeten wird. Sie wird in diesem Falle ersetzt durch eine andere zweite Person, die sich in der Situation als Adressatin der erzählenden über die primär andere Person als über die abwesende amüsiert. An ihr entladen sich, wie in unserem Beispiel, die Aggressionen des Erzählers. Sie, wäre sie anwesend, hätte nichts zu lachen. Von Bedeutung nun aber ist, daß auch der Erzähler, der Autor, nicht lacht. Aus der alltäglichen Witzpraxis kennen wir diesen Sachverhalt. Die oder der unmittelbar nicht Betroffene, oder die nicht Betroffenen (die *lachenden* Dritten) – also die Zuhörenden lachen. Auch dieses Phänomen hat Freud genau analysiert. Unser Lustgewinn als Zuhörende beruht darauf, daß wir unverhofft und überraschend das Aufblitzen einer elenden Erfahrung oder eines schmerzhaften Wissens erleben und es unter Witzwirkung, lachend, dort lassen dürfen, woher es heraufblitzte: in der Verdrängung. Unser seelischer Aufwand ist ohne weiteres positiv, im Lustgewinn eingesetzt und sofort auch erschöpft – vielleicht nachbebend in einer gewissen nachdenklich versonnenen Stimmung, die nach Witzen, die an unser Elend gerührt haben, zurückbleiben mag.

Der Erzähler, wenn er den Witz selber ›geschaffen‹, gefunden hat, hat keinen positiven Lustgewinn. Seine Seele hatte einen Aufwand nötig, um das sie belastende Gedankengut in einem Bild zu verdichten und auf ein anderes, witziges zu verschieben; der Witzerfolg beschert *ihm* einen Energie*ausgleich*, mehr nicht, keinen Zugewinn; der Erzählende mag höchstens einen Gleichklang empfinden zwischen Last und Lust und er wirkt dann ›ausgeglichen‹ – während er *uns* unterhält. Dies ist eine literarische Urszene.

»Autor« unterhält »uns« mit seinem und unser aller Elend. Wir werden unterhalten auf seine Kosten. Im Falle des aggressiven Witzes auch auf Kosten eines außer uns Dritten, eines anwesend Abwesenden, dem das aber, wie wir im Witzgenuß ›leichtsinnig‹ glauben, recht geschieht. In unserem Beispiel ist der Dritte der Verleger. Der Verleger ist ein Ausbeuter. Er beutet den Poeten aus, der uns so witzig unterhält und auch noch die Ausbeutungsverhältnisse, unter denen er leidet, zum Gegenstand unseres Vergnügens zu machen versteht.

So sind wir also auf dem literarischen Terrain. Freud hat von den Funden, die man hier machen kann, in seiner Untersuchung reichlich Gebrauch gemacht. Von Heine allein bezieht er 20 Beispiele, reichlicher schöpft er nur noch aus den Schriften des großen Spötters Lichtenberg. Die Einholung der Witztheorie in unsere Textwanderungen wäre aber unvollständig, holte ich nicht nach, worauf die Freud-Kenner natürlich längst gewartet haben.

Freuds Untersuchung bliebe halt- und wurzellos gerade auch im Rahmen von Literaturbetrachtungen, hätten wir aus dem Auge verloren, daß die Kategorien Verdrängung und Enthemmung, auf denen auch die Witzanalyse beruht, Essentials der Freudschen Sexualtheorie sind, *und* ließen wir zudem außer Betracht, daß Freud die Bedeutung des Witzes aus seiner sozialen Funktion herleitet: aus der subjektiven Erleichterung unterm Elendsdruck der Klassengesellschaften und, mit besonderem Interesse, unterm Elendsdruck des jüdischen Volkes in der Diaspora und in Osteuropa.

Am häufigsten aller Beispiele Freuds sind die aus der Sozialsphäre des jüdischen Witzes, dem »mannigfaltigen hoffnungslosen Elend« der Juden (108), hinter dessen Aufhellung durch witzige Geschichten »so manche traurige Frage lauert«, wie Freud zugestehen muß. Wir bewegen uns über die Grenzen seiner Untersuchungszwecke, wenn wir seine Nacherzählungen jüdischer Witze auf ihren Kern bringen. Nicht besser aber könnten wir den Eingang in die »Geheimnisse« der unsäglichen Schmerzen eröffnen, die ihren literarischen »Ersatz« auch und so ›klassisch‹ berückend in Heines Witz gefunden haben …

Wenn zwei Juden in der Situation des jüdischen Witzes zusammen sind, dann sind sie bei sich, es fehlt die dritte Person als feindliche, fremde, es fehlt der Goi, der Nichtjude; es fehlt unmittelbar, solange sie unversehrt erzählen können, Edom. Die beiden erzählen sich ihr Elend so, daß nur sie, jedoch stellvertretend für ihre Gemeinschaft in der Fremde, über ihr Elend lachen können. Sie schonen sich dabei nicht; sich und ihre erzählten Leidensgefährten. Die Selbstparodie, nicht der Selbsthaß ist das Wesen ihres Witzes. Erst, wenn er ergriffen und von Nichtjuden nacherzählt wird, wird sein Wesen verkehrt. Der jüdische Witz wird zum Judenwitz und dergestalt rückt er in den Diskurs des Hasses ein, der gegen die Kultur des jüdischen Selbstwitzes gekehrt ist und noch das Elend, das ihm zugrunde liegt, zum Objekt der Gewalt und der Verfolgung macht.[6] – So dient tragischerweise (S. 77 f.), ja objektiv zynischerweise der jüdische Witz beim Austritt aus seiner sozialen Sphäre dem Antisemiten, der ihn in identischer Sprachform, wenn auch nicht gleich*lautend* nacherzählt; dient zum vernichtungswilligen Verlachen – und dem Theoretiker als Objekt zur Aufklärung der Struktur des Witzes ›überhaupt‹ …

Was den sexuellen Aspekt der Witztheorie betrifft, so kann ich mich hier zunächst und vorverweisend (S. 388, 397) darauf beschränken, auf die dem Judenwitz strukturell vergleichbare Praxis des frauenfeindlichen Witzes zu verweisen. Dessen libidinöse Grundlage allerdings ist ambivalent. Der Witz nämlich, dessen Aggressionstrieb aus Männermund auf Frauen gerichtet ist, verdeckt, in der Idee der Witzarbeit, ein Begehren, das für Männer und Frauen tendenziell gleicherweise gehemmt ist und in dieser Weise geschlechtsunspezifisch unsere Aufmerksamkeit auf die gesellschaftliche Zwangslage sexueller Subjektivität überhaupt lenken muß. Dies ist sogleich bei Heine selber zu beschreiben.

2. HEINES WITZ UND SEIN VERGEHEN IN DEN TEXTEN

Ich schüttle einige Splitter aus Heines Versschriften zu einer demonstrativen Collage zusammen:

O, mein gnädiges Fräulein, erlaubt
Mir kranken Sohn der Musen,
Daß schlummernd ruhe mein Sängerhaupt
Auf Eurem Schwanenbusen!

»Mein Herr! wie können Sie es wagen
Mir so was in Gesellschaft zu sagen?«

Blamier mich nicht, mein schönes Kind
Und grüß mich nicht unter den Linden;
Wenn wir nachher zu Hause sind,
Wird sich schon alles finden.

Heut Nacht, im Traum, unglücklicherweis,
Tät ich an der schmutzigsten Magd mich laben,
Und ich konnte doch für denselben Preis
Die allerschönste Prinzessin haben.

Nur einmal noch möcht ich dich sehen.
Und sinken vor dir aufs Knie,
Und sterbend zu dir sprechen:
Madame, ich liebe Sie!

Du hast an mir einen Mann gefunden,
Wie du ihn brauchst. Du wirst mich reichlich
Beglücken mit Gefühl und Küssen,
Und dann verraten, wie gebräuchlich.

In den Küssen welche Lüge!
Welche Wonne in dem Schein!
Ach, wie süß ist das Betrügen,
Süßer das Betrogensein!

Liebchen, wie du dich auch wehrest,
Weiß ich doch, was du erlaubst:
Glauben will ich, was du schwörest,
Schwören will ich, was du glaubst.

Das war ein Schwören und Schwören aufs neu,
Ein Kichern, ein Kosen, ein Küssen;
Daß ich gedenk des Schwures sei,
Hast du in die Hand mich gebissen.

O Liebchen mit den Äuglein klar!
O Liebchen schön und bissig!
Das Schwören in der Ordnung war,
Das Beißen war überflüssig.

Unschuldig sind die Türme,
Sie konnten nicht von der Stell,
Als Liebchen mit Koffern und Schachteln
Die Stadt verlassen so schnell.

Die Tore jedoch, die ließen
Mein Liebchen entwischen gar still;
Ein Tor ist immer willig.
Wenn eine Törin will.

Nicht die duftig rote Rose
Willst du riechen oder küssen;
Nein, du schnüffelst an den Dornen,
Bis die Nase dir zerissen.

Wie am Tage Eurer Hochzeit,
Sei die Liebe Euch erfreulich,
Wenn Ihr längst im Ehejoch seid,
Und Eur Leib er sei gedeihlich.

Täglich wächst zu dieser Dame
Meines Herzens tiefe Neigung,
Und daß ich in sie verliebt sei,
Wird mir fast zur Überzeugung.

Der Brief, den du geschrieben,
Er macht mich gar nicht bang;
Du willst mich nicht mehr lieben,
Aber dein Brief ist lang.

Zwölf Seiten, eng und zierlich!
Ein kleines Manuskript!
Man schreibt nicht so ausführlich,
Wenn man den Abschied gibt.

Hörst du nicht die Klagetöne
Selbst im Ton der eignen Kehle?
In der Nacht seufz ich und stöhne
Aus der Tiefe deiner Seele.

O, du kanntest Koch und Küche,
Loch und Schliche, Tür und Tor!
Wo wir nur zusammen strebten,
Kamst du immer mir zuvor.

Jetzt heiratest du mein Mädchen,
Teurer Freund, das wird zu toll –
Toller ist es nur, daß ich dir
Dazu gratulieren soll!

Zu Frankfurt kam ich am Schabbes an,
Und aß dort Schalet und Klöse;
Ihr habt die beste Religion,
Auch lieb ich das Gänsegekröse.

Es stand auf dem Tische eine Gans,
Ein stilles, gemütliches Wesen.
Sie hat vielleicht mich einst geliebt,
Als wir beide noch jung gewesen.

Sie blickte mich an so bedeutungsvoll,
So innig, so treu, so wehe!
Besaß eine schöne Seele gewiß,
Doch war das Fleisch sehr zähe.

Auch einen Schweinskopf trug man auf
In einer zinnernen Schüssel;
Noch immer schmückt man den Schweinen bei uns
Mit Lorbeerblättern den Rüssel.

In der Fern hör ich mit Freude,
Wie man voll von deinem Lob ist,
Und wie du der Mirabeau bist
Von der Lüneburger Heide!

Herr Ludwig ist ein großer Poet,
Und singt er, so stürzt Apollo
Vor ihm auf die Kniee und bittet und fleht:
Halt ein, ich werde sonst toll, o!

Nicht mehr barfuß sollst du traben,
Deutsche Freiheit, durch die Sümpfe,
Endlich kommst du auf die Strümpfe,
Und auch Stiefeln sollst du haben!

Noch immer das hölzern pedantische Volk,
Noch immer ein rechter Winkel
In jeder Bewegung, und im Gesicht
Der eingefrorene Dünkel.

Sie stelzen noch immer so steif herum,
So kerzengerade geschniegelt,
Als hätten sie verschluckt den Stock,
Womit man sie einst geprügelt.

Ach! hättest du nur einen andern Text
Zu deiner Bergpredigt genommen,
Besaßest ja Geist und Talent genug,
Und konntest schonen die Frommen!

Geldwechsler, Bankiers, hast du sogar
Mit der Peitsche gejagt aus dem Tempel –
Unglücklicher Schwärmer, jetzt hängst du am Kreuz
Als warnendes Exempel!

Gestern noch fürs liebe Brot
Wälzte sie sich tief im Kot,
Aber heute schon mit vieren
Fährt das stolze Weib spazieren.
In die seidnen Kissen drückt
Sie das Lockenhaupt, und blickt
Vornehm auf den großen Haufen
Derer, die zu Fuße laufen.

Wenn ich dich so fahren seh,
Tut es mir im Herzen weh!
Ach, es wird dich dieser Wagen
Nach dem Hospitale tragen,
Wo der grausenhafte Tod
Endlich endigt deine Not,
Und der Carabin mit schmierig
Plumper Hand und lernbegierig
Deinen schönen Leib zerfetzt,
Anatomisch ihn zersetzt –
Deine Rosse trifft nicht minder
Einst zu Montfaucon der Schinder.

Dieser ›Text‹, die Collage, ist keine Musik in unsern Ohren. Waren da nicht manche falsche Töne? Brüche? Gemeinheiten? Jedenfalls Aggressivität!?

Es würde sich lohnen, das Ganze mit Kommentar und Analyse zu duchsetzen, analytisch auf den Grund dieser Sprache zu gehen, buchstäblich auf ihre Gründlichkeit zu kommen … Die Bildung witziger Blitze, Pointen, Sarkasmen wäre zu beschreiben, das Wortmaterial der Reime und Zäsuren, der Melodien und die Verstöße gegen die Ordnung der lyrischen Konvention. Beispiele für Reimwitz: eure Hochzeit – Ehejoch seid. Die Liebe erfreulich – sei leiblich gedeihlich. Oder: Tiefe Neigung

– Überzeigung. Das Jiddische ist hereingenommen in den Reim als der Tonfall witziger Wirkung. Oder: Im Rhythmus der Verse von der schönen Seele der Gans die metrischen Stolpersteine, die den boshaften Reim raffiniert vorbereiten, in welchem das treudeutsche Wesen als Vereinigung (Freud: »Unifizierung«) von Wehegefühl mit altem zähen Fleisch ausgedrückt ist: wehe – Seele – zähe. Brüche, Verkürzungen und Verschlingungen im metrischen Versfluß tragen den aus der verletzten Seele des deutsch-jüdischen Poeten emporsteigenden witzigen Einfall in die Sprache des Gedichts.

Es sind dabei auch technisch rein ausgebildete Witzformen, wie Freud sie in seinen Analysen vorführt, wie etwa der sogenannte Verschiebungswitz nach dem Muster der überkreuzten Wiederholung der Eckwörter im selben Wortmaterial (Chiasmus). Freud (52):

Ein Mann, der dem Trunk ergeben ist, ernährt sich in einer kleinen Stadt durch Lektionengeben. Sein Laster wird aber allmählich bekannt, und er verliert infolgedessen die meisten seiner Schüler. Ein Freund wird beauftragt, ihn zur Besserung zu mahnen. »Sehen Sie, Sie könnten die schönsten Lektionen in der Stadt haben, wenn Sie das Trinken aufgeben wollten. Also tun Sie's doch.« – »Wie kommen Sie mir vor?« ist die entrüstete Antwort. *»Ich geb' Lektionen, damit ich trinken kann; soll ich das Trinken aufgeben, damit ich Lektionen bekomme!«*

In meiner Collage hatten wir die Überkreuzung: »Glauben will ich was du schwörest – Schwören will ich was du glaubst.« Wir Witzadressaten lachen beim Alkoholiker befreiter als beim Liebeszyniker, der in seinem witzigen Unsinn den ›Sinn‹ hervorkehrt, Glauben und Schwören seien in der Liebe ohne Sinn und Verstand. Da sie den Genuß bloß stören, beziehen wir sie am besten in die flüchtigen Liebesspiele gleich mit ein, da sind sie gut aufgehoben. – Warum der Witz-Autor nicht (mehr) ohne weiteres ›mitlacht‹, wenn der Witz ›fertig‹ ist, haben wir angedeutet (S. 379); wie geht es uns? Warum lachen wir über den Chiasmus Glauben/schwören – Schwören/glauben nicht ebenso wie wir es bei guten Witzen des Umgangs gewohnt sind?

Es scheint, die sarkastische *und* sentimentale Formgebung in Heines Versartistik sei das Echo einer Seele, die an die Grenzen ihrer leiblichen Erlösung gestoßen ist und die gesellschaftlichen

Hemmungen ihres Begehrens nach ›Lust und Liebe in Freiheit‹ auf das Geschlechterverhältnis verschiebt, dem das Textbegehren gilt. Frau und Mann aus dem Blick des Mannes spielen das Spiel der Trennungen und Zwänge hinter den Masken lyrischer Witzbildungen, Witzbildungen, die Heine literarisch salonfähig gemacht hat. Das Begehren der Texte erfaßt Leib- und Bildszenen bis hinüber ins Huren- und Studentenleben und verdichtet sie auf dem Schauplatz der Ironie. Die ironische Attacke dringt imaginativ in Leib und Seele der Frau ein bis zum Unsinn autark männlicher Liebesklage: In der Nacht seufz ich und stöhne Aus der Tiefe deiner Seele. Der Eindruck wäre penetrant, tönte dieses Stöhnen nicht so rein lyrisch …

Es ist ein durchgehendes Innehalten in Heines Lyrik an der Schwelle vom Traum zum Erwachen, von der Traum- und Witzarbeit des Unbewußten zum literarischen Spiel. Innehalten dort, wo der träumende Poet zum angreifenden wird, indem er *zurück* gegen das Unbewußte zu und *hinaus* in die Welt blickt. Genaue Analysen ergeben, daß an dieser Schwelle auch die Witzbildung selber unterbrochen wird. Nicht unbedingt bedeutet das, der Hilfe bei Freuds Erläuterungen zur Witztechnik zu entraten.

Es kommt bei Heine selten zum ausgebildeten Witz für den Umgang, den man einfach nacherzählt mit garantiertem (Lach-)Erfolg. Vielmehr nimmt der Witzkünstler die Möglichkeiten auf, die ihm der Einfall an die Hand gibt (in den Mund legt), spaltet die Kürze der witzigen Augenblicksrührung in nochmals kleinste Teile und mischt sie neu, schichtet sie um, weitet sie aus und läßt Erinnerungsmaterial aus dem bewußt arbeitenden Gedächtnis mit einfließen in die von der Schwelle der Witzanmeldung fortgehende Textarbeit. Jetzt ist der kurze Augenblick überschritten, wo es noch zur reinen Witzform hätte kommen können, und *mehr* als das befreiende flüchtige Lachen über die Übertölpelung einer ernstzunehmenden Seelen- oder Gedankenpein ist angezettelt; etwas Komplizierteres.

Aus dem Abhören seiner witzigen Einfälle hat der Schriftsteller die Dynamik bezogen, nun die Schriftzüge entfalten zu können, die den Raum derjenigen Gattung eröffnen, welche stets bewußt auf die Schwelle zwischen Witz und Lachen als auf ihre innerste *Bruchstelle* zurückbezogen bleibt. Es ist die Gattung des satirischen Schreibens. Indem wir Zuhörende, Lesende erleben, wie uns das Lachen vergehen will und oft genug wirklich vergeht, sind wir in den satirischen Arbeitsprozeß einbezogen, der an unsere eigene Schwellenerfahrung appelliert, an unser regelmäßiges Erwachen aus den uns unverständlichen Zonen des Verdrängten. So wie wir an diesem Ort, *einem Punkt in der Zeit*, ineins nicht wissen, ob wir lachen oder weinen sollen, so ineins widersprüchlich ist auch die Satire beschaffen. Wir können weinen *und* lachen, ja *beide* Entäußerungen unseres Innersten befallen uns mit Notwendigkeit.

Hörst du nicht die Klagetöne
Selbst im Ton der eignen Kehle?
In der Nacht seufz ich und stöhne
Aus der Tiefe deiner Seele.

Das Unsinnige dieser vier Verse ist die Ich-Du-Vertauschung im Wortmaterial, aber wir lachen nicht über den Unsinn, obwohl er nach der Vertauschungsregel der Witzbildung konstruiert ist. (34f.) Sollen wir aber weinen über den Sinn dieses Unsinns wie man über das Liebesstöhnen des Liebhabers, der sich narzißtisch aus dem ersehnten Liebesstöhnen der Geliebten *selbst* heraushören will, in der Tat ja weinen könnte, wenn man die Männlichkeit des (schönen) lyrischen Klanges nicht aufbricht, sondern akzeptiert – ja wohl weinen *möchte*, weil eine solche männliche Selbstentblößung wirklich zum Weinen ist: Denn sie ist tief verletzend für eine Frau, die den konventionellen Schutz solcher Penetranz im lyrischen Gedicht durchschaut und in demselben Augenblick gewiß *durchaus* nicht mehr lachen kann. Es sei denn sie dreht den Spieß um und schreibt Gegengedichte. Wir wären dann wiederum mitten in satirischer Schreibpraxis.

Es ist fraglich, ob Heine ein simpler ›Chauvi‹ gewesen sei oder ein Dichter, der in der Wahrhaftigkeit von Widersprüchen steht, sie im selben Maße, wie sie individuell unauflösbar sind, annimmt und in dieser Lage schreibt. Ich plädiere hier für die zweite Lesart. Das läßt sich am ungeschminktesten am Gegenstand selber, am rohen, ja dreckigen Witz überprüfen. Wir haben es noch im Ohr: Blamier mich nicht mein schönes Kind … Ich greife zurück auf die zuvor aufgestellte Behauptung, in Heines

Salonlyrik spielten Mannrolle und Fraurolle aus der Sicht des Mannes das Spiel der Trennungen und Zwänge in den Geschlechterverhältnissen, spielten es hinter den Masken lyrischer Witzbildungen.

Unser Beispiel gehört zum entblößenden Typ des Sexualwitzes in Freuds Beschreibung der Witztechniken. Die erstrebte Entblößung der Frau in einer Erzählform, die unter Männern eine Anspielung ist, die deshalb zum befreienden Lachen führt, weil sie die aufgeschobene Lust in Vorlust überführt, die man schon genießen kann, obwohl der Körper der gezeigten Frau unerreichbar und bekleidet, also gesellschaftlich ebenso geschützt wie abwesend ist – dieses »Sinnesbild«, wie Freud sagt, den Sinnen vorgespiegelter, vorgespielter Lustgewinn, verschiebt Heines Vierzeiler-Einfall in eine Szene, die ihre eigene Witzigkeit nicht zur Witzform abrundet, sondern sie analysiert und öffnet. Der Witzkeim, der in die Analyse, die nicht mehr zum Lachen ist, hineinwächst, ist dies: Nicht ich, der begehrende Mann, entblöße dich durch meinen Blick auf dich, sondern du entblößt mich (blamieren = ›entblößen‹), wenn du mich am Haupt-Flanier-Ort Berlins, unter den Linden, grüßt. Mich, der über unsere Liebe nicht lachen will, sondern schreiben: schreiben in eben der Öffentlichkeit, die der Ort der gesellschaftlichen Zensur einer wirklich freien Liebe ist. In der Voraussetzung, daß die Frau hier nicht Objekt eines Männerwitzes werden sollte, sondern in der Bildszene ein selbstbestimmtes Individuum darstellt, das so frei sich geben kann, den Mann öffentlich zu grüßen wie eine Hofdame ihren Kavalier von gestern – eine käufliche Cocotte verhält sich so nicht –, in dieser Voraussetzung (das »schöne Kind« wird unbefangen kritisiert) kann die Szene gelesen werden als Verschiebung des Witzkeims zum Keim einer witzöffnenden Satire: Ihre Richtung steckt in der Frage, was das für eine Gesellschaft ist, vor der wir unsere Liebe zu Hause verstecken müssen, anstatt sie in der freien Luft einer urbanen Geselligkeit leben und bekennen zu können:

unter den Linden -

unter einer Linde, wie im Traum von der Landidylle –

> Die Linde blühte, die Nachtigall sang,
> Die Sonne lachte mit freundlicher Lust;

Da küßtest du mich, und dein Arm mich umschlang,
Da preßtest du mich an die schwellende Brust.

Die Blätter fielen, der Rabe schrie hohl,
Die Sonne grüßte verdrossenen Blicks;
Da sagten wir frostig einander: »Lebwohl!«
Da knicktest du höflich den höflichsten Knicks. (I,85)[7]

In der Idylle – ein ›romantisches Motiv‹ – ist die Frau aktiv, dem Manne schwillt die Brust, eine gleichberechtigte Partnerschaft bricht an; nimmt ihr Ende mit dem Lauf der Dinge, die Blätter fallen, die Sonne blickt verdrossen, der Schrei des Raben ist das Ende: er ist Chiffre des schwarzen Agenten der gesellschaftlichen Machtverhältnisse. – »Neue Melodien spiel ich …« (IV,339) könnte man ähnlich lesen.

Die höfische Gesellschaft, die *damals* herrschende, läßt die freie Liebe erstarren. Die Sprache dieser Gesellschaft – was in der metrischen Konstruktion noch einmal ein wenig witzig klingen soll – erwartet die beiden; in dieser Sprache erstickt schon ihr Lebewohl: Da knicktest du höflich den höflichsten Knicks. Ein wenig befreit die satirische Verwendung der höfischen Sprache am Ende noch und *geknickt* gehen die beiden auseinander, nicht gebrochen. Und gleichberechtigt – im Gedicht. Wer es las, mochte da etwas für sich herauslesen. Und wenn es ›nur‹ die Bewegung der Selbstparodie im Text ist. Nicht Selbsthaß (S. 380). Und jedenfalls nicht Frauen–Feindlichkeit.

Am schönsten unter den Gedichten, die unter Linden zu träumen sind, vielleicht dieses. Ein dialogisches Rollengedicht.

»Mondscheintrunkne Lindenblüten,
Sie ergießen ihre Düfte,
Und von Nachtigallenliedern
Sind erfüllet Laub und Lüfte.

Lieblich läßt es sich, Geliebter,
Unter dieser Linde sitzen,
Wenn die goldnen Mondeslichter
Durch des Baumes Blätter blitzen.

Sieh dies Lindenblatt! du wirst es
Wie ein Herz gestaltet finden;
Darum sitzen die Verliebten
Auch am liebsten unter Linden.

Doch du lächelst, wie verloren
In entfernten Sehnsuchtträumen –
Sprich, Geliebter, welche Wünsche
Dir im lieben Herzen keimen?«

Ach, ich will es dir, Geliebte,
Gern bekennen, ach, ich möchte,
Daß ein kalter Nordwind plötzlich
Weißes Schneegestöber brächte;

Und daß wir, mit Pelz bedecket
Und im buntgeschmückten Schlitten,
Schellenklingelnd, peitschenknallend,
Über Fluß und Fluren glitten.

3. WITZ UND SATIRE

Doch zurück zum Keim der Satire an der Schwelle zwischen Witz und Lachen, bevor es sich befreiend entlädt und der Witz zum ausgeführten, energischen Angriff übergeht. In Paris nach der Julirevolution 1830, Heines Exil, werden die Karten des Witzspielers anders gemischt. Ein Stück befreiter spielt die Liebeslyrik auf.

Wir standen an der Straßeneck
Wohl über eine Stunde;
Wir sprachen voller Zärtlichkeit
Von unsrem Seelenbunde.

Wir sagten uns viel hundertmal,
Daß wir einander lieben;
Wir standen an der Straßeneck,
Und sind da stehn geblieben.

Die Göttin der Gelegenheit,
Wie'n Zöfchen, flink und heiter,
Kam sie vorbei und sah uns stehn,
Und lachend ging sie weiter.

Aber in Paris vertieft sich Heines Wissen über die Nähe von Freiheit und Schrecknissen, eine Nähe, die in der Arbeit des Unbewußten sich bildet und in die Sprache drängt. »Ich erschrak in den Armen der Freude.« (Vorwort) Unter den

Chocks einer Politik, die mehr Freiheiten für die Menschen meint und neue Unterdrückung schafft, dringt Heines Blick in den Zusammenhang von Liebe und Gewalt, Liebe, Geld und Tod genauer ein – und bleibt doch der gleiche: Blick auf die gesellschaftlichen Geschlechterverhältnisse.

Am Anfang seiner sich verzögernden Abreise aus Deutschland, 1828 in München, hatte Heine seinen Obertitel für die satirische Gattung formuliert:

Mag immerhin der Witz zu den niedrigsten Seelenkräften gehören, so glauben wir doch, daß er sein Gutes hat. Wir wenigstens möchten ihn nicht entbehren. Seitdem es nicht mehr Sitte ist, einen Degen an der Seite zu tragen, ist es durchaus nötig, daß man Witz im Kopfe habe. Und sollte man auch so übellaunig sein, den Witz nicht bloß als notwendige Wehr, sondern sogar als Angriffswaffe zu gebrauchen, so werdet darüber nicht allzu sehr aufgebracht, Ihr edlen Pantalone des deutschen Vaterlandes! Jener Angriffswitz, den ihr Satire nennt, hat seinen guten Nutzen in dieser schlechten, nichtsnutzigen Zeit. Keine Religion ist mehr im Stande, die Lüste der kleinen Erdenherrscher zu zügeln, sie verhöhnen Euch ungestraft und ihre Rosse zertreten Eure Saaten, Eure Töchter hungern und verkaufen ihre Blüten dem schmutzigen Parvenü, alle Rosen dieser Welt werden die Beute eines windigen Geschlechts von Stockjobbern und bevorrechteten Lakaien, und vor dem Übermut des Reichtums und der Gewalt schützt Euch nichts – als der Tod und die Satire. (I,448)

In Paris trifft Heines Blick auf die Hure, die Allegorie der Moderne[8]: Ein Beispiel, ein ziemlich ›schreckliches‹, hatten wir schon in der Collage: Gedicht 3 des Pomare-Zyklus.

Gestern noch fürs liebe Brot
Wälzte sie sich tief im Kot,
Aber heute schon mit vieren
Fährt das stolze Weib spazieren.
In die seidnen Kissen drückt
Sie das Lockenhaupt, und blickt
Vornehm auf den großen Haufen
Derer, die zu Fuße laufen.

Wenn ich dich so fahren seh,
Tut es mir im Herzen weh!
Ach, es wird dich dieser Wagen

nach dem Hospitale tragen,
Wo der grausenhafte Tod
Endlich endigt deine Not,
Und der Carabin mit schmierig
Plumper Hand und lernbegierig
Deinen schönen Leib zerfetzt,
Anatomisch ihn zersetzt –
Deine Rosse trifft nicht minder
Einst zu Montfaucon der Schinder.

Lassen sich diese Verse an ihren scharfen Kanten anders denn als Messer lesen, das den schönen Leib zerfetzt, zersetzt, wie es nicht minder – den Pferdeleibern ergeht durch den Schinder? Die Leidenschaflichkeit des schließlich zur kreatürlich ›banalen‹ Pointe gereimten Angriffswitzes, ist sie zu weit gegangen? Hören wir nicht buchstäblich die Aggressivität des Mannes, gegen einen Frauenleib?

Buchstäblich gewiß. Das muß der Schlüssel bleiben, mit dem der Übergang von Witzarbeit in satirische Literatur sich uns erschließt: An diesem Übergang geht die Buchstäblichkeit, aus deren Bearbeitung im Unbewußten die Witzideen aufblitzen, nicht über in anderes, nichtsprachliches Material; die Buchstäblichkeit wird nicht abgegeben an einen Inhalt, der sich jetzt vom Sprachmaterial ablösen ließe. So wie wir heute immer noch oder meistens zu lesen erzogen werden. So als wehrten wir den Text als Text ab, so als sei uns bereits eine Übersetzung aus den Buchstaben in eine Wirklichkeit angeboten, an die wir uns *lieber* halten möchten als an die Wirklichkeit der Buchstaben selber. Diese aber sind das strenge Medium und die Botschaft der modernen Satire, die nicht mehr ›lehrt‹ oder ›straft‹ wie weiland die Predigt aufgeklärter Rechthaber. Die Buchstaben sind die Stimme, die anzuhören wir durch die Sprache des Angriffswitzes, die keine Zensur fürchtet, gezwungen werden. Es könnte auch unsere Stimme sein. Deshalb gilt für uns, ob Leserin oder Leser, beim Lesen die Wahrhaftigkeitsregel, an die sich der satirisch ausgeführte Angriffswitz hält, der hier im Beispielfall ein männlich reflexiver ist.

Im witzigen Wortmaterial der schmutzigsten, bittersten Farbe müssen auch wir Lesende verharren in Reflexion und Mitsprache. Was schwingt in uns mit von jenem gesellschaftlichen

Gewaltpotential, aus dem das Elend kommt, das der Angriffswitz schonungslos ins sinnlichste, d.i. doppelzüngige Bild setzt? Doppelzüngig, das will sagen, dieses Bild muß noch aus dem Unbewußten heraus weiter sprechen können als Sprache des Dichters, und als die meine: als Mitsprache beim mitgefangenen Hören. Das witzige Bild, mit anderen Worten, muß nur Sprache sein und bleiben, damit es ohne Einrede von Heuchlern oder Schönfärbern seine Wirkung ausspielen könne.

Auch der Analytiker müßte begreifen, was an männlicher Selbstbetrachtung von ihm gefordert ist, um das Unbewußte zu studieren. In unserem Fall ist der durch Weglassung gewonnene Witzeffekt, ins Witzlose übersetzt, der folgende: Der Medizinstudent, der sich eine Hure gekauft und sich viel auf sein besonderes Gefühl für sie eingebildet hat, hält sich später mit allgemeinem sozialkritischen Spott an ihrer Karriere als käuflicher Frau schadlos und wird sie in der Anatomie unters Messer nehmen, und dorthin führt sie notwendig ihre Liebespraxis. Daß der Student der Medizin sich über seine widersprüchlichen Gefühle nicht öffentlich auszusprechen traut, erzeugt den »Auslassungswitz«, dessen Stärke es ist, so Freud, daß der Student das offen Unaussprechliche »auf allerlei Umwegen« doch gesagt hat (106). Die satirische Analyse, die Heine aus dieser witzigen Grundstruktur poetisch entfaltet, geht über diese ihre enge Wirkungsform hinaus und richtet sich nur dem Scheine nach noch gegen die Frau. In »Wahrheit« – gesangvoll »verklärte« Aggressivität! (IV,179) – richtet sich die gereimte Satire gegen die Gesellschaftsordnung des Warenverkehrs, die das Geschlechterverhältnis der tätlichen Gewalt des Geldes unterworfen hat.

Ich will gern auf alle von der Gesellschaft verpönten Wege der Befriedigung verzichten, aber bin ich sicher, daß mir die Gesellschaft diese Entsagung lohnen wird, indem sie mir – wenn auch mit einem gewissen Aufschub – einen der erlaubten Wege öffnet? Es läßt sich laut sagen, was diese Witze flüstern, daß die Wünsche und Begierden des Menschen ein Recht haben, sich vernehmbar zu machen neben der anspruchsvollen und rücksichtslosen Moral, und es ist in unseren Tagen in nachdrücklichen und packenden Sätzen gesagt worden, daß diese Moral nur die eigennützige Vorschrift der wenigen Reichen und Mächtigen ist, welche jederzeit ohne Aufschub ihre Wünsche befriedigen können. Solange die Heilkunst es nicht weitergebracht hat, unser Leben zu sichern, und solange die sozialen Einrichtungen nicht mehr dazu tun, es erfreulicher zu gestalten, so lange kann die Stimme in uns, die sich gegen die Moralanforderungen auflehnt, nicht erstickt werden. Jeder ehrliche Mensch wird wenigstens bei sich dieses Zugeständnis endlich machen. Die Entscheidung in diesem Konflikt ist erst auf dem Umwege über eine neue Einsicht möglich. Man muß sein Leben so an das anderer knüpfen, sich so innig mit anderen identifizieren können, daß die Verkürzung der eigenen Lebensdauer überwindbar wird, und man darf die Forderungen der eigenen Bedürfnisse nicht unrechtmäßig erfüllen, sondern muß sie unerfüllt lassen, weil nur der Fortbestand so vieler unerfüllter Forderungen die Macht entwickeln kann, die gesellschaftliche Ordnung abzuändern. Aber nicht alle persönlichen Bedürfnisse lassen sich in solcher Art verschieben und auf andere übertragen, und eine allgemein- und endgültige Lösung des Konflikts gibt es nicht. (Freud, 104)

Kapitel IX
Anspielungsschächte

Raumöffnung · Jakobsbrunnen

Halten wir uns nun nocheinmal, abschließend, im »Wintermärchen« auf (S. 344, 371). Diese gedichtete Deutschlandreise verbindet *Pomare* mit *Hammonia* – zwei Geldwelten, Sexualsphären, Kulturen. Als Texte, aufgeschrieben nach der Rückkehr aus Hamburg, sind sie beide ihrer Untergrunddaten eingedenk; das ist ihnen als ihr schwebender Dauerzustand (S. 126 ff.) fest eingeschrieben, was besonders die je besonders gewählten verswitzigen Töne bewirken. Der Hammonia-Text erinnert an den rauhen Es-dur-Akkord des Gewaltreims in Caput I, der Europa und den Zeus der Französischen Revolution verbindet (Genisse/Kusse); der Pomare Ton, vor allem im hier herangezogenen Gedicht IV des Zyklus, an die Moll-Akkorde im Textkreis um Frau Mathilde (vgl. z. B. die »Gedächtnisfeier«, VI, 113).

Du bist mein Liebling jetzt, es hängt
Dein Bildnis zu Häupten des Bettes;
Und, siehst du, ein frischer Lorbeer umkränzt
Den Rahmen des holden Portätes ... (IV,632)

Keinen Pfaffen hört' man singen,
Keine Glocke klagte schwer;
Hinter deiner Bahre gingen
Nur dein Hund und dein Friseur ... (VI,31)

Beide *Figuren* haben ihren Ort an jener Schwelle schlechthin. Sie ist dem, der von ihnen Kunde geben kann, ihrem Poeten, nicht verschlossen. Gibt er Kunde, ist er dort, so weiß er nicht genau, wie er dorthin gekommen ist, »unsichtbare Geister« mögen ihn hingetragen haben (IV,631 f.), Begierde gewiß. Was er genau weiß, ist, daß er, wenn es ihn dorthin ruft, lachend folgt,

»Und ging es in die Hölle!«

In diesem Bild der lachenden Gefolgschaft ist alle raumöffnende Triebhaftigkeit des Heineschen Witzes in seiner Vorförmlichkeit ausgesprochen, und alle seine Dämonie und Widersprüchlichkeit in sich selbst. Er reicht und bahnt sich aus seinem rätselhaften Ursprung den Weg überall hin. ›Überall‹ und ›jederzeit‹, wo und wann immer er Form und Stimme annimmt, strahlt er jene Freiheit aus, die sich der Beseitigung von Hemmungen verdankt. Dies gilt immer, nicht nur auf dem satirischen Feld. »Ersparter Hemmungsaufwand« (Freud, 219) macht uns lachen oder weinen, vielleicht auch träumen. Der Witz macht nicht Halt vor den Bildern des Schreckens und Entsetzens, des Sexualneids und der Eifersucht auf Gott und Teufel; schließlich nicht vor dem Rausch absoluter Herrschsucht und den nüchternen Szenen biblischen Prophetenworts.

Es ist wie Heine-Kommentar, wenn Freud das Reich des Lustglücks auf dem Weg beschreibbar findet, den der Witz den psychischen Energien *freimacht*, und wenn er dabei als Wissenschaftler die Skrupel betont, von denen er sich seinerseits freimachen muß, ehe auch er den poetischen Charakter der Vorstellung »Weg« und »Spur« akzeptiert. Anders ist in der Tat dem Problem der Beschreibbarkeit unbewußter Bewegungen nicht beizukommen.

Die Erfahrungen über die Verschiebbarkeit der psychischen Energie längs gewisser Assoziationsbahnen und über die fast unverwüstliche Erhaltung der Spuren psychischer Vorgänge haben es mir in der Tat nahegelegt, eine solche Verbildlichung für das Unbekannte zu versuchen. (139)

Wir haben das Herzstück der Tabuzone »Heinrich Heine« berührt. Es ist nicht übertrieben zu sagen, daß der Andrang hierher im Heine-Publikum immer massenhaft gewesen ist. Aber konsequente Lektüren und ›darüber sprechen‹ sind so tabuisiert wie des Autors Vermessenheiten: sein Verweilen bei den triumphalsten und düstersten Imaginationen seines Witzes. Weder im Literaturverein, im Seminarraum, noch im Klassenzimmer, gar in ›der Familie‹ wird, zum Beispiel, gesagt, daß der Wahrnehmungsgrund in der berühmtesten Szene des Wintermärchens, nämlich die Gerüche aus Deutschlands Zukunft, die Gerüche des Beischlafs mit Hammonia sind: »Vorspielgerüche«, »Düfte (...) nachher«; schnöde, verflucht, entsetzlich das ganze –

»o Gott!« – – während die ›jüdische‹ Anstößigkeit des Vorspiels mit *Pomare* sich deutscher Lesezuständigkeit ohnehin zu entziehen scheint:

> Sie tanzt. Derselbe Tanz ist das,
> Den einst die Tochter Herodias'
> Getanzt vor dem Judenkönig Herodes.
> Ihr Auge sprüht wie Blitze des Todes.
>
> Sie tanzt mich rasend – ich werde toll –
> Sprich, Weib, was ich dir schenken soll?
> Du lächelst? Heda! Trabanten! Läufer!
> Man schlage ab das Haupt dem Täufer!

Ein Fluch ist in Hammonias Dachstube verdichtet (S. 24 ff.). Fluch über die Liebe in Hamburg unter Geldherrschaft, Fluch, der im Entsetzen über Deutschlands Zukunft nach Worten sucht, die der witzigen Entlastung bedürfen, denn ihr Erfahrungsgrund ist Verrat und Zurückweisung im kulturellen Klima des Warentausches und der Heuchelei. Die Liebe zu Pomare ist von anderer Farbe. Paris, bei aller politischen Resignation (S. 344 ff.), hat Deutschlands Zukunft nicht, nie wird man hier so heucheln. Aber auch hier lebt es sich leichter, wenn man sein Unbewußtes nicht kennt. Das ist der Grund der Fremdheit Heines, des Visionärs, in Lutetia; deshalb kehrt er sein Deutschsein hier heraus: Früher hatte er Frankreich vor Deutschlands Berserkern gewarnt (S. 98 ff.), später wurde das Motiv stärker, wegen Frankreichs Angleichung an das Philisterland besorgt zu sein. Der Blick in Deutschlands Zukunft, in Paris gedichtet, erhöht die Angst vor der Oberflächlichkeit der *Franzosen*, das Motiv, das Heine sein politisches Kunstwerk Lutetia nach 1840 hat brüchig darstellen lassen, indem er mit Tabus brach. Als Lyriker, dessen Arbeits-Voraussetzung der Tabubruch ist, genießt er das Glück, in Paris zu sein, zunehmend auch *hier* (wie Baudelaire, dessen Bahn jetzt beginnt) im Untergrund. Hier trifft er Pomare, die Tänzerin. Auch sie wird verraten werden.

So deutlich die Liebesbeziehung zu Pomare und Hammonia differieren, gemeinsam ist ihnen der Tabubruch, der an jenem Schwellenort, von dem aus der Visionär Alles sieht, in Szene gesetzt ist. Tabu ist eine Sexualität, die im Universum der poetischen Raumzeit (S. 121) ungehemmten Ausdruck will, wo immer sie im Spiele ist. Tabu die Phantasie, Herodes zu sein und den Täufer morden zu lassen, um die Tänzerin Salome zu besitzen; tabu die Töchter des Geldkönigs Salomon in Hamburg. Wie aufgewühlt Heine von seiner ersten Hamburgreise nach Paris zurückgekehrt ist, läßt sich aus den biographischen Zeugnissen erschließen; *sehen*, daß dies geschah, mit *Ottensen* im Gepäck (S. 196), kann man im Untergrund der Texte, insoweit der Witz von dort Nachricht gibt.

Freud stellt den wohl berühmtesten Familienwitz Heines, der auch schon eine relativ späte Stufe der hamburgischen Leidverarbeitung darstellt, an den Ausgangspunkt seiner Analysen zur Technik des Witzes (20ff.) und noch einmal zur Motiv-Untersuchung (132). Hirsch-Hyazinth (Harry Heinrich), der Kleine, saß einmal bei den Großen zu Tisch.

> Und so wahr wie mir Gott alles Guts
> geben soll, Herr Doktor, ich saß neben
> Salomon Rothschild, und er behandelte mich
> ganz wie seines Gleichen, ganz famillionär.
> (II,425)

Hier ist in der Tat die Biographie eines Totalleids, eines ewig beleidigten Herzens, in die Kürze einer winzigen Buchstabenstrecke gefaßt, wenn wir den Witz zu lesen verstehen. Statt familiärer Handlungen millionäre Behandlung. Geld hat Gefühl verdrängt. Dennoch ist Liebe nicht ausgeschlossen, die, im Witz verschlossen, zurückdringt in die Familie und auch dort lachen läßt, ein wenig erlösend vom Elend im Glück; Liebe, die auch aus dem Herzen des Onkels das Erwiderungs-Zeichen, am kritischen Witz-Punkt selber, hervorlockt: Er hat am herzlichsten über diesen Witz gelacht, versöhnt für diesen Augenblick mit dem »dummen Jungen« (IV,633), den er zeitlebens so liebevoll familiär behandelt hat, »soweit ein Millionär es zustande bringt« (Freud,23).

*

Fragen wir nocheinmal nach Antaios. Wer kann kräftiger sein, die ganze Geldwirtschaft mitsamt dem Gamaschenpreußentum »gar jämmerlich zu zertrümmern« (S. 349), als dieser Titan und Super-Herkules – wenn er *sein* Terrain betritt, das *grie-*

chisch mythologische? Doch diese Assoziation geriet, ›natürliche‹ Lektüre vorausgesetzt, in Vergessenheit spätestens bei der Ankunft des Reisenden bei Vater Rhein (S. 365 f.). An ihm, an dieses Vaters mythischem Erbe und Gedächtnis müßte sich Antaios messen lassen, wäre er noch ›dabei‹ oder stünde *er* jetzt selbst, als barbarischer Ursohn der Erde und der griechischen Gewässer (Poseidons), auf der Brücke in Cöllen. Aber davon kann keine Rede sein. Im Brückendialog geht es um ein anderes Barbarentum als das griechische; um das gegenwärtige in Deutschland, zu dessen Beurteilung das Gedächtnis *dieser* Weltgegend, über das der Rhein verfügt, vonnöten ist. Es reicht in eine Gründerzeit im germanisch-fränkischen Raum zurück, die dem Krieg Roms gegen Judäa eine friedliche Alternative schuf in jenen municipien am Rhein … (S. 268 f.) – Erst ein Mittelalter, das nun restauriert wird, hat diesem Frieden ein Ende gemacht, ein Mittelalter, dessen Zentrum die Stadt Cöllen war.

> Die Flamme des Scheiterhaufens hat hier
> Bücher und Menschen verschlungen;
> Die Glocken wurden geläutet dabei
> Und Kyrie Eleison gesungen …

Zur Vollendung des Symbols dieser Restauration, des Doms, mußte der alte Rhein die Steine beischaffen. – Das soll nicht zum Dreinschlagen sein? Wer kann es tun? Der Alte selber, der Gedemütigte? Antaios, in welcher Verwandlung? Der Kraftprotz, der »es« tun wird, der Gedankenliktor mit dem Beil unter dem Mantel, ist dem *Dichter*, dem *Denker* unheimlich; sprach- und geistlos. In ihm kann Antaios-Wesen also nicht stecken, das fast »ich« ist an der Grenze zum Vaterland Muttersprache. »Und es wuchsen ihm neu die Kräfte«.

Ich habe entgegen der geläufigen, ›natürlichen‹ Lektüre, in der alle diese Fragen als bewußte nicht auftauchen, zu Beginn des VIII. Kapitels Antaios auf der »Ich«-Spur der Grenzüberschreitung Richtung Köln eine kleine Zeitstrecke zu halten versucht. Er schien aber tatsächlich, im Zug der Schrift, irgendwo und irgendwann, womöglich schon vor dem Vogelschießen, verschwunden zu sein. Wie das? – da er des Dichters Begehren leibhaft und gegenwärtig zum Ausdruck gebracht hatte? Nimmt er, auf der Weiterreise, inmitten Altgermaniens, als Jesus von Galilea wieder Gestalt an? Gestalt des Messias bei weltrichterlichem Auftritt gegen das Bündnis Thron und Altar schon zu Lebzeiten?! »Geldwechsler, Bankiers, hast du sogar Mit der Peitsche gejagt aus dem Tempel –« (IV,606) Aber als der Morgennebel (!) auf der Paderborner Heide zerrinnt, wird die ›Wahrheit‹ von der Sonne angestrahlt, so »verdrießlich« sie dieses Geschäft auch betreibt; das Marterl erscheint. »Mein armer Vetter (...) jetzt hängst du am Kreuz ...« Und er verschwindet im Text wie der »Sinn« im »Unsinn« laut Witzlehre (S. 377 f.). Haften bleibt: *mein* armer *Vetter*.

Können wir den kräftigen Bündnispartner Antaios versteckt, verwandelt, ›jederzeit‹ (überall und *nirgends*) im Märchen »Deutschland« gewärtigen oder sind unsre Assoziationen freigegeben, ihn uns beliebig auf der Reise *immer dann* wieder aktiviert *vorzustellen*, wenn wir unser Wunschbild von der alltrefflichen Satire bebildern wollen, überall dort, wo *wir* finden, daß zugeschlagen werden sollte? Diese Freiheit haben wir mit Sicherheit nicht.

Zwar sieht die figurative Ordnung des Mitreisepersonals nach dem Betreten deutschen Bodens, wie angedeutet (S. 373), eine große Gruppe von autonomen Rollen vor, die der Autor auf der Anspielungsbühne auf- und wieder abtreten läßt mit der Freiheit für uns, sie zu vergessen oder in Erinnerung zu behalten und unser eigenes Mütchen an ihnen oder ihren Feinden zu kühlen. Die kleine Sängerin, der schöne Revolutionär usw. Von dieser Freiheit jedoch dürfen wir keinen Gebrauch machen angesichts der Figuren, die der Autor fest, d.i. buchstäblich bis zur Einverleibung an sein poetisch sich wandelndes Reise-Ich im Text bindet. Antaios nimmt in diesem Betracht die erste Stelle ein. So verantwortlich auf der Ich-Spur zu lesen bedeutet, alle Szenen besorgt um die Unversehrtheit der figürlichen Erscheinungen und dergestalt autorisiert mitzulesen. Anders gesagt, wir können aus dem ich-internen Identifikationsspiel der Subjektautorität im Textgang nicht beliebig, je nach kritischer Eigenlaune und heitrer Vergeßlichkeit aussteigen, wenn wir »Ich« verstehen wollen.

Heines Witz ›trifft‹ oder untergräbt aber nicht bloß die extern bleibenden Figuren; so offenkundig deren Schicksal als

Exklusiv-Objekte im satirischen Bezug auch sind. Es scheint sogar, daß in die Beschäftigung des Ichs im Text mit sich selbst der Witz in besonderer, in besonders ernster Weise Zugang hat, wofür gerade Antaios, auch Jesus das Beispiel sind. – In dieser Hinsicht haben die Dialoge mit dem Vater Rhein, der auf den Jungen »gewartet« hat, mit Barbarossa, der sich das revolutionäre Du verbittet, und mit der Mutter, auf deren Fragen der Sohn ›nicht‹ antwortet, eine Zwischenstellung: dem »ich« verwandt, familiär oder nationell verbunden, nicht aber einverwandelbar. Eine Sonderrolle spielt naturgemäß der »unheimliche« Doppelgänger, der Liktor von Cöllen. – Die unterschiedliche Nähe zu diesen Hauptfiguren ist konstitutiv für die Versprachlichung des Reiseraums, nicht für die Identifikationsspiele im ich-internen Raum. – Die Nähe zu Napoléon schließlich ist einzigartig. Tränen beim verschollenen Liebesruf Vive l'Empereur! sprechen eine Erinnerungsweise aus (S. 347), in der ein anderer *Kaiser* (Spott für Barbarossa), auch wenn er ein deutscher ist, keinen Platz hat. Die Tränen vielmehr kommen aus denselben Augen, die weinen beim Betreten der Schwelle zum deutschen *Boden*. Napoléon wäre der Messias-Kaiser gewesen, an der Spitze des deutschen *Gedankens* (IV,575), aber er ist gekreuzigt (VI,502), an den Fels geschmiedet: seine »ungeheure Geschichte« ein Mythos geworden (II,374). An der Trauer um ihn und an seiner Passion gemessen wäre das Wintermärchen, gelesen bloß als imitierte Realsatire, eine Reise ins Geschichtslose, ins abstrakt Oppositionelle.

Die Geschichte *aller* neueren Helden alten Stils ist versunken. Die Trauer um sie ist nicht auf einem Standort der Posthistoire gedichtet; sondern ist Gedächtnispoesie, bewacht von messianischem Denken. Unsere Erlösung liegt an uns selbst (IV,615). Und so nun haben wir den Blickpunkt, von dem aus die Bedeutung des Introitus mit ›Ich (Antaios)‹ in Caput I genau gelesen werden kann. Der denkbar *älteste* Held der Menschheit, erdgeboren, hat eine infiltrativ *literarische* (»supranaturalistische«) Funktion bekommen: Er betritt Germanien nicht wirklich. So in der Lektüre realisiert, ist er nicht nur nicht verabschiedet, wie der deutsche Narr und Kreuzritter Barbarossa, sondern öffnet den Raum einer Gedanken-Reise in die Zukunft, noch bevor

Satire beginnen kann, die somit von vornherein keinen selbsttätigen, gar dominierenden Anteil an der Reisedichtung zugebilligt erhält. ›Ich-in-Antaios‹ zieht die griechische Eröffnungsperspektive – ihr allein einen absoluten, d. i. keinen realkritischen Sinn anvertrauend – an sich. Dies ist der gestische Sinn der Grenzsituation, des Aufschlusses an der Schwelle; der Dichter macht sich den mythisch-hellenischen, den kräftig *nicht*-barbarischen Augenursprung der Erdgeschichte der Menschheit zu eigen. Er verwandelt sich Antaios an der Traumschwelle an. Von hier geht sein Blick in die raumzeitliche Totale. Dies ist seine Ichfunktion im Gesamttext.

Zwei Maßnahmen des Autors legen sie fest. Ich und der Erdensohn, Dichter und Riese treten in keine Namen ein: Ihre Verschmelzung (»Ich fühle = Ich könnte = Seit ich = Der Riese«) ist vollkommen; zwei Namenlose tauschen ihre Personalität ineinander aus: Es ersteht der jüdische Dichterriese.

Er »könnte Eichen zerbrechen«, also auch Moses sein, oder Jehova, der Israel befiehlt, den Kult um die Eiche am judaisch-heidnischen Schwellenort Sichem zu vernichten; jedenfalls könnte er über Wotan und Zeus stehen, die in ihrem Götterbaum zu treffen sind. Das wichtige ist, Antaios, in die Namenlosigkeit universalisiert wie der Dichter, ist älter als alle Großen, die noch den Raum der Geschichte betreten werden, wo »Menschheit« und »Welt« im Streit liegen. Er steht am feurigen Abgrund der Schöpfung. Dort nun kann der Dichter sich nur unter außergewöhnlichen Bedingungen halten. Dort braucht er sein hellenisches *Kraft*haben. Dort immer anwesend nämlich ist auch Satan, dessen *Bibliothek* er im Kopfe zu tragen vermag, dessen Flammen aber *auszuhalten* sind im Rausch.[1] Ihn zu dichten, ist die zweite Maßnahme zur Festlegung der Antaios-Perspektive; sie erhält ihren dionysischen Akzent.

Zum Mittel der Versifikation des Rausches greift Heine eben an der Stelle, wo er nach der, in der Tiefe schrecklichen Dienstleistung seines neuen Lieds für die gewalttätige Hochzeit des Freiheitsflegels mit der Prinzessin Europa (S. 359) *sein* Ich mit dem *Antaios* vermählt, der die Untat rächen könnte:

> In meiner Seele gehen auf
> Die Sterne der höchsten Weihe –

Begeisterte Sterne, sie lodern wild,
Zerfließen in Flammenbächen –
Ich fühle mich wunderbar erstarkt ...

Die »Zaubersäfte« durchströmen den Dichterriesen in diesem Augenblick. Er hat die Schwelle nach »Deutschland« *zurück überschritten*. Dies ist Schrecken: Realfiktion. Von ihr kehrt »ich« sich ab – und geht witzig vorwärts in seinen literarischen Raum, der auf deutschem *Doppelboden* nun ausgeschritten wird. Der Weg geht im realen Sinne weder vorwärts noch rückwärts. Dem Versordnung-Phantom »Ich-mich-ihm-Riese« (Schlußstrophe Caput I) wächst der Augenblick, der es hervorbrachte, über den Kopf. Es verharrt auf der Schwelle. Die ›Zeit‹ steht still (S. 189 ff.). Wir sind mitten in Heines klassischem Traum- und Erwachen-Werk. Daß diese Mitte kein Punkt auf der Zeitstrecke des Sprachgangs ist, der mit Caput II vergeht, stellt die Komposition der drei Rauschbilder im Gesamttext sicher: Die Rauschmitte wandert mit oder: Der Text zirkuliert um diese Mitte. »Klagend« die Sonne zur Rede stellend (in der Reisemitte) und »singend« den verhaßten König mit der Vershölle bedrohend (am Ende) wird die Flamme des Rausches, in die die begeisterten Sterne über jener fürstlichen Raubhochzeit zerflossen sind, im Wintermärchen nicht mehr gelöscht. Natürlich ist sie Kunst-Chiffre. Der Rausch ein aristophanischer.

Die Motivierung für das Eintauchen ins Unbewußte, sagt Freud, sei der Umstand, »daß dort die lustbringende Verdichtung, welcher der Witz bedarf, sich leicht ergibt«. Antaios steht im »Kindesalter der Vernunft«, Heinrich Heine holt ihn in die Subjektstellung der modernen Poesie. »Auf höheren Stufen dieselbe Leistung durch das Eintauchen des Gedankens ins Unbewußte«! Mythos und psychoanalytische Theorie öffnen denselben Raum. »Das Infantile ist nämlich die Quelle des Unbewußten, die unbewußten Denkvorgänge sind keine anderen, als welche im frühen Kindesalter einzig und allein hergestellt werden.«

> Der Gedanke, der zum Zwecke der Witzbildung ins Unbewußte eintaucht, sucht dort nur die alte Heimstätte des einstigen Spiels mit Worten auf. (159)

⋆

Betrachten wir zum Schluß ansatzweise den von Kind Antaios eröffneten Raum.

Der Dichterriese kommt am Tempelberg vorbei, im Kopfkoffer die Tempelkleinodien des neuen Gotts – wir erinnern uns: »Auf diesem Felsen bauen wir …« (S. 82) –; ER denkt an den Fels Helgoland, wo er die Bibel las und Hoffmann von Fallersleben soeben das Deutschlandlied gedichtet hat, an Karl den Großen, für dessen Reich das Lied ein wenig noch gepaßt hätte, doch war da das schöne Mittelalter bereits verkommen; die Blickmonade tritt ins mittelalterliche Cöllen, die Symbolstadt, das Bistum herrschte über die Rheinlande, Zeit der klerikalen Todfeinde Heinrichs IV. und Saras, Zeit der Dunkelmänner, des Glaubenshasses, der Scheiterhaufen, der Massakerzüge im Zeichen des Kreuzes. »Die Geistlichkeit herrschte im Dunkeln durch die Verdunkelung des Geistes« (S. 277). Bacharach … Loreley … Der Vater Rhein weiß das alles, das verletzt grümmelnde ›gute‹ deutsche Gedächtnis. Der Dialog mit ihm, der mit dem nationalistischen Beckerschen Rheinlied im Magen keine Hoffnung empfinden kann, setzt auf das neue Lied (S. 357 ff.); ein gefühlvolles Versprechen, ein schöner Abschied … »Des Rheines frei geborener Sohn« tritt in den dunklen Traumschacht Kölns tiefer hinein: die dritte Öffnung ins biblische Land schon nach so kurzer Gedichtstrecke, nach der Entführung der Tochter Kanaans über das Meer in der vorjudaischen Zeit und nach dem Erinnerungsruf aus Helgoland, wo »ich« anstatt ein Deutschlandlied zu dichten die Bibel las: die Eroberung Kanaans in der Patriarchenzeit – »Wie lange Karawanenzüge zog die heilige Vorwelt durch meinen Geist … Die Knechte graben Brunnen. Süßes, stilles, hellsonniges Morgenland! … Störrige, grausame Herzen, diese Brüder …« (IV,43). Nun in der Hauptstadt des germanischen Katholizismus der Aufbruch aus Ägyypten, die Umkehrung des Blutmals an den Türpfosten in Köln, in der Nacht vor der Weiterreise! Der manifeste Inhalt des Kindertraums: Der Dichterriese verschiebt die Allmacht des Gottes Israels auf die eigene Zeichengewalt, bestimmt die »Enkelbrut« der mittelalterlichen Verfolgungstäter auf seinem nächtlichen Stadtgang zum Tod. Ein neues Lied, ein besseres Lied, Sterbeglöckchen … Auszug aus Ägypten (Moses-Hymne) mit der Gewißheit, keine Feinde mehr im Rücken zu haben?

Der Haß auf die Feinde gehört ins Lied wie jener spätere »Spleen« (VI,136), er wird äußerst präzise im biblischen Raum verkörpert: Das morgenländische Triumvirat der Christusanbeter, die Heuchler, gehören in die Lamberti-Körbe zu Münster, diese buntverkleideten preußischen Könige! Auch im Wintermärchen weicht der Spleen – der Vetter aus Galiläa, der Don Quijote der Welterlösung (»Du Narr, du Menschheitsretter«) taucht aus dem Traumnebel auf und entbietet, ehe er aus dem Text zu verschwinden scheint, seine *Bergpredigt* dem Dichterriesen, der sie schon abgewandelt, seinen Schriften einverwandelt hat. Auch das ist erzählte Schreibvergangenheit, kein neues Programm jetzt, gar Offenbarung, Übergabe einer sicheren Botschaft an den Jünger des neuen, dritten Testaments (S. 405) – Längst nämlich arbeitet »ich« an neuem Text auf dem Weg der Kunst in den Nachmärz. Dort dann, 1851:

> … mein Flügelrößlein wiehert
> Wieder heiter, scheint den bösen
> Nachtalp von sich abzuschütteln …
> (VI,136)

Auf den poetischen Umgang mit der Herrschaft der Affekte kommt es an (S. 121). – Tief verschlossen, unentdeckt und doch ganz offen auf der witzigen Oberfläche der Reiseerzählung hat Heine die biblisch-mythische Raumöffnung, die wir auf den Spuren der Assoziationen und im freien Fall durch die Anspielungsschächte hinab auf den Boden ältester Quellen des Unbewußten nachvollziehen, für eine Erinnerung an sein Grundmotiv genutzt (S. 235): ›Aufhebung‹ der christologischen Zeichenherrschaft in vor- und nachchristlicher Bibellektüre. Das kritische Moment dabei, gegen Vergangenheit und Gegenwart ineins gerichtet: Die Dunkelmänner und ihre Enkelbrut am Rhein und der königliche Tartüff in Berlin haben das Recht auf christliches Verkünder-Amt verwirkt. Hier ist der Grund für immer neue Haßaktualität. Eros, Religion und Erinnerung müssen nach einem neuen Bündnis suchen. Die messianische Rede und die Liebesbotschaft des Galiläers finden ihre Erneuerung auf den »Treppen des Exils«, im Zeitalter der »Geldwerdung Gottes« (III,867), in den Dachstuben der »Allegorien der Moderne«: bei den Verkörperungen der Ware, die sich selbst ins Gesicht sieht, bei Hammonia in Hamburg, Pomare in Paris, den Schwellenbewohnerinnen. Ich spiele mit dieser Einbettung der beiden Frauengestalten in die Welt der Hetären auf Benjamin an (VI,472 u. ö.)[2], der wie öfters in seiner Traum- und Passagentheorie auch hier, bei der Bestimmung des Schwellenorts der modernen Hetäre in den Metropolen, verdeckt in der Nähe zu Heine operiert. »Es sind nicht nur die Schwellen dieser phantastischen Tore [wo die Huren stehen, »Traumtore«], es sind die Schwellen überhaupt, aus denen Liebende, Freunde, sich Kräfte zu saugen lieben (...) Schwelle ist eine Zone. Wandel [»Gestaltenwandel des Traums«], Übergang, Fluten liegen im Worte ›schwellen‹ ...«[3]

Einkehr bei der »Hüterin des Vergangenen«[4] Hammonia und unterschwellige Anwesenheit der Bergpredigt im Text – Mit Staunen über diesen ich-autorisierten Perspektivverbund, der hier abschließend zu konkretisieren ist, könnte ein Buch eröffnet werden – – Es ist das Staunen über den erotisch-witzigen, rückwärts gewandten Propheten Heinrich Heine, Staunen darüber, daß Ich Antaios seinen gekreuzigten Vetter offenbar mit in die Pointe der Winterreise nimmt, an den Schwellenort der deutschen Hetäre, Tochter Karls des Großen. Aus der »Wundernacht« bei Hammonia hervortretend, mit dem Schwur auf den Lippen, über Deutschlands Zukunft zu schweigen »in Reden und in Schriften«, ein wenig fröstelnd, vertröstet er uns auf warme Sommertage in Paris, dann erst, dann wieder wird er »erzählen«. Er wirft schon mal das Stichwort »Heuchelei« in die Runde, mit metrischem Spielwitz deutlich aus dem »Kohl und Juchten«-Gestank im Schoße Hammonias sich freiatmend ins Heitere – und ablenkend gerade an dieser hymnischen Epos-Stelle, bis heute erfolgreich, vom Haß auf die Heuchelei an der Hamburgfront, unterdrückend das immer erneut aufkochende »Tosen, Rasen, Schäumen«, das an diesem Ort seine Familienwurzeln hat ...(VI,200). »Das alte Geschlecht der Heuchelei« soll im Begriffe sein zu verschwinden, hier und jetzt, da der Blick in Deutschlands Zukunft getan ist? Daß ich nicht lache ...:

Das alte Geschlecht der Heuchelei
Verschwindet Gott sei Dank heut,

Es sinkt allmählig ins Grab, es stirbt
An seiner Lügenkrankheit.

Das ist versifiziert eingedenk älterer Geschichte als es die des universalisierten, übergeistigten Christentums ist, das die Heuchelei und Leiberquälerei zu verantworten hat. Das Echo von dort, der älteren Geschichte, Echo aus den Buchstaben- und Bildabgründen in den heiligen Schriften, hören wir sogleich in der nächsten, im Eingang zu den Passagen von Paris (S. 345) schon zitierten Strophe. Ihre Abkunft verbürgt ihren messianischen Gestus. Ihre Einleitung hatte Heine zuvor in den Briefen aus Helgoland gedruckt, im Anschluß an Johannis XVI, 12f., »... was zukünftig ist, wird er Euch verkündigen«:

Das letzte Wort ist also nicht gesagt worden, und hier ist vielleicht der Ring, woran sich eine neue Offenbarung knüpfen läßt ...

(IV,44)

Der Quellenort der Strophe findet sich in den *ältesten* biblischen Erzählungen, seine Bedeutung reicht in die Vorgeschichte der kanonisierten Texte: der Jakobsbrunnen am Rande von Sichem. Der Nazarener im Dialog mit einer Hure, überliefert vom Lieblingsjünger Johannis. (IV,4 ff.) »Ich sehe daß du ein Prophet bist ...« – Über die Tempelfrage (Wo beten wir den wahren Gott an / Welches ist die richtige Predigt) geht der Dialog hinweg (»Gott ist Geist, und alle, die ihn anbeten, müssen im Geist und in der Wahrheit anbeten«). Die Frau sagte zu ihm: Ich weiß, daß der Messias kommt (...). Wenn er kommt, wird er uns alles verkünden.«

Es wächst heran ein neues Geschlecht,
Ganz ohne Schminke und Sünden,
Mit freien Gedanken, mit freier Lust –
Dem werde ich Alles verkünden.

Am Jakobsbrunnen im Land Samaria, dem wohl kritischsten Gedenk- und Kultort der judaisch-heidnischen Götter- und Siedlungskonflikte vor dem babylonischen Exil, am Fuße des ›doppelbödigen‹ Tempel-Berges Garizim, ein Ort, den das biblische Namensgeflecht der Großfamilie Abrahams als geschlossenes Medium der Ur-Verkündigungen des *einen* und *wahren* Gottes erscheinen läßt, der aber seine urgeschichtliche innere

Zerissenheit und Offenheit, symbolisiert von der heidnisch-judaischen »Orakeleiche«, nie verlor – Hier hat Heines Strophe ihre Quelle. Hierhin muß er die Hetären-Szene nicht zurückblenden, er findet sie vor. Indem der Poet an den Brunnen tritt und das Wort der Frau, der Hüterin des Vergangenen, aufnimmt, übergeht er die Differenz der Zeiten, des Davor und Danach, und löst dergestalt als *lebender* Vetter den *Gekreuzigten* im Dialog ab. Poet und Prophet reimen sich in der Zeitaufgehobenheit ihrer Verschmelzung, für jetzt, nicht für immer.

Das Geheimnis des Zitats für Bibelleser ist, daß eine ins Unendliche gehend vielschichtige Szene herbeigerufen ist, deren Stimmen erhalten sind, obwohl sie überstimmt zu sein scheinen vom Klang der einen lebenskräftigen Prophetenformel, von der zitierten Gewißheit aus dem Munde der Hetäre, die aber Alles und Nichts sagt. ›Leerstelle‹ (S. 87 f.). Was ist »Alles« als Gegenstand der alten und neuen Verkündigung, wenn nicht die Geschichte in dieser einen *und* in den vielen anderen Stimmen der Szene?! Im Dialog mit der Hetäre ist »Alles« *angekündigt* als Gegenwart, im Heraufzitieren reaktualisiert, reinszeniert, »neues Lied«: Es ist das Vergangene, die »liebe, unverwüstliche, melodische Geschichte der Menschheit«, im Zitat gegenwärtige Traumsprache; aufs neue unfertig, wenn sie über die Schwelle des Erwachens tritt. Eine Urszene der Erinnerung (S. 289, 296). »Ich könnte Eichen zerbrechen …« – mehr Zukunft ist nicht.

Zuguterletzt: Liebe.

Ist Antaios überhaupt in die Geschichte eingetreten? Wenn es mir gelungen ist, die Lesart des Wintermärchens als einer zeitgeistverbundenen Angriffssatire zu widerlegen, dann ist auch die Stärke des Giganten nicht lesbar als die Imagination einer mythischen Textpotenz, die ein politischer Dichter ernstlich gegen die Symbole und Mentalitäten der herrschenden Verhältnisse auf deutschem Boden aufbietet. Es wäre denn »ohne Hoffnung, daß ich siege« (VI,121), dies aber widerspräche dem texttongestützten Siegeszug dieser Dichtung in der Avantgarde-

Phantasie der Wintermärchen-Lesegemeinde aller Epochen. In diesem Ton ist etwas, das siegen kann …

Und das hat etwas Gigantisches. Es zieht uns zurück nach Paris. Und nach Jerusalem! In den ersten Monaten 1844, in einem Schaffensrausch, wahrscheinlich unter Pharmaka und fast bis zum Erblinden, hält sich der Dichter in den Schächten seines Gedächtnisses auf, die ich ein wenig angeleuchtet habe. In ihrem Labyrinth sind die Kräfte des Riesen Geist, Geist der vom Schwellenort des Erwachens in die Figuren des poetischen Universums fährt und ihre Profile in Schrift und Traum ineinanderfließen läßt. Neue Szenen, die sie aufführen, erinnern an alte. Und erblicken wir sie dergestalt, wie der »Kämpe der Revolution« sie sich ins Gedächtnis ruft, als er den Stolz eingestehen muß, daß er diejenigen von ihnen am meisten liebt, die »dem edlen Hause Israel angehörten« (VI,481), so wird verständlich, daß der Dichter im Wintermärchen keiner Spielerei mit beliebigen Einfällen und auch keiner Extravaganz zu verdächtigen ist, wenn er seine Vertretung im Text in Korrespondenz mit dem Ur-Heiden Antaios sich festigen läßt und dessen Kräfte auf diese Weise in den Geisterkreis zieht, den der Autor der »Geständnisse« im Bilde der »Schlachtfelder des Gedankens« sich vor Augen halten wird. Hier kämpfen die Juden, »gewaltige, unbeugsame Männer«, wie wir gehört haben (S. 130). In die Aura dieser Korrespondenz wird auch der arme Vetter Jesus gerufen. Der gekreuzigte Nazarener steht wieder auf. – Unmittelbar vor der rabbinischen Messias-Erzählung 1840 (S. 181), zu lesen als ihr einleitender Kommentar, gibt Heine den Wink, den wir hier brauchen:

> Die Juden sind das Volk des Geistes [IV, 40], und jedesmal wenn sie zu ihrem Prinzipe zurückkehren, sind sie groß und herrlich, und beschämen und überwinden ihre plumpen Dränger. Der tiefsinnige [Karl] Rosenkranz vergleicht sie mit dem Riesen Antäus, nur daß dieser jedesmal erstarkte, wenn er die Erde berührte, jene aber, die Juden, neue Kräfte gewinnen, sobald sie wieder mit dem Himmel in Berührung kommen. (IV,119)

Auch dem in den witzigen Strophen auf der Paderborner Heide gefeierten Gekreuzigten wachsen in dieser poetischen Verwandlung neu die Kräfte. Wir haben das Zeitalter des Buchdrucks, schwarz auf weiß läßt sich, wohltemperiert von der

Zensur, der Kreuzigungsgrund erinnern. Nur müssen die *Erzählungen*, die ihn legten, angemessen übersetzt werden. *Übersetzt in die Moderne* – so entdeckt der Dichter – ist die Bedeutung freigesetzt, die es hat, daß der Nazarener mit Hetären über sein Selbstverständnis als Messias spricht – und verstanden wird. Nicht nur am Jakobsbrunnen.

Heine liest Lukas VII, 36 ff. –

Jesus ging in das Haus eines Pharisäers, der ihn zum Essen eingeladen hatte, und legte sich zu Tisch. Als nun eine Sünderin, die in der Stadt lebte (Luther: Und siehe, ein Weib war in der Stadt, die war eine Sünderin), erfuhr, daß er zu Tische war in des Pharisäers Haus, kam sie mit einem Alabastergefäß voll wohlriechendem Öl und trat von hinten an ihn heran. Dabei weinte sie, und ihre Tränen fielen auf seine Füße. Sie trocknete seine Füße mit ihrem Haar, küßte sie und salbte sie mit dem Öl (Luther: und fing an seine Füße zu netzen mit Tränen und mit den Haaren ihres Haupts zu trocknen und küsset seine Füße und salbet sie mit Salben). Als der Pharisäer das sah (...), dachte er: Wenn er wirklich ein Prophet wäre, müßte er wissen, was das für eine Frau ist, von der er sich berühren läßt (...). Da wandte sich Jesus an ihn und sagte: Simon, ich möchte dir etwas sagen (...) Ein Geldverleiher hatte zwei Schuldner; der eine war ihm fünfhundert Denare schuldig, der andere fünfzig. Als sie ihre Schulden nicht bezahlen konnten, erließ er sie beiden. Wer von ihnen wird ihn nun mehr lieben? (...)

Als ich in dein Haus kam, hast du mir kein Wasser zum Waschen der Füße gegeben; sie aber hat ihre Tränen über meinen Füßen vergossen und sie mit ihrem Haar abgetrocknet. Du hast mir keinen Begrüßungskuß gegeben; sie aber hat mir, seit ich hier bin, unaufhörlich die Füße geküßt. Du hast mir nicht das Haar mit Öl gesalbt; sie aber hat mir mit ihrem wohlriechenden Öl die Füße gesalbt. Deshalb sage ich dir: Ihr sind ihre vielen Sünden vergeben, weil sie mir so viel Liebe gezeigt hat. Wem aber nur wenig vergeben wird, der zeigt auch nur wenig Liebe ...

(Luther:) Deshalben sage ich dir, Ihr sind viel Sünden vergeben. Denn sie hat viel geliebet. Welchem aber wenig vergeben wird, der liebet wenig ... –

und Heine übersetzt, mit vorübergehend gesundetem Auge und während der Schlußarbeit am Wintermärchen, April 1844 in Paris, die Jesusrede in Gottes Gedanke zurück und umlegt sein Gedicht mit liebevoll gemildertem Witzton (Pomare IV:)

Besser hat es sich gewendet,
Das Geschick, das dich bedroht' –
Gott sei Dank, du hast geendet,
Gott sei Dank, und du bist tot.

In der Dachstub deiner armen
Alten Mutter starbest du,
Und sie schloß dir mit Erbarmen
Deine schönen Augen zu.

Kaufte dir ein gutes Leilich,
Einen Sarg, ein Grab sogar.
Die Begräbnisfeier freilich
Etwas kahl und ärmlich war.

Keinen Pfaffen hört' man singen,
Keine Glocke klagte schwer;
Hinter deiner Bahre gingen
Nur dein Hund und dein Friseur.
(...)

Arme Königin des Spottes,
Mit dem Diadem von Kot,
Bist gerettet jetzt durch Gottes
Ewge Güte, du bist tot.

Wie die Mutter, so der Vater
Hat Barmherzigkeit geübt,
Und ich glaube, dieses tat er,
Weil auch du so viel geliebt.

Auch hier könnte ein neues Buch beginnen –: Wie der Dichter das Dreieinigkeitsdogma aufsprengt, es ersetzt durch das Double Mutter Vater – Wie er den verspotteten König der Juden am Grab der unchristlich zur Erde zurückgegebenen Königin Pomare in den messianischen Dialog am Jakobsbrunnen zurückerinnert – Wie er am Ende des »Romanzero«, in dessen Historien der Pomare-Zyklus veröffentlicht ist, den Gedanken der Entchristlichung von Tod und Auferstehung mit den Augen des Sehers Swedenborg und in dessen Bildern zuendeerzählt (und ihnen die Apotheose der Töchter Lots pointierend einverleibt) und wie er den Gewährsmann rühmt, da er »die Einheit und Unteilbarkeit unserer Existenz« und »die unveräußerlichen Individualitätsrechte des Menschen ganz richtig erkannte und anerkannte ...« – –

»Du bist gerührt, mein teurer Leser, und kostbare Perlen fallen aus Deinen Tränensäckchen. Doch beruhige Dich, wir werden uns wiedersehen in einer besseren Welt, wo ich Dir auch bessere Bücher zu schreiben gedenke. Ich setze voraus, daß sich dort auch meine Gesundheit bessert und daß mich Swedenborg nicht belogen hat (…)
Und nun lebe wohl, und wenn ich Dir etwas schuldig bin, so schicke mir Deine Rechnung. –

Geschrieben zu Paris, den 30. September[5] 1851.

Heinrich Heine.«

Anmerkungen

Heine ist zitiert nach: Heinrich Heine. Sämtliche Schriften I-VI/2, hg.v. Klaus Briegleb unter Mitarbeit von Günter Häntzschel (Bd. II), Karl Pörnbacher (Bd. III), Karl Heinz Stahl (in Bd. V) und Walter Klaar (in Bd. VI). München (Carl Hanser) 1968–1976.– Abgk.: Stl. Schr. (Alle seriösen Gesamt-Nachdrucke, z. B. Hanser-Taschenbuch 1976, Ullstein-Taschenbuch 1981, sind seitengleich).– (Jüngste Taschenbuch-Ausgabe, seiten- *und* bandgleich; mit einem Nachwort des Herausgebers, München, Deutscher Taschenbuch Verlag 1997).

Zitierweise: Band und Seite der Sämtlichen Schriften sind stets in Kürzeln angegeben, z. B. III,37. Die Anmerkungen sind entlastet durch Zitatbeleg im fortlaufenden Text: (III,37). Der Teil-Band VI/1 (Spätschriften), zit. nach der 2. Aufl. 1985, wird nur als VI angegeben, im Unterschied zu VI/2 (Kommentar + Gesamt-Anhang).– Die anderen Zahlen als Klammer-Vermerke, z. B. (S. 381), bedeuten: Siehe oder vergleiche innerhalb des Buches.

Die Bibel ist zitiert nach: Neue Jerusalemer Bibel. Einheitsübersetzung mit dem Kommentar der Jerusalemer Bibel. Neu bearbeitete und erweiterte Ausgabe (...). Freiburg, Basel, Wien (Herder) 1985. Heines Zitate (er las den Luther-Text) nach seinem Wortlaut; verglichen: D. Martin Luther: Die gantze Heilige Schrifft Deudsch. Wittenberg 1545 (= Ausgabe letzter Hand). München (Rogner & Bernhard) 1972.

Spinoza (»Ethik«) nach: Baruch de Spinoza. Die Ethik nach geometrischer Methode dargestellt. Übersetzung, Anmerkungen und Register von Otto Baensch. Einleitung von Rudolf Schottlaender. Hamburg (Felix Meiner) o. J. (= Sämtliche Werke in sieben Bänden. Philosophische Bibliothek.92.)
Abgek.: Ethik.

Hegel nach: Georg Wilhelm Friedrich Hegel. Werke in zwanzig Bänden, hg. v. Eva Moldenhauer und Karl Markus Michel. Frankfurt am Main (Suhrkamp) 1971 (= Theorie Werkausgabe).

Freud (»Der Witz und seine Beziehung zum Unbewußten«) nach: Sigmund Freud. Studienausgabe. Band IV. Psychologische Schriften. Frankfurt am Main (S. Fischer) 1989.

Benjamin nach: Walter Benjamin. Gesammelte Schriften, hg.v. Rolf Tiedemann und Hermann Schweppenhäuser. Frankfurt am Main (Suhrkamp) 1972–1977. »Aufzeichnungen und Materialien« nach: Walter Benjamin. Das Passagen-Werk, hg. v. Rolf Tiedemann. Frankfurt am Main 1983 (= edition suhrkamp. 1200.). Zit. mit Benjamins Kürzeln.

Die gelegenlichen Rückverweise auf Klaus Briegleb: Opfer Heine? Versuche über Schriftzüge der Revolution, Frankfurt am Main (Suhrkamp) 1986, sind abgek. angeführt als »Schriftzüge«.

Notiz zu den Anmerkungen

Fachliteratur zur Heine-Philologie erwähne oder diskutiere ich nur selten.- Die Wege, die ich in den Kommentaren meiner Ausgabe seit 1968 angelegt und in den »Schriftzügen« 1985 vervielfältigt habe, Wege, auf denen die Schriften des Dichters aus den Bedingungen und Antrieben seines deutschen Judentums für unsere Zeit neu erschlossen werden können, sie sind in diesem Buch noch einmal ausgebaut, auf die Probe gestellt und durch andere ergänzt. Es scheint an der Zeit in der deutschen Philologie zu sein, ähnliche Wege zu gehen. In aller Regel hat sie das bisher vermieden. Ihr Trend ist anders. Dies ist der Grund, weshalb es meinerseits gegenwärtig so wenig zu antworten gibt.

Die erwähnte Vermeidung gilt der abgründigen Schreibweise Heines. Nachdem das Gros der Germanisten bis in die achtziger Jahre des 20. Jahrhunderts sich seiner ›kulturellen‹ Ächtung angeschlossen hatte, die im psychischen und historischen Grund antisemitisch war, schlägt man ihn heute in den Bann der Verharmlosung und philosemitischen Aneignung. Fachmethodisch geschieht das durch einen faden Positivismus, ›Habermas-philosophisch‹ durch einen faden intellektuellen Patriotismus (vgl. S. 171 f.). Beides, es ist das alte Lied, erfreut sich breiter gesellschaftlicher Deckung. Dieses Bündnis artikulierte im »Heine-Jahr« 1997 repräsentativ der Düsseldorfer Jubiläums-Kongreß, wenn nicht nach Absicht seiner beiden wissenschaftlichen Planer und nicht in allen seinen Hervorbringungen, so doch in seiner ideologischen Durchschnitts-Rhetorik und Rezeption. Ein ausnahmsweise leicht ironisches Resümee im rheinischen Blätterwald brachte den Stand der Dinge auf den Punkt: So »harmoniebetont« wie die Feierlichkeiten in der Landeshauptstadt sei auch der wissenschaftliche Kongreß mit »unserem Heine« umgegangen; habe alte »Grabenkämpfe« beendet, die »Facetten-Vielfalt Heines« wenig originell wiederbeschworen, sein Judentum in den »Mittelpunkt« gestellt und die *Wunde Heine geschlossen* (Düsseldorfer Nachrichten, 2. 6. 97).

Das ist es. Noch nie wollte man in Deutschlands liberaler Salonkultur mit den Schlägen zu tun haben, derer sich zu erinnern zum Bild einer Wunde gehören würde. Zwar fand sich Heines Judentum in der pluralistischen Zerstreuung des Kongresses, von wenigen Beiträgen abgesehen (Anne M. Jäger, Michael Perraudin), kaum einmal problembewußt und als solches erörtert, die wohlfeile Beteuerung aber, der Dichter »jüdischer Herkunft« sei ein vorbildlicher Republikaner gewesen und habe sich, um aus seinem Außenseitertum herauszukommen, dem Befreiungskriege der ganzen Menschheit verschrieben, brachte es in der Tat zum Schulterschluß im Überbau der Sektionen.

Gedanklich stand dieser Vorgang, falls er nicht in Motiv-Huberei zerfiel, ›bestenfalls‹ auf dem Niveau jener Doktrin zu Beginn des 19. Jahrhunderts, gegen die Heine sein Lebenswerk gesetzt hat: Das Judentum müsse in der Moderne und ihrem Projekt der Egalité »aufgehoben« werden.

Des Dichters Dissens zu dieser Doktrin, im ersten Band der Sämtlichen Schriften erstmals in seiner poetisch-philosophischen Dramatik textnah kommentiert, steht im vorliegenden Buch noch einmal in seiner ganzen Schärfe zur Debatte. Es geht um die Bedeutung des Dissenses für Heines *Schreibart*.

Auf dem Kongreß ging es auch im *allgemeinen* nicht um den Widerstreit, in dem Heines Dichten mit der Doktrin der jüdischen Selbstaufhebung liegt. Mit der organischen Kraft einer nicht hinterfragten oder nicht erkannten Ideologie machte die Doktrin sich geltend durch Beschreibung von kontextblinden Text-›Inhalten‹ und konkretisierte sich auf diese Weise als der rote Faden in einem durchgehenden, variabel pluralistischen Zug, der auf weltanschauliche Stabilisierung all der Facetten hinauslief, die im Charakterbild der heimgeholten Autor-Größe irgend vorbildliche Individualität beanspruchen können. Einmal kam die Doktrin in formelhafter Härte zum Ausdruck (als es um »Heine als Plebejer« ging): »Auch als Jude« sei Heine das, als was man ihn jeweils gerade darstellte; vgl. auch Anm. 3 zu Kap. II. Sonst ›sprach‹ die heimlich begehrte Selbstaufhebung des modernen Judentums *zugedeckt* mit; geborgen im Methodenanschein positivistischer Parzellierung oder in Emphase: vernehmbar als Struktur des ›harmlosen‹ germanistischen Bedenkens des ›jüdischen Elements‹, das u. a. in *all dem* sei, das den ganzen Heine erst macht – Element im Europäer, Polemiker, Feinschmecker und Aufklärer, im Propheten, Deutschen, Antikapitalisten und Exilierten, im Ironiker, Plebejer, Romantiker, Klassiker, Skeptiker, Revolutionär und Posthistoriker, im Mythologen, Napoleoniden, Kosmopoliten, Juristen usw.

Was soll man gegen wissenschaftliche Einzelbetrachtungen haben!? Doch Heines Judesein in der einen oder anderen unterzubringen und in diesem Aspekte-Status auf sich beruhen zu lassen, dann aber, präsentiert von einem wie unbefangenen ›Im-übrigen‹, in die allgemeine feierliche Rhetorik irgendwann wieder einzufädeln, das ist der gegenwärtige Beitrag der meisten Heine-Germanisten zur Verwandlung des gesellschaftlichen Antisemitismus in kulturellen Philosemitismus. Mit einer Philologie, die in *diesem* Trend ist und dergestalt den deutschen Juden Heine als ›Dichter bekannt‹ einem pikanten Klassikerkonsum freigibt, kann sich nur auseinandersetzen, wer dies als kritisches Unterfangen per se gewählt hat. Es in Angriff zu nehmen, wäre wohl notwendig. Aber dieses Buch möchte etwas anderes sein, so wie es im Vorwort skizziert ist; eine Textwanderung, keine Ideologiekritik.

Zum Vorwort

1 Bis kurz vor der Deportation, wie aus seinen letzten Briefen nach Palästina zu schließen ist (Nachlaß im Leo Baeck Institut, New York).

2 Fritz Heymann, »Tod oder Taufe« a. a. O. (Anm. 28 zu Kap. II), S. 13.

3 Die Verknüpfung Heine – Marrane findet sich u. a. S. 30, 48 f., 76 ff., 92 ff., 113 ff., 128, 139 ff., 145 ff., 151, 178 f., 203 f., 206, 253 ff., 266 ff., 307, 327 ff., 339

4 »Unser eigentliches Geheimnis haben wir nie ausgesprochen, und werden es auch nie aussprechen, und wir steigen ins Grab mit verschlossenen Lippen!« (am 5.2.1840 an August Varnhagen; vgl. Stl. Schr. IV, 753).

5 Vgl. Notiz zu den Anmerkungen, S. 416.
6 Léon Poliakov, »Die Marranen« a. a. O. (Anm. 28 zu Kap. II, siehe Anm. 2), S. 10 ff. und vgl. für die folgenden Fakten Heymann und Poliakov im ganzen.
7 Aus diesem Grund ist es richtig, nach 1391 von »Marranen«, nicht von »Conversos« zu sprechen, insofern deren Glaubenswechsel nicht bedeutet hat, in eine Geschichte kultureller und psychischer Belastungen ihrer ›Identität‹ geworfen zu werden. Eben dies aber ist das Merkmal der »Marranen« als Gruppe und hat in jüngeren Darstellungen zu differenzierten Typologien geführt. Nach Heymann vgl. Yirmiyahu Yovel, Spinoza a. a. O. (Anm. 28 zu Kap. II, siehe Anm. 2), S. 151 u. ö.
8 Zu Heines »Geheimnis« vgl. Anm. 4, sowie u. a. S. 124, 130, 141 ff., 169, 185, 195, 203, 238, 249 ff., 304 ff., 308.
9 Zu »Zeit« und »Geschichte« vgl. vor allem S. 139, 163, 190 ff., 216 f., 264, 272 ff., 297.
10 Zur Zitierweise siehe Notizen S. 414.
11 Vgl. zum spanischen ›Goldenen Zeitalter‹ u. a. S. 42, 61., 109 f., 115, 144 ff., 227, 241, 247, 250 ff., 269, 304.
12 Poliakov a. a. O. (Anm. 6), S. 30.
13 Heymann a. a. O. (Anm. 2.), S. 13 und 26.
14 Vgl. dazu Heymann ebd. S. 28.
15 ebd. S. 14.
16 Vgl. Yovel a. a. O. (Anm. 7), S. 324 ff.
17 Zur »Einheitlichkeit« der Schriften siehe u. a. S. 86, 162, 203.
18 Zur Arbeit des Philosophen Heine an der Dialektik des Allgemeinen und Besonderen vgl. vor allem das Hegel-Kapitel III.
19 Zu ›Knotenpunkten‹, ›Leerstellen‹ vgl. z. B. S. 87 f., 112 ff., 123 f., 139, 165 f., 178 ff., 193, 227, 272 ff., 356.

Zu »Shylock«, einleitend

1 Die Antwort ist erläutert in Kap. VI, vgl. S. 320 ff.
2 »Jessika» (1838), IV,251. Im folgenden ist der Zusammenhang in Heines Einleitung zu seinem »Shylock« gerafft angesprochen und mit Formulierungen aus den »Geständnissen« (1854) überblendet. Zu dieser Verfahrensweise vgl. S. 119 f. und 166.
3 Vgl. Frontispitz zu »Schriftzüge«.
4 Es handelt sich um Nichtlektüre wider bessere Kenntnis, nicht um das Übersehen einer unzugänglichen Textstelle: In den verschiedenen Auflagen der Textsammlung von Hugo Bieber, vor 1933 und nach 1945, ist der Text herausgestellt; hier zitiert nach Heinrich Heine. Bekenntnis zum Judentum. Eine Auswahl aus seinen Dichtungen, Schriften und Briefen, hg. v. Hugo Bieber. Berlin, 1925 (= 2. Aufl. von Confessio Judaica, 1925), S. 118.
5 Siehe vor allem Sigrid Weigel: »Shylock« und »Das Motiv der Kästchenwahl«: die Differenz von Gabe, Tausch und Konversion im »Kaufmann von Venedig«, in: H. Böhme/K. R. Scherpe (Hg.): Literatur und Kulturwissenschaf-

ten. Positionen, Theorien, Modelle, Reinbek 1966, S. 112 ff. Siehe auch Dies: Shylocks Wiederkehr. Die Verwandlung von Schuld in Schulden oder: Zum symbolischen Tausch der Wiedergutmachung, in: Dies./Birgit R. Erdle (Hg.): Fünfzig Jahre danach. Zur Nachgeschichte des Nationalsozialismus, Zürich 1996, S. 165 ff. Vgl. auch Dietrich Schwanitz: Shylock. Von Shakespeare bis zum Nürnberger Prozeß, Hamburg 1989.

6 Vgl. Janine Chasseguet-Smirgel: Das Ichideal. Psychoanalytischer Essay über die »Krankheit der Idealität« (1975), Frankfurt am Main 1987.

7 Sarah Kofman: Erstickte Worte (1987), Wien 1988.

8 V,783. Zu den Schriftstellernöten Heines in seiner Familie siehe den gesamten Komplex V,94 ff. und Anmerkungen, sowie VI/2,301 ff.

9 V,555 und Anmerkungen. Zum nationalliberalen Hintergrund vgl. auch IV,680 ff.

10 Zu dieser Wendung aus der Hegelschen Geschichtsphilosophie ist gründlich in Kap. III gehandelt. Vgl. auch Kap. I und VI.

Zu Kapitel I

1 Adolf Strodtmann: H. Heine's Leben und Werke. 2 Bde, Berlin 1867/69 (1. Aufl.).

2 Die Standard-Untersuchung gibt Joseph A. Kruse: Heines Hamburger Zeit, Hamburg 1972.

3 Im Kap. »Er hat den schlechten Judencharakter«, »Schriftzüge« S. 157 ff., sind die Dokumente in den verschiedenen Bänden der Sämtlichen Schriften noch einmal zusammengefaßt.

4 Vgl. die Quellenangaben im Aufsatz, der diesem Kapitel zugrunde liegt: »Jeder Reiche ist ein Judas Ischariot!« Vorläufiges über Heinrich Heine und die Juden in Hamburg, in: P. Freimark und A. Herzig (Hg.): Die Hamburger Juden in der Emanzipationsphase 1780–1870, Hamburg 1989, S. 125.

5 Tagung »Die Hamburger Juden …« (Anm. 4), 5.–7.2.1988 in Hamburg.

6 »London«, II,538.

7 Heines Briefe in diesem Buch zit. nach Datum oder Stl. Schr.

8 ›Über den Fluß‹, vgl. Ewen-Schoschan's ›Neues Wörterbuch‹, Jerusalem 1991.

9 Zur Differenzierung von Haskala und deutscher Aufklärung siehe Chaim Shoham: Altona-Hamburg-Wandsbek als Ort der Haskala, in: Freimark/Herzig (Anm. 4), S. 22 ff.

10 An Sethe am 6.7.1816.

11 Vgl. die Skizze zu Heines Marranentum im Vorwort und Anm. 3 u. 7 dort. Y. Yovels erster Versuch müßte mit der Kategorie der Erinnerung aufs Literarische gebracht werden.

12 Original im Leo Baeck Institut New York. Im folgenden danach zitiert. Vgl. zuerst A. Hoschander Friedlander: The Wohlwill-Moser-Correspondence, in: Year Book XI (1966), S. 262 ff. Auszüge dort und schon bei Strodtmann (Anm. 1), der die philosophische Unmittelbarkeit des Briefwechsels zu den Hegel-Vorlesungen erstmals gründlich belegt hat (Bd. I, S. 263 ff.).

13 Neuere Untersuchungen dazu, die diesen Namen verdienten, gibt es nicht.

Der Titel einer neuen Veröffentlichung trügt: E. Lutz: Der »Verein für Cultur und Wissenschaft der Juden« und sein Mitglied H. Heine. Stuttgart 1997 (= Heine-Studien). In der Sache epigonal, ohne Sinn und Interesse für die philosophischen Anstrengungen der Vereins-Elite, die den Problemen der Emanzipation gegolten haben, werden hier Defizite der Forschung vorgetäuscht, um dann, fleißig, naiv und unpräzise, meist längst bekanntes Tatsachenmaterial nachzuerzählen. Unverfroren ist es, Ansätzen aus den achtziger Jahren den Status von Novität zuzuweisen, der, so nicht schon von Lion Feuchtwangers Dissertation 1907, dann spätestens von S. Uckos Studie überholt worden ist (Geistesgeschichtliche Grundlagen der Wissenschaft des Judentums, 1933); vom Komplex der genannten und nicht genannten Forschungsliteratur seitdem einmal abgesehen. Die Verfasserin steht nicht allein mit ihrer problemscheuen, ihr Thema verfehlenden Mißachtung der Philosophie, aber es ist indiskutabel, Studien, die solche Mißachtung nicht teilen, schlicht zu verschweigen. Ein starkes Stück ist die Behauptung: »Über Heines Verhältnis zu anderen Vereinsmitgliedern [nicht Eduard Gans und Moses Moser] sind keine Veröffentlichungen aufzufinden« (S. 7 u. ö.). Von den Erörterungen in I,827 ff. und in den »Schriftzügen« u. a.S. 198 ff. nicht zu reden: die Studie von 1988 (Anm. 4), die diese Fehlauskunft widerlegt, wurde auf meinen Wink der Verfasserin noch rechtzeitig anempfohlen; ungelesen und an unpassender Stelle ist sie daraufhin formell nachzitiert worden (S. 184, Anm. 535). Auf solche Weise beansprucht man im positivistischen Zitierkartell heute Originalität dafür, »Heines Stimme« (!) erstmals aus den Dokumenten zum »Verein für Cultur und Wissenschaft der Juden« angemessen vernehmbar (S. 1) gemacht zu haben.

14 Um die Lektüre und Anmerkungen im folgenden zu entlasten, sei für Quellen-Details außerhalb des Briefwechsels Wohlwill-Moser in der Regel auf die genannte Studie (Anm. 4) verwiesen.

15 In Berlin vorgetragen am 4.5.1823, gedruckt bei F. C. A. Otto, Hamburg 1823. Es war der dritte und letzte.

16 Den »dritten Schluß« (Encyklopädie der philosophischen Wissenschaften im Grundrisse [...] 1817, 1 577, hier zitiert nach der Ausgabe von 1830:) »(...) Es vereinigt sich in ihr die Idee, daß die Natur der Sache, der Begriff, es ist, die sich fortbewegt und entwickelt, und diese Bewegung ebensosehr die Tätigkeit des Erkennens ist, die ewige an und für sich seiende Idee sich ewig als absoluter Geist betätigt, erzeugt und genießt.« (X, 394) Vgl. Hegels »Konzept« der Enzyklopädie, die Einleitung zur Enzyklopädie-Vorlesung, die Moser ganz offensichtlich gehört hat (X,399 ff.).

17 Vgl. Immanuel Wohlwill: Begriff einer Wissenschaft des Judenthums«, in: Zeitschrift für die Wissenschaft des Judenthums, Berlin 1822, S. 23.

18 Vgl. Hegels Aufruf an den »Geist der Jugend«, an ihren *»Mut,* Wahrheit zu verlangen«, in: »Konzept« (Anm. 16), S. 403 f. Wohlwill ist 1823 24 Jahre alt, Moser 27, Gans 25, Heine 26.

19 Vgl. »Konzept«, S. 403.

20 Friedlander (Anm. 12), S. 296 f.

21 Hegel dazu (über »Schluß«, »Vermittlung« und »Übergang«) vgl. »Enzyklopädie« 1 575.

22 Moser rezensiert zur selben Zeit in diesem Sinne Heines »Lyrisches Intermezzo« (I,640), ein Zeugnis auch der Verkennung: Was ihm Heines »unendlicher Schmerz der Liebe«, ist diesem zugleich der »große Judenschmerz« in diesem Unendlichen; vgl. auch »Schriftzüge«, S. 204.

23 Die im folgenden zitierten Äußerungen Heines stammen, wenn nicht anders angegeben, aus seinem Briefwechsel mit Moser 1823/24.

24 Hervorh. v. m.

25 Eine tief versteckte Anspielung zeigt, da nicht ausgeführt, ein Problem an, das Heine jetzt in der Kritik am Verein nicht auflöst und bei der Ankündigung einer »Hypothese« abbricht: falsche Führerschaft. Der Höhlen-Führer verfügt zwar über Schlüssel und Magie der Namen, macht aber eine lächerliche Figur, als er Moses in Exodus 17 nachspielt. Moses Moser? Soll der Freund lesen lernen (beim Dichter), daß das Reform-Judentum das aus dem Felsen geschlagene Wasser wieder zum Erstarren bringt (Tropfstein-Höhlengleichnis!)? Das Rätsel-Bild II,615; und vgl. Heines Abschiedsworte an den Verein im Buch Lucca, Kap. VII.

26 Vgl. Heines »Selbstpersiflage« an Moser im Mai-Brief aus Lüneburg 1823 (»... Sie saßen an den Wassern der Spree und zählten Tresorscheine ...«).

27 Vgl. »Schriftzüge«, S. 122 f.

Zu Kapitel II

1 An Moses Moser am 8.7.1826.

2 »Schriftzüge«. Die Kritik am Buch im gesinnungsphilologisch-theorielosen Lager ist kläglich und grotesk. Eine coole Unbefangenheit gegenüber der ›Judenfrage‹ bei Heine hält man sich dort zugute und man trachtet, ein Bild vom emanzipierten säkularen Juden ›wertneutral‹ gegen jeglichen Versuch auszuspielen, den *Schriftsteller* bei seiner Arbeit an einem komplizierten und politisch unsicheren religions-geschichtlichen Reflexionsverhältnis zu seinem Judentum zu beobachten. Die Formel dafür in einem jüngeren Beispiel: Da müsse »leider wieder die jüdische Herkunft Heines herhalten«; das bezieht sich auf einen textbiographischen Passus (»Schriftzüge«, S. 166 ff.), der den Anbetern eines Exil-Heroen Heine ihren einfachen Blick nehmen möchte durch eine Aufblendung des jüdischen Rollentheaters in Heines ersten Pariser Texten. Daß auch die Lektüre des Bilds vom Ewigen Juden als kausale Reduktion auf Heines »jüdische Herkunft« aufgefaßt wird, das ist in der gedanklichen Öde unserer weit verbreiteten inhaltsanalytischen Philologie und ihres instrumentellen Umgangs mit Texten ›natürlich‹; das Theoriewort »Textbiographie« ist hier Fremdwort. (Vgl. Sabine Bierwirth: Heines Dichterbilder. Stationen seines dichterischen Selbstverständnisses. Stuttgart und Weimar 1995 [= Heine-Studien], S. 169 f.) Die Formel »leider wieder die jüdische Herkunft« verweist auf selbstgetäuscht ideologiefreie Denunziationsbereitschaft (:»Hinzu tritt die bekannte ideologische Einschätzung ...«); wobei ein verstümmelndes Zitat (: »›Sozialist‹ Heine« geschnitten aus: »Liebt man den Sozialisten, der sich dem Kommunismus entzieht?«, »Schriftzüge«, S. 29) und eine mißglückte Bosheit (: Zitat des Druckfehlers

»Ludwig (!) Marcuse« statt Ludwig Markus, ebd. S. 21) es plausibel machen sollen, daß mit einem Ideologieverdacht gegen den Verfasser auch sein Konzept in Verdacht gerate (:›Wer Heine »Sozialist« nennt, schätzt ihn *auch* als Juden zu hoch ein‹): »Auch[!] scheint die Betonung wieder zu sehr auf Heines Judentum gelegt, was als Weiterführung des Kommentars der Studienausgabe [gemeint die Sämtlichen Schriften] anzusehen ist. Das ›Haus Israel‹ sei ... [usw.]« (a. a. O. S. 68). Was heißt das später wiederholte »wieder« schon im einführenden Forschungsbericht einer Studie anderes, als sich weithin hörbar im Zitierkartell, das gewählt ist, von »Erkenntnissen« abzugrenzen, die Heines Judentum »zu sehr« gewichten, und sich auf diese Weise ins Benehmen zu setzen mit denen, die so etwas auch nicht tun? Mit denen in der Tat, so beteuert Bierwirth, geht ihr »Zugang zu Heines Selbstverständnis (...) konform« (ebd.).

3 Vgl. dazu exemplarisch einen jüngeren Essay, der sich den Rang einer Geschichtsschreibung der antisemitischen Heine-Schmähungen anmaßt: Paul Peters: Heinrich Heine »Dichterjude«. Die Geschichte einer Schmähung, Meisenheim 1990. Einerseits wird hier (in einem zutiefst epigonalen Wiederholungsgang durch die Fachliteratur) anhand der bekannten Zeugnisse suggeriert, daß der Antisemitismus die Stellung Heines in der überlieferungswürdigen Kultur *zerstört hat,* indem er an die Stelle des Dichters den gebrandmarkten Juden gesetzt habe, auf der anderen Seite ist der Versuch gemacht, Heine von den Zuschreibungen, Jude und als solcher »nichts« zu sein, zu »reinigen«, »freizumachen«, und ihm dergestalt wieder zu seiner Identität und zu seinem »Ursprung« zu verhelfen; zu Identität und Ursprung als Künstler: Hier stehe er an seinem Ort, dem des »›plebejischen‹ Diskurses« (S. 45 f.), bei den »Niedrigen«, an der Seite »der Arbeiterbewegung selbst« (S .54 ff.), wofür selbstredend Gedichte wie das Weberlied und das Caput I des Wintermärchens geradestehen müssen, denn dort kulminierten »Auflehnung gegen die Klassengesellschaft« und »beschworene Utopie erlangter Fülle« (vgl. das Kap. I insgesamt, »Strategien des Wortes: Der Dichter und das Proletariat«, S. 23 ff.). Abgestützt ist diese Verortung am nicht eigens überprüften Tatbestand des partiellen Gebrauchs Heinescher Texte in der Arbeiterbewegung (mündend in der unhistorischen Tatsachen-*Behauptung*: »Heine, und nicht Brecht, ist der ›klassische‹ Dichter der proletarischen Bewegung in Deutschland«, S. 48). Wie alle Rückzugsgefechte in den Reihen links-orthodoxen Philosemitismus', wo man den Juden Heine im Lob seiner »hymnischen« Parteilichkeit zum Verschwinden bringt, beruft sich auch dieses Buch leichthin auf »Sartres entscheidende Einsicht«, wonach »der« Antisemitismus den ›Juden‹ erst und immer neu hervorbringe (um ihn von der Partei der gerechten Kämpfe, wenn er, wie Heine, in ihnen steht, zu trennen). (S. 75 u. ö.). Mit den »Schriftzügen«, die Heines Stellung »im Befreiungskriege der Menschheit« im allgemeinen und zur sozialistischen Bewegung im besonderen wahrlich nicht unter den Scheffel stellen, aber den Kampf des Dichters gegen *seine* Feinde so nachzeichnen, wie er geführt wurde, nämlich aus den Quellen schöpferischer jüdischer Subjektivität, setzt sich der Verfasser nicht auseinander; ja das Buch mit seiner Haupttendenz (Infragestellung des ›Opfer-Judentums‹) wird auf die bekannte subtile Art

aktiv verschwiegen, nämlich zitiert an marginaler Stelle (und ansonsten, gelinde gesagt, nicht ungenutzt gelassen bis hin zur Ausgangsthese vom Erkenntnisgewinn ›beim Feind‹ [»Schriftzüge«, S. 159 ff.], die zudem auf Heine selbst zurückgeht, jedoch als originale Entdeckung selbstgepriesen wird [S. 20 ff.]. Heine, z. B., 1832: »Meine Feinde werden mich nie verkennen …« [III,92].).

4 In Israel wirkt die Verratsthese heute noch bis hinein in nicht-orthodoxe Abwehrreaktionen (bei Diskussionen zur Vergabe von Straßennamen; Sperre im TV usw.), Quelle dafür jedoch ist die orthodoxe Lesart vom Verrat Abrahams von Bacharach an seiner Gemeinde (vgl. S. 212 f.) und von des Autors Verrat durch die Taufe. Vgl. auch S. 84–89.

5 Die Einspielung der mythischen Überlieferungs-Momente in die »Schriftzüge« siehe dort über das Register.

6 Auf einer Heine-Seite (1.4.46, Beil. S. 8), nach dem Motto: Wir kennen keine Juden und Nichtjuden mehr, sondern nur noch Deutsche, »die sich *gemeinsam* gegen Rückschritt, gegen die Unterdrückung des Geistes« wenden und »für Demokratie und Frieden« eintreten usw., heißt es unter Berufung u. a. auf Heine: »Die abendländische Kultur ruht nicht nur auf den Pfeilern der Antike, des Christentums und der romanisch-germanischen Nationalkulturen. Auch die jüdische und arabische Kultur hat fruchtbare Elemente beigetragen.« »Wir wollen uns gerade heute wieder zu ihm bekennen«: Solche tröstend-selbstberuhigende Vereinahmung Heines ist zu diesem Übergangs-Zeitpunkt um 1945 nicht neu; sie ist als Ahnenberufung in der politischen Publizistik des antifaschistischen Exils signifikant und behält in der Nachkriegszeit ihre rhetorische Rolle vor allem im ›erbekulturellen‹ Diskurs der SBZ/DDR, aber auch unter den sich links verstehenden ›Inneren Emigranten‹ nach 1945 (Gruppe 47) in West-Deutschland. (Vgl. zuletzt – nicht mehr berücksichtigt –: Wolfgang Schopf: Mit Heine, ins Exil. Heinrich Heine in der deutschsprachigen Exilpresse 1933 bis 1945. Hg. u. kommentiert. Frankfurt a. M. 1997.

7 Programmtext zu Julius H. Schoeps (Hg.): Menora. Jahrbuch für deutsch-jüdische Geschichte. München und Zürich 1990 ff. und Ders. in: Julius Schoeps, Willi Jasper, Bernhard Vogt (Hg.): Russische Juden in Deutschland. Integration und Selbstbehauptung in einem fremden Land. Weinheim 1996, zit. nach »die tageszeitung«, 26.3.1996, S. 12.

8 Am 27.6.1831. Vgl. »Schriftzüge«, S. 197–204.

9 ›Risches‹ [risch'ut], umgangssprachlich abgeleitet aus ›roscho‹, Frevler, Bösewicht. ›Ein Volk, das Juden unterdrückt‹ (vgl. »An Edom«, I,271), oft personifiziert (Haman Roscho kat exochen). In der Pessah-Haggadah, das Rollenspiel der vier jugendlichen Frager illustrierend, dargestellt als Krieger mit Schwert, Lanze und Schild. – Vgl. Heine an Moser aus Lüneburg am 23.5.1823.

10 Riccardo Calimani: The Ghetto of Venice (1985). New York 1987, S. 251. (In deutscher Übers. v. Sylvia Höfer: Die Kaufleute von Venedig. Die Geschichte der Juden in der Löwenrepublik. München 1990 [= dtv 11302], S. 392).

11 Vgl. dazu auch Vorwort, oder S. 87 u. o.; auch und Anm. 5 zu »Shylock«.– Signifikant und ins Allgemeine gehend äußert sich das Desinteresse am Assi-

milations-*Problem*, wie es die literarische Shylock-Gestalt verkörpert, dort und dann, wenn die deutschen Forschungszweige »Antisemitismus« und »Exil« am Berührungspunkt ihres vorgeblich gemeinsamen Interesses verknüpft werden. Dann *müßte* sich deutsche Wissenschaft in reflexive Gedankenarbeit vorweg verdichten, aber sie überspringt diese Voraussetzung und wirft in die entstandene Lücke phantomatischen Positivismus. Prototypisch dafür verlief in der Regie von Ernst Benz der Kongreß »Deutschjüdisches Exil: Das Ende der Assimilation? Identitätsprobleme deutscher Juden in der Emigration«, TU Berlin 26.–28. 3. 1993. Hier trug ich die Grundzüge dieses Kapitels in der Absicht vor, jene Gedankenarbeit anzuregen (»Der nie abzuwaschende Jude.« Vorgeschichtliche Erörterungen zur Assimilationsideologie am ›klassischen‹ Fall H. Heine). Nicht nur diese Anregung prallte ab von einer aggressiv geltend gemachten Rechtfertigung der Unsitte, ein überstopftes Empirie-Programm durchzujagen. Ein »deutschjüdischer« Quellenpositivismus aber, der sich auf Tagungen immer nur geschäftig gegen die Zeitmaße einer ruhig-debattierenden, intellektuell-offenherzigen Historisierung und Selbstbefragung *durchzusetzen* strebt, wird dauerhaft nicht die Einsicht blockieren können, daß das deutsche, in begriffliche Normativität oder in naive Symbiose-Nostalgie hinübergerettete »Assimilations«-Gerede den angestammten Antisemitismus in der Zunft nicht über sich selbst wird aufklären können, auch wenn es das historisch widerlegte Axiom von der »Aufhebung« der jüdischen Partikularität als Voraussetzung ihrer gesellschaftlichen Freiheit nicht mehr offen aktualisiert. Vgl. auch die Notiz zu den Anmerkungen, S. 415 f. und vor allem Kap. III und VI.

12 IV,264. Über diese Formulierung ist Shylock doppelt familiär an Heines Phantasie geknüpft, nämlich auch mit seinen Träumen in der Welt des Oheims van Geldern (vgl. S. 190), des »Morgenländers« (VI,572).

13 IV,94,412,416; VI,580.

14 Vergleich der Geldsorten-Werte bei Schulte (in dieser Anm.), S. 107. Und siehe D. Meyersiek: Klammer Dichter, klarer Denker: Heinrich Heine und die Sache mit der Wirtschaft, in: Joseph A. Kruse (Hg.): »Ich Narr des Glücks«. Heinrich Heine 1797–1856. Bilder einer Ausstellung. Stuttgart, Weimar 1997, S. 191f. – Bei der Erkundung des folgenden Komplexes sind vorangegangen Joseph A. Kruse (Anm. 2 zu Kap. I), S. 18ff. und Klaus H. S. Schulte: Das letzte Jahrzehnt von Heinrich Heines Vater in Düsseldorf. Notariatsurkunden über Samson Heines Geschäfte (1808–1821), in: Heine-Jahrbuch '74, S. 105 ff.

15 Beansprucht Samson auf diese Weise die Summe, die für jeden der Brüder Samson, Salomon und Henry als väterliche Mitgift für besondere Lagen in Hamburg hinterlegt war? (Bisher ungeklärt).

16 HS Archiv Düsseldorf, Akte »Entmündigung des Samson Heine (.) 1819«. Gen. Gouv. Berg XIX/4 (,) 4. Kreisgericht Düsseldorf (Nr.) 46.

17 »Onkel will mich hier weg haben; auch Vater beschwert sich daß ich keine Geschäfte mache ohngachtet der großen Ausgaben ...«, am 27.10.1816 an Sethe.

18 Auch dies gehört zum ungeklärten Hintergrund der Erbfinanzen (vgl. Anm. 15).

19 Vgl. Susanne Wiborg: Salomon Heine. Hamburgs Rothschild. Heinrichs Onkel. Hamburg 1994, S. 34 f.

20 Vgl. Derridas anregendes Spiel mit der Dialektik von Anwesenheit und Abwesenheit bei seiner Veränderung des Wortes ›difference‹: Marges de la philosophie (1968/72), dt. Fssg. von Eva Pfaffenberger-Brückner, in: Jacques Derrida: Randgänge der Philosophie, hg. v. Peter Engelmann. Wien 1988, S. 29 ff.

21 Vgl. »Schriftzüge«, S. 220 f.

22 Dieses »Bemerken muß ich jedoch« von 1837 gehört gewiß zu den wichtigsten Winken des Autors und auch in diesem Buch ist es wieder eine meiner Hauptquellen. Vgl. Anm. 17 zum Vorwort.

23 Hervorh. v. m.

24 »Mich dünkt, ein methodisches Volk wie wir …«, Schluß des Essays (III,638), in: Jakob Venedeys »Der Geächtete«, Bd. I, H.6, Paris 1935.

25 Vgl. in diesem Kap. auch S. 77 f., 107; siehe die ›Witz-Kapitel‹ VIII und IX, auf die vieles im Buch zuläuft, vgl. S. 127, 155, 186 oder 199.

26 Béatrice Leroy: Die Sephardim. Geschichte des iberischen Judentums (1986). Berlin 1991, S. 13ff.

27 Simeon Stylita, von Antiochia; der erste Säulenheilige, 5. Jahrhundert n. u. Z. Die Überlieferungszüge deutlich die eines Wahnsinnigen, dessen Anziehungskraft (als Wallfahrtsziel) er selber zu Taufexzessen, der Klerus propagandistisch nützten.

28 Fritz Heymann: Marranen-Chronik. Vortrags-Manuskript Amsterdam 1940 (vor der Deportation, im Untergrund während der deutschen Okkupation vorgetragen, um die Rettung der Mutter ins Exil finanziell zu sichern). Aus dem Nachlaß (Leo Baeck Institut New York) hg. v. Julius H. Schoeps: Fritz Heymann: Tod oder Taufe. Die Vertreibung der Juden aus Spanien und Portugal im Zeitalter der Inquisition. Frankfurt am Main 1988.– Léon Poliakov: Die Marranen im Schatten der Inquisition. Mit einem Anhang: Die Morisken und ihre Vertreibung. Worms 1991 (= Geschichte des Antisemitismus. IV.). Vgl. auch Ders., Kap. »Die Kalifen« und »Das goldene Zeitalter« in: Geschichte des Antisemitismus. III. Worms 1979.– Ernst Schulin: Die spanischen und portugiesischen Juden im 15. und 16. Jahrhundert. Eine Minderheit zwischen Integrationszwang und Verdrängung, in: Bernd Martin und E. Schulin (Hg.): Die Juden als Minderheit in der Geschichte. München 1981.– Fritz Baer (Hg.): Die Juden im Christlichen Spanien. 2 Bde. Berlin 1929/36 (Quellensammlung).– Yirmiyahu Yovel: The Marrano of Reason. Princeton und Oxford 1989 (= Spinoza and Other Heretics. I.) Aus dem Englischen von Brigitte Flickinger: Y. Yovel: Spinoza. Das Abenteuer der Immanenz. Göttingen 1994 (= Spinoza and Other Heretics. I.II.).– Vgl. Anm. 7 zu Vorwort.

29 Fernand Braudel: Das Mittelmeer und die mediterrane Welt in der Epoche Philipps II. Zweiter Band (1966). Frankfurt am Main 1990, S. 552 ff. (VI Die Kulturen).

30 ebd. S. 610 ff. (3. Eine Kultur gegen alle anderen: das Schicksal der Juden).

31 ebd. S. 636 ff. (»Spanien verstehen«); zu Braudels Kultur-Darwinismus vgl. ebd. S. 591 f. (»Hier wirkt eine Physik der Geschichte …«) u. ö.

32 Leroy, Sephardim (Anm. 26), S. 24 ff. und 44 ff.

33 Vgl. meine Initiativlektüre der »Disputation« (VI,158), S. 144 ff.

34 a. a. O. (Anm. 29), S. 636 ff. Folgerichtig wendet sich Braudel gegen Poliakovs Geschichtsschreibung, die dem »Konflikt zwischen Kulturen« nicht gerecht werde. »Ein christliches Spanien kämpft um seine Wiedergeburt. Der Gletscher, den es mit seinem Aufbruch verschiebt, zermalmt Häuser und Bäume auf seinem Weg. Und verlagern wir die Debatte nicht auf eine moralische Ebene …« (S. 638).

Zu Kapitel III

1 Der Hamburgische Senat (das »Collegium der Oberalten«) hatte den 5. September 1830 (einen Sonntag) gemäß des »Mandats wider Aufläufe und Tumulte« (›Tumultedikt‹) vom 4.7.1796 zum »Gefahrentag« erklärt. Vgl. die Darstellung in Abschn. 3, unten S. 189 ff.

2 Vgl. Notiz zu den Anmerkungen, S. 416; auch Anm. 6 zu Kap. II.

3 Hervorh. v. m.

4 Alle Dokumentationen bieten unter diesem Aspekt dasselbe Bild; vgl. z. B. Eberhard Galley und Alfred Estermann (Hg.): Heinrich Heines Werk im Urteil seiner Zeitgenossen. Hamburg 1981 ff.(bisher 1821–1841 in 6 Bdn.); oder die Hauptkomplexe in den Stl. Schr., IV, 651–697 und 898–913, sowie VI(2), 339–705. Vgl. auch »Schriftzüge«, S. 157 ff. Selbstinszenierung und purer Meinungs- und Gesinnungskampf sind die Merkmale der weltanschaulichen Heine-Darstellungen und sind es geblieben; das geht bis zur Selbstwiederholung, vgl. zuletzt Fritz J. Raddatz: Heine. Ein deutsches Märchen. Essay. Hamburg, 1977 und Ders.: Taubenherz und Geierschnabel. Eine Biographie. Weinheim und Berlin 1997.– Zur Unterscheidung einer in sich integrierten Weltanschauung von Philosophie vgl. Gideon Freudenthal einleitend zu: Die Autarkie des Salomon Maimon, in: Lars Lambrecht und Eva-Maria Tschurenev (Hg.): Geschichtliche Welt und menschliches Wesen. Frankfurt am Main, Berlin, Bern, New York, Paris und Wien o. J. (= Daedalus. Europäisches Denken in deutscher Philosophie.4.), S. 15.

5 Lyc.F. 108.

6 Hegel: »… Denn wobei das Selbst nur *repräsentiert* und *vorgestellt* ist, da ist es nicht *wirklich;* wo es *vertreten* ist, ist es nicht.« (III,435).

7 Unter den Ausnahmen am kundigsten und schönsten geschrieben ist Friedhelm Schumacher: Der Stillstand der Zeit. Heine nach 1848. Hamburg (Phil. Diss.) 1989.

8 Der Religionsphilosoph Jacob Taubes gewinnt aus der Erklärung, der Faschismus (hinzuzufügen: wie auch der Stalinismus) als eine Konsequenz der abendländischen Geschichtsphilosophie sei *metaphysisch* irrelevant, seine Möglichkeit, in der Gewärtigung apokalyptischer Geschichts-*Frist* geschichtsphilosophisches Denken zurück zu gewinnen. Vgl. Florian Rötzer (Hg.): Denken, das an der Zeit ist. [Gespräche mit Philosophen]. Frankfurt am Main 1987, S. 305 ff.

9 Hiob 38 ff.

10 Zur Trivial-Rezeption der Heineschen Ironie vgl. Nachwort zur dtv-Aus-

gabe der Stl. Schr.(1997), VI(2),911 ff. und auch Nachwort zu: Heinrich Heine. Neue Melodien spiel ich. Gedichte. Leipzig 1997 (= Insel-Bücherei. 1175.)

11 August Graf von Platen in seinem »Romantischen Ödipus« (1828) u. a.: »Sein Freund, ich bins; doch möcht ich nicht sein Liebchen sein,/ Denn seine Küsse sondern ab Knoblauchsgeruch« (zit. nach Stl. Schr. II,832).

12 Jomtow Lipmann Heller (1579–1654), Talmudist und Rabbiner u. a. in Krakau; Edition und Kommentar der Mischna: Tossefot Jomtow.– Eine Kernstelle für Heines Verfahren (VI,169), das einen halachischen Kommentar, den der Autor gar nicht lesen kann, im hebräischen, historisch fortgehenden Buchstabenspiel der Auslegungen und Deutungskämpfe neu verortet und ›entzeitlicht‹; ein Stück Autonomisierung der Schrift als Einholung der Kabbala in die Moderne: ›ein Bubenstück‹! Vgl. im folgenden Text.

13 Vgl. Anm. 4.

14 IV,575. Vgl. I,4 und 5 in »Schriftzüge«, zunächst dort S. 169 f. oder 190 ff.

15 Im Merkur, Dezember 1996 S. 1122 ff.: Jürgen Habermas: Heinrich Heine und die Rolle des Intellektuellen in Deutschland (Wiederabdr. v. Juni 1986).

16 ebd. S. 1137.

17 Theodor W. Adorno: Die Wunde Heine [Vortrag zum 100. Todestag, 1956], in: Noten zur Literatur [I]. Frankfurt am Main 1958, S. 152. Vgl. Notiz zu den Anmerkungen, S. 415.

18 Habermas ebd.S. 1134.

19 ebd. u. passim.

20 Nach der Schlegel-Tieckschen Übersetzung. Zur Übersetzungs-Praxis Heines in seinem Text vgl. IV,255. (»angeln« anstatt ›ködern‹ scheint von ihm gegen die Vorlage geändert zu sein.).

21 Vgl. »Schriftzüge«, S. 13.

22 Vgl. »Melancholischer Realismus«, in »Schriftzüge«, S. 125 ff.

23 Vgl. Verf.: »Paris, den ...« Heinrich Heines Tagesberichte. Eine Skizze, in: DU I, 1988, S. 39 ff. Und siehe in diesem Buch S. 344 ff.

24 Zur ersten Unterrichtung siehe Max Treu: Die Hamburger Unruhen im September 1830, in: Mitteilungen des Vereins für Hamburgische Geschichte, Dezember 1930, Nr. 4, S. 178 ff. Eine genauere Darstellung werde ich in meiner Biographie geben: Heine im 19. Jahrhundert, Bd. I (vorauss. 2002).

25 Ihnen war Heine nicht per se abgeneigt; seinen Göttinger Lehrer Georg Sartorius hat er hochgeschätzt, er selbst plante eine Studie zur Geschichte des germanischen Staatsrechts und erwog Geschichte als Fach bei seinen akademischen Plänen.– Zu seiner historiographischen Praxis vgl. Kap. IV, S. 264 ff.

26 Heine bezog den Satz auch auf sich selbst, z. B. am 12.4.1848 an Alfred Meißner.

27 Vgl. Hegel III, 436 f.

28 Streichungen des Autors im Manuskript sind nicht unbedingt letztwillige Korrekturen, das Memoiren-Fragment ist auch im überkommenen Rest noch ein Produkt der Familienzensur; eine Fassung letzter Hand gibt es nicht. Vgl. im einzelnen VI(2), 295 ff.

29 Angesichts dieser ›Streichung‹ ist evident, daß keine Edition die Anmaßung begehen dürfte, ihre Textherstellung aus einer vorgeblich freien ästhetischen Entscheidung des Autors herzuleiten. Diese Variante gehört (als solche kenntlich gemacht) besser in den Text anstatt in den Apparat einer Edition. (Alle Ausgaben, auch die Stl. Schr., sollten dies künftig nachholen).

30 Fritz Heymann: Der Chevalier van Geldern, in: Der Chevalier van Geldern. Geschichten jüdischer Abenteurer (1937). Königstein 1985, S. 245 ff. Ludwig Rosenthal: Heinrich Heines Großoheim Simon van Geldern. Kastellaun 1978 (= Verö. d. Heinrich Heine-Instituts).

31 Vgl. Anm. 24.

32 Vgl. vorläufig (denn gründlich erforscht sind diese ›neuen‹ sozialen Pogrome nicht) Léon Poliakov: Emanzipation und Rassenwahn, Worms 1987 (= Geschichte des Antisemitismus. VI.), S. 102 ff. In der *Zuschreibung,* Hep Hep sei abgek. der Satz Hierosolyma est perdita, kommt 1819 das (akademische) kollektive Gedächtnis von den Mordexzessen der Kreuzzüge zum Ausdruck (vgl. ebd. S. 103). Noch heute wird populärwissenschaftlich jene Zuschreibung als historische Wahr-Überlieferung ausgegeben (vgl. Hans Mayer: Reisen nach Jerusalem. Erfahrungen 1968 bis 1995. Frankfurt am Main 1997, S. 12).

33 Die Zuordnung dieser Aufzeichnung ist fraglich; die Heine-Säkular-Ausgabe stellt sie nicht in den Kontext der Krawall-Notierungen.

34 Hervorh. v. m.

35 Vgl. Heines Überschreibung des Rechts der Kabinette auf Intervention (anläßlich der Schlacht von Navarino) auf das »Völkerrecht der religiösen und politischen Freiheit« (II,589 f.).

36 Straße der Prostituierten in Hamburg.

37 »Das ist die Contrerevolution« VI,615 und III,246.

38 Rahel hatte über ihre Schwägerin Maria Assing von Heines Gefühl (»häßlich gestört« im Tumult gehört (Besuch Heines am 10. September), vielleicht auch durch einen seiner verschollenen Briefe; noch nicht endgültig geklärt ist, ob Heine nach den Unruhen zu einem raschen Besuch in Berlin gewesen war.

39 Rahel gebraucht Code-Wörter aus dem kulturellen Assimilations-Alltag.

40 Rahel Varnhagen: Briefe und Tagebücher aus verstreuten Quellen. Hg. v. Konrad Feilchenfeldt, München 1983 (= Gesammelte Werke. Hg. v. Konrad Feilchenfeldt, Uwe Schweikert und Rahel E. Steiner. IX.), S. 813.

Zu Kapitel IV

1 Zur Entstehungsgeschichte I,827 ff.

2 Siehe S. 280.

3 I,479 f. Christliche Chroniken haben das Wort Schlacht (mhd. slahte) in diesen Begriff (heute Pogrom) gezogen und so verbreitet, wahrscheinlich, um ›Schlachten‹ in der Bedeutung ›öffentliches Morden‹ zu nutzen (Diff. zu Mord = heimliches Töten); Heine übernimmt den Begriff aus seinen Quellen (I,841 f.). Dabei geht in die Datierung (I,479) eine gewisse Diffusität mit

ein, die angesichts der unübersehbar vielen Pogrome seit den Kreuzzügen in der historischen Überlieferung steckt. Mit »erster Judenschlacht« trifft Heine auf Mordbewegungen gegen Ende des 13. Jahrhunderts, die unter der ›Losung‹ »Tod oder Taufe« wüteten (vgl. Poliakov, Geschichte II [siehe Anm. 32 zu Kap. III], S. 2).

4 »… und sie nach der Frankfurter Messe geführt«: Dort ging es um den *Wert* der Waren! »Könnten die Waren sprechen, so würden sie sagen, unser Gebrauchswert mag den Menschen interessieren. Er kommt uns nicht als Dingen zu. Was uns aber dinglich zukommt, ist unser Wert.« (Karl Marx, Das Kapital, Erstes Buch, Erster Abschnitt, I,4 (»Der Fetischcharakter der Ware und sein Geheimnis«, Schluß).

5 Schwer deutbarer Kern! Die Bindung des *armen* Schwiegersohns (vom *reichen* Vater Saras) an Gen. 12 (Berufung Abrahams: Zieh weg aus deinem Land …) könnte bedeuten, das neue Exil als neu verheißene Seinsweise der Juden sei nur möglich in der Freiheit vor der Gleichung Assimilation = Reichtum.

6 Heines »Agade« statt Haggada(h) für korrekt Pessach-Haggada ist ein schöner Wortwahl-Zufall, geschuldet seiner labilen Beziehung zu den selber noch labilen ›terminologischen‹ Verhältnissen im Quellenhorizont der »Rabbi«-Entstehung. Dergestalt ist ›Agada‹ im Text die Lautchiffre geworden für (wörtlich:) ›Gesprochenes‹, ›Vortrag‹ in der nicht-halachischen Talmud-Überlieferung; und (erweitert:) für Poesie (S. 234 ff.). Im »Jehuda ben Halevy« (1851) dann ist die ›agadische‹ Bedeutungskomponente unterm Begriff Haggada (Heine: »Hagada«, VI,132 ff.) besungen (S. 248 ff.).

7 Das literarische Datum ergibt sich historisch aus der Ankunft des Paars in Frankfurt in den Tagen der Krönung Maximilians zum römischen König am 16. 2. 1486.

8 Vgl. u. a. S. 94, 101, 131, 143 f., 150 ff., 171 f., 177 ff., 298 f., 334, 349, 360 f., 403.

9 Immer wenn sie im Original-Zitat … ohne ( ) stehen, stammen sie vom Autor.

10 Formel-Schöpfung von Yosef Hayim Yerushalmi in »Exil und Vertreibung in der jüdischen Geschichte«, in: Ein Feld in Anatot. Versuche über jüdische Geschichte. Berlin 1993, S. 23 u. ö.

11 »Zu Bacharach am Rheine/Wohnt eine Zauberin …« Zum »Kedrich« vgl. K. Simrock a. a. O. (Anm. 29).

12 »Schriftzüge«, S. 168 ff.

13 Vgl. »Ratten«. Die Verwandlung der Züge. Pereat mundus!, ebd. S. 315 ff.

14 Vgl. ebd. S. 20 ff. und über Reg. dort. Zur Sorge siehe u. a. S. 157 ff., 197 ff., 257 ff..

15 Gisela Dischner: Ursprünge der Rheinromantik in England. Zur Geschichte der romantischen Ästethik, Frankfurt am Main 1972.

16 Z. B. in der ›Von Geldern Haggadah‹ fol. 7 und 8 (Moses-Szenen am Nil) und 10 (Untergang der Ägypter im Roten Meer). Welche Bildquellen Heine zur Entstehungszeit im Gedächtnis waren oder er in Göttingen oder Berlin gesehen hat, ist ungewiß. Auch vorlagenfreie Bildarbeit ist nicht ausgeschlossen, aber angesichts von I,466 ff. unwahrscheinlich.

17 Aloys Schreiber: Handbuch für Reisende am Rhein. (1818). Karl Simrock, persönlicher Umgang in Bonn und Berlin; vgl. dessen »Rheinsagen« 1837, und siehe S. 263. Cecilia Powell: Turner in Germany. London 1995 und Dies.: William Turner in Deutschland. Hg. v. Manfred Fath. München und New York 1995.

18 Ich habe jedenfalls keines gefunden. Quellen und Literatur über R. W. Gassen und B. Holeczek (Hg.): Mythos Rhein. Ein Fluß in Bild und Bedeutung. Kat. Wilhelm-Hack-Museum, Ludwigshafen 1992. K. Honnef, K. Weschenfelder, J. Haberland (Hg.): Vom Zauber des Rheins ergriffen ... Zur Entdeckung der Rheinlandschaft. München 1992. H. J. Tümmers: Der Rhein. Ein europäischer Fluß und seine Geschichte. München 1993. G. Albrod: Der Rhein im illustrierten Reisebuch des 19. Jahrhunderts. Duisburg 1984.

19 Vgl. Gérard Genette: Palimpseste. Die Literatur auf zweiter Stufe (1992). Frankfurt am Main 1993, S. 21 f. und Literatur.

20 Ein noch unvollständiges Dokument. Zusammenhängende (nicht rechtmäßige) Edition der Briefe Heines: Briefe von Heinrich Heine an seinen Freund Moses Moser. Leipzig (Otto Wigand) 1862.

21 I,467. Das stets wieder aktuelle Gedenkgebot zu Pessach: Stelle dir vor, du zögest heute aus Ägypten aus in die Freiheit; der Kernsatz ist (vor dem 4. Becher): Kommenden Jahrs in Jerusalem!

22 Die Wendung I,501, »(Der Schluß und die folgenden Kapitel sind, ohne Verschulden des Autors, verloren gegangen)«, ist eine Halb-Fiktion, die Brandtatsache verwendend, und berechtigt nicht zur stupid im positivistischen Zitierkartell wiederholten Meinung, Heine habe mit seiner Schlußwendung 1840 einen umfangreicheren Textbestand aus früherer Arbeit nur vorgetäuscht. Vgl. I,827 ff.

23 Vgl. IV, 892 f.

24 Siehe Heines Korrespondenz-Berichte seit Mai 1840 bis Anfang 1841, V,267 ff.; vgl Reg. d. Stl. Schr.

25 Zu Schriftstellernöte 20,VI(2), 493–508.

26 Vgl. die herzerweichenden Worte über Kolb, V,289, die noch ihrer biographischen Dokumentierung harren.

27 »Wenn die Pflicht gebietet, die Anklagen so wenig als die Vertheidigung auszuschließen, so wird darin kein Besonnener eine Gehässigkeit gegen die Juden überhaupt erblicken ...« (VI(2),508).

28 Im ›frühromantischen‹ Jenaer Kreis um F. Schlegel und Novalis.

29 Vgl. über das wechselseitige Gutverstehen dieser beiden Parteien schon 1829, II,376.

30 Karl Simrock: Das malerische und romantische Rheinland. Mit 60 Stahlstichen. Leipzig 1840, S. 350. Beachtlich die ›arglose‹ Verdichtung von christlicher Verfolgungs-Geschichte in einer ›romantisch‹-touristischen Momentaufnahme: »Aus dem Hofe des Posthalters, wo noch ein alter Thurm von dem Templerhause übrig ist, führt ein unvergeßlich schöner Weg an der alten, sogenannten Templerkirche vorbei. Bald sind die gothischen Trümmer der zierlichen Wernerskirche erreicht ...«

31 Vgl. Verf.: Naturlaute in der Matratzengruft, ein Traum. In Joseph A. Kruse, Narr des Glücks a. a. O. (Anm. 14 zu Kap. II), S. 347.

32 Ein Motiv dazu neben anderen ist noch immer die ethnische Selbstidentifikation der Nationalhistorie, ihre ›natürliche‹ Sorge um das imaginiert vom Anderen bedrohte Eigene. In neueren, vorgeblich übernational, ja ›interkulturell‹ konzipierten »Kulturgeschichten« offenbart sich dieses Motiv mit auffälliger Unbefangenheit an den ideologischen Bruchstellen ihrer ›Objektivität‹; vgl. das Vorbild Braudel, S. 114 ff. und Anmerkungen. Eklatant ist der Fall Lucien Febvre: Le Rhin. Problèmes d'histoire et d'économie (1935). Der Rhein und seine Geschichte. Hg., übersetzt und mit einem Nachwort von Peter Schöttler. Frankfurt, New York, Paris 1994. Kann die Vergeßlichkeit in diesem wahrhaft *europäischen* Buch soweit gehen, daß an Stellen, die nach Erwähnung der Juden und ihrer Siedlung, Ökonomie und Kultur »in diesem rheinischen Babel« (S. 47) geradezu schreien (z. B. S. 55 f., 61, 64 ff., 70, 80 ff., 91 f., 102 ff. usw.), sie keine Erwähnung finden? Eine Formel verrät, daß ihr Vergessen (ihre ›Aufhebung‹) *gemacht* ist: »(Der Bischof) förderte die Stadt (Spira, Speyer) außerdem, indem er Juden herbeirief, das heißt Kaufleute.« (S. 102) – Noch immer am häufigsten aber äußert sich die Weigerung, die Geschichte der Juden mitzuschreiben, in *nationaler* Historie: als ihre wie ›natürliche‹ Ausblendung. Das geschieht jedoch mit der Energie *zünftigen* Selbstverständnisses und drängt (oft in institutionell verabredeter Eintracht) jüdische in die Rolle von Sonder-Geschichtsschreibung. Beispiele sind Legion.

33 Vgl. Heines darstellerische und akademische Pläne (Anm. 25 zu Kap. III). Hier ist der kritische ›Denkpunkt‹ der Heineschen Historiograhie berührt, wo lesend geklärt werden muß, inwiefern zu utopistischer Geschichts-Poesie kein Grund besteht nicht nur wegen der notwendigen Skepsis aus der Quelle realen Wissens, sondern wegen dem faktum brutum der Massengewalt.

34 Vgl. zu den hier berührten Zusammenhängen Léon Poliakov: Geschichte des Antisemitismus. I. Von der Antike bis zu den Kreuzzügen. Worms 1977, S. 24–48, und die folgenden neueren Untersuchungen. Gerhard Dilcher: Die Stellung der Juden in Recht und Verfassung der mittelalterlichen Stadt, in: Karl E. Grözinger (Hg.): Judentum im deutschsprachigen Raum. Frankfurt am Main 1991. Ivan G. Marcus: Die politischen Entwicklungen im mittelalterlichen deutschen Judentum, ihre Ursachen und Wirkungen, ebd. Dieter Mertens: Christen und Juden zur Zeit des ersten Kreuzzuges, in: Bernd Martin und Ernst Schulin (Hg.): Die Juden als Minderheit in der Geschichte. München 1981. Und siehe die Bibliographien bei Dilcher und Marcus.

35 Diese chronologische Verknüpfung gründet darauf, daß die Staufer schon vor ihrem Eintritt in die Geschichte als deutsche Könige die Elite in der salischen Reichsverwaltung stellten.

36 Vgl. Dilcher, a. a. O. (Anm. 34), S. 21, mit Marcus (ebd.), S. 77 f.
Hauptdaten: 825 Ludwig der Fromme verbrieft privilegierte Schutzrechte und das Recht auf Unversehrtheit des Lebens, auf Religions- und Zollfreiheit. 1090 Heinrich IV. bestätigt die karolingischen Privilegien. 1103 Heinrichs Mainzer Reichs-Landfrieden. 1157 Friedrich Barbarossa erneuert Heinrichs Urkunde von 1090. 1236 Friedrich II. von Hohenstaufen erhebt Heinrichs Urkunde zum allgemeinen Reichsrecht; erste Einschränkungen.

1300 Der Theologe Duns Scutus (Köln) rechtfertigt (augustinisch) das Leben der Juden nur noch als Zeugnis der christlichen Wahrheit, empfiehlt ›Tod oder Taufe‹ zum Dogma zu erheben, formuliert erstmals den Deportations-Gedanken.– Vgl. auch Mertens a. a. O. (Anm. 34), S. 65 f.

37 Dilcher, a. a. O., S. 22, 26.

38 Im Namen St. Werners erstmals 1287. Die Pessach-Legende verbindet sich 1298 in den fränkischen Mordzügen mit der »Tod-oder-Taufe«-Parole (vgl. Anm. 3). L. Poliakov a. a. O. (Anm. 34), S. 49 ff. und Ders. Geschichte II, 1978, S. 27 ff. (»Judenbilder«). Zuletzt S. Rohrbacher und M. Schmidt: Judenbilder. Kulturgeschichte antijüdischer Mythen und antisemitischer Vorurteile. Hamburg 1991 (= rowohlts enzyklopädie. 2680.), S. 269 ff. R. Po-Chia Hsia: Trient 1474. Geschichte eines Ritualmordprozesses. Frankfurt a. M. 1997.

39 Mertens S. 61f. und Dilcher S. 25 f. a. a. O. (Anm. 34).

40 Zur Schuld-der-Opfer-Doktrin Rohrbacher/Schmidt a. a. O. (Anm. 38).

41 Poliakov a. a. O. (Anm. 38), S. 19 ff. Wer eine Kopfsteuer zahlen mußte, verlor im Mitelalter den Personenschutz gesicherten Bürgerrechts. Der NS-»Kontributionserlaß« vom 12. November 1938 hatte dieselbe Folge. Und auch er wurde legitimiert vom Wahn einer Sühneschuld des jüdischen Volkes.

42 ebd. S. 2 und 19 ff. 43 ebd. S. 3. 44 ebd. S. 21 f. 45 ebd. S. 4 ff.

46 siehe Anm. 38. 47 ebd. S. 6.

48 Dilcher a. a. O. (Anm. 34), S. 26. 49 ebd. S. 29.

50 Poliakov a. a. O. (Anm. 41), S. 10 f.

51 Die Generalprivilegien seit dem 13. Jahrhundert in Polen machten das Land anziehend für Vertriebene.

52 Vgl. Gerhardt/Grundmann: Handbuch der deutschen Geschichte. I. Stuttgart 1954, S. 259 f.

53 Der Hypothese ist nachzugehen, Heine habe in die Initiative zur Darstellung der Taufproblematik im Rabbi-Projekt sein »heimliches« Deutschland-Thema eingefügt.

54 I,771 f. Heine gibt sich ›entschuldigend‹ unparteilich, ja Gregor-freundlich und versteckt sich hinter »unserem größten Historiker« Johannes von Müller.

Zu Kapitel V

1 »Rheinromantik und Verfolgungsgeschichte«, Ludwig Rosenthal Memorial-Lecture, Jerusalem im März 1996.

2 Vgl. 108, 148, 156, 182, 213, 236, 239 f., 292.

3 Siehe Kap. VIII und IX und vgl. Anm. 25 zu Kap. II.

4 Am 11.3.26. Vgl. auch Anm. 54 zu Kap. IV.

5 Vgl. Verf.: Fragment über ›Politische Lyrik‹. Ein antipoetologischer Versuch (1984), in: Ders.: Unmittelbar zur Epoche des NS-Faschismus. Arbeiten zur politischen Philologie 1978–1988. Frankfurt am Main 1989, S. 407 ff.

6 Vgl. Notiz zu den Anmerkungen, S. 415 f..

7 Vgl. Anm. 32 zu Kap. IV und zu Braudel, S. 114 ff.

8 19.12.1832. Vgl. auch Verf.: Schriftstellernöte und literarische Produktivität. Zum Exempel Heinrich Heine, in: Jürgen Kolbe (Hg.): Neue Ansichten einer künftigen Germanistik. München 1973 (= Reihe Hanser. 122.), S. 121 ff.

9 Amos Funkenstein: Jüdische Geschichte und ihre Deutungen (1993). Frankfurt am Main 1995, S. 195.

10 Vgl. Klaus Beyrer: Die Postkutschenreise. Tübingen 1985. Gottfried North: Eine Revolution im Reiseverkehr – Die Schnellpost, in: H. Bausinger, K. Beyrer, G. Korff (Hg.): Reisekultur. Von der Pilgerfahrt zum modernen Tourismus. München 1993, S. 291 ff. Bärbel Hedinger und Michael Diers: Saison am Strand. Badeleben an Nord- und Ostsee. 200 Jahre. Kat. Altonaer Museum. Herford 1986. Eckhard Wallmann: Heinrich Heine auf Helgoland. Briefe, Berichte und Bilder aus den ersten Jahren des Seebads Helgoland. Otterndorf 1997. Bärbel Hedinger (Hg.): Rainvilles Fest. Panorama Promenade Tafelfreuden. Ein französischer Lustgarten im dänischen Altona. Kat. Altonaer Museum. Hamburg 1994.

11 Siehe Anm. 10 zu Kap. IV.

Zu Kapitel VI

1 »Psalm«.

2 So Peter Brückner, auf Heine II,473 und III,164 anspielend, in: Das Abseits als sicherer Ort. Kindheit und Jugend zwischen 1933 und 1945. Berlin 1980, S. 88.

3 Vgl. skizziert in »Schriftzüge«, S. 206 ff.

4 Vgl. Freudenthal a. a. O. (Anm. 4 zu Kap. III).

5 An Moritz Embden am 3.5.1823.

6 Heines Besuch am 10. September, Briefbericht darüber an Rahel Varnhagen am selben Tag.

7 An Embden, wie Anm. 5.

8 Zuvor Polen 1822, England 1827.– Soeben lese ich bei Alberto Destro: Reiste Heine wirklich nach Italien (in Kruse, Narr a. a. O., Anm. 14 zu Kap. II, S. 226), daß die Kutschen-Route nicht über das Schlachtfeld, »sondern nur an Marengo vorbei« geführt habe (was immer das heißt). Wäre der Autor nicht in corpore auf diesem Blutfeld spaziert, unterstreicht das nur seine gewöhnliche topographische Verdichtungsart (»Schauplatz der Schrift«!).

9 III,91 »... Stehende Heere von vielen hunderttausend Mördern«.

10 Vgl. meinen Versuch über »Melancholischen Realismus« in »Schriftzüge«, S. 125 ff. u. ö.

11 ebd. S. 216.

12 Sarah Kofman: Melancholie der Kunst (1985). Graz und Wien 1986, S. 86.

13 Karl-Heinz Käfer: Versöhnt ohne Opfer. Zum geschichtsphilosophischen Rahmen der Schriften Heinrich Heines 1824–1844. Meisenheim 1977.

Zu Kapitel VII

1 Siehe grundlegend Ulla Pruss-Kaddatz: Wortergreifung. Zur Entstehung einer Arbeiterkultur in Frankreich. Frankfurt am Main 1982.

2 »Schriftzüge«, S. 276.

3 Paul Celan: Der Meridian. Ges. Werke III,200.

4 Vgl. gegen den ›Paris-Flüchtling‹, »Schriftzüge« S. 157 ff.

5 II,521–529; IV,579. Antaios begleitet uns nun bis ans Buchende.

6 Vgl. Peter Weiss: Die Ästhetik des Widerstands. III, Romanschluß.

7 Vgl. Baudelaire in den »Schriftzügen«, S. 134 und 329 ff.

8 »Notiz über den ›Wunderblock‹« (III,368).

9 Ernst Wilhelm Hengstenberg (1802–1869), in den Schriften öfters verspotteter orthodoxer evangelischer Theologe und Kirchen-Publizist. Auf seine anti-goethesche Sinnenfeindlichkeit z. B. zielt Heine mit »der Jude Hengstenberg«; Kontext IV,47.

10 8. Mai Eisenbahn-Unglück Versailles-Paris, 5.–8. Mai Hamburger Feuer, 7. Mai Erdbeben auf Haiti. Und am 6. Juni stürzt in Schleiz die Decke des Theaters aufs Publikum (V,427).

11 Vgl. im Hamburg-Artikel V,165 die Standortbeschreibung vor dem Rathaus mit der ähnlichen in Goslar II,122; und beides mit dem Katastrophenton V,427.

Zu Kapitel VIII

1 »...Daß man am Fuße Rheinsteins von den wandernden Juden einen Zoll für die erzbischöfliche [Mainzische] Kämmerei erhob, wobei man sich eigens dazu abgerichteter Hunde bediente, um die Juden unter den Reisenden herauszufinden, die, wenn die Spürhunde ihre verheimlichte Abstammung erwittert hatten, doppeltem Zolle verfallen waren« (Simrock, a. a. O., Anm. 30 zu Kap. IV), S. 346.

2 Zu den ›Leerstellen‹, ›Denkorten‹ vgl. Verweise in Anm. 19 zum Vorwort.

3 Am 24.10.1854.

4 Vgl. Zitierweise der Hauptwerke, oben S. 414.

5 Anm. 3. Vgl. auch »Im Oktober 1849«, »Doch still, Poet, das greift dich an – (...)« (VI,118).

6 Vgl. Alan Dundes und Thomas Hauschild: Kennt der Witz kein Tabu? Zynische Erzählformeln als Versuch der Bewältigung nationalsozialistischer Verbrechen, in: Zeitschr. f. Volkskunde. 83. Jg. 1987/I, S. 21 ff.

7 Vgl. Verf.: Heine in Japan, in: H. L. Arnold (Hg.): Heinrich Heine. München 1982 (= Text+Kritik. 18/19, 4. Aufl.), S. 72.

Zu Kapitel IX

1 Man kann, muß nicht biographisch den gedichteten mit dem wahrscheinlich medikamentös erzeugten Rausch während der Augenkrise zur Schreibzeit verknüpfen (vgl. S. 403).

2 Walter Benjamin, I,597,671 u. ö. und vgl. Weigel, Anm. 3.

3 Für das folgende siehe Sigrid Weigel: Entstellte Ähnlichkeit. Walter Benjamins theoretische Schreibweise. Frankfurt am Main 1997, S. 179 ff. (»Die Hure als Schwellenhüterin«: Das Erwachen in ›Berliner Kindheit‹ und ›Passagen‹).

4 O 2a,1

5 Eines der verdeckt datierten Selbstbeziehungen Heines zur Französischen Revolution (vgl. IV,576); hier: Am 30.9.1797, in der Frühphase des nachparlamentarischen Direktoriats, erließ der Finanzminister Ramel die sogenannte Liqidation, einen ›Zweidrittel-Bankrott‹ zur Sanierung der Staatsfinanzen.

Bildnachweis

Abb. 1, S. 89: Universalgeschichte der Juden. Hg. v. Eli Barnavi, Wien 1993, S. 126.

Abb. 2, S. 217: Anonym. Kupferstich nach dem Gemälde: Leopold Robert: Ankunft der Schnitter in den pontinischen Sümpfen. 1831. Heinrich-Heine-Institut, Düsseldorf. Siehe: Heine in Paris. Hg. v. Joseph A. Kruse und Michael Werner, Düsseldorf 1981.

Abb. 3, S. 231: Der Mäuseturm bei Bingen. Ausschnitt aus einer Skizze von Herman Saftleven (17. Jh.). Siehe: Vom Zauber des Rheins ergriffen ... Zur Entdeckung der Rheinlandschaft. Hg. v. Klaus Honnef, Klaus Weschenfelder, Irene Haberland, München 1992, S. 189.

Abb. 4, S. 275: Bacherach am Rhein. Ausschnitt. Heinrich-Heine-Institut, Düsseldorf.

Abb. 5, S. 309: Rainvilles Garten, um 1815, anonym. Museum für Hamburgische Geschichte. Siehe: Rainvilles Fest. Panorama · Promenade · Tafelfreuden. Ein französischer Lustgarten im dänischen Altona. Hg. v. Bärbel Hedinger [Kat. Altonaer Museum], Hamburg 1994.

Danksagung

Dieses Buch steht in einem Anregungskreis von Gesprächen und Hilfen. Es widerspräche ihrer Art, einzelne Namen herauszugreifen. Mein Dank sei Erinnerung und das Versprechen fortzufahren. Ein besonderer Dank gilt Frau Angelika Bartoldus. Auch sie hat das Buch geschrieben, nämlich in Form gebracht auf dem mühsamen Weg, der aus meinen Manuskripten über unzählige Versionen bis zur Diskette zurückzulegen war.

Dank auch dem Verlag, besonders Frau Maria Schedl-Jokl, für alle Geduld und Förderung.

Inhalt

Deutsche Klassiker
Werke in einem Band
im dtv

Annette von Droste-Hülshoff
Werke in einem Band
Herausgegeben von
Clemens Heselhaus
Balladen, Gedichte, Erzählungen
dtv 2380

Eduard Mörike
Werke in einem Band
Herausgegeben von
Herbert G. Göpfert
Gedichte, Novellen, Märchen, Gelegenheitsschriften
dtv 2381

Joseph von Eichendorff
Werke in einem Band
Herausgegeben von
Wolfdietrich Rasch
Gedichte, Erzählungen
dtv 2382

Novalis
Werke in einem Band
Herausgegeben von
Hans Joachim Mähl und
Richard Samuel
Kommentiert von
Hans-Joachim Simm
unter Mitwirkung von
Agathe Jais
Jugendarbeiten, Gedichte, Hymnen an die Nacht, geistliche Lieder, Erzählung, Roman
dtv 2383

Theodor Storm
Werke in einem Band
Herausgegeben von
Peter Goldammer
Gedichte, Märchen, Novellen, Schriften zur Literatur
dtv 2384

Johann Wolfgang von Goethe
im dtv

Aller Anfang ist heiter
Ein Goethe-Brevier
Herausgegeben von
Heinz Friedrich
dtv 2285

Die Wahlverwandtschaften
dtv 2067
Buch zum Film
dtv 8401

Faust
Erster und zweiter Teil
dtv 12400

Die Leiden des jungen Werther
dtv 12401

Italienische Reise
dtv 12402

Wilhelm Meisters Lehrjahre
dtv 12404

Werke
Hamburger Ausgabe
in 14 Bänden
Herausgegeben von
Erich Trunz
dtv 5986

Goethes Briefe und Briefe an Goethe
Hamburger Ausgabe in
6 Bänden
Herausgegeben von
Karl Robert Mandelkow
und Bodo Morawe
dtv 5917

Goethes Werke
Nachtragsbände zur Weimarer Ausgabe
IV. Abteilung Briefe
Herausgegeben von
Paul Raabe
3 Bände
dtv 5911
gebunden: dtv 6131–6133

Friedrich Nietzsche im dtv

Sämtliche Werke
Kritische Studienausgabe in 15 Bänden
Herausgegeben von Giorgio Colli und Mazzino Montinari
dtv / de Gruyter 5977
Alle Bände sind auch einzeln lieferbar

Sämtliche Briefe
Kritische Studienausgabe in 8 Bänden
Herausgegeben von Giorgio Colli und Mazzino Montinari
dtv / de Gruyter 5922

Weisheit für Übermorgen
Unterstreichungen aus dem Nachlaß (1870-1889) von Heinz Friedrich
dtv 2338

Frühe Schriften
1854–1869
BAW 1-5
5 Bände in Kassette
Nachdruck der Ausgabe Friedrich Nietzsche: Werke und Briefe Historisch-kritische Gesamtausgabe. Werke (nach 5 Bänden abgebrochen) · dtv 59022

Nietzsche für Anfänger
Also sprach Zarathustra
Eine Lese-Einführung von Rüdiger Schmidt und Cord Spreckelsen
dtv 4664

Werner Ross
Der ängstliche Adler
Friedrich Nietzsches Leben
dtv 30427

dtv

Friedrich Nietzsche
Kritische Studienausgabe in 15 Einzelbänden

Herausgegeben von Giorgio Colli und
Mazzino Montinari

Die Geburt der Tragödie
Unzeitgemäße
Betrachtungen I-IV
Nachgelassene Schriften
1870–1873
dtv 2221

Menschliches, Allzu-
menschliches I und II
dtv 2222

Mörgenröte
Idyllen aus Messina
Die fröhliche
Wissenschaft
dtv 2223

Also sprach Zarathustra
I-IV
dtv 2224

Jenseits von Gut und Böse
Zur Genealogie der Moral
dtv 2225

Der Fall Wagner
Götzen-Dämmerung
Der Antichrist · Ece homo
Dionysos-Dithyramben
Nietzsche contra Wagner
dtv 2226

Nachgelassene Fragmente
1869–1874
dtv 2227

Nachgelassene Fragmente
1875–1879
dtv 2228

Nachgelassene Fragmente
1880–1882
dtv 2229

Nachgelassene Fragmente
1882–1884
dtv 2230

Nachgelassene Fragmente
1884–1885
dtv 2231

Nachgelassene Fragmente
1885–1887
dtv 2232

Nachgelassene Fragmente
1887–1889
dtv 2233

Einführung in die KSA
Werk- und Siglenver-
zeichnis
Kommentar zu den Bän-
den 1-13 · dtv 2234

Chronik zu Nietzsches
Leben · Konkordanz ·
Verzeichnis sämtlicher
Gedichte
Gesamtregister
dtv 2235